国家哲学社会科学成果文库

NATIONAL ACHIEVEMENTS LIBRARY
OF PHILOSOPHY AND SOCIAL SCIENCES

内蒙古区域
游牧文化的变迁

邢莉　邢旗　著

中国社会科学出版社

图 4.2.1　现在展示的蒙古包与车是历史的记忆　邢莉摄

图 5.2.4　海拉尔草原夏季牧场及牧人　邢莉摄

图 5.3.2　草原工作者在治理草原　邢旗提供

图 6.1.3　嘎达梅林纪念碑　姜迎春摄

图 7.2.1 修葺一新的蒙古包 邢莉摄

图 7.2.2 诵读祭祀经文的喇嘛 邢莉摄

图 8.1.1　那达慕是蒙古族的节日　周加摄

图 8.1.2　清代那达慕的壮观　国外画册

图 8.2.2　那达慕开幕式对于英雄时代的展演　周加摄

图 8.3.1　摔跤的竞技　周加摄

图 8.3.3　琳琅满目的服饰　周加摄

图 9.1.1　布里亚特牧人　姜迎春摄

图 11.1.2　修建后的福荟寺　邢莉

图 11.2.2　福荟寺的喇嘛与民众交流　邢莉摄

《国家哲学社会科学成果文库》
出版说明

　　为充分发挥哲学社会科学研究优秀成果和优秀人才的示范带动作用，促进我国哲学社会科学繁荣发展，全国哲学社会科学规划领导小组决定自2010年始，设立《国家哲学社会科学成果文库》，每年评审一次。入选成果经过了同行专家严格评审，代表当前相关领域学术研究的前沿水平，体现我国哲学社会科学界的学术创造力，按照"统一标识、统一封面、统一版式、统一标准"的总体要求组织出版。

全国哲学社会科学规划办公室
2011 年 3 月

目　　录

上　篇

下　篇

Contents

Part One

Part 2

前　言

　　文化变迁是人类学主要研究的课题之一，也是民俗学研究的主要课题之一。置于人类社会中的民俗文化从古至今都在发生变迁。民俗文化研究民众的生计方式以及与此有关的民众的生活文化，民俗文化既是传统的，包括一个族群的生计方式、语言传统、衣食住行、婚丧娶嫁、民间社会组织、民俗信仰等系列的文化传统和文化模式，民俗文化又是现代的。民俗学研究传统的文化模式在现代社会生活中呈现的形态和种种变异，研究其现代的形态与传统之间的联系。人类学和民俗学的各个流派，早期的进化学派、后来的传播学派以及历史学派等都在研究文化变迁方面有所建树。理论的建树源于现实的需要。文化变迁是人类学和民俗学的主要研究课题之一。

一

　　本书研究的是久居在内蒙古区域的蒙古族游牧文化的变迁。在此涉及的关键词是"内蒙古"及"游牧文化"。我们先谈游牧文化。在漫漫的历史长河中，立于地球而生存的人类在不同的生态环境中创造了不同类型的文化。文化是"一个特定社会中代代相传的一种共享的生活方式，这种生活方式包括技术、价值观念、信仰以及规范"。① 人类学、民俗学关注的是在特定的生态环境下特定区域内人类诸族群生计方式的多元化。在我国历史上，农业文化圈和游牧文化圈是由不同的动植物的种群分布和人类不同的物质生活和精神生活模式构成的。人类学家把我国各族群的生计方式划分为狩猎采集业、农业、牧业、渔业，除

---

　　① Raymond Scupin, *Cultural Anthropology*: *A Brief Introduction*, Englewwood Cliffs, New Jersey: Prentice-Hall, 1992, p. 143.

大类的区分外，还有亚类的区别。民俗学者研究的是本土的各个族群的生活文化和行为惯习，他们首先关注的是不同区域的生产习俗。在钟敬文的《民俗学概论》中，也把民众的生产习俗划分为：农业、狩猎采集、游牧、渔业民俗，工匠民俗，商业与交通民俗多种类型。[①] 文化学家钱穆着眼于世界文化类型，把文化分为游牧文化、农耕文化和商业文化。[②] 随着社会的飞速发展，人类又创造了工业文明、信息文明的时代。

　　长期以来由于历史记载的偏颇和人类对自身认识的不足，一直延续着以中原为中心，周边是"蛮荒"，属于"四夷"的错误观念，因此对游牧民族的历史文化记叙得很少，片言的记述还存在误解。游牧人的历史文化往往由农耕人记载，"而农耕人的记述，往往美化自己，丑化别人，厚己薄人。在一'厚'一'薄'之间，于是有损历史的本来面目，使后人对游牧人的物质和精神生活产生不少错觉。这种情况甚至连希罗多德和司马迁的著述都在所难免"。[③]

　　学术界在已有的关于"第一次社会大分工"的概念中提出了"畜牧"、"游牧"、"农耕"三个概念。从此人类"逐渐沿着两条不同的道路发展，一条是从动物的驯化到农耕，另一条是从动物的驯化到畜牧"。[④] 游牧不同于畜牧，农耕和畜牧都可能走向游牧。据学术界研究，游牧部落的形成相当于青铜时代早期，比畜牧部落晚近。我们需要辨析的是，"畜牧"与"游牧"是两个不同的生计类型，两种不同的生活方式。在《家庭、私有制和国家的起源》的原文中，恩格斯进行了辨析。正因为游牧不同于畜牧，我们强调的是：（1）被称为"野蛮"世界或者游牧世界的游牧文化是在人类的文明史上与农耕文化不同的另一种类型的文化，他是人类创造的别样的生活方式或者生存方式。（2）游牧文化是与农耕文化相并举的文化，二者之间相对应而并存，相互补而发展，维持不

---

　　① 参见钟敬文《民俗学概论》，上海文艺出版社 1998 年版，第 40—72 页。

　　② "大体文明文化，皆指人类群体生活言。文明偏在外，属物质方面。文化偏在内，属精神方面。故文明可以向外传播与接受，文化则必由其群体内部精神累积而产生。……人类文化，由源头处看，大别不外三型。一、游牧文化，二、农耕文化，三、商业文化。……游牧、商业起于内不足，内不足则需向外寻求，因此而为流动的，进取的。农耕可以自给，无事外求，并继续一地，反复不舍，因此而为静定的，保守的。"（钱穆：《中国文化史导论》，商务印书馆 2001 年版，第 1—2 页。）

　　③ 项英杰：《中亚：马背上的文化》，浙江人民出版社 1993 年版，第 2 页。

　　④ 吴于廑：《历史上的游牧世界与农耕世界》，《云南社会科学》1983 年第 1 期。

同族群的生活世界，二者之间没有"野蛮"和"文明"之分。(3) 游牧文化被世界历史和中国历史上多个民族所创造、所享用、所传承，大致从青铜时代的早期延续至今，世界上至今还有一些族群延续着游牧的生产、生活方式。学术界对游牧社会进行了这样的评价："我们显然看到了一个乘马游牧民族社会的迅速兴起，特别是在北方及西北。他们的社会与当时只在汉族发展地区边缘上活动的'低级'少数氏族完全不同，虽然这些新少数氏族也许与旧少数氏族属于同一个民族。"[①] 从清代以来至今我国境内的游牧文化发生了巨大的文化变迁和文化转型。

人类学和民俗学在阐释"文化"的时候，其切入点始终离不开族群文化和自然生态环境关系的角度，也就是说，力求从族群与生态环境的互动关系中探讨文化的多样性与自然生态的关系，根据这种视角和需要，我们所说的游牧文化主要是指历史上生活在欧亚草原的族群在干旱或者半干旱草原的生态环境中所创造、传承的与草原环境互动的游牧的生计方式、语言传统、行为准则、价值观念、宗教信仰等物质文化和精神文化的总合。

内蒙古区域的游牧文化是生活在蒙古高原的蒙古族群承继历史上游牧族群的文化传统，而又不断创造的与干旱或者半干旱草原相适应的、互动的、"游动"的生计方式和生活方式，以及与其相对应的物质文化和精神文化的总和。蒙古族的草原游牧文化是世界游牧文化的重要组成部分，具有历史的累积性、代表性和典型性。作为亚欧大草原组成部分的蒙古草原是游牧民的大本营，是草原文化的重要发源地，干旱或者半干旱的蒙古草原是蒙古族群传承游牧文化的摇篮。某种文化类型既受生态环境的影响，同时也受到文化自身因素的影响，而并非只是生态环境和物质活动单方面的产物。游牧生活是把衣食住行都依赖在他们所放牧的家畜上，正是从这个角度说，草原养活了牧人，而养育着游牧人的草原成为承载文化的草原。学术界把世界文化分为五大文化圈，这五大文化圈既具有一定的独立性，又存在着互动关系，"游牧民族对世界文化的沟通，具有特殊的意义，在五大文化圈中，游牧文化圈最为活跃，它与汉字文化圈、佛教文化圈、基督教文化圈、伊斯兰教文化圈都有广泛的接触，有时互相渗透，有时互为重

---

① ［美］拉铁摩尔：《中国的亚洲内陆边疆》，唐晓峰译，江苏人民出版社 2005 年版，第 41 页。

叠，有时是文化传播的中间媒介"。① 内蒙古区域的游牧文化对中国文化史和世界文化史都有卓越的贡献。②

　　这本专著研究的是内蒙古区域游牧文化的变迁。著作把内蒙古区域蒙古族游牧文化的变迁置于一定的时间和空间的范畴之中研究。在历史的长河中，蒙古族的生活方式也在不断变化，不过这种变化在没有外力的推动下，是渐进的、内在的、自然的、迟缓的，被西方学者认为"停滞"的文明。18 世纪以来，内蒙古区域的游牧文化经历了一个巨大的变迁过程。内蒙古区域蒙古族游牧文化的变迁是自清代划分为盟旗制度以后，伴随着长时期的大量的汉族移民所引发的，这是一个不争的事实。在学术上，把文化变迁的原因归结为文化的传播和文化触变。"文化传播的范围或借用的程度决定于两个民族之间接触的持续时间与密切程度。"③ 自清代以来，汉族移民大量地源源不断地涌入内蒙古区域，由于农耕民与游牧民密切的近距离的长时期接触，使得游牧文化的整体结构发生了裂变。虽然历史上的游牧民族与农耕民族的关系往来从未割断，两种不同的文化模式一直处于互动之中，但是都没有触动两种文化模式的改变。自清中期开始中原人口的剧增，灾害的频繁发生，使得大量的农耕移民似潮水般涌向草原，以致民国仍持续了移民的高潮，近 300 年以来，农耕文化与游牧文化交流融合的时间之长，规模之大，地域之广都是史无前例的。蒙古族群的游牧文化模式发生了巨大的震荡，文化结构整体发生了裂变和转型。内蒙古草原原本单一的发展缓慢的游牧文化在发生了裂变之后，形成了四种文化类型，即牧业文化圈，农业文化圈，半农半牧文化圈和城镇文化圈。自 20 世纪 80 年代以来，内蒙古实行了草场的家庭承包责任制，牧人实现了定居，游牧的生计方式已经衰微并且转型。这是一个文化变迁的过程，也是社会变迁的过程。

---

　　①　史继忠：《论游牧文化圈》，《贵州民族研究》2001 年第 2 期。

　　②　英国历史学家汤因比认为，在近 6000 年的人类历史上，出现过 26 个文明形态。文化界将七个古代文化——埃及文化、苏美尔文化、密诺斯文化、玛雅文化、安第斯文化、哈拉巴文化、中国文化，认定为人类原生形态的母文化，但是这些辉煌灿烂的母体文化，这些昭示着人类永恒的创造大都断裂了，变异了，印度文化因雅利安人入侵而雅利安化，埃及文化因亚历山大大帝占领而希腊化、恺撒占领而罗马化、阿拉伯人移入而伊斯兰化，因为日耳曼族的入侵罗马文化中断并沉睡千年。唯有中国文化持续至今未曾中辍，表现出延续力。

　　③　黄淑娉、龚佩华：《文化人类学理论方法研究》，广东高等教育出版社 1998 年版，第 213 页。

　　在我们谈到内蒙古区域草原游牧文化的变迁的时候，首先要说明蒙古族草原游牧文化是一个区域文化的概念。格雷布尔是德国传播学派的重要学者。他继承了文化圈的重要理论，认为文化具有区域性，他所说的文化圈从空间角度，注重文化特质的分布状态。蒙古族游牧文化的人文地理位置在蒙古高原。我们要研究的是"内蒙古区域的游牧文化"，关键词是"内蒙古区域"。内蒙古区域是一个文化地理的概念。历史上清代的蒙古族区域与民国时期的内蒙古区域和现在的内蒙古区域的划分是不同的。我们是以清代的"蒙古族居住的区域"为依据的，主要指的是内札萨克蒙古，即哲里木、卓索图、昭乌达、锡林郭勒、乌兰察布、伊克昭六盟的四十九旗。此外还包括归化城土默特旗两翼、察哈尔八旗、阿拉善厄鲁特一旗、额济纳土尔扈特一旗，呼伦贝尔八旗、黑龙江伊克明安旗等，以上的范围相当于当今的内蒙古自治区。此外，清代的蒙古区域还包括蒙古国的一部分，还有当今的黑龙江、吉林、辽宁、河北、山西、陕西、宁夏、甘肃等省的一部分。行政区域的划分有其历史过程，即与自然地理存在着密切的关系，行政区对社会和经济生活具有重大的影响，是文化区划分的一个重要依据。由于历史和现在行政划分处于变化之中，这本书在研究游牧文化变迁的时候，以当时的历史版图为依据，以现在的地理历史版图为参考。文化区域的概念不只是一个时空概念，而且也与这个地域的自然生态环境，与其特定自然生态条件下特定群体的生活方式相联系。

　　内蒙古区域草原游牧文化的变迁也是一个族群文化的概念。不同的族群不仅生计方式不同，而且民族文化特质和文化心理也不同。在蒙古高原世代生存的蒙古族群过着传统的游牧生活，在历史上其游牧伴随着狩猎及征战，构成蒙古族群生产、生活方式的特征。"穹庐为室兮毡为墙，以肉为食兮酪为浆"的生活方式，其世代传承的蒙古语言、他们信仰的原始的萨满教以及独特的敖包祭祀、成吉思汗祭祀及草原上的那达慕等构成了其独特的文化特质和文化符号，并且铸造了其文化性格。这些文化特质和文化符号是蒙古族与其他民族区分的文化边界，也是蒙古族自我认同的标识。蒙古族群的游牧文化体系在蒙古高原空间分布的特征具有地域的整体性。

　　著作研究的内蒙古区域草原游牧文化的变迁既是一个历史的也是一个现

实的概念。从时间来说，经历了明、清、民国及 1949 年后中华人民共和国的历史跨度；从空间来说，包括整个内蒙古区域；从变迁的深度来说，随着游牧文化逐渐式微的历史过程，自 20 世纪 80 年代以后，公共草场已经完全划分给个人组成的家庭，即"草场公有，承包经营，牲畜作价，户有户养"的草畜双承包。牧人目前已经在自己的草场上放牧，盖起了定居的房屋。这是游牧时代衰微的标志。内蒙古游牧区域的逐渐缩小是一个历史的过程，游牧生产方式和生活方式的改变是一个渐进的过程。内蒙古区域的游牧畜牧业正在转型，向现代化、集约化的草原畜牧业可持续发展。

目前内蒙古区域的牧人已经完成了从游牧到定居的转变，草原生态环境的危机已经得到政府和社会的广泛关注，政府正在启动和实施保护内蒙古草原的多项重大工程，作为民俗学专业和草业学专业的学者，我们力图结合多项学科的研究成果，研究记录内蒙古区域的游牧生产习俗及其文化象征符号在历史的与现实的、生态的与人文的、内在的与外在的多种因素的推动下衰微、转型的过程，研究内蒙古区域逐步向牧业区、农业区、半农半牧区和城镇文化区的转化过程。这个过程正在为中外学者格外关注。

二

自从人类社会诞生以来，人类所从事的一切活动都是在动态的状态下完成的，民俗文化在不停地发生着改变，所以它又具有动态的特性。正因为认识到文化的动态特点，所以"人类学家们认为文化的变迁是一切文化的永存现象，人类文明的恒久因素，文化的均衡稳定是相对的，变化发展是绝对的"。[1]"通则变，变则通"，变化的理念也是我国传统文化的重要组成部分。如前所说，内蒙古区域游牧文化的变迁既是一个空间概念，也是一个族群概念。本书的作者遵循"记录的民俗学"的理念，始终把探究内蒙古区域的蒙古族群的游牧文化近现代变迁作为实际生活中的动态过程予以关注，将文化变迁作为本文的行文线索。本课题研究的是：

---

① 黄淑娉、龚佩华：《文化人类学理论方法研究》，广东高等教育出版社 1998 年版，第 209 页。

（1）草原游牧民原生态的生计方式及象征符号是什么？

（2）在农耕民涌入蒙古草原后，他们的生计方式发生了怎样的文化转型？其涵化的过程怎样？

（3）已经发生了变迁并且正在发生变迁的当今的草原文化呈现什么样的文化形态？

（4）内蒙古区域游牧文化标志性的文化象征符号发生了怎样的变迁？

（5）内蒙古区域游牧文化变迁的动力机制是什么？

在阐释内蒙古区域游牧文化变迁的时候，著作分为上、下两篇。作者的主要观点是：

1. 把内蒙古区域游牧文化的变迁置于游牧与农耕两个不同的文化圈近距离的接触、长期互动的背景下进行研究。学术界认为，汉族移民是内蒙古区域游牧文化变迁的契机和突破口。"民族结构的重要变动带来经济结构和社会生活的深刻变动，最终使农业及与农业相伴随的中原文化在塞外取得了与游牧经济及游牧文化相对等的地位。"[①] 内蒙古区域游牧文化的变迁过程是一个历史渐替的过程。本书的上篇把内蒙古区域游牧文化的变迁划分为四个历史时期，即明代为游牧文化变迁的肇始期，清代为游牧文化变迁的转型期，民国时期为游牧文化变迁的确认期，1947年（内蒙古自治区的成立是在1947年）至今是游牧文化的衰微期。这本著作不仅梳理了内蒙古区域蒙古族游牧文化的历时性变迁，而且描述了当今草场承包所有制实施以后，内蒙古区域的牧业所呈现的新的结构形态。

唯物史观认为，社会的本质乃是在一定物质生产活动基础上形成的相互联系的人类生活的共同体，是一个由经济生活、政治生活、精神文化生活等组成的极为丰富的、复杂的有机系统。"人们在自己生活的社会生产中发生一定的、必然的、不以他们的意志为转移的关系，即同他们的物质生产力的一定发展阶段相适合的生产关系。这些生产关系的总和构成社会的经济结构，即有法律的和政治的上层建筑竖立其上并有一定的社会意识形式与之相适应的现实基础。"[②] 所以人们始终能够在文化是人类历史上凝结成的生存方式这一点上达成共识。这本著作从游牧人的生存方式入手，阐释了在游牧民与农

---

① 闫天灵：《汉族移民与近代内蒙古社会变迁研究》，民族出版社2004年版，第1页。

② 《马克思恩格斯选集》第2卷，人民出版社1994年版，第32页。

耕民的近距离的接触中，游牧文化圈与农耕文化圈的长期互动。专著始终把两个文化圈的互动作为主线研究。作者阐释了移民到内蒙古区域的汉族从"游农"转变为定居民的过程，同时也阐释了部分蒙古牧人演变为农民的过程。人类适应社会环境或外界自然环境是借助于文化求得生存和发展的，当人们面对客观环境的改变时，文化毫无疑问也会随之改变，在此基础上，必然触动内蒙古区域游牧文化的整体的裂变和调试，这里包括游牧文化的内部整体结构以及意识形态和价值观的转变。这是一场深刻的变迁，这是从表层到深层的变迁，从文化模式到文化心理的变迁。

2. 这本书在阐释内蒙古区域游牧文化变迁的过程中，力图把握传统与现代的关系。作者不只研究其游牧生计方式发生变迁的历程，也研究生计方式发生变迁以后，标志性的民俗文化符号变迁的过程，并且描述其当今所呈现的文化形态。在本书的下篇，作者遵循文化人类学与民俗学的田野调查法，以个案的形式呈现了传统的敖包祭祀文化的变迁、成吉思汗祭祀仪式的变迁、那达慕节日文化的变迁等。这些文化符号的变迁不仅是游牧文化变迁的重要组成部分，而且专著力图研究历经变迁后的传统文化与现代文化的衔接。在步入现代化的过程中，传统并非消失殆尽，在当代多元文化的语境下，游牧文化的传统被重新复制和建构。传统在新的语境中被民众传承和享用。

3. 在研究内蒙古区域游牧文化的变迁是一个动态的过程时，以往的研究往往单一地归结为汉族移民对内蒙古区域的冲击，的确汉族移民是内蒙古区域游牧文化变迁的突破口，学术界在阐释这个过程的时候，通常把创新、传播、进化、涵化、冲突、调适、融合等纳入这一动态的过程中予以分析和研究。我们认为，底层的冲击始终不可能脱离上层制度文化变化的语境，始终离不开"大传统"与"小传统"的互动。我们认为在近代中国大变革的语境中，特别是在鸦片战争以后，蒙古族内部也在回应时代的变革，所以变革的动力机制是内部的与外部的、"大传统"的与"小传统"的，自然的与社会的错综复杂的交叉。正是在农耕文化圈与游牧文化圈的互动中，在"大传统"与"小传统"的互动中，在游牧民与农耕民互动的关系中，内蒙古区域的游牧文化发生了涵化。

4. 长期以来，由于农耕文化圈和游牧文化圈的生态环境和文化环境不同，其地域相对的封闭性带来了文化相对的独异性，历史上人为修建的长城虽然不可能成为两个文化圈的阻隔，但是农耕文化圈与游牧文化圈互相交融的广度和深度毕竟是有限的，在蒙古族近现代游牧文化变迁的过程中，在数以百万计的移民及其后裔与原住民的频繁交往，共生共存几百年的生活中，早已打破了各自民俗文化在结构上的封闭和文化上的守恒，民俗文化的融合呈现出普遍性、持久性和空前的深度。虽然文化变迁与文化融合有区别，但是毫无疑问，内蒙古区域游牧文化变迁的过程就是农耕民与游牧民的民俗文化融合的过程，文化融合并非一个族群的文化符号被另一个族群的文化符号所代替，而是呈现出复杂的多种形态。本书描述了民俗文化融合的过程，当人们面对自然环境和社会环境的改变时，人类的行为方式也会随之改变，文化符号在内容上和结构上发生改变。这一点已经成为学术界的共识。

在世界经济全球化的语境中，在文化全球化和文化多元化的语境中，在中国大踏步地步入现代化和民族文化创新的语境中，面对21世纪我国的可持续发展，特别是内蒙古区域的可持续发展，本书中的研究具有重要意义。

其一，通过内蒙古区域蒙古族游牧文化的变迁透视社会的变迁。"文化变迁与社会变迁密切相关。社会变迁指社会各方面现象的变化，或更确切地说指社会制度的结构或功能发生的改变。而文化变迁总是与之相伴随，所以有的人类学家性用社会文化变迁一词。"[1] 作者力图通过内蒙古区域游牧文化的变迁透视社会的巨大变迁，包括物质文化与精神文化诸方面的整体性的变迁，而社会的巨大变迁带动了文化的重大变迁。课题的研究对于文化人类学与民俗学以及历史学、社会学等学科具有一定的参考价值。

其二，自1992年联合国制定《21世纪议程》以来，世界各国都在采取行动，促进可持续发展战略的实施，实现可持续发展已成为世界各国共同追求的目标。我国是世界上最早实施可持续发展战略的国家之一。我国制定了《中国21世纪初可持续发展行动纲要》，明确了实施可持续发展战略要"坚持以人为本，以人与自然和谐为主线，以经济发展为核心，以提高人民群众生活质量为根本出发点，以科技和体制创新为突破口，坚持不懈地全面推进经济社会与人口、资源和生态环境的协调，不断提高我国的综合国力和竞争力"的指导思想以及实施可持续发展的战略目标与原则。移民的开垦和对草

---

[1]　黄淑娉、龚佩华：《文化人类学理论方法研究》，广东高等教育出版社1998年版，第209页

原的掠夺性使用破坏了草原的生态环境。我们希望通过这本书进行历史的反思，在对历史的反思中树立保护草原，保证人与自然的和谐发展，维护生态平衡，改善人类生存环境的核心理念。这样才能推动内蒙古区域可持续发展战略的实施。

其三，我们希望通过这本书促进对于中国境内的游牧与农耕两种不同的文化类型的了解。费孝通先生说："不要动不动就搞汉族中心主义。"他引导人们在研究中华文化的时候，或以外国文化为参照体系，或以本土的少数民族文化为参照体系。① 我们希望把农耕文化和游牧文化建立在生态文明的理念下，建立在情境化的与反思性的历史上，在"多元一体"的语境中对两种文化模式以及两个族群的互动过程，有一种新的思考，使得我们能够在对人类生态与长期历史的了解中，进一步建立两个族群和谐共处的关系。"建立一种华夏与其边缘也就是——'炎黄子孙'与其'兄弟民族'——之反思性历史新知。"②

三

内蒙古区域的游牧文化是一种文化类型。任何一种文化类型都不是一个静止的湖泊，而是一条流淌的河。特别是在当代世界经济一体化的语境中，其变化是必然的。研究阐释人类文化的动态的特点，正是本书的立意。

应该坦诚地说，清醒地带有鲜明问题意识的研究前已有之。学术界对此已有关注。前人从历史学角度、经济学角度、文化变迁的角度都做过有益的探索，特别是地方志资料和文史档案资料给我们很大的裨益。作者所使用和研究的资料包括：

1. 一批实地考察材料。参与式观察的方法是当前民俗学者和人类学者研究的重要前提之一。这些实地考察材料包括邢莉于 2000 年在成吉思汗龙年大祭的参与考察；邢莉与研究生王玉光 2005 年 7 月对内蒙古自治区鄂温克族自治旗巴彦嵯岗苏木的田野考察；邢旗于 2004 年 5—6 月在内蒙古锡林郭勒盟

---

① 转引自方李莉《"文化自觉"与"全球化"发展》，《民族艺术》2007 年第 1 期。

② 王明珂：《游牧者的抉择：面对汉帝国的北亚游牧部族》，广西师范大学出版社 2008 年版，第 6 页。

锡林浩特市、阿巴嘎旗、苏尼特左旗调查推行春季休牧制度情况，8 月 25 日—9 月 8 日在呼伦贝尔市陈巴尔虎旗、鄂温克旗、新巴尔虎左旗、新巴尔虎右旗调查草原生产力及承载能力；邢旗于 2005 年 7—8 月在内蒙古锡林郭勒盟镶黄旗、正镶白旗、正蓝旗调查风沙源治理项目实施效果，8 月在呼伦贝尔市陈巴尔虎旗进行草原资源野外调查；邢莉、邢旗于 2005 年 8 月在包头市达茂旗进行草原资源野外调查及当前民众生活状况的调查；邢旗于 2007 年 7—8 月到锡林郭勒盟苏尼特右旗、阿巴嘎旗、锡林浩特市、赤峰市克什克腾旗调查草原划区轮牧推广应用情况；邢旗于 2006 年 5—6 月在锡林郭勒盟东乌珠穆沁旗、西乌珠穆沁旗、锡林浩特市、苏尼特左旗调查牧草长势情况，7 月 25 日—8 月 30 日在呼伦贝尔市、兴安盟、通辽市、赤峰市、锡林郭勒盟等一些旗县进行草原生产力监测；邢莉与研究生秦博于 2007 年 7 月在巴林右旗进行当前半农半牧状况及历史的考察，对福荟寺六月庙会进行实地考察；中央民族大学博士王志清于 2007 年在阜新蒙古族自治县烟台营子村进行村落民俗文化的历史及现状的全面考察；中央民族大学 2007 级民俗学硕士闫萨日娜对内蒙古赤峰市翁牛特旗阿什罕苏木照克图嘎查[①]文化变迁的考察；邢莉与博士生张曙光、王志清于 2008 年 7 月对锡林郭勒盟东乌珠穆沁旗生态状况、目前牧民的牧业定居状况、教育状况、婚姻择偶、敖包祭祀等方面的田野考察；邢旗于 2008 年 5 月在内蒙古包头市达茂旗、呼和浩特市武川县、和林县、乌兰察布市察右中旗、察右后旗等地调查人工种草情况，7 月 10—26 日在锡林郭勒盟东乌珠穆沁旗、西乌珠穆沁旗、呼伦贝尔市鄂温克旗、鄂尔多斯市鄂托克前旗等地调查新牧区建设情况；邢旗于 2009 年 8—9 月在内蒙古阿拉善盟阿拉善左旗、阿拉善右旗、额济纳旗、锡林郭勒盟苏尼特左旗、苏尼特右旗、二连浩特市等地的调查。

2. 一批档案史料和地方志资料。清代的地方志资料包括：《大清会典事例》（嘉庆朝）、《大清会典事例》（光绪朝）、《口北三厅志》、《开原图说》（玄览堂丛书）等。民国的内蒙古区域的地方志资料包括《最新蒙古鉴》、《蒙旗概观》、《内蒙古纪要》、《绥蒙辑要》、《绥远省分县调查概要·丰镇县》、《绥远省分县调查概要·归绥县》、《绥远省分县调查概要·包头县》、

---

① 嘎查：按地域牧区设有的行政管理单位，每个嘎查有几十户不等。地域比农业的村落广。

《归绥县志》、《武川县志略》、《伊盟右翼四旗调查报告》，汪国钧著的《校注蒙古纪闻》、《中华风俗志》。当代的地方志资料有《巴林右旗志》、《喀喇沁旗志》、《苏尼特旗志》、《锡林郭勒东乌珠穆沁旗志》、《鄂温克旗志》《呼伦贝尔盟畜牧业志》等。

3. 一批历史学、经济学、民族学、人类学、草业学及生态学的专著：扎理扎布的《明代蒙古史》、卢明辉的《清代蒙古史》、义都合西格主编的《蒙古民族通史》、余元庵的《内蒙古历史概要》、郝维民主编的《内蒙古近代简史》、牛敬忠的《近代绥远地区的社会变迁》、阿岩与乌恩合著的《蒙古族经济发展史》、沈斌华的《内蒙古经济发展札记》、贺扬灵的《察绥蒙民经济的解剖》、王明珂的《游牧者的抉择：面对汉帝国的北亚游牧部族》、呼日勒沙主编的《草原文化区域分布研究》、扎戈尔的《草原物质文化研究》、刘高等人的《草原文化与现代文明研究》。还有刘钟龄、额尔顿扎布主编的《游牧文明与生态文明》、江帆的《生态民俗学》、[美] 哈迪斯蒂的《生态人类学》、[日] 小长谷有纪和色音主编的《干旱区生态保育与可持续发展》、费孝通的《行行重行行》、马戎的《民族与社会发展》和《民族社会学导论》、庄孔韶的《人类学概论》、孟慧英的《西方民俗学学术史》、高丙中与纳日碧力戈等的《现代化与民族生活方式的变迁》等。

4. 一批当代研究游牧文化变迁的专著。其中包括郝时远等的《中国少数民族现状与发展调查研究丛书·新巴尔虎旗·蒙古族卷》、色音的《蒙古游牧社会的变迁》、孛尔只斤·吉尔格勒的《游牧文明史论》、敖仁其、敖其等主编的《制度变迁与游牧文明》、阎天灵的《汉族移民与蒙古族社会变迁研究》、王玉海的《发展与变革——清代蒙古族东部由牧向农的转型》、王建革的《农牧生态与传统蒙古社会》、王俊敏的《青城民族——一个边疆城市民族关系的历史演变》、孛尔只斤·布仁赛音的《近现代蒙古人农耕村落文化的形成》、乌日陶克陶胡的《蒙古族游牧经济及其变迁》、刘景岚著的《西辽河蒙地开发与社会变迁研究》、阿拉腾著的《文化的变迁——一个嘎查的故事》、包智明的《科尔沁蒙古族农民生活》等。

5. 一批具有卓见的学术论文。例如费孝通的《文化论中人与自然关系的再认识》和《中华民族研究的新探索》、马戎与潘乃谷的《居住形式、社会交往与蒙汉民族关系》、马戎等的《赤峰农村牧区蒙汉通婚的研究》、刘明远的《论游牧生产方式的生产力属性》、罗康隆的《论民族文化多样性与人类生存环境问题》、[德]拉德克利夫·布朗的《论社会科学的功能概念》、包庆德的《蒙古族生态经济及其跨世纪的有益启示》、包玉山的《蒙古族古代游牧生产力及其组织运行》、薄音湖的《呼和浩特（归化）建城年代重考》、曹永年的《阿勒坦汗和丰州川的再度半农半牧化》、陈炜、黄达远的《论近代民族地区宗教与城镇经济建设的互动发展》、王建革的《农业渗透与近代蒙古草原游牧业的变化》和《定居与蒙古族近代农业的变迁》、王俊敏的《从游居到定居、再到城镇化——鄂伦春族发展问题的生态——经济人类学的思考》、《蒙、满、回、汉四族通婚研究——呼和浩特市区的个案》、《一种新型社区——牧区社区》、恩和的《游牧文化与草原生态》、胡仲答的《丰州滩上出现了金色的城》、李漪云的《大板升考》，等等。

这些专著或者论文或以农耕民的移民及其在蒙古草原的开垦为切入点；或从历史文献的角度谈内蒙古区域社会文化的变迁；或以扎实的田野考察为实证，探索了草原文化呈现的当今形态；也有的专著立足于当代牧民从游牧到定居的探讨，从当代制度文化的角度论证、阐释、反思了游牧文化的价值，对当今的变迁提出有价值的思考；有的从一个严谨的村落个案入手，探讨其变迁的历程。这些论文和专著都给了作者很大的启迪和帮助。与以往的著作相比，这本著作的特色是：

《内蒙古游牧文化的变迁》是对社会历史事项以及今天呈现的文化形态用实证的方法进行研究，专著不仅以历史学与地方志的资料为基础，而且以当今田野调查的资料为依据；不仅以问题意识进行史料梳理，而且做了个案研究；不仅关注内蒙古区域蒙古族的生产与生活方式的变迁，而且关注蒙古族游牧文化标志性符号的变迁。著作分为上、下两篇，上篇着重于蒙古族游牧文化变迁的历程，下篇通过个案研究蒙古族游牧文化的标志性的文化符号至今展现的形态，关注内蒙古区域的游牧文化在现代的重构与转型，探讨蒙古族群传统的民俗文化符号在新的情境中的呈现。从这个角度来说，作者关注的是蒙古族传统民俗文化的当代性和共时性，以说明传统与现代的衔接中的文化变异及探讨传统在现代的生存方式。在研究的过程中，作者在借鉴前人研究的基础上，力求有所创新。

其一，从宏观与微观的结合上整体性地呈现蒙古族游牧文化的变迁。作者立意梳理蒙古族游牧文化变迁和社会变迁的过程，这个过程之长，跨度之大，内容之丰富，头绪之繁复，有相当的难度。人类学的研究往往采用"小乡村大社会"的研究模式。民俗学注重对民众生活世界的研究，也往往采用这种研究模式。20 世纪 80 年代以后，随着中国的改革开放，费孝通等学者提出和实践的"小地方，大社会"的微型研究理论模式再度掀起，学术界从微观的、历时的、过程的视角讨论国家与民间社会关系，在当代中国社会研究中显示出它的生命力和存在价值。①"小地方，大社会"的微型研究模式多有成功的案例，但是作者感到，这样的研究往往难以勾勒内蒙古区域游牧文化变迁近 300 年的历史跨度，所以没有采用这样的研究模式。但是专著不是立于历史学的研究，而是立于民俗学和人类学的研究，所以在梳理内蒙古区域游牧文化变迁的整个历史过程的同时，又呈现了个案的研究，著作的上篇在描述内蒙古区域蒙古族传统生计方式的变迁中，把历史文献资料与田野考察联系在一起，把大社会与小村落的个案联系在一起，把民众的口述与官方的制度文化变迁联系在一起，历史框架是微观个案呈现的语境，微观个案是历史框架的阐释和说明。通过宏观和微观的结合，从历史与现实的结合点上研究蒙古族游牧文化的变迁。目的有两个，一是希望有架构历史的纵深感及文化变迁的整体构架，给读者留下游牧文化变迁的整体记忆；二是文化变迁是一个涵化的过程，即行为个体是在文化接触中成长发展的过程。

其二，置于多学科视野下研究蒙古族游牧文化变迁。作者认为，内蒙古区域游牧文化的变迁有其历史的、文化的、生态的、制度的、时代的复杂背景，这些动因不是单一的，而是错综复杂地交织在一起的，要客观地历史地研究游牧文化的变迁必须注意涉猎多学科的知识。因此从材料的搜集和书目的览阅，直到著作间架结构的厘定和文章的撰写，我们力图突破单一学科的拘囿，力图立足于人类学与民俗学、社会学、生态学等学科的交叉点上阐释问题，因为要还原事情的本相就需要多学科知识的交叉。特别是在整个研究过程中，我们认为人类的生活模式的建构与自然生态环境存在着密切的关系。

① 学术界认为："蒙古族民俗学者更具体化地归纳总结了'类型学视野下选择标本——做村落（社区）民俗研究——发展各种村落（社区）民俗类型——进入多层次的社区——综合比较各种社区民俗类型——认识整个民俗社会'的村落（社区）民俗研究模式的完整思路。"（纳钦：《口头叙事与村落传统——公主传说与珠腊沁村信仰民俗社会研究》，民族出版社 2004 年版，第 15 页。）

在此我们要引入文化生态学的观念。C. 格尔茨的《农业退化》（1963）是生态人类学的专著。"格尔茨认为生态学系统概念是文化、生物和环境之间持续的相互作用观点的逻辑结论。"① 赫斯科维茨把文化看成是"环境的人为部分"（1955）。这为我们打开了新思路。人的文化行为与环境存在着密切的关系，人的文化行为可能保护环境，也可能破坏环境，而破坏环境又往往使人类自食其果。文化生态与自然生态构成互诠互构的关系。本书的两个作者从事不同的学科，一个是民俗学者，一个是草叶科学专家，我们的合作力图突破各自知识框架的拘囿，这正是研究本课题的需要。

其三，作者力图把内蒙古区域蒙古族游牧文化变迁的历史性和当代性，历时性和共时性联系在一起研究。"因为文化变迁与社会变迁紧密相关。社会变迁必须首先了解文化及其功能，才能认识文化的变迁，因此，共时性的研究应在历时性研究之前进行，当然，考察变迁对于功能研究也是会大有帮助的。"② 本书阐释了蒙古族传统的标志性的民俗文化符号的变异，呈现了从传统到现代的形态。两个文化圈的撞击不仅是游牧生计方式和生活模式的变迁，与其相关的民俗文化符号诸如语言、民间信仰、节日与祭祀以及衣食住行、婚丧娶嫁等诸方面也相应地发生了变迁，这是一个连锁式的嬗变历程。

作者通过田野调查注意到，虽然在当代游牧的生计方式趋于衰微，但是草原游牧文化符号却沉积下来，被民众惯习地使用，特别是在当今政府和民众都在保护非物质文化遗产的语境中，传统的民俗文化符号显示出新的生机。目前当代学者对于蒙古族生计方式的变迁关注得较多，对于民俗文化符号在当今所呈现的变异形态则研究得不够。变迁实际是民俗文化机能的自身调适，民俗文化在变迁中得到保护和发展，这正是民俗生命力持久的原因。"从文化的角度研究民俗与过去的联系以及民俗的历史形态固然重要，而从生活的角度研究民俗与人生的关系尤为重要。"③ 作者书写的是蒙古族传统文化符号的现代民俗志，这样不仅可以增加对于蒙古族传统文化变迁的整体性的认识，

---

① ［美］唐纳德·L. 哈迪斯蒂：《生态人类学》，郭凡、邹和译，文物出版社 2002 年版，第 13 页。

② ［英］拉德克利夫—布朗：《社会人类学方法》，夏建中译，山东人民出版社 1988 年版，第 63 页。

③ 高丙中：《文本和生活：民俗研究的两种学术取向》，载周星主编《民俗学的历史、理论与方法》，商务印书馆 2006 年版，第 122 页。

而且显示蒙古族群标识性的象征的文化符号发生的变迁及其传承到当代的文化增长点。

21 世纪，我们站在内蒙古高原的城市眺望，现代化和全球化的情景同样呈现在内蒙古高原，城市的耸起，高楼的林立，交通的高度发达，信息的飞速传递，把世界的各种文化联系在一起："我们有更充分、更客观的理由认为，我们正在经历一个历史变迁的重要时期。而且，这些对我们产生影响的变迁并不局限于世界某个地区，而且几乎延伸到了世界的每一个角落"，"全球化就是以一种非常深刻的方式重构我们的生活方式"。① 在世界经济一体化的语境下，在祖国大踏步现代化、内蒙古区域大踏步走向现代化的语境中，这方水土这方人仍旧处于变化之中，关注和研究仍旧是我们的责任。

---

① ［英］吉登斯：《失控的世界——全球化如何重塑我们的生活》，江西人民出版社 2001 年版，第 2—4 页。

上　　篇

第 一 章
内蒙古草原游牧文化的生态解读

地球是人类的栖息地。但是地球给予人的生存环境存在着很大的差异。各个族群在不同的生态环境中生存与发展。他们在不同的生态空间创造了自己的文化。民俗学研究的就是在特有的生态环境中生活的不同族群的生活世界。草原游牧族群所创造的游牧文化是人类创造的生活世界的重要组成部分。在本章里我们要思考：

其一，草原游牧民族生活的空间区位是什么？人类学将具有相同或类似习俗或生活方式的人类群体称作民俗集团，人类地理学则把因民俗差异而形成的独特的地理单元称为文化圈或民俗文化区。从文化发生学的角度看，我们要研究的是导致游牧文化产生的生态环境是什么。

其二，自然给予了人类不同的生态区位，每一个生态区位的地理位置、气候条件、水资源基础、土壤的结构都不同，草原游牧民族在以草原生态区位作为自己栖息地的时候，选择了一种什么样的生活方式，他们对这一独特的生态区位做出了怎样的回应？

其三，草原游牧人建立了草原游牧文化的传统，所谓草原游牧文化的传统是指同类民俗事项按照一定的关系组成的民俗整体。我们探讨的是游牧民俗文化整体中重要的民俗文化的象征符号是什么。

一 追逐水草游牧的生活方式

我们首先要研究的是，在内蒙古区域干旱草原和半干旱草原生活的蒙古族采取了什么样的生活方式？在这里我们运用了"生活方式"这个概念。马

图1.1.1　父亲的草原母亲的河　邢旗提供

克思在他的多篇著作中都运用过生活方式这个概念。其意义包括：（1）生活方式是区别阶级的重要指标，（2）生活方式与生产方式是紧密联系的，而这种联系可以概括为：生产方式决定生活方式，"物质生活的生产方式制约着整个社会生活、政治生活和精神生活的过程"。① 生产方式在更广泛的意义上是生活方式的一个方面。这是第一层意思。第二层意思是，生产方式也是人的活动方式的一个方面，因而也是生活方式的一个方面。② 生活方式与生产方式关系密切，同属人类两大基本活动方式。生产方式是人类社会赖以形成的基础，它制约和决定着人类的生活方式。生活方式是一个族群在一定的生态条件和社会条件下主体满足自身需求所采取的活动方式。生产方式在更大程度上，也就是在更广泛的意义上是"一定的活动方式"。也就是说，"生活方式"概念不仅是指衣食住行之类的日常生活，它涵盖着包括生产活动在内的整个生活。③ 那么游牧人的生活方式是什么呢？

---

① ［德］马克思：《〈政治经济学批判〉序言》，《马克思恩格斯选集》第1卷，人民出版社1995年版，第32页。

② 参见高丙中主编《现代化与民族生活方式的变迁》，天津人民出版社1997年版，第2—3页。

③ 参见［德］马克思、恩格斯《费尔巴哈》，《马克思恩格斯选集》第1卷，人民出版社1995年版，第67页。

（一）移动——牧人生活方式的选择

游牧人是以畜牧业为生计方式的。今天学术界一般将畜牧业分为草原畜牧业、农区畜牧业和城郊畜牧业等。我们所谈的是第一种即草原畜牧业。蒙古高原的游牧文化是一种典型的草原游牧文化。从文化人类学的观点来看，就自然地理而言，中国的西部和北部的广大地区不论在历史上还是在今天，形成了以畜牧业为主体的区域。从我国东北部的大兴安岭东麓到辽河上游到阴山山脉，再经鄂尔多斯高原东端及青藏高原以西包括天山南北的广大区域，都属于传统的游牧经济的分布区。由于蒙古高原特殊的地理位置和生态环境使得蒙古高原的游牧文化具有相对于其他文化类型不同的特点。

以畜牧业为生计方式的蒙古族的生活方式与农耕民族的生活方式迥然不同。蒙古族传统文化的本质特征是以游牧著称于世，历史上称为"行国"，而以日出而作日落而息为生活方式的农耕民族被称为"居国"。虽然以汉族为主体的中国历史对游牧民族的研究和准确的记录很少，而游牧民族自己的记录也非常缺乏。但是历史学家还是指出了草原游牧的文化与农耕民族文化的不同特征。《汉书·匈奴传》指出："美草甘水则止，草尽水竭则移……"，"逐水草而居"是草原游牧民族的生活方式与农耕民族生活方式的根本区别。以创造游牧文化为文化特征的蒙古族的生计方式和行为特征是"走"，是"动"，它与永久处于固定状态的农耕民族相比，是其生活方式每年都处于动态之中。在以汉族为主的主流话语的语境下，汉族的封建社会的史学家不可能对这种生活方式给予科学的评价。人类学兴起后，人们关注"游牧"这一概念的诠释。有学者解释为人与牲畜一起移动的生活方式，在汉语里是"游牧"，在英文里是 pastoralism，而在游牧的主体蒙古人的语言里则是"努德勒"（nuudel）。蒙古族的历史上曾经出现大规模迁徙的集团行动。当时的"古列延"是以牲畜私有，草牧场暂时公有，氏族成员屯营在一起集体大游牧的经营方式。古代的"古列延"的规模很大，后来由于多种原因而逐渐缩小。随着"水"和"草"的变化，牧人在调整牲畜的繁殖和发展。这种行为方式表现为鲜明的动态特征。① 在访谈中，牧人还保留着游牧生活的记忆：

---

① 国际学术界这方面的研究重点显然集中于中东和非洲。另外，西方的史学界也对欧洲地区过去的游牧业移动规律有较为详细的研究。而我国对蒙古族传统游牧业的基本形态的研究，还远远不够深入。

　　我们过去有夏秋冬三季营地，在三季营地上轮流放牧，20 年前还是过着游牧生活。夏营地距离现在的锡尼河镇四房山 100 公里，是通风的地方。秋营地——辉河盐碱地一带，寻找有碱的地方，牲畜喝碱多的水肉质好，油质大，可以上膘。冬营地——呼盟洪沽拉一带，过去陈旗、西旗冬天的牛羊马都在一起。鄂温克旗——红花尔基、灰腾河、维那河一带。东旗（新巴尔虎左旗）游牧在巴尔托、罕达盖一带；陈旗（指陈巴尔虎旗）在莫日根河一带；西旗（新巴尔虎右旗）在达赉湖、克鲁伦河、奥鲁金河一带，过去旗里游牧选址时先派一个懂风水的人去，一般是有经验的老牧民。现在没有看风水的人了。

　　30 年代初，牧业四旗的牲畜最多的时候曾经达到 40 万—50 万头。其中马占有相当的数量。有的牧人一家养 1 万多匹马。上一世纪 20 年代游牧的距离更远，那时好像边界线不明显，10 月份到黑山头、根河一带，有的时候游牧到更远的地方，游牧到外蒙古，俄罗斯博尔吉亚等地方。牲畜在那里过冬，再转回来。[①]

　　陈巴尔虎旗最早叫巴尔虎部落，在贝加尔湖一带游牧。1516 年游牧到黑龙江下游。1742 年又从黑龙江的布特嘎旗（现在的扎兰屯一带）到陈巴尔虎旗，迁徙过来的有鄂伦春、达斡尔和鄂温克的索伦部落。他们先到海拉尔的扎兰木德、敏都河、海拉尔和牙克石中间，后来到海拉尔河和莫日根河一带。最开始以狩猎和游牧为生。民国初期，陈巴尔虎旗的牲畜达到 92 万头，马 8 万匹，人均牲畜达 150 只，当时确实出现了巨富的现象。出现了万马之家、万羊之家，万马之家的主人叫吉格特，一万只羊的有两户，说明当时牧业生产发达的情况。[②]

　　据我的印象，1953 年政府在这里建立新嘎查的。这里的老户是从

_____

　　① 被访谈人：BD，62 岁，蒙古族，牧民。访谈人：邢莉，访谈时间：2007 年 7 月，在锡尼河镇西苏木牧民家中。

　　② 被访谈人：陈巴尔虎旗畜牧干部，60 多岁，蒙古族。访谈人：邢莉，访谈时间：2004 年 8 月，在海拉尔陈巴尔虎旗。

阿尔山绕过齐齐哈尔游牧到这里的。1938年的时候,这里刚有7户人家,我们家族姓胡,到我这里已经是第五代了。关于游牧,我三岁时父母去世,七岁就给牧主放羊,一放就是二十多年。放羊多在大雁(镇)附近,最远走出四五十公里。经历过游牧生活,那时候羊群能在一块草场上吃两三个月,吃差不多了就换草场。三个人一伙,套上勒勒车,带着蒙古包,带上家当,一个人赶五六个车,见到草好,有水的地方就安上蒙古包。蒙古包里夏天烧牛粪,冬天烧羊粪,羊粪热量大,能取暖。羊一天走三十里地,人跟着走,羊不走了,人也停下来生火做饭。那时给牧主放羊有500—600只羊,都是走着放(游牧),那时草好,不像现在……①

草原游牧畜牧业与农耕区域的畜牧业有很大的区别。

1. 牧业的经营方式不同。前者的经营方式是“放牧”,后者的经营方式是“饲养”。放牧利用的是天然草原,并在游牧中建立了更广阔的生存空间。饲养畜牧业与农业生产之间存在依存关系,其分布地区多与农业生产结合。游牧型畜牧业是基本脱离农耕文化或是少许经营农耕文化的另一种文化模式。

2. 经营的牲畜的品种不同,规模也不同。游牧民族主要是以牛、羊、马、驼等食草性大牲畜为主,而且在野牧毡帐的生活中,牲畜分群游牧的规模是很大的。对此有学者分析了三点:(1)游牧业驯养的动物是群栖动物;(2)马牛羊等大型牲畜是草食动物;(3)“游牧经济中的主要牲畜如马、牛、羊、骆驼、驯鹿等皆有很好的移动力,且幼畜皆在出生数十分钟内便可行走移动,这在配合游牧经济的移动及节省人力上至为重要。”② 作

---

① 被访谈人:BLGD,男,73岁,布里亚特蒙古族,阿拉坦敖希特嘎查普通村民。翻译:敖日格勒,男,23岁,当地的鄂温克族,会蒙、汉、鄂、达四种语言,高中文化。据翻译介绍,BLGD是村中为数不多的年高且阅历丰厚的老牧民。他73岁,年龄在80岁以上的访问对象竟然很难找到。BLGD老人是典型的蒙古人相貌,颧骨较高,嘴唇较厚,面成古铜色,虽然已走路蹒跚,但从他的形体中依然能看出他年轻时健壮魁梧。老人会一点汉语,基本上能听懂我提的问题。访谈人:邢莉,访谈时间:2003年8月于其临时搭盖的蒙古包内。

② 王明珂:《游牧者的抉择:面对汉帝国的北亚游牧部族》,广西师范大学出版社2008年版,第8页。

图1.1.2 民国时期的迁徙

［日］鸟居きみ子：《从土俗学角度观看蒙古民族》，六文馆刊行。

者近年在海拉尔看到现在放牧的羊群规模达500只甚至800只以上。马在游牧民族的生活中占有重要的地位，而农耕民族的畜牧业是牛、羊、猪，没有马，并且往往以猪为主，其方式为圈养，最大的规模有几十只。猪不善移动，只能圈养。

　　通过以上描述，我们可以看出牧人生活习俗的特征。他们创造和传承的是与不动的、固定的农耕文化完全不同的另一种文化。"一种文化就如一个人，是一种或多或少一贯的思想和行为的模式。各种文化都形成了各自的特征性目的，它们并不必然为其他类型的社会所共有……"①

（二）草原的生态特征与牧人的生态理念

　　生态环境负载着人类的生存资源，既是民俗生成的资源基础，也标志着民俗在生态系统中的资源序位。蒙古高原地势较高，距海较远，边沿又有山脉阻隔，因而降水少而不匀，寒暑变化剧烈。宋人彭大雅在《黑鞑事略》里记叙了他的亲眼所见："出居庸关，则渐高渐阔，出沙井，则四野平

_____

① ［美］鲁恩·本尼迪克特：《文化模式》，浙江人民出版社1987年版，第45页。

阔，荒无际天，有远山，初若崇岭，近则坡阜而已。"《清稗类钞·蒙古道
路》条云："由张家口至库伦都凡三千六百里，出张家口，一望皆沙漠，淡
水殊少……"冬季严寒而漫长且干燥，夏短冬长，是亚洲冬季寒潮的策源
地。春季多风沙，夏季有雨，是典型的季风气候，气候变化多端。年降水
量由东部的 400 毫米降至西部的 100 毫米左右。而年蒸发量到达 1500—
3000 毫米，是降水量的数倍或者数十倍。总之，这里地域开阔，面积广
大，气候干旱，有的地区为荒漠，河流湖泊少，甚至存在人迹罕至的沙漠。

　　土壤是自然资源之一，是植物生长的场所。学术界认为这里的土壤为
栗钙土、棕钙土、灰棕钙荒漠土。在草原形成的过程中，这里原被木本植
物所覆盖，由于气候逐渐寒冷和干旱，森林生态环境逐步向半干旱、干旱
的草原生态环境演变。木本植物逐渐减少，而形成了一年一度的非种子繁
殖的多年生牧草。众所周知，草原植物本身可以在光照的条件下，以二氧
化碳和水为原料来完成自己的生命过程合成有机物，再把有机物转化为无
机物，归还给土壤。周而复始，循环不已。[①]

　　由于内蒙古区域的东部、中部、西部的地理位置不同、气候不同，降
水量不同，牧草的种类不同，每年的丰歉程度也不同。西方人类学的研究
通常是采取计算人类正常消费需要的水和食物的最低数量来估算某个环境
的负荷力。"从经济民俗的角度看，一定的地域或空间以一定的地理环境和
资源结构构成了人类物质生产活动的物的要素的直接载体，并在此基础上，
形成了操持不同生计的人类群体的社会组织和生产俗制。"[②] 牧人与农人不
同，游牧业为其生计方式，其生产俗制的特征是游动。

　　在现今地域的内蒙古，面积最大的是温性典型草原类（20 世纪 80 年代
草原普查数据），面积达 2767.35 万公顷，占全国草原总面积的 35.12%；
排第二位的是温性荒漠类，面积达 1692.13 万公顷，占草原总面积的
21.47%；第三位为低地草甸类，占草原面积的 11.76%；第四位为温性草
甸草原类，占草原面积的 10.95%；第五位为温性荒漠化草原类，占草原面
积的 10.68%；排在第六位的为温性草原化荒漠类 6.84%；其他类型草原

---

　　① 参见张明华《中国的草原》，《中国草原的形成》部分，商务印书馆 1996 年版，第 2—11
页。

　　② 江帆：《生态民俗学》，黑龙江人民出版社 2003 年版，第 339 页。

所占比例较小。

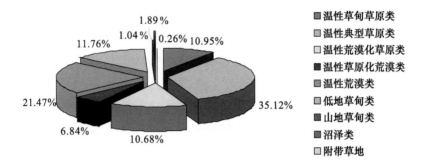

图 1.1.3 草原资源

　　传统的蒙古族游牧文化的生成与大自然赐予的生态环境有极为密切的关系。美国生态学家约瑟夫·格林内尔 1917 年提出"生态位"的重要概念。英国生态学家埃尔顿对这个概念进行进一步的研究。他把生态位看成是"物种在生物群落中的地位与功能作用"，[①] 强调的是物种与物种之间的营养关系即功能关系。民俗生成所依赖的资源关系，即是民俗在生态系统中的资源序位。"简而述之，民俗的资源生态位表现的是民俗的生成与演化需要怎样的条件与背景。"[②] 草原的生态位的特质是干旱少雨、土壤贫瘠。正是由于这个原因，牧人才选择了游牧的生活方式。这是由其占据着干旱、半干旱草原的生态位决定的。游牧是牧人接受了脆弱草原的挑战："当干旱过程达到一定程度，当草原不再能为游牧民族所饲养的畜群提供足够牧场饲料的时候，他们为了不改变生活方式，就要改变生活地点，必须不停地移动和迁徙，这样他们就成了游牧民族。"[③]

　　在很长时间内，人们认为农耕文化的技术含量很高，而游牧业似乎不需要人类的付出。这种认识有很大的偏颇，是极其不科学的，也是不公正的。苏联学者 N. R. 兹拉特金指出：游动也是一种劳动。而这种劳动是与

---

① 李博主编：《生态学》，高等教育出版社 2001 年版，第 103 页。
② 江帆：《生态民俗学》，黑龙江人民出版社 2003 年版，第 333 页。
③ 敖仁其主编、敖其等副主编：《制度变迁与游牧文明》，内蒙古人民出版社 2004 年版，第 337 页。

生态因素联系在一起的。"在当时的生产力水平上，迁徙乃是使草场恢复肥力的唯一可能的方法。这就使畜牧者们为迁徙而耗费的劳动成为农业劳动的一种变种。"① 农耕民族的劳作是向土地索取，游牧民的劳动首先表现在保护草原。游牧业需要草场，当人的劳作投入到天然草场的时候，游牧人掌握了干旱、半干旱草原自然状况：气候、土壤、水源、植被、风向等的规律，按照规律而主动选择了轮牧的生活方式，蒙古族谚语说"搬迁草地好，请教父亲好"。这是他们的生存经验。"游牧是由自然、家畜、人三要素组成的生活方式。"② 大多数草原植被和干旱草原（草和灌木）以及苔原（苔藓、莎草）等自然资源是人类无法消化的，"在生态系统的生物链中绿色植物是第一营养级，食草动物是第二营养级，食肉动物是第三营养级"。③按照牧人的解释，草养羊，羊吃草，我吃羊。游牧生活的逻辑是草原养活了家畜，家畜维系了人的生存之需，所以草原是人的生存之依，生存之源。正是从生计方式和保护草原的立体思维出发，牧人选择了游牧的生活方式。游牧放牧制度的合理性在于：

其一，有利于牲畜均匀采食，植被得以均匀利用。牧民根据畜种的营养需要，按季节分地区轮牧或倒场轮牧，既保证植物的嫩绿及其营养，又保持草场一定的覆盖度，而牲畜利用的只是剩余的生物量。④ 掌握这一规律的蒙古族牧民便有意识地采取轮牧或倒场的游牧方式，保护草场的地表层，保证草场的草木常年茂盛。牲畜每天可以在相当长的时间内在未放过牧的草场上获得新鲜饲料。在一定的地域范围内，产草量不能满足畜群采食量的时候则需要移动。

其二，游牧可以使牲畜减少寄生虫病和其他传染病，同时对草原有施肥作用。另外，同一类家畜在同一草场上的排泄物日益积累，不仅不能成为肥料，反而会变成有毒物，造成草场的退化，甚至流行传染病。游牧可以防止牲畜疾病的发生。

————————

① ［俄］N. R. 兹拉特金：《游牧民族社会经济史的几个问题》，《民族译丛》1981 年第 5 期。

② ［波斯］拉施特·哀丁主编：《史集》，余大均、周灵奇译，第 1 卷第 1 分册，商务印书馆1983 年版，转引自乌云巴图葛根高娃《蒙古族传统文化论》，远方出版社 2001 年版，第 304 页。

③ 张秉铎：《畜牧业经济辞典》，内蒙古人民出版社 1986 年版，第 25 页。

④ 参见内蒙古农牧学院主编《草原管理学》，农业出版社 1981 年版，第 86 页。

其三，防止过牧造成草牧场的退化，保证草场的再恢复。牧民认为，无论对何种草场年复一年放牧同一种牲畜是不行的，如羊群就不能长期放牧在同一个草场上。因为羊的尖锐的蹄子长期踏上同一个草坪，容易破坏地表植被层，造成风蚀沙化。经过不同牲畜吃完的草，经过一年时间或一年以上的时间才能恢复。游牧就是牧民保证草的恢复的最基本的办法。

蒙古族的谚语说：被牲畜采食过的土丘还会绿起来，牲畜的白骨不会白扔到那里。素朴形象的语言，道出深刻的生态哲理。其游牧的生活方式不仅仅是满足牲畜吃草的需要，遵循着自然规律进行的有序的劳动。而被牲畜采食过的牧草恢复的程度与游动存在着密切的关系。牧民移动的频率影响牧草长势的雨量（湿度）、温差、风力等综合因素。与农业的种植不同，农业的种植技术决定农业的收获，而牧场的出草量存在着更多的自然因素，如雨水的大小、风力的强弱等因素。适应的本质就是游动，也是牧民生存的抉择。当一个孩子问他的母亲，我们蒙古人为什么总是游牧，就不能定居在一个地方吗？他的母亲告诉他，如果在一个地方定居，那么，地母神额图根会很疼的，只有当蒙古人游牧时，地母神身上的血液才会畅流，她才会感到浑身舒畅。在草原上游牧民所从事的劳动——游动`，与五畜、草场和气候构成了生态系统的一个组成部分。人是文化的人，人与自然的关系是通过文化的中介表达的，游牧的生活方式是在草原生态位生存的牧人的一种特殊的文化表述和文化选择。

"整个所谓世界历史不外是人通过人的劳动而诞生的过程。"[①] 牧人通过牧业劳动，这里的劳动主要指的是游动，把自己符号化了。他们通过一年四季有规律的移动保证了大草原的生态，同时又维系了自己的生存。在蒙古民族的思维里，"'畜群——马勒'成了表示财富的概念，成了价值的标准。水、草——'乌孙额伯苏'这两项，或其同义词游牧——'努图克'、'农图克'表示作为最高价值和集体统一的故乡的概念。直到13—14世纪，亦即封建主义国家建立的时代，畜群和水草在蒙古语中依然常常用作上述意义"。[②]

---

① 《马克思恩格斯全集》第42卷，人民出版社1979年版，第131页。
② ［俄］维克托洛娃：《蒙古人、民族起源与文化渊源》，陈弘法译，载内蒙古大学蒙古史研究所编印《蒙古史研究参考资料》第38辑，第19页。

学术界认为传统的游牧制度的核心是游牧—轮牧制度。游牧—轮牧制度是游牧民在把握干旱或者半干旱草原的生态特征的基础上的一种生存抉择。（1）由于草原的降水量少，特别是在时空分布上差异很大，游牧可以充分利用牧草资源，保持草—畜—人的平衡关系。（2）为了保障游牧—轮牧制度的运行，牧人积累了丰富的牧业经验，包括游牧的民间制度、民间禁忌、民间法典以及与其相适应的生活惯习，协同了人与自然、人与社会、人与人之间的关系。这是人类的地方性知识的一座宝库。由于史书记载的缺乏和人们对于民众知识层面的无知，常常把游牧生活归于蓝天白云的想象，甚至把"游牧"这种与农耕民族不同的生活方式看成漫无目的的，随意的，没有技术含量的"游乐"。"对于人类学家而言，每一个民族的概念性世界都是独一无二的，只有从该民族的眼光去了解，我们才能掌握文化真正的意义。"① 在此我们加强一下对迁徙的生活方式的深度理解，那就是牧人所付出的劳动，他们的劳动既维护了千古草原，又维系了这方土地的人的生存。

（三）牧人生活的节律与草原生态时间

游牧的生活方式要掌握游牧的时间。当然时间的一维性质是基本存在，但是对于人类学家和民俗学家来讲，如果没有负载时间意义的密码，我们便无法谈论和分析它。人类学家埃文思·普里查德在时间上的著名论述是所谓的生态时间，在这个概念的使用中，涂尔干的结构思想和马林诺夫斯基的功能主义得到了综合。在《努尔人》这本书里，时间被区分为两类，一类是生态时间，主要反映人们与环境的关系；另一类是结构时间，主要反映人们在社会结构中彼此之间关系。他对时间的认知主要是通过自然与生命的面貌与体征从外部反映出来。我们可以将这种时间的表现和对时间的认识置于生命"物理展示"层面来看待，同时体现对时间独到的体会和运用。② 我们倾听一下牧人的表述：

内蒙古鄂温克旗在游牧时分为冬季牧场、春秋季牧场和夏季牧场。

---

① 李亦园：《人类的视野》，上海文艺出版社1996年版，第11—12页。
② 参见彭兆荣《旅游人类学》，民族出版社2004年版，第113页。

每年 6 月中旬开始转场放牧，即由春营地转到夏秋营地放牧。每年 9 月末从夏秋营地到冬营地，每年 4 月从冬营地到春营地。这种转场放牧称走"敖特尔"。本旗的夏营地主要分布在伊敏河、辉河、锡尼河的两岸，尤以辉河夏营地最好。到了 6 月中旬，牧民骑着马，赶着牛、马、羊群，边走边吃草，在畜群前面或后面有一长串的"勒勒车"，几辆甚至十几辆，车上装着蒙古包、生产用具、生活用品等。"勒勒车"多由牛拉，妇女儿童坐在前面有棚的车内，后面一辆接一辆连在一起。到下午 5—6 点时，牧民停止前进，做饭并就地过夜。妇女儿童住在勒勒车内，男人睡在勒勒车下。黎明时即开始做饭，饭后起程，每天大约行进 15—25 公里，直到夏营地。①

（1）冬季放牧：鄂温克旗地处高寒地区，冬季气候寒冷，风雪频繁，牧民选择低洼地或山间盆地、谷地作为冬季放牧场或冬营地。冬季放牧的主要方式是先放远坡，后放近坡；先放高处，后放低处。每当风雪袭击的时候，畜群不远离棚舍，并逆风赶放，以免失散和便于赶回宿营地。冬季幼弱和部分母畜（主要是牛）扎营于冬营地补饲，而采食能力较强的马和羊靠降雪游牧于缺水草场或较远的牧场。牛大部分在冬营地，少部分在河套、沙窝、灌丛及芦苇等较背风的草场上半补饲半游牧。

（2）春季放牧：放牧度过漫长的冬季后，膘情极度下降，体力衰弱。故牧民首先加强牲畜的整顿和组群，将怀胎母畜、已产母畜及瘦弱畜组成一群，主要选择阳坡、背风暖和、近而好的草场放牧；膘情和体力较好的牲畜为一群，在较远的草场上放牧。春季风冷，放牧时家畜易顺风跑失，故顶风出牧，顺风归牧。其次，注意避免"跑青"。青草萌发时期，先放阴坡，后放阳坡或平地，逐步由枯草过渡到青草，以保证牲畜体力恢复。

（3）夏季放牧：夏季是各类牲畜抓水膘的关键时期，但气候炎热，蚊、蝇、牛虻等昆虫活动猖狂，牧民选择有野韭菜、野葱、野蒜的高岗地草牧场或集中在河流、湖泊、井泉边等饮水点周围及较远的林间草场上放牧，

---

① 被访谈人：隐名，男，73 岁，布里亚特蒙古族，阿拉坦敖希特嘎查牧民。访谈人：邢莉、桂丽，访谈时间：2004 年 7 月，在其家中，敖日格勒翻译。

以躲避酷暑和蚊虫的叮咬，并能解渴、驱虫。①

> 夏营地选择在山区，这里接着林区，比较凉快，这里的草的品种很多，牲畜可以吃到各种各样的草。呼伦贝尔大草原是人间的宝贝，这里产的草达 130—140 种，牲畜可爱吃了。秋营地选择在土质碱性大的地方。牲畜需要碱，这是抓膘的季节。冬营地草稀，选择草地质厚，草长得密的地方，这样便于牲畜趴卧。过去有一种牲畜特别爱吃的布驼洛草，现在不长了。春营地选择在草场好的地方，选择避风遮风的地方，这样便于接羔。②

从上面的牧人的叙述中，我们可以体会到牧人"逐水草而居"的生活时间。生活时间不同于上述的自然时间，"民俗性的时间和空间，就是人们实际居住和生活的时间和空间，是人类足迹所至、往来驻留形成的现象"。③牧民的生活时间是由生态时间决定的，生态时间包括季节、草的状况、水资源的状况等诸种因素。牧人根据生态时间决定了其生活时间的选择。民俗学者在界定"他者"的时间意义时，融入了生活时间的理念，那么"地方时间"便有了空间价值：一方面，它是不同族群和社会单位的表述，包含着不同单位时间的同质/异质关系；另一方面，它是相对"全球化"的所谓本土性的叙述。

就游牧的蒙古民族来说，其生活主要是指其每年迁徙的时间和迁徙的空间。其一，视季节的变化而选择；其二，视草长的情况而选择；其三，

---

① 材料背景：巴彦嵯岗苏木位于内蒙古自治区、鄂温克族自治旗东北部，东经 120°04′45″—120°52′22″，北纬 48°43′57″—49°11′06″之间。北与海拉尔市哈克乡接壤，东与牙克石市为邻，东北方与大雁矿区为邻，南和西南与锡尼河东苏木为邻，西靠巴彦托海镇。全苏木土地面积 924.12 平方公里。全境西北低东南高。西北部为低山丘陵，海拔 630—930 米；东南部为山地，海拔 950—1100 米。最高点位于锡尼河东苏木、牙克石市交界的大布德尔山，海拔 1257 米。境内主要河流有莫和尔图河、莫克勒河、北亚格尔河、东亚拉河等。邢莉、中央民族大学民俗学硕士王玉光根据对巴彦嵯岗苏木牧民访谈整理于 2004 年 7 月。

② 被访谈人：隐名，男，73 岁，布里亚特蒙古族，阿拉坦敖希特嘎查牧民。访谈人：邢莉、桂丽，访谈时间：2004 年 7 月，在其家中，敖日格勒翻译。

③ ［韩］李窗益：《民俗的时间、空间和近代的时间、空间——祭仪时空间的变化》，载周星主编《民俗学的历史、理论与方法》，商务印书馆 2006 年版，第 533 页。

视水源的情况来选择，内蒙古草原缺乏表流，只有下雨的时候形成表流，牧人称为"水泡子"，游牧需要寻找有水源的地方；其四，视地势的情况而选择，例如是否通风等。

由于内蒙古地区的地域不同，也就是生态环境给人们提供的资源不同。不同地区的转场时间不同。

表 1.1.1　　　　内蒙古牧区牲畜转场时间：四季营地、两季营地

地区	春季	夏季	秋季	冬季	夏秋季	冬春季
呼伦贝尔盟北部牧区	5月上旬	6月下旬	9月上旬	11月下旬	6月上旬	10月下旬
锡林郭勒盟北部牧区	4月下旬	6月中旬	9月中旬	11月上旬	5月中旬	10月下旬
乌兰察布盟北部牧区	4月中旬	6月中旬	9月下旬	11月中旬	4月下旬	11月上旬
西部牧区	3月下旬	6月下旬	9月下旬	11月下旬	4月上旬	11月上旬

材料来源：王文辉主编《内蒙古气候》，气象出版社1990年版，第219页。

由于所处的地理位置的差异，游牧民的迁徙根据当地的物候情况而有差异。其迁徙不超过一定范围，其四季牧场有明确的地点和方位。根据牧草和气候的状况做出适当的调整。"蒙古族人民的游牧生活恰恰构筑了天（气候环境）、地（土壤营养库）、生（生物多样性）、人（人群社会）的复合生态系统，是历史条件下能量流动与物质循环高效和谐的优化组合。"[①]牧业生产是在自然生态环境中游牧食物链的基础上，加进了人类的生产活动，是一种短链生产，因此它必然受自然环境的约束，认识自然规律是游牧文化的根基，游牧人通过对自然界日月星辰天体的观察、对冷暖干旱气候的观察、对草木荣枯兴衰的观察，积累了丰富的选择草场的经验。他们遵循：

（1）气候冬长夏短的节律。从祖国大兴安岭以北经东北向西经阿尔泰山山麓，再由西北向南与古老的羌藏高原相通，这里形成了一个半月形的游牧文化圈。这个地域属于欧亚大陆的深处，无法受到南来的暖流和北冰洋暖风的影响，这里干燥少雨，温差很大，温暖季节短，寒暑变化剧烈。

----

① 敖仁其主编，敖其等副主编：《制度变迁与游牧文明》，内蒙古人民出版社2004年版，第323页。

"无四时八节，四月八月常雪。"由于气候的变化复杂，以及草场植被生物量的锐减，牧业区域常常受到黑灾、白灾的袭击。黑灾是没有水的焦渴，白灾是暴风雪的袭击。历代对牧业地区黑灾和白灾的记载比比皆是，史不绝书。为躲避自然灾害的袭击，牧人必须游动。

（2）草场类型和恢复草场的规律。《调查杜尔伯特旗报告书》中说："无论青草如何繁茂，经牧十日遂即一片，必需移牧他处。不特冀留草根，以待滋漫，即牧畜无食，亦必逃亡。蒙古人逐水草而居，正以养牧之故，亦突出于不得已也。"① 这种表述语言虽然不够科学，但是总结出牧人需要"游走"的原因。在这个相对封闭的牧业文化圈内，草场的类型相当复杂，牧人要满足不同种牲畜觅食的多样性和足够的采食量。据调查，不同的牲畜爱吃的草类也不尽相同，羊喜欢吃白蒿子，牛喜欢吃尖草，马喜欢吃尖草和哈拉禾奈（一种草的名字），骆驼喜欢吃榆树叶子。草原上生长着各种饲用植物，不同的饲用植物的适口性随放牧牲畜种类及季节生长发育阶段而变化。绵羊主要喜欢采食营养丰富，比较干燥的细小禾草、蒿类和葱属植物，不愿采食高大的禾草类和苔草类。山羊所采食的饲用植物基本与绵羊相似，但一般较粗糙的饲草也可满足需求，灌木的嫩枝、叶及花果山羊也能很好地食用。牛喜欢采食植株较高大、柔软多汁的阔叶草类，对灌木则不愿采食或不食。马喜食干燥、较粗硬而有香味的草类，它对杂类草和灌木类采食很差。骆驼喜采食干燥、粗糙具有辛辣气味的、多盐的草本和半灌木。

植物的发育时期、体内化学成分的变化等因素决定牲畜对于饲草的选择。有的植物一年四季牲畜都喜食，如隐子草属、冰草属、冷蒿等营养价值高、较柔软的饲草。有的植物因为有刺，有味儿，有毒素，不能四季采食，只能避开某一季节家畜才能食用。如针茅属的一些植物，在结实期其颖果壳易刺伤牲畜的皮肤、口腔等，所以这些植物的利用，应当避开结实期。锦鸡儿属植物，由于茎上有坚硬的刺，骆驼四季都能很好地利用，羊只选择性地采食芨芨草、沙鞭等较粗糙的饲草，在夏秋季节牲畜几乎不愿采食，而在冬春季节则具有良好的饲用价值。很多蒿类，由于夏季具有香

---

① （清）叶大匡、春德：《调查杜尔伯特旗报告书》，于清朝宣统二年（1910）撰写的调查报告书，原稿为手写，现藏于中央民族大学图书馆。有内部铅印本。

气和苦味，只在秋冬霜冻后，家畜可采食枯黄的叶丛。披针叶黄花、苦豆子等植物体内含有毒素，青鲜时牲畜不食，等到植物干枯后，家畜可采食。盐爪爪、碱蓬等植物体含盐量高，在夏秋季除骆驼外，其他牲畜则不食，待干枯后，体内盐分减少，羊也可采食。马粪在冬春季是羊的主要食物。五畜之间是互补的。夏秋季的马粪，到了冬春后羊就当干草料吃。尤其在灾害时常被吃得精光。

　　牧民常年在草原上放牧，已熟悉和掌握了各种牧草的饲用特性及家畜的采食习性，根据牧草发育状况和家畜的体况而选择适宜的放牧场。春季气候变化无常，且多大风，此期牲畜膘情很差，牧民在春季选择开阔向阳、风小的地方，或低平浅谷而植物萌发较早的草场放牧。夏季是家畜体力生长旺盛的时期，放牧选择在植物生长茂密，种类多而草质好的草场。秋季天气逐渐转向寒冷，牧草开始干枯，牧民多选择葱属、蒿属占优势的草场，此类草场植被多汁、干枯较晚、结实丰富，适合秋季抓膘。冬季天气寒冷，牧草枯萎低矮，营养成分及适口性差，冬季放牧要求植物枝叶保存良好，覆盖度较大，植株不易被雪埋没，芨芨草、碱草、针茅、柠条、霸王等类型的草场都适合用作冬季放牧场。有一首古老的民歌唱道：

　　　　春天到了，草儿青青发了芽，本想留在春营地，故乡荒芜，路途遥远，我们还是走吧。

　　　　夏天到了，百花齐开放，本想留在夏营地，故乡荒芜，路途遥远，我们还是走吧。

　　　　秋天到了，草木已枯黄，本想留在秋营地，故乡荒芜，路途遥远，我们还是走吧。

　　　　冬天到了，草木纷纷凋零，本想留在冬营地，故乡荒芜，路途遥远，我们还是走吧。[①]

　　在历史上实行的游牧制是有周期性的，游牧是利用草场各个季节植被的差异，牧人以在一定的范围内满足牲畜食草的需要。他们游牧的周期是

---

① 　内蒙古社会科学院研究员满都夫先生提供，作者听其演唱记录。

一年。研究者把游牧的生活方式看做自然对人的要求和人适应自然的选择，其中包括选择适当的畜群和畜种；选择适宜不同季节、不同畜群的放牧地点；游动所带来的畜群管理与技术；牧场水草区划的惯制；选择与游牧相适应的生存设备和生活用品；成立能够抵抗自然灾害的社会互助组织；传承爱草场如生命的行为习惯，等等。而由此派生出来的牧人的衣食住行、婚丧嫁娶、宗教信仰、伦理道德以至工艺器皿、文化教育必须与其游动的生活相适应。这一点形成了游牧族群的文化特质和文化精神，形成了与农耕民族的巨大差异。

农耕民族视土地为命根子，蒙古民族视牧场为生命线。对于游牧业来讲，决定其发展的关键因素不在于土地占有的权利，而更多地取决于游牧权利，只有在游牧的过程中，才能维持生态的平衡和族群的生存。所以牧场在蒙古族游牧业的生活中居于极为重要的地位。学者认为："土地、牧场在蒙古游牧社会中起着决定性生产资料的作用……牧地在游牧畜牧生产中不是一般意义的'天然牧场'，不能说这些用地没有间接表现出游牧畜牧者的劳动。牧民投入迁移中的巨大劳动不仅是为了开发新牧地，而且是为了要使已经用过的老牧场恢复肥力。迁移是牧民恢复用过的牧场的饲料资源唯一可行的办法。"① 游牧是蒙古民族对利用自然资源而生存的智慧的选择。在壮丽的蒙古史诗中，纷扰的战争往往是因为争夺牧场而引起。游牧业与放牧业最大的不同在于空间的拓展。

探究游牧文明千年不衰的原因，就自然环境来说是地域广大，就人文原因来说是人口稀少，"整个游牧制度是建立在粗放经济及人口分散的原则上，是对农业民族的精深经济和人口集中的一个极端的反向发展"。② 当代学者综合了 20 世纪 20 年代的记载，得出这样的结论：10—19 世纪初期的蒙古牧民 5 口之家，正常生活大体需要 14—15 头牛，70 只羊，13 匹马……每个家庭在草甸草原地区需要牧场约 900—1200 亩，在典型草原需要 1350—1800 亩牧场，而在荒漠草原就需要 30000—60000 亩牧场。③ "在

---

① ［俄］伊·兹拉特金：《准葛尔汗国》，马曼丽译，商务印书馆 1980 年版，第 379 页。

② ［美］拉铁摩尔：《中国的亚洲内陆边疆》，唐晓峰译，江苏人民出版社 2005 年版，第 331、332 页。

③ 朋·乌恩：《蒙古族文化研究》，内蒙古教育出版社 2007 年版，第 92 页。

天然牧场上饲养牲畜，几乎不需要任何费用。这里起决定作用的，不是土地的质，而是土地的量。"① 这样导致了"中国北方地区几千年的游牧经济，就是通过它的游牧生产方式，创造了公地养牧的文明"。②

　　游牧生活需要分散，所谓分散是指其领域的广阔和居住的分散。"蒙人生涯，端资牧畜，孳养生息应需广阔之领域。聚族而居，实与其生计不能相容，故村落之集团，多不过二三十户，少或二三户，远隔数里，或十余里。开放地域外，几无市街，平沙无垠，人迹罕见，草泉深处，始有人居，其与内地比邻者，情形稍异。"③ 以牧业为生计的家庭，一般维持5口之家。据统计，清末调查蒙古族家庭平均人口每户为4.64人。与农耕的汉民族可能存在十几个人甚至几十个人的大家庭不同。逐水草而居的放牧方式人口不需要集中，过多的集中不利于牲畜的放牧和草原的恢复。在内蒙古，区域自然资源（主要包括草场、水）为人类提供的资源量是有限度的，并非是取之不尽，用之不竭的，学术界测算，其单位土面积的平均人口的承载力只有东部地区的十几分之一，甚至几十分之一。所以与农耕区域比较，内蒙古草原的人口密度小，是由于草原所提供的生产资料的资源和生活资料的资源即其生态环境容量不能承载过多的人口。合理使用脆弱的草原需要牧人掌握五畜平衡的技术。"骆驼、牛、马、羊需要不同的管理，它们在不同的牧场上生长。各类牲畜的所有权与畜产品使用的组合形成多种多样的优势。每一种不同的组合，都需要重新调整那个部落所需要的牧场及可供多年游动的范围。"④

　　分散性的特征是维持人、草、畜之间平衡关系的需要。为了牲畜的繁殖和便于管理，往往采取分群放牧的方式。"牲畜数量的增加必然导致分群，分群则必然要求寻找新的草场；扩大草场，是游牧经济的发展的内在需要。所以分群发展决定了游牧经济的分散性。"⑤ 在传统牧业生活中，结婚的儿子要离开父母，另立蒙古包。与农耕民族不同，游牧者的社会团体

---

① 马克思：《资本论》第3卷，人民出版社1975年版，第756页。

② 刘明远：《论游牧生产方式的生产力属性》，《内蒙古社会科学》2005年第5期。

③ 临川花楞：《内蒙古纪要》，中华民国五年版，第38页。

④ ［美］拉铁摩尔：《中国的亚洲内陆边疆》，唐晓峰译，江苏人民出版社2005年版，第331、332页。

⑤ 刘高等主编：《草原文化与现代文明研究》，内蒙古教育出版社2007年版，第90页。

也是处于变动之中的，可能有些人在某一时期是完全独立分散的，而到了另一时期另一地方会马上结成强大的群体，建立新的广泛的联系。游牧民族的生产、生活方式与农耕民族有很大的不同，在农业社会里，土地的拥有权至关重要，而在牧业社会里，牧人需要的是草场的移动权。"而'所有权'就是循环移动的权利。"① "在技术—经济体制里发生的这一新的分工，在功能上与此前发生分工的性质相同，但是在结构上却大不相同；对于与牧业社会共生的农业社会而言，这里发生的不是分裂为具有同一文化和同等技术水平的两个社会的有趣现象，而是出现两个不同的技术—经济体系，它们在经济上有联系，但被分割成两个社会结构，彼此在婚姻关系上不再互为补充，往往不相来往。"②

二　蒙古族游牧文明的标志性符号

有的学者认为游牧民族"文化积累远远不如农业民族，且因接触面广，文化随时变迁，很难形成世代相承的文化传统"。③ 的确，与农耕民族相比较，游牧文化缺乏累积性，但是缺乏累积性与没有形成文化传统是两回事。"游牧和农业一样，是人类历史上很重要的生活类型之一。"④ 作者认为：与农耕文化一样，游牧文化是体系文化，它是维持牧人的生产方式和生活方式的具有整体性的世代相承的文化。蒙古牧人继承先前游牧人的传统并且继续创造累积的游牧文化，在长期的传承中，形成了具有标志性的文化符号。⑤ 那么草原游牧文化的标志性符号是什么呢？西方对于文明的理念是唯有城市才会有文明，对于西方学者有关文明的标准以城市界定，我们提

---

① ［美］拉铁摩尔：《中国的亚洲内陆边疆》，唐晓峰译，江苏人民出版社 2005 年版，第 44 年。

② 转引自葛公尚、曹枫编译《狩猎民族游牧民族》，中国社会科学院民族研究所 1982 年版，第 164 页。

③ 史继忠：《论游牧文化圈》，《贵州民族研究》2001 年第 2 期。

④ ［日］松厚正毅：《游牧世界》，杨海英审译，赛音朝格图译，民族出版社 2002 年版，第 4 页。

⑤ 所谓民俗志的标志性符号，主要包括："第一，能够反映这个地方特殊的历史进程，反映这里的民众对于自己民族、国家乃至人类文化所作出的特殊贡献；第二，能够体现一个地方民众的集体性格，共同气质，具有薪尽火传的内在生命力；第三，这一地方文化事项的内涵比较丰富，深刻地联系着一个地方社会中广大民众的生活方式。"（刘铁梁：《标志性统领式民俗志的理论与实践》，《北京师范大学学报》2005 年第 6 期）

出质疑。我们认为，每个族群为了适应不同的生态环境，都创造自己独特的文明类型，世界文明是多元的，不能用西方学者的标准去厘定和衡量不同族群的文明类型，更不能生吞活剥地套用西方文明的理念。

人是符号化的动物。人从物质世界出发，通过实践活动，开创建立了文化符号特征的第二世界。人类学家指出：符号系统的原理，由于其普遍性、有效性和全面适用性，成了打开特殊的人类世界——人类文化世界大门的秘诀！① 每个族群为了适应不同的自然环境和人文环境，都创造自己独特的区别于其他族群的标识性文化。我们认为，马、车与蒙古包是蒙古民族并且可以上溯到其他游牧民族的标志性的民俗文化符号。

图 1.2.1　古代的车与马　采自中国画册

（一）车、马、帐是蒙古族游牧文明的标志

世世代代在蒙古草原休养生息的蒙古族群之所以能够在草原上长期维

---

① ［德］恩斯特·卡西尔：《人论》，甘阳译，上海译文出版社 1985 年版，第 45 页。

持自己族群的稳定生存和繁衍，而且还保持了草原完好的草肥水美的自然
生态，是因为他们自觉地选择游牧的生活方式，创造了维持牧人生存的游
牧文化。与静态的农耕文化相比较，蒙古族传统的文化是一种动态的文化，
对此史书上常以"迁徙不定"、"居无定所"、"游走不定"等来表述游牧文
化的特征。这样的表述虽然欠深刻，但是却说出了游牧文化的本质特征。
蒙古族的"游牧文化"就是一种"行"的文化，文化中一切物质的建设和
观念都是围绕着"行"来完成的，行——流动是对来自大自然能量的节约，
同时又是生存能量的不断获取。"行是一种运动状态，物质一向是在运动状
态中才常有的。"① 这种世代传承的"行"的文化已经构成尊重草原自然规
律，确立草原发展的文化维度。

　　蒙古族是在世界文明史上颇有影响的民族。在各类非农业生产类型中，
游牧型畜牧业（简称游牧业）虽然起步较晚，但无论在人类社会发展的历
史进程中，还是在由人类活动而塑造的人文景观中，都起了至关重要的作
用。因此许多学者就游牧业与骑马民族的产生提出了多方面的见解。美国
学者欧文·拉铁摩尔（Owen Lattimore）则就中国历史背景指出，草原游牧
的产生与马的应用关系密切。② 他认为黄河中游的农耕文化不可能向草原拓
展，游牧民族建立了与中原脱离的游牧社会，马的应用至关重要。这不同
于中原人的战车及骑马使用马，"是因为它能提高依草原为生的牲畜及依牲
畜为生的社会间的联系的效率与特征"。③ 游牧民族被冠以"骑马民族"，
这是其与农耕民族区别的标志。江上波夫的《骑马民族国家》一书，曾引
起了学术界对游牧民族的广泛关注。他认为骑马民族的产生和发展，极大
程度上决定于地理环境。尤其欧亚大陆中部的茫茫草原，既因干旱缺雨而
无法进行农耕，又没有大型食肉动物对草原牲畜造成威胁，是理想的牧
场。④ 他分析了由于马的作用，游牧人有一个大的历史飞跃，由游牧人走向

---

　　① 乌云巴图、葛根高娃：《蒙古族传统文化》，远方出版社 2001 年版，第 302 页。

　　② Owen Lattimore, *Inner Asian Frontiers of China*, New York: American Geographical Society, 1940。

　　③ ［美］拉铁摩尔：《中国的亚洲内陆边疆》，唐晓峰译，江苏人民出版社 2005 年版，第 43 页。

　　④ 参见［日］江上波夫《骑马民族国家》，张承志译，光明日报出版社 1988 年版，第 3—5 页。

了骑马民族。在进入前一千纪的时候，骑马术的出现在世界文明史上也有着不可低估的重要意义。真正的游牧文明的标志是骑马游牧国家的出现，这是与农耕文明有区别的另外一种文明类型。

规律的游牧生活必然要骑马，游牧民族往往以马代步，骑马放牧，骑马迁徙。在游牧族群中，马是他们生产和生活的伴侣，马是他们最大的财富，马是他们与农耕民族相区别并且交流的文化符号。游牧民族与农耕民族都使用马，但是有很大的不同，游牧民族在日常的游牧生活中骑马——马是他们放牧生活的重要工具和伙伴。草原游牧民族没有马就寸步难行。草原蒙古族有这样的谚语：没有马蒙古人就没有脚，不会骑马的人不是蒙古人。蒙古族的孩子三岁就扶上了马背，马背上生，马背上长。

在五畜中居第一位就是马。为什么？马是蒙古人的朋友。蒙古谚语中有"马是玛瑙宝物"这一说法。也有的说马是蒙古人的命。没有马，怎么游牧，游动靠的是马。一天不让我骑马，就等于把我关起来，就等于不让我走路。①

马是很有用处的。我和马是有感情的。就我和老伴我们俩，生孩子的时候依靠的都是马，那时候没有摩托车。老伴临近分娩时备了好马等着，其他的马都在草场里放牧，就把这匹好马备着，去苏木二三十里地立刻就能到。生第一个孩子时妻子已经进入昏迷状态，我当时很慌啊，天黑极了，外面羊群也没人看守，还好正好备着一个好马，把牛羊圈进铁丝网里，那会儿刚开始拉网，骑上就奔，到苏木找来了医生，保住了大人和小孩的性命。②

马是好东西，蒙古人不能没有的宝贝。只要有了马，遇到什么灾害都没有问题。再好的汽车也代替不了马。灾害的时候，它们自己就能够寻草吃，它们刨开了雪，后面的羊就能吃草了。放牧时，马是最有

---

① 访谈对象：SBDDE 的父亲，男，蒙古族，60 岁左右，东乌旗道特镇奈日木德勒嘎查牧民。访谈人：中央民族大学民俗学硕士白丽丽，访谈时间：2007 年 5 月，在东乌珠穆沁旗。

② 同上。

用的，马还帮助牧人把羊群赶入圈……①

在此我们应该明确农耕民族使用马与游牧民族使用马有根本的不同。农耕民族用马主要是运输，或者是以马犁地、以马挽车、以马运输。而游牧民族用马主要是乘骑。前者是载物，后者是载人。载物与载人有很大的区别。以马载物，对马的驾驭比较简单，而骑马游牧或者骑马射箭需要相当高超的技艺。在广袤的草原迁徙可能是百里甚至千里，马带领牧人开拓了牧场。"马的使用，是人类社会生产力发展的巨大进步，也是游牧社会发展变化的重要物质基础。马的使用不仅使游牧成为可能，而且引发了游牧社会生产力的一系列变革和进步。"②

图 1.2.2　骏马英姿　邢莉摄

游牧民族的生存方式与农耕民族的生活方式的区别就在"移动"两个字上，游牧的重要特征是其移动性。马克思指出："游牧，总而言之流动，

① 被访谈人：EERQM，男，蒙古族，50 岁，牧人。访谈人：邢莉，访谈时间：2003 年，在呼伦贝尔鄂温克旗。

② 包玉山：《蒙古族古代游牧生产力及其组织运行》，《中国经济史研究》2000 年第 2 期。

是生存方式的最初形式，部落不是定居在一个固定的地方，而是在哪里找到草场就在哪里放牧。所以，部落的共同体，即天然的共同体，并不是共同占有和利用土地的结果，而是其前提。"① 要养活牲畜这个活物，就必须随水草而迁徙，而迁徙的工具是车辆。车构成了游牧文化的另一重要标志性的象征符号。蒙古族车的种类很多。例如幌车、铁车、大车、棚车、牛车，等等。车的用途是：一为运水。水是人畜的生命线。人畜的生存主要依赖天然降雨而形成的"水泡子"。所以用车运水至关重要。二为运输。在迁徙的生活中，游牧民族的帐房及其他日用品都要载于车上，另外北方游牧民族的社会结构都是生产组织与军事组织的结合，游牧民族的车辆还可以运输战争中的辎重。三为居室。游牧民族常常进行迁徙，车辆就成为他们的居室。四为围营。如前所述，游牧民族的社会结构是生产和军事兼并的组织，车辆在战争中起到围营的作用。一个部落和家庭的经济实力是靠车来衡量的，车辆越多，说明这个家庭的经济实力越强。《史集》记载："成吉思汗的四世祖屯必乃汗九子，每子成一部，每部有三万车帐。"② 可见其车辆之多。不同形制的车辆维持了游牧的运行。

　　蒙古包是草原游牧族群的又一象征符号。在以往的著作中，研究蒙古包制作和类型的较多。但是对于为何选择了这样的居住方式，研究得不够。如前所说，人类学家在研究人们生活模式的时候，打破了时间只是物理时间的概念，他们认为："生态时间比较强调功能主义，用于对生态环境以及生活的计量，比如雨季和旱季的变化决定了居住方式（帐篷）的选择。"③ 按照生态时间即生态环境来研究这一标识符号的产生。蒙古包是圆形的。民歌中说：

> 因为模仿蓝天的样子，才是圆圆的包顶。
> 因为模拟苍天的形体，天窗才是太阳的象征。④

　　① 《马克思恩格斯全集》第 46 卷（上），人民出版社 1979 年版，第 472 页。

　　② ［波斯］拉施特·哀丁主编：《史集》第 1 卷第 2 分册，余大钧、周建奇译，商务印书馆 1985 年版，第 34 页。

　　③ 彭兆荣：《旅游人类学》，民族出版社 2004 年版，第 114 页。

　　④ 王迅、苏赫巴鲁：《蒙古族风俗志》，中央民族大学出版社 1990 年版，第 24 页。

"圆形是本身最单纯的完满自足的，凭知解力界定的最有规律的线形。"① 蒙古包是在游牧文化背景下产生出来的。把蒙古包与农耕文化的房子相比较，房子是矩形的，固定的，不能搬动的，矩形表示的格局观念是清晰的。而蒙古包是圆形的，能够移动的，圆形表示的格局是模糊的，圆形的蒙古包与矩形的房屋有很大的不同，体现出来的格局划分观念具有模糊性，而矩形体现了界限的分明性，圆形的蒙古包可以移动，显示其对土地占有的暂时性，而汉族的房屋显示对土地占有的永久性。蒙古包最大的特征是拆卸方便。既无筹集备料之忧，又无大兴土木之繁，省工省料。三四个人在几小时内就可以拆除和搭盖完毕，甚至妇女也可参与。这样既能够使得牧人有栖息之地，又不破坏草原。（1）圆形的蒙古包使得人的居住空间达到最大。圆形的蒙古包呈流线型，保暖性强，在"胡天八月即飞雪"的气候里，可以抵御草原的飓风；（2）蒙古包是蒙古人的日晷。"面向东南方向搭盖的四片哈那的蒙古包，加门楣上有四根椽子，共有 60 根乌尼，两个乌尼之间形成的角度为 6 度，恰好与现代钟表的时间刻度表完全相符。"② 蒙古包的建制，把物理时间改为了生活时间，这是其生存智慧的体现。小小的蒙古包是牧人休养生息的家园，它的内部不仅存在一个圆形的文化空间，而且存在一个以 24 小时顺时运行方向的文化时间，天似穹庐，穹庐似天，人是自然中的人，因而其感觉、想象及思维对象当然也是自然对象的存在和与自然统一的游牧生活本身。自然的和谐统一。游牧民族选择了与定居的农耕民族不同的物质文化内容与居住方式就是依照生态时间即适应转移的居住形式。蒙古包是能够拉走的家。蒙古包诉说着古代传统文明的历史记忆。蒙古包的建造在人与自然的关系上突破了主观和客观相分离的形而上学的思维方式，圆形的蒙古包是适应草原的生态环境而产生的，是保证游牧机制运行的又一物态符号。

（二）车、马、帐的整体结构维系了游牧社会

在游牧社会里，马、车、帐房组成了游牧文明的物质层面，是游牧文明的重要标识。以往的研究往往对车、马、帐进行分别的单项研究，在此

---

① ［德］黑格尔：《美学》，商务印书馆 1979 年版，第三卷（上册）第 69 页。

② ［蒙古］D. 麦德尔、L. 达里苏论：《蒙古包》，刘迪南译，蒙古国家出版社 1976 年版，第 138 页。

我们要把三者看成一个整体。利奇认为：象征符号产生的原因之一是混合两种文化场合。他还提出了象征文化符号产生的另外的条件，即"单独不具意义，只有作为整体的一部分时才有意义。代号或符号只有与其他相对应的代号或符号形成对照时才具有意义"。① 当他们被组织到草原游牧文化的系统中才具有意义。在游牧族群的生活中，马、车和帐房不是单一的文化要素，而是组成了一个文化整体。游牧民族常常进行迁徙，车辆就成为他们的居室，有的帐房是可以拆卸的，有的帐房则直接置于车上，13世纪的传教士鲁不鲁乞还描绘了一种他亲眼所见的"巨车车轴，犹如一条船的桅杆"，"11匹牛排成一横排，有一辆车用22匹牛拉一座帐幕……"② 而其中伴以骑马的牧人。可以想象这样的幌车令人惊叹的巨大规模，难怪被描述为"游动的城市"了。民俗的载体是人，我们要解释的是车、马、帐中人的行为。牧人制作了车与帐，牧人驾驭了车、马、帐，这是在特定的生态背景和文化背景下人的行为。正是这样的文化行为，结构了游牧生活方式的游动行为，使得车、马、帐具有维持游牧社会运行的功能。如何评估蒙古族物质文明的象征符号在其生活惯制中的地位呢？

其一，马文化、车文化、蒙古包文化组成的游牧文化的物质系统，维系了游牧民族的生活世界。其实单就某一类型来说，蒙古包解决了游牧人在频繁的迁徙中的居住，马与车解决了牧人的"行"，即迁徙和流动。这三个分别各有特征的文化符号的总体特征是满足游牧生活的规律。牧人自己是生物界的一员，牧人把自己的生存置于生态环境之中。牧人的生存面临着处理人与草场的关系，人与牲畜的关系，在这样的关系中进行畜牧业的生产。"生态能量学的基本问题是，生物如何以各种形式交换能量，任何生物的能量交换过程或'机制'都是相同的，并且遵循着自然规律。"③ 牧人的游牧机制遵循着自然规律，牧人创造的标志性的物质文化符号也服从了这个规律。

---

① ［英］埃德蒙·利奇：《文化与交流》，郭凡译，上海人民出版社2000年版，第48页。

② ［英］道森编：《出使蒙古记》，吕浦译，周良霄注，中国社会科学出版社1983年版，第112页。

③ ［美］唐纳德·哈迪斯蒂：《生态人类学》，郭凡、邹和译，文物出版社2002年版，第41页。

其二，马文化、车文化、蒙古包文化组成的游牧文化的物质系统维系了游牧民族的社会结构。游牧民族的社会结构是生产和军事兼并的组织，车、马、帐不仅仅是生产工具，而且在军事中发挥了重要的作用。蒙古民族古代的生产组织叫做"古列延"，构成古列延的基本要素是帐幕和幌车。古列延的组成首先要氏族酋长的毡帐定位，他的毡帐位于古列延的中心，他的幌车围着他的毡帐形成最里面的圈子，然后是牧羊者的帐幕和牧羊者的幌车，这第二个圈子，向外辐射几公里就是牧羊场，再扩大到第三个圈子，是牧牛者的帐幕和幌车，再向外辐射几公里就是牧牛场，最外面一圈是牧马者的帐幕和幌车，其向外辐射几公里的地方是牧马场。氏族首领的位置当然居于中心，而羊的自卫能力最差，当然在里面，牛次之，马的自卫能力最强，尤其是守夜的儿马，是护群的先锋。在古代氏族社会，毡帐数百，列成环形，集体游牧，称为"古列延"。① 在古代文献里，古列延又解释为"圈子"、"营"、"环形"，在《蒙古秘史词典》里，解释为"以车辆作战之障垒"。忽必烈时代的刘秉忠在其《藏春集》里有《和林诗一首》，他在描写和林风光时说："玄车轧轧长轰耳，白帐连连不断头"，就是对黑车白帐场面的精彩描绘，当时古列延既是牧业组织，也是军事组织，车辆在战争中起到围营的作用。游牧民族创造了流动城市——古列延的结构模式：把游牧社会的政治行动和军事组织及其中心置于以汗帐为核心的流动城市之中。在古代大游牧时期，车、马、帐成为一个联系的整体，既逐水草游牧，频繁的大距离的迁徙，又适合统一的军事行动，"从而促进和保持了游牧生产方式几千年长盛不衰"。② 在此基础上构成了不同社会地位的关系，阶级关系、亲属关系、交换关系等。"集体的社会生活在这里的意义即是社会结构的功能。"③ 车、马、帐构成的整体文化深嵌在其社会结构之中，通过三者组合的秩序，反映出生态秩序、社会秩序、生活秩序，所以是社会文化的集中展演。

其三，马文化象征符号具有很大的传播功能。传媒是现代文化符号编码的工具。而在此我们用传播这个词汇。西方人类学者在研究"传播"一

---

① 参见［波斯］拉施特·哀丁《史集》，商务印书馆1985年版，第1卷第2分册，第86—87页。
② 刘明远：《论游牧生产方式的生产力属性》，《内蒙古社会科学》2005年第5期。
③ ［德］拉德克利夫·布朗：《论社会科学的功能概念》，《民族译丛》1985年第5期。

图 1.2.3　车与帐房的组合　引自《中国历史图说》

词的时候，用的是西方的物体符号，而忽视了东方游牧文化中的物体符号
的传播作用。在此我们运用人类学、民俗学的观点观照蒙古族的马文化。
我们所说的马文化已经不是非人类场合的叙述，而成为人类文化交流的符
号。一个社会发达与否看其对于信息的敏锐程度和反应能力，这是衡量一
个族群是否具有文化的适应性和文化的调和性的重要尺度。对于信息的传
播能力、反应能力和利用能力是游牧文化的重要特征。而传递信息主要依
靠的是马。中世纪蒙古人的信息技术是建立在快速的马背上，依赖马背，
使依草原而生存的牲畜与依牲畜而生存的社会密切联系在一起，从而由部
落发展成草原国家；依赖马背，蒙古民族在中原建立了王朝；依赖马背，
纵横捭阖，欧亚沟通。蒙古族的谚语说：蒙古人没有马就是没有脚，不会
骑马的人不是蒙古人。蒙古族继承了以往的游牧民族所创造的马文化的传
统，并且把马文化发展到登峰造极的地步。有学者认为："在牧民中，马在
促进大群队的成长中一直起着革命性的作用。"[1] 马也是游牧社会发展变化
的重要的文化象征符号，马的使用不仅使游牧成为可能，而且引发了游牧

---

① 黄淑娉、龚佩华：《文化人类学理论方法研究》，广东高等教育出版社 1998 年版，第 308 页。

社会生产力的一系列变革和进步。

（三）车、马、帐是牧人生存智慧的表征

　　民俗文化重点研究的是人，在探讨马文化的时候，蒙古族与马建立了特殊的关系。这不仅仅是使用和被使用的关系，驾驭和被驾驭的关系，在蒙古族的传统文化中，马也不仅仅是财富的象征，人与马之间是平等的关系——他们把马视为朋友、视为伴当，表明了骏马与英雄相依相辅的关系。没有骏马，就没有英雄。没有英雄，也昭示不出骏马的勇敢。在游牧社会，马与人已经结合成一个完美的整体。

　　民俗学家和人类学家充分肯定了马林诺夫斯基的《西太平洋的航海者》对特罗布里恩群岛的库拉（KuLa）的交换制度的研究，这种特殊的交换制度之所以被肯定为标志性的，就是因为其涉猎民众生活的各个方面。游牧民族的标志性文化符号不仅在于其支撑了蒙古族世世代代历久弥新的动态的生活方式，而且在于蒙古民族把"游牧"这种形而下的生存需要变为形而上的精神文化。在祭祀圣马的民间仪式里，在现今鄂尔多斯一带供奉禄马风旗的仪式中，在蒙古族无比丰富的民间口承文化中，沿袭了马崇拜的精神传统。关于马的民间叙事是维持蒙古族游牧生活正常秩序的必要工具，也在人的进化和社会生活中发展，并且成为一个族群的深刻的文化记忆而积淀下来，成为蒙古民族生命、活力与开拓精神的表征，并且融入现代的民族精神之中。

　　在谈到游牧文明标识的时候，应该注意到一个问题，西方学者称游牧文明是"半文明"，西方学者还把有无城市文明作为衡量文明的唯一标识，在文化多元论理论的指导下，这样的观点已经成为明日黄花。马、车与蒙古包是蒙古民族并且可以上溯到其他在历史上已经消亡了的游牧民族的文明标识。"文化根源于自然，要彻底认识文化，只有联系其根源的自然环境，这是事实；但是像植根于土壤的植物不是由土壤制造或造成的一样，文化并不是由其根植的自然环境所制造的。文化的直接原因是其他文化现象。"[①] 文化是由人创造的。蒙古牧人继承和创造的游牧文化体现了游牧人

---

　　① 克鲁伯语，转引自唐纳德·L.哈迪斯蒂著《生态人类学》，郭凡、邹和译，文物出版社2002年版，第5页。

的生存智慧，彪炳着其对历史的贡献。这里有牧业技术的知识体系和操作体系。

从牧业的产品——牲畜来说，把野生动物驯化为家畜是一个技术的过程，包容着很高的技术含量。虽然历史上对此少有记载，但是把野马驯化为家马经历了相当艰辛的过程："驯化动物显然是一种比驯化植物高明得多的艺术，因为在这里表现了人类的智慧和意志力对于一种更难控制的对象的胜利。牧人同农民相比，牧人是更高明的专家……的确不错，游牧人多的生活乃是人类技能的胜利。"[1]

除了驯化动物之外，马具的发明和运用也是牧业文明的标识。"劳动创造了人类，劳动是一切财富的源泉。"[2] 那么工具的诞生便是人类文化的起点。没有马具的发明和运用，就不能称为"马背上的民族"。马具分为基本器具、辅助器具和配套器具三种，基本器具又分为马笼头、马嚼子、马鞍、马镫、马绊、前腿绊六种。从这些基本器具看，一般都是成对配用，各显其能。如马笼头和马嚼子配用，马笼头主要用于牵引，马嚼子主要用于骑乘和驾驭；马鞍和马镫配用，主要用于在马上充分发挥手臂、腰部、腿部力量；马绊和前腿绊配用，马绊子主要用于新驯服之马，还用于备用之马，使之不能走远，前腿绊的作用则相反。[3] 据有关专家考证，有近 20 种缺一不可的辅助器具与六种基本器具结合在一起形成完整的一套马具。在各种配套器具中，主要有套马杆、縻绳、拴绳等，是进行游牧生产所必需的工具。马镫的发明在人类发展史上产生了巨大的催化作用。据专家们考证，公元前 1 世纪或公元前 2 世纪，中亚游牧民族或我国北方游牧民族就已经发明了马镫。[4] 从用绳子做的马镫过渡到金属马镫，并没有什么质的变化，只是更进一步的完善而已。马镫的发明协调了人对于马的驾驭，给牧人插上了翅膀，加速了世界文明的进程。"我们可以这样说，就象中国的火药在封建主义最后阶段帮助摧毁了欧洲封建制度一样，中国的脚蹬（马镫——

---

① ［英］阿诺德·汤因比：《历史研究》（上册），曹来风等译，上海人民出版社 1986 年版，第 210 页。

② 《马克思恩格斯选集》第 3 卷，人民出版社 1972 年版，第 508 页。

③ 参见杨·巴雅尔《蒙古族马文化研究》（蒙文版），内蒙古人民出版社 1992 年，第 218—247 页。

④ 吴泽：《东方社会经济形态史论》，上海人民出版社 1993 年版，第 122 页。

引者注）在最初却帮助了欧洲封建制度的建立。"①

图1.2.4　尘封的马鞍诉说着游牧的历史　邢莉摄

　　正如海德格尔所说，技术不仅仅是手段，更是一种展现的方式。如果我们注意到这一点，那么，技术本质的一个完全不同的领域就会向我们打开。制作马具不仅仅是牧人生存的需求，同时更是游牧民生存智慧的表述。例如牧人在生产和生活中经常需要从马群中捉住其中某一匹马，捉马时牧人需要使用前端带有特制绳套的约六米长的套马杆。在几百匹欢跳的马群中套住自己选择的马，让马俯首听令是很不容易的，他是牧人的技能、技巧的展演，也是其勇悍与智慧的展演，更是人对马的驾驭及人、马之间互相认同互相配合的结果。马印的技术、驯马的技术等也如此。动物是活物，与农耕文化育种的技术不同，优良的种子可以传承，而每一匹马都是个体的对象，被驯化的性质不能世代相传，而世代相传的是驯养的技术。牧人的技术层面还包括车的制作和驾驭，帐篷的制作和拆卸，等等。这些技术、

① 潘吉星主编：《李约瑟文集》，辽宁科学技术出版社1986年版，第242页。

技能和技巧是累积的文化的又一个层面，即现在所说的非物质文化的层面。所以在研究牧业器具的时候，"往往还涉及伴随着'器物'的传承而得以延续的'行为'、'智慧'、'感情'及'精神'的传承"。① 蒙古族的马文化是一个知识系统，一个技能系统，一个信仰系统，一个审美系统，马文化集中反映了草原游牧民族的心智特征。

马文化建构了牧人整体生活秩序，促进了牧人精神世界的律动。这些不见经传的人类的"经验"是人类的财富。牧具的发明和牧具的使用都表现出人类为了生存在合理的范围内与自然保持着适度索取和低度控制的关系，这是人类与自然和谐共处的产物。"游牧民族在他们自身发展的历史进程中创造了独具特色的社会文化类型，对此，人们不应认为是粗俗、落后和停滞不前的。"②

三　蒙古族游牧文明标志性的精神文化符号

游牧的蒙古民族在草原的生态环境中形成了与农耕民族有别的生活世界，他们建构了独特的表达方式。人类学家卡西尔曾经指出："人不可能过着他的生活而不表达他的生活。这种不同的表达形式构成了一个新的领域。"③ 游牧的蒙古族有其表达生活的物质文化符号，也有其表达生活的精神文化符号。作者认为，蒙古语、长调民歌、史诗《江格尔》、长生天崇拜是蒙古族标志性的精神文化的象征符号。

（一）蒙古语：游牧文化的镜像

语言是事物在人们心灵的图像。瑞士语言学家弗迪南德·德·索绪尔的贡献之一是区别了"语言"和"言语"。他认为语言是社会性的，非个人性的，只能通过社会成员所签订的一种契约而存在。而言语则是语言的

---

① 周星：《日本民具研究的理论和方法》，载周星主编《民俗学的历史、理论与方法》，商务印书馆 2006 年版，第 287 页。
② ［蒙古］托摩尔扎布等：《蒙古的游牧人》，第 14 页，（西里尔文）乌兰巴托 1999，转引自恩和《蒙古荒漠化的历史反思：发展的文化维度》，载额尔敦布和、恩和、［日］双喜主编《内蒙古草原荒漠化的问题及其防治对策研究》，内蒙古大学出版社 2002 年版，第 105 页。
③ ［德］恩斯特·卡西尔：《人论》，甘阳译，上海译文出版社 1985 年版，第 283 页。

个人方面，个人的行为。① 语言的意义不仅与一个客观事物在大脑中形成的特定的表象和声音相联系，而且与人们的社会活动相联系。正因为如此，"就人类而言，通过语言的功能性分化不仅使得人类的个体具有不同的类型，而且也是建构不同社会的重要的元素。

蒙古语的产生和传承负载着蒙古族游牧生活的深刻的历史记忆。他传承着牧人的知识谱系，联系着人们遥远的过去与现在的情感。人类学、民俗学的不同学派都重视语言这一人类最伟大的创造的意义。他们虽然从各个角度研究语言，但是都强调了语言的社会意义和文化意义。蒙古语不仅是蒙古族交流的工具，更是一类民俗事象。从 20 世纪 90 年代开始，随着语言文化学的确立，越来越多的学者开始致力于语言与民族文化的研究，语言成了人们了解某一民族的历史文化与民俗生活的重要切入点。游牧业是蒙古族最主要的生计手段。据文献史料记载，早在公元 10 世纪至 13 世纪，蒙古族的游牧业经济达到了辉煌时期。在蒙古封建王主的推动下，畜牧业得到了空前的发展，出现了规模宏大的畜群。据史书记载，以一千帐幕为一个古列延，这样的古列延就有七十多个。对于这一时期的畜牧业发展概况，民族学者、历史学者、考古学者为我们提供了丰富的材料。在牧业的生产生活中，蒙古族不仅传承了古老的畜牧业生产技能，承继和创造了游牧文化，同时，他们也创造了带有鲜明的游牧文化色彩的民族语言。

草原牧人在草原的生态环境中创造了与草原互动的行为方式、生活准则、价值观念、审美观念等物质文化和精神文化。天象雨水对牧草的关系、畜群对水草牧场的关系，在草原的生态环境中对应着人与草原的关系，人与牲畜的关系，人与人的关系。人生存于自然之中。草原是大自然的重要组成部分。天造地设草原养育了牲畜，而牲畜是牧人的生活所依。为了保证畜群能够获得充足的草料，牧民必须根据季节和草牧场的承载能力在草原上迁徙放牧，恢复草牧场的繁殖能力，以便在下一个生产周期到来时能够重新返回到原来的草牧场。牧人对草原是情有独钟的，他们用最具有感情色彩的词汇来描述草原，牧人称草原为"母亲"，表示与草原的亲密关

---

① 转引自孟慧英《西方民俗学史》，中国社会科学出版社 2006 年版，第 394 页。

系，牧人称草原为"天堂"，表示草原给他们世代带来的福祉与恩惠。在长期与草原的耳鬓厮磨中，他们积累了识别草类的丰富的经验。"蒙古族饲用植物传统分析系统包括以饲用植物的形态特征、生长环境、牲畜采食的季节、采食牲畜种类和饲用植物对牲畜的作用进行分类的 5 种系统。按饲用植物形态特征分类系统包括'草'、'灌丛'和'树'3 种类型；按饲用植物生长环境的分类系统包括'山地饲用植物'、'平原饲用植物'、'沙地饲用植物'和'盐碱地饲用植物'4 种；按牲畜采食季节分类系统包括四季饲用植物等 7 种类型；按采食牲畜种类的分类系统包括'小畜饲用植物''大畜饲用植物'、'骆驼饲用植物'3 种类型；按对牲畜发挥的作用的分类系统包括'水膘饲用植物'、'油膘饲用植物'和'催乳饲用植物'3 种类型。"① 虽然分类的角度不同，但是我们可以探寻到一个可循的规律，从事游牧的蒙古族对草原的认识完全不同于农耕民族，他们不但积累了对于牧草的丰富的知识，熟悉牧草的盛衰定律，而且把草原与牲畜的饲养密切地联系在一起。草原是游牧业的物质基础，是具有无穷生命力的可以不断更新的资源。正是从这个角度上说，草原是承载文化的草原。那么蒙古语用什么样的思维模式来表述草原呢？

　　牛、马、羊、山羊、骆驼是蒙古族牧养的五种传统牲畜。由于牲畜的生活习性不同，需要的牧场不同。马喜欢石灰质的土址，而羊和骆驼不喜欢潮湿的土址。因此，牧民的季节性迁徙必须遵循牲畜的牧养规律来进行。而迁徙与气候与草场构成错综复杂的关系。一般冬季要在山冈暖阳处放牧，夏季则选择低洼雨水丰沛的草牧场放牧。季节性迁徙，必然会导致草牧场差异性的存在，使牧民在牧养牲畜的过程中自然而然地接触一些新鲜的草本植物。生活在草原、世代以畜牧业为主要生计手段的蒙古族，自然会选择与五畜相关的词语来命名新接触到的植物，并用生活中最熟悉、最容易交流的话语来拟定它们的称呼。

　　为了进一步说明蒙古族用五畜形体特征、结构来命名植物名称的特点，我们结合实例，作一分析比较，如表 1.3.1 所示：

① 金山：《蒙古族饲用植物分类系统研究》，载《蒙古高原民族植物学研究》第 1 卷，内蒙古教育出版社 2002 年版，第 144 页。

表 1.3.1　　　　　　　　　蒙汉民族对同一植物命名的对照分析

	蒙古语	汉语		蒙古语	汉语
1	牛眼睛草	茶藨子	10	山羊柳	长柳
2	牛刺	皂荚、皂角	11	羊羔麻	圆叶灰菜
3	牛唾液草	籽蒿	12	羊羔睾丸	光茎罂粟
4	牛藤	穿山龙	13	驼豆	蚕豆
5	马麻黄	木贼麻黄	14	驼荨麻	狭叶荨麻
6	马蹄草	荷花叶	15	驼乳	地梢瓜
7	马蒿	黄花蒿			
8	骒马的乳房	黄芩			
9	羊目花	野菊花			

资料来源：杜克《蒙古族牧业文化语言》，《中央民族大学学报》1993 年第 3 期。

　　从以上的表中，可以看出蒙古语对草类的特殊的文化表达方式，与汉语有鲜明的区别。"蒙古人在常年累月地同五畜打交道的过程中，熟悉和掌握了不同年龄、不同季节的牛、马、羊、山羊、骆驼的不同性格特征和形体结构以及不同作用，从而得心应手地使用它们，并把它们不同的性格、形体、作用输入大脑之中，成为他们思维的一部分。当他们遇到某一新鲜事物时，习惯于运用思维中的五种牲畜的性格、形体、作用、特征进行比较分析"。① 这正是蒙古语描摹草原的方法。

　　在游牧文化中，草原—牲畜—人构建了双向互动的关系。草原养育了牲畜，也维系了牧人的生活；而人牧养了牲畜，使得草原负载了文化。对于以畜牧业为主要生计手段的蒙古族来说，牲畜是最主要的生活资料。人们通过饲养牲畜来获取各类生活必需品，从而满足自己的物质生活需求，同时多余的畜产品可以与农耕民族进行交换，促进畜牧业自身发展的同时，促进与农耕民族在各个层面的互动，以维系世界文化的多样性和可持续发展。蒙古族牧养的牲畜不仅具有生活资料的价值，也具有交换的价值和货币价值。畜牧业中的扩大再生产主要表现为牲畜的繁殖，以牲畜头数的增加为主要特征。在传统的经营方式中，牲畜的数量要比质量更为重要，牲畜数量往往是牧民

---

① 杜克：《蒙古族牧业文化语言》，《中央民族大学学报》1993 年第 3 期。

财产的象征、身份的象征，甚至是荣誉的象征。积累了长期经验的蒙古族在蒙古语汇中，关于牲畜的名称、表示颜色、表示声音的词汇特别丰富。据蒙古学者调查，根据这些牲畜的岁口，就已经搜集到150多种不同的名称。其中关于马的名称的有54种，关于骆驼的名称有34种，关于牛的名称的有30种，关于绵羊的名称有22种，关于山羊的名称有16种。

马是五畜之首，在游牧文化的研究中马的研究一直占有重要地位。蒙古族对马的情感最为深厚，蒙古族谚语说："歌是翅膀，马是伴当"。因此，在日常的牧养劳动中，根据生产的需要蒙古族创造了许多与此有关的词汇。例如，根据马的花颜色区分马可分为白马、黑马、黑花马、枣骝马、黑枣马、金黄马、黄骠马；根据马的用途又可分为乘马、走马、杆子马；根据马的繁育能力可区分为骟马、种马、骟马；根据马的年龄可划分为马驹、二岁马、三岁马、五岁马。牧人熟谙马的习性，对马的年龄、性别、毛色有十分丰富的表达方式。所列下表可见一斑。

表1.3.2　　　　　　　察哈尔蒙古语对马的年龄、性别、毛色的称谓

特征分类＼语言分类	蒙语	汉语
年龄	naˇg	马驹（当年生）
	Sarβɑ:	一岁马
	dɑ: g	二岁马
	ʃud l əˇŋ	三岁马
性别	urə:	三到四岁之间的公马
	Bæ: dɑˇS	三到四岁之间的骟马
毛色	Sɑ: rɑˇl	污白毛的
	xɷa	黄毛的
	xə: r	枣骝毛的
	bɔr Sɑ: rɑˇl	青灰毛的
	ɑl ɑˇg	花毛的
	bɔr	铁青毛的

资料来源：呼日勒沙主编《草原文化区域分布研究》，内蒙古教育出版社2007年版，第274—275页。

马是蒙古族游牧文化的重要的象征符号。蒙古族骑马、赛马、爱马、装饰马、崇拜马，蒙古族把马看为义畜，视为伙伴。在蒙古语中往往用马的形象描述人的性格。例如蒙古族会把人愤怒的样子比喻成"儿马目"；把性格暴躁的人形容成"生格子马"；把性格温顺、听话的人说成是"马尾巴"；把总是东奔西跑的人称作"野性马"；把忧伤时发出的叹息声说成是"马的长叹"等。① 在蒙古族的思维中，马与牧人处于同等地位，马与牧人合为了一体。对于一名蒙古族男子，骑在骏马上纵横驰骋，不仅仅构成其日常生活的重要组成部分，而且成为其身份、荣耀的标识及精神世界的象征。描述马匹的丰富多彩的词汇是集体创造的，仍然被世代传承下来，这些词汇凝结了无数先民的经验与智慧，体现了蒙古族理解和认识客观事物的思维特征。这种思维模式与农耕民族迥然有别。

英国的人类学家和民俗学家马林诺夫斯基在南太平洋特洛布里恩群岛调查并在用英语去叙述该岛人的生活方式的时候，提出不了解其民俗文化就无法理解其语言。我们认为，语言是其民俗文化的重要组成，语言不只是思想的对应符号，也是人们思维方式和行为方式的表述。"与其它社会动物不同，人类不仅生活在社会之中，他们为了生存而创造社会。在人类的生存中，依赖自身和围绕他们的自然，他们发明了思想和行动的新方式。由此他们创造了文化建造了历史。"② 蒙古语就是游牧的蒙古族建构思想和行为的极为重要的方式。从当今遗留的地名文化里，我们可以窥见其终年游牧的生活。

逐水草而居的游牧民族把水视为牧业的生命线，是人与牲畜的生命线。在干旱或者半干旱的草原只有水才会给他们带来草肥的福祉，所以与多水的南方不同，没有雨水，就会发生"黑灾"。无水无草，对于牲畜的存活和繁殖产生直接的影响，牧人用多种词汇描摹水的形态、颜色、大小深浅等。在科尔沁地区有很多含有"ωs"或"nω：r"的地名。蒙古语中的"ωs"相当于汉语的"水"，"nω：r"相当于汉语中的"小泡子"或"湖"。根据水资源的多少可分为"深水泡子"、"富饶的水泡子"、"大水泡子"、"浅水泡

---

① 杜克：《蒙古族牧业文化语言》，《中央民族大学学报》1993 年第 3 期。

② Godelier, *The Mental and The Material*, Verso London and New York, 1998, p. 1. 转引自江帆《生态民俗学》，黑龙江人民出版社 2003 年版，第 41 页。

子"、"常年的水";根据水的流态可分为"弯曲的水"、"笔直的水";根据水的颜色又可分为"白泡子"、"黑水"、"蓝色的水"等。① 随着科尔沁地区农业的发展和土地开垦面积的不断扩大,自然生态环境发生了重大的改变。虽然很多河流、湖泊早已消失,但是人们仍然可以从带有"ωs"或"nω：r"的地名中了解到从前的良好的自然生态状况。

在蒙古语中用五畜、五畜的性格、形体来命名的地名也比较多见。例如,"独角牛山"、"马坡"、"山羊泉"、"骆驼峰"、"种牛山"、"母马湖"、"马鞍子山"、"牛河"、"牛犊原野"等。② 例如马鞍子其实是一种传统的牧业工具,"马鞍子山"本是描摹山峦似马鞍的形态,那么蒙古语为什么用马鞍来描摹山峦呢? 学术界认为:"理解事物如何得到表达对理解那些被表达的事物是不可或缺的。"③ 蒙古族的谚语说:"女人看装饰,男人看马鞍",牧人与马鞍的关系不只是骑手与马的关系,马鞍也不仅仅是牧具,在游牧文化的语境中,马鞍是蒙古族男子生活的重要的组成部分,成为蒙古族男子的本领与荣耀和财富的象征。拥有不同文化的群体,在语言使用上必然会存在一定的差异性。语言本身看成是一种文化,其累积着、蕴藏着深刻的历史文化内涵。格尔茨认为,"文化就是象征和意义的系统"④,文化是"指一个历史上传递下来的具体表现于象征的意义模式,而象征就是一个继承下来的人们用以交往、延续和发展有关人生的知识和对人生态度的概念系统"。或者说,"文化是富有意义的象征系统所积累起来的整体。"我们只有解析蒙古语的象征系统,才能理解其文化意义和社会意义。

如前所述,牛、马、羊、山羊、骆驼在牧人的生活中占有极为重要的地位。五畜不仅是他们的生活所依,而且成为他们的生命所靠。他们与其朝夕相处的五畜结成了亲密的伙伴关系。他们互相依存,构成牧业的社会生活。牧人与牲畜构成了互相依存的关系,人与畜之间建构了一种爱的情感,蒙古语中以动物命名地名的特点可以窥视其民族心理和民族性格。

---

① 波·索德:《科尔沁地名与地域文化》,《内蒙古大学学报》(人文社会科学版)2005 年第 5 期。

② 参见杜克《蒙古族牧业文化语言》,《中央民族大学学报》1993 年第 3 期。

③ [美]约翰·R. 霍尔等:《文化:社会学的视野》,周晓虹等译,商务印书馆 2002 年版,第 77 页。

④ C. Geertz, *The Interpretation of Cultures*. New York：Basic Books, Inc. , 1973, p. 5.

蒙古语还传递着牧业的经验和知识系统。对于游牧民族来说，天下哪里有水草，哪里就可以放养更多的牲畜，哪里就是他们的家。他们的生活习俗依靠自然界水草茂盛的环境，重复着简单的再生产。在草原的生态环境和游牧生活中建构的语言本身就是一种生活文化。在蒙古语中出现了一系列的关于描摹牧业生产与生活的专门词语。

语言民俗活动产生于民众的生活情境，为民众生活整体的重要组成部分。蒙古语语言是我们了解蒙古族游牧习俗与生态意识的活化石，是我们开启民族文化传统纵向研究的一把钥匙。在蒙古语与游牧生活世界存在着极为密切的联系。请参看下表。

表1.3.3　　察哈尔蒙古语与牧业生产及游牧生活有关的专用词语

语言分类 内容分类	蒙古语	汉语	蒙古语	汉语
与牧业生产 有关的词语	dʒæma l	夏营地	ʃar xurdʒəŋ	冬季羊粪块
	Sa：x	产奶的绵羊	daɡ	夏季羊粪块
	xujə：l əx	堆草	əwəˇr l əˇɡə	拴在牛角上的牵绳
	təməɡl əx	堆干牛粪	dor	牛鼻环
与游牧生活 有关的词语	uŋ ɡə：l	素皮大衣	bɔl sɔn bada：	炒米
	Toe：rəɡ	蒙古包专用毡子	ə：dʒɡe：	奶豆腐
	ʃuwuˇr	缝靴子时专用的锥子	təraɡʃɔl	骨头汤
	sɛ：rs	鞣革	ə：dəˇm	酸奶
	anʧl aˇx	拼缝皮革	bil dʒa：	肉末灌肠焖汤
	xɔŋɡ：	装稀奶油的布袋	a：rə：l	酸奶干儿

资料来源：呼日勒沙主编《草原文化区域分布研究》，内蒙古教育出版社2007年版，第275—276页。

语言是由特殊的族群在特殊的"生境"中的创造。蒙古语中无论是植物的称谓、牲畜的称谓，还是对游牧生活的表述，均体现了蒙古族传统的游牧文化的历史、结构和意义。在谈到语言的文化意义的时候，我们不能不谈到蒙古族的人文生态环境。"生态环境"是指各种生物、生物群落之间构成的一种相互竞争、相互依存、协同进化的互动式联系的特定的地域空间。人文生态环境即是人类社会各种不同文化所共同组成的一个相互处于互动联系和影响状态下人类文化环境。蒙古语言是在蒙古族的人文生态环境中产生的，一旦产生又对其人文生态环境有着强烈的依附性。蒙古族语的产生和沿用与游牧业的生活方式存在着密切的关系，同时其本身就构成游牧文化的重要组成部分。

蒙古语又是传承游牧文化的信息库。民俗学家认为，人类的知识经验有很大一部分是口头传承的，蒙古语是蒙古族的集体记忆，具有传承的功能。"我们讲的语言并不是我们创造的……大量的知识被一代一代传下去，而每一代人所接受的知识并不是这一代人所收集的。"[①] 蒙古语言构成了蒙古牧人最重要的文化环境，美国印地安人的谚语说：每一个人从生下来就进入一个陶杯之中，由此开始他们的生活。语言是一种强制的、集体的、普遍的文化现象。当一个儿童呀呀学语时，特定的民族语言就塑造着他的思维方式、认知方式，并且潜移默化地铸造着他的民族性格。因此蒙古语是识别蒙古族群的重要标识。游牧的生计方式和生存选择决定了蒙古语以畜牧业词汇为核心的民族语言文化体系。这些畜牧业文化词汇与蒙古族赖以生存的自然生态环境和游牧业的生产劳动及游牧生活方式密切联系，蒙古语是蒙古族认识自然、表达情感、记录生产经验的手段，同时也是阐释和表现游牧文化的无比丰富的储存库。世代使用蒙古语的人群对蒙古语言的使用有着共同的文化基础和强烈的族群认同感，同时语言也成为区别族群文化的重要标识。

（二）长调：游牧生活的绝唱

长调是什么？音乐家有各自的科学的解释。我们认为，长调是草原牧人生活的全部解读，长调是草原牧人生活的绝唱。正如蒙古族谚语所说："以朝政诵长调起始，以山野牧歌而终。"其内容包括牧歌、思乡曲、赞歌、婚礼歌、宴歌。长调是蒙古族在节日庆典、婚礼宴会、亲朋相聚必唱的歌曲，牧歌的特点是音调高亢，气势磅礴，节奏自由，起伏跌宕，长调是重大仪式的黄钟大吕。

---

① ［英］布林·莫利斯：《宗教人类学》，周国黎译，今日中国出版社1992年版，第145页。

图1.3.1　属于辽阔草原的长调　周加摄

　　长调显示出维系草原的生态美。在长期的畜牧业生产劳动中蒙古族牧民从被动接受开始逐渐适应自然环境的变化，他们不仅要从自然界中获取足够的自然资源，同时也要承担保护自然环境的责任。对于他们来说，每一条山峦，每一条河流、每一棵牧草，甚至每一个"水泡子"，都是"长生天的恩赐"，完美的自然界的动物与生物都与他们构成亲密伙伴关系。在呼伦贝尔民歌《贝尔和呼伦》中唱道：

　　　　给人们吉祥的，是呼伦和贝尔湖。
　　　　神圣的宝格达山哟，赐给我们幸福啊。
　　　　给人们恩惠的，是呼伦和贝尔湖。
　　　　葱绿的宝格达山哟，降给我们幸福啊。
　　　　给人们恩惠的，是乌尔逊和克鲁伦河。
　　　　拯救人们的宝格达山哟，给我们幸福的生活啊。①

　　① 《中国民间歌曲集成·内蒙古卷》，人民音乐出版社1992年版，第129页。（阿日布登记词，楚伦巴根译词）

这首民歌淋漓尽致地表达了牧人对于山水的依恋、崇敬和赞美之情。在长调民歌《四季》里，这种情感更为鲜明。

> 游遍世界的鸟儿回旋在天空，
> 舒适美好的季节是明媚的春天。①

长调民歌是草原牧歌最富代表性的艺术形式，在蒙古族的音乐史上居于非常重要的地位。长调的特点是在曲式结构上规模宏大，有的甚至达到 24 节，它的结构较为自由，往往在乐曲内部又划分为更小的单元结构。长调民歌往往采用复合结构，其中以 3/4、4/4 拍的形式为主线，适当插以 4/2、5/4 拍，节奏上舒缓悠长，以锡林郭勒长调民歌为例，多以上下行大二度、大小三度等旋律音程和悠长的节拍形成特有的旋律风格、有的民歌还在嘹亮的高音区突然煞尾，旋律音程急遽下降，以此形成长调民歌的辽阔舒展和波澜起伏。为了便于抒情，草原上的长调民歌往往大量使用衬腔。衬腔又分为字尾脱腔、结构内衬腔、结构衬腔。在曲调上近代草原牧歌一般采取羽调式。上述《四季》这首长调就既有 D 商调式的因素，又有 AJ 角调式的因素，在调式的转换中表达牧人的生活之情。牧人的生命与草原生物圈的生命存在着共生共融的关系，这种协同关系构建了生态美。人生活在经济—社会—自然的复合生态系统中，系统的和谐体现了生物的多样性和文化的多样性的统一。其中协调人与自然的关系成为整个系统的基础。蒙古族的婉转悠扬、回肠荡气的长调正是在草原这特有的生态环境和人文环境中产生的。讴歌草原是长调的主旋律之一。

> 在故乡的土地上，耸立着洁白的山，
> 在洁白的山旁，装饰着圣洁的敖包。②

歌唱草原、描述牧人的生活、赞美骏马是长调的永恒主题。例如，巴尔

---

① 《蒙古民歌集成》（一），内蒙古文化出版社 1993 年版，第 590 页。（桑结搜集整理，潮鲁译词）

② 同上书，第 566 页。（奴玛顿的布搜集整理，潮鲁译词）

虎的牧歌《海骝马》、锡林郭勒盟的《黑骏马》、阿拉善旗的《黄鬃白马》、兴安盟的牧歌《威风矫健的红马》、昭乌达盟的牧歌《云青马》等。流传于呼伦贝尔草原的《桀骜不驯的黄骠马》用瑰奇的想像赞扬了神奇的黄骠马：

> 身段修长的黄骠马，能够飞奔到太阳边。
> 桀骜不驯的黄骠马，能够飞奔到天空上。
> 烈性暴躁的黄骠马，能够飞奔云雾中。①

迁徙的生活方式使得牧人与骏马之间建立了深厚的情感，为了维持牲畜的生长繁殖和保护草原，牧人适应自然生态而选择了不断迁徙的生活方式，骑马不仅仅是他们每日生活的重要组成部分，而且升腾为他们的精神家园。正是通过对骏马的赞美，表现了牧人富于人性美和个性化的生活。

在野牧毡帐的生活中，培养了牧人对牲畜的情感，他们对牲畜的情感具有深厚的人情味。当母羊生下羊羔的时候，有的母羊不认子，不给羊羔喂奶，这时牧人妇女就会唱起《劝羊歌》。《劝羊歌》没有歌词，只是发出"台哥……台哥……"的劝羊歌，歌声悠扬婉转，是哀婉、是期待，于是母羊的眼中滚出大量大量的泪珠。人对动物唱歌，动物聆听了人的歌声而动情，哪一个民族能够激发出这样的人性美呢？人性美是一种大爱，一种博爱，一种只有人这种高级动物才能产生的情感。草原生态环境的脆弱和不稳定性，使得他们往往遭遇自然的威胁和挑战，在残酷的威胁和挑战中，他们在自然提供的可能的条件下，不断开拓生存空间，表现牧人生活的主观能动性和生存智慧，而对于动物的认知是他们生存智慧的重要组成部分。

对于慈母的热爱和感怀把蒙古族长调的人性美升华到淋漓尽致的地步。请听《思乡曲》：

> 眺望我的故乡，云雾朦朦绕山梁，

---

① 《中国民间歌曲集成·内蒙古卷》，人民音乐出版社 1992 年版，第 96 页。（宝音德力格整理，潮鲁译词）

骑马颠颠地跑过来了，莫不是我的亲娘？①

在长调民歌中，筚路蓝缕的牧人往往把感怀母亲与思念家乡叠合在一起，在他们的思绪中，母亲与家乡是同一概念，慈母是家乡的象征，家乡也是慈母的代名词，讴歌慈母和感怀家乡展现的是人的生命的动态的律动，这种律动存在于社会生活方式的流程之中。长调民歌把对母亲的歌颂升华到新的高度，同时把人性的真善美升华到高峰。在这里人性美与生态美达到了高度的和谐统一，表达了牧人热爱生活的达观执著的生活态度。

为了便于抒情，草原长调民歌往往大量使用拖腔。即"一字配多音"。其拖腔又分为字尾脱腔、结构内拖腔、结构拖腔。"拖腔是长调民歌旋律结构逻辑的根本性因素由于其在长调音乐风格形成中的特殊意义，因而也就具有了长调民歌曲体结构上的关联性。"② 其"围绕拖腔而衍生"的旋律是其区别于其他民族、其他地域民歌的重要特质之一。

蒙古族的长调民歌并非停留在一般层面的感情抒发上，而是一个民族对于自己生活创造的体验和感悟，一种集体的永久的历史记忆。在当今全世界在保护口头非物质文化遗产，人们在寻找文化的原生态的时候，蒙古族的长调民歌正体现了游牧民族原生态的文化品格，在蒙古草原的生态环境中，蒙古族的长调民歌表达出人与自然、人与人、人与社会的和谐。这是一种浑朴天然、圆融如一的关系，一种"向来所是"的、"未经分化"的、"本真状态"（借用海德格尔语）的和谐。这种真挚的深沉的感情是以沉重的历史积淀为原动力的，在情感里面包含着深刻的哲理：

茫茫大海渺无渡口，自能容纳一滴水。
广阔宇宙万物纷纭，遵循变化的规律。
……
巍巍阿尔泰高入云端，自然容纳一撮土。

---

① 乌兰杰：《蒙古族音乐舞蹈初探》，内蒙古人民出版社1985年版，第290页。
② 李世相：《蒙古族长调民歌旋律的拖腔特性探析》，载宋生贵主编《走进花的原野》，内蒙古人民出版社2009年版，第138页。

金色世界万物纷纭，追求盎然生机……①

在自然界里，太阳、月亮及日月星辰的运行是有规律的，牧草的枯荣是有规律的，畜群春季的生殖活动与四季变化的自然规律有对应的关系，牧人按照自然的季节和气候的变化迁营到预订的牧场也是适应自然的规律。这不单纯是一种劳动的方式和生活的方式，而且是一种对生活的理解，一种生活态度——那就是发现自然的规律，尊重自然的规律。蒙古人在草原游牧生活中构建了对自然的统一性的关系。这样的关系在民间音乐的旋律中表现得更为突出。蒙古族的长调旋律常常采用诺古拉的技法。诺古拉是蒙古族长调牧歌旋律的一种技法，译为汉语是"褶皱"之意。"是指在平整的表面上出现皱褶或平直的一条线出现弯折等。在音乐形态上，特指在音乐的前面、后面以及中间采用波动的音或音组。"② 这样的技法恰恰可以表达人与自然的对应关系，表达牧人丰富的内心世界和他们总括出来的生活的哲理。草原上的各种各样的声音引起牧人心灵的震颤：牛羊的叫声，骏马的嘶鸣，呼呼的风声，哗哗的雨声，鸟雀及昆虫的鸣声，蒙古音乐中的草原、山梁、山川起伏的音乐等都反映人与自然统一的特征。这是蒙古民族的民族个性及心灵的写照。在曲调上，近代草原牧歌一般采取羽调式。据当今蒙古族音乐家乌兰杰研究，在转调手法上各地区各有特色。呼伦贝尔调式为在羽调式和徵调式的转调中，强调下属方向。科尔沁地区转调手法的特点是，通过同主音交替，羽调式转向属下方的徵调式。察哈尔—锡林郭勒地区在古老的颂歌、宴歌上形成了独特的转调手法。③

生态美的产生是需要一定的空间条件的。从空间的角度来说，草原的生态环境和牧人适应草原的环境而产生的迁徙的生活方式给人一种生态平衡产生的秩序感，一种生命与生命互相呼唤、互相和谐的意境。庄子在《知北游》中说："天地有大美而不言，四时有明法而不议，万物有成理而不说"，就是说要天地之美而达万物之理。从长调的歌词中我们可以感受到人对自然生态规律的体认。从长调的调式中，可以体会草原牧人的审美观——博大浑

---

① 乌兰杰：《蒙古族音乐舞蹈初探》，内蒙古人民出版社1985年版，第197页。
② 潮鲁：《蒙古族长调牧歌研究》，内蒙古文化出版社2004年版，第91页。
③ 乌兰杰：《蒙古族音乐舞蹈初探》，内蒙古人民出版社1985年版，第286—292页。

厚中的深沉，可以体验草原人的性格——执著坚毅中的悲怆，可以体会草原人的追求——与自然同一的渴求。蒙古族游牧的生产、生活方式恰恰构筑了天（气候环境）、地（土壤营养库）、生（生物多样性）、人（人群社会）的复合生态系统，体现了游牧民族天、地、人合一的生态价值观。"人与自然的关系总是以一定的社会和文化因素为中介并受到它们的影响。这说明了人类生态过程的特殊复杂性。这绝不意味着对人与自然关系重要性的消解，这一关系仍然是人的生态问题的核心。"[1]

图1.3.2 天堂草原的马头琴 余纪纲摄

在人与自然的协调中，文化具有持久的生命力。长调是蒙古族民众集体创造出的天籁之音。长调民歌是牧人在草原的生态环境中创造的无比富饶的精神财富。目前已经被列入世界文化遗产，为人类所共享。

（三）史诗：牧人文化精神的表述

历史上的民族林林总总，生生灭灭，恢弘壮阔，此起彼伏。虽然随着时

---

① 徐恒醇：《生态美学》，陕西人民教育出版社2002年版，第135页。

间的荡涤，有的民族已成为历史的匆匆过客，有的民族至今还闪耀着光华，但是并非所有的民族都能产生史诗，恰恰相反，为世界文化宝库留下史诗的民族为数不多，因为史诗不是一般意义上的文学，它具有宏大的篇幅和深邃的历史感，它仿佛将历史和宇宙和盘托出，不假人力、不假技巧而有"具备万物，横绝太空"的恢弘气象。蒙古民族宏伟的史诗《江格尔》植根于游牧文化的土壤，是中华民族傲立于世界民族之林的瑰宝，它以无与伦比的事实倾诉着雄踞于蒙古大漠的蒙古民族口承的历史，展示着蒙古族的文化性格与民族精神。虽然，它的起源在学术上还争论不一，但又绝不止于文献的记载，《江格尔》最初形成在我国新疆卫拉特蒙古地区的土尔扈特部，随着 17 世纪30 年代从新疆游牧到伏尔加河下游定居的卫拉特后裔的迁徙，《江格尔》开始流传到俄国的卡尔梅克等地，在阿尔泰边缘地区和蒙古人民共和国内流传。目前通行的《江格尔》为 131 章本，大约是在明代以后新疆托忒文出版的。1978—1982 年在我国新疆蒙古地区出版的《江格尔》共六十部，目前我国已搜集到《江格尔》共六百零一部，长达十万诗行。游牧民族中产生的英雄史诗，通过戎马倥偬的战争场面，我们窥视到一幅壮美的古代民族社会生活的图画，它反映出特定民族特定时代的生产水平、生活方式、宗教信仰、审美情趣和习俗风尚。这部史诗以严肃的主题、宏大的结构、磅礴的气势、浑厚质朴的风格著称于世，它们不仅填补了中国史诗的空白，而且为世界文化史增添了光彩。一个特定民族（社群）的民俗文化，体现着民族的性格，因而与那里的民众有着深深的情感纽带，又凝铸着她的民族精神。史诗展示的是一种内部语义。史诗描述了一个英雄的时代。当牧人在草原天堂的生活遭到魔鬼摧残的时候，他们掳夺马群、掳夺妇女，肆意践踏美丽的草原。这时江格尔出现了：

> 在东方的七个国家，江格尔是人民的梦想，
> 在西方的十二个国家，江格尔是人民的希望。[1]

在崇拜英雄的时代，江格尔不仅是一个英雄的名字，而且是民族光与热

---

① 色道尔吉译：《江格尔》，人民文学出版社 1983 年版，第 199 页。

的焦点，民族奋起的旗帜和民族兴旺的表征，在他的英名的呼唤下，史诗中的英雄总是跃马持戈，披挂上阵，生生死死，义无反顾：

> 高尚的洪古尔呵，
> 你不是瞬间就能十二变吗？
> 你不是为了守护江格尔而生吗？
> 你不是为江格尔飞跑的野兔吗？
> 你不是为江格尔攫取猎物的雕鹰吗？
> 你不是搏击长空的鹰隼吗？
> 你不是完美无缺的战士吗？
> 你不是亿万勇士的先锋吗？
> 你不是万千勇士的屏障吗？
> 战场上，你不是无畏的英雄吗？
> 危难时，你不是宝木巴的擎天柱吗？①

英雄崇尚无畏，鄙视孱弱；崇尚牺牲，鄙视退却；崇尚意气风发，鄙视低沉不前。英雄们铲除了暴虐无道的扎干泰吉可汗，并在途中杀死了化成美女的魔王。英雄们在与芒乃可汗的战斗里，洪古尔浴血战斗了 69 个日日夜夜，昏倒在疆场，江格尔的长枪被扭断了，在这千钧一发的时刻，洪古尔奇迹般地苏醒过来，忽然跃起拦腰抱住了芒乃，把匕首插进了魔鬼的胸膛。尔后拥有一万匹豹花马的突厥王国对宝木巴领地构成了威胁，英雄明彦使饮水的豹花马群向东方飞奔，他以超人的睿智，奇迹般地赶回了马群。八千个魔王的头子西拉·蟒古斯要使美丽富饶的宝木巴顷刻间化为灰烬，英雄洪古尔为了不使宝木巴变为人间屠场而奋勇出征，敌人如洪水般地涌来，洪古尔骑着他的骏马纵横捭阖，所向披靡，鏖战了整整八年。

> 虽然有崇山峻岭，
> 我们的坐骑没有不能攀登的顶峰。

---

① 色道尔吉译：《江格尔》，人民文学出版社 1983 年版，第 60 页。

不怕那咆哮的大海，波涛猛卷，

不怕那熊熊的火海，烈火燎原……①

　　此时英雄与骏马都精力殆尽，英雄江格尔出奇制胜，带领众勇士掀起了狂飙，强虏灰飞烟灭。英雄强健的体魄，勇悍的精神，坦荡无私的胸襟，都如耸立的阿尔泰山和茫茫无际的草海一样，构成了一种令人震惊的宏伟，构成了一种令人肃然起敬的崇高美。

图1.3.3　史诗《江格尔》插图　朝克金提供

　　《江格尔》写的是英雄时代的悲喜剧，灌注的是非凡的英雄气概，史诗中的英雄不仅个个气宇轩昂，而且能够呼风唤雨，挟雷带电；能够未卜先知，起死回生；能够出神入化，变幻莫测。英雄明彦与达库鲁门可汗斗智斗勇，他化作小蛇潜入其宫殿。活捉了库鲁门，洪古尔在与布赫查干的战斗中被俘，

①　色道尔吉译：《江格尔》，人民文学出版社1983年版，第224页。

女巫告诉江格尔洪古尔可能在狮子、凤凰和大鱼的肚子里，他们果真搭救出了洪古尔。"上穷碧落下黄泉"，英雄的形象可以超越时间，超越空间，天马行空，任意驰骋，那是一个严肃的历史与瑰奇的神话一起编织的世界，因此这里把一切凡人琐事统统抛开，把一切卑微怯弱完全抛开，显示了生生不息的生命意识，这就是其内涵的语义。

马文化是蒙古族游牧文化的重要组成部分。蒙古族的谚语说："蒙古人没有马，就等于没有脚。""不会骑马的人不能称其为蒙古人。"在长期的游牧生活中，在严酷的自然环境和长期的征战活动中，马与蒙古牧人建立了极为密切的关系。举凡聚会、娶亲、娱乐、交往等重大的活动都离不开马，马背上的纵横使他们接受了八面来风，马背上的驰骋为他们拓开了一个个新天地，马背成为他们漫游的精神乐园。他们的理想、欢娱及审美意识是从马背上得到的，骏马造就英雄，英雄依赖骏马，蒙古族的马崇拜与英雄崇拜是密切联系在一起的。在蒙古族古老的史诗中，对马的描绘和礼赞是又一重要的象征符号。在蒙古族史诗中的蒙古族把马神圣化了，在他们的审美观中，马具有超自然的属性。具体表现在：

（1）马通达人性。马不但为乘骑，而且与人一样有思想，有情感，善解人意，甚至常常与人对话。在史诗《江格尔》里，人和马是同位的：

> 什么样的母亲，养育了这样英俊的男儿？
> 什么样的骒马，生下了这样的美丽的神驹？①

每当赞颂英雄的时候，就必然赞颂英雄的骏马。骏马的名字陪伴着英雄的名字。江格尔的大将阿拉谭策吉曾跟马说话，催促马前进。特别有趣的是，史诗中赞美英雄的词汇与赞美马的词汇几乎是一致的。史诗中常用"雄鹰"、"鹞鹰"、"狮子"赞美英雄，也同时用这样的词汇来赞美马。

（2）马具有神力。阿拉谭策吉跃马扬鞭，找不到渡口时，他的大红马劈波斩浪，气势磅礴，从西岸游到大海中部。史诗中这样描绘江格尔大将的铁青马："它力大无比能驮载山岳，它飞快神速能遨游宇宙。"② 力量何等神奇！

---

① 色道尔吉译：《江格尔》，人民文学出版社1983年版，第158页。
② 同上书，第61页。

史诗中常常出现骏马跨海的描绘："洪古尔跨上了肥壮的铁青马,横渡波涛汹涌的岗嘎海(地名)。只用了七天,度过了茫茫万顷的银海。"① 马的神力不仅表现为其在自然环境中的无惧无畏,而且表现在其救助主人时的所向披靡。当英雄萨纳拉与芒古里搏斗,腰椎被打断,肋骨也被砍伤的时候,"红沙马放开四蹄向荒野狂奔,神速的红沙马拯救了勇士的生命"。②

(3)马可以变化形象。在史诗里,马的形象是可以变化的形象。英雄江格尔让自己的德阿兰扎尔变成两岁小马,自己变成十岁的小孩。英雄洪古尔把自己变成了十一二岁的癞头乞儿,让铁青马变做秃尾的小青马。人与马都可以变小变形,又都可以神奇地恢复原来的面貌。民间史诗是民间文化的百科全书,具有深厚的民间文化的内涵。史诗中描绘的神马正是民间驾驭马、崇拜马、爱护马习俗的集中表现。

史诗不是历史,它与历史拉开了非常大的距离,但是史诗又具有历史的纵深感和哲学感,历史感是史诗之魂。连绵不断的战争给卫拉特蒙古部落带来了不可言状的苦难,苦难渗透到历史的深层,造就了一个民族的忧患意识,写下了一部最悲壮的心灵史,铸造了一个最朴拙、最深沉、最坚毅、最坦荡的民族魂。在史诗中,建构了英雄江格尔和魔鬼蟒古斯的二元对立。多头的蟒古斯这个极为特殊的象征符号具有多重意义。它是敌人、社会的邪恶、自然的各种灾害等一切惊扰和平安定的恶势力的象征;而江格尔是光明、幸福、英雄、铲除各种灾难和邪恶势力的正义象征。这组二元对立的集体表象是蒙古族民众集体表象的沉淀,它凝聚着大游牧时代民众的审美观、价值观、道德观、宗教观。它将个体力量提升到集体力量之中,把集体的开拓精神和英雄主义升华到无以复加的地步:"爆发力是人类维持生存的一种重要的力的形式,爆发力就是对外部刺激的反馈力,生命意志旺盛,反馈力就越强。"③ 其核心价值理念是追求和谐的、幸福的游牧生活。在史诗里蒙古族建构了宝木巴这个幸福的理想之地:

　　没有衰败,

---

① 色道尔吉译:《江格尔》,人民文学出版社 1983 年版,第 138 页。

② 同上书,第 173 页。

③ 孟驰北:《草原文化与人类历史》,国际文化出版公司 1999 年版,第 78 页。

没有死亡。

没有孤寡，

人丁兴旺，

儿孙满堂。

没有贫穷，

粮食堆满田野，

牛羊布满山岗。

没有酷暑，

没有严寒，

夏天象秋天一样清爽，

冬天象春天一样温暖，

风习习，雨纷纷，

百花烂漫，

百草芬芳。①

　　这是千百年来积淀起来的对民族、对家乡历久不衰的深沉情感。崇高的理想和对和谐幸福生活的追求是一泓永远不会干涸的潜流，它灌注于英雄的行为中，构筑了英雄行为的底蕴和源源不断的动力。《江格尔》所昭示的不是个人的行为，而是一种集体意识。跻身于世界之林的蒙古民族在追求一种壮美，一种阳刚之气、一种生命的博大与永恒。当民族的心灵通过史诗表现出来的时候，困难化作了豪迈，忧患化作了壮美，理想之花化作了瑰丽，因此，《江格尔》成为草原英雄的绝唱，成为蒙古族民族之魂。讴歌英雄，讴歌生生不息、拼搏竞争、勇于进取、百折不挠的文化精神和文化品格建构了《江格尔》的主题。"民族语言，在民族主义看来，是衡量一个民族力量与品质的尺度。"②《江格尔》是民间世代流传的口承文化，在被牧人传承的过程中，它以无与伦比的奔放、活泼、旷达和激情显示了鲜活的生命力和永久的魅力。

---

① 色道尔吉译：《江格尔》，人民文学出版社 1983 年版，第 308—309 页。

② 孟慧英：《西方民俗学史》，中国社会科学出版社 2006 年版，第 15 页。

（四）长生天：牧人的深层信仰

人之所以称为人，一是石器的发明，一是观念的产生，灵魂观念的产生和石器的制作一样，他把人和动物彻底区别开来，在人类文明的发展史上具有重要的意义，使人成为真正意义上的人。而人最早的观念是灵魂观念，原始人类在初识宇宙和初识自身时，它们生活在一个原始宗教的世界里。人类学证明了任何民族在原始社会都伴随着民间信仰，如果我们把人类生活划分为内圈和外圈二重层次，那么人类编织的各种风俗习惯、规范则作为内圈的社会生活，同时对解释宇宙、支配宇宙力量以及人在宇宙间的地位等问题，人类组建了更大的框架，构成了作为外圈的信仰生活。天体崇拜是原始萨满教信仰的核心。而至今尚存的阴山岩画中的天神形象是人们的集体记忆；活脱生动的天神神话是游牧民原始先民的百科全书；至今尚存的敖包祭祀仪式和祭天仪式是萨满教民间信仰的活形态的文化表述。

人从哪里来？又到哪里去？世界万物从哪里来？又到哪里去？这个问题从远古到现代都困惑着人们。在大自然中，悠悠苍天最使人感到神秘莫测，日月星辰出没于天，雨雪雷电起始于天。苍天使人们感到崇拜，也感到畏惧，苍天崇拜由此而生。在突厥语和蒙古语中，"天"的发音均为"腾格里"，古代匈奴称苍天为"撑犁"，裕固族称天为"点格尔"。腾格里成为北方萨满教信仰中最重要的组成部分。据统计，绵延的阴山山脉的岩画达到 4 万余幅。其中就有多幅表现了天神的形象。在阴山岩画的区域有一首蒙古族民歌《布塔朗山》："我的布塔朗山，天神汇聚的地方，虔诚地向您祷告，保佑苦难的人们。齐天般的高山，大海一样的泉，天神居住的地方，我们向您呼唤，积雪的高山，有燧石白岩；传说的神树，我们信仰的神祇。上天有了征兆，六位祖师下了命令，我们向您祈求，消除隐患灾难。天神指出道路，祖师会有向导虔诚向您祷告，降恩保佑吧。"[①] 成吉思汗出征金国阿勒坦汗时，依俗登一高山，曾敞襟跪祷："长生天有灵……"公元 8 世纪的古突厥却特勤碑新伽可汗碑铭中一再出现"在突厥腾格里的保佑下……"，实际上活跃在北方草原的部族无论是汉代的丁零、狄历还是魏晋以后的铁勒、敕勒，乃至北魏隋

---

① 荣·苏赫：《蒙古族民歌渊源初探》，《内蒙古社会科学》1988 年第 6 期。

唐时代的突厥，其族称都是"颠连"，而"颠连"意即"天"。崇拜苍天是人类在原始阶段的普遍信仰，蒙古族的天神崇拜具有什么特征呢？

其一，游牧民族居住的地区有无数巍峨险峻的山岭，这些崇山峻岭成为人们崇拜的对象。蒙古高原地域博大、高拔。大小兴安岭、阴山山脉这些崇山峻岭的千变万化使人感到无限神秘，黑灾白灾等自然现象更使人感到敬畏。信仰萨满教的蒙古族崇拜高山、敬仰山神，祈祷山神。他们甚至不敢直呼每座山脉的名字。他们乞求山神的保护和赐予。在一古老的祈愿经文中写道：

　　　　我向阿尔泰所有的十三峰奉献纯洁的祭祀，

　　　　我向三十座青山奉献纯洁的祭祀，完成一种纯洁的祭祀……

　　　　俯请恩赐我每年喜事不断，使本人长寿，

　　　　允许我的家畜和畜群日益兴旺……①

信仰萨满教的蒙古族认为：（1）天神是兴风布雨之神，风雨雷电也与山神相关。（2）神秘的高山是天神所居住的地方。（3）高耸入云的山是攀天的天梯。在萨满教的宇宙观中，联系天地的"宇宙中心"最重要的意象是山，这在萨满教中被称为"宇宙山"或"世界山"，这种观念融入藏传佛教之中，至今还在流传。

其二，蒙古族对天神的崇拜与对地神的崇拜相对应。蒙古族有对地神崇拜的观念。在萨满教的观念中，土地是被赋予生命的，俄国学者道尔吉·班扎罗夫指出，在萨满教里，地神是一位女神："这女神爱土艮的特点是掌握万物生长的力量，这种力量是在天神的影响下出现在这个女神身上的。"② 蒙古族有"上有九十九尊腾格里天神，下有七十七阶地母"③ 之说。

其三，天神信仰与动物崇拜有密切的联系。众所周知，蒙古族世代从狩猎过渡到畜牧业。无语的岩画记录了其驯养动物的历史。在蒙古民族的意识

---

① ［意］图齐、［德］海西西：《西藏和蒙古的宗教》，耿升译，天津古籍出版社1986年版，第501页。

② ［俄］道尔吉·班扎罗夫：《黑教或称蒙古人的萨满教》（内部铅印资料）。

③ ［意］图齐、［德］海西西：《西藏和蒙古的宗教》，耿升译，天津古籍出版社1986年版，第501页。

中，天神腾格里主宰着一切，驾驭着一切，赐予着一切。而马这种神奇美妙的动物就是天神赐予的。关于马的来源，在鄂尔多斯草原流传着一个传说。过去水草肥美的草原上没有马，天上的仙女将宝钗摘下来，宝钗落到半空，眨眼间成群成群神奇俊俏的动物降到草滩上，于是美丽的草原就出现了"追风马"、"千里马"、"流云马"等各种各样的马。① 蒙古族认为，马是从天上掉下来的神骘。布里亚特的蒙古人认为，金星是马群的守护神，最初他只把马奉献给诸神骑用，禁止人间骑马，后来这个守护神的主人把马传给了人间，还说夏末出生的马驹，是在金星出现空中之后生的，所以被视为良马。② 萨满教把对马的崇拜与对天神的信仰叠合在一起了。马成为天神信仰的重要组成部分。

对马的崇拜与对天神的崇拜的统一叠合的关系具体表现在：（1）马的降生与天界存在着某种神秘的关系。（2）神马受到天神的护佑。（3）马具有超自然的神性。天神是控制一切，驾驭一切的，从天而降而受天神护佑的马当然高于其他动物，具备其他动物不具备的神性灵性。在原始萨满教的信仰中，天神是神圣的崇高的，马也是神圣的崇高的，天神是人生命和幸福的源泉，马也同样赐予人幸福。

源于萨满教的长生天信仰可以分为三个层次。第一个层次是萨满教的发轫期，在大自然中，悠悠苍天最使人感到神秘莫测，日月星辰出没于天；雨雪雷电起始于天。苍天使人们感到崇拜，也感到畏惧，苍天崇拜由此而生，开始先有具体的太阳神、月亮神、风雨雷电等神的形象。第二个层次，出现综合的天神的形象的。承传了北方游牧民族萨满文化的蒙古族把北方游牧民族的天神信仰推至一个更高的层次。其营造的巨大的天神体系不仅包括各种自然的神灵，而且包括各种社会神，例如权力神、战神、胜利之神、命运之神等及各种保护神——狩猎神、牧业神、财神等。蒙古族有以七星天为中心的九十九尊天神之说。蒙古族信仰的萨满教有骑马持矛的战神腾格里和腾格里苏鲁德的形象。蒙古族认为：如埃利贝斯腾格里为"倍增之天神"，卓勒内梅鲁厅腾格里是"使运气倍增之天神"。"作为创业神和财神，它们并不仅限于一般形的保护和增加牲畜，而且各尊神都会分别对某些牲畜种类和蒙古

① 宝斯尔：《鄂尔多斯风情录》，中国旅游出版社1987年版，第121页。
② 参见乌丙安《神秘的萨满世界》，生活·读书·新知三联书店1989年版，第24页。

牧业中的特殊部门施加有利的影响。"① 蒙古族把天神称为"呼和·腾格尔"，把天神视为最大的神和所有神的核心，蒙古族的萨满教由多神论向一神论发展，这是萨满信仰的高潮期。第三个层次，最后达到"天赋汗权"的地步。正如 13 世纪的《蒙古秘史》所记载的那样，豁儿赤是以"天地相商"论为根据，建议铁木真称可汗的。长生天的崇拜就被赋予了鲜明的社会色彩和人间权利的色彩。那么游牧民族创造的天神到底具有什么功能呢？

天神是主管一切的大神，其具有赐予人类幸福和带给人类灾难的双重职能。如前所述，天神关乎人类的生育和繁衍，这里有两层意思：天神不仅给人以生命，而且还给人以灵魂。同时天神也关乎牧业的兴旺。对狩猎和畜牧业及人类繁殖的双重追求使得无奈的游牧民族的先民把希冀寄托于天神。

生活在原始宗教中的原始先民一方面依赖原始宗教的信仰给予他们生活中的勇气和信心，同时也带来了恐惧和禁忌。蒙古族认为天神是洞悉一切、明察一切的。他们常说"天识着"、"上天判断"。如果某个人、某种现象违背了天意，天就会用自然可怕的现象表示震怒，"每当雷击的时候，蒙民均以上天震怒，惊惶失措，相惊奔投河流湖泊，希图避匿"。② 他们认为，饥馑、旱魃、彗星、洪水及种种灾难都是天神的盛怒所致。

可见天神包括山神具有赐予人类幸福与灾难的双重功能，无怪乎人们要虔诚地祈祷，世世代代地祭祀了。神是人创造的最高价值，它主宰着人世的一切，掌握着人类的命运，因而人们对神具有敬畏和惧怕的感情。但是神又给人以力量和帮助，因而它又吸引着人类对之祈求。正是在对神这种笃信无疑的基础上，人类产生了一种文化心理和感受。是希望和恐惧交织的心理的人对自己的创造物的投影。那么，天神长得啥模样？

在阴山岩画上有一批日月星云等天体物象的岩画。其中对太阳、月亮和星星及云朵等都做了极为细致的刻画。在乌拉特后旗大坝沟的一幅岩画上众多的人面像或者人像非常抽象化，而周围星罗棋布地布满小的圈圈点点。显然它显示的空间不是人间，而是天上，这居于苍穹的神灵，自然是天神。③ 其

---

① ［意］图齐、［德］海希希：《西藏与蒙古的宗教》，耿升译，天津古籍出版社 1986 年版，第 501、424 页。

② 布尔林：《成吉思汗》（第二章），沈颖译，中训团印刷所 1948 年印刷。

③ 盖山林：《阴山岩画》，文物出版社 1986 年版，第 77 页。

中有一幅有别于人像的天神形象，其间以曲线相连。岩画将天神置于苍茫的星际或与日月同住，说明天神居住在天上，主管大地的沧桑。对于游牧的蒙古民族来说，长生天的信仰是一种神圣的精神力量，它并非是超越时空追求来世的信仰，而是现世的永恒力量的源泉。长生天的信仰对于游牧的草原蒙古牧人的日常生活产生了深远的影响。作者看到在牧民遭遇灾害的时候，常常不由自主地呼喊："腾格里啊"，这是牧人与苍天的对话，这是其民间信仰集体意识至于现代的遗存。"从一开始起，宗教就必须履行理论功能同时又履行实践功能，它包含一个宇宙学和一个人类学，它回答世界的起源问题和人类的起源问题。而且从这种起源中引申出了人的责任和义务。"① 蒙古族的长生天信仰不仅折射出生态观念和伦理观念，而且成为其从事游牧生产和渡过游牧生活的精神支柱。

现代生态伦理学的奠基人和创业者之一莱奥波尔德把土壤、高山、河流、大气圈等各种不同的生物和自然物都是大地共同体的有机组成部分，而其中每一部分都具有特定的功能②。而人类学家和民俗学家看到的是游牧的蒙古民族结构的文化生态，这里至少可以包括两点：（1）蒙古族的语言、史诗、长调及对腾格里的信仰构成了人的生存环境的另一方面，即文化环境的层面。"文明人生活于主要由他们自己所创造的环境中，……所有他们使用的人工制品起着沟通他们自身与自然条件的作用，并且在创造文明之时，它编织了如此复杂严密的文化网，以至现在的大多数活动都与人为环境相关，而不是直接与基本的自然环境相关。"③ 游牧文化是人与自然联系的媒介，是人对自然的对象性关系的表述。所以在这里人与自然的统一即是感觉的现实或者现实的感觉。（2）从事不同生计方式的不同族群创造了各具特色的象征符号群。"当我们使用象征符号（言语表达和非言语表达的）来区分不同类别的事物时，就在某一自然延续的领域创造了一个人类的界限。"④ 这些象征符号群不仅划分人类与自然的边界，而且具有特定的族群文化的标识。人对自然的对

① ［德］恩斯特·卡西尔：《人论》，甘阳译，上海译文出版社1985年版，第120页。

② 参见［美］莱奥波尔德《西部地区自然保护的基本原理》，转引自叶平《生态伦理学》，东北林业大学出版社1994年版，第76页。

③ ［美］唐纳德·L.哈迪斯蒂：《生态人类学》，郭凡、邹和译，文物出版社2002年版，第92页。

④ ［英］埃德蒙·利奇：《文化与交流》，郭凡译，上海人民出版社2000年版，第48页。

象性关系，日常生活经验可以直观的对象性自然关系，都是通过特定的文化网络的象征符号表现出来的。与草原相和谐的文化网络一旦被创造出来，就不仅仅是牧人审美的创造物，他们始终伴随着牧人的生活，成为牧人生活中不可缺少的伴侣和精神布帛。人是文化的产物，特有的文化象征符号成为牧人的文化基因被代代传承。

四　对游牧文化的评估

一部中华文明史就是农耕文明与草原游牧文明不断碰撞、交流、融合的历史。农耕文明和游牧文明是世界文明史上的两大主要文明。如何评估蒙古族的游牧文化？存在着两种倾向。一种是历史上评价的误区，由于对游牧文明历史记载得非常少，而且又往往由农耕人记载，"而农耕人的记述，往往美化自己，丑化别人，厚己薄人。在一"厚"一"薄"之间，于是有损历史的本来面目，使后人对游牧人的物质和精神生活产生了不少错觉。这种情况甚至连希罗多德和司马迁的著述都在所难免。"[1] 另一种是现代人的误区，有学者认为游牧文明是完美无缺的文化模式，甚至现在应该回到游牧时代。

如何评估游牧文化？我们的立脚点是：（1）把游牧文化置于历史的长河中评估。文化是群体创造并且传承的，它可以是跨越时间、空间和个体生命而存在，所以，我们必须历史地看待游牧文化，只有把游牧文化置于

图1.4.1　草原牧人　邢莉摄

---

① 　项英杰：《中亚：马背上的民族》，浙江人民出版社1993年版，第2页。

人类历史的长河中，才能具有真实的意义。（2）当前我们要把游牧文化置于多元文化的视角中："每一种文化都有其独创性和充分的价值，应该用它所属的价值体系来评价。"① （3）站在文化生态学的角度评估，把游牧文化类型置于保护生态、保护地球的语境下，评估其价值。我们要站在历史的公正的科学的角度上评估游牧文化。

当前在世界经济一体化的语境中，内蒙古区域的游牧文化已经衰微。我们反思游牧文化的核心价值，总结民间创造的游牧文化的知识体系，阐释游牧文化存在其本身无法克服的缺陷和不足，对于实现现代化和人类的可持续发展具有意义，也会给人类的可持续发展以重要的启迪。

（一）游牧文化的价值

20世纪70年代，已经步入工业化社会的西方世界提出了"后工业文明"，即在工业文明之后人类向何处去？世界向何处去？针对工业文明带来的种种弊病，1972年联合国在斯德哥尔摩会议上通过了人类有史以来的第一个《人类环境宣言》，1972年罗马俱乐部发表研究报告《增长的极限》，提出了均衡发展的概念。1992年联合国环境与发展大会通过的《21世纪议程》深化了对可持续发展的认识。不同国家不同学科的学者不约而同地赞同以"生态文明"作为后工业文明的一种新的文明形式。我们不能以"农耕文明"为立足点，也不能以"工业文明"为立足点，而是应该当代世界共识的"生态文明"的立足点上评估游牧文化。

其一，蒙古族的游牧文化核心价值是一个维系生态平衡的文化系统。产生游牧文化的生态环境是草原。牧人说，没有草原，哪有牲畜，没有牲畜哪还有人。内蒙古区域植被分布是天设地造的阜原。内蒙古广大的地域跨度和分异清楚的自然地带，形成了复杂多样的生态系统。"由于内蒙古处于冰川拉锯带、地层松散带、气候巨变带、强烈季风带、温室效应敏感带、水热异地带、风旱植被稀疏同步带、多因子过渡和交错带，环境多变和多灾带，严重缺水带、生物低产带、生物区系交错带、农牧交错带……"② 在一个局部地

---

① 黄淑娉、龚佩华：《文化人类学理论方法研究》，广东高等教育出版社2001年版，第203页。

② 张自学：《内蒙古环境的战略地位》，载张自学主编《20世纪末内蒙古生态环境遥感调查研究》，内蒙古人民出版社2001年版，第9—10页。

区，具有六个植被带，跨越四大植被区，这是罕见的，充分说明内蒙古地域生态基因的丰富性，同时也说明内蒙古区域生态环境的脆弱性。我们已经在前面谈及，就气候来说其干旱多风，就资源来说其少水而土壤层薄。为了维系草原，蒙古族选择了游牧文化。"从这个意义上讲，游牧民族在蒙古高原上选择游牧文化，与农耕民族在中原地区选择农业文化一样，其选择都有内在的必然性。"①

学术界称追逐水草的游牧的行为方式称为"草木文化"，我们认为：

（1）草木文化是一种以维系草木为本的文化。也就是说把草原的生命置于本源地位，把人类的生命与草原联系在一起。牧人在游牧生活中树立了这个生活理念和哲学理念。从数不胜数的民间的格言、谚语、传说、史诗中以及其习俗中得到佐证。我在呼伦贝尔草原的布里亚特蒙古族调查时，曾经询问为什么草原上会有野葬的葬俗？牧人回答："草原是连成一片的，草原是我们祖祖辈辈的母亲，我们不堆土丘，不树碑，不能在母亲的脸上留下伤痕。"普通牧人道出的生态民俗观和生态伦理观与现代的西方人类学家如出一辙。

（2）草木文化是维系牧人生存的文化。生态学表明，"人对自然界有依存性，各种生命现象之间是相互关联的。因此，必须使人类与自然之间和谐共生并协同发展。"② 游牧文化较好地处理人与自然环境、人与生态环境，人与动物，动物与草场的关系。"科学证明，千百年来，自然选择了羊在草原生态系统中不可或缺的地位，是多年科学家采用实验与调查研究相结合的方法进行研究，显示过度放牧可以减少草原植物生产力，而适当的放牧可以刺激植物的生长。"③ 从这个角度来说，草原轮牧的生产方式的效应是双重的，牧人在畜群规模和草场生态平衡之间做出抉择，采取逐水草而居的生活方式，调节畜群和草场之间的关系。

（3）游牧文化与农耕文化不同，它控制了大型的食草动物而非生态系统的改观："在该类型的文化下，人们所控制的仅是饲养动物本身，不是这些动

---

① 张德平、张玉祥：《游牧文化与生态文化建设》，载单平等主编《牧区发展与草地资源可持续利用》，内蒙古人民出版社 2008 年版，第 194 页。

② 徐恒醇：《生态美学》，陕西人民教育出版社 2002 年版，第 8 页。

③ 参见乌力更《生态移民与民族问题——以内蒙古为例》，内蒙古人民出版社 2009 年版，第 49 页。

物赖以生存的生态环境系统。因而这些人类手中的动物一直在接受生态系统中生物运作的规律的制约，一旦这些动物的繁殖超过该系统所容纳的数量，造成阻滞，受到制约的首先是这些动物本身，依赖这些动物为生的人类则受到间接的制约。"①

　　游牧人在长期的生产与生活中创造的并且世代传承的整体的物质文化体系和精神文化体系以及其中包括的哲学观、生态观、审美观、价值观、道德观等，构成了尊重草原自然规律的游牧的文化选择，由此确立了其发展的文化维度。他们用自己的文化达到了与自然的协调。

图 1.4.2　古代游牧民族的迁徙　清代绘制

　　在当前世界经济一体化的格局中，西方文化取得了领先地位，但是反思现代文明却有其固有的不可克服的弊病，就在于"把文化看成人利用自然来达到自身目的成就。"忽视精神文化是一个至今还没有完全改变的对文化认识的失误。这个失误正暴露了西方文化中的人和自然对立的基本思想的文化背景，这是天人对立的世界观的基础。"我们一向反对天人对立，反对无止境地

① 罗康隆：《论民族文化多样性与人类生存环境问题》，《中央民族大学学报》2000 年第 6 期。

利用功利主义的态度片面地改造自然来适应人的需要，而主张人尽可能地适应自然。"① 应当说，"天人合一"是整个中华民族的思想结晶，是中华民族"最完美的生态智慧"。草原游牧文化的"天人合一"观念成为东方文化的重要组成部分和宝贵财富。

其二，蒙古族的游牧文化是一个整体的民间知识体系和技术操作体系。长期以来，我们进入一个误区，那就是我们往往忽视民众创造的知识体系——民间文化的知识体系，也就是对于地方性知识的寻求。后现代的特征之一就是"地方性"（localize）——求异。我们寻找的是游牧人创造的民间知识的体系，是他们创造于生活、运用于生活、传承于生活的民间知识与经验积累。游牧文化的知识体系包括关于天文历法的知识、关于各种草类的知识、关于牧业的技术的知识、关于医药、关于宗教等等整体的知识系统。

1. 牧人观察天象，累积了天文历法的知识。草场和气候是构成游牧生活方式的环境。所以需要关于天文历法的知识的累积。野外放牧，使得他们积累了观察天象的丰富经验。他们观察浩茫的天宇，从观察日月运行的规律，准确地掌握了纪年、纪月、纪日、纪时的方法。在内蒙古乌拉特后旗、托林沟、阿贵沟、格尔敖包沟等处的岩画上都有太阳的形象，这太阳的形象与郑州大河村仰韶文化遗址出土的陶器上的花纹相似。② 月亮与太阳一样，在人类社会中起着重要的作用，他们以月计算时间。《黑鞑事略》载："其择日行事则视月盈亏以为进止，月出之前，下弦之后，皆其所忌，见新月必拜。"在阴山岩画上，有一弯新月和晶亮的星星。③ 在野牧毡帐的生活中，他们知道月亮是由于太阳的照射才发光的："他们还声称，太阳是太阴的生母，因为后者是从前者那里获得光芒的。"④ 他们巧妙地把计时与蒙古包的空间联系在一起，通过太阳通过天窗射到蒙古包哈那（蒙古包的支架）上的 12 个不同的位置，以十二生肖命名一日中的十二个时辰。

2. 牧人建构了牧草分类的知识体系。牧人在观察天象的同时还观察物候的变化，他们积累了关于草类的各种知识。关于草类的知识体现在两个方面。

---

① 费孝通：《文化论中人与自然关系的再认识》，《新华文摘》2003 年第 1 期。
② 盖山林：《阴山岩画》，内蒙古人民出版社 1995 年版，第 179 页。
③ 同上书，第 273 页。
④ 耿升、何高济译：《柏朗嘉宾蒙古行纪、鲁布鲁克东行纪》，中华书局 1985 年版，第 35 页。

他们根据草类的变化决定牧业民俗的牧业的周期和生活时间。"离离原上草，一岁一枯荣"。他们以草的兴枯为年，他们根据草势安排牧业生活。根据草木的生长，他们确立了四季营盘的观念，维系追逐水草的生活节律。他们熟悉植物分类的知识，建构了牧草分类的知识体系。通过长时期的观察，他们摸索出各种牲畜需要不同牧草的规律。《清稗类钞·阿里克牧务》说："草贵有碱性，而牛马所饮之水不宜碱，碱水唯驼为宜。"《清稗类钞·阿里克牧务》还谈到在牧畜时注意草场的恢复。"羊得秋气，足以杀物，牛得春气，足以生物。羊食之地，次年春草必疏，牛食之地，次年春草必密。草经羊食者，下次根必短一节。经牛食者，下次根长一节，群相间而牧，翌年食草始匀。"[①]作者在克什克腾旗的调查中，牧人告诉我们，不同的牲畜爱吃的草类也不尽相同，羊喜欢吃白蒿子，牛喜欢吃尖草，马喜欢吃尖草和哈拉禾奈（一种草的名字），骆驼喜欢吃榆树叶子。要掌握它们爱吃的草。[②]

　　3. 牧人积累了管理畜群的知识、经验和实践操作体系。以往的偏见往往认为畜牧业是没有技术含量的，其实是由于对于游牧生活方式缺乏研究和科学的探讨。汤因比说："农业和畜牧业为后来的所有技术进步包括工业革命奠定了基础，也为迄今为止曾经产生和消亡了的一切文明的生活方式奠定了基础。"[③]游牧民族积累了丰富的牧业经验和牧业技术体系。其中包括：管理畜群的技术，优良品种的培育和繁殖的技术，给牲畜治病防病的技术，等等。马文化是蒙古族游牧文化的重要标志。它具有复合性文化的性质，可以分为马文化的本体研究和马文化的外延研究两部分。马文化的研究包括：

　　（1）马种的选择和培育的知识体系及以系列的技能和技巧；

　　（2）关于放牧马的系列知识和技能技巧；

　　（3）关于相马识马的知识和技能；

　　（4）关于驯马套马的知识和技能；

　　（5）战事中的骑马、日常生活的骑马、娱乐时的赛马的技能技巧；

　　（6）马具的制作和使用及利用马具驾驭马的技能技巧；

　　（7）关于节日赛马的传承，其中包括赛马的技巧及节庆仪典及与之对应

①　徐珂编：《清稗类钞·阿里克牧务》，中华书局1984年版，第2276页。

②　邢莉、秦博于2007年7月，在克什克腾旗访谈。

③　转引自余正荣《生态智慧论》，中国社会科学出版社1996年版，第67页。

的口承文化的传承；

（8）关于马的娱乐：有关马的音乐、舞蹈及马头琴的传承；

（9）关于马的口承文化的传承：神话、传说、故事、史诗、祝赞词等；

（10）关于马的祭祀及马信仰的结构体系和传承。

蒙古族的马文化是一个知识系统，一个技能系统，一个信仰系统，一个审美系统，马文化集中反映了草原游牧民族的心智特征。马文化建构了牧人整体生活秩序，促进了牧人精神世界的律动。

管理马匹的技术就是牧业技术之一。在大游牧时期几百匹甚至上千匹马是需要识别的，为了识别出自己的马匹，他们发明了打马印的习俗，这种习俗一直传承至今。

> 我们家过去有很多马，大概有几十匹吧？我家的马印是一个圆圈，每个人家的马印都不一样，有圆形、月牙形、菱形，什么样的都有，为的是分辨是谁家的马。马印一般是不能更改的，听老人说，这是祖辈传下来的。但是有时候是时代在变化，也更改。打马印的时间我们这里是4月份，有的地方是5月，总之是春天……①

> 我们家的烙印叫"be le 印"是祖上传下来的，各家的马印图案不同，但兄弟家的是一样的。如今我们也用了一二十年了。打烙印的日子我们家是固定的，每年阴历4月11号。马多的牧户有固定的打马印的日子，这天很热闹，四方亲朋都来办小型的那达慕，主要有套马，搏克活动，互相切磋技艺，没有奖赏，是集体的欢庆集会。②

作者在2008年7月在苏尼特旗的小型博物馆看到了代表不同历史时期、不同家族的几百种马印。这些马印都留下了深刻的历史印记。凭靠这些马印，牧人分辨不同家庭的马群，并且可以找到丢失的马匹。

---

① 被访谈人：隐名，苏尼特旗牧民，男，50余岁，蒙古族。访谈人：邢莉，访谈时间：2007年7月，在苏尼特旗。

② 被访谈人：BHEERDNN，东乌珠穆沁旗牧民，男，蒙古族。访谈人：白丽丽，访谈时间：2007年5月，在东乌珠穆沁旗。

　　分群放牧和牧养的丰富经验。草原的生态系统既是整体的，又是分层次的，各类草原存在着明显的差异。不同的草原类型适合所牧养的品种不同，典型草原适合养牛和细毛羊；荒漠草原适合养粗毛羊、绒毛山羊和骆驼。不同的类型的草场，载畜量也不同。

　　牧人在不同时期不同地点针对不同牲畜的习性和种类进行放牧。各种牲畜都有自己的春夏秋冬营地。例如羊的冬营地，要选择在地势较高，挡风朝阳的地方，这样可以保暖保膘。羊的夏营地，也选择在地势较高的地方，这时羊吃在石缝里长的具有酸性和辣性的草，有利于杀菌，羊群不燥，可以增加体质，等等。在放牧的实践中，牧人掌握了五畜——马、牛、羊、山羊、骆驼平衡的牧养技术。由于草场的质量不同，所驯养的牲畜品种的比例也不同。"20 世纪的 50 年间内蒙古的马、牛、骆驼三项合计为 21%，牛羊的比例为 1∶5.2。"① 这样的比例适合蒙古草原的生态环境。

　　4. 牧人掌握草原的医药知识。多样的地理地质形态孕育了多样的生物，内蒙古有野生植物 2800 种，野生动物 570 余种。生物的多样性组成了和谐的生物圈，不仅丰富了地球的基因库，而且为牧人的医药提供了丰富的资源。蒙古族早就利用草原上生长的植物制药，据统计蒙古族的药材有 1300 多种，取材于动物、植物、矿物等。药物的种类繁多，有丸药、灵药、散药、洗药熏药、膏药、喝药、服药等。蒙古医学的药物疗法，分作清、解温、补、和、汗、吐、下、静、养等十种。对于一些慢性疾病、传染病及北方草原民族所患的疾病，都有一定的疗效。为了适应草原的生态环境，蒙古族还创造了各种医疗的方法：例如：刺血疗法，即在额头或者手腕放血。② 这种有成效的疗法大约 8 世纪传入西藏。针灸疗法也经常使用。在《内经·异法方宜论》中记载这种方法亦从北方来。皮疗法就是将刚刚杀死的牲畜的皮置于病人身上或者患部加以治疗，内蒙古地区常用羊皮。"马上民族"积累了诊疗骨伤的经验。如马上跌伤，蒙古医师"以牛嚼脬蒙其首治之，其创立愈"。③ 蒙古族注重饮食疗法。元代著名的营养学家忽思慧所著《饮膳正要》从医学的角度

---

① 朋·乌恩：《蒙古族文化研究》，内蒙古教育出版社 2007 年版，第 92 页。

② 罗布桑却丹：《蒙古风俗鉴》，赵景阳译，辽宁民族出版社 1988 年版，第 149—152 页。

③ （清）昭梿：《啸亭杂录》，载《啸亭续录》卷 1《蒙古医士》，中华书局 1980 年版，第 396 页。

分析了食疗的重要。特别是对北方游牧民族的食品的种类及医疗、保健价值做了科学的分析，可谓集蒙古族及其他民族饮食智慧之大成。

在我们评估蒙古族游牧文化的价值体系的时候，我们认为游牧民族创造了一个与草原生态环境相适应的生存技能和知识体系。这个知识体系是民众创造的文化，"它是被传统文化所包裹的民众的'知识'，是被看不见的文化（invisible culture）所包裹的民众的'知识'，所谓人们常说的'行动有文化压力'，以及上述两者之间的关系"。① 这种过去不被人们认同的没有写入历史典籍中的知识支撑着牧人的生存同时也保护着千古草原。这是人类遗产的重要组成部分。

其三，蒙古族的游牧文化是一个体现了生态美的整体系统。美的创造常常被当成艺术家的事业，被封闭在雅文化领域，似乎美与人的直接生存毫不相干。但是当清澈的江河被污染、绿色的草原大面积沙化、浑浊的空气遮蔽着天空的时候，我们感悟到另外一个层面：美是生活的一部分，美的存在与生活密切相关，美是支持生命的重要前提。"审美制度进入民间的领域，进入日常生活的经验领域，并且内化为一种主体性的力量，直接参与到日常生活中，直接与日常生活相关联。只有当我们在意识与现实之间感受不到任何对立时，即，在一种意识形态成功地决定我们在日常生活中以何种方式体验现实时，这种意识形态才会真正地'掌握我们'。"② 民间审美依靠的恰恰是与其同根相生的约定俗成的习俗（惯例）的力量。也就是说，在牧业生活中，丰富多彩的民俗象征物构成了审美对象，这是民间审美的源泉。

在绵延千里古老的阴山岩画上，我们看到各种各样动物的形象表现得栩栩如生，马的健美，虎的生气，羊的活脱。在蒙古族的传统服饰上，我们看到不同的部落的不同款式、不同图案，这些款式和图案不仅是识别其不同古老部落历史的重要标志，而且昭示着其深厚的审美传统，也显示出民间审美意识和审美观念的脉搏。蒙古族搭盖的蒙古包也装饰有各种各样的图案，这些图案来自草原多彩多姿的民俗象征物，其中包括蓝天、白云、五畜、骏马

---

① Lauri Honko ed., *Tradition and Culture Identity*, Turku: Nordic Institute of Folklore, 1988.
② ［斯洛文尼亚］斯拉沃热·齐泽克：《意识形态的崇高个体》，季广茂译，中央编译出版社2002年版，第69页。

等。在蒙古族传统的养马工具——刮马汗板上，也有五畜的图案和各种各样的吉祥图案。民间的审美制度和习俗于此形成两个互相指涉、同构的概念，只有当这两种力量形成对流时，审美制度的进入才会是和谐的。美丽多姿的草原在一年四季中呈现不同的色彩，草原上的植物、动物、蓝天、白云不仅仅是蒙古牧人的审美对象和审美客体，而且成为富有灵性的与牧人感应交流的对象，他们热爱自然，感应自然，而且把自然万物与自己的生命联系在一起，体现了一种生态美。

"生态美的一个突出特征就是它的和谐性。和谐是生命之间相互支持、互惠共生以及与环境融为一体展现出来的美的特性。"① 在这里要说明的是，生态美不等于自然美，自然美是自然本身的美，生态美是人与自然共生命，自然作为人的生态过程的参与者所表现的审美价值。植物纹饰和动物纹饰来源于自然，但是已经超脱了自然，化成了作为体验者我的一部分："我与生物圈的整个生命相连，我与所有的生命浩然同流，我沉浸于自然之中并充实着振奋的生命力，欣然享受生命创造之美的无穷喜乐。"② 草原上存在着丰富的生态链，这些不同种类的生物存在着互相依存的关系，构成生命的网络。草原游牧文化的生态美就是把人类的生命融入到生态链之中，灵性激活自己的生命和审美。在工业化时代，把人置于自然之上，把人视为自然的主人，自然必须臣服于人，人与自然的关系成为主与仆的关系，成为二元对立的关系，这就是人类中心主义。而游牧人将人视为在生态环境中的人，与自然共处共生的人。

游牧人以自己创造的物质财富和精神财富来适应草原的自然生态，而其创造的文化所折射和宣泄出来的生态美张扬着民族文化精神。这里所焕发出来的生态美"都是人的意识的一部分，是人的精神的无机界，是人必须事先进行加工以便享用和消化的精神食粮……"③ 人类的延续和传承包括生物基因和文化基因。蒙古族的审美观，累积的是一种集体意识。法国社会学家杜尔干认为，"集体观念在双重意义上超过了感官生活。一方面，它们在我们所经验的疾驰而过的感官上加诸了一层固定性和稳定性；另一方面，它们对环

---

① 余正荣：《生态智慧论》，中国社会科学出版社 1996 年版，第 260 页。
② 同上书，第 266 页。
③ 马克思：《1844 年经济学哲学手稿》，人民出版社 1985 年版，第 52 页。

图 1.4.3　在游牧社会草原、牲畜与人构成和谐　余纪纲摄

绕着我们的事物和事件投射了价值"。① 蒙古族游牧文化所折射出来的生态美的审美观建立在一个文化群体所创造的全部传统之上，与那里的民众有着深深的情感纽带，具有游牧文化的内涵，并且凝铸着游牧民族的人与自然和谐的精神世界，可以说，游牧的审美观是现代人类学的生态美学的先声。

（二）游牧文化的非自足性

发展的缓慢性与保护生态的持久性是游牧文化的特征。人类学对从事畜牧生计的巴赫蒂亚人进行这样的描述："人类适应环境的一个更杰出典范是畜牧者，他们畜养和放牧诸如牛、马和骆驼等驯化动物。畜牧生计是对大草原、山区、沙漠或其他与农业所不能适应的地区的适应。此外，畜牧社会随季节变化而迁移，他们带着畜群在辽阔的大地上，随一年一度的天气循环而迁移。"② 人类学从文化生态学的角度颠覆了传统对于游牧文化的偏见，肯定了游牧文化的历史价值及保护地球的生态价值。但是我们不能认为，草原游牧

---

① ［美］E. 哈奇：《人与文化的理论》，黄应贵、郑美能编译，黑龙江教育出版社 1988 年版，第 176 页。

② 哈维兰：《当代人类学》，王铭铭等译，上海人民出版社 1987 年版，第 345 页。

文化在当今是最合理最先进的生产方式和生活方式。这种思路不利于改变牧人的生活状况和在现代化语境下牧区的可持续发展。学术界比较赞同的是，"这其中主要是'适应'而非'改造'，其结果是获得了人与自然的双赢……在蒙古高原这一人与自然相互需要的生态系统中，人始终扮演着调节者与管理者的角色，有意地、主动地为这一系统的正常运转而竭心尽力"。① "在草场广大、自然养牧的条件下，大游牧是一种典型的投入少、产出多，机会成本很低的生产方式。"② 游牧的生计方式是一种粗放的依赖自然的生产方式，其不属于先进生产力的范畴。站在现代化的可持续发展的角度看，游牧生产属于中性生产力。"事实上，游牧生产方式曾经扮演过先进生产力的角色，但是随着现代科学技术的发展，它已转化为中性生产力范畴，而先进生产力则表现为现代科学技术在畜牧业领域的应用。"③

其一，游牧经济习俗具有脆弱性。由于其特殊的生态环境而经常遭到各种自然灾害的袭击而承受力脆弱，不堪一击。内蒙古区域的生态环境是极其脆弱的。其灾害包括黑灾（冬天无雪）、白灾（雪量过大）、风灾、霜冻、虫灾、鼠灾等。内蒙古气候的特点是寒冷干燥。平均气温年较差在36℃以上，平均日较差在14℃以上。冬季受蒙古高气压控制。冬季不但温度低而且风雪甚烈，高原上常见六、七级大风，积雪掩盖草原，牲畜缺乏饲料，因此在传统的生产方式下，过冬是牲畜的一道难关。对此无论是正史记载的资料还是近代汉文献中地方志的资料都屡屡不绝。"冬季野草被冰压雪盖，牲畜饥不可耐，以嘴唇推开冰雪，啃食枯草以充饥，有时饥寒交迫过甚，牲畜往往有顺风疾走，葬送于冰雪中而倒毙者。"④ "其冬不积草，马皆野宿，一遇雪深，死瘠过半。"⑤ 在此我们倾听一下牧户的记忆：

我13岁就开始放羊，小学毕业。今年50多岁了。我们这儿最不好过的是冬天，冬天冷，冷还不怕，就怕下白毛雪，刮大风，那一年，70

---

① 葛根高娃、乌云巴图：《蒙古民族的生态文化》，内蒙古教育出版社2004年版，第87页。
② 刘明远：《论游牧生产方式的生产力属性》，《内蒙古社会科学》2005年第5期。
③ 同上。
④ 曾雄镇：《绥远人口调查记》，《西北汇刊》1925年第10期。
⑤ 尹耕：《塞语·出塞》丛书集成本。

年代，阳历 11 月就下雪，下了二十几天，快下到 12 月了，太大了，白花花一片，看不见什么，净是雪，除了雪还是雪，羊没有吃的，开始还可怜得咩咩叫，后来连冻带饿，我爱人心急得不行，抱进屋里两个，哪儿抱得过来呀，就是抱进来的，也没有可喂的东西……别说牲畜，人也危机了，政府倒是派了飞机，空投粮食，雪积了二尺多厚，好像还要厚，我们捡东西，都出不去门，最后政府开动了大器械，帮助铲雪……羊倒在雪地里，一片一片的，我们家的羊死了一半，那次白灾，全旗损失了43%。①

田野笔记：

> 在锡林格勒草原东乌珠穆沁旗我访问了一个受到白灾袭击的牧户，就在 20 世纪 70 年代的那场灾害中，他们家的牲畜损失了80%，其女主人在叙述灾害的时候，谈到其撕裂心肺的感伤的时候反而很平静，但是平静之中隐藏着无以名状的悲哀……她说："腾格里（老天爷）把他们收走了。"我知道腾格里是蒙古族古老的萨满教里的天神信仰，在此我们实在不能以"迷信"来评价牧人，时至今天，古老的天神的信仰离牧人并不遥远，牧人深知腾格里与人的关系不能割断，息息相连。世界何以存在？人在哪里？人与天是什么关系？这是哲学家的思考，也是一个牧人在生活经验中的思考。

　　1977 年集体时期遭遇了白灾，死的牛羊不计其数，70% 的牲畜都死了，马的损失比较小，因为马可以用蹄子刨雪吃。当时死的牛非常多，一个嘎查二千多头牛只剩下七百多头。近十年来一直遭遇旱灾。现在有个苏木养鹰，直接用鹰来灭鼠，办法就是立了好多水泥竿子，为鹰提供住处。现在政府组织防疫打针，灾害一般也由政府来组织救灾，曾经用飞机撒药治理虫灾。②

---

　　① 被访谈人：东乌珠穆沁旗牧民，隐名，男，蒙古族，50 多岁。访谈人：邢莉、中央民族大学民俗学博士张曙光、王志清，访谈时间：2008 年 7 月，在东乌珠穆沁旗。
　　② 被访谈人：DML，东乌珠穆沁旗乌里雅斯太镇牧民，67 岁，蒙古族。访谈人：邢莉、张曙光、王志清，访谈时间：2008 年 7 月，在其家里。

　　牧人对黑灾的记忆与白灾一样深刻。1953年J.伯赛尔发表了一篇论土著澳大利亚年平均降水量与人口数量之间关系的研究文章，具有划时代的意义。他不是根据"肥力"或者"生态丰富度"来界定环境，而是选择了单一的变量——年平均降雨量决定植物的生长，而植物的生长既直接通过植物性食物又间接通过动物性食物限制人类食物的利用。[1] 游牧业存在于年降水量400毫米以下的区域，在干旱和半干旱的荒漠草原，年降水量有的达不到200毫米，甚至100毫米，而草原依赖水而生存，人与牲畜也依赖水而生存。干旱的袭击与暴风雪的袭击同样给游牧业以致命的打击。春天温度上升，积雪融化，雨量甚少，热量和水分的不相配合，形成普遍的春旱现象："据今500年的资料分析，平均3年两旱，7年一大旱，62年左右一个特大旱。"[2]

图 1.4.4　脆弱的草原　邢莉摄

　　除了雪灾、旱灾、蝗灾以外，还有传染病的袭击，在内蒙古草原，灾害的普遍性、频繁性和严重性要大于农耕区域。内蒙古牧区的自然灾害多达十

---

　　① 参见［美］唐纳德·L.哈迪斯蒂：《生态人类学》，郭凡、邹和译，文物出版社2002年版，第11页。
　　② 宋道工主编：《中国人口·内蒙古分册》，中国财政经济出版社1987年版，第11页。

几种。本书的作者邢旗不仅亲历过白灾（雪灾）、黑灾（旱灾）、鼠灾、虫灾，而且多次参与了救灾和治理的过程。"这些灾害不是孤立的，灾害间存在着互为条件关系、制约关系等内在联系。其中，旱灾与其它灾害的关系复杂，关联度高，起的作用大……"① 依赖自然的游牧经济是易受自然灾害的一种经济。而其抵御灾害的能力却相对较弱。但是从生态平衡的角度上说，正是因为牧人的生产机制对灾害的承受力很弱，灾难客观上起到了大规模地消灭畜群，保持草场生态平衡的作用。这种平衡使得草原对于牲畜的承载保持草原能够承受的限度。

其二，牧业产品的单一性及经济上的非平衡需求。从人的食物结构来说，人既为食草动物又为食肉动物，人体对于农产品是有一定需求的，特别是他们不种植蔬菜，所需的维生素往往通过茶叶来补充，而且随着社会的发展及与外界的沟通，其需要农产品的种类和数量愈来愈增加。游牧民族和农耕民族不同的生计方式往往构成一种互补的文化关系。但是这种互补关系是不均等的，"在互补关系中，以游牧民族对农耕民族的产品需求为主，而农耕民族对游牧民族的需求较少"。② 农耕民族可以不依赖游牧民族而生存，而游牧民族要依赖农产品。牧业产品产出的是牲畜，牲畜是活物，牲畜并不能像粮食或者货币那样易储存和积累，由于其操作是粗放的游牧的方式，单位草原的载畜量不允许牲畜过剩，黑灾（旱灾）和白灾（雪灾）都在霎时使牧人失去其劳动成果。对于农产品的需要和牧业产品的不易储存都使得游牧民对于与农耕民族的交换格外迫切。"畜牧生计的另一个共同的特点是，它的产品单一和不耐储存，这就使得它对于农耕社会的贸易有着特别强烈的要求。"③ 有的学者认为，历史上的游牧民族发动的战争或由于"白灾"、"黑灾"的袭击，或由于求交换而不得，对此史籍上多有记载。游牧民族易于迁徙，正是这种辛劳，激励了他们的开拓精神。他们与封闭的农耕文化不同，注重商业贸易是草原游牧经济的典型特征之一。

其三，游牧文化还表现在其缺乏累积性。农耕民族收获的是农作物，对

---

① 敖仁其主编、敖其等副主编：《制度变迁与游牧文明》，内蒙古人民出版社 2004 年版，第 193 页。

② 参见贺卫光《中国古代游牧民族经济社会文化研究》，甘肃人民出版社 2001 年版，第 149—150 页。

③ 林耀华：《民族学通论》（修订本），中央民族大学出版社 1997 年版，第 90 页。

于农耕民族来说，储蓄和节约都是一种维持和调节经济平衡的方法。与农耕文化不同，游牧民族生产的主要收获是牲畜，牲畜是活物，不像农民生产的农作物那样容易储存，对于游牧民族来说"一个畜群就是一座天然的食物储存库，一年四季随时都可以取用，消费多少取多少"。他们"没有必要去靠刻意的积储以维持生活，这种状况在经济价值观方面表现为主动获取重于被动积蓄的行为"。① 对于游牧民族来说，储蓄和节约都不是一种维持和调节经济平衡的方法。如果没有遇到灾害，这种主动适应自然的生计方式在短时期内可以迅速积累。牲畜的自然繁殖率是很高的，恩格斯在评价住在幼发拉底河和底格里斯河的闪米特人时说："这些财产，只需加以看管和最简单的照顾，就可以越来越多的繁殖起来，供给非常充裕的乳肉食物。"② 在没有灾害的情况下，其累积的财产——指牲畜而言，自然繁殖率是很快的，但是一旦遇黑灾和白灾便不堪一击。例如蒙古国在 1999 年冬季至 2000 年春季发生的白灾和 2000 年春季发生的口蹄疫损失死亡的牲畜高达 300 万头。③ 畜牧业的周期与农耕比较而言是缓慢的，要三年到五年才能恢复。牧业生产周期的缓慢使得其财产累积是缓慢的，况且牲畜的储存存在着不稳定性。因为牲畜是活物，不可能象谷物那样储存。"在迁移不定的游牧业中，持续性的积累是不会成大气候的。也就是说，游牧是没有剩余物可以养活大批寄生人口的。在这一点上，游牧业社会又基本上是一个极其平等的社会。"④ 实际上缺乏累积性是其脆弱性的重要方面。

　　我们在评估游牧文化的时候，不能忽视其生态环境的脆弱性、多变性，可利用资源的有限性，以及给人类带来灾害的频繁性、突发性，等等。文化生态学在探索人与自然的关系的时候，把文化构架置于重要的地位。传统的游牧业生产习俗具有一定的科技含量，牧人同时也世代传承着丰富的地方性知识，但是在学术界之所以称其为"半自然经济"，就是其与现代科学技术比较，科学技术的含量较低，成本低经营方法粗放，管理手段简单，生产操

---

① 乌云巴图、葛根高娃：《蒙古族传统文化论》，远方出版社 2001 年版，第 77—78 页。
② ［德］恩格斯：《家庭、私有制和国家的起源》，人民出版社 1972 年版，第 50 页。
③ 参见刘明远《论游牧生产方式的生产力属性》，《内蒙古社会科学》2005 年第 5 期。
④ ［日］松厚正毅：《游牧世界》（前言），杨海英审译，赛音朝格图译，民族出版社 2002 年版，第 5 页。

作依靠双手和手工工具进行靠天养畜和以自然生长为主的状态。牧人总结出
"夏壮、秋肥、冬瘦、春死"是游牧业的规律，牧人说：大灾大减产，小灾小
减产，风调雨顺增点产。但是风调雨顺是不易得到的。就是在没有灾害的情况
下，干燥的气候和内蒙古大兴安岭及阴山的地形障碍，使其大部分地区长年有
水的河道很少。这些河流的下游或没入沙地，或在低洼的地方形成大小湖泊，
面积小，水量少，牧人称为"水泡子"的地方就是一池浅水，这便是过去人畜
用水的主要来源。其且水质很差，碱而苦且有寄生虫，人畜容易致病。

> 游牧生活很苦，常年游牧，到老了一身的毛病：风湿、关节炎、气
> 管炎等等……特别是妇女生孩子，就更困难了，顺利了还好，不顺利，
> 难产到那里去找大夫，大草原啊，过去牧区生孩子不容易，养活也不容
> 易……所以我们牧人特别喜欢孩子，珍惜孩子，男孩、女孩都喜欢，我
> 们不歧视女孩……①

游牧文化固然表现了游牧人的生存智慧，但是其不代表先进的生产力。
一是作为社会发展最终决定力量的生产力长时间发展缓慢；二是经不起自然
灾害的袭击；三是由于交通不便，信息不灵，远离中心城市等客观原因而导
致生活结构单一，教育、医疗问题没有保障。"因此按照马克思的观点，我们
认为，在上述不足情景下，生态环境、生活、生产再生态化，如果没有生产
力的大发展，经济的大增长，赢得社会的大进步也是一种空想甚至幻想。"②
游牧文化是人类主动地适应自然的文化。"游牧与农耕所依据的生态系统不
同，游牧是人们以文化的力量对自然环境的一种单纯的适应，而农耕则以生
产力的稳定与地力的持久为特色。前者具有非常精巧的平衡（a delicate equi-
librium），而后者则有一种稳定的平衡（a stable equilibrium）。"③ 游牧与自然
的平衡表现在其移动性和脆弱性，自然灾害的袭击限制了牲畜的增长，因而
维系了人与自然的关系。

---

① 被访谈人：BLGD，男，73 岁，布里亚特蒙古族，阿拉坦敖希特嘎查普通村民。翻译员：敖日
格勒，男，23 岁，当地的鄂温克族。访谈人：邢莉，访谈时间：2005 年，在呼伦贝尔鄂温克旗。
② 包庆德：《蒙古族生态经济及其跨世纪的有益启示》，《内蒙古大学学报》1988 年第 6 期。
③ 庄孔韶主编：《人类学概论》，中国人民大学出版社 2006 年版，第 219 页。

第 二 章

内蒙古区域游牧文化变迁的历史坐标

　　内蒙古区域的游牧文化是作为与农耕文化对应的另一种文化类型存在的。其经过了历史的发展期和辉煌期，经元明清到民国，延续至今发生了历史的和社会的变迁。在本章里，我们对游牧文化变迁的过程进行历史纵坐标的分析。我们把内蒙古区域游牧文化的变迁分成变迁的肇始期、变迁的转型期、变迁的确认期和现代的衰微期。德国民俗学传播学派的前驱拉策尔在其著作《人类地理学》中，认为不同文化差异的消解是通过不同文化之间的联系的加强。异文化的联系方式，拉策尔认为主要包括迁徙、掠夺、种族的混合、交换、商业、交通发展等。① 我们的实证研究对于人类学研究文化的消解有借鉴意义。

一　明代：游牧文化变迁的肇始期

　　明代的土默特地区，即以今内蒙古呼和浩特为中心，包括包头市、乌兰察布盟的部分地域，为蒙古族的游牧之地。明代称为丰州滩，这就是地处阴山南长城北的土默特地区，这里水源丰富、气候适宜、土壤也较肥沃，是一块冲积的平原。元代在丰州滩一带，已有农耕文化。明嘉靖初年与蒙古的战事渐少。明政府放弃了河套直到辽东的大部分垦区，又主动用长城把农耕区域封闭起来，断绝与游牧的关系。在这样的背景下，蒙古族历史上的著名领袖俺答汗顺时而动，因势利导，在自己的中心领地库库和屯即今呼和浩特一

_____

① 参见孟慧英《西方民俗学史》，中国社会科学出版社 2006 年版，第 102 页。

带建立了农业、手工业和商业的基地,蒙古地域的变化在悄然进行。这是游牧民族内部对农耕文化的认同,也是游牧文化变迁的肇始。这里的变化是什么?又是怎么发生的?其对后来的影响又如何评估呢?

(一) 内蒙古区域内形成的汉族板升聚落

元代实行万千户制,即由较多的血缘关系组成的游牧集团。明代出现了"鄂托克"制度,"鄂托克"是当时最基本的社会集团,是同一地区的经济单位,又是以亲属为中心的结合体。元代结束以后,蒙古族退居到蒙古草原。在漠南地区传统的游牧发生了一个悄然的变化,即"画地驻牧"。何谓"画地驻牧"?即蒙古上层贵族所占的营地有所划分。"诸虏虽逐水草,迁徙不安,然营部皆有分地,不相乱。"[1] "北虏之众,凡有三窟,一屯河套,近延绥;一屯威宁海子之北,近大同;一屯北口青山,近宣府。"[2] 这是当时画地驻牧的情况。达延汗五万户过去几乎每年都要从河套至克鲁伦河作长距离的迁徙,现在开始"画地驻牧"。[3] 阿拉坦汗曾经亲以牛犋耕砖塔城,表示对丰州开发农业的意向。

蒙古族传统的生活方式是逐水草而居,在明代土默特地区出现了新的聚落——板升。在明代的史籍中,出现了一个引人注目的新名词:板升。关于板升,明代史籍上有多种记录。《明史》卷222、《明史》卷327、《明穆宗实录》、《全边略记》、《明史·鞑靼传》、《开原图说》等均记载了板升。何谓板升?板升为谁所建?其中的生计方式是什么?

(1)《明史鞑靼传》云:"时(丘)富等在敌,招集亡命,居丰州,构宫殿,垦水田,号曰板升。板升,华言屋也。"[4] 可见板升就是屋子。住板升的不是游牧民,而是逃往到土默特地区的汉族。《明史·王崇古传》言:"俺达又纳叛人赵全等,占古丰州地,招亡命数万,屋佃细作,号曰板升。"[5] 其意

---

① (明)郑晓:《皇明北虏考》,江蘩撰《四译馆考》清康熙刻本。现藏国家图书馆。中华再造善本影印。

② (明)陈经邦等纂修:《明世宗实录》(影印本),嘉靖十一年六月戊戌,"中央"研究院历史语言研究所,1962年版。

③ 曹永年:《蒙古民族通史》第三卷,内蒙古大学出版社2002年版,第265页。

④ (清)张廷玉等撰:《明史》卷327,中华书局1997年版,2008年重印。

⑤ 《明史·王崇古传》卷327。

也是屋子。

（2）《开原图说》云："虏帐营多在楼子（喇嘛庙）旁，其左右前后三四十里，即其板升。板升者，夷人之佃户也。"[①] 这里很有意思，把板升与帐房明显地区别开来，帐房与喇嘛庙占有一个空间，而板升是另外一个空间的建筑。很明白，帐房是游动的住所，而板升是固定的住所。

（3）关于板升，有另外的解释。"大同右卫大边之外，由玉林旧城而去，北经黑河二，灰河一，历经三百里，有地曰丰州。崇山环合，水草甘美，中国叛人丘富、赵全、李自馨居之。筑城建墩，构宫殿甚宏丽，开良田数千顷，接与东胜川，虏人号曰板升。板升者，华言'城也'。"[②] 这段披露得很翔实。不仅告知我们板升的方位、环境、人物，而且解释了板升。板升就是"城"，而"城"与"屋"有明显的区别。

（4）板升在《中国大百科全书》里被认为是蒙语"baising"或"bay-ishng"的音译。这里所谓的"百姓"，不是指蒙古族的原住民——牧民，而是指汉族人。由于汉族百姓来到土默川，他们聚成村落居住，所以蒙古人后来把房屋和村庄都叫成了"板申"（板升）。

总结上述，板升有广义观念和狭义概念。其狭义概念初起的意思指汉族建造的房屋，同时也指汉族建造的村落："蒙古人称这些汉人聚居的村落为'板升'，为汉语'百姓'的转音，初指汉人，转而指其房屋，后来泛指依附于蒙古贵族的汉族人口及其村落。"[③] 广义而言，"所谓大'板升'就是指城镇而言"。[④] 其实，不管其解释如何分歧，板升指的是固定的住所，其与游牧的蒙古包有本质的区别。

在内蒙古草原区域如何建成了汉族的聚落？这是我们的关注点。在明嘉靖年间，大同发生了两次兵变，涌入蒙古族的汉人激增，俺达汗收留了汉族为蒙古族服务。其中包括反明的起义领袖丘富、赵全。在蒙古族的游牧文化圈里，板升是一个特殊的社会集团。丘富、赵全等背叛明朝的头目是板升的领主，统管所有的板升。他们又有大、小板升之分。在他们的总统领卜，大

---

① （明）冯瑗：《开原图说》（玄览堂丛书），"国立中央"图书馆，1981年版。
② 方孔炤：《全边纪略》卷2《大同略》，台湾广文书局影印明刻本。
③ 呼日勒沙：《草原文化区域分布研究》，内蒙古人民出版社2007年版，第365页。
④ 蔺壁：《明朝后期的土默川》，《呼和浩特史料》第四集，1984年版，第175页。

板升 12 处，小板升 32 处。在政治上依附于蒙古高层封建领主，在经济上与驻牧的生计方式有别。

板升的出现是来自中原的农耕民族进入蒙古地区的产物。明臣毛宪曾上疏曰："臣闻房中多半汉人，此等因饥馑困饿，或因官司剥削，或因失事避罪，故投彼中，以离此患。"① 这里叙述了两种情况：一种是民族之间的战争掳走的汉族，还有一种情况是由于在内地难以生存而自己投奔到该区域的汉族。自 16 世纪开始，山西、陕西的农民、城市贫民和贫苦的手工业者，再加之长期艰苦守边的戍卒，不甘忍受种种剥削和压迫，逃往内蒙古西部地区。这里包括：

（1）因灾害严重而逃往蒙古区域的农民："山西列郡俱荒，太原尤甚。三年于兹，百余里不闻鸡声。父子夫妇互易一饱，命曰'人市'。当时惨烈的情况可见一斑。"② 特别是边境的士兵和居民为生活所迫，而自愿到了草原。"边人告饥，又苦于剥削，往往投入房中。"③

（2）有不满明朝的黑暗统治而逃逸的屯田士兵：屯田守边的士兵粮食缺乏，生活艰苦："况军七月粮食每月折价，养赡妻子尚且不足，宁有余粮裹代守边墙？使返食于家，则各存信地，又往返近亦八、九十里，势不克前。以一旦不再食则饥，不三日必逃溃。"他们为了生存而逃往地广人稀的草原地区。④

（3）民间组织白莲教的起义者：在山西一带兴起的白莲教的首领如丘富、赵全等在俺达汗的支持下建立了最早的板升聚落。史载"初大同妖人丘福（富）者入房中，教为城堡宫室，布满丰（丰）州，名曰板升，以居中国被房、亡命之众"。⑤ 这些被当政逼迫得走投无路的人们，为了生存，聚集在现土默川地区。应该看到的是，这些人不是一般的流民，不乏精明强干的社会

① （明）毛宪：《陈言边患疏》，林禄：《明经世文编》卷 190，稻乡出版社 2001 年版。

② （清）张廷玉等：《明史》（刻本）卷 223《王宗沐传》。

③ （明）许缙等：《明武宗实录》（影印本），"中央"研究院历史语言研究所 1962 年版。正德十五年二月庚申。

④ （明）翁万达：《广储蓄以备编需以防房患疏》，林禄《明经世文编》卷 226，稻乡出版社 2001 年版。

⑤ （明）姚广孝等：《明实录》（影印本）穆宗卷 23，隆庆二年八月辛卯，长乐梁鸿志，民国 29 年（1940 年）。

志士。

（4）俺达汗掠夺的汉族人口：据历史记载，俺达汗曾经采取强制手段掠夺汉族的内地人口到蒙古地区。掠夺"华人以千计"。[1] 1550 年（嘉靖二十九年）其武力甚至到达北京近郊。这是一种强迫移民的手段，为了给该地域增加劳动力，尤其需要的是各种各样的手艺人。

不管是饥寒交迫的流民，还是屯边的士兵，不论是民间组织的英豪还是被俘虏的汉族，汉族在土默特的聚集是事实。自从嘉靖三十三年（1554）土默特出现了大板升以来到明末的 60 年中，板升的发展很迅速，很快就聚众十万。其中大部分是普通农舍，但也有颇具规模的城堡。反明联蒙的白莲教领袖修筑的城堡、宫殿、佛寺都在板升之列。嘉靖四十五年（1566）赵全组织民工建筑的朝殿及寝宫，绘画工描龙凤五彩。龙凤五彩的描绘完全是农耕文化的符号。

从下面的记载看，把板升解释为"房屋"或者解释为"城邑"还不够确切。据史载，在今呼和浩特至包头市的南麓地区多有板升。"自东山西到黄河约三百余里，自沙领儿北至青山二百余里，内有板升聚落二十余处，俺答、李自馨、黄台吉、丘富、赵全、宋银儿、老汉鱼不剌、五奴骨计、土骨气、大汉笔写契、五呵计小厮、虎剌哈气、杨木匠、周元、罗监、锁合儿、全掇、刘四、郭大匠、赵景库、计龙、王道科、王绣匠、哑秃气等，或有庐舍、或修堡、或筑墙、或筑墩台，自丰州以西，沿河一带至多罗土蛮驻牧之地，亦有板升，分隶麦力艮台吉和大成台吉，但不及丰州川之众。"[2] 从以上可以看出：其一，板升与游牧人住的毡房迥然有别，是固定房屋或者聚落；其二，营建板升的不只是汉族，而且还有蒙古族的上层贵族，这里出现了不少蒙古名字。其三，这里可能出现蒙汉杂居的现象。

（二）农耕文化在土默特一带的兴起

尽管对板升的解释在学术界有分歧，但是我们可以得出的结论是：板升是固定的住所，是不能够移动的住所。众所周知，游牧人的住所是移动的，而农耕民族的住所是固定的。"土默特平原出现了大大小小的村落，史称

---

① （明）瞿九思：《万历武功录》（影印本），卷 8《俺达列传下》，广文书局 1972 年版。

② （明）王崇古：《散逆党说》，载《登坛必究》册五。

'连村数百'，到嘉靖末隆庆初，千人以上的板升有十二个，四、五百乃至八、九百人的板升有三十余个，数户、数十户人家组成的板升就更多了。此时土默特地区村庄林立，有板升不下三百个。"① 这里的概念是板升就是村落。村落作为一个共同体，是由血缘、地缘关系结合起来的一个相对独立的生产与生活团体，"是一个人们所公认的事实上的社会单位"。② 也就是说，村落是农耕文化的象征符号。

在内蒙古土默特区域，板升的出现不是一个，而是出现了板升群，也就是村落群。与草原游牧文化的野牧毡帐相比较，村落是农耕文化的表征。也就是说居住在板升的人从事的是农业，而其地点是在塞外。对此历史不乏记载："嘉靖初，中国叛人逃出边者，升板筑强，盖物以居，乃呼为板升，有众十余万，南至边墙，北至青山，东至威宁海，西至黄河岸，南北四百里，东西千余里。一望平川，无山陂溪涧之险，花柳蔬圃，与中国无异。"③

图 2.1.1　当代土默特的农业村落　靳一萌摄

---

①　李漪云：《呼和浩特地区"板升"何其多》，《实践》1981 年第 5 期。

②　李培林：《村落的终结——羊城村的故事》，商务印书馆 2004 年版，第 35 页。

③　顾祖禹：《读史方舆纪要》卷 44《大同府·青山》，中华书局排印本。

　　土默川地区临近黄河河套，虽然土壤和水源可以适应农业，但是与中原地区尚有区别。"今观诸易耕种，与我塞下不甚相远。其耕具有牛、有犁，其种子有麦有谷，有豆有黍，此等传来已久，非始于近日，惟瓜、瓠、茄、芥、葱、韭之类，则自款贡以来，种种具备。但有耕种，维籍天不籍人。春种秋敛，广种薄收，不能胼胝作劳以倍其入。所谓耕而卤莽，亦卤莽报予者非耶？且也腴田沃壤，千里郁苍……倘能深耕溉种，其倍入又当如何？"① 明代民俗志对于塞外的农时、品种、耕具等进行了描述，并阐释了其"广种薄收"技术含量低的特点。但是这里被大片开辟成农田是历史的事实。经过几十年的发展，在嘉靖四十六年时俄国使节记载："蒙古出产各种谷物，如糜黍、小麦、黑麦、大麦、燕麦，还有许多不知名的作物。蒙古地方也有瓜果蔬菜，在各种园圃中出产苹果、樱桃、香瓜、西瓜、南瓜、柠檬、黄瓜、葱蒜和其他各种蔬菜。"②

　　居住在板升的汉族和少部分蒙古族主要从事的是农业，但是由于处于草原区域，没有牧业是不可能的。史载：白莲教的首领之一赵全拥有"马五万，牛三万，谷二万条斛"③。刘四"有马牛五千，米臭粮五千余担"④。板升的农作物品种很多，而且也达到了一定的数量。除了供给自己之外，还供给从事牧业的蒙古族。"今板升农业，亦虏中食物所资。"⑤ "款虏数万，仰食板升收获。"⑥ 就板升的生计方式来说，属于半农半牧的生产和生活方式。

　　板升内民众的生计方式是农业，但是其特殊性在于它是在蒙古贵族统治下的农业聚落，他们隶属于蒙古封建主的统治，这里的汉族有农奴与头领的差别，要向蒙古贵族交纳实物地租。在有战事时，也要上战场。板升亦农亦牧亦军，与内地的农耕村落有着本质的差别。

　　值得深思的是，草原蒙古族何以支持汉族板升的存在呢？历史上游牧民

① （明）萧大亨：《夷俗记》，载《宝颜堂秘笈》二续集。
② ［俄］巴德利：《俄国·蒙古·中国》下卷，吴持哲等译，第1册，第1051页。
③ （明）方逢时：《大隐楼集》卷16《云中处降录》，辽宁人民出版社2009年版。
④ （明）王士琪：《三云筹俎考》。
⑤ （明）王崇古：《散逆党说》，《登坛必究》卷37《奏疏一》。
⑥ （明）范立期等纂修：《明穆宗实录》（影印本），"中央"研究院历史语言研究所，1962年版。隆庆五年十二月乙未。

族在求交换而不得的时候，往往采取主动出击的方式与农耕民族接触，而板升聚落的形成是蒙古族主动引进农耕文化和调试自己政策的结果，没有蒙古族政策的调试和主动引进，板升聚落的形成是不可能的。而这一调试和引进正是游牧文化变迁的肇始期。

明中叶以后，俺答主动引进农耕文化。由于明代的残酷统治，在中原地区不同阶层的人由于不同原因涌入到蒙古草原，汉族之所以频频投奔，是因为不堪忍受明政府的统治。对此俺答采取了不杀俘虏，容纳俘虏存活，准予其农耕的政策："闻房筑板升以居我，推衣食以养我，岁种地，不过粟一囊草数束，别无差役以忧我。而又旧时岁去人口，有亲戚朋友以看顾我，我与其死于饥饿，作木告腹鬼，死于刀刃，作断头鬼，而毋宁随房去，犹可得活命也。"① 而使得其存活的策略是在政策上引导他们从事农业生产："凡叛亡之卒，房人皆厚养之，与之以妇，使生子女，给以牛马孳息，使有恒产。"② 俺答的政策是主动给地给牲畜，引导他们从事农业生产。下面是其自己对投入农业的纪实："嘉靖二十五年（1546 年）俺达阿不孩及兀慎娘子，建砖塔城，用牛二犋耕，城约五、六顷，所种皆谷、黍、秫、糜子，又治窑一座，大欢，以为偃旗息鼓归休田野，岂不大愉快乎哉。"③ 此外为了克服游牧业的单一性即非自足性，他招徕汉族的医生、手工业者、工匠、知识分子等各类对发展草原有用的人才。据史载，为了收"奇伟倜傥士"，他"悬书穹庐外"，可见思贤若渴的心情。在板升聚落中有个叫周元的，因为善医药，而被俺达重用。④ 他选择的汉族头领都是有用之材。他们在修筑"板升"城的时候，需要大量的工匠，当时不少工匠从内地迁来，其中包括木工、瓦工、石工、铁工、画工、油漆工等。当时的手工业也发展很快。日用品包括银碗、摇车、杯盏、皮箱、斧子、顺刀、金印等。马具包括金银马鞍、金鞭辔头等。军事用品包括甲胄、踢胸等，佛教用品有念珠高烛、灯台等。这一地域的手工业得到长足的发展。

---

① （明）程开祜：《筹辽硕画》（影印本），第一集第二册，卷一，商务印书馆 1937 年版。
② （明）张萱：《西园闻见录》（影印本）卷 55，明文书局 1991 年版。
③ （明）《万历武功录》第七册《俺达列传上》。
④ （明）方逢时：《大隐楼集》卷 16《云中处降录》。

（三）内蒙古区域内部变化的动向

对于草原游牧文化的脆弱性和牧业产品的单一性学界已经认同。学术界认为，从生物学的角度来说，人类肠胃的平均长度是 8 米。在消化系统方面人类具有食草动物和食肉动物兼有的特点。人既需要动物性食物，同时又需要植物性食物。农耕文化是自给自足的文化。与农耕的生计方式相比较，游牧文化存在着非自足性。"仅仅依靠畜牧业生产是不能满足游牧民族对食物的合理而科学的需求的，这就是游牧畜牧业经济的非自足性的主要表现。"① 需要交换的原因是因为游牧经济"人不耕织，地无他产"②。在牧业社会，奶制品可以代替粮食，但是茶可以补充各种维生素，补足缺少蔬菜的不足，是其生活之必需。在没有黑灾、白灾的时候，需要少量的农产品作为补充。牧业生活对于农产品是有一定的需求的。在遭遇黑灾、白灾的时候，更存在着生存之危。"日无一食，岁无二衣，实为难过。"③ 广大牧民往往以牲畜换取粮食。因为牲畜是活物，经不起黑灾、白灾的袭击，而粮食可以储存，保障食物的供给。

游牧业用于交换的产品是牲畜，牲畜是活物，无法像粮食那样容易储存。在游牧社会，牲畜具有多重价值，（1）生活资料的价值；（2）生产资料的价值；（3）交换价值。对于游牧民族来说，牲畜乃是一种财富、一种货币。单一的畜牧业经济迫使游牧民族不得不以各种方式寻求与农业经济进行物质交换。游牧区域当时迫切要求交换，其目的并不只在于把剩余的畜产品交换出去，积累财富，急需生活必需品和农产品是他们要求交换的更重要的目的。特别是随着社会的发展，与农耕民的接触越多，其对农产品的需求量也在增加。

虽然蒙古族对于农产品的需求缺乏具体记载，但是其与农耕民族的频繁接触频繁交往却史不绝书。元代在丰州滩一带，已有农业文明。但是在明代嘉靖初年经过明代与蒙古的战事，这些文明已经被破坏。明政府放弃了河套直到辽东的大部分垦区，又主动用长城把农耕区域封闭起来，断绝与游牧的

---

① 贺卫光：《中国古代游牧民族经济社会文化研究》，甘肃人民出版社 2001 年版，第 131 页。

② （明）王崇古：《确议封贡事宜疏》，《明经世文编》卷 317。

③ （明）王崇古：《酌许虏王请乞四事疏》，《明经世文编》卷 318。

关系。这时在游牧民族内部，游牧民族的首领俺达汗却有引进农耕的愿望。明代蒙古与中原地区一直处于交流之中。游牧的草原民族强烈要求互市遭到拒绝后，曾使用兵力南下。"蒙古诸部不断南下侵略，掠去男妇、畜产、器械不可胜计。"① 蒙古南下 "……得粟必囊往，今乃入秋揉禾，继揉舂米，是渐知粟食也"②。蒙古族的饮食结构经过了一个"不食粒"的阶段，在明代其饮食结构已经是"食兼粟谷"。就生活日用品来说，游牧民族的要求也是十分迫切的。在史籍中有嘉靖二十六年（1547）有蒙古以战俘 17 人获得布匹 196 匹的记载。③ 再加上大规模的征战结束，蒙古族人口的增加，促进了内需。从嘉靖二十年（1541）秋到嘉靖二十七年（1548），俺答汗一直主动与明廷沟通达十多次，要求互市。在俺答所经的谈判过程中，甚至降低自己的政治地位："若请我为太师，幸怜我北番，釁无釜，衣无锦，既款之后，请得岁给我金缯及釜釁以为生。"④ 但是屡遭拒绝。由于明廷堵塞了交换互市的道路，他动用了武力而抢掠："胡中生齿浩繁，事事仰给中国，若或缺乏，则必需求，需求不得，则比抢掠。"⑤ 这里披露了事实，一为蒙古的人口在增加，二为有切实需求。在 1571 年的时候，开放马市，蒙古族所需要的是："绸缎、布匹、棉花、针线、梳篦、米盐、糖果、梭布、水獭皮……"等。⑥ 他们还迫切需要铁锅，但是明政府只许向其地出售铜锅，不可以出售铁锅。

在此我们尤其不能忽视蒙古族上层贵族对于农产品、日用品及包括军事用品的需要及其对农耕文化的依赖。"农耕和游牧这两种生活一经分化，就不可避免地在二者之间出现某种程度的掠夺和交易。"⑦ 掠夺和交易是一种互动，但是双方的要求处于非平衡状态，游牧民族是交易和掠夺的主动方。在其牲畜多的时候，他们迫切需要通过交换获得农产品和生活必需品。从这个角度来说，交换是生存的前提，而农耕文化具有其自足性，就饮食结构来说，

① 《明孝宗实录》弘治七年甲寅。
② 尹耕：《塞语·虏情》丛书集成本。
③ 《明世宗实录》嘉靖二十六年四月己酉。
④ 《万历武功录》卷七《俺答列传下》。
⑤ 《万历武功录》卷七《俺答列传上》。
⑥ 《万历武功录》第八册，《俺达列传下》卷三。
⑦ ［英］赫·乔·威尔斯：《文明的脚步》，黑龙江人民出版社 1987 年版，第 57 页。

可以用家禽补其肉食动物的不足，而如果没有战争，其需要的马匹也是有限的。互市也罢，掠夺也罢，都是游牧民族迫于生存的需要。人为的长城不能成为阻隔的界线。

在15世纪末16世纪初，蒙古族的历史出现了转折。经过战争而换得稳定局面的蒙古族要发展就面临着两种选择：一是继续与中原进行不间断的经贸联系，一是在牧区发展小规模的农业。在这两方面，俺答汗都作了努力，一方面，他在政策上主动引进了农耕文化，允许板升聚落文化的存在，另一方面他与明朝廷沟通强烈要求互市，促成了明代的茶马贸易。这说明游牧文化内部的变化。板升聚落在蒙古草原的建立在历史、经济、政治等诸方面都具有重大意义。

其一，历史学家对于游牧经济的脆弱性或者不自足性给予了充分的评估，甚至认为："畜牧业的脆弱性是它致命的创伤，游牧国家突然衰落和灭亡，和它依赖的单一的畜牧业本身的缺陷和不足大有关系。"[1] 正因为如此，历史上游牧民族与农耕民族的关系一直处于互动之中，其纷纷扰扰，潮涨潮落。出现了两种情况：一是尽管早在汉代农耕民族就在阴山以南的黄河冲积平原上从事屯垦，并且设置州郡，但是时间不长，又被游牧民族逐到长城以南，被开垦的土地又恢复成草原；二是游牧民族进入中原，最后吸收了被征服民族的文化。板升的出现打破了上述两种模式的窠臼，采取了一种新的模式，即在游牧区域在自然生态环境所允许的程度内，发展农业或者半农半牧业，作为游牧经济的非自足性的补充。这对于满足蒙古族日常生活的需要，使得其在游牧的草原文化环境中生存，无疑起着重要的积极作用。这对于解决游牧经济的脆弱性是一种新的模式。俺答汗建立了一个有游牧民、农耕民与手工业者的社会。这种新模式的出现，是游牧民族主动的引进，而不是被动的强力征服后的涵化。史称："板升之经营是俺答汗一生事业的重要基石。"[2]

其二，固定的聚落的营建与游牧习俗的变迁存在密切的关系。经过明代初年的战事，丰洲滩一带处于相对稳定的时期。在达延汗的时代和阿拉坦汗的时代，由于社会相对稳定，畜牧业仍旧是主要支柱。但是这时的牧

① 贾敬颜：《释"行国"——游牧国家的一些特征》，《历史教学》1980年1期。

② 曹永年：《蒙古民族通史》第三卷，内蒙古大学出版社2002年版，第335页。

业生产有一个悄然变化："蒙古分立驻牧的社会发展为鄂托克的区域结合体，而鄂托克是个体经济的组织，'阿寅勒'为基本生产单位，分立驻牧的生产方式说明蒙古族群已经结束了古列延的游牧与军事结合的时代，分立驻牧的牧业方式使得明代蒙古社会与土地（草原）的关系愈来愈强；与此同时对农产品的需求和依赖愈来愈深，与农耕民的交流的愿望愈迫切。而与农耕民交流的频繁，复使蒙古社会越向地方分化发展，彼此循环相因，作用不已。"[1] 在内蒙古区域，这个变化是局部的，但是这个变化产生的影响是不可低估的。

其三，当时的俺答汗庭在今内蒙古包头一带的土默特右旗萨拉旗镇附近建立了规模宏大的大板升城。[2] 丰州川在开发的过程中，还出现了大板升、福化城、归化城，归化城又名库库和屯，即今天的呼和浩特。它始建于1572年即明隆庆六年，于1575年即明万历三年建成。明朝赐名为归化城。1581年即万历九年，"又修罗城方二十里"。史学家评论：库库和屯主要是"作为政治和军事的据点而存在"[3]。虽然当时的库库和屯在建造初期商业并不发达，可能当时作为政治、军事的据点作用很大，但是城市的建立为商业贸易的发展打下了根基。史籍载归化城的建制说："明宣德初筑玉林、云川等城，置卫设兵戍守，正统中卫徙，地为蒙古所据。嘉靖间俺答筑城于丰州滩，采木架屋以居，谓之板升（板升，华言'屋也'——原注）是谓西土默特。隆庆间封俺答为顺义王，明其城曰归化。"[4] 在后来变迁的历史过程中，土默特部开始进行土默特川的开发，逐渐形成了蒙汉共同建立的土默特文化圈，具备了进一步开发和发展的条件，为现今呼和浩特平原的繁荣奠定了基础。我们前面的研究应该注意到，对于板升解释的泛化现象。板升为一家一户的房屋，为聚集而住的村落，还是容纳商业贸易的城邑，这是不同的概念，在史实中，板升的确还指城邑，指城邑中的聚落和房屋。学者的研究又做了这样的补充："含城壁及城壁内之家屋的城或都邑的意思。"[5] 北方游牧民族以中原地区的

---

① 参见黄丽生《由军事掠夺到城市贸易：内蒙古归绥地区的社会经济变迁》，"国立"台湾师范大学历史研究所印行，第482页。

② 李漪云：《大板升考》，《内蒙古大学学报》1982年第2期。

③ 曹永年：《蒙古民族通史》第三卷，内蒙古大学出版社2002年版，第299页。

④ （清）《嘉庆一统志》。

⑤ ［日］狄原纯平：《明代蒙古史研究》，同朋舍出版，京都昭和55年，第263页。

模式筑造城市，这是游牧文化变迁的重要标识。"古来北方游牧民族在华北或漠南草原筑城，莫不是志在逐鹿中原，或是在进入中原后，由于实际情势的需要，展开筑城运动。筑城对彼而言，不只意味生活方式的改变，同时也是汉化的过程之一。"①

隆庆合议之后，在明朝廷与蒙古族和平时期建立了库库和屯，即归化城。库库合屯的建成背景是：西方世界的资本主义文明处于发展的阶段，中国在明代中叶萌发资本主义的萌芽，库库和屯建立初期商贸作用还没有显示出来，但是俺达汗互市的要求和库库和屯的建立预示着："蒙古社会不但已经真正迈入了城市贸易的时代，并且也迎向更大的社会变迁与挑战。其中不但包含了亘古以来即以存在的与中原民族及其他边境民族共同面对西方文明在全世界造成的种种冲击。"②

其四，板升是在草原地区建立的农业或者半农业的聚落。从表层意义来说，其不仅仅在经济习俗中补充了游牧产品的不足，其促进的是更深层的交融。一方面丰州板升的汉人在迅速蒙古化，不仅在生活上，而且在血缘上也在混同。学者评论他们被称为"汉夷"。③ 称其"汉夷"的缘由是汉族与蒙古族的血缘在混同。史有"妻之妻"的记载。在被掠夺的人口中"择其狡者，与之妻室，生长男女，以系其心"④。一方面蒙古族也在"汉化"，在板升里有蒙古人居住，也有蒙古人从事农业或者亦农亦牧，特别是蒙古上层贵族的居室、饮食，特别是喝茶的习惯都受到农耕文化的影响。板升的建立和半农半牧的区域在草原的形成说明，蒙古族在力求建立多元化的经济体系共存的互利体制，维持游牧文化与农耕文化共存的关系。在民族认同体的发展过程中，常量因素是认同意识。认同基础在民族共同体的各个阶段都有差异。在民族共同体走向成熟的过程中，蒙古族在尝试建立新模式对自己族群文化的认同，而在这样的认同中，他们体现了双重性格，一方面他们在保留自己的文化传统，另一方面在认同其他族群的文化。

---

① 刘淑芬：《六朝的城市与社会》，台湾学生书局1982年版，第354页。
② 黄丽生：《由军事掠夺到城市贸易：内蒙古归绥地区的社会经济变迁》，"国立"台湾师范大学历史研究所印行，第486页。
③ 曹永年：《阿勒坦汗和丰州川的再度半农半牧化》，《内蒙古大学学报》1980年第2期。
④ 杨一清：《为申明捉获奸细赏罚疏》，《明经世文编》卷115。

二　清代:游牧文化变迁的转型期

历史上的游牧民族与农耕民族以长城为界,但是长城并没有阻隔两种文化的互动和交流。汉族移民传播的农耕文化是内蒙古区域游牧文化变迁的直接动因。但是在清代以前,虽有农耕民族的进入和农耕文化的传播,其规模是有限的,并没有改变内蒙古区域草原游牧文化的特质。清代如潮水般的汉族移民潮彻底改变了蒙古族游牧文化的结构,从此游牧文化发生了转型。同时在这个历史坐标上,我们研究上层制度文化的变化,藏传佛教的传播和内蒙古区域商品经济的发展对于内蒙古区域游牧文化的影响,所以我们认为清代是游牧文化变迁的转型期。

(一) 农业文化圈、半农半牧文化圈的形成与二元体制的建立

蒙古草原以游牧著称于世,在清代以前,游牧的生计方式在蒙古族占有主导地位。塞外当然也存在农业经济,但是并不发达。但是在清代以来,特别是清中期,汉族大量的人口移民,他们把农耕文化传播到内蒙古区域。从人口上说,内蒙古区域的汉族人口逐渐多于蒙古族人口,从文化说,农耕文化逐渐扩大,发展到与游牧文化并行的地位。这就动摇了内蒙古区域整体的游牧文化格局,触动了蒙古社会,使得内蒙古区域的蒙古族的社会生活发生了亘古未有的变迁。

学术界认为,历史上的长城是农耕民族防止游牧民族南侵的防御线,恰恰巧合的是,长城之外的年降水量小于400毫米,也是农业文化类型与游牧文化类型的分界线。由于汉族移民的浸入和农耕生计方式的传播,在长城以南农业区域已经大大越过了长城的界限,不断向草原腹地深入。到了清朝中叶,有不少游牧民从传统的游牧业改为从事农业,从蒙古牧人变为了蒙古农民,把草原开垦为农田的过程,就是一个长期的文化裂变和文化选择的过程,这个过程不仅仅是部分蒙古族生计方式的转换,而且使得内蒙古区域的经济格局发生了根本的变化。其变化的标识是在内蒙古地域形成了与游牧文化圈并行的具有鲜明的农业文化圈。农业文化圈主要分布在以卓索图盟科尔沁南部地区为主的东蒙古地区、归化城西土默特地区、察哈尔地区及河套鄂尔多

斯地区。东部的松花江、辽河和大小凌河上游,中部的土默特平原,西部的河套地区都进行了一定程度的开垦。农业地带处于内蒙古东部及南部边缘,河流和雨量较多,拥有内蒙古绝大部分人口,耕地和农产,畜牧业只是农民的副业,且以饲养役畜为主。这些地区汉族人口占绝大多数,农业生产方式与中原无异。这些地域为内蒙古地区农业文化圈的不断扩大和发展奠定了基础,同时农业带动了商业和手工业的发展,蒙古族也开始由原来的从事畜牧业,开始转向农、商、手工业等多种生计方式。这些地区至今仍然是内蒙古三大粮食生产基地。

在农业文化圈和牧业文化圈之间形成了具有特色的半农半牧文化圈,包括鄂尔多斯局部和科尔沁局部地区,既不同于汉族传统的农耕文化,更不同于蒙古族传统的游牧文化,他们在不能开垦的土地上放牧,在可开垦的土地上农耕,这种农牧兼营的生活方式,同样是在农业文化圈的挤压下形成的一种新的生计方式。

农牧交错地带处于农业文化圈与牧业文化圈之间,其牧业开始定居游牧,游牧的范围渐小渐窄。牧业主要分布在乌珠穆沁、察哈尔北部、呼伦贝尔、喀尔喀地区。

这样就形成了农业、半农半牧、游牧业互相依赖的三个文化圈。三个文化圈的形成,不能不考虑汉族移民这一重要因素:"汉族移民运动与蒙古游牧社会变迁是连为一体的。汉族移民的大量迁入和汉族移居区的大片形成,必然会对蒙古游牧社会制度及整个蒙古地区的民族、经济、文化格局及生态面貌产生极其深刻的引致效应。"①

人口迁移是一个复杂的社会变迁的文化过程。它是影响社会经济体系变迁运转的重要因素,更是经济习俗变迁的重要根源。陕西、山西、河北、河南、山东的移民涌入了内蒙古区域。1747年内蒙古区域已经有汉族农民30万户;到1830年原昭乌达盟南部的汉族已超过78万人;1881年丰镇厅有汉族人口21819户,145830人;到1912年,不包括察哈尔部和阿拉善、额济纳两旗、内蒙古地区的汉族人口达到了3956330人,总计内蒙古地区的汉族人

---

① 参见闫天灵《汉族移民与近代内蒙古社会变迁研究》,民族出版社2004年版,第2页。

口超过了 400 万。① 清代，卓索图盟各旗靠近长城，最早由游牧转为农耕。土
默特境内经商居住的汉民共 3805 口，耕种居住的汉民共 48133 口。耕种地共
8913 顷 61 亩 9 分。② 蒙古区域汉族人口的增加，促进了农耕生活方式的传
播。"到清末民初，东部三盟从事农业生产的蒙古族人口达几十万。"③ 开垦
使得内蒙古地域的人口和文化格局发生了改变。在上述农业人口中，已经包
括蒙古族从游牧民转为农耕的农民。

图 2.2.1 清代牧民家庭

［日］鸟居きみ子：《从土俗学角度观看蒙古民族》，六文馆刊行。

陕西以北的伊克昭盟和更北的乌兰察布盟地区，康熙三十六年还只允许
开垦沿长城一带，雍正时期就扩展到沿长城 50 里，而到乾隆时期，50 里以
外的地方也被开垦了。在乾隆初年，土默特平原的垦殖范围已经达到黄河岸
边，不但军需的粮食不需要从内地的产粮区运输，内蒙古区域产的粮食还供
应其他省区，陕西同洲等府历来粮食不足，其"商人贩者赴归化城，贩卖粮

---

① 闫天灵：《汉族移民与近代内蒙古社会变迁研究》，民族出版社 2004 年版，第 24、26—27、
33—34 页。

② 内蒙古档案馆馆藏喀喇沁札萨克衙门档案，全宗号 505，目录号 1，案卷号 43。

③ 刘景岚：《西辽河蒙地开发与社会变迁研究》，华文出版社 2001 年版，第 181 页。

食"①。清代初期，喀喇沁分左中右三旗。包括今天的喀喇沁旗、宁城、喀
左、建昌、平泉、凌源等县。早在清朝入关以前，已有喀喇沁人于法库山耕
种。清初流入蒙古的汉人首先在此耕种定居，虽然清政府对前往喀喇沁的汉
人有控制，但趋之日众，到了康熙末年，汉人逾越喀喇沁深入到克什克腾旗、
敖汉旗、翁牛特旗、科尔沁及郭尔罗斯。喀喇沁左旗和中旗开发得较早。
1670 年就有汉族移民入住开荒，从春往秋归成为定居农民。在农业人口的影
响下，最迟在乾隆十三年（1748），当地已经有了作为自耕农的蒙民。在乾
隆十六年（1781）喀喇沁右旗还是牧场。平川旷野，极目苍然，牛马驼羊，
丰草满目。在乾隆末年出现揽地的高潮，存谷粮达 44000 石。清初在喀喇沁
一带就存在半农半牧的蒙古人，在这一时期喀喇沁半农半牧的蒙古人全部转
变为蒙古族农民。据内蒙古档案馆馆藏资料，喀喇沁左旗境内租耕居住的汉
民 182 口，租种地共 13503 顷；喀喇沁中旗境内租耕居住的汉民 42924 口，
租种地共 7741 顷 6 亩。喀喇沁右旗境内租种或经商居住的汉民共 30541 口，
租种地共 5880 顷 5 亩。②"在这样一个大的历史背景下，赤峰的社会经济发展
过程也可以说是汉族移入和农业区域不断向北扩展的同时，'移民—本地居
民'、'汉族—蒙古族'和'农业—牧业'这三组基本矛盾交织在一起而相互
发生作用的过程。"③

　　农耕文化必然带来土地的私有化。土地的私有化与村落文化的出现构
成相辅相成的关系。农耕需要土地的固定，也需要把土地进行一小块、一
小块的分割而决定农人耕种的界限。土地私有化促进了村落文化的出现，
村落文化是人口密集型的生存空间，是以地缘关系组织起来的社会基层单
位，它的出现意味着原有的公共牧场使用制度的瓦解，土地的私有制的稳
定并且扩大，同时也表明蒙古族的部落文化的社会关系完全被打破，在汉
族移民的影响下，蒙汉共同组成的社会关系在重构。雍正期间，"借地养民
以后，由于人口的密集而形成大大小小的村落。以内蒙古东部的喀喇沁地
区的塔子沟为例，塔子沟东境在喀喇沁左翼旗地有村庄 23 个；塔了沟南境
在喀喇沁左翼旗地有村庄 17 个；塔子沟西境在喀喇沁左翼旗地有村庄 5

①　岳震川：《赐葛堂文集》卷 3《赠单雪樵先生序》。
②　内蒙古档案馆馆藏喀喇沁札萨克衙门档案，全宗号 505，目录号 1，案卷号 43。
③　潘乃谷、马戎：《边区开发论著》，北京大学出版社 1993 年版，第 85 页。

个；塔子沟北境在喀喇沁左翼旗地有村庄 4 个。塔子沟东北境在土默特右翼旗地有村庄 70 个，塔子沟最西北境在敖汉旗地有村庄 30 个；塔子沟最北境在奈曼地有村庄 15 个。上述村庄最初分别归喀喇沁旗、土默特旗、敖汉旗、奈曼旗所管"。①

　　面对内蒙古区域的变迁，清政府为了巩固统治，便于管理，设立了互相稽查的制度，其明确阐述："热河地方辽阔，山沟险僻，远来垦荒就食之民，散处其中，复逾边境，与蒙古错处。向例设牌头、乡长、乡约约束。其蒙古地方敖汉、奈曼、翁牛特、土默特各处流寓民人，附近归八沟、塔子沟所管辖，亦设乡牌，互相稽查。"② 农耕文化在内蒙古区域的传播以及农业文化圈和半农半牧文化圈的逐步扩大和确立，土地的私有化和地主制与旧有管理的盟旗制度和草场的领主制必然发生矛盾。从外在的来说，是两种生计方式的冲突和矛盾，从内在来说，是不同的思维方式、价值观、生态观的冲突和转变。这种冲突和矛盾在管理制度上体现出来。

　　农垦区的延伸和汉族各族商民的移入，改变了蒙古族相对单一的游牧经济结构和以盟旗制度为核心的社会政治结构。文化结构的不同而引起的重重矛盾，必然触动上层管理制度的变迁。清政府开始在内蒙古区域设置"旗厅并举"的二重制度。农垦区的延伸和汉族各族商民的移入，改变了蒙古族单一的游牧经济结构和以盟旗制度为核心的社会政治结构。在清政府的建制上增设了府、厅、州、县的建制，来管辖汉族移民区域，从而形成旗县并存的局面。

　　所谓"旗厅并举"，就是在农业开垦的地区设立州县，在蒙古地域设立旗，对不同的文化结构的区域采取不同的公里制度。从雍正初年到乾隆初年，先后设立了归化、萨拉齐、托克托、和林格尔、清水河等厅，隶属于山西省巡抚统辖，这些地区的汉族事务由他们负责专门管理，这样就与蒙古族的盟旗制度区别开来，形成了"旗厅并举"的二重制度。

---

① （清）哈达清格：《塔子沟纪略》卷 2，乾隆三十八年刻本。
② 《清高宗实录选辑》卷 430，大通书局 1984 年版。

表 2. 2. 1　　　　　　　　清代内蒙古设置情况简表

时间		设置			
		厅	府	州	县
雍正朝	1723（雍正元年）	热河			
	1724（雍正二年）	张家口			
	1729（雍正七年）	八沟			
	1732（雍正十年）	多伦诺尔			
	1733（雍正十一年）			承德	
	1734（雍正十二年）	独石口			
乾隆朝	17636（乾隆元年）	四旗			
	1739（乾隆四年）	绥远城			
	1740（乾隆五年）	塔子沟			
	1741（乾隆六年）	归化城			
	1748（乾隆十三年）	喀喇和屯			
	1750（乾隆十五年）	丰镇、宁远			
	1760（乾隆二十五年）	萨拉齐、和林格尔、托克托、清水河			
	1774（乾隆三十九年）	乌兰哈达、三座塔			
	1778（乾隆四十三年）		承德	平泉	建昌、赤峰、朝阳、丰宁、滦平
嘉庆朝	1800（嘉庆五年）	长春			
	1806（嘉庆十一年）	昌图			
光绪朝	1877（光绪三年）		昌图		奉化、怀德
	1880（光绪六年）				康平
	1889（光绪十五年）		长春		农安
	1902（光绪二十八年）			辽源	
	1903（光绪二十九年）	兴和、陶林、武川、五原			建平、阜新、彰武
	1904（光绪三十年）	大赉	朝阳、洮南		靖安、开通、隆化
	1905（光绪三十一年）				安广、张北、多伦、沽源
	1906（光绪三十二年）	法库、肇州、安达			
	1907（光绪三十三年）	东胜			
	1908（光绪三十四年）			赤峰	绥东、开鲁、林西、长岭

续表

时间		设置			
		厅	府	州	县
宣统朝	1909（宣统元年）				醴泉
	1910（宣统二年）				镇东、德惠

材料来源：周清澍《内蒙古历史地理》，内蒙大学出版社1994年版。

从雍正元年（1723年）到宣统三年（1911年）的187年中，清朝在内蒙古共设立了50个行政建置，其中一半以上设立于1902—1910年蒙地放垦期间。以西辽河领域卓索图盟境内为例，乾隆时期原设三座塔厅、直隶厅，[①]乾隆四十三年（1778）改为朝阳府。[②] 属于朝阳府的有建平县、阜新县、绥东县。改热河直隶厅为承德府。[③] 例如属于承德府的建置改革包括：

表2.2.2　　　　　　　　　　清代承德府建置更名表

原名	改名
八沟厅	平泉州
四旗厅	丰宁县
喀喇和屯厅	滦平县
塔子沟厅	建昌县
三座塔厅	朝阳县
乌兰哈达厅	赤峰县

材料来源：《乾隆府厅州县图志》卷2《承德府》，转引自周清澍《内蒙古历史地理》，内蒙古大学出版社1993年版。

"旗厅并举"的二重制度在内蒙古区域的出现对于游牧文化的变迁产生了重大的影响。这说明移民不仅仅传播了农耕的生计方式，而且推动了"大传

[①]　《清高宗实录》卷959，大通书局1984年版。
[②]　《清高宗实录》卷1050，大通书局1984年版。
[③]　和坤等：《钦定热河志》（影印本）卷55《建置沿革》，文海出版社1966年版。

统"的制度文化变迁，而"大传统"制度文化的变迁表明，①"省县制、地主制这两大新的政经制度，就是在汉族移民过程中生成的。相形之下，蒙古游牧社会传统的盟旗制、领主制则在这一过程中遭到破坏和削弱"。② 在变迁的过程中，盟旗制让位于省县制，地主制代替了领主制，成为大游牧时代结束的先声。另外省县制、地主制这两大新的政治制度和经济制度的建立还表明，对草原游牧文化区域出现的农耕文化区和半农半牧文化区已经从上层制度文化方面得以确认，"大传统"制度文化的变化和保障，表明游牧文化的变迁已呈不可逆转之势。至乾隆四十三年（1778），清廷在卓索图盟及昭乌达盟南部设治了州县。使其蒙汉分治的局面开始形成，汉移民有了相对独立的发展空间，增强了对迁入蒙地的预期。移民渐聚而设州县，州县设立而促移民，二者相互推进。正如《光绪会典事例》中记载："热河迤北一带，系蒙古游牧处所，乾隆四十三年改州县后，民人渐集多。"③ "卓索图盟境内移民的膨胀、府、州、县的先后增设，使各旗的游牧范围日益收缩，尤其是自嘉庆以来，大量蒙地转手汉民，致使旗民牧无草场，垦无地亩。加上各旗内封禁山荒陆续被移民开垦，公共牧场的牲畜被偷盗的情况严重，社会秩序极为混乱等，部分贫困的喀喇沁、土默特人自乾隆间开始，背井离乡，跨旗迁徙。"④ 在此基础上，加速了游牧文化圈的削弱和农耕文化圈的扩大，游牧传统文化圈的衰微不可挽回。

（二）盟旗制度的建立与游牧距离的缩小

明清之际，按照居住地域，蒙古族分成三大部分。以瀚海为界，北部称为漠北蒙古，南部称为漠南蒙古，西部则称为漠西蒙古或者厄鲁特蒙古。这

---

① 美国人类学家罗伯特·瑞德菲尔德（Robert Redfield）认为，研究"复杂社会"的文化，必须注意"大传统"（great tradition）与"小传统"（little tradition）的区别和联系。"大传统"位于社会的上层，是社会精英及其所掌握的以文字为载体的文化传统，它以都市为中心、以士绅阶层和政府为发明者和支撑力量；而"小传统"则位于社会的下层，是乡民社会中一般民众尤其是农民的文化（Robert Redfield, *Peasant Society and Culture: an Anthropological Approach to Civilization*, Chicago: University of Chicago Press, 1956）。

② 闫天灵：《汉族移民与近代内蒙古社会变迁研究》，民族出版社 2004 年版，第 270 页。

③ 《光绪会典事例》《户部 7·户口》卷 158。

④ 呼日勒沙：《草原文化区域分布研究》，内蒙古教育出版社 2007 年版，第 193 页。

三个部分没有互相统属的关系。清一统后，清朝对蒙古地域实行了统治和管理的盟旗制度。盟旗制度的实行确立了清政府对蒙古的统治关系和调整了蒙古族的内部关系。

盟旗制度是具有严密组织系统和严格的官员任命程序的军事、行政合一的地方组织。旗的首领为扎萨克一人，统管旗里的行政、司法、财务等各种事务，由清政府授以印信。清朝政府在蒙古地区分佐设旗之时，又推行了会盟制度。清政府政府规定的盟的制度是指到一定时期对各旗的封建领主进行检阅的制度。编佐设旗，将蒙古地区分成许多互不统属的旗，"众建以分其势"。会盟又将不同的旗分组协调，以利于中央政府的统治。盟旗制度初建立于漠南蒙古，后来逐渐普及到喀尔喀和卫拉特地区，分别称之为内扎萨克旗或内扎萨克蒙古，简称内蒙古，外扎萨克旗或外萨克蒙古简称外蒙古和西蒙古。除扎萨克旗之外，还有总管旗和喇嘛旗，共同构成了清代蒙古盟旗制度的基础。

15世纪末，蒙古社会集团出现了分立驻牧的发展趋势。实行的是鄂托克制度。所谓鄂托克制度既是游牧实体的经济单位，社会组织深受"行国"的制约。最直接的联系是血缘，人们以氏族为单位集体放牧，把这个氏族共有的游牧圈称为"古列延"。但随着人口的增殖与牲畜量的增加，许多人在一起游牧和生活诸多不便，于是在氏族内部便划分为若干较小的单位，以几户或十几户有近亲血缘的人在一起游牧，称为"阿寅勒"。鄂托克是以个体组织"阿寅勒"为基础的生产单位，是区域的联合体。这个区域联合体适应分立驻牧的趋势。"蒙古族分立驻牧形势愈甚，对城市贸易的依赖愈深，城市贸易的供输，复使蒙古社会得以愈向地方分化发展，彼此循环相因，作用不已"。①

就游牧的传统来说，在草原的生态环境里，历史上游牧民族选择了游牧这种特殊的生产方式和生活方式，是因为维持游牧经济属于一种共同使用草场，牧户独立养牧，部落统一游动放牧的经济类型。在游牧政权中，统治者把土地和土地上的臣民分给直系后代。从发展生产、保护草场等目的出发，草场的共有是游牧生产方式和生活方式存在的必要条件。其性质属于一种部

---

① 黄丽生：《由军事掠夺到城市贸易——内蒙古归绥地区的社会经济变迁》，"国立"台湾师范大学历史研究所印行，1995年，第482页。

落共同经济。盟旗制度是清政府管理盟旗的政治制度。"蒙古的盟旗制度是以地域为本位的制度，是草原游牧社会与中原农耕政治制度相结合的产物。"[①] 客观上稳定了清朝对蒙古族的统治，稳定了封建统治秩序，盟旗制度的建立是蒙古草原政治制度史上的转折点。盟旗制度的实施为在蒙古地区逐渐实行与内地划一的政治制度打下了基础。从制度文化角度的变迁来说，盟旗制度减弱了氏族和宗法的封建色彩，削弱了血缘力量而加强了地缘力量。但是以往的研究，就清代的大一统及封建国家的稳定方面研究得较多，从文化变迁的角度研究得很不足。实际上这种管理体制的建立与游牧文化的变迁存在着密切的关系。就蒙古族游牧文化变迁的角度来说，盟旗制度的建立是游牧文化变迁的重要转折点，其核心是土地制度的变迁，这是游牧文化变迁的一个重要的阶段性标志。

其一，废除了原有的封建领主制的土地关系，明确土地要由清政府管辖。《大清会典》规定："任何蒙古王公都不得随意买卖和处置旗内的土地，放垦或向外租佃土地，要获得清廷的批准，否则将予以处罚。"[②] 清政府通过法律形式明确了这种关系。清廷对封建王公领地的占有权和继承权提出了明确的限制。"游牧生产方式走向衰落的第一步是皇家土地使用权的进一步分割。"[③] 皇太极派人会同满洲八旗官员，敖汉、奈曼、巴林、扎鲁特、翁牛特、四子王、塔赖、吴拉忒、喀喇沁、土默特各部落执政王公，前往外藩蒙古，"大会于硕翁科尔地方，与众贝勒分划牧地"，即划分八旗与外藩蒙古之间的地界，并在会上议定："倘有越此定界者，坐以侵犯之罪。至于往来驻牧，务彼此会齐，同时移动，不准参差。"翁牛特所属二人，因私越钦定地界驻牧，定议："罚马千，驼百"，后经宽容后才"罚马千，驼十"[④]。惩罚的严厉，说明界限的分明。清代实行"分旗划界"的措施，漠南蒙古 49 旗，各盟游牧部落"凡疆理，无山河则树以鄂博"。过去山河没有界线，现在有了界线，敖包是蒙古族萨满教求雨的祭坛，其功能也发生了演变，成了旗界的标识。作者 2004 年在达茂旗考察的时候，在达茂旗博物馆看到了旗界的碑石。清朝建立

---

① 朱普选：《青海蒙古盟旗制度研究》，《青海民族学院学报》2006 年第 1 期。

② 《大清会典事例》卷九七九"理藩院"。

③ 刘明远：《论游牧生产方式的生产力属性》，《内蒙古社会科学》2005 年第 5 期。

④ 《大清历朝实录》《太宗实录》卷 21。

的各旗和牧场保留了游牧的生产方式，以满足清政府对于畜产品的需要，是清代重要的养马中心。但是其共同的牧场已经分割。因为农耕的存在，"在旗内又进一步严格规定户口地的界线。户口地的使用权属于当事人，具有排他性使用权"。① 进入到盟旗制度以后传统的游牧文明的结构形态和运行机制发生了巨大的变迁，削弱了蒙古族游牧文明的习惯势力和游牧社会的力量。

其二，宣告大规模的游牧方式的结束，牧人的游牧文化圈在缩小。在历史上游牧民族创造了集游牧、军事及狩猎为一体的古列延的结构模式，"古列延"被誉为"流动的城市"。② 游牧生活已经形成了整体运行的机制，这种运行机制："满足了游牧生产方式统一指挥，统一行动，逐水草游牧，频繁迁徙，远距离大范围迁徙，抗御外敌侵扰等特殊要求，从而促进和保持了游牧生产方式几千年长盛不衰。"③ 盟旗制度的建立从制度文化的角度改变了这种大游牧的结构模式，大型的游牧方式已经完全成为历史。而盟旗制度把蒙古社会纳入清代国家的管理体制之下："划旗界的目的，在于分割蒙古土地，使蒙古人固定在旗界以内，限制其自由活动。结果旗地成了旗民的生活圈，蒙古各旗民分别被固定在这种小天地内，不能再像以往那样进行氏族的或部落的活动，于是蒙古人无论在政治上或军事上都丧失了朝气，而甘居于被管束的秩序之中。这就是所谓清朝对蒙古政策最重要的，以树立封建秩序为目标的，使蒙古势力分散和社会固定化所采取的一种有效措施。"④ 上层制度文化的变迁，改变了大游牧的整体运行机制。牧人改变了过去远距离放牧的游牧方式，在允许的界线内放牧，牧人的游牧范围逐渐缩小。"蒙人于夏季，则各在隶属之旗内，择牧草繁茂之地筑包而居；其移住之一区域，自有一定，决不随意转徙。此为蒙古旗内之土地概有界限，其族由何处至何地，各有一定之区域内，求水草良好之地而转移耳。超越旗境游牧者，实为罕见。"⑤ 蒙古

---

① 刘明远：《论游牧生产方式的生产力属性》，《内蒙古社会科学》2005 年第 5 期。

② 许多帐幕在原野上形成一个圈子驻扎下来，被称为一个古列延。当时将这样的环列的一千帐幕算作一个古列延（［波斯］拉施特·哀丁主编，余大钧等译：《史集》第一卷，第二分册，商务印书馆 1983 年版，第 112 页）。

③ 刘明远：《论游牧生产方式的生产力属性》，《内蒙古社会科学》2005 年第 5 期。

④ ［日］田山茂：《清代蒙古社会制度史》，潘世宪译，商务印书馆 1987 年版，第 168 页。

⑤ 丁世良、赵放：《中国地方志民俗资料汇编·华北卷》，书目文献出版社 1989 年版，第 740 页。

族依赖粗放的长距离的游牧调节与自然规律的机制已经弱化，牧业经济本身抵御自然灾害的能力在减弱。各旗牧民，仍旧是阿寅勒的个体经济，阿寅勒在旗内指定地区游牧，不再远距离游牧，单独放牧，不再依靠同族人的集体游牧。盟旗制度封禁了各个部落之间的政治及经济联系。完全不同于过去的鄂托克和爱马克，学术界认为："游牧文化只有在运动中才能存在和发展，如果停止游牧文化的'行'那这种文化将失去内在的活力，失去生存能力走向的不是文化的转型，就是直接的毁灭。"① "随着旗的增多，蒙古民族牧民的生产活动也就愈益受到限制，各旗之间经常因越界放牧或争夺牧地而发生纠纷。"② 盟旗制度缩小了蒙古人游牧的地域空间，进一步稳定了牧民与牧场的关系，使得牧业趋于定居的趋向出现可能，有的区域已经开始定居。马背上的民族文化特质与文化性格也在逐渐趋于弱化。

其三，盟旗制度的建立，促进了游牧民族（蒙古族）与农业民族（汉族）的互动，为部分蒙古族定居打下了基础。盟旗制度划清了游牧界限之后，各旗都恪守着不能逾越的原则，削弱了蒙古部落与部落之间的政治和军事的联系，而使得清代汉族的大规模移民与游牧族群的近距离的互动提供了契机。在一旗之内，农业定居文化对游牧族群产生了更深刻且广泛的影响，由于汉族大量的移民，人口的剧增，农业在蒙古地域的发展，农业的稳定性使得蒙古封建主对农产品的需求越来越多，越来越大。人们的思想观念开始发生改变。游牧生活原来具有的牲畜是财富的观念正在发生裂变，开始转变为土地是财富。这种观念促进了牧人弃牧从农，引起了农业区域的扩大和游牧文化圈的进一步缩小。

由于盟旗制度的推行，首先是蒙古族上层统治者稳定的定居。盟旗制度的建立使得每个旗都建立了王府，王府的样式是蒙汉藏结合式，其规模宏大，院落重重，成为世袭王爷的永久居住之地。清代实行了蒙满联姻，清代公主下嫁给蒙古王，蒙古王的福晋都是清代的公主，清公主带来的陪嫁户是汉族的工匠、农民、园艺的能手等，这部分移民是农耕文化的传播者，在王府周围逐渐形成了小型的农耕文化圈。王府的建立使周边出现了定居的蒙汉居民，王府周围的蒙古包开始消失。蒙古族上层的饮食结构也发生了变迁。"以上种

---

① 乌云巴图、葛根高娃：《蒙古族传统文化论》，远方出版社 2001 年版，第 302 页。

② 孙敬之：《内蒙古自治区经济地理》，科学出版社 1956 年版，第 9 页。

种变化，可说是蒙古社会继北元以来长期分立驻牧形势之后，再次面临的重大变革。这个变革在清朝体制之下缓慢延展二百余年，是蒙古社会在迎向西方冲击和现代化浪潮来袭之前的主要型态。"①

（三）喇嘛庙的建构与定居态势的形成

自明代以来藏传佛教开始在蒙古族传播，蒙古族由原来信仰萨满教而转为信仰喇嘛教。就内部原因来说，与大规模的战争已经结束，历史上战事的辉煌已经不再，民众的心理趋于平静有关，就外部原因来说，清政府积极制定并实施了一系列推广喇嘛教的政策。他们采取授予特权，授予封号等政策，给喇嘛以特殊的地位和待遇，使得喇嘛教在内蒙古地区迅速广泛深入地传播开来，在内蒙古草原上，以信仰萨满教为核心的蒙古族的传统游牧文化，转型为以喇嘛教为核心的信仰。

喇嘛教从政治、经济、文化、思想等方面给予蒙古族社会以深刻的影响。至清朝中叶，蒙古人的信仰格局、社会风气和社会组织以及民众的心理都发生了巨大的改变。人人手持念珠诵咒，家家喇嘛念经祈祷的局面已经在内蒙古区域形成。这种局面一旦形成就大大削弱了蒙古族叱咤风云的民族性格，削弱了蒙古族英雄崇拜意识。喇嘛教使得相当一部分蒙古族放弃了牧业生产而充当喇嘛，减少了牧业的生产力，减少了蒙古族人口的繁殖，削弱了蒙古族作为游牧民族的英雄气概。在此我们不对喇嘛教给蒙古族的整体带来的变化做评估，我们只是从内蒙古区域文化变迁的角度谈喇嘛教的传播给游牧业带来的影响。

为了实行羁縻蒙古族的政策，所谓"修黄教，安众蒙古"，清政府大肆修建喇嘛庙。以科尔沁右翼中旗为例，相继建旗庙、佐庙、屯庙等15座。其中，向朝廷登记注册，有匾额的寺庙13座。今鄂尔多斯东胜地区在清末也是寺庙林立。其中包括巴日嘎斯太庙、扎日格庙、巴音布拉格庙、沙日塔庙、桃力庙、巴音陶勒盖庙、莫日吉庆庙、海子湾庙、阿日独瓜庙、阿布亥庙、阿桂庙等。例如呼和浩特就有著名的大召、小召、席勒图召、乌素图召五寺院、美岱召、广化寺（喇嘛洞）、五塔寺等15个喇嘛庙。乌兰浩特有著名的

---

① 黄丽生：《由军事掠夺到城市贸易：内蒙古归绥地区的社会经济变迁》，"国立"台湾师范大学历史研究所印行，1995年，第486页。

葛根庙；包头市有梅力更召、五当召、包头召；通辽市有库伦寺、下仓、双和尔庙；赤峰市有巴拉奇如德庙、根佩庙、查尔干庙等；锡林浩特市有贝子庙；伊盟的乌审召、王爱召庙、准格尔召；阿盟的广宗寺；呼伦贝尔盟的甘珠尔庙等寺庙形成了寺庙林立、僧众遍布的局面。真可谓："七大昭、八小昭、七十二个绵绵昭。"王公、贝勒、达官贵人、名苏木（佐领）富豪人家，以建庙为荣。到清末内蒙古有寺庙 1300 座，蒙古喇嘛达到 15 万人，清代已经形成了一个以喇嘛庙为核心的信仰圈。

图 2.2.2　草原上的喇嘛庙　邢莉摄

表 2.2.3　　　　　　　　　清代巴林右旗喇嘛庙一览表

巴林右旗寺庙情况表（共 28 所）					
寺庙名称	起始时间	地点	建筑	供奉主神	所藏器物
圆会寺	康熙六年（1667）	大板西部，习称"西大庙"	1667 年：3 间殿宇；1720 年左右：47 间；1909 年：81 间；1922 年：128 间；1966 年"文化大革命"期间被毁	主佛释迦牟尼及其他铜、泥佛像多尊	法器极多

寺庙名称	起始时间	地点	建筑	供奉主神	所藏器物
荟福寺	康熙四十五年（1706）	大板荟福路南段，习称"东大庙"	1726 年：25 间；1786 年：80 间；1913 年：焚毁；1916 年：复建 53 间；1935 年新增两塔四狮；至今完好	主神未明，但是寺内供奉四大天王、九神、三世佛、三圣佛、十八罗汉等	"甘珠尔""丹珠尔"等经卷、典籍、经幢、金匾等，惜 1913 年焚毁
重庆寺院	康熙四十九年（1710）	洪格尔苏木，习称"洪格尔庙"	80 余间，6 座殿堂	主佛宗喀巴	有蒙、藏文"甘珠尔"经各 1 部
隆福寺	康熙六十一年（1722）	宝日匆苏苏木东北部	殿宇 45 间，1966 年拆毁	主佛像三世佛	法器极多
嘉佑寺	乾隆十二年（1747）	位于古日古勒台	右旗名庙之一，理藩院所赐"嘉佑寺"，1966 年拆毁	主佛像三世佛	"甘珠尔"经 1 部，法器极多
阐化寺	乾隆二十一年（1756）	查干诺尔苏木吉尔喀朗图乌兰哈达山前，又称"阿贵庙"	右旗名庙，殿宇近百间，1966 年拆毁	主佛像释迦牟尼及其他佛像多尊	
嘎拉达苏台庙	乾隆年间	法名"普佑寺"，建于嘎啦达斯台，后迁到阿巴达仁台山查干宝力格	"文化大革命"期间被拆毁		
苏布敦庙	乾隆年间	初建于旗西部，后迁建，最后迁至沙巴尔台河南	殿宇 3 间，1966 年拆毁	主佛像三世佛	法器较多
乌牛台庙	乾隆年间	先在乌牛台山南麓，后迁建于乌苏依肯艾里西北	50 年代毁坏		

续表

寺庙名称	起始时间	地点	建筑	供奉主神	所藏器物
西拉新希勒庙	嘉庆八年（1803）	益和诺尔苏木哈拉金山西麓	殿宇25间	主佛像无量寿佛	存蒙、藏文"甘珠尔"经各1部
新庙	嘉庆十九年（1814）	原在乌力吉沐沦河东部，后迁建洪格尔苏木依合贺日木图山南，又称"宣教寺"，	殿宇百余间，1966年拆毁	主佛像释迦牟尼	存藏文"甘珠尔"经1部，法器较多
东拉新希勒庙	道光年间	益和诺尔苏木哈拉金山东麓	殿宇34间，1966年拆毁	主佛像释迦牟尼、弥勒佛	法器极多
珠腊沁庙	咸丰四年（1854）	查干沐沦苏木	1913年毁于兵燹，重建后殿宇20间，1966年拆毁	主佛像三世佛	存藏文"甘珠尔"经1部，法器较多
岗根苗	清中叶建	初建于亚马图山西北，后迁于旗东北部岗根	1966年拆毁		
平顶庙		沙巴尔台苏木苏吉营子	有藏式平顶大殿1座，1966年拆毁		
要日吐庙	光绪九年（1883年）	位于巴彦琥硕镇东部，又称"王爷庙"			
亚马图庙	1941年建	亚马图山前	50年代毁坏		
床金庙	康熙六年建（1662）	岗根苏木东部	殿宇80多间，1966年拆毁	主佛像释迦牟尼、那仁哈吉德	存蒙、藏文"甘珠尔"经各1部
贝子庙	康熙年间建	位于幸福之路苏木，为巴林左翼旗贝子府家庙	扩建殿宇70多间	主佛像释迦牟尼，1966年拆毁	存有"甘珠尔"经1部，法器很多

续表

寺庙名称	起始时间	地点	建筑	供奉主神	所藏器物
陈板庙		幸福之路苏木东部，陈板喇嘛建	20世纪50年代毁坏		
太本庙		朝阳乡西部，查干沐沦河北岸	殿宇40多间，1966年拆毁		
索博日嘎庙	初建于清朝中叶，1929年重建	索博日嘎古庆州白塔前	殿宇9间，1966年拆毁	主佛像三世佛	
娘娘庙（道士庙）	顺治年间	大板	先是固伦淑慧公主建龙王庙，后固伦荣宪公主增建娘娘庙。为两庙合一，三进殿宇。1958年拆除	供有龙王、南海菩萨、泰山娘娘、眼光娘娘、子孙娘娘、灵应娘娘、斑疹娘娘、送子娘娘、婴育娘娘、痘疹娘娘、送奶娘娘、日老菩萨、月光菩萨	
玉皇庙	康熙四十四年	大板	前殿3间，东西两厢配殿，后殿3间。1958年拆除	前殿三间供玉皇大帝，东厢供药王爷，西厢供关老爷，后殿三间供释迦牟尼、燃灯佛、弥勒佛	康熙亲笔题"吉祥云"匾额
经堂庙	康熙年间建	大板	大殿，钟鼓两楼，1958年拆除	供奉释迦牟尼、王母娘娘、天齐王	

续表

寺庙名称	起始时间	地点	建筑	供奉主神	所藏器物
九神庙	清时建	大板经堂庙东侧	殿堂1间，1958年拆除	供奉九尊泥塑：龙王爷、牛王爷、马王爷、虫王爷、苗王爷、五道爷、山神爷、土地爷、财神爷	
关帝庙	道光三年（1823）	大板西郊	殿堂2间	供奉关帝塑像，前两侧有站班4像，后为文官赵累、王甫，右为武将周仓、关平。1966年塑像毁坏	
格斯尔庙	乾隆二十一年（1776）由巴林右翼旗第八世札萨克多罗郡王巴图建	位于旗北部沙巴尔台河北岸，沙巴尔台苏木政府驻地西3公里布敦花艾勒东土坡	殿堂1间，1966毁坏	供奉格斯尔宝格都。每年农历五月十三日为祭祀日，最后一次祭祀在1957年	

资料来源：《巴林右旗志》，内蒙古人民出版社1990年版。

　　蒙古族传统的游牧文化居住的是蒙古包，他们信仰萨满教，在草原上石与木组成的敖包是祭祀的圣坛，敖包是依高地而建的，其祭祀的圣坛具有适应草原生态的特征。而在清代信仰的建筑喇嘛庙遍布。清代建喇嘛庙之风盛行，"喇嘛庙，蒙语曰'沙蒙'。灵域之意也，构造宏伟。庙墙粉黄色或红色。檐瓦间有饰黄金者。故经久不锈。中建正寺。周设偏殿，殿周筑土壕。上树小杆。杆悬白布幡。经文书焉。所以别圣地于俗界也"。[①] 喇嘛庙是汉藏

_____

① 胡朴安：《中华全国风俗志》（下篇·卷九·蒙古），上海文艺出版社1988年版（影印本），第20—21页。

合一式的土木砖瓦结构，这些建筑长久地固定在草原上，其客观上把连成一体的草原进行了分割，喇嘛庙的建立促进了部分蒙古族从游牧到定居。

随着喇嘛庙的建立，喇嘛人数也在不断增多，康熙时期的乌兰察布盟百灵庙在其极盛时期曾有喇嘛 1700 人。仅在鄂尔多斯地区就有呼毕勒罕活佛 17名，活佛 99 名，执事大喇嘛 39 名，德木齐大喇嘛 429 名，格斯贵大喇嘛 429名，普通喇嘛 17390 名，总数在 2 万左右。[1] 乾嘉两朝为喇嘛教的鼎盛时期。当时人口为 1300 万，喇嘛为 15 万余人，内蒙古有寺庙 1800 座。[2] 被册封的呼图克图多达 150 余人，此外还有诺门汗、尔济、斑第达、沙布隆、呼毕勒罕、葛根等不同阶级的僧侣贵族。他们都拥有自己的寺庙、教区、教徒、寺产。科尔沁右翼前旗的王爷庙，在"清朝末年，全庙有喇嘛 500 多人"。[3]"几乎家家有喇嘛，代代有喇嘛，甚至把独生子也送到寺庙出家。"[4] 乾隆年间，阿拉善地区的喇嘛高达 3000 名，全旗 90% 的人都信奉喇嘛教，清同治年间，阿拉善地区的喇嘛达 6400 多名，后来由于战争、疾病等原因逐渐减少，中华人民共和国成立时，在阿拉善地区有喇嘛 4270 名，占总人口的 13%。[5]

寺庙在草原上与蒙古王府一样，打破了草原的空间格局。喇嘛庙的信仰不只是一个庞大的宗教体系，林立的寺院不仅是一个信仰空间，而且是众多喇嘛的生活空间，如果按照前所统计的数字在喇嘛教的鼎盛时期有喇嘛 15 万人的话，那么这 15 万人过得是依靠他人供给的定居生活。我们在这里不是研究喇嘛的信仰世界，而是研究喇嘛的世俗世界。喇嘛有被清政府册封的呼图克图，此外还有诺门汗、尔济、斑第达、沙布隆、呼毕勒罕、葛根等不同阶层的僧侣贵族，在世俗生活中，他们都拥有自己的寺庙；他们拥有相当数量的庙产，包括草场、土地、牲畜。他们拥有相对稳定的信仰群体——民众，信仰的民众生活圈分布在其周围，供奉喇嘛教日常所需。喇嘛教的信仰震荡

---

[1] 参见梁冰《鄂尔多斯历史管窥》，内蒙古大学出版社 1989 年版，第 345 页。

[2] 参见格勒德《内蒙古喇嘛教史》，内蒙古人民出版社 1999 年版，第 452—453 页。

[3] 科尔沁右翼前旗地方志编纂委员会编：《科尔沁右翼前旗志》，内蒙古人民出版社 1991 年版，第 962 页。

[4] 科尔沁右翼中旗地方志编纂委员会编：《科尔沁右翼中旗志》，内蒙古人民出版社 1993 年版，第 251 页。

[5] 参见阿拉善左旗地方志编纂委员会编：《阿拉善左旗志》，内蒙古教育出版社 2000 年版，第 240 页。

的不只是蒙古族的信仰格局，而且是其整个社会生活和文化格局，寺庙及其周围的生活世界对蒙古族游牧文化的变迁产生了相当大的影响。其中表现在：

其一，喇嘛庙的建立促进了部分蒙古族的定居。就喇嘛的生活来说，寺院是一个宗教机构，也是一个僧侣的生活空间，这个生活空间本身就构成了一个宗教的聚落。喇嘛庙的建立使得相当的牧业人口处于定居的状态。一方面，喇嘛放弃了原来的游牧文化传统，享受着定居生活。而在"家有二男，必有一名为喇嘛"的政令下，游牧人口在减少，出现了相当数量的定居民即喇嘛；另一方面，喇嘛庙的建立促进了牧人的定居。因为定居的僧侣的生活需要供给，供应喇嘛的生活成为信仰民众生活的重要组成部分。由于信仰的驱使，为了求得来世的幸福，一部分牧民承担供应寺庙的差役，也有的牧民主动地愿意为寺庙当差，他们生活在寺庙周围，住进土房，也过着定居的生活。在近代蒙古族的经济结构发生重大变化的时候，清政府分给喇嘛庙庙地，亦称香火地，租给汉人耕种。"土默特右旗佑顺寺的土地，就都是由该庙在偏头营子村的属户耕种的，该寺的属户是在寺庙修建之初，从内地迁入的建庙工匠，寺庙修好后，蒙古王公和僧侣贵族就把土地租给他们耕种。后来，他们加入了蒙古籍，成为随蒙古。他们除耕种庙地外，还负责寺庙的修缮，每年定期到庙中服杂役。"① 这样就逐渐形成以寺院为中心屯居的村镇、商业网点和居民区。现在赤峰市克什克腾旗的旗政府所在地经棚也是先修建喇嘛庙，渐次演变为定居点的。

其二，喇嘛庙及其周边地区成为蒙汉贸易的互动场。草原地区处于内陆地区，干旱少雨、地广人稀、交通不便，而游牧经济民俗的非自足性和脆弱性又使他们非常需要与农耕文化进行交换。"凡粮、烟、茶、布为蒙古养命之源，一经断绝，益形坐困，自系实在情形。"② 如前所述，交换是游牧民族的需要。另一方面，喇嘛庙的建立，牧民需要购买佛教用品，对于佛教用品的需求，自然刺激了商品贸易的发展，林立的喇嘛庙营造的不仅仅是信仰的文化空间，而且成为具有公共文化的空间，为商业贸易和交换提供了重要的场所。

当时甘珠尔庙会各地商贩都有自己固定的位置：门东向北是卜奎（齐齐

① 《蒙地报告》上卷，第250页。
② 《清宣宗实录》卷5。

哈尔）、多伦商铺，门西向北是北京、丰田上任，北门外还有俄国商摊。在锡林郭勒盟多伦诺尔地区，康熙时举行蒙古各盟盟会，成为以喇嘛寺庙为中心的，沟通漠南与漠北地区蒙古族集市贸易的枢纽。"每年三月、七月，在多伦诺尔汇宗寺和善因寺的庙会期间，同时举行规模宏大的物资交流集市贸易。届时，锡林郭勒盟、察哈尔、昭乌达盟各旗和漠北车臣汗、吐谢图汗部等蒙古部落周围数百里的蒙古牧民，扶老携幼，骑马乘车，赶着畜群，驮载毛皮、野兽裘毛前来参加庙会和贸易交换；来自东北和内地的汉、回、达斡尔族商民，亦从四面八方云集于斯，进行互市交易。"① 五台山一带是蒙汉的商贸市场："朝山时，均随之以骆驼、骡马等，富者随之数十头，贫者随之数头，载以金银皮革驼毛，酥酪及蒙古土产等，至五台山时，将所带之货物贡献于寺院内，即返归焉。"② 是时五台山成为最大的蒙汉交易互动场。据载："（蒙古族）卖牲畜的时候，亦到喇嘛寺市场去卖，买应用品和食物的时候，亦到喇嘛寺市场去买，所以喇嘛寺变为蒙古社会中心与骨干也。"③ 事实上，商贸市场从寺庙延续到周边地区。以喇嘛庙为中心的市场聚集文化圈吸引了大批旅蒙商的到来，旅蒙商的经营买卖，不仅伴随着大量的人流、物流、信息流，交流打破了草原游牧文化的单一性和相对的封闭性，含蕴着经济意义和社会文化意义，促进了游牧文化与农耕文化的互动及草原商业网络的建立，对于游牧文化的转型发生了深刻的影响。

蒙汉的互动还表现在众多的寺庙修建，修建寺庙需要大动土木工程，从现在保存的寺庙的恢弘建筑看，其木石砖瓦，雕梁画栋，建筑宏伟，做工之精细，结构之壮丽，远非简朴平实的蒙古包可比。修建寺庙需要大量的工匠，其中包括木匠、石匠、泥瓦匠，画工、油工等等。这些工作大多由汉族承担。清代中期的大量移民成为建筑寺庙的中坚力量。当然他们带来的不只是农耕民族的技术，还有农耕民族的文化，寺庙的建设使得农耕文化与草原文化处于频繁的互动之中，这些工匠的到来推动了草原手工业的发展和商品经济的发展。

其三，喇嘛教的信仰与喇嘛庙的修建促进了草原城镇文化圈的形成。小

---

① 卢明辉：《清代蒙古史》，天津古籍出版社 1990 年版，第 140—141 页。
② 白眉初：《中华民国省区全志》第 3 册，《山西通志》，求知学社 1924 年版，第 154 页。
③ ［日］多田等观：《喇嘛教与蒙古民族》，关辅升译，《西北论衡》1939 年第 7 卷第 3 期。

规模的居民区，少则几百人，多则几千人，其中除了定居的牧人之外，也包括清代以来尤其是清中期以至于民国的大量汉族移民，其生计方式包括牧业、农业、商业，等等。尤其是庙会期间，定居生活的消费促进了周边商品贸易的交换和市场经济的发展。庙民从而以寺院为核心逐渐像水的波纹一样形成了更大范围的定居。有多少喇嘛庙就有多少定居点。清代喇嘛教盛行，在多伦诺尔建立了汇宗寺、善因寺。多伦诺尔蒙古语的意思是"七个水泡子"。史籍记载："地势广漠，无树木，厥上沙石积，昔时不过一小市镇耳。"① 善因寺、汇宗寺等寺庙的建立使多伦诺尔逐渐成了宗教、政治、商业中心，到清末定居人口达十万之众。到康熙四十年（1701）仅仅"南北长四里，东西广二里"。到康熙五十二年（1713），仅仅相隔二十年，"居民鳞比，屋庐望接，俨然一大都市也"，② 已经形成了汉商市镇，包括兴盛、福盛、义合、兴隆、富善、永乐、太平、仁和、承恩、棋盘、永盛、惠安等14条街，初名叫"兴化镇"，后来又叫"买卖营子"。

宗教的多种功能为草原城镇市场的聚居和发展打下了基础。草原上出现的城市区。其中主要有归化城、张家口、多伦诺尔、库仑、恰克图、乌里雅苏台、郑家屯、卜奎、西宁、丹葛尔等都与喇嘛教寺庙文化的发展存在着密切的关系："一方面城镇市场利用宗教活动所形成的社会网络和消费功能，构成商业网络和销售市场，推动当地城镇市场经济的发育、发展；另一方面，城镇市场的发展也为宗教的传播、发展提供了众多有利的条件。"③ 喇嘛庙的建设促进了市场聚集文化圈的形成，使得草原游牧文化圈逐渐缩小。总之，喇嘛庙与市场聚集文化圈的构成在游牧文化的转型中起到了重要作用。"到十九世纪初期，以3000人为基准的蒙古城市共有13个，村镇108个，寺院居民点600多个。"④ 在卓索图盟、哲里木盟及察哈尔蒙古族聚集区："其数十户或数百户之蒙人部落，所在多有大小市镇，商贾云集，脱离行国游牧之风，近于住国稼穑之习矣。但居室规模狭陋，周围筑土墙，墙外植榆柳等树，以

---

① 姚明辉注：《蒙古志》，（卷三·都会）。

② 黄可润：《口北三厅志》，（卷五·经费志）。

③ 陈炜、黄达远：《论近代民族地区宗教与城镇经济建设的互动发展》，《内蒙古社会科学》2008年第1期。

④ 宇尔只斤·吉尔格勒：《游牧文明论》，内蒙古人民出版社2002年版，第29页。

白布或赤细布书经文悬于其上，布幅乘风飘扬，远望若'万国旗'然。"① 以寺庙为中心的蒙古地区的村落文化与城市文化的构建，成为游牧文化变迁的契机之一。

农业的发展、盟旗制度的实施和佛教的传播从经济上、政治上、思想上促进了游牧民走上定居的历程。到了清朝中叶，蒙古地区形成了相对稳定的农区、半农半牧区和牧区的格局。农区和半农半牧区基本上实现了定居，游牧方式虽然存在，但是发生了明显的变化：由大游牧变成了小游牧。这个问题后面再研究。

（四）草原城市商贸文化的拓展

在研究蒙古族游牧文化变迁的时候，不能不研究内蒙古区域商业文化的兴起和由此而引起的对草原游牧文化的震荡。这一区域商业的兴起和蒙古族商业观念的建立不仅成为游牧文化变迁的重要组成部分，而且推进了从游牧到定居的转型和社会经济结构的变迁。内蒙古区域的草原商品经济是如何兴起的？农耕民与游牧民之间的交换网络是如何互动的？我们认为明代是游牧文化变迁的肇始期，明代除了建立了板升聚落之外，俺答汗于隆庆六年（1572）提议建城。文化学者往往把建立城市视为农耕文明的重要标志。在历史发展到14—15世纪的时候，为什么游牧民族却要主动建立城市呢？对此举应该如何评估呢？我们认为，在这一历史阶段，游牧民族试图尝试建立一种新的文化模式以实现对自己民族文化的再认同。

其一，蒙古贵族俺答汗认同游牧民族对农产品在一定程度上的需要，认同农耕文化与游牧文化的互补关系，但是明统治者对贸易的控制阻碍了贸易交换的实现，修建城市，意味着资本的集中、人力的控制以及管理的复杂化，这是内蒙古区域向商品贸易经济跨越的一步，为两个族群的交换贸易开拓了一个重要的空间。同时又没有"为中原所同化，消融于中原的流动模式和关系模式的窠臼"。②

其二，在意识形态上，俺答汗要改变蒙古族信仰萨满教的文化传统，推

---

① 啸岩：《西北风俗谈·内外蒙古》，《西北汇刊》1925年第1卷第9期。
② 黄丽生：《由军事掠夺到城市贸易——内蒙古归绥地区的社会经济变迁》，"国立"台湾师范大学历史研究所印行，1995年，第100页。

行喇嘛教，喇嘛教禁止杀戒的平和思想体系与其停止征战开启和平贸易的思想相吻合。蒙古族改变了历史上征战的军事模式，重新开拓贸易交流的途径，他们在自己的地域建造城市，力图通过自身的努力，建立与农耕民族共生共存的互利体制，谋求其自身的生存和发展。蒙古族的上层俺答汗试图通过新的模式实现对自己族群文化的认同。这是对游牧族群传统思维模式的一个挑战，是蒙古族内部由单一的游牧文化价值观向多元文化价值观过渡的新思路。

　　蒙古族处于戈壁草原的自然条件下，土地广阔而人烟稀少是该区域的特点。但是由于中原地区人口的压力与自然灾害等多种原因，从清代至民国，农耕民族的移民源源不断地来到内蒙古区域，久而久之，竟形成了"走西口"、"闯关东"的传统，使内蒙古成为迁移人口众多的省区之一。随着迁移人口的增加，农业和手工业的发展，一个个草原城镇平地崛起。漠南的青城、多伦诺尔，漠北的库伦、乌里雅苏台、科布多等都是城市手工业和城市贸易的重要场所。在旅蒙商的积极推动下，草原文化发生着更为深刻的历史变迁。蒙古族社会经济贸易的变迁和发展是游牧文化变迁的缩影，深刻的历史文化变迁表现在草原区域城市贸易文化圈的建立。① 草原区域城市贸易文化圈的建立，是传统游牧业变迁的又一重要标志。

　　在清统一的背景下，青城以其特殊的地理位置、历史背景以及清朝的军政设置而成为漠南最大的城市。清朝为了巩固其政治地位，建立了"绥远城"，先建立的部分称为"旧城"，绥远城称为"新城"。合称为"归绥"，又称为"库库和屯"。清朝初年，归化城"人口三万余，喇嘛亦二万"。民户仅一万人，其中包括蒙族牧民也包括汉族移民物产以家畜为主。经历了这样的发展，归化城已经俨然成为一个颇有商业气息的大都会。多伦诺尔是漠南蒙古的第二大商业城市。康熙三十年（1691）康熙在多伦诺尔举行漠南蒙古29部48旗和漠北喀尔喀蒙古三部王公会盟，应蒙古王公的请求，派在北京做蒙古生意的鼎恒生、大利、聚长成等八大商号得到康熙的旨意到多伦诺尔经商。清代喇嘛教盛行，在多伦诺尔建立了汇宗寺、善因寺等。至康熙五十二年（1713），已经形成了汉商市镇，包括兴盛、福盛、义合、兴隆、富善、永

---

　　① 草原城市贸易文化圈包括蒙古区域的城镇商业区，还包括以汉族移民为主的城镇附近的商业贸易区域，城市附近的商业区称为"买卖城"。

乐、太平、仁和、承恩、棋盘、永盛、惠安等14条街，初名叫"兴化镇"，后来又叫"买卖营子"。

在当时的历史背景和蒙汉两个民族民生需求的推动下，旅蒙商登上了草原商业的舞台，他们呈二百年之雄，给草原游牧文化带来了巨大的冲击和震荡。漠南漠北的"买卖城"不仅成为蒙古族与汉族，游牧文化与农耕文化旷古未有的最大互动场，而且成为蒙古族和汉族联手与国际通商贸易的互动场。

据清代当时的统计，绥远城内的店铺达1500家之多。[①] 城市市民的定居为商业的发展提供了契机，城市及"买卖城"的文化是与游牧文化相对应的商贸文化，在社会结构上，城市社会群体的

图2.2.3　清代贸易图
采自德国画册　宋兆麟提供

组成是商人而不是牧人，其主要组成为汉族移民和汉族商人。根据对多伦诺尔的调查："户千五百六十七，口约二万，内有回教徒三千人，而居住汉者而已。蒙人绝无住市场者。"[②] 随着城市的扩大和商品经济的发展，集聚的已经不只汉族商人，还有蒙古族各个阶层的往来驻足人员，并包含回族、满族等也都在这里聚集，青城成为一个多民族聚居的城市。

此时大量的汉族手工艺者涌入了草原城市。以汉族手工艺人为契机，草原区域从传统的家庭手工业开始向城市的商品手工业转化，这是传统的游牧文化变迁的又一重大转折。归绥城的手工业发展有草原的地域特色和文化特色。表现在：

其一，从传统牧业的家庭手工业发展到具有相当规模的城市商品手工业。学者认为，手工业是伴随着农业产生的，而在传统的牧业社会没有手工业。

---

① 《绥远城驻防志》，第3—5页。

② ［日］剑虹生：《多伦诺尔记》，《东方杂志》1908年第5卷第10号。

这个观点值得商榷。在牧业社会家庭手工业是具有鲜明特色的民族文化。例如马具的制作技艺，皮革加工技艺，等等，这是牧业社会生活之需。归绥城的建立促进了城镇手工业的发展。清末开放蒙地，招民开垦，涌入了不少内地过剩的失业工匠。青城有大小皮革作坊 35 家，加工当地所产的皮毛。多伦诺尔的福盛街又叫作坊街，有 63 家商店，集中了多伦诺尔制作毛毡、马衣、皮革等的作坊，其中制作毛毡的作坊一共有 20 家左右，皮革作坊有 20 余家。① 由于汉族工匠的定居和推动。草原区域在保留牧区家庭手工业的同时，产生了城市的具有规模的手工业。此外，由于满足城市居民的生活需要和信仰喇嘛教的需要，其手工业产品的范围在不断扩大。

其二，草原城镇的手工业具有牧业文化与农耕文化的双重特色。草原城镇的手工业主要包括：食品加工工艺；金属加工工艺；畜产品加工工艺。传统的牧业食品是红食（肉制品）和白食（奶制品），少食粮食，由于农业的发展，在草原区域逐渐形成了农业区和半农半牧区，因此刺激了农产品加工业的发展。到了乾隆、嘉庆年间出现了专门碾面的面行，碾米的米行等等，后来又增加了对副食的加工，例如榨油业、酿酒业等等。其加工也从单一的产品成为系列的产品。例如把对主食的加工与副食的加工合在一起，例如碾房中附带酿白酒的称为缸房，碾房中附带制作葫麻油的成为油房，还有粉坊、油坊、豆腐坊、制酱、醋等。原来对稻粱菽麦黍稷加工称为"六陈行"由主食加工的"六陈行"，② 后来加上副食生产，发展成为较大规模的"十二行"。

金属加工工艺主要包括两个方面，一是民众日常生活中的金属制品，供民生之需；一是信仰喇嘛教的民众需要的各种佛教用品。日常的金属制品包括农耕和牧业日常需要的金属制品。手工艺人开设了铁匠铺、木匠铺、泥瓦匠铺等，他们在农业区给农民制作和修理农具、家具、建造房屋的同时，还深入草原，为牧民制造和修理各种用品。在手工业方面"绝少奇技淫巧之作，即金锡木石之属，亦绝无佳者，然入其市，则又光华炫目，百

---

① 参见 ［俄］阿·马·波兹德涅耶夫《蒙古及蒙古人》，第 2 卷，刘汉明译，内蒙古人民出版社 1983 年版，第 99、100、344 页。

② "六陈行"包括烧酒、食油、碾米、面粉、糖、粉条。

货具备，良以地当边要，商贾云集，凡可以供生民之用者，无不懋迁而来"①。在推动草原城市手工业的发展上，农耕民的移民起到了积极的推动作用。清末光绪《左云志稿》记载："本邑缸、油、布、粟店，多系代州、崞县寄民，而土著之民合伙贸易于邑城者甚少，大半皆往归化城，开设生意或寻人之铺以贸易，往往二、三年不归……且有以贸易迁居大半与蒙古人通交结。其利甚厚，故乐于去故乡而乐于适他邑也。"② 汉族的手工艺人把草原畜牧产品的加工推进到一个新的阶段。其中主要包括蒙古靴的制作与运销；毡品的制作与运销；地毯、毛布的制作与运销。在畅通的草原丝绸之路上，为了运输，还特地制作马衣，即利用马匹远途运输包装茶叶的一种包毡。

其三，出现了汉族工匠和商贸的行会组织。归化城的各行业频频扩展，例如由纸匠、缝衣匠、染匠组成的缝衣业，由瓦匠、木匠、石匠组成的土木业，有木器制造业和腊器制造业，等等。造纸业组成了纸房社和公义社，裁缝组成的成衣社，染匠组成的义仙社，土木业组成的鲁班社等。行会组织的出现具有很大意义。这些手工艺人来自各地，他们从四面八方聚集在草原城市，在商业网络中形成了业缘关系。这些组织的组成，说明在草原城市的繁荣中，汉族工匠已形成很强大的力量。《绥远通志稿》记载："清代归化城商贾有十二行，相传由都督丹津从山西、北京招致而来，成立市面商业……其实市面现银现钱充实流通，不穷于用，银钱两业遂占全市之重心，而操其计盈，总握齐权，为百业周转之枢纽者，厥为宝丰社。"③ 对内来说他们制定了行规，约定俗成的行规起到自律的作用，对外来说，他们以雄厚的资本和周密的商业网路的联系建立了稳定的地方货币制度和对金融行情的驾驭，起到了经营管理和社会资金协调的作用。

城市的建立为商品贸易的交流创造了条件。在归化城大的商家有四五十家。其中包括坐商和行商。当时著名的商号有天义公、复盛元、德和兴、庆隆茂、复兴泉、复顺公、复顺泰、丰盛魁、天兴魁等。其中规模最大享

① （清）刘鸿逵：《归化城厅志》卷19。
② 转引自卢明辉《清代北部边疆民族经济发展史》，黑龙江教育出版社1994年版，第172页。
③ 傅曾湘：《绥远通志稿》卷48，《民族志·蒙族》，内蒙古图书馆藏（1941年）。

有盛誉的是大盛魁。草原上的商人一方面进行固定的商品交易活动，甚至派出庞大的商队深入牧区远销货物，此为行商。行商把牧人过多的牲畜皮毛等运出来，把牧人急需的棉布、茶叶、烟酒、食具、马具运进来，深受牧人欢迎。行商又分数种。一种为大商庄派出的行商，他们主要获取牧区较为珍贵的皮毛产料。另一种为零星小贩。他们以小资本或商业信用，购得若干工商品，用骆驼骡马载于各地，此在牧业区域又名"出拨子"和货郎。坐商遍布草原上众多的小镇、寺庙和王府附近。其经营的范围包括：

（1）杂货铺。经营茶叶、布匹、医药等，兼营牛马店、大车店、粮行等。

（2）皮庄。这是专门经营皮货的坐商。这些坐商从草原牧人那里收买大量的皮子予以加工，然后视市场之需要，输送至内地和国际大市场。

（3）货栈。货栈专门接受旅蒙商或到城市购买货物的牧人的畜产品，代其储存、保管、销售。向牧人出售茶叶、粮食、布匹。

（4）土著商铺。土著商铺主要分布在小的集镇上，经营杂货。他们大都是由行商改为坐商的。

在经营方式上归化城地区出现资本高度集中的商业活动，其资本的运用是市场化及商品化，不言而喻，旅蒙商人有盘剥蒙古牧人的一面，我们从游牧文化变迁的角度看，草原城市的建立，是游牧文化与农耕文化、蒙古族与汉族在共同面临西方资本主义文化冲击的语境下，互相沟通的产物，他们都处于在两种文化沟通的新模式建构中。旅蒙商的贸易主要包括：

（1）牲畜与畜产贸易：归化城形成了牲畜交易市场，其马市在绥远城，曰马桥；驼市在副都督署前；牛市在城北门外，曰牛桥；羊市在北茶坊外，曰羊桥。其屠宰牲畜，剥取皮革，就近硝熟，分大小皮货行，在城南门外十字街，俗呼为皮十字。[①] 榆林地区的"牛马均来自蒙地，马每岁五、七、九月由蒙地来集市……牛每岁正十月集市十余日，购者甚众……骆驼产自蒙地，邑人购回，取其刍茭省而所负重，奔走于并门伊洛之间，时获什一之利焉"。[②]

（2）砖茶贸易：蒙古人的生活不可一日无茶。"西伯利亚的布里亚特蒙

---

① （清）钟秀、张曾：《古丰识略》卷20《市集二》，《内蒙古史志》卷27，第186页。

② 佚名《榆林县乡土志》，《物产》（1917年）。

古族的砖茶也需要从汉族地区供应。归化城每年由汉口输入砖茶10000余箱（大多数专销外蒙），从直隶正定、赵州、平山、灵寿、获鹿等运进土布60000多捆。"①

（3）粮食贸易：归化的粮店很多。复盛公是包头最古老的商号之一，历有"先有复盛公，后有包头城"的说法。复盛公原本经营粮食为主，后来开设了钱庄，是由山西祁县乔家开设的，包头的大商号复盛公在归化也有粮店。多伦诺尔的粮店共有十余家，最富的一家是大盛店，其次是维盛店、广泰店、宋益店和全体粮店，其粮食来自四面八方，西面有隆盛庄、丰镇和张家口，南面有乌兰哈达及其县城，东面有毕鲁浩特及所属各部。②

（4）日用百货贸易：主要是牧业需要的食品、生活用品和信仰喇嘛教的用品及供品。从事传统的游牧生计方式的蒙古族的消费观念比较薄弱，喇嘛教信仰促进了牧人对佛教用品的消费需求。多伦诺尔集中了不少作坊，在钟楼后街的街尾则是多伦诺尔的铜匠铺，据说多伦诺尔制作佛像的作坊共有7家，其中阿尤希铜匠铺在多伦诺尔最负盛名。多伦诺尔的佛像制作甚至在欧洲享有盛誉。

在蒙古草原地域建构的城市商贸文化圈形成了商品贸易大交流的互动场；游牧文化与农耕文化的互动场；不同的社会群体交往和文化交融的互动场。一方面由于社会的发展，蒙古族对于农产品和日用品的需求量在增加，另一方面由于在草原区域农业文化圈和半农半牧文化圈的形成，加大了手工业制作的需求，城市的建立和消费使得大规模的贸易成为可能。从内蒙古地域输出的是大宗的羊毛、马、羊、牛骡、驴、毛制品、毡制品、盐、碱、药材、木材；向蒙地输入的是食品，其中包括茶叶、生烟、酒、绸缎、布匹还有糕点、炒米、饽饽；糖类有红糖、白糖、冰糖等；金属器皿有农具、铁锅、铁条、铁锹、铁铲；马镫、铜佛像、铜香炉、酥油灯盏、药品、香炉、三白（又称粉绢，为喇嘛供佛之用）、哈达（蒙古人交往的礼仪用品）、马鞍、蒙靴、木碗、木桶、木勺、木柜、木桌、珠宝、瓷器、颜料等。

---

① "Trading in North-western China", *Chinese Economic Monthly*, Vol. 3, No. 4, 1926.

② 参见［俄］阿·马·波兹德涅耶夫著：《蒙古及蒙古人》第2卷，刘汉明译，内蒙古人民出版社1983年版，第341页。

表 2.2.4　　　　　　　　　**清代蒙古地区贸易一览表**

<table>
<tr><td colspan="9">内蒙古地区的产品贸易情况</td></tr>
<tr><td colspan="7">流通产品</td><td colspan="2">贸易范围</td></tr>
<tr><td colspan="5">输入产品</td><td colspan="2">输出产品</td><td>输入产品产地</td><td>输出产品方向</td></tr>
<tr><td>食品</td><td>金属器皿</td><td>织物及其制品</td><td>木、瓷器</td><td>其他</td><td>畜产品</td><td>矿物木材等</td><td></td><td></td></tr>
<tr><td>茶叶、生烟;糕点、炒米、饽饽;红糖、白糖、冰糖</td><td>农具、铁锅、铁条、铁锹、铁铲;马镫、铜佛像、铜香炉、酥油灯盏、香炉</td><td>三白(又称粉绢,为喇嘛供佛之用)、哈达(蒙古人交往的礼仪用品)、马鞍、蒙靴</td><td>木碗、木桶、木勺、木柜、木桌、珠宝、瓷器</td><td>药品、颜料。</td><td>羊毛、马、羊、牛骤、毛织品、毡制品</td><td>盐、碱、药材、木材</td><td>北京、天津、锦州、河北、山东、江西、景德镇、福建、广东</td><td>北京、陕西、河南、山西</td></tr>
</table>

资料来源:黄丽生《由军事掠夺到城市贸易——内蒙古归绥地区的社会经济变迁》,"国立"台湾师范大学历史研究所印行,1995 年。

其运作的步骤是:(1)他们从农民、商人,包括外商买来蒙古人所需要的货物,这些货物流通到城镇集中的大的杂货铺、粮店经纪、牛马店,以此机构作为中介,把货物流通到地方的小杂货铺或者"出拨子"的人的手里①,小杂货铺和出拨子的人把货物输送给草原的蒙古牧民。(2)小杂货铺或者"出拨子"的商贩把蒙古牧民的牲畜和畜产品买来,他们把货物流通到城镇集中的大的杂货铺、粮店经纪处,再把这些货物转给外地的商人或者俄罗斯商人。

旅蒙商以城市集镇为中心,建立了从城市集镇到草原腹地的交换网络,这个交换网络之广,贸易路线之长,交换的物品之丰富都是亘古未有的。他们不仅奔波于草原和城市、汉族地区与游牧地区,甚至沟通本土与国际之间

———————

① 出拨子:行商的一种。以小资本购得商品用骆驼骡马载至各地出售,这种行至草原的小型商贩名"出拨子"。

的贸易。他们从内地收购各种生活必需品运至归化，再以归化为基地，东到察哈尔八旗，西到鄂尔多斯，阿拉善诸部，甚至到达新疆、伊犁及遥远的俄罗斯境内。北到大青山后麓，乌兰察布及喀尔喀部落。这样形成了西北、漠北与中原贸易的重要通道。他们把从外蒙古甚至俄国运回来的产品销往北京、天津甚至南方各省，专门做外蒙古生意的有专用名词："通事行"或"通译业"。旅蒙商成为活跃于草原牧业文化与农耕文化的生力军，成为沟通草原文化与农耕文化的枢纽。学术界认为："农耕和游牧这两种生活一经分化，就不可避免地在二者之间出现某种程度的掠夺和交易。"[①] 牧人需要粮食、纺织品、各种日用品及生产工具等，而他们用来与农耕文化交换得是牲畜、皮毛等牧业产品。但是游牧生活的迁徙不利于交换，在这一历史时期，由于旅蒙商的推动，不是以战争形式而是以和平贸易形式的互动占有绝对的地位。此时，在游牧文化和农耕文化之间，贸易代替了战争，交换代替了对抗。发展的农业和畜牧业都为成为贸易的先决条件。"归化有城郭土屋，屯耕之业，鸡豚麻黍豆面葱韭之物；外番贸易者，络绎于此，而中外之货亦毕集，乃扼要之地……归化城外番贸易，蜂集蚁屯，乃冲剧扼要之地。"[②]

表 2.2.5　　　　　　　　汉商贸易经手的货物种类情况表

内地收购的民生用品			从外蒙古族喀尔喀诸部带回的货物		
生活用品	生活用具	武器及其他	牧猎产品	采集物和矿产	瓜果蔬菜
布匹、绸缎、烟丝、纸张、瓷器	剪刀木碗、铁锅、铜器、铁器、木器	硫磺、铅条、火药枪	羊毛、羊皮、羔皮、马、羊、狐皮、狼皮	木材、药材、盐、碱	瓜、杏、葡萄、蘑菇

材料来源：黄丽生《由军事掠夺到城市贸易——内蒙古归绥地区的社会经济变迁》，"国立"台湾师范大学历史研究所印行，1995 年，第 426 页。

汉族开设的大商号在这里进行卓有成效的商业运作，他们利用贫困农民

---

① ［英］赫·乔·威尔斯：《文明的脚步》，黑龙江人民出版社 1987 年版，第 57 页。
② （清）张鹏翮：《奉使俄罗斯日记》，广文书局，第 14—15 页。

的需求，在青黄不接的时候，农民以青苗庄稼做抵，赊给农民所需要的物品，农民收粮后偿还，称为"买树梢"，还有以高价售赊给农人所需要的物品，到期再偿还，这叫"期口生意"。这样高价出售农民所需要的物品，低价买进农产品。获得高额利润。① 值得提出的是当时显赫的大盛魁商号，他们在蒙古买办商业高利贷资本活动运作上颇为成功。在 18 世纪末和 19 世纪初，据清末旅蒙商估计，当时旺季时可自外蒙古赶回 80 万只羊和 10 几万匹马，加上附近牧区所饲的马羊。则共有 100 万只羊和 20 万匹马的交易量。② 这样巨大的贸易数额是相当可观的。"大盛魁在 1911 年时成为牲畜和原料的采购者。几乎外蒙古各旗都欠该商号的债，它每年收债息 70000 和 500000 只羊，全部赶回中国。"③ 可以看出，当时的贸易不仅沟通了漠西和漠北与中原的密切联系，而且活跃了国际交流市场。处于不同文化模式中的游牧民族与农耕民族在贸易交换的机制下，进入互相包容、共谋发展的历史阶段。

归化的百货具备，商贾云集，交通畅通，往来无阻，成为农牧产品交换的最大市场。托可托县的河口镇、萨拉齐的泊头镇（即包头镇）舟船驼运，络绎不绝。包头镇的地理位置十分显著，其与土默特、乌拉特、河套、鄂尔多斯、乌兰察布等附近的农村和牧区毗邻，往南有水陆交通到内地，往西有陆路通往甘肃、新疆，成为又一个兴起的贸易中心。张家口、经棚也是商业中心。张家口支持旅蒙商的商号包括茶庄、烟店、绸缎庄、布店、钱庄等一直呈上升的趋势。

草原城镇贸易的兴起应该如何评估呢？不可否认的事实是，交换贸易和商业资本的不断扩大是建立在欺诈广大牧民的基础上的。拉铁摩尔在《中国边疆》中说："……商人可以逐年把全旗剩余产物完全拿走，另外以高价换给蒙民以刚好够用的衣着材料、用具、商品和冬用的谷物或面粉，使这个社会能够勉强维持生存。"④ 这是一方面，但是从社会发展的角度上说，蒙古"由

① 贾议卿：《归化城的六陈行》，载中国人民政治协商会议文史资料研究委员会编《内蒙古文史资料》，内蒙古人民出版社 1990 年版，第 30 辑。

② 中国人民政治协商会议文史资料研究委员会：《旅蒙商大盛魁》，《内蒙古文史资料》第 12 辑，呼和浩特 1984 年版，第 135 页。

③ ［蒙古］什·桑达克：《19 世纪末至 20 世纪初外蒙古的政治经济状况》，《蒙古史研究参考资料》第 21 期（1965 年）。

④ 转引自沈斌华《内蒙古经济发展札记》，内蒙古人民出版社 1982 年版，第 169 页。

清至民初，归绥经济机能的扩张与变迁的种种现象可以印证：蒙古社会不但已经真正迈入了城市贸易的时代，并且也迎向更大的社会变迁与挑战——其中不但包含了亘古以来即已存在的与中原民族文化与政权的互动关系，更必须与中原民族及其他边境民族共同面对近代西方文明在全世界造成的种种冲击"①。草原城市的建立开拓了清代至民国贸易交流和文化交流的广阔空间，是蒙古族游牧文化变迁的重要标识。我们可以看出：

表 2.2.6　　　　　　　　　清代民国张家口商家增长一览表

年代	商家
康熙初年（1654 年）	10 家
雍正年间（1678 年）	90 余家
乾隆末年（1799 年）	190 多家
嘉庆末年（1820 年）	230 家
咸丰末年（1861 年）	300 家
光绪末年（1908 年）	530 多家
宣统三年（1911 年）	570 家
1925—1929 年	1000 多家

资料来源：沈斌华《内蒙古经济发展札记》，内蒙古人民出版社 1982 年版，第 164—165 页。

其一，在清代国家统一的背景下，中国境内的两个不同文化类型的族群打破了各自的封闭状态，可以通过贸易往来自我调适维护各个族群的文化传统和各自的生存竞争，这样使蒙汉两个族群有可能通过城市贸易的运作，使得其资源与消费处于平衡，在这样的基础上谋求共同的生存与发展。台湾学者的研究与拉铁摩尔的结论恰恰相左："……拉铁摩尔尝言：清末的铁路和手枪及相关的因素，使内蒙古和中国不至分离的重大因素……唯就本文研究所得而言，长期而机密的城市贸易关系与需要，和面对现代世界挑战休戚与共的命运，才是联结农牧文化社会的根本动力。"② 作者认为，台湾学者超越了

① 黄丽生：《由军事掠夺到城市贸易——内蒙古归绥地区的社会经济变迁》，"国立"台湾师范大学历史研究所印行，1995 年，第 486 页。

② 同上书，第 491 页。

一般的从两个族群贸易交流的角度去研究蒙汉贸易，而是高屋建瓴地把这一时期农牧两个族群的贸易置于面对世界资本主义挑战的背景下去评估，这个结论具有启迪意义。

其二，清代草原城市手工业和贸易的发展是在人口聚集，贸易集散的基础上形成的，而城市空间一旦形成，就会进一步促进了内蒙古区域的手工业和贸易的发展。这就说明内蒙古区域已经打破了其原有的较为单一的游牧文化的传统格局，形成了与牧业文化圈、农业文化圈、半农半牧文化圈并举的城镇文化圈。单一的游牧社会进入了向多元的复合型文化的发展跨进，"因而在解放初期，内蒙古的城镇化率便已高于全国"。① 清代草原城市的发展为现代化草原城市发展起到了奠基作用。

其三，草原城市商贸的发达改变了游牧文化内部的格局，把游牧生计方式纳入到商业交换的网络之中。传统的游牧业缺乏商业观念，甚至鄙视商业。"蒙古自昔未尝通货币，商业以是为困。然其以货易货，习以为常。往往是倚仗天地自然之力，养天地自然之物。"② 由于游牧经济的脆弱性，不稳定性和流动性，其商品交换观念非常薄弱。城市商贸文化的兴起使得畜产品成为可以交换的商品，大大提升了牧业生产的价值，促进了牧业区域的消费。游牧社会的牲畜具有多种价值，它除了供应牧人的衣食住行等日常生活所需之外，还具有生产资料的价值和货币价值。在游牧经济社会中："牲畜乃是一种财富，一种货币，用自己的剩余产品换取定居地区的产品，乃是游牧业经济的主要动因及其自身存在的前提。"③ 只有在交换成为可能的时候，才能维系牧业的存在并促进牧业的发展。游牧人迫切交换的需求刺激了汉族贸易的积极性："蒙古人衣食等一切物品，大半购自内地，因而携货赴边内地人，日积月累，迄今在归化城、八沟、多伦诺尔数处聚内有数十万众。"④

交换打破了牧业的封闭状态，加强了牧人对于农业商品的依赖性。锡林郭勒"境内土地毫无开垦，蒙民几乎全持牧畜为主……其皮毛牲畜，多行销于内地，藉此项出口之所得，以购生活上必须之物，如米面、布匹、绸缎、

---

① 沈斌华：《城镇化应注意质量》，《广播电视大学学报》2004 年第 1 期。
② 姚明辉：《蒙古志》卷三，学生书局 1969 年版，第 492 页。
③ ［俄］兹拉特金：《游牧民族的社会经济史若干问题》，《民族译丛》1981 年第 5 期。
④ 《大清会典事例》九九四。

茶烟、马鞍、马靴、皮靴等项"①。畜产品进入了工业加工范畴,使得牧业生产与城市工业联系起来,不再是单一的产业形态,这就不仅刺激了牧业生产,而且为两个族群、两种文化之间的更大范围的融合创造了条件。擅长经营的旅蒙商的成功模式激发了蒙古族的商业意识并促进了蒙古族商人阶层的形成,不仅促进了蒙古族的生计方式多元化,而且是牧业步入市场经济的前奏。

其四,长期以来,存在着一个观点,认为城市的建造和兴起是文明的标志,但是城市的建立与农耕地域及定居生活有关,而与游牧民族无关。"古代文明的出现,使世界一分为二,文明的城市世界或农耕世界与外面的野蛮或游牧世界形成鲜明的对照。"② 作者认为,用有无城市来衡量文明与否的标示是值得商榷的,游牧社会文明的标志与农耕文明的标志不可能用统一的标准衡量。这是一方面,另一方面,事实证明:"文化传播的范围或借用的程度决定于两个民族之间接触的持续时间与密切程度。"③ 游牧社会在与农业社会的接触中,构建了自身的城市文化,这是游牧社会自身的变化所在。

其五,旅蒙商和汉族手工业者在草原城镇给内蒙古草原带来的商业贸易的繁荣,拉铁摩尔触动了两种文化、两个群体的文化互动,从直接的表层原因来说,是移民群中的旅蒙商和汉族手工业者的推动,其深层原因是土默特地区的文化变迁,没有土默特地区农业社会的支撑,是不可能进行大规模的城市商贸社会的。在乾隆年间土默特就成为西北著名的粮食产区,不但军需的粮食不需要从内地的产粮区运输,而且内蒙古区域产的粮食还供应其他省区,陕西同州等府历来粮食不足,其"商人贩者赴归化城……贩卖粮食"④。民谣说:"雁门关上雁难飞,归化元宝堆如山,山西抗旱没啥事,归化一荒嘴揪起。"当时还有:"不怕北不收,就怕南不通"的说法。实际上当时做到了北收南通。归化市的商业空前发展,并且带动周边地区的发展,农业和手工业是支撑城市商业网络建构的杠杆。从以上描述看,侧面折射出土默特地区已经稳定地进入农业社会。这个地区已经完成了文化转型——由游牧的生计方式转型到农耕的生计方式。这个问题后面还有研究。

---

① 谭惕吾:《内蒙古之今昔》,商务印书馆1934年版,第95页。
② 宋瑞芝:《文明从分散走向整体过程中诸因素分析》,《湖北大学学报》1991年第6期。
③ 黄淑娉、龚佩华:《文化人类学理论方法研究》,广东高等教育出版社1998年版,第213页。
④ 岳震川:《赐葛堂文集》卷3《赠单雪樵先生序》。

三　民国时期:游牧文化变迁的确认期

从清代至民国的持续性的、大规模的移民是内蒙古区域游牧文化变迁的主要原因。此时西方国家已经完成了资本主义的历程,进入到帝国主义的向外扩张阶段,面对资本主义扩张的形势,国内出现了革除封建制度的浪潮,拉开了民族觉醒的序幕。

(一) 蒙古族内部变革的新思路

自鸦片战争以来,由于近代资本主义向外扩张,在长江流域和沿海地区,商办和官办的近代工业得到了发展。这些新兴工业的兴起,对于内蒙古区域有很大的影响。特别是随着迁移人口的增加,一个个草原城镇平地崛起。国内旅蒙商在草原城市一时称雄,强烈地冲击了传统的草原游牧社会。中长(即东清路)、平绥(今京包线)、洮索(今白阿线)、大郑(大虎山—郑家屯)赤叶(赤峰—叶柏寿)等铁路的修建,在内蒙古西部形成的归绥、包头、集宁三个汽车运输中心,沟通了内蒙古区域与中原地区的密切联系和信息交流。国内外商业资本在蒙古区域的发展,促进了内蒙古民族内部改革的愿望。

清末民初,蒙古族内部的一些上层人士力图变革。1904年,西部的新疆土尔扈特东路扎萨克郡王帕勒塔上奏"筹议蒙古新政事宜十二条",其中包括:1. 设大学堂;2. 普充兵役;3. 开垦旷地;4. 蒙汉通商;5. 开采矿产;6. 设工艺局(即工厂企业);7. 设报馆;8. 收牧畜税;9. 聘新政顾问;10. 公举盟长;11. 限制当喇嘛;12. 新政余款"报效国家。"1908年,东部的贡桑诺尔布上奏:"敬陈管见八条":"曰设立银行;曰速修铁路;曰开采矿山;曰整顿农工商;曰预备外交;曰普及教育;曰赶练新军;曰创办巡警。"① 这个筹议代表了部分蒙古族上层人士力图变革的愿望。其变革的思路和内容包括:

1. 开采矿业:在归化城土默特境内,除了原有的煤矿外,自1910年开始

---

① 参见义都合西格等主编,白拉都格其、金海等撰写《蒙古民族通史》第五卷(上),内蒙古大学出版社2002年版,第154页。

还有蒙汉民众合资开采的大青山万家沟等处煤矿。① 喀喇沁旗在贡桑诺尔布王的倡导下也开采矿藏，时资金不足，贡桑诺尔布曾从国外银行贷款。后来每年由热河财政处拨银四百两，联合开设了五家煤矿，包括石头坟煤矿、王宝山煤矿、榆树沟煤矿、遍山线、土槽子、罗圈沟银矿、承平、银矿、玛图山金矿、雅图沟、大波罗村庙儿岭、白马川、鸡冠山、长皋等金矿。② 在贡桑诺尔布的提倡和授权下小牛犀煤矿也已竣工。③ 在这个地区还开始兴办烧炭、石灰、火硝等作坊以及砖瓦窑和煤窑。1854 年，阿拉善旗的王公曾开采哈勘津库察的银矿。矿区周围二百余里容纳矿工千人左右。1855 年蒙古族人氏在热河红花沟等五处开采金银矿。④

2. 开办工厂：蒙古族的上层人士还兴办工厂。贡桑诺尔布兴办工业，聘请天津的工匠，开办了织造毡毯，制作染料、肥皂、蜡烛等商品的综合性工厂，并筹款开设名为"三义洋行"的百货商店，经销京津地区的百货和本旗工厂的产品。⑤ 兴办实业，发展自身，振兴蒙古是其核心宗旨。蒙古族上层人士帕勒塔主张蒙古各部应分立工艺局，制作并出售皮革、毺氇毯、布匹、绒毛、毡毯……棍楚克苏隆认为：应"相应各盟适宜之处设立实业公司"，"以各旗所产之皮毛角骨作工业之资料，一律督殇改良，制造各货"。⑥

3. 兴办实业公司：实业公司包括的范围非常广泛，包括修建公路和铁路、兴办通信设施、兴办近代金融事业、兴办林木、改良农牧业等。由那彦图、博迪苏、贡桑诺尔布等发起在北京筹办了蒙古实业公司。这个公司以"开发蒙古""增殖蒙人生计"为宗旨，拟经营张家口至库伦的汽车运输，内蒙古西部的黄河航运，郭尔罗斯后旗的垦务及乌珠穆沁的盐务。⑦ 喀喇沁旗阜海创办"阜海木植公司"，其资本为白银二万两，林场设在大兴安岭支脉索伦山。

---

① 于永发：《土默特旗大事年表》（清代部分），《土默特史料》第 15 集，1984 年版。

② 侯志：《贡桑诺尔布研究》，喀喇沁蒙古文化研究会编，2005 年版，第 211—222 页。

③ 乌恩和、邢复礼：《贡桑诺尔布》，内蒙古文史资料编：《内蒙古文史资料辑刊》（第一辑），内蒙古人民出版社 1962 年版。

④ 沈斌华：《内蒙古经济发展札记》，内蒙古人民出版社 1982 年版，第 175 页。

⑤ 义都合西格等主编，白拉都格其、金海等撰写：《蒙古民族通史》第五卷（上），内蒙古大学出版社 2002 年版，第 167 页。

⑥ 同上书，第 157 页。

⑦ 义都合西格等主编，白拉都格其、金海等撰写：《蒙古民族通史》第五卷（上），内蒙古大学出版社 2002 年版，第 168 页。

图2.3.1 贡桑诺尔布 喀喇沁博物馆提供

科尔沁左翼后旗亲王阿穆尔灵圭也发起成立"蒙古实业公司",资本为白银五十万两,经营近代交通运输、垦殖和盐务。① 有的提出发展农业和林业:"今宜调查各国垦种新法,由各盟设立垦务公司,辨其土宜,招人试垦。……如有碱地、荒山、一律栽植相宜树木,勿使地无废弃。"②

4. 设立银行。面对国际列强的侵略和国内商业资本的剥削,蒙古族上层知识分子已经意识到近代金融业对于改变蒙古族现状的重要性。喀喇沁王贡桑诺尔布提出"设劝业、殖民各银行"、"严禁私开钱票,必使力权操之自我,不惟蒙民日用得苏,而从事农工商业者得借用资本广谋生计矣"。③ 我们探讨的是,以贡桑诺尔布为代表的王公贵族何以在这一时期力图改革图新呢?

其一,国外资本主义的经济掠夺激发了蒙古族上层有识之士的民族意识,

---

① 参见沈斌华《内蒙古经济发展札记》,内蒙古人民出版社1982年版,第175页。

② 义都合西格等主编,白拉都格其、金海等撰写:《蒙古民族通史》第五卷(上),内蒙古大学出版社2002年版,第158页。

③ 同上书,第157页。

使得他们力图革新。鸦片战争以后，俄、英、法、美、德、日等帝国主义接踵而至，他们疯狂地掠夺内蒙古的自然资源，把内蒙古区域变为他们的原料供给地和商品倾销市场。"在归化、包头、海拉尔、满洲里等城镇，都设有较大规模的分号，到十九世纪末，著名的已经二十一家。"① 当时简称为"满铁"的南满洲铁道株式会社就是由日本政府直接控制的大殖民公司。他们不断地占有土地，掠夺资源。面对帝国主义控制的全面危机和传统畜牧业的凋敝，蒙古族的有识之士意识到"东西两邻之图我，日益岌岌"，②"内外蒙古逼近强邻，觊觎之心日甚一日"。③ 但其所办的工业，有的因为资金不足而流产，有的要向国外求帮告助，民族资本经济受到了严重的打击以至于挫败。

其二，国内商业资本的膨胀和刺激滋长了蒙古族的商品交换意识及建构民族资本的强烈愿望。旅蒙商在建造实业中创造了二百年的辉煌。虽然，他们在面对殖民主义的挑战后逐渐衰落，但是其对蒙古草原地域的震荡和影响是久远的。他们商业资本的原始积累建立在对于广大牧区不等价交换的基础之上。例如：

一匹布	换	十三石糜子
三尺土布	换	十斤羊毛
一件长袍衣料	换	六十斤羊毛
一盒火柴	换	一斤羊毛或十个鸡蛋
一双蒙古靴	换	一匹马
一个鼻烟壶	换	一只羊
五十个饼子	换	一只羊
一块砖茶	换	三十六斤羊毛④

"商业和商业资本的发展，到处都使生产朝着交换的价值发展"，它"对各种已有的、以不同形式主要生产使用价值的生产组织，到处都或多或少地起着解体的作用"⑤。旅蒙商的商业资本的发展不仅对于牧业的生产组织起到

---

① 沈斌华：《内蒙古经济发展札记》，内蒙古人民出版社1982年版，第174页。
② 喀喇沁亲王贡桑诺尔布语。转引自义都合西格等主编，白拉都格其、金海等撰写《蒙古民族通史》第五卷（上），内蒙古大学出版社2002年版，第156页。
③ 同上。
④ 沈斌华：《内蒙古经济发展札记》，内蒙古人民出版社1982年版，第213页。
⑤ ［德］马克思：《资本论》第三卷，人民出版社2004年版，第370页。

了解体的作用，而且直接启迪了蒙古族内部建立民族资本的强烈愿望，他们企图仿效国内外建立强大的商业资本的思路和运作模式，以改变蒙古族的生存命运。

其三，生态环境的恶化和牧业的凋敝。由于二百年间无序的开垦草原，砍伐树木，挖掘药材，草原的生态遭到了严重的破坏。内蒙古东部地区的昭乌达盟翁牛特旗，在 20 世纪初，黄沙淹没了良田 3000 多亩，房屋 160 间，水井 60 多眼，千亩大的湖泊也被填为平地。在内蒙古西部地区，狼牙山和贺兰山缺口入侵的黄沙淹没了河套平原西部的一角，同样在 20 世纪初期，黄沙在磴口附近每年推进 100 米，人们形容其为"四两羊毛半斤沙"。伊克昭盟沙化的面积达到 1575 万亩，① 出现了"农业吃掉牧业，沙子吃掉农业"的状况。牧业的状况每况愈下。据文献记载，康熙年间察哈尔牧场牧养的马牛驼羊的总数为三百余万头，而到了清末，这个地区的牲畜下降到三十九万五千头，将近九成。……而扎赉特、镇国公、图什业图诸旗的牲畜又次之，分别为八万头、七万头、五万头。杜尔伯特、宾图、扎萨克图、后郭尔罗斯诸旗的生产状况最差。前两旗牲畜共有三万余头，后两旗为两万余头。全盟牲畜总计为二百二十万余头。同十年前比较，"尚不逮其半也"。② 当时不可能周密的统计数字完全足以证明牧业凋敝的情况。当时的蒙古各盟联合驻京办事处通电："蒙古自建省设县、移民开垦以来，盟旗权利、蒙民生计均为剥夺殆尽，蒙人深苦无法生存。"③

（二）内蒙古区域四个文化圈的形成与互动

对于蒙古族内部的上层分子力图变革的直接动因，历史学家已经进行过分析，但对其深层动因关注得不够。作者认为，其深层动因是由于内蒙古地域的文化模式已经发生了变迁，即由比较单一的游牧兼狩猎的文化过渡到多元文化的结构。谭惕吾所著《内蒙之今昔》一书（1935 年出版），对当时内蒙古各盟旗之经济情况做了详细的描述。据此书记载，当时锡林郭勒盟离内

---

① 参见沈斌华《内蒙古经济发展札记》，内蒙古人民出版社 1982 年版，第 242 页。
② 邢亦尘：《近代蒙古族畜牧业生产的商品化趋势》，载内蒙古自治区蒙古族经济研究室编《蒙古族经济发展史研究》第一集，1897 年版，第 191 页。
③ 贺扬灵：《察绥蒙民经济的解剖》，商务印书馆 1935 年版，第 229 页。

地较远，"故境内土地毫未开垦，蒙民几全恃牧畜为生，故其经济情形如何，可于牧畜之生产状况观之"。而靠近内地的乌兰察布盟、伊克昭盟、察哈尔十二旗群、归化土默特旗等则不同。

伴随着持久的连续的移民运动，内蒙古区域的生计方式和民间习俗已经进行了普遍的调整和重构。就饮食习俗来说，民国时期的民俗志已经把蒙古族的食品按照大兴安岭之东南部和大兴安岭之西北部的地域划分，而且在大兴安岭之东南部中又有不同："蒙人食品，大概以乳茶、羊肉及高粱、黍、杂粮为主。然缘气候及地域之关系，产物不无异同，故食品因之稍有区别。（一）大兴安岭之东南部：（甲）开垦地方，均为汉满移民，多用高粱、粟、小麦、黍，兼之杂谷、野菜等类，鲜有用牛乳及相似之制品者。（乙）邻接于开垦地方者，常食为黍、粟、野菜，或混用牛乳及相似之制品，与兽肉类。（丙）大兴安岭山麓地方，牛乳、兽肉等，多用之者，食黍与野菜者甚稀。（二）大兴安岭之西北部：（甲）锡林郭勒盟地方，杂谷、野菜，全无耕作。黍价甚昂，食之不易，有食之者，亦仅盈握，等于量珠。故是地之主要食物为乳茶、羊肉等，至小麦粉、干□（馄）饨，非王公富者之宴会，鲜有用之者。（乙）察哈尔归化城之住民，近来开拓进步，渐有杂粮之交易，且与市场接近，故食粟者亦渐次增加。"[①] 文献从民俗食品的角度记载了农业、牧业和半农半牧文化圈的差异。从饮食文化的角度说明了内蒙古区域的文化变迁。长期以来，汉族移民已经在内蒙古区域稳定下来，游牧民与农耕民一直处于互动之中，这时的内蒙古区域，已经形成了多元的生计方式和文化结构。

1. 游牧文化圈：包括鄂温克旗，巴尔虎三旗，东起乌珠穆沁旗，阿巴嘎旗、苏尼特左旗和苏尼特右旗，黄白蓝旗、达茂旗、四子王旗、鄂托克旗、鄂温克前旗、杭锦旗、乌审旗，乌拉特中旗和后旗，阿拉善左旗和右旗，额济纳旗。

2. 农业文化圈：农业文化圈分布在大兴安岭、阴山、贺兰山以东以南的地区。东起东北的杜尔伯特、伊克明安、阿荣旗、突泉县、彰武县。还包括通辽县、开鲁县、洮南府、朝阳县、阜新县、喀喇沁旗、宁城县、林西县、

---

① 《内蒙古记要》（民国五年铅印本），载《中国地方志民俗资料汇编》（华北卷），书目文献出版社 1989 年版，第 733 页。

再经多伦县、兴和县、商都、化德、丰镇、凉城、清水河、和林格尔、卓资、武川、察哈尔前旗、察哈尔中旗、察哈尔后土默特左旗、土默特右旗及托克托县，至西到固阳县、东胜县、达拉特、准格尔、临河、五原、磴口县、杭锦后旗等。

3. 半农半牧文化圈：在东北部的游牧文化圈和农业文化圈之间，形成了半农半牧的过渡地带。包括科右中旗、科右前旗、科左中旗、科右后旗、扎赉特、库伦、奈曼、扎赉特特、敖汉、翁牛特、克什克腾、阿鲁科尔沁旗、巴林左旗、巴林右旗、太仆寺旗、察哈尔右翼中旗、后旗。伊金霍洛旗、乌拉特前旗等。

4. 城镇文化圈。此外还在邻近牧区和邻近粮食的重要产地形成了一批区内贸易的中小市镇。其中主要包括：（1）南路市镇：隆盛庄、张皋（属兴和县）宁条梁（后划陕西靖边县）；（2）中路市镇：集宁、喇嘛湾、隆兴长（五原新城）、马道桥；（3）北路市镇：多伦、经棚、武川、乌兰脑包、磴口。

民国时期，在原有的基础上这些城镇的经济更加发展。海拉尔、牙克石、开鲁、赤峰、林西以及陆续划归东三省的彰武、昌图、梨树、洮南、大赉、阜新等40余座城镇，中西部有陶林、兴和、武川、和林、清水河、托克托、萨拉齐、包头、五原、定远营（今巴音浩特）等十余座城镇。[①]

清末蒙古族的草原游牧文化发生的变迁是巨大的，是亘古未有的。其变化在于：（1）基本上奠定了内蒙古的经济分布格局。（2）基本上奠定了内蒙古的民族分布格局。（3）基本上奠定了内蒙古地区的文化分布格局。[②] 在这样的经济格局和文化格局中，四个文化圈处于互动之中。（1）传统的农业与手工业存在着密切的联系，农业文化圈的构建促进了城市手工业的发展，手工业和商贸的发展促进了农业文化圈的稳定；而农业文化圈与牧业文化圈构成了互补的关系。（2）城市文化圈的构建不仅促进了蒙古社会与内地市场联系，而且沟通了与国际市场的贸易。城市文化圈还成为联系牧业义化圈、农业文化圈和半农半牧文化圈的纽带。它使畜牧业商品化，"在畜产商品化的影

① 参见内蒙古社科院历史组编《蒙古族通史》（下卷），民族出版社2001年版，第141页。
② 薛智平：《清代内蒙古地区设治述评》，载内蒙古档案局、内蒙古档案馆编《内蒙古垦务研究》，内蒙古人民出版社1990年版，第75页。

响下，透过商业贸易，畜产价值得到提高，不但促进了牧民对生产的动力，而且随着畜产品加工业的出现，使得牧业生产与市场工业联系起来，不再是单一的产业形态"。①（3）在内蒙古区域新的文化模式——半农半牧的文化模式建构已经趋于稳定。这是既区别于农业文化圈，又区别于牧业文化圈的新的文化模式。半农半牧文化圈既与其他文化圈有很大的区别，又与其他三个文化圈存在着密切的联系。

传统的游牧是一种自然经济，与草原形成一种特殊地缘关系，既具有封闭的一面，又具有与外界联系的需求。此时草原游牧文化圈的封闭性被打破。由于农业在内蒙古区域的拓展，蒙古的游牧业不可能不发生变化，游牧业必然要进行调整，传统游牧业在畜群结构、放牧制度、生活消费等诸方面都发生大的变化，即使是北部的所谓纯牧业区也不可能是原来状态下的纯牧业了。这样的震动以至于影响和规范了而后游牧文化的变迁。对此当代学者王建革所著的《农牧生态与传统蒙古社会》做了比较深入的研究，具有学术价值。

（三）蒙古族多种生计方式的出现与牧业观念的转变

虽然内蒙古区域游牧文化区尚存，但其明显的缩小是不争的事实。农业文化、半农半牧文化、城镇文化已经占有相当的比重。草原城镇的建立及蒙汉贸易文化的空前交流，给蒙古族内部带来了深刻的变化。农业文化区和城镇文化区在居住方式上已经演变成大杂居、小聚集的状况。其经济特征、社区结构特征都发生了很大的变迁。在我们阐释内蒙古区域游牧文化变迁的时候，不仅应该阐释外力的推动，还应关注其在外力推动下的变化形态及其社会内部的发展。变迁是指："或由于民族社会内部的发展，或由于不同民族之间的接触，因而引起一个民族的文化的改变。"② 我们看到，蒙古族的生活方式已经发生了翻天覆地的改变，"生活方式活动的社会条件包括物质生产资料（生产资料、生活资料）和社会时空"。"社会时空是主体活动的根本框架，

---

① 黄丽生：《由军事征略到城市贸易：内蒙古归绥地区的社会经济变迁》，"国立"台湾师范大学历史研究所印行，1995年，第486页。

② 黄淑娉、龚佩华：《文化人类学理论与方法研究》，广东高等教育出版社1998年版，第209页。

也就是生活方式活动最基本的社会条件。"① 在汉族把农耕生活方式向游牧区域传播的语境中，商品贸易在内蒙古区域发展的语境中，蒙古族的生活方式的变迁既是渐进的、自发的和自然的，又是根本的、自觉的和人为的，表现在：

其一，蒙古族生计方式的多元化。18 世纪中叶，已形成土默特、察哈尔和热河三个有一定规模的农业和半农半牧区域。农业已经成为一个重要的经济部门。东部的松花江、辽河和大小凌河上游，中部的土默特平原，西部的河套地区都进行了一定程度的农业开垦，有些地区已经成为产粮较多的农业区域，同时农耕带动了商业和手工业的发展，蒙古族也开始由原来的从事游牧业，开始转向农业、商业、手工业等多种生计方式。除了部分蒙古族保留了传统的游牧业的生计方式外，蒙古族还从事其他生计方式：

（1）农民阶层。蒙古农民阶层的出现和稳固是游牧文化变迁的重要标识。"查土默特部附近边内，其服食起居竟与内地民人无异……有地而不习耕耘，无畜而难为孳牧。惟赖民人租种其地，彼才有粮可食，有租可用。故现在该蒙古以耕牧为生者十之二三，藉租课为生者十之七八，至该旗有所谓'游牧地'、'户口地'者。自康熙年间以来，久已陆续租给民人，以田以宅，二百余年于兹矣。该民人等久已长其子孙，成其村落，各厅民户何止烟火万家。此等寄民即不编籍，亦成土著，历年既久，寄民渐多……夫大青山以南，归化城以东以西，延绵数千里，西汉元朔以来，久为郡县，即定襄、云中、五原之境。况以国家修养生聚二百余年，士农工商数十万户，断无驱还口内之理。"②"土默特牧场，旧惟任意垦治，嗣分余地界蒙人，口率一顷，而佃与民种者多。至十七年，令入蒙押租，以其四佐官用。其租息，无业蒙人四之，公家及本旗贝勒各三之。同治七年，徒喀喇沁越垦诸户分归各旗。"③ 蒙古农民阶层的出现是汉族移民影响的结果："山、陕北部贫民，由土默特而西，私向蒙人租地耕种，而甘肃省边氓，亦复逐渐开垦。于是伊盟（鄂尔多斯部）

---

①　高丙中、纳日碧力戈等：《现代化与民族生活方式的变迁》，天津人民出版社 1997 年版，第 75—76 页。

②　张之洞：《张文襄公全集》卷六"筹议七厅改制事宜折"、卷八"口外编籍无碍游牧折"，中国书店 1990 年版。

③　彭雨新：《清代土地开垦资料史汇编》，武汉大学出版社 1992 年版，第 698 页。

七旗境内，凡近黄河、长城处，所在（皆）有汉人足迹。"① 我们在下面的章节里还要研究此问题。

（2）运输与销售盐碱业阶层。传统游牧的蒙古族的商业意识是很薄弱的，但是由于旅蒙商的兴起，商贸文化的发展，有少数蒙古族放弃了牧业。"库伦西帮商号一始于康熙年间……西库东营两区统计山西商人 1634 人……西帮商人专为大宗批发营业者，其行栈多麇集于东营子与买卖城。"② 因此有些蒙古族从事运输业，以适应商业的需要。《清稗类钞》载："赴蒙商贩，辄连数百辆为一行，昼则放牛，夜则始踏，一人可驭十车，皆以牛羊载货赴库伦。铎声琅琅，远闻数十里，驭者皆蒙人，暇则唱歌。"蒙古族已经开始从事运输业。③

由于内蒙古地域盛产盐碱，东乌珠穆沁的额济达布苏诺尔盐池，察哈尔右翼的岱海碱泊，阿拉善的吉兰泰盐池等，随着近代社会时空的变迁，出现了运输和销售盐碱的阶层。他们把碱和盐拉到城镇卖掉，同时购买自己的生活必需品。1893 年，俄国旅行者记述了他看到的颇具规模的庞大的车队运送盐的情形："阿巴嘎的车队有 70 辆牛车，浩齐特左旗的车队有 90 辆牛车，乌珠穆沁的车队有 30 辆牛车。"④ 巴林右旗的哈日根塔拉嘎查的农民今天还保留着对于祖辈拉盐的记忆：

> 我父亲曾经拉盐，从东乌珠穆沁把盐拉到本地，给本地的老乡用，来回的时间需要一个月。当时组织的是牛车队，参加赶车的蒙族汉族都有。拉盐的时候，要把领头的牛的脖子上套上圈子，把最后的牛套上铃铛，这样可以知道快慢，不至于丢失……车队最少的十几辆，最多的有几十辆。一个人管十来辆车，车前面有棚子，后面放盐，用围子围起来。由于天气热，往往是白天休息，晚上行走，人们一听见丁当丁当的响声，就知道送盐的车队来了……一年要拉二三次，每次大约走 600 公里，700

---

① 潘复：《调查河套报告书》，内蒙古图书馆藏；方观承：《从军杂记》，载《小方壶舆地丛钞》第 2 期。

② 陈篆：《蒙事随笔》，商务印书馆 1934 年版，第 52 页。

③ 徐珂编：《清稗类钞》，中华书局 1984 年版（2003 年重印）。

④ ［俄］阿·马·波兹德涅耶夫：《蒙古及蒙古人》第 2 卷，内蒙古人民出版社 1983 年版，第 275、376、487 页。

公里，很辛苦呢……①

　　参加运输和销售盐碱的有蒙古人也有汉人。汉族能通蒙语，蒙古族亦通汉语，他们互相协作。在商品经济发展的过程中，内蒙古地区出现了一批挖盐卖盐、挖药材卖药材的商人，但是由于蒙古族上层统治者的垄断和包办，一部分商人被迫转成务工的群体。"阿拉善旗盛产苁蓉，过去由当地牧民自由买卖给商人，后来药材被王公包给了包头广恒西商号，禁止牧民私自采挖，那些主要靠挖苁蓉为生的破产牧民，只好转而为商人做工。"②

　　（3）牧工阶层。在清代至民国的旅蒙商为了获取更高的利润，他们亲自参与牧业经营。归化三大商号之一的大盛魁除了与各地养马、养羊的贩子进行交易外，各大商号下面的小商号也专门经营羊、马的交易活动。专卖马匹的店铺名为"德胜魁"，"他们还经营专属的牧场。其规模是经常有200—300位牧工照顾尚未出卖的羊马。"③ 在二三百名牧工中，有相当一部分是蒙古族，他们具备养牧的经验，为大商号喂养马匹，大商号付给他们酬劳，他们的工作是牧工。市场经济的发展还出现了委托放牧制度："在察哈尔、绥远一带，预托放牧在近代取得了快速发展，处处皆有。市场体系的充分发展使众多的行商介入了蒙古草原的经济事物，与此同时，农业内侵和商品经济的发展造成大量濒临破产的农民。行商这时的介入很快使预托放牧盛行。他们联络商店附近的牧户为其放牧，牧丁可以榨乳，还可以得到一定量的货币报酬。"④ 牧工阶层的出现说明部分牧民脱离了传统的家庭牧业状态，牧业逐渐进入了市场交换体系。

　　（4）商业阶层。旅蒙商的推动使蒙古族出现了出售畜产品的商业阶层。其商业阶层也可分为坐商和行商。在牧区，各旗王公集合组织游牧民出售畜产品。他们"出发时，各人将所需的帐幕、毡子、炊锅、茶罐、炒米、奶饼、

---

　　① 被访谈人：巴林右旗的哈日根塔拉嘎查的农民，杨某某，50多岁，汉族，访谈人：邢莉、秦博，访谈时间：2008年7月，在其家里。

　　② 沈斌华：《内蒙古经济发展札记》，内蒙古人民出版社1983年版，第175—176页。

　　③ 中国人民政治协商会议文史资料研究委员会：《旅蒙商大盛魁》，《内蒙古文史资料》第12辑，呼和浩特1984年版，第126页。

　　④ 王建革：《农业渗透与近代蒙古游牧业的变化》，《中国经济史研究》2002年第2期。

盐以及其人食料等，均需备齐，积载于牛车上"。① 他们用畜牧产品换取农产品和日用品。随着社会时空的变迁，蒙古族商人的经营能力也在逐渐提高。善营商业的是首先转向农业的喀喇沁人。喀喇沁蒙古人："善营商业，常巡历各旗及喇嘛寺中，售卖佛像佛具及日用必需品，并往来西藏。"② 他们已经发展到具有远距离的经营能力和经营资本。蒙古族的一部分王公贵族和高级的僧侣阶层与汉族的大商号建立了密切的联系。他们或与汉族合伙经营，或出资本请汉人代理经营。规模大的行商，他们把牧业的畜产品和农耕的粮食运到大城市——归化城、张家口、多伦诺尔甚至到北京，带回来本地需要的砖茶、布匹、农具及日常的生活必需品。当然规模小的行商是多数。"他们拥有轻便流动的摊铺，批购汉商货物，带至牧地或集市上出售，以搏蝇头之利。"③ 从事木材贸易的主要是蒙古人。例如库伦的木材商把方木和木制品如大车、木碗、木柜等运往内蒙古区域。但是由于王公贵族的控制，民众经营的规模较小。

蒙古族的坐商出现在"买卖城"（前有注释）。有的蒙古人在"买卖城"以卖肉为主。"一般在收购活羊屠宰分割后出售，价格以收回买羊的成本为准，头蹄和下水，剥下的羊皮则卖掉盈利，也有出售牛奶、马奶酒盈利者。"④ 由于蒙古族内农业文化圈的形成并逐步扩大，以及农牧商贸文化的互动，他们往往先从事与此有关的副业。靠近归绥城的哈拉不达乡，住的全是蒙古族，他们除了种粮外，还经营副业，其"地亩虽不多，而经营副业者则甚众，如开油房，做麻绳，养羊等均系农家副产，以故给家人足，生活尚不觉十分困苦"⑤。经营副业的原因是出于农业的需要，也由于人口密集，土地资源的不足。卓索图盟的土默特右旗境内有蒙古人经营的杂货铺。旗内"三座塔，木头城子，平房子，羊山六家子，二十家子，西官耳营子，蒙古营子，朱嘎歹等处，各有烧当杂货等商，均系殷实蒙民所开"⑥。这是小规模的坐

---

① 廖兆骏：《绥远志略》，《内蒙古史志》卷33，第268页。

② 许崇灏：《漠南蒙古地理》，正中书局1985年版，第81页。

③ 余元庵：《内蒙古历史概要》，上海人民出版社1959年版，第117页。

④ ［俄］阿·马·波兹德涅耶夫：《蒙古及蒙古人》第2卷，刘汉明译，内蒙古人民出版社1983年版，第1卷，第286页。

⑤ 绥远省教育会编：《绥远省各县乡村调查纪实》《归绥县》，1935年版，第4页。

⑥ 蒙藏院总务厅统计科编印：《蒙藏院调查内蒙沿边统计报告书》，《土默特右旗》，1919年版。

商。大规模的坐商往往是以汉族代理经营出现，或者直接投资于旅蒙商。但是直接投资者惧怕王公贵族的索取而不敢声张。由于内蒙古区域农业文化圈的形成并逐步扩大，也有相当一部分商人从事粮食贸易。

（5）工人阶层。19世纪末期到20世纪初期，由于蒙古族地域手工业的发展，商业的发展及开矿、办公司等实业的初步兴起，这时与汉商合作的蒙古王公成为民族资本家，而这些在手工业作坊、厂矿做工的就是工人阶层。但是这样的商品经济受到封建地主经济制度的束缚，是很不健全和难以维系生存的。

其二，牧业体制的改变和商品意识的加强。牧业体制的改变和商品意识的加强首先源于旅蒙商的影响。有的旅蒙商用随军贸易的方式，向牧民收购畜牧产品，向清军出售，后来转化为旅蒙商。[①] 传统的游牧业虽然需要迫切交换，但是没有纳入市场体系之中，大的旅蒙商组织的商业网络深入到僻远的草原，其中还有行商的伴随，以草原城市为核心的商品交易网络的出现，把蒙古族的游牧业纳入了市场体系之中。市场体系的充分发展使众多的行商介入了蒙古草原的经济事物，与此同时，农业内侵和商品经济的发展造成了大量濒临破产的农民。"在半开放地区，行商和土著商户将购入的牲畜，仍交给原牧主放牧，由于牧者与商户相熟，不要任何契约，只按习惯行事。牧者享有取乳、用牲畜挽车等权利，如遇畜死，商户得皮，牧者得肉。有的放羊还可以在羊长大时取一半毛绒。在预付开始或最后取牲畜时，行商往往给牧户少许商品或货币。"[②] 行商与牧主构成商品交易的关系，虽然没有契约，其分配原则已经约定俗成。在民国时期的开鲁县："凡汉人经商该地，每以债货高价赊出，随后取偿，蒙人以牛羊骡马等物作价偿还。是蒙人物质只图赊余，不计货物之所值，汉商获利最厚，蒙人亦以为习惯也。"[③] 这种约定俗成的不等价交换已经构成了商人得利而牧人吃亏的惯习。但是值得注意的变迁是：牲畜的交易进入了商品交换的体系。这就是所谓"苏鲁克"制度。对于出租者和牧养者来说，已经不存在人身附属关系。在市场经营观念的影响下，他

---

①　何志：《蒙古族近代史论丛》第二辑，内蒙古人民出版社1983年版，第253页。

②　贺扬灵：《察绥蒙民经济的解剖》，民国二十四年版，第36页。

③　前南京国民政府司法行政部编：《民事习惯调查报告录》，中国政法大学出版社2000年版，第746页。

们把牲畜带到归化等地的市场出售，获得资金，再进行下一步的运转。"这些出身平民的新富阶层不但是蒙古社会在清朝统治政策以及城市贸易之经济环境的产物，同时也成为继续投身城市贸易的新生力军。"① 这种运转形式已经把牲畜作为资本，增加了个人的财富，活跃了城市的经济贸易。学术界认为："农业的北侵引起蒙古人的游牧业发生了变化，这种农业的北进配合近代商品经济和交通运输业的发展，对蒙古人的游牧业尤其明显。"②

　　蒙古族的商品意识的加强表现在他们主动的交换。"蒙人自赴大市场主动用大牲畜换取粮食。蒙人自赴大市场，所赶畜群数量较大，牛群多者五百头，少则二百头，马群多者五百匹，少则一二百匹。"③ 蒙古族赶着牲畜到归化、包头、通辽等地换取粮食，这是其与农耕民的主动交换。商品交易还出现在蒙古族内部从事不同的生计方式的民众中间。四子王旗的蒙古人，"套中已耕熟地，不及半数，弥望荒草……每隔十数里乃见一家，其职业多半商半农，又每购杂物堆积室内，蒙人自来以牲畜易之"。④ 东部蒙古"边城北带蒙民，富户有地数百顷者颇多，入冬河道冻后，一家或有数有十辆大马车，每日往市镇卖粮者"。⑤ 买马和牛羊的不只是汉族农民，也包括蒙古族农民。在民国时期不同生计方式的蒙古族在农牧文化大交流的互动场中获得自己所需，同时也表明对商品市场的依赖而出售的牧业产品的增多。"据苏联学者麦斯基调查，阿拉特牧民的消费品有69.2%属于自己的部分，三分之一的必需品则必须到市场上购买，或用牲畜和畜产品进行交换。"⑥ 这是在汉族移民农耕文化的冲击下和旅蒙商商品经济拉动的结果。

　　其三，蒙古族商品意识表现在逐步建立等值交换和使用货币交换的观念。渴求交换的牧人的传统交换观念是以物易物。"蒙民交易，多用食物交换。

　　① 黄丽生：《由军事掠夺到城市贸易——内蒙古归绥地区的社会经济变迁》，"国立"台湾师范大学历史研究所印行，1995年，第486页。

　　② 王建革：《农业渗透与近代蒙古草原游牧业的变化》，《中国经济史研究》2002年第2期。

　　③ 王维龙：《哲盟历史上的行商与蒙民自赴商埠》，《哲里木盟文史资料》第3辑，1987年，第107—108页。

　　④ 沌谷：《塞北纪行》，《地学杂志》第6卷第7—8合期，1915年。

　　⑤ 张存亮：《"西口"河灯会》，山西省文史研究馆编《汾晋遗珠》，第238页。

　　⑥ 转引自邢亦尘《近代蒙古族畜牧业生产的商品化趋势》，内蒙古自治区蒙古族经济研究室编：《蒙古族经济发展史研究》第一辑，1897年，第186页。

（如鸡卵五枚易盐半碗，羔皮一张易剪子一把等）或以砖茶为准，或以皮张计算。一般人民尚不知货币流通之妙用也。"[1] 在旅蒙商开通了草原贸易之后，除了以物易物，即以畜产品交换农产品之外（在这里牲畜起到了货币作用）。增加以银易物。在贸易往来中，"当时在蒙古地区市场上流通的货币主要是以银两，渐次以银元为主，而辅币以制钱找零"。[2] 以银易物的使用说明其向商品社会的跨进。与商品社会的价值观比较，蒙古族传统的价值观往往不计较双方商品的等值。例如汉商"有用布一匹，易牛犊一，仍归原主喂养，四五年后，买主取之可卖八九十元。取利不为不厚，而蒙民反以为寄养能得其乳为计之得，亦可哂矣"。[3] 价值是凝聚在商品中的商品生产者的社会劳动。正是在与汉族商人的频繁接触中，他们的原有的价值观正在被克服、被转换，蒙古族的商业观念和商品意识正在交换中增强。一个民族能否具有商品经济不仅仅表示其与其他民族的交往程度，而且直接影响其民族的发展。而由于商业资本的渗入和蒙古族职业的多元化，其交换的手段也趋于多元化。清代以来在大城市，除了不同地方制作的元宝铜钱流行之外，还有白银、卢布等，另外还有纸币。清廷理藩院左丞姚锡光说："口北通行钱四种，曰二混、曰三路、曰鹅眼、曰鱼眼。四种皆数私钱。"此外还有"羌帖、官帖、私帖等各种纸币"[4]。商业资本的膨胀，货币成为交换的手段，说明蒙古族商品意识的加强。

四　游牧文化的衰微期：定居家庭牧业的产生

自改革开放以来，我国的畜牧业获得了可持续发展，牧人的生活水平得到改善。1983 年以来，推行"草畜双承包和草原双权一制"的制度。由最开始的实行联产承包责任制到牧户自主经营责任制，牲畜归私人所有。在牧区

---

　① 胡朴安：《中华风俗志》（下篇·卷九·蒙古）（影印本），上海文艺出版社 1988 年版，第 45 页。

　② 祁美芹、王丹林：《清代蒙古地区的"买卖城"及其商业特点研究》，《民族研究》2008 年第 2 期。

　③ 胡朴安：《中华风俗志》（下篇·卷九·蒙古）（影印本），上海文艺出版社 1988 年版，第 45 页。

　④ 沈斌华：《内蒙古经济发展札记》，内蒙古人民出版社 1982 年版，第 167 页。

经济改革的体制中，又推行了草场划分、包产到户的政策。这是草原游牧文化发生的又一重大变迁。其经济改革体制和牧业制度的变迁表现在：（1）草场承包到户，实行了草场的集体所有权与使用权和经营权分离，草场划分为私人经营和使用；（2）牲畜作价或无偿归户。牲畜户有户养，逐步形成了以户营经济为主体的草原畜牧业的基本经营制度；（3）针对草原目前被破坏的生态状况，政府实行"退耕还牧"和"退耕还草"的措施，民众在实践这样的政策。目前牧民固定在他们各家各户的草场上，放牧已经实现定居。"草牧场使用权由传统的委托行政法人机构向委托企业法人或自然人的身份转换，是牧场产权制度的历史性变革。"① 在这个历史阶段，"草场的家庭承包责任制分割了草场的使用权，承包户将草场网围栏化，实行严格的排他性使用，在这些地方，传统的游牧条件已经消失"②。

（一）制度文化变迁的背景

目前学术界在研究和探讨上层制度文化的变迁对于当前游牧文化的影响。学者认为："文化为体制之母。"③ 任何社会都有制度，制度不仅包括正式规则，程序和规范，而且还包括人的行动提供意义框架的象征系统，认知模式和道德板块。制度研究与人类社会的进程以及社会变革的复杂性相关联。毫无疑问，土地产权制度的变迁对于游牧生计方式的逐渐衰落产生了深刻的影响。只有制约文化变迁的制度，才能提供观察和理解人类行为和活动的钥匙和模式。

1980 年初期，在内蒙古区域实行了"草场公有承包，牲畜户有私养"的改革，原来草原牧场由集体所有、集体经营转为由牧户承包经营，对于蒙古族传统的草原畜牧业来说，这是一个史无前例的变迁。有学者把这一阶段划分为游牧文化变迁的第三个阶段。"第三阶段是 1984 年以后，一个政策导致游牧文化完全消失。"④ 从经济学家看来，这一制度的厘定是以往制度变迁的

---

① 敖仁其主编、敖其副主编：《制度变迁与游牧文明》，内蒙古人民出版 2004 年版，第 57 页。

② 刘明远：《论游牧生产方式的生产属性》，《内蒙古社会科学》2005 年第 5 期。

③ ［美］劳伦斯·哈里森、塞缪尔·亨廷顿主编：《文化的重要作用——价值观如何影响人类进步》，新华出版社 2002 年版，第 119 页。

④ 王建革：《农牧生态与传统蒙古社会》，山东人民出版社 2006 年版，第 130 页。

路径依赖起作用的结果。① 按照这种理论，我们要研究这个制度文化变迁的背景。这是一个复杂的问题，包括历史的与现实的、经济的与文化的、生态的与人口等多样错综复杂的交叉。

制度文化变迁的宏观背景：我国正在步入现代化发展，从计划经济向市场经济的转变。马歇尔·麦克卢汉提出了地球村的概念。其概念的核心是全球化的大众传媒把整个世界连在一起。全球化打破了各民族的文化封闭状况，全球化使人们树立起"全球意识"、"世界意识"、"人类意识"，这又是一种文化意识。一方面，"普世性的文明所占的比重正在逐渐提高而且定将越来越高，而不是相反，科学技术的跨地区、跨民族的普及，市场经济和机制的超越国界、区界的传播，对人际关系之间的距离（差别）逐渐地、明显地缩小"。② 科学技术的发达把人们带入了发达的信息社会，大众传播媒介的多样化和手段的更新，现代大众传播使文化跨越时空地流动，使信息刹那间渗透到千家万户。发达的交通沟通了人们的频繁往来和交流，信息化时代影响着文化的发展、变化，而且促进了社会的发展、变化。这场变化被描述为"一场由'权力显示'向'生活方式认同'的变化"。"草原公有承包、牲畜私有户养"的变革是在"世界经济一体化"和我国从计划经济向市场经济转变的宏大态势下实现的。

1947 年内蒙古自治区《施政纲领》规定：草原牧场为蒙古民族所公有。这个制度对于废除民族内部的领主土地所有制，对于废除民族关系的不平等具有重大意义。在改革开放以前我国实行的是计划经济。生产靠计划，产品交给国家统筹安排。而步入了改革开放的新时期，进入了市场经济体制。市场经济的主要特征是有明确的产权主体，目的是提高产出效率，降低交易成本，保护资源。市场经济体制应该最大化的激励人的主观能动性。我国目前农、牧业发展的目标都以数量的指标来衡量。"草原畜牧业是牧区经济发展的核心，牧区牧民的收入主要来自畜牧业。2000 年内蒙古牧区旗县第一产业的增加值占其国内生产总值的比重为 35.45%，同时高出农区的 13.4%，高出

---

① 路径依赖理论的一个核心概念就是历史事件，它包括在经济动态发展中的事件和环境，尤其指那些在传统经济学中被遗忘和忽略的微小事件和偶发事件，它们不再仅仅是"不可避免的确定结果的时间载体"，而是影响结果的重要原因，也就是说，它们是促使制度变迁初始条件形成的重要因素。

② 沈洪波：《全球文化方法与国际关系领域的文化研究》，《文化研究》2008 年第 9 期。

全内蒙古的 8.1%；牧区旗县草原畜牧业的增加值占国内生产总值的比重高达 20.4%。"① 草原的游牧型畜牧业正在转向放牧型畜牧业。在这一阶段，现代科学技术广泛用于牧养事业。从而提高了人们的生活质量。从表 2.4.1 中可以看出，从 1949 年到 21 世纪的 50 年间，内蒙古的人口在持续增加，在利用草场的资源的过程中，牲畜头数也在持续增长。人在草场承包机制的刺激下，畜牧业的生产获得很大的发展，家庭牧户的收入在增加。特别是在 20 世纪 80 年代以后的 30 年间，增长得更快。牧人的生活也得到相应的提高。当然也呈现了一定的负面效应，例如草场使用超载等问题（这个问题我们不在这里研究）。制度文化的变迁是在世界经济一体化和我国大踏步步入现代化的背景下开始的。

图 2.4.1　草原承包经营权证　邢莉摄

---

① 王关区：《我国草原退化加剧深层次原因分析》，《内蒙古社会科学》2006 年第 4 期。

表 2.4.1　　　　　　　　　　**1949—1998 年人口与牲畜增长状况**①

年份	人口（万）	牲畜（万头只）
1949	608.1	879.8
1960	1191.1	2710
1980	1876.5	3234.7
1990	2162.6	3731.5
1998	2344.9	4390.2

资料来源：《新中国五十年统计资料汇编》，中国统计出版社 1999 年版。

　　制度文化变迁的人文背景：人口的增加及人均资源的减少。草场的家庭承包责任制是在人口增加的背景下实行的。人口问题是一个重要的核心问题，是导致这个政策产生的诱因之一。

表 2.4.2　　　　**1949 年与 1995 年主要少数民族人口与汉族人口增长率变化对比分析**

民族	1949 年总人口	1995 年总人口	1995 年比 1949 年增长%	占总人口比重（%）	
				1949 年	1995 年
蒙古族（万人）	83.5	356.49	326.93	13.73	15.9
汉　族（万人）	515.4	1803.38	249.90	84.67	80.6
回　族（万人）	4.5	20.00	344.44	0.76	0.9
满　族（万人）	1.8	43.70	2327.78	0.30	1.9
朝鲜族（人）	5718	22741	297.71	0.10	0.1
达斡尔族（人）	16484	72680	340.91	0.27	0.3
鄂温克族（人）	5118	24545	379.58	0.08	0.1
鄂伦春族（人）	911	3447	278.38	0.02	0.02

资料来源：赵明《内蒙古自治区人口问题探讨》，《内蒙古大学学报》1998 年第 5 期。

　　从以上表格可以看出，在现在的内蒙古区域的人口状况是：（1）从总体上看，1995 年汉族人口占总人口的 80.6%，当前汉族的比例大大超过蒙古族。（2）就内蒙古地域的人口结构来说，已经包括众多少数民族成分。在少

---

①　这里的牲畜不包括猪，猪的饲养属于农耕文化的范畴。

数民族中蒙古族是主体民族，占总人口的 15.9%。（3）蒙古族的增长率为 326.93%，高于汉族的 249.90%。虽然各民族的人口都在增长，但是出现了差序格局。内蒙古区域人口密度的增加是不争的事实。

表 2.4.3　　　　　　　　　　**内蒙古人口密度统计表**

年份（年）	人口密度（人/平方公里）
1912	1.29
1936	2.66
1953	5.08
1964	10.27
1980	15.62
1990	18.28
2000	20.1
2002	20.11

资料来源：王关区《我国草原退化加剧的深层原因探析》，《内蒙古社会科学》2006 年第 4 期。

"从 1953 年到 2000 年，内蒙古的人口密度增长了 295.67%，全国人口密度增了 112.98%，内蒙古比多全国增长了 182.69%。"[1] 再看一下我们田野调查的资料。

据统计 1995 年内蒙古 100 个旗县中，农业旗县 27 个，半农半牧旗县 19 个，牧业旗县 23 个，直辖市 31 个。从 1947 到 1995 年，半农半牧区蒙古族人口的增长率为 273.89%，年均增长速度是 2.79%，高于牧区 2.68% 的水平，低于农业区 3.54% 的水平。[2] 从 1947 年到 1995 年，牧区的蒙古族年均增长率为 2.68%。也就是说，假如在草场的数量和质量没有改变的情况下，同样的资源要养活比 1947 年多 2.5 倍的人口。

我们在内蒙古鄂温克旗巴彦嵯岗苏木进行了调查。这个苏木（乡）的人口主要包括 4 个民族：鄂温克族、达斡尔族、蒙古族、汉族，还有其他民族，这就说明，内蒙古区域现在是多民族居住的区域，这个嘎查的鄂温克族、达斡尔族的人

---

① 　王关区：《我国草原退化加剧的深层原因探析》，《内蒙古社会科学》2006 年第 4 期。
② 　参见孛尔只斤·吉尔格勒《游牧文明论》，内蒙古人民出版社 2002 年版，第 165 页。

数大大超过蒙古族，当今内蒙古区域人口的民族结构已经是多元的组成。

表2.4.4　　　内蒙古鄂温克旗巴彦嵯岗苏木人口变动情况（年末数）

年份（年）	总户数（户）	总人口（人）	其中					人口密度（每平方公里）
			鄂温克族（人）	达斡尔族（人）	蒙古族（人）	汉族（人）	其他（人）	
1946	98	478						0.43
1949	109	500						
1953	128	564						
1964	157	654	289	265	58	40	2	0.58
1971	153	740	387	387	134	28	6	0.80
1978	185	973	401	401	149	23		1.06
1982	242	1026	480	480	146	48	12	1.12
1990	311	1172	562	562	187	31	8	1.27

资料来源：邢莉、王玉光于2002年7月考察并制作。①

对于蒙古族游牧文化的经历的历史阶段。牧人进行了下面的分析。

　　我不是专家，依我的经历看，游牧文化经过了四个阶段：一是逐水草而居的阶段；二是分为冬营地和夏营地；三是定居阶段但是小范围的游牧；四是群居阶段，也就是现在划分草场，只能在自己的草场上放牧。我们这儿定居是从60年代到70年代开始的。定居的原因是文革时期，当时农业学大寨，提的口号是：牧民不吃亏心粮，当时我想不通，我们吃的粮食怎么叫做亏心粮，这时知识青年上山下乡，山西的知青来到当

────────

① 背景资料：这份数字表给我们提供了一份人均使用土地情况的详细说明。在我们入户时，我深刻地体会到人口与环境的相互依托、相互渗透的关系是如此缜密。据大多数调查对象回忆，过去在人口较少的年代，他们过着一种自由放牧、靠天养畜的慢节奏生活，经济上自给自足。他们仅有的几户人家，分属两大姓氏。他们守着一大片山丘草场、河流林地，这里的资源够他们几代人吃用不尽的，因而他们从一开始就选择了在这里过定居放牧的生活。自然资源的充裕促进了人口大量繁殖，而随着人口的增长，人与自然的平衡关系逐渐被打破。人口是过去的几倍，牛羊则是人口的几倍，这样，草场超出了它的载畜量，牧草资源变得紧张起来。草场与人的关系变得紧张了。

地的很多……我是 1959 年生的，从记事起，达茂旗全旗 2 万平方公里，60 年代中期，是生产队的组织，那时还有走"敖特儿"即走场。现在没法游牧，游不开了。①

过去我们这儿五畜俱全，那是 50 年代吧，马、牛、羊、驼我们这儿都有。大牲畜放牧晚上都不回来，马走得范围很宽，一只公马带一群。牲畜所吃的草都不一样。骆驼喜欢吃碱性的草，喜欢灌木带刺的，有味的。后来慢慢变化了。上世纪 60 年代，昭和一带早就是农区，60 年代到 70 年代又从东部涌来了盲流，人很多。地方还是那么大的地方，人多了，是北方来的移民。现在没有冬营地，夏营地了，没有地方了……②

现在是人口多了，过去一个嘎查 30 多户，大概是 70 年代吧。改革开放以后人口又增加了，现在嘎查有 140 多户。你们算算新增加了多少？当然过去没有计划生育是一个原因，还有改革开放以后分家出去的，户数多了，是一方面原因。再有就是外来人口，70 年代时期来的人不多，那时人少地大，从 80 年代开始来的人就多了，有外省市来的，本区来的不少，自通辽、赤峰、河北省各地来的，当然都是年轻人多。③

牧人的口述表达了一个事实。下面的表格表现了人地之间的突出矛盾：

表 2.4.5　　　　　　　人均占有土地和产品数量的变化

	人均耕地（亩）	人均森林（亩）	人均有效草场（亩）	粮食产量		牲畜头数（年中数）		大畜头数（年中数）	
				总产量（亿公顷）	人均产量（公斤）	总头数（万头）	人均头数（头）	总头数（万头）	人均头数（头）
1949 年	11	39	169	21.35	350	956.3	1.6	313.7	0.52

---

① 访谈对象：JRGL，男，蒙古族，50 多岁，内蒙古达茂旗牧民，曾任大队干部；访谈人：邢莉、邢旗；访谈时间：2004 年 5 月，在其办公室。

② 访谈对象：RQM，女，蒙古族，50 多岁，内蒙古达茂旗，曾任大队干部；访谈人：邢莉、邢旗；访谈时间：2004 年 5 月，在其办公室。

③ 访谈对象：TML，男，蒙古族，50 多岁，东乌珠穆沁旗干部，曾经长期从事牧业；访谈人：邢莉、张曙光；访谈时间：2008 年 7 月，在东乌珠穆沁旗。

续表

	人均耕地（亩）	人均森林（亩）	人均有效草场（亩）	粮食产量		牲畜头数（年中数）		大畜头数（年中数）	
				总产量（亿公顷）	人均产量（公斤）	总头数（万头）	人均头数（头）	总头数（万头）	人均头数（头）
1984 年	3.78	12.09	51.88	59.44	399.4	3794.61	1.9	740.89	0.37
增减产量	−7.22	−26.91	−117.12	38.19	49.4	2838.3	0.3	427.2	−0.13
增减%	−65.6%	−69.0%	−69.3%	178.9%	14.1%	296.8%	18.8%	136.2%	−28.8%

资料来源：《内蒙古统计年鉴》，转引自宋遒工《中国人口·内蒙古分册》，中国财政经济出版社1987 年版，第 25 页。

从表中可以看出，1984 年与 1949 年相比，人均耕地减少 65.6%，人均森林减少 69%，人均有效草场减少 69.3%；粮食总产量增长了 1.8 倍，人均产量增长了 14.1%，人均产量却下降了 14.5%；牲畜总头数增长了 3 倍，而人均头数仅增长 18.8%；大牲畜总头数增长了 1.4 倍，而人均头数减少了25.0%。[①]

草原生态环境是一个脆弱的系统，农耕文化形成的村落人口是密集型的，而游牧文化的人口是疏散型的，据有关部门测算，在现有生产力水平的条件下，没有外来能源供给的典型草原牧区，每平方公里的草地可容纳 5 人，而草地生产力更低的荒漠草原，其人口容量就更小。目前锡林郭勒盟的正镶白旗平均每平方公里 11.58 人，人口超过了一倍还多。人口的迅速增加导致人均资源的减少。

制度文化变迁具有特定的人文背景，对草场的过度使用使得草原面积不断减少。就现代来说，1949 年到 1999 年，内蒙古自治区人口总数、农牧业人口总数、牲畜头数、耕地面积持续增长，50 年中分别增长了 3.9、2.7、5.9 和 1.7 倍。养活人口需要自然资源。据学者研究，内蒙古自治区的草地资源面积为 11.82 亿亩，占土地总面积的 67.50%。放牧利用已有上千年的历史。放牧地提供的饲草成为食草家畜饲料的主要来源。牧区家畜 90% 以上的饲草靠放牧获得。但是草原的承载力是有限的，据有关专家统计，森林草原

---

① 宋遒工：《中国人口·内蒙古分册》，中国财政经济出版社 1987 年版，第 25 页。

的人口承载力为每平方公里 10—13 人；典型草原为 5—7 人；荒漠草原为 2—2.5 人。随着人口数量的增加，人类对畜产品的需求以及对经济利益的追求牲畜头数的持续增加，使得草原牧区每个绵羊单位拥有天然草场的面积从 50 年代的 165 亩降到 80 年代的 29.7 亩，到 1999 年为 16.4 亩。目前全区 90% 以上的天然草地超载，草地资源的超负荷利用，引起草地退化。① 在讨论游牧文化的衰微的时候，我们不能不涉及生产力和生产关系所发生的深刻变化。牲畜数量的增加与固定面积草场的关系必然会变成草场情况的紧张。这种紧张也带来了政策的变化。

在人口增加的同时，草原面积却逐渐减少同时草原质量在退化。据内蒙古自治区第三次（1981—1985 年）草地资源调查统计，草场面积较 60 年代减少了 10.4%，约 1.38 亿亩，最近一次全区草地面积遥感速查的初步结果表明，内蒙古草地面积较 80 年代又减少了 8% 左右，从 1947 年到 20 世纪末的仅此 50 年间的"开垦热"，草地面积不断缩小。与此同时，草原的质量在退化。草地放牧压力越来越大，草地"三化"现象日益严重，70% 以上可利用的草地发生了不同程度的退化，严重退化的草地面积占已退化草地面积的1/3。② 据内蒙古草原勘测设计院调查，从东部呼伦贝尔盟到西部伊克昭盟巴彦淖尔盟草原，退化草地面积占可利用面积的比重在增大，东部比西部退化轻，普查资料表明，80 年代呼伦贝尔退化比重为 22%，鄂尔多斯高达 66%。③ 草原本身是脆弱的，但是人口的增加、牲畜的超载使得脆弱的草原不堪负重。

内蒙古锡林郭勒盟的苏尼特右旗在历史上是一个地广人稀的地方，该旗 2000 末年有 7.8 万人。80 年代以来，外省市进入该地区搂发菜的有 5 万余人，致使数十万顷草场退化。④ "如果考虑人口与退化沙化的草场之间的关系和载畜量过大的问题，地广人稀就成了表面现象，实际上是地广人稠，因而家庭居所不是分散而是拥挤了，家庭小区不是过大而是嫌'小'了，大势已

---

① 邢旗、黄国安等：《内蒙古草地资源及其利用现状评价》，载额尔敦布和、恩和、[日] 双喜主编《内蒙古草原荒漠化问题及其防治对策研究》，内蒙古大学出版社 2002 年版，第 44—45 页。

② 邢旗、双全等：《草原划区轮牧技术应用研究》，《内蒙古草业》2003 年第 1 期。

③ 内蒙古草原勘察规划院：《内蒙古第三次草原普查资料汇编》，1990 年调查。

④ 菅光耀等：《穿越风沙线——内蒙古生态备忘录》，中国档案出版社 2001 年版，第 12—13 页。

定，只能定区放牧，游牧的时代一去不复返了。"①

制度文化变迁的生态背景即草原生态环境的脆弱性与游牧业模式的脆弱性。内蒙古区域的绝大部分地区是海拔1000米左右的高原，其中主要包括呼伦贝尔高原、锡林格勒盟和察哈尔地区的高原及乌兰察布高原。高原起伏，给人以动态感，但是其中有流沙和平地。土质为典型的黑土、栗钙土及荒漠草原土。以栗钙土及荒漠草原土分布最广。据研究富于含沙物质的面积占70%以上。②植被稀疏的地方在风力的作用下会遭受风蚀，造成流沙。气候为典型的内陆型气候，干燥多风，缺少径流而少雨。由于没有高山的阻隔，内蒙古草原多风全年风速高达80天以上，最大风速30米/秒。"广大牧区主要分布于内陆河区，河网密度稀疏，平均在0.05公里/平方公里以下，多为季节性河流，远低于我区东部和南部的0.1公里/平方公里。"③我们在第一章已经谈到内蒙古草原植被分类状况，又加之近300年来人为的开垦破坏，本来脆弱的草原就更加脆弱了。草原的脆弱带来游牧业的脆弱。

牧业生活本身的脆弱性是促进定居的原因。2000年有一场大雪灾，牲畜冻死了不少，但是这里这些年主要是旱，太旱了，没有雨，从2001年起，每年都缺雨，而且雨水一年比一年少，不知道怎么回事？找水源吧，我们这儿有条乌拉盖河，这是我们东乌珠穆沁旗的主要河流，60年代兵团截流，修了水库，乌拉盖河的水过不来了，就是缺水，地下水位下降，水过不来了……超载放牧也是主要问题……④

表2.4.6　　　　　　1970年—2001年牧区旗县牧区旗降水情况　　　　单位：毫米

	1970年代	1980年代	1990年代	1997—2001年
新巴尔虎左旗＊	254.9	268.2	266.3	187.2

---

① 王俊敏：《一种新型社区——牧区社区》，《内蒙古大学学报》1993年第2期。
② 史培军等：《内蒙古自然灾害系统研究》，海洋川版社1992年版。
③ 敖仁其主编，敖其等副主编：《制度变迁与游牧文明》，内蒙古人民出版社2004年版，第197页。
④ 被访谈人：鄂温克旗干部，47岁，蒙古族，隐名；访谈人：邢莉、邢旗；访谈时间：2008年7月，在鄂温克旗。

续表

	1970 年代	1980 年代	1990 年代	1997—2001 年
新巴尔虎右旗＊＊	229.7	257.6	260.7	121.1
东乌珠穆沁旗＊	211.6	230.5	255.1	179.2
苏尼特右旗	158.0	150.6	179.4	109.7
阿巴嘎旗＊＊	213.1	227.6	231.4	155.7
白旗	313.7	320.1	301.0	293.2
乌拉特后旗＊	166.3	94.8	121.3	92.9
额济纳旗	31.2	19.7	39.6	10.4

注：＊＊代表降水连续下降，且降至 30 多年最低水平；＊代表降水呈现下降，且偏低；无星号表示降水呈现下降趋势。

数据来源：内蒙古自治区气象局；敖仁其等主编《制度变迁与游牧文明》，内蒙古人民出版社 2004 年版，第 196—197 页。

如前所述，游牧的生产和生活方式本身就存在脆弱性。1949 年以后，随着游牧距离的缩小，在行政机构的公社、大队开始建设作为办公室的永久性、固定性房屋，人们开始修筑棚圈并建设固定的住所，但是还有部分牧民没有实现定居游牧。另外实现了部分定居的牧人仍旧遭到"黑灾"、"白灾"的袭击。内蒙古扎鲁特旗地处大陆季风型气候区，春季干旱多风，冬季漫长而严寒。扎鲁特旗从 1949—1986 年间发生多次较严重的自然灾害。雪灾是扎鲁特旗牧业生产的主要灾害之一。

据调查，1976 年 5 月 2 日 19 时至 4 日上午，全旗普降暴风雪，受灾严重的是霍林河、阿日昆都楞和乌布日昆都楞一带，雪深 0.5—1 米左右，雪后降温 8℃，雪中死亡牲畜 1.29 万头（只），占全年死亡数的 20.8%。1985 年、1986 连续两年发生雪灾，北部牧区积雪平均 0.64 米，草牧场全部被积雪覆盖，分散游牧的牧铺以及简易棚圈都被大雪包围，50 余万头牲畜受到雪灾威胁。由于政府抗灾保畜工作得力，1986 年雪中死亡的牲畜仅为 6.3%。近年的灾情包括 1995 年、1997 年的旱灾；1998 年的水灾和旱灾；2000 年的旱灾、雪灾。2000 年 12 月 31 日扎鲁特旗发生历史上罕见的特大暴风雪，雪暴持续 48 个小时。最低气温低于 -40℃左右，积雪最厚处达一米之深，未能圈进的大量牲畜走散甚至冻死。一个牧户损失多的有 30—40 头牛，损失 50—60

头羊等。[①]

表 2.4.7　　　扎鲁特旗格日朝鲁苏木 2000 年灾情（白灾）统计表

（单位：亩、万公斤）

总面积	受灾面积	放牧场	打草场	玉米	三化两贮
245.8	188.1	119	22.1	6160	200

资料来源：中央民族大学 2003 级蒙古语言文学系博士生包海青于 2005 年调查。

目前制度的变革有其特定的人文背景和生态背景。学术界关注 1947 年后内蒙古区域的重大变化："新中国成立 50 多年以来，特别是改革开放 20 多年来，草原畜牧业经济类型在内蒙古发生了重大变迁。其主要标志就是已经实现和正在实现的三个历史性过渡，即已经实现了从游牧畜牧业向定居畜牧业的过渡、从自给自足的自然经济向商品经济的过渡，正在实现由靠天养畜向建设养畜的过渡。"[②] 目前传统的游牧业已经衰微甚至近于消失。

（二）马文化符号的衰微和转型

马文化是蒙古族游牧文化的重要象征符号。史前考古学家认为马在原始绘画中为雄性、男性符号。"乾为天，为父，为马，为良马，为老马。坤为地，为母，为子母牛"已成为各个民族原始文化的符号。牛是传统农耕文化的象征符号。马是游牧文化的核心象征，马文化是区别农耕民族与游牧民族的文化边界。但是这个核心象征符号目前在内蒙古的农业区或者半农半牧区已经趋于消失，而在当代牧业区域也逐渐衰微。当然目前少量养马专业户的出现也意味着马文化正在转型，马文化的衰微和转型是草原游牧文化变迁的标志。

我们在研究一个文化类型的变迁、衰微的时候，不能不关注到其核心文化符号发生的重大变化。马在草原游牧文化中具有其他畜类不可代替的重要功能。马是游牧生活中赖以生存的主要工具，马是支撑游牧社会运行的杠杆，

---

① 中央民族大学 2003 级蒙古语言文学系博士生包海青于 2005 年调查。

② 王俊敏：《草原生态重塑与畜牧业生产方式转变的大生态观——来自内蒙古牧区的思考》，《中央民族大学学报》2006 年第 6 期。

马是培养游牧人的摇篮和精神家园。在草原游牧民族的生活中，马文化是一个自成体系的完备的符号系统。其象征符号的含义包括：

其一，马是草原游牧社会财富和货币的表征。在游牧社会中，牧人牧业以马、交通以马、战争以马。在蒙古人那里："马比一切更受重视，马群是古代蒙古人的主要财富，没有马，草原经济便无法经营。"[1] 游牧业与农业的分离依赖的是马。没有马及马文化，游牧社会就不能建立。游牧民族的财富是以马匹的多少来衡量的，当游牧民族谈到自己的财富的时候，他们自然会谈到自己拥有的马匹。马是游牧社会财富的表征，所谓"其富以马"。成吉思汗的弟弟斡赤斤及其后裔在统治黑龙江地区时他们家族拥有的马，以"浩特格尔"、"套海"来计算。"浩特格尔"的意思是"沟"、"洼"，"套海"是"湾子"，用一个沟或者一个湾子的容量来计算马匹，可以想象马群的盛况。

其二，马是游牧民族与农耕民族交流的媒介。历史上的游牧民族与农耕民族构成互存互补的关系。我们已经说过，在这种互补关系中，游牧民族对农产品的需求较为迫切，历史上的茶马贸易是以马为货币形式进行的。在清代蒙古族的骏马远销江南，江南的茶叶远销塞北，这是游牧的生计方式与农耕的经济方式互相依赖、互相补充的佐证。

其三，马是蒙古民族审美的源泉。蒙古族谚语说，女人看装饰，男人看马鞍。蒙古牧人的审美情趣都是以马为载体的，而在装饰马的过程中蒙古人获得了美感和心灵的欢愉。在骏马上奔驰的飒爽是牧人的理想和追求。没有马这个特殊的符号系统，牧人的生活就会像柏拉图著名比喻中那洞穴中的囚徒，牧人通过马这个符号媒介达到了一个向往的理想境界。马文化是草原游牧的蒙古民族在人类历史发展上所奉献的最壮美的史诗。

其四，马文化铸造了蒙古族的文化特质和文化品格。一个族群的文化特质和文化精神离不开文化与环境之间存在着互动的功能及内在的因果关系，人以生态环境为生存条件，促进文明的演进；环境通过文化创造满足人的欲求，影响文化形貌和文化性格的形成，使得不同的族群具有不同的文化特征和文化品格。从浅层次来说，马文化符号具有视觉表象的意义，从深层次来说，蒙古族马文化是族群认知的建构物。"所谓民族认同，是指一个民族的成

员相互之间包含着情感态度的一种特殊的认知，是将他人和自我认知为同一民族的认知。"[1] 绿色的草原是马的天堂。马背上的生活形成了他们与农耕文化有别的独特的文化类型和民族性格。在游牧生活中，马与人结合成的完美整体，成为蒙古民族集体的无比深刻的历史记忆，成为蒙古民族生命与活力的表征。蒙古族生活简易、思维敏捷，开阔容纳，充满活力，自强不息。他们的性格充满主人公的豪迈气质，充满刚健的阳刚之美。

　　当前在世界经济一体化的语境中，我国的畜牧业正在迅速地实现现代化、商品化、集约化，在从计划经济到商品经济的急剧转型时期，当前牧业走向定居，游牧业的核心文化符号——马文化也在弱化。蒙古语用"巴尔虎"一词来称呼大兴安岭以西的呼伦贝尔地区。位于呼伦贝尔草原的巴尔虎部落是古老的游牧部落。1949 年前新巴尔虎左、右两旗的新巴尔虎人共有 16000人。[2] 民国时期铁路开通，当时的政府倡导农耕文化的时候，该旗曾经向吉林、黑龙江请愿："我们新巴尔虎人自古逐水草而牧，以此为生计，绝不以耕稼为业。"[3] 据统计，1897 年新巴尔虎左右翼两旗的人共有 2024 户，11897人，平均每户 5 口人。[4] 1906 年全呼伦贝尔地区的牲畜头数为 170 多万头，其中包括 17 万多匹马，12 万多头牛，1 万多峰骆驼，145 万多只羊。当时新巴尔虎右翼旗的牲畜头数已达到 131 万头，在新巴尔虎右翼旗曾经出现过拥有 1 万只羊，3000 匹马的特富户。在 20 世纪初，在巴尔虎的牧民中，拥有 1万只羊，1000 匹马的富户较常见。[5] 也就是在 100 年前，当地人依赖养马以富。1992 年该旗牧业年度大小总畜，（牛、马、骆驼）总数牧业年度和日历年度分别为 12.24 万和 11.19 万头（匹、峰），小畜总数牧业年度分别为65.08 万和和 51.59 万头。[6] 可以看出该地经过近百年的变迁，小畜在牧民生活中占有绝对的优势。在大畜的牧养中，养牛业在迅速发展，而马和骆驼在减少。

---

①　王建民：《民族认同浅议》，《中央民族大学学报》1991 年第 2 期。

②　土晓义：《解放前的新巴尔虎族》，1950 年 6 月，燕京大学毕业论文。

③　《诸巴尔虎的起源》（手抄本），《蒙古始祖记》（蒙文版），民族出版社 1989 年版，第 296 页。

④　图布新尼玛编著：《巴尔虎部的由来》（蒙文版），内蒙古文化出版社 1985 年版，第 103 页。

⑤　参见高丙中、纳日碧力戈《现代化与民族生活方式的变迁》，天津人民出版社 1997 年版，第303 页。

⑥　参见郝时远《中国少数民族现状与发展调查丛书》，《蒙古族卷·新巴尔虎右旗》，民族出版社 1997 年版，第 68 页。

　　鄂温克旗位于大兴安岭以西的森林草原区，地跨森林草原、草甸草原、典型草原三个地带。多年生草本植物是组成呼伦贝尔草原植物群落的基本类型。这里也是牧马人的故乡，其中的蒙古马、锡尼河马、三河马都是著名优良马种。据作者在内蒙古鄂温克旗调查，从牲畜的总头数看，（1）半个世纪以来，马的比例由占 7.7% 下降到 5%，已经呈下降的趋势；到了 2005 年，马的比例已经下降到 1.9%，不到 2%，也就是说，在不到 20 年的时间内马的比例下降了 30%。这个数字是惊人的。现今马在牲畜中的比例仅仅占不到 2%，而其他牲畜的种类占到 98%。（2）从养马的数字和户数的比例看，在现今 1203 个养马户中，10 匹以下的有 778 户，占养马户的 64.51%。也就是说，一半以上的养马户拥有的马匹数量很少。

　　从文化渊源看，清代的锡林郭勒盟和察哈尔八旗（即现在的锡林郭勒盟）是清代的养马中心。在清初，察哈尔"为清代宫廷和军事征伐提供了数以十万计乃至百万计的御用和军需马匹……"[1] 乌珠穆沁草原是元代阿剌忽乞等处的马道所在地，为元代十四道国家马场之一。到了清朝仍旧是国家牧场。其所培育的乌珠穆沁马为抗寒抗病、善跑能走形成稳定遗传基因的良种马。据作者于 2008 年在该地考察，1980 年前家家养马，有的户甚至达到 100 多匹，近年来，由于牧业定居，有的家没有马匹，有的家有了马匹也闲置不用。历史上锡林郭勒草原是我国蒙古马最多的地区，但是数量已从 30 年前的 70 多万跌至到现今的 8 万匹。

表 2.4.8　　东乌珠穆沁旗道特淖尔镇巴彦图嘎嘎查 2000—2006 年畜牧业生产情况[2]

年	总畜数量（头/匹）	羊（只）	山羊（只）	牛（头）	马（匹）	年人均收入（元/人）
2000	56900	31000	15900	6200	3800	3800
2001	50168	26100	15068	5500	3500	3100
2002	53100	29500	14600	5700	3300	3600
2003	54850	31000	19450	3500	1900	4250

---

　　① 邢亦尘：《朔漠集》，内蒙古人民出版社 1995 年版，第 160 页。

　　② 此数据由巴彦图嘎嘎查提供。巴彦图嘎嘎查有 176 户 716 人口，十多户为汉族其余均蒙古族。白丽丽于 2007 年 5 月访谈。

续表

年	总畜数量 （头/匹）	羊（只）	山羊（只）	牛（头）	马（匹）	年人均收入 （元/人）
2004	55680	33250	18880	2500	1050	4300
2005	53850	35250	15900	1900	800	4750
2006	56380	36080	18200	1500	600	4800

资料来源：东乌旗道特淖尔镇巴彦图嘎查提供。

从以上表格可以看出，（1）从 2000 年到 2006 年的六年期间内，牲畜的总数量虽有增加，但在 5.5 万头/匹的数量上浮动，牛和马呈减少的趋势。（2）马匹数量减少得很快，从 2000 年的 3800 匹减少到 2006 年的 600 匹，减少的数量占总数量的 5/6 强。学术界认为，近些年来，内蒙古的畜产结构日益趋于单一化，特别是土种家畜大幅度下降，马匹的减少是草原游牧文化在历史上衰微的标志。在现代社会中马的基本功能的失去是不容忽视的社会事实。

其一，马在生产中、生活中、军事中的实用功能在弱化甚至消失。在中世纪以至相当长的历史时期，蒙古族依赖马的功能不仅维系了持久的游牧生活的运转，而且在中国文明史和世界文明史上起过重要的作用，为蒙古族带来了无比的光耀。马克思说："物质生活的生产方式制约着整个社会生活、政治生活和精神生活的过程。"① 在传统的牧业社会，马是牧人的助手，马的功用主要是牧业交通的工具，马同时也是信息之桥。但是当今进入了现代工业化时代，现代社会的摩托车、汽车和各种机械替换了马的功能。工业的兴起大大提高了生产力，铁路、公路甚至航空的便利，大众传媒的发展带来了飞速的信息传播，其传播速度之快，传播面之广都是中世纪的马匹所不能比拟的。根据我们在牧区的调查，在当今牧区 100% 都会骑摩托车，而会骑马也就是 2%—3%。普遍接受现代教育的牧民的孩子有的甚至见到马就害怕。摩托车、机动车是证明社会力量的材料，是社会力量从事实践的一种条件。马在牧业生产和生活中的作用和地位正处在急速衰落并急剧转型的过程之中。但是其变化的主要动因是人的选择。

---

① 《马克思恩格斯选集》第 2 卷，人民出版社 1995 年版，第 32 页。

　　马的销路不好，现在开汽车时髦，谁还买马呀，牧人喜欢马，但是买马的少。因为不骑马了……蒙古族不吃马肉，现在马肉不值钱。由于草场不够用，所以卖了马。我家以前有六十多匹马，现在只有十几匹，拉铁丝网的时候用卖马的钱买铁丝网弄的。①

　　其二，适应商品经济需要的畜产品品种的调整降低了马的经济价值。在实现现代化的过程中，牧人的畜产品生产打破了游牧时期的自给状态，要满足的是新的市场经济的需要。牧人或被动或主动地接受了市场化、信息化的时代变革，放弃对马的饲养，是人对一种事物的淘汰和对另外一种事物的选择，选择的事物表明了时代的变迁。80 年代初期，政府规定在牧区实行联产承包责任制，根据各家的劳动力状况进行牲畜的分配。由于草原生态环境的恶化，为了恢复草场，1980 年以后政府出台载畜量政策。90 年代末开始政府规定每个牧户要根据自家草场的大小牧养牲畜，即载畜量。由于各地草场的质量不同，人口的密集度不同，载畜量根据草势的优劣而起变化。由于马在现代社会的功能减弱，市场经济供需关系的调整，养马的经济效益较少。在现代社会里，马是财富，马是货币的观念已经逐渐淡化甚至出现消失。

　　政府规定了载畜量，在我们这儿（东乌珠穆沁旗）1992 年载畜量是养一只羊用 13 亩草场；2007 年，一只羊用 30 亩。就是说同样草场面积，1992 年 3000 亩草场能养 230 只羊，2007 年有 3000 亩草场的牧户只能养100 只羊，超出此数则按头数罚款，每只羊 30 元。其他的牲畜都要折合成羊来计算。一头牛等于 5 只羊、一匹马等于 5 只羊；就是说 5 只羊每年占地 5 (只) ×30 (亩) ＝150 亩的话，一匹马就得占地 150 亩。打个比方说有 3000 亩草场的牧户单养羊可以养 100 只，单养马则仅 20 匹。而五只羊的经济效益如今远超于一匹马，所以牧民们，尤其是草场小的牧民们都把马卖了，专养羊。这也是马匹减少的一个最重要原因。②

<hr/>

① 访谈对象：GEL 老人的儿媳，40 岁左右，蒙古族，东乌旗道特镇奈日木德勒嘎查牧民；访谈人：白丽丽，访谈时间：2007 年 7 月，在东乌珠穆沁旗。
② 被访谈人：隐名，东乌珠穆沁旗牧民，蒙古族，50 多岁；访谈人：白丽丽，访谈时间：2007 年 7 月，在东乌珠穆沁旗。

马要养三年才能卖掉,养羊当年就有回报,养马的回报太慢了,于是大家逐渐把自己的马处理掉了,我家也一样,没有了马群,只有900只羊。目前,马的经济效益远不如羊好。①

其三,个体草场的固定限制了马的活动范围。1983年开始实行"草场共有承包、牲畜私有护养"的改革,牧民把分到的草场用铁丝网围起来,防止他人牲畜恣意啃食。养马的草原环境受到拘囿。政府在推行"限马稳牛发展羊"的政策。马跑的速度很快,不能总圈养,马需要广阔的草场。所以养马的人少了。同时草场严重退化,也是乌珠穆沁马质量和数量下降的原因。但是对养马破坏草场,牧人有自己的说法。

高中毕业后当了马倌,到现在已经10年了。马不能总固定在一个地方,起码要在一个乡或一个苏木中走动。马是顶风走,刮春风时,一下子能走几十或几百里地。好马有专人喂养。有人说马破坏草场,我了解马的习性,马是从上面吃草的,不吃草根,游动性也很大,基本上是不破坏草场的,只是草场划分以后,马没有可走的地方,总在围栏里晃悠,对草场的破坏性就显露出来了。②

我从20岁就开始放马了。以前我和我老婆家都算是小牧主。家里的牲畜马最多,家里放不过来还雇人放牧。我家有14000亩,可是草场还是太小了,马跑不开。一跑到别人的草场上去,还会引起纠纷。2000年,我们遇到了大旱,草场就更坏了……③

学术界认为:"传统的游牧业之所以存在,主要有以下基本条件:一是有可供游牧的广阔牧场;二是有适宜游牧、能跑善走的牲畜品种;三是人口少,交通不便,科技文化落后,商品生产不发达,与外界缺少沟通。如果这些基

---

① 林岚:《马倌寻访日记》,《人与生物圈》2007年第2期。

② 被访谈人:BYER,50岁,蒙古族,东乌珠穆沁旗牧民;访谈人:邢莉,访谈时间:2007年7月,在东乌珠穆沁旗。

③ 被访谈人:SRGER,40多岁,东乌珠穆沁旗牧民;访谈人:邢莉,访谈时间:2007年7月,在东乌珠穆沁旗。

本条件发生根本性变化，就必然导致传统游牧业的终结。"① 众所周知，养马业在内蒙古草原牧人的生产与生活中弱化并面临转型，那么以马为载体的民间知识系统和民间技能就会随之消失，以马为载体的一系列口头非物质文化遗产面临濒危的境地。这是草原游牧文化衰微的重要标识，离开了马，表明草原和草原牧人告别了一个时代。

在调研中我们看到，一方面在牧区和半农半牧区马匹在减少，马文化在弱化和消失，另一方面，在我国公布的国家级禽畜遗传资源保护名录中蒙古马榜上有名。一方面市场经济在改变着许多家畜品种的命运，另一方面，以马为伴侣的蒙古牧人深深地萦绕着恋马情结，这种情结不仅仅是一种个人的情感，而且是对一个民族的历史、人类创造的一种文化类型的深刻记忆。

> 什么是草原，草原就是要有马匹。马把牧人和草原联系在一起，没有马的牧人还叫什么牧人？马与我们之间的关系就是朋友关系。马很通人性，能分辨出主人车的声音和走路的声音。解放战争如果没有马的话，能胜利吗？什么叫游牧文化，我理解游牧文化就是马文化……②

> 咱们现在说和谐社会，什么叫和谐？我的理解就是在草原上牧人与马的关系，马不是普通的动物，马有灵性，能与人配合，马是我们的伙伴。马对于我们民族，就像自己最亲爱的朋友一样……

> 马是我们的伙伴，我们的朋友，马给我们的历史带来荣耀，能够把伙伴和朋友扔掉吗？我们蒙古人，喜欢那达慕，喜欢马，没有马，没有那达慕，那还能算蒙古人？③

蒙古族的历史是在马背上书写的，蒙古族的荣耀是从马背上得到的。蒙古族爱马、恋马的情结已经超脱了个人的情感，成为民族文化的象征符号。在历史上创造过辉煌的马文化已经积淀成为一种集体意识。认知心理学家认

---

① 扎格尔：《草原物质文化研究》，内蒙古教育出版社 2007 年版，第 195 页。
② 被访谈人：鄂温克旗马文化协会负责人，牧民，蒙古族；访谈人：邢莉，访谈时间：2007 年 7 月，在东乌珠穆沁旗。
③ 被访谈人：鄂温克旗马文化协会负责人，牧民，蒙古族；访谈人：邢莉；访谈时间：2007 年 7 月，在鄂温克旗。

为："来自不同文化的人记忆将是不同的，因为他们的心理映像是不同的，这无损于他们的预设。作为整个记忆活动关键的语义代码，是儿童时代习得的心理映像；同样，它也是集体共享的代码。"① 对于一种文化类型的集体代码的衰微我们不能不关注。当前在社会急剧转型时期，对于多元文化的保护已经成为政府、牧人和文化精英共同思考的问题。

目前政府和牧人都在参与保护马文化的策略中。政府在政策上给予照顾，鼓励牧民养马，并鼓励对赛马项目的发展。据作者的调查，鄂温克旗的 7 个苏木民间成立了养马协会，会员达到 1200 人，一方面牧人要在当代商品经济的语境下弘扬蒙古族马文化的传统，一方面要把传统的马文化引入商品经济中，与世界"经济一体化"接轨。蒙古族的马文化的转型表现在：

其一，马从放牧、乘骑的工具转向娱乐的工具。在牧区政府和民众都举办马文化节和那达慕。传统的那达慕在草原上传承，其核心项目是赛马。东乌珠穆沁旗还举行过称"chege（酸马奶）那达慕"。而马文化节的展示更为丰富，除了赛马之外，还有套马等马技表演，马鞍的系列展示、马的音乐和舞蹈的表演以及对不同种类的马的品评等。在锡林郭勒草原，在每年的农历八月末，马产奶的季节蒙古族要举行为期一天的马奶节。

其二，马从蒙古族内部的乘骑功能转为向内地市场和国际市场销售的商品。当马乘骑的生产功能弱化以至于消失的时候，目前马的经济效益转向国外的竞技市场。其用途包括国内各地及国际的赛马、在各地的旅游中，马成为休闲娱乐的工具。有闲有钱的爱马人把马当作"宠物"豢养。

其三，马奶食品在发展。马奶是珍贵的上乘食品。纯鲜的马奶具有很高的营养价值。马奶中所含的蛋白质、乳糖、维生素、矿物质含量丰富，并含有人体不可缺少的氨基酸和脂肪酸。马乳蛋白很易于消化吸收。而以马奶为原料的马奶酒更是被誉为"蒙古八珍"之一，被称为"元玉浆"，曾为元宫廷和贵族的主要饮料。元耶律楚材《寄贾抟霄乞马乳》诗云：

> 天马西来酿玉浆，革囊倾处酒微香。
> 长沙莫吝西江水，文举休空北海殇。

---

① ［美］保罗·康纳顿：《社会如何记忆》，纳日碧力戈译，上海人民出版社 2000 年版，第 26 页。

图 2.4.2　当代锡林郭勒牧民在半个多世纪前的蒙古包前留影　邢莉摄

　　浅白痛思琼液冷，微甘酷爱蔗浆粮。
　　茂陵要洒尘心渴，愿得朝朝赐我尝。

过去被宫廷享用的元玉浆被推向现代市场，为现代人所享用。

马文化在当今社会发展的语境下被重新建构。我们调研到蒙古族传统的马文化在现代的展演。东乌珠穆沁旗达布希拉图嘎查牧民 BHEERDN 是当地著名的养马专业户。1983 年分牲畜时分到 7 匹骒马，从这几匹骒马已发展到今天的 200 多匹马。他谈道：

　　来这个嘎查也有十几年了。那是 1994 年我们赶着 13 个牛车搬过来。我家养马，是因为喜爱马。这边的草场土质特殊，雨水不易储存，适合养马。但是我们自己的草场有六千多亩，草场不够，就租用别人的草场。现在租的草场面积将近有两万亩，每年一亩两元钱。马群在自己的草场里放牧，因为有机井水充足。羊群在租来的草场中放牧。当年分到三十多匹马、二十多头牛。如今马发展到二百多匹马。牛没有增长。草场好的话想挤马奶。遇到干旱草场不好挤马奶就困难了。现在马不算入载畜量，不圈养。

图 2.4.3　草原马群　邢莉摄

　　我们家有养马的经验。现在养马是为了卖。买马的主要是内地的生意人，还有我们这里没有马或马少的牧户也来买。灾害严重的年景卖得多，草原好的年景卖的就少。也要考虑牧场的承受能力。去年卖了 70 多匹，一匹马的价格 3500 元左右。这样的势头，看来不错……我是比较富裕的，在 2004 年花了 12 万建了一座有八个哈那（蒙古包的支架）的砖瓦结构的大蒙古包，凭着与乌里雅斯太镇（东乌旗旗政府所在地）近的地理优势办起了小型旅游点，可红火了……①

　　一匹骒马一天可产 8 斤左右的奶。马奶发酵后称"che ge"指酸马奶。酸奶拿到镇上一斤卖五元左右。有时饭店一下子拿走五六十斤。自己也当饮料喝。前乍我们挤奶的骒马有四十多匹，当天挤的奶几乎当天能售完。一匹骒马在我们这儿挤奶期为两个月左右。在蒙古国时间就长

　　① 被访谈人：BHRERDN，男，蒙古族，东乌珠穆沁旗达布希拉图嘎查牧民；访谈人：白丽丽；访谈时间：2007 年 5 月，东乌珠穆沁旗。

了。我们这儿冬天纯牧养不挤奶。①

　　现在的年轻人如果富裕的话，愿意养马并且愿意养好马，现在的马也不少，主要看草场。马现在挣钱，而且销路还好，比养牛挣钱，政府号召家庭旅游。政府还举办各种那达慕（以赛马为主）、有夏季的，有冬季的，还有祭敖包，马文化节，都需要马。这也是一种支持。牧民认为这种活动越多越好。

　　每个苏木的马品种不同，在我们看来，品种越多越好，南屯是东河马、三河马，巴彦查岗是蒙古马，大雁是三河马……原来大锅饭的时候，咱们这儿就重视马的改良。原来的蒙古马改良为现在的东河马、三河马，第二代的蒙古马体形好，耐力也好，适合本地的气候，跑短距离、长距离都行，这样好马就可以进入自治区，甚至全国的比赛。我通过高价引进种公马来改良，最近铁明就从北京引进了七八万的种公马。②

　　现在最便宜的马三千多元，赛马两三万元。现在的那达慕多了，牧人有钱都愿意养好马。现在的马要有销路，就必须改良。鄂温克旗的马在全呼伦贝尔市是好的，养马的出路在于有优良品种。现在有好几个牧民以 10 万、20 万元的价钱从英国、阿拉伯引进种公马。现在富裕的年轻人都在走这条路，这样把马卖出去时才会有好价钱。③

　　我们关注到内蒙古区域的牧业生产正在发生巨大的变化，其粗放的游牧业的结构已经解体，牧业的生产结构正在调整，畜牧业的生产方式正在由数量扩张型向质量效益型转变，而保护生态、保护草原又是当务之急，在这样的背景下，马作为游牧文化的象征符号正在淡出历史的舞台；另一方面马文化又在当代的语境下重新建构。我们现在还使用马文化这个概念，但是"这

---

　　① 被访谈人：BDLGQ，男，65 岁，东乌珠穆沁旗达布希拉图嘎查牧民。访谈人：白丽丽，访谈时间：2007 年 5 月，在东乌珠穆沁旗。

　　② 被访谈人：WLJNM，56 岁，内蒙古海拉尔市鄂温克自治旗牧民。访谈人：中央民族大学 2006 级民俗学硕士那敏；访谈时间：2007 年 2 月，在其家里。

　　③ 被访谈人：WLJNM，56 岁，内蒙古海拉尔市鄂温克自治旗牧民。访谈人：那敏，访谈时间：2007 年 2 月，在其家里。

些概念本身必须包含一种建构的或是'发明'的成分"①。现在的马文化是在传统的基础上建立的，但是它已经不是传统意义上的马文化了。

当前环境保护是可持续发展要关注的首要问题。文化生态学的观点认为：人们已经放弃了以人为中心的生态观，淡化了人的主宰地位，把人置于生物链之中，人只是生物链中的一员。保护多样化的生物链就是保护人的生存的前提。在长期的自然演化中和人类对草原环境的适应和选择中，传统的游牧业牧养的"五畜"与蒙古高原的生态环境、生物多样性、文化多样性以及人对牧业产品的需求形成了契合。一个小小的物种的消失，就会引发生物链上几十种甚至上百种生物的消失，何况马这样庞大的与人类创造的一种文化类型紧密联系的物种。历史上蒙古族培育的优良马种不仅是蒙古族智慧的结晶，而且是人类智慧的代言。蒙古族的马文化不仅存在于生物链之中，而且存在于文化链之中。2001 年联合国教科文组织在第 20 次大会通过的《世界文化多样性宣言》中指出："文化的多样性是交流、革新和创作的源泉，对人类来讲，就像生物多样性对维持生物平衡那样必不可少。"从这个意义上讲，文化的多样性是人类的共同遗产，应该从当代人和子孙万代的利益考虑予以承认和肯定。保护马文化的意义是双重的，保护它不仅具有保护生物物种即生物链的意义，而且具有保护其中的非物质文化遗产的意义。

（三）内蒙古区域的城镇化

20 世纪 20 年代，内蒙古区域大踏步地步入都市化、工业化历程。都市化一方面是指人口向都市流动的过程，另一方面是指一种文化与社会心理的影响过程。"都市通常都被认为是文化变迁的中心或起源地，然后再由都市将新的文化扩散到内陆的乡村社会。"②内蒙古区域的城市化是一个历史渐进的过程，是一个逐步扩展、逐渐深化的过程。我们把内蒙古城市化的过程分为三个阶段。

第一阶段：1949 年前。内蒙古区域的传统是地广人稀，由于中原地区农业人口的膨胀，又由于天灾人祸等原因，造成了人口的增加，使得内蒙古成

---

① ［英］霍布斯鲍姆·T. 兰格：《传统的发明》，顾杭、庞冠群译，译林出版社 2004 年版，第 17 页。

② 麻国庆：《论影响土默特蒙古族文化变迁的因素》，《内蒙古社会科学》1990 年第 1 期。

为人口迁入最多的省区之一。1949 年前，已经出现了商业性的小城镇。因而在解放初期，内蒙古的城镇化率便已高于全国。① 但是在建国前，内蒙古的工业几乎是空白，1949 年全区只有一个小型发电厂，7 个面粉厂，1 个煤矿和一个半机械半手工的毛织厂，这些工业企业的生产总值不足 600 万元，仅占工农总产值的 1% 左右。②

第二阶段：1949 年后到 1980 年左右。1952 年内蒙古城镇化人口为 103.6 万，1960 年增加到 359.8 万，剧增了 2.5 倍，为当年全国城镇化之最。③ 城镇化来源于工业的建设和人口的密集。包头钢铁企业的建立及其他工业的发展都伴随着人口的密集。工业的发展过程也是内蒙古城镇化的过程。内蒙古草原拥有大量的煤、石油、天然气等资源都在逐渐被开发和利用。"内蒙古草原占全区土地面积 70%，牧区各旗牧业人口少又分散，但只要当地拥有若干工矿城镇，城镇化率就必然会提高。"④ 在工业发展的同时，教育和医疗得到发展。自 20 世纪 50 年代起，国家就输送了大批教师和优秀的医护人员支援边疆地区。"国家为支援边疆建设从内地调来了大批干部和工人，因此城镇人口机械增长率从 1954 年至 1960 年最低年份也在 16.3%。"⑤

第三阶段：改革开放的新时期。全球经济一体化已经成为浩浩荡荡的历史潮流，内蒙古的发展不仅与全国一样进入到西部大开发战略和农村城镇化战略之中，在与世界经济对话的同时，将同全世界一起遵循同一游戏规则。与 19 世纪旅蒙商带来的城镇化不同，与 20 世纪 50 年代的城镇化不同，内蒙古区域的发展已经登上了世界经济博弈的平台。从社会和经济发展的规律来看，发展与农牧区城镇化存在着密切的关系。"西部大开发中的五方面的内容，无论是基础设施建设、经济结构调整，还是生态环境建设，科技水平和教育水平的提高，均与城镇有关，因为城镇承载着 GDP 的 90%，全球人口的60%。"⑥ 内蒙古现有 6 个地级市，15 个县级市和 69 个旗县镇，1227 个集镇，

---

① 沈斌华：《城镇化应重视质量——内蒙古城镇化反思》，《广播电视大学学报》2004 年第 1 期。
② 宋遒工主编：《中国人口·内蒙古分册》中国财政经济出版社 1987 年版，第 18 页。
③ 同上书，第 226—227 页。
④ 沈斌华：《城镇化应重视质量——内蒙古城镇化反思》，《广播电视大学学报》2004 年第 1 期。
⑤ 刘高等主编：《草原文化与现代文明研究》，内蒙古教育出版社 2007 年版，第 127 页。
⑥ 谢志强：《改革开放以来，中国农民阶层发生了怎样的变化》，《中国党政论坛》2001 年第 7期。

其中建制镇 273 个。[①] 在这样的态势下，21 世纪初期的城镇化具有鲜明的时代特色和国情特色。内蒙古区域发展到今天，已经由较为单一的畜牧业文化发展为复合性文化。其特色是：

其一，伴随着较大规模的工业化、牧业产品的商业化的发展带来的城镇化。资料表明，"截至 1996 年，内蒙古就已建成国有矿山 569 个，乡镇集体矿山 3907 个"[②]。目前 18 户企业成为国家级农业产业化重点龙头企业。内蒙古 13 个中国驰名商标来自于农畜产品加工业，鄂尔多斯、鹿王两个羊绒集团的羊绒衫占到国际市场份额的 50%，伊利、蒙牛乳品销售收入在全国同行行业中名列前茅。蒙牛液态奶的销售量占全国市场份额的 35.50%。[③] 农牧业已经走向产业化。在农牧产品产业化的道路上，经商和外出打工的人增加，旗县人口向大城市聚集。

乌兰察布盟除了四子王旗为牧区外，察右中旗和察右后旗为半农半牧旗之外，其他均为农业旗。从以上表格可以看出，1 个牧业旗县、2 个半农半牧旗县、7 个农业县的人口呈减少的趋势，而集宁市的人口增加了约 8.5 万人，增长率为 43.73%，年均增长率为 3.57%。作者曾多次去过的呼伦贝尔草原鄂温克旗是一个牧业旗县，其培育的传统的牧业畜种颇有声名。在这个区域建造了大雁煤田和伊敏煤田。2000 年全旗的人口为 15 万，其中城镇人口 12.5 万，城镇率高达 83.92%。

表 2.4.9　　　　　　　　1990—2000 乌兰察布各旗县人口增减状况

	增减人口数（人）	增长率（%）	年均增长率（%）
集宁市	84433	43.73	3.57
丰镇市	−31107	−10.36	−1.05
卓资县	−50786	−22.41	−2.43
化德县	−22681	−14.73	−1.53
商都县	−35306	−11.14	−1.14
兴和县	−35820	−12.32	−1.26

① 雷·额尔德尼主编：《内蒙古"十五"规划研究成果汇编》内部铅印本，第 456 页。
② 马林、左峰主编：《内蒙古生态屏障工程论》，内蒙古人民出版社 2002 年版，第 65 页。
③ 参见刘高等主编《草原文化与现代文明研究》，内蒙古教育出版社 2007 年版，第 137、79 页。

续表

	增减人口数（人）	增长率（%）	年均增长率（%）
凉城县	−28358	−12.37	−1.27
察右前旗	−47885	−18.33	−1.94
察右中旗	−51595	−23.36	−2.53
察右后旗	−31965	−15.98	−1.67
四子王旗	−18428	−9.12	−0.92

资料来源：沈斌华《城镇化应重视质量——内蒙古城镇化反思》，《广播电视大学学报》2004 年第 1 期。

机关事业管理部门及其家属在城镇中占有相当的比重。在自治区国有职工的从业人员中，党政、事业单位的工作人员仍占有 47.8% 的份额。[1] 另外教育在持续发展，大批农民和牧民的子女得到了受教育的机会，其中相当一部分受到高等教育，他们走入了城市，有相当一部分在城市就业。

其二，生态移民与城镇化。内蒙古区域的城镇化一方面伴随着较大规模的工业化，一方面与生态移民有关。从 20 世纪 90 年代末，内蒙古区域就实行了生态移民。到了 21 世纪初期，根据《实施生态移民和异地扶贫移民试点工程的意见》，以政策引导，群众自愿的原则，在全区范围内对荒漠化、草原退化的水土流失严重的生态环境脆弱地区实施生态移民。并且提出从 2002 年开始，内蒙古将在 6 年时间内，投资上亿元，实施生态移民 65 万人，2003 年，全区生态移民的总规模已达 29 万人。[2] 再看一组数字：在"十一五"期间内蒙古自治区累积转移农村牧区人口 240 万，2010 年，全区城镇人口将达到 1360 万人，城镇化率达到 56% 左右。到 2010 年，全区力争形成 200 万人口以上的城市 7 个，100 万人口的城市 1 个，50 万左右的城市 5 个，20 万人口以上的城市 7 个，10 万以上的城市和旗县城镇 30 个左右。[3]

农牧区的移民促进了城镇化。农牧区移民的背景是生态环境的恶化。生态环境的恶化包括：（1）沙化面积增加。在阿拉善旗沙漠面积本来就占 1/3，

---

[1]　参见刘高等主编《草原文化与现代文明研究》，内蒙古教育出版社 2007 年版，第 127 页。

[2]　新吉乐图主编：《生态移民：中国环境政策报告》，内蒙古大学出版社 2005 年版。

[3]　丁利冬：《内蒙古未来 5 年要让 240 万牧民变成城里人》，《北方新报》2006 年 3 月 2 日。

近 40 年来，沙漠面积以平均每年 1000 平方公里的速度剧增。（2）草原退化。据内蒙古草原勘测设计院检测，在东乌珠穆沁旗羊草几乎消失，杂草类数量增多，乌拉特后旗灌木周围没有植被，地表裸露。（3）严重缺水，灾害严重。"1995 年以来春夏的干旱和年底的白灾交替出现，每年都侵袭着 45 个左右的旗县，至今仍有 1300 万人口，1100 万头牲畜饮水困难。"[①]

与西方城市化的背景不同，内蒙古区域的城市化是在工业化的同时又对生态环境保护和恢复的背景下进行的。工业化和城镇化的发展集聚了大量的生产要素，并影响着草原畜牧业的发展，草原畜牧业改变了原来的状态。对于移民的农牧民来说，他们将经过一个身份转化："由牧民变成农牧，由农民变为菜农，由菜农变为市民等等。"[②] 现代社会是以城市为中心的社会，城市文化对广大的农业社区和牧业社区有强大的辐射效应和范式作用："我们的社会是一个都市价值为取向的社会，无形之中，我们都照着都市生活的模型来模塑乡村生活的景观。"[③] 这不仅仅是一个生计方式多样化的过程，一个生产方式和生活方式转变的过程，更是一个传统与现代碰撞、衔接，重新选择建立新的消费观、价值观、生活观的过程，传统的蒙古族的游牧文化已经发生了并且正在发生着巨大的变迁，这是学术界应该关注并且研究的新课题。

---

① 雷·额尔德尼主编：《内蒙古"十五"规划研究成果汇编》，第 456 页。

② 乌力更：《生态移民与民族问题——以内蒙古为例》，内蒙古人民出版社 2009 年版，第 104 页。

③ 陈其南：《文化的轨迹》，春风文艺出版社 1987 年版，第 157 页。

第　三　章
游牧文化变迁的外在动因

　　学术界在研究一个文化类型或者一个族群文化变迁的时候，常常分析其内部原因和外部原因。实际上一个文化类型或者一个族群文化的变迁的内因和外因产生互动的关系。在中华民族多元一体的文化格局中，在研究少数民族的文化变迁的时候，势必不能脱离少数民族与汉族的关系。费孝通先生指出："中国民族研究限于少数民族，自有它的缺点，中国民族研究限于少数民族，势必不容易看到这些少数民族在中华民族整体中的地位，以及他们和汉族的关系。而且如果对这些少数民族分开来个别加以研究，甚至对各民族的关系也不易掌握。"① 他主张不要单纯地研究少数民族，而是从少数民族与汉族的互动中研究少数民族，这个观点是正确的，也是值得借鉴的。我们在研究蒙古族游牧文化的变迁的动因时，就要将其置于与汉族的互动中进行研究，汉族移民在内蒙古区域的游牧文化的变迁中起到了关键的作用。

一　汉族移民与内蒙古人口的增长

　　在历史上蒙古游牧社会较为封闭，畜牧业发展较为缓慢，加上等级制度僵化，起于内部的自变是比较缓慢的。就近代蒙古族游牧文化的变迁来说，学术界认为，"他变"是重要诱因。学术界把研究移民问题作为一个重要的切入点。"目前世界上几乎所有国家的族群冲突都与历史上曾经发生过或目前正在进行的迁移活动有关，因此迁移成为研究一个地区族群关系现状及其演变

---

　　① 费孝通：《中华民族研究的新探索》，《北京大学学报》1990 年第 4 期。

过程的重要切入点。"①

（一）清代与民国时期农耕民族移民的类型与动因

学术界认为，移民成为研究一个地区的一个族群变迁过程的重要切入点。这个切入点得到学术界的普遍关注，并取得了相应的研究成果。当代学者闫天灵在两个族群关系互动中研究蒙古族群文化的变迁。他对清代以来，尤其是清中期以来的汉族移民与近代内蒙古社会的变迁进行了颇有成效的研究。②内蒙古区域游牧文化的变迁是伴随着大规模的长期的汉族移民发生的，这是一个社会现实。我们不仅要研究其发生的形态，而且要研究其发生的原因。农耕的生计方式是定居生活的模式，安土重迁不仅仅构成其生活模式，而且形成其文化性格。传统的农耕民族的生活理想是：三十亩地一头牛，老婆孩子热炕头。"我们可以相信，以农为生的人，世代定居是常态，迁移是变态。"③ 那么，他们为什么改变了常态，走上了"变态"的不归路呢？也就是说，他们移民的动因是什么呢？

1. 因灾荒而移民

游牧经济习俗存在着很大的脆弱性，实际上传统的小农经济也存在一定的脆弱性，因为其基本上是靠天吃饭。水是农业的生命线，也是人们的生存线。传统的农耕文化经不起灾害的袭击。历史上被称为"康乾盛世"的时代也灾害频频：山西定襄曾经发生大的旱灾。"康熙二十八年（1689）荒旱，补种荞麦，又被霜灾。人民逃散，鬻妻卖子。"④ "康熙三十六年，大旱，斗米七钱余，民饥相食。南城外掘男女坑，日填饿殍，时瘟疫大作。"⑤ 自然灾害加上人间的瘟疫，百姓无路可走。"康熙35年、36年，连被霜灾，米价腾贵，民大饥，多逃亡死者。"⑥ 康熙五十九年至六十年（1720年至1721年），"晋省连遭大旱，永邑更甚……盗贼遍地，饿殍盈野，性命贱如草菅，骨肉等

---

① 马戎：《民族社会学导论》，北京大学出版社2005年版，第125页。
② 闫天灵：《汉族移民与近代内蒙古社会变迁研究》，民族出版社2004年版。
③ 费孝通：《乡土中国》，生活·读书·新知三联书店1985年版，第3页。
④ 康熙《定襄县志》卷七《祥异篇》。
⑤ 民国《临县志》卷三《大事谱》。
⑥ 民国《沁源县志》卷6《大事考》。

于泥沙。颠沛流离,大为残伤"。① "乾隆五十五年（1790）,雁门关以北,岁
大饥。父鬻其女,夫鬻妻,三陌五陌,得钱便相随彼略卖人者。官禁驰,连
车累载驱之。驱之南出三关,北出口,不知日凡几。"② 被官方历史记载所谓
的"康乾盛世",也回避不了对民不聊生的实际记录。"乾隆二十四年,大疫
大饥,斗米钱五百,东乡民死亡过千。"③ "乾隆二十四年春,大旱。二十五
年春,因上年饥馑,兼瘟疫大作,死尸枕籍,逃亡过半。"④ "乾隆二十五年
春,大饥,民食树皮草根。"⑤ "乾隆二十二年至二十四年,大饥,民间食榆
皮,草实,饿死流散者无数。"⑥ "乾隆五十五年（1790）,雁门关以北,岁大
饥。父鬻其女,夫鬻妻,三陌五陌,得钱便相随。"⑦ "（乾隆年间）知广灵
县,值荒疫之后,流亡过半。赋不及额,而丁粮未归地者,或丁绝粮存,或
地在人亡,或自外归占侵他人之田,或未归而他人不敢耕其田。"⑧ "嘉庆九
年,夏无麦,秋无禾。粮价腾贵,麦石价银二十五两,人民离散。十年,无
麦无禾,饿死、逃亡过半。"⑨

表 3.1.1 　　　　　　山西省 16 世纪初至 20 世纪初自然灾害统计表 　　（单位：次）

程度 ＼ 灾	旱灾	水灾	风灾	雹灾	冻灾	霜灾	虫灾	瘟灾
特大	240	195	36	72	23	27	53	68
大	738	274	122	125	43	55	109	98
中	439	161	25	100	12	64	151	69
小	95	37	10	48	4	13	46	17
总计	1512	607	193	345	82	159	359	252

资料来源：王来刚《清代内蒙古地区的汉人移民史研究》,苏州大学硕士论文,2004 年。

----

① 民国《永和县志》卷 14《祥异考》。
② 光绪《广灵县补志》卷十收朱休度《拟古诗为满洞子妻作》,引言。
③ 民国《和顺县志》卷九《祥异篇》乾隆二十五年（1760）。
④ 民国《昔阳县志》卷一《祥异篇》。
⑤ 光绪《长子县志》卷一二《大事记》。
⑥ 民国《陵川县志》卷一〇《旧闻记》。
⑦ 光绪《广灵县补志》卷十收朱休度《拟古诗为满洞子妻作》,引言。
⑧ 光绪《山西通志》卷一一〇《名宦录》。
⑨ 民国《万全县志》《杂记》。

不唯山西，山东亦如此。"乾隆二十四年春，大旱。二十五年春，因上年饥馑，兼瘟疫大作，死尸枕籍，逃亡过半。"[1] 据统计，清代共出现中旱年 41 次，小旱年 172 次。中、小旱年虽成灾范围较小，但受灾地区的灾情仍然是相当严重的，例如县志中记有"大旱，无麦"、"饿莩载道"、"大饥，人相食"的年份。这种状况，在中旱年中有五年，在小旱年中有六年，计达十一年次之多。[2]

再说涝灾。清代山东共出现涝灾 245 次，可谓十年九涝。特大涝灾年三次，出现于康熙四十二年（1704）、雍正八年（1731）、乾隆四十七年（1783）。《莒州志》载："夏五月初淫雨，连绵四十余日，六月十九日大雨如注，七昼夜无一时止息，二十日洪水横流……平地深渊……二十五日冲毁城垣，城门北关只存房屋七间，淹死五、六千人。……乡区村庄，坟墓骸骨，随波而起，沙压良田，桑沧尽变，人畜漂流，不可胜言。"

清代自然灾害频繁，这是移民的重要原因。尤为山西、陕西、山东等省为重。以山东省为例，清代全省共出现旱灾 233 年次、涝灾 245 年次、洪灾 129 年次、潮灾 45 年次。

表 3.1.2　　　　　　　　清代山东水旱灾害分类综合统计表

灾害性质	指标名称	灾情分类				合计
		特大	大	中	小	
旱灾	出现年次数	3	17	41	172	233
	平均次间年数	89.3	15.8	6.5	1.6	1.2
	累计成灾县数	282	1033	1358	822	3555
	平均每年次成灾县数	94	61	33	5	15

---

① 民国《昔阳县志》卷一《祥异篇》记云。

② 转引自路遇《清代和民国山东移民东北史略》，上海社会科学院出版社 1987 年版，第 29 页。

续表

灾害性质	指标名称	灾情分类				合计
		特大	大	中	小	
涝灾	出现年次数	3	10	53	179	245
	平均次间年数	89.3	26.8	5.1	1.5	1.1
	累计成灾县数	271	587	1633	1169	3660
	平均每年次成灾县数	90	59	31	7	15
黄运洪灾	出现年次数	6	20	39	64	129
	平均次间年数	44.7	13.4	6.9	4.2	2.1
	累计成灾县数	287	622	642	237	1788
	平均每年次成灾县数	48	48	18	4	14
潮灾	出现年次数					45
	平均次间年数					6
	累计成灾县数					118
	平均每年次成灾县数					3
合计	出现年次数					652
	平均次间年数					0.4
	累计成灾县数					9121
	平均每年次成灾县数					14

注：1. 旱、涝灾分类标准：被灾 80 县以上者为特大，50—79 县者为大，20—49 县者为中，不足 20 者为小。2. 黄运洪灾分类标准：被灾 40 县以上者为特大，25—39 县者为大，10—24 县者为中，不足 10 县者为小。3. 海潮为灾较少，不分类统计。

资料来源：表中数据均来自路遇《清代和民国山东移民东北史略》，上海社会科学院出版社1987 年版，第 28 页。

除仅有两年无灾外，每年都有不同程度的水旱灾害。按清代建制全省107 州县统计，共出现旱灾 3555 县次，涝灾 3660 县次，黄运洪灾 1788 县次，潮灾 118 县次。全部水旱灾害达 9121 县次。

表 3.1.3　　　　　　　　　清代建制全省 107 州县灾害统计

旱灾	涝灾	黄运洪灾	潮灾	总计
3555 次	3660 次	1788 次	118 次	9121 次

资料来源：路遇《清代和民国山东移民东北史略》，上海社会科学院出版社1987 年版，第 27—28 页。

对此连封建统治者也确认无疑："自我朝定鼎以来，迄今二百余岁，中间水旱交咨，在所时有，然或一州、一邑，甚至二、三郡而止，从未有赤地千里，通省旱灾如光绪三年之山右者。时予司铎浮山，盘中苜蓿无复阑干照见矣。野无青草，草木具无，民有菜色，室空何有，以至人类相戕，几于析骸易子。此时此势，诚有耳不忍闻，目不忍见，而口不忍质言者，岂非二百年未有之奇荒，数省未经之大祲耶？"① 频繁的各种灾害，甚至出现了易子而食的惨痛情境。

民国时期亦如是。《高密县志》载："1914 年（民国三年）7 月 22 日大雨，半夜潍河出水，城子村被淹没。三百户冲倒房屋 160 间，猪圈门楼倒塌无数，冲掉粮食 25 万斤，牲畜大部淹死，人民遭难，四处流浪逃荒要饭，三户卖掉儿女，十七户外流东北。"② 1940 年全县 38 万人，到 1942 年只剩下 80000 人，除被日伪顽匪杀害和冻饿死的 118800 人，典妻卖子的14000 人。③ 在走投无路的时候，山东的移民进入了现今的东北三省和内蒙古区域。自然灾害造成十室九空，灾民成群结队，有的则向地旷人稀、自然灾害较少的东北与内蒙古迁徙。

2. 因贫困而移民

贫困是移民的根本原因。贫困的原因是多方面的，这里所说的贫困包括由于难以预料的天灾人祸所引起的贫困，包括由于封建社会制度所导引的贫困，也包括由于人口与资源的矛盾而引起的贫困。在山西大同府，"地土沙碛薄，风高气寒，丰岁亩不满斗，中人日仅再食。"④ 在山东，"乾隆25 年（1760 年），大疫大饥，斗米钱五百，东乡民死亡过千。"⑤ "乾隆二十五年春，大饥，民食树、皮草根。"⑥ "乾隆二十二年至二十四年（1759

---

① 见光绪《增修祁县志》附李芬《捐赈人名序》。
② 转引自路遇《清代和民国山东移民东北史略》，上海社会科学院出版社 1987 年版，第57—58 页。
③ 同上书，第 57 页。
④ 曾国荃：《山西通志》（光绪十八年）卷 99，《风土上》。
⑤ 民国《和顺县志》卷九《祥异篇》载。
⑥ 光绪《长子县志》卷 12《大事记》载。

年至 1760 年），民间食榆皮，草实，饿死流散者无数。"① 在山西，"嘉庆九年无麦，秋无禾。粮价腾贵，麦石价银二十五两，人民离散。十年，无麦无禾，饿死、逃亡过半"。② 陕北是内蒙古西部移民的主要来源之一。这些地方，"地瘠而少田，田多在山上，农人岁耕所获盖少，又无桑柘麻枲，故其人艰于衣食。……执工技者或作为弓矢马鞍，运之归化、绥远诸城，鬻艺于军营；或无地以耕，亦多佃塞外"。③ 由于人口等诸方面的压力，人们日益贫困化，出关定居是他们唯一的生存之路。"直隶之民，虽当丰收之年，亦多出关，出口谋生。"④ 俄国旅行者在经过察哈尔正蓝旗的一个叫大村的地方，这里是山西忻州来的移民，他们说："忻州是一片平原，大部分土地很肥沃，但是他们穷的根本买不起一点土地，只得远走他乡。"到内蒙古是他们的生路。山东盲流给俄国旅行者这样的记忆："他们告诉我说，他们是因为老家土地不够才往蒙古迁移的，但是他们自己也不知道他们去的是什么地方，他们将在什么地方住下来。"⑤

3. 因战乱而移民

起源于白山黑水的满族进入了中原，建立了王朝。在朝代更换的动乱时期，有农民起义，有汉族的反抗，出现了难民群。清初的西北用兵和东北抗俄之役，大批内地军队深入蒙地，客观上也起了促进作用。清代康熙朝的平定准噶尔战争中，推动了山西向归化城、土默特的移民"自康熙西征设驿于杀虎口，由归化城西抵包头镇，北初狼山，固所以便军旅也。而秦晋贫民相与负耒牵车，窃循驿程以俱进"。⑥ 而东蒙移垦则与康熙年间的抗俄战争有关。"闻边墙内外蒙古之地，土地肥沃，以康熙年间征役后，汉人渐渐侵入此地，从事垦土。"⑦ 在战乱中，陕西"人民死亡过半，以至田

---

① 民国《陵川县志》卷一〇《旧闻记》载。

② 民国《万全县志》《杂记》载。

③ 曾国荃等修，王轩等纂：《山西通志》卷99，《风土上》光绪十八年刻本，转引自闫天灵《汉族移民与近代内蒙古社会变迁研究》，民族出版社 2004 年版，第 8 页。

④ 孙嘉淦：《孙文定公奏疏》卷4，《安插流民疏》，转引自闫天灵《汉族移民与近代内蒙古社会变迁研究》，民族出版社 2004 年版，第 9 页。

⑤ ［俄］阿·马·波滋德涅耶夫著：《蒙古及蒙古人》，刘汉明等译，内蒙古人民出版社 1987 年版，第 2 卷，第 284 页。

⑥ 引自张相文《河套与治河之关系》，《地学杂志》1914 年第 5 卷第 11 期。

⑦ 引自［日］小越隆平《满洲旅行记》卷上，第 41 页。

地荒芜，粮悬纸上，……田则满圆荒草，庄则徒有破壁，人烟几断"。[1] 山西各省地"饥民逃兵，啸聚为乱，不只一处"。[2] 在战乱、灾荒的威逼下，挣扎在死亡线上的农耕民涌向塞外。另外由于1894年的中日甲午战争、1900年的八国联军侵华战争、1904—1905年的日俄战争，也造成中国北方各省民众逃难，出关者不计其数。其中进入科尔沁右翼三旗等蒙地者不在少数。日俄战争前夕，沙俄侵略者把祖祖辈辈居住旅顺中心区的郭屯、陈屯、夏屯等处500多户居民全部赶了出来，这些难民的一部分也把广阔无垠的蒙古地域视为求生之地。[3]

4. 由于清代的放垦政策而移民

清初，对于移民采取封禁的政策。康熙中期以后，实行了开禁政策，农耕民涌入了内蒙古区域。"昭乌达盟清初即有汉民迁入，但汉民大规模迁入则是嘉庆初年各旗'请旨招垦'之后。嘉庆五年奈曼旗种地户还仅有130户。"[4] 道光年间已有"大揽头一百六十余名，又有小揽头。……辗转招种，……遂致民人挟资携眷陆续聚居，数十年来生齿日繁，人烟稠密，实有数千口之多"[5]。杜尔伯特旗1904年局部放垦，建立移民区，至1911年，安达厅有12000人。郭尔罗斯后旗在1878年已有汉移民入垦，1905年大批移民涌至。至1908年汉族移民约有25000人，1911年约有60000多人，在4年里人口增加近40000人。札赉特旗于1900年开始放垦，1902年开始移民，1904年为62000人，1911年增加为85000人。[6] 至清末，哲里木盟汉人已达到230万人。[7]

5. 因经商而带动的移民

由于社会的发展和游牧经济本身的脆弱性以及蒙古牧人尤其是上层统治

---

① 《地丁题本》(21)"陕西三"。

② 《明清史料》第3辑"保定巡抚冯圣兆为搪报事"。

③ 参见《沙俄侵略旅大七年》，中华书局1978年版，第66页。

④ 中国第一历史档案馆. 宫中朱批奏折"珠隆阿奏1/383/1"。

⑤ 李桂林：光绪《吉林通志》卷28"食货志一·户口"，转引自田志和《清代东北地区蒙地开发概述》，《内蒙古文史》1982年第1期。

⑥ 参见许闻诗纂《张北县志》卷5"户口志"，1935年铅印本，《中国方志丛书》，成文出版社1968年影印本。

⑦ 参见曾国荃等修，王轩等纂《山西通志》，卷65"田赋略八"，光绪十八年刻本，中国书店1988年版，影印本。

者对农产品的需求，尽管清政府对内地的旅蒙商实行控制的政策，但是为了高额利润，旅蒙商冲破清政府的阻挠，与内蒙古地区进行不等价交易，开始了由小到大的规模商业贸易，商贸活动的发展也伴随着移民。

据光绪《左云志稿》的记述："本邑缸、油、布、当、粟店，多系代州等地寄民，而土著之民合伙贸易于邑城者甚少，大半皆往归化城，开设生意之铺以贸易，往往二三年不归……且有以贸易迁居大半与蒙古人通交结，其利甚厚，故乐于去故乡而适他邑也。"① 清政府指定的通道口——喜峰口、古北口、独石口、张家口、归化城和西宁等地都成为移民的入口。

大同、忻州、代县是旅蒙商的大本营，同时也是向土默特川和察哈尔右翼移民最多的地区。旅蒙商构成了移民的主体。"内地人持货赴边，日积月累，迄今归化城、八沟、多伦诺尔数处，所集之人已至数十万。"② 在塞外各省移民中，山西人的辐射范围是最大的，东至哲里木盟科尔沁左翼后旗的昌图府，③ 西至阿拉善，甚至北至外蒙库伦以北的图拉河平野，都有一定数量的山西人分布。阿拉善旗与山西分在黄河"几"字形两旁，地域分隔，但该旗的汉族移民就是从山西平遥、孝义、汾城等地迁来的，而且移入时间较早。"这种远距离移民的产生，是因为山西平遥商人很早就来到阿拉善，接通了远距离移民线路。阿拉善旗最大的商号——祥泰隆，即为平遥商人开办，故有'先有祥泰隆，后有定远营（即巴彦浩特，阿拉善旗王府所在地）'的说法，反映出山西商人与山西移民的密切对应关系。"④ 旧称顺德的邢台，在民国时期"仅恃农业决不足以为养"的情况下，西部山区人（简称"西山人"或"西乡人"）大都兼营商业。在牵引塞外移民潮方面，旅蒙商是主要力量，但不是唯一引导的途径。

6. 因满洲贵族圈地运动而移民

为了巩固清政府的封建统治，他们在中原实行了三次圈地运动。所谓圈地运动，就是强行圈占土地为满族贵族所有。满洲贵族在中原圈占土地也迫使很多人背井离乡，流亡塞外。从顺治元年十二月至顺治四年正月，大规模

---

① 转引自卢明辉《清代北部边疆民族经济发展史》，黑龙江教育出版社1994年版，第172页。
② 《大清会典事例》（光绪朝）卷995。
③ 洪汝冲：《昌图府志》第1章，《疆土志·户籍》。
④ 闫天灵：《汉族移民与近代内蒙古社会变迁研究》，民族出版社2004年版，第15页。

圈占三次，史记京畿各县至河间、滦州、遵化等州县，后又扩展至顺天、保定、易州、永平四十二府。据统计"八旗兵圈占达 14 万顷"。① 圈地的面积之广涉及当时的京畿周边及现在的河北、山西、山东各省。据统计，清皇室圈地占地 22000 余亩②，造成"圈田所到，田主登时逐出，室中所有皆其无"而面壁号哭、无家可归的悲惨局面。到了康熙九年（1670），退出 1148 顷，尚存 1879 顷，实存比退出的多 700 余顷。"滦州上田，隶其圈者十之八九，……余地皆沙碛低洼，亦复旗民参半，终岁皆为下农。丰年且无余积，粮值贵贱常失平，稍饥馑，辄流亡焉。"③ 据有关喀拉沁的材料的记载，在乾隆十七年（1752）汉人佃户的调查表明，就有不少被满洲贵族圈占土地而逐出家园的属直隶的汉族佃户。

7. 因蒙满联姻而移民

清代把皇室的公主下嫁给蒙古王爷做福晋，实行满蒙联姻。蒙满联姻是清政府实行的羁縻蒙古族上层统治者的策略之一。据统计，皇室的公主包括皇帝的女儿和亲王的女儿加起来有一百多位。历代统治者都实行过联姻政策，但是都不具备这样的制度性和规模。在公主下嫁的同时，带来了大批汉族移民。法库县四家子乡蒙古族李姓，昌图县东嘎乡、四家子乡的金、王、李、赵、贾、孟、何、高八大姓，人称"八姓蒙古"，就是清雍正年间随端柔公主下嫁，从河北滦县迁来的汉族。④ 这些奴仆、匠人及守陵户与蒙古人杂居，他们说蒙古语、取蒙古名、姓蒙古姓，融合到蒙古族之中了。科尔沁左翼右旗随清代公主进入蒙旗的主要是温姓，还有李、德、王、刘等姓。称为"巴户人"，原来的十几户，后来逐渐繁衍为五百多户。陪嫁的有各行各业的工匠，如木匠、石匠、瓦匠、泥匠、金匠、银匠、锡匠、皮匠、粉匠、油漆匠、碾子匠、糕点匠、豆腐匠、兽医、中医、厨师等。⑤ 他们的后代大都转为自耕农，有部分成了地主。清初，阿鲁科尔沁旗的庄丁，黄、韩、古、贺、王、陈、姚、金八姓氏占地受到保护。清顺治年间随清和硕公主下嫁札萨克图王旗的汉族庄丁开垦土地并租

① 伊桑阿等纂：《大清会典》（康熙）卷 21，文海出版社 1993 年版。

② 《清朝文献通考》卷 5 "田赋五"，商务印书馆《十通本》。

③ 嘉庆《滦州志》卷 1 "风俗"，《中国地方志丛书》，台湾：成文出版社（影印本）。

④ 参见白凤岐《概述蒙古族的源与流》，《满族研究》1989 年 1、2 期合刊。

⑤ 参见温大明《蒙古王公达赉贝子的没落》，内蒙古政协文史资料编《内蒙古文史资料》第 18 辑。

种收租。①

8. 近代手工业者和工人的移民

清末开放蒙地，招民开垦，涌入了不少手工者，主要是内地过剩的失业工匠。由于蒙古地区农业的发展，为手工业发展提供了物质条件。进入蒙古地区的汉族手工业者，以农产品为原料进行加工，如烧锅酿酒，粮食制品即粉坊、油坊、豆腐坊、制酱、醋等，也有制作农具的铁匠铺、木匠铺、泥瓦匠等，他们在农业区给农民制造和修理农具、家具，建造房屋，有的还深入草原，为牧民制造和修理各种用品。手工业者也出现了农耕地区原来没有的畜牧产品加工业，如皮革制造业。近代以来内蒙古地区的手工业以个体为主，他们或以大中城镇附近的农业定居点为据点，或径从内地深入到牧区从事生产活动，规模大小不等。汉族手工者到蒙古地区从事手工业生产，对蒙古地区的四个文化圈的发展起着积极的作用。

9. 汉族的再移民

清末的放垦政策促进了汉族的再移民。所谓再移民，就是汉族移民在内蒙古区域定居后，在清政府的放垦政策颁布后，他们离开原来的居住地，向内蒙古区域的其他地域迁徙。巴林右旗的汉族大多数是从河北、山东迁入的，也就是说"闯关东"过来的。他们先到放垦较早的喀喇沁、翁牛特一带落脚，而后或者由于灾害，或者由于地少人多的挤压，或者由于分配不足等多种原因，又迁徙到巴林右旗。据统计山东的流民由于各种原因，有的北出口外，有的进入内蒙古，康熙年间来往口外流民十余万口。其北进开始进入到辽东半岛，然后北进到东北三省。后有一部分成为今郭尔罗斯后旗（今黑龙江省肇源县）和今杜尔伯特旗（今黑龙江省达县附近）蒙古王公的佃农。② 其移民路径是向北向西推移。

10. 连锁移民

与上述移民的动因相比较，其移民动因并不是很突出，最初移民是春去秋归，正因为这种形式，才能传递信息，尔后带动其老乡跟踵前来。被带动的同族、同乡就是连锁移民，最终在内蒙古落脚。"迁移的主要障碍是它意味着破坏

① 参见内蒙古档案局、内蒙古档案馆《内蒙古垦务研究》第一辑，内蒙古人民出版社1990年版，第292—293页。

② 参见路遇《清代和民国山东移民东北史略》，上海社会科学院出版社1987年版，第21页。

与亲朋的关系。有亲朋的核心人物一旦安了家,迁移流的大量增加就被称作'连锁迁移'。"[1] 被学术界称为"连锁移民"的案例也比比皆是。"内地民众,因耳目所闻见,亲友之告语,遂辗转轰动,襁负提携,源源而来,乃暨乃涂,爰奠其居,望衡对宇汉蒙杂处,所以造成若此之趋势者,盖权舆乾嘉之初,而鼎盛于咸同以后也。"[2] 不管是什么动因的移民,客观上增加的是内蒙古地域的人口。

表3.1.4　　　　　　　　　1782—1830年热河地区州县人口增长情况

时间 地名	1782年（乾隆四十七年）		1830年（道光十年）	
	户数	口数	户数	口数
承德府	8979	41496	16339	110171
平泉县	29315	154308	20449	158055
滦平县	5230	106630	6914	45769
丰宁县	20871	72079	22198	115973

资料来源:海忠《承德府志·田赋·户田》,卷23。

表3.1.5　　　　　　　　　　　　清代中期移民表

政区	乾隆四十三年（1778）		道光七年（1827）		绝对增长
	户	口（男、妇）	户	口	（口）
承德府	8979	41496	16339	110171	68675
滦平县	5230	106632	6914	45769	−60863
平泉州	29315	154308	20449	158055	747
丰宁县	20871	72079	22198	115973	43894
建昌县	23730	99293	31996	163875	64582
赤峰县	6324	22378	14999	112604	90226
朝阳县	15356	61220	31751	77432	16212
总计	101805	557406	144646	783879	226473

资料来源:和珅、梁国治纂修乾隆《钦定热河志》"食货·户口",乾隆四十六年（1781）册籍记录;海忠道光《承德府志》卷二十三"田赋·户口"统计表。

[1]　[美] D. M. 赫尔:《人口社会学》,黄昭义、严苏译,云南人民出版社1989年版,第98页。
[2]　S. C. 君:《热河卓昭两盟垦殖演进之研究》,《蒙藏周报》1931年第65期。

这里的统计不够准确，因为没有包括大量存在的流动人口和大量各蒙旗境内的私垦农户尤其是季节性的流动人口。但是还是可以看出，除了滦平县是负增长之外，其余各县全部是人口的增加。其中承德县增长了36.2%，赤峰县增长87.7%。他们或因灾害，或因战乱，根本的动因还是贫困，被迫背井离乡，来到内蒙古草原区域。学术界研究，自发式移民是移民的主流。民歌里这样描述他们生活的悲惨情景：

二饼饼牛车拉铺盖，　　　离乡背井走杭盖。

孤雁离群落荒沙，　　　　山野草地安了家。

买不上椽子砍上几根棍，　搭上个毛庵庵好安身。

牛粪烧火沙蒿燃，　　　　水淹沙葱焖捞饭。

移民大致分为三条路线：

（1）"走西口"——民众称大同以西的杀虎口为"西口"，经此道移民"走西口"。从山西到归化城土默特部，逐渐伸展到鄂尔多斯等地。主要是山西人、陕西人、甘肃人，后来泛化为人们从不同的水、旱关口出口都称为"走西口"。"伊盟七旗境内，凡临黄河。长城处，所在（皆）有汉人足迹。"[①]

（2）"闯关东"——指山海关以东的东北地区。虽然清政府一直限制内地人的移入，但是为了生存的人民还是要闯。闯关东的主要是直隶、山东、河南的移民，"乾隆中，直隶、山东人出关就食，留寓其地，渐事耕种"。[②] 他们出关后进入辽宁西部，再向北部渗入。

（3）"跑口外"——从张家口、独石口、喜峰口、古北口等关口进入内蒙古地区，主要是河南、河北、山东等地的农民。宣统年间的《新民府志》载："民人则直隶、山东者多，言顺治三年移民实边，迁徙以至也。"

历史上清代以来，特别是清政府"放禁"政策之后一直到民国求生存的农耕民像潮水一样涌向内蒙古区域。在这里，我们要说明的是，民国时期的移民与清初期的移民有很大的不同。其不同表现在：

---

① 潘复：《调查河套报告书》，中华书局1923年版，第219页。

② 徐世昌：《东三省政略》《蒙务上·蒙旗篇》，文海出版社1965年版。

（1）清代移民往往是个体迁移，清末到民国移民群体则往往是举家迁移，数量剧增。农耕民的传统是重土难迁，刚开始贫困的移民出现"雁行人"的状态，即春往冬归，并不携带家属。后来一部分举家迁徙，灾害、困难过去，也有一部分回到原驻地。清末以至民国，由于中原地区人口的密集，生活的艰难，公路铁路的通行的便利，上层制度文化的导引，原来移民在内蒙古地域生存状况的反馈，等等，导致汉族农民举家迁徙，甚至同一村落几个家庭联合起来迁徙。其迁徙的目的是长久地落户而不是当年"雁行人"那样回归。我们通过几个数字说明，"五原厅改为临河县，据民国十八年统计，全县定居户 12580 户，男 34253 口，女 22340 口，与清初的反差很大"。[①] 1912 年即民国元年，归绥地区的户数 45832 户，男子为 150917 人，女子为 91589 人，合计人口 242906 人。短短几年内，增加了 14 万。[②] 这 14 万不是自然增长，而是移民。

（2）清末至民国时期，汉族移民不仅涌入了农村，而且大量涌入了城市。其中有商人群体与手工业者群体。在呼和浩特地区，"其中主要是晋北、晋中的农工商民。清末的'移民实边'基本是有组织地进行的，对盲目流入有所控制，而民国时期，汉民可自由来往蒙地，加之铁路修成，汉族涌入呼和浩特的规模和速度都超过了明清两代"。[③]

（3）土地自由买卖的实行，导致大量土地归属汉族地主。由于辛亥革命后土地可以自由买卖，内地的地主从蒙旗大量承包土地再廉价雇佣内地人耕种，他们买地盖房，争取了土地资源的所有权。

从事研究汉族移民到内蒙古区域的当代学者闫天灵认为："在中国近代移民史上是独一无二的。"对这样规模宏大、旷时已久的汉族农民到内蒙古草原区域的移民他这样阐释："清代及民国时期，以汉族为主体的内地人口，向内蒙古大规模迁徙定居，历时三百余年。从迁徙范围看，在东起辽东边墙，西至嘉峪雄关的万里长城一线，呈全线迁移之势，移民横跨鲁、冀、晋、陕、甘五大内地行省，涉地之广，在中国近代移民史上独一无二。"[④]

---

① 韩晓莉：《浅析清末山西北部蒙垦区人口的变迁》，《学术探讨》2002 年第 3 期。
② 参见《归绥县志》（民国）《田赋人口》。
③ 内蒙古地方史志编纂委员会编印：《呼和浩特志·民族》1999 年版，第 33 页。
④ 闫天灵：《汉族移民与近代内蒙古社会变迁研究》，民族出版社 2004 年版，第 1 页。

(二) 1949 年后向内蒙古地区的移民

清代以至民国，汉族移民使得蒙古族的生计方式及社会结构发生了变迁。1949 年后，国家的体制发生了巨大的变革，内蒙古区域发生了历史性的变迁，为了加强内蒙古区域的建设，汉族移民也在持续。虽然其移民的动因与历史时期移民有很大的区别，但是内蒙古的人口在新的历史条件下继续增加。这一时期移民的动因是：

1. 因内蒙古发展的需要特别是工业发展的需要移民

建国后国家重视内蒙古的发展，20 世纪 50 年代内蒙古区域进入到国家建设飞速发展的新时期。包头钢铁基地和大兴安岭森林工业基地的建设是内蒙古区域开始步入工业化的标识，第一个五年计划期间新建了大型工厂，从沿海和其他省市迁入了一批工业企业，这时大量的职工家属和学校的毕业生来到内蒙古支援国家的经济建设。为了支援国家的工业建设，从 1953 年到 1960 年，迁移变动的人口达 302.6 万人。[1] 以新兴工业城市包头市来说，1960 年非农业人口增加到 936160 人，比 1952 年增长了 6.87 倍。后来经过 20 世纪 60 年代初的调整，大部分返回原籍，其余迁徙到临近的盟市旗县或农村。[2] 当时国家在计划经济的指导下，有计划组织内地人支援边疆，在 1959 年到 1969 年十年内，先后有京津沪等地 15 个全建制的工厂迁入呼和浩特及包头等地。迁移总人口为 15184 人。[3] 由于相对内地来说，内蒙古的人口密度小，有些内地的人"自留"边疆，国家采取了"就地消化"的政策。1952 年，内蒙古城镇化人口为 103.6 万人，1960 年增加到 359.8 万人，剧增 2.5 倍，为当年全国城镇化之最。[4]

2. 大跃进及三年自然灾害期间的移民

1958—1960 年，大跃进的浪潮带来了人口的大流动，由于基本建设膨胀，劳动力急需猛增，于是大量农村人口流入城市。劳动力的走失，高征购，公社化，使农业生产受到很大的影响。1959—1962 年我国又遭受了全国性的严重的

---

[1]　参见宋迺工主编《中国人口·内蒙古分册》，中国财政经济出版社 1987 年版，第 11 页。

[2]　同上书，第 184 页。

[3]　参见贺学礼《自治区人口迁移的探讨》，斯平主编《内蒙古社会发展与变迁》，内蒙古大学出版社 1991 年版，第 102 页。

[4]　参见宋迺工主编《中国人口》(内蒙古分册)，中国财政经济出版社 1987 年版，第 226—227 页。

自然灾害，由于自然灾害和"左"倾路线导致的政策的失误，粮食严重缺少，灾民纷纷离乡靠友，形成了强大的迁移流。

表 3.1.6 1958—1965 年的移民状况表

移民年份	移民人数（万人）
1957	15
1958	30.4
1959	56.2
1960	106
1961	- 43.7
1962	- 25.3
1963	1
1964	1.1
1965	3.5

注：移民人数指的是净迁移人数。当迁入人数少于迁出人数时移民人数为负数。

资料来源：《中华人民共和国人口统计资料汇编》（1949—1985 年），中国财政经济出版社 1988 年版。

　　三年自然灾害期间是人口流动的时期，由于承德、朝阳地区灾害严重，有 1200 余户 5618 人迁入巴林右旗，其中大多数是汉族。1960 年按照上级的部署，旗人民委员会从宁城、喀喇沁旗接收 889 户受灾人口来旗内定居，其中汉户 714 户，3995 人，安置在大板、益和诺尔、宝日勿苏等社队。[1]

　　对此，我们也进行了个别访谈，择一例证。

　　60 年代我们这里（内蒙古正蓝旗）建公办小学，有学堂地。来了汉族移民，来的大多数是老实人。1949 年又有国民党的旧军人来到这里。"文化大革命"前，我们这里不到一万人。还可以说地广人稀。20 世纪 60 年代逃荒来的很多。那时大家吃大锅饭，吃食堂，汉族人会种菜，当大师傅。他们会开地，会盖房子，把山上的木头砍来就盖房子。70 年代实行军管，山西、山东、河北又来了不少人，这是有组织大拨大拨来的，他们从农区来到牧区，有的开地继续务农，有的放牧，放牧的少，务农的多。正蓝旗有三大牧场黑城子牧场，五一牧场，都容纳了不少人，那时的时髦口号是"牧人不吃亏心

---

① 参见巴林右旗旗志编纂委员会编《巴林右旗志》，内蒙古人民出版社 1990 年版，第 44 页。

粮",在沙漠里开荒。我们念的是草木经,他们念的是开垦经,怎么是亏心粮呢。太仆寺街、保昌镇、呼市、张家口的都来到这里。逃荒的人,也可怜啊,背着床被来,也有做买卖的,他们开始是挑着担子做小买卖,卖的是日用品,女人用的梳子针头线脑的,有租种田地的多……①

田野笔记——一个汉族移民的记忆

> 我们是从山西过来的。我是72年过来的,那时候我19岁。我老伴叫胡万山,是汉族,当时我们那里太穷了,别说肉,粮食也不够,吃不饱。有人说,内蒙好,吃得饱,还有肉吃。当时不愿意离开家,谁知道那是什么地方,还能不能回来呢?但是我妈说,"咱们家太穷了,还是走吧……"那时我们坐的是汽车,坐了四天,到了张家口,再往东乌珠穆沁旗走,那时候汽车慢,现在只要坐一天车就行了。跟我们坐车的还有怀安的、大同的、张家口的,都是逃荒的,一群一群的……大家都希望能过上好些的日子。开始我们到的是蓝旗,那儿人多地少,一人连一亩地都不到。宝昌也人多,况且都是山坡地,后来我们就到这边来了。主要是放羊,也种一点地……②

3. 知识青年上山下乡向内蒙古移民

"文化大革命"时期,由于政策的偏颇,到内蒙古地区的汉族人口主要一是有组织的上山下乡的知识青年,二是生产建设兵团的知识青年。60年代末到70年代初,从北京、天津、上海等地来到内蒙古知识青年为98623人,生产建设兵团的外省知识青年总数为82475余人,共18万余人。虽然随着政策的变迁,已经有7万余人迁出,占迁入人口的25.2%左右。但毕竟有相当一部分留在农区和牧区。③

---

① 被访谈人:XDXG,男,50多岁,蒙古族,内蒙古正蓝旗牧民,曾任干部。访谈人:邢莉,访谈时间:2007年7月,在正蓝旗。

② 被访谈人:LJL、男,53岁,汉族,内蒙古东乌珠穆沁旗牧民,其爱人HWSH,57岁,汉族,牧民。访谈人:邢莉,访谈时间:2008年7月,在其家里。

③ 参见贺学礼《自治区人口迁移的探讨》,载斯平主编《内蒙古社会发展与变迁》,内蒙古大学出版社1991年版,第102页。

4. 1947 年后至今的自发性的移民

据内蒙古社会科学院牧业经济研究所 2002 年对内蒙古 8 个牧业旗的调查数据统计，从 20 世纪 60 年代到 2002 年世居牧民并没有增长，基本保持原来的人数，有的旗县还略有下降。但是牧区草原人口大量增加，仅锡林郭勒盟就增长了 348%。[1] 而这些人口基本大部分属于 60 年代初以来相继进入草原的移民。这些移民进入草原以后，除了开垦草原，种草种粮，从事手工业之外，自承包草场的制度实行后，都转向了饲养牲畜。他们大部分没有草场，势必和大部分牧民争夺草场。[2] 内蒙古畜牧厅牧业经营站 2002 年另一调查数据显示，"所谓内蒙古草原的超载放牧，其实大部分属于非牧民所养，除上述机械移民外，还包括某些政府部门、企事业单位还有某些个人"。[3] 作者从呼伦贝尔鄂温克旗了解到，从 1949 年到 1990 年间，移居到鄂温克旗的人数为 16000 人。其中包括汉族，也包括蒙古族，包括国家的干部调动、开发资源招工，也包括自发的移民。作者在锡林郭勒盟乌里雅斯太镇向管理部门统计婚姻状况的时候调查到，在 80 年代后，由于政策的宽松，这里流动人口很多，其中有相当一部分在这里落户。据我们的不完全统计：

（1）来自自治区内地域的落户的有：西乌珠穆沁旗、太仆寺旗、镶黄旗、正镶白旗、正镶蓝旗、扎鲁特旗、苏尼特左旗、苏尼特右旗、科尔沁左旗、科尔沁右旗、海拉尔、赤峰市、宁城、林西县、鄂尔多斯、五原县、武川县、开鲁、兴安盟等。

（2）来自自治区外的地域落户的有：北京、河北沽源、河北康保、河北石家庄、宁夏、河南、山西、陕西等，甚至还有广西那坡的壮族。[4]

从清代至民国，以至于 1949 年中华人民共和国成立以后，内蒙古区域的人口一直在增加。对于 1949 年后的移民，学术界认为，人口迁移受自然条件、社会因素和人口密度等方面的影响，人口迁移还直接受到政治运动的影响[5]。1949 年后的移民与清代和民国时期的移民有很大的不同。

---

[1]　参见《锡林郭勒盟盟志》，内蒙古人民出版社 2001 年版，第 153 页。

[2]　参见敖仁其主编，敖其副主编《制度变迁与游牧文明》，内蒙古人民出版社 2004 年版，第 165 页。

[3]　同上书，第 238 页。

[4]　邢莉、张曙光、王志清于 2008 年 7 月，在锡林郭勒盟东乌珠穆沁旗的调查。

[5]　参见宋迺工主编《中国人口》（内蒙古分册），中国财政经济出版社 1987 年版，第 180—182 页。

其一，就移民的规模来说，清代和民国时期的移民大多属于"保守型"移民。移民的目的完全是为了能够维持个人和家庭的生存，由于他们受原有的生活水平、文化教育水平的限制，他们的思维存在相当的保守性。"他们绝不是通过迁移去寻找新的生活方式，而是固守原有的观念，固守原有的生存方式，所以他们只能把农耕文化和农耕技术移植到草原地区。"[1] 与 1949 年前的移民比较，1949 年后的移民属于开发型。特别是他们之中的文化精英，为内蒙古的发展作出了贡献。移民属于人口的机械增长。大量的机械增长，势必对其经济、文化、观念、宗教信仰以至民族文化心理产生深刻的影响。

其二，1949 年后移民的素质高于之前的移民。在考虑移民质量的时候，学者从两个角度考虑问题，一为原住民的素质高于移民，一为原住民的素质低于移民。并提出："整体素质差距主要反映在各族群成员之间的教育水平、职业结构、组织能力、纪律性、工作经验、道德水准等方面，与他们成长过程中所生活和工作的社会环境、经济文化发展水平相关。"[2] 由于从清代到民国这一较长的历史时期，农耕民族移民的时间之长，数量之大，情况之复杂都是以往所没有的，所以对移民素质的评估也存在相应的难度。就 1949 年前的移民看，其性质属于自发性移民，其职业大多为农民，很少受到正规的学校教育。与游牧民比较，他们之间的差异主要是两种文化的差异，由于游牧民族和农耕民族所处的区域不同、生计方式不同而产生的语言、宗教、生活习俗、价值观念、思维方式、行为模式等方面的差异，很难判断移民素质与原住民相比较的高低。但是按照"族群分层"理论来区分，部分商人与手工业者的整体素质高于其他移民，但是在 1949 年以前的移民中也有部分奸商、小偷、地痞等品质恶劣的人。俄国人波兹德涅耶夫在内蒙古进行实地考察时发现，"最先来自中原地区的这种移民或者是无依无靠而又不守本分、希冀闯江湖发横财的光棍；此外还有在本乡本土不能立足，有亲戚不能投靠，甚至于不见容于家庭的十足的无赖"。[3] 就时间的历史跨度说，1949 年后的移民素

①　戴逸主编：《18 世纪的中国与世界》，成崇德著《边疆民族卷》，辽海出版社 1999 年版，第239 页。

②　马戎编著：《民族社会学导论》，北京大学出版社 2005 年版，第 131—132 页。

③　［俄］阿·马·波兹德涅耶夫：《蒙古及蒙古人》（第 2 卷），刘汉明等译，内蒙古人民出版社1983 年版，第 291 页。

质高于 1949 年前的移民素质。尤其是技术人员、医生、教师及高层管理人员。他们的职业和技术专长不仅不会对原住民构成威胁，而且及时地解决了原住民的生产、生活所需，他们向蒙古族传播的不仅仅是科学技术和文化知识，还有其思维方式和价值观念及道德素养。

在研究游牧文化变迁的时候，移民的数量是最重要的因素，特别是与当地居民数量规模相比的"相对规模"。人口现象不仅仅是一种自然现象，也是一种社会现象。

学术界认为："移垦设治彻底打破了内蒙古蒙古族人口的自然构成和社会构成的传统定势，而且彻底改变了内蒙古人口的民族构成，经过近一个世纪的发展，内蒙古土著居民蒙古族，在自己的故土上成为真正的少数民族。"① "内蒙古总人口在 19 世纪初期只有 215 万人，占全国总人口的 0.5%，而 1949 年是 608 万，占全国的 1.1%。人口密度从 19 世纪初的每平方公里 1.82 人到 1949 年的 5.15 人，从一个地广人稀的单一牧业区基本上发展为多种经济区，奠定了今日内蒙古的基础。"②

"一切社会过程的最初起源都必须从社会内部的环境的构成中去寻找。"③ 社会环境是社会现象变迁的根源，因为社会环境是社会现象存在的基本条件，只有通过社会环境才能真正解释社会现象及其变化的实际情况。汉族移民的涌入，必然会与蒙古族发生近距离的接触，为衣食住行、婚丧娶嫁等民俗文化全方位的变异提供了可能，特别是为蒙汉通婚提供了机遇。"人口的自然增长和机械增长直接有关，因为移民和蒙汉通婚的扩大带来了较大的人口基数和较高的生育率。所谓解放前牧区蒙族人口减少，并不等于牧区人口减少，事实上也没有减少。"④ 两个不同文化的族群长久的近距离的接触甚至通婚，共同生活在一个家庭，其两种文化的调试和融合的程度的深刻性是可想而知的。特别是其后裔，更成为出生和成长均生活在内蒙古地域的汉族或者蒙古族，就民族的个体来说，为蒙汉的文化接触架起了进一步融合的桥梁。而个体属于族群，其促进两个族群内部的变化也是深远的。"汉人向蒙古发展的速

① 宇尔只斤·吉尔格勒：《游牧文明史论》，内蒙古人民出版社 2002 年版，第 157 页。
② 宋遒工：《中国人口》（内蒙古分册），中国财政经济出版社 1987 年版，第 60 页。
③ ［法］迪尔凯姆：《社会学研究方法论》，胡泽译，华夏出版社 1988 年版，第 82 页。
④ 王俊敏：《一种新型社区——牧区社区》，《内蒙古大学学报》1993 年第 2 期。

度与规模，对蒙古社会组织和机能的变革，适成正比例。"① 其出现的不仅是"汉化的蒙古人"和"蒙古化的汉人"，而由于移民来自的地域不同，形成两种文化模式融合后新的文化模式，例如学术界研究了土默特文化圈的形成。融合的结果是其族群文化逐渐淡化而地域特征逐渐彰显。

二   内蒙古区域的开垦与游牧文化的变迁

从清代到民国时期，由于中原人口的压力，各种各样的灾难与其他动因，也由于清政府直至民国政府的政策的疏导，农耕民族大量涌入内蒙古区域开垦草原。移民实行的是靠天种地的粗放农业。历史上游牧文化与农耕文化一直处于互动交往的过程中，历史上也曾出现农耕区域向游牧区域的移民。但是从清代开始至民国时期，以至于 1949 年以后，规模如此之大，时间如此之长的移民在历史上是空前的。面对着当今严重退化的草原，我们在思考：在内蒙古区域的四个文化圈是如何形成的？以农耕的生计方式替换游牧的生计方式的过程是什么？其"大传统"的背景何在？其不可遏制的原因何在？

（一）清代的开垦与清政府的放垦政策

农耕文化的模式之所以在内蒙古草原地域传播是由于汉族大量的持续的移民。汉族移民是农耕文化模式的代表者和携带者。18 世纪中叶以前，内蒙古地区是一片完好的天然牧场。清代中叶清统治者的政策是"借地养民"。农耕民族主要从东西两路进入内蒙古地区。一路是从山东、河北等省向东进入现在哲里木盟的西辽河沿岸和昭乌达盟的经棚一带，另一路从山西北部向北出长城，进入平泉行政区和伊盟的东南边缘一带。这时"禁止携带眷属"，农耕人定居的不多，开垦的规模不大，耕地的分布星星点点。但是随着清代政策从清初期的"禁垦"到后期的"放垦"政策的变化，同时由于汉族移民生存的强烈需求，开垦内蒙古草原终究形成了势不可挡之势。

在清代前期，内蒙古高原农业的开垦主要分布在四个区域。以卓索图盟为主的东蒙古区域，以今天呼和浩特即过去称为的归化城为中心的土默特地

---

① ［日］田山茂：《清代蒙古社会制度》，商务印书馆 1987 年版，潘世宪译，第 124—125 页。

区，察哈尔地区，内蒙古西部的河套地区。最早开发的是内蒙古东部地区，即现今内蒙古的昭乌达盟、哲里木盟一带。东部最早形成农业区的是喀喇沁诸旗和土默特贝子旗。喀喇沁三旗在康熙年间就开始招募汉民开垦荒地，据康熙五十一年（1712）的估计："山东民人往来口外垦地者多至10余万。"[①]到乾隆十三年（1748），喀喇沁中旗已经有汉族4.29万人，106屯，汉农佃种地774顷之多。喀喇沁左旗有400顷80亩。乾隆年间，"清政府将八沟厅改为平泉州，塔子沟厅改为建昌县，标志着这一地区已经接近或者已经转变成为农业区"。[②]雍正和乾隆年间也以较快的速度发展。在喀喇沁左旗和中旗，大片牧场开垦为农田，部分蒙古牧民因无处放牧，遂放弃畜牧，改营农耕，开始了牧民向自耕农的转化。在乾隆时期，喀喇沁左、中二旗及土默特右旗已开始在蒙古人中间分配以农耕为主的生计地。[③]在喀喇沁左旗地区，乾隆十七年（1752）的《汉人佃户调查表》证明，移居的汉人中80%为直隶农民。据乾隆十三年（1748）统计，喀喇沁中旗有103个汉族的屯子，汉族农民达到4.3万人。[④]在热河迤北一带，即喀喇沁右旗，翁牛特左旗及敖汉旗一带，"系蒙古外藩游牧处所，自乾隆四十三年（1778）改设州县后，山场平原尽行开垦"。但道光年间已因"商民日集，占垦地亩日广"至"蒙古人无地牧放牲畜"。[⑤]

　　继而哲里木盟各旗的农业也相继发展起来。科左前旗在道光三年（1823年）有耕地1546垧，到道光十六年（1836）又开了石头房、大麻子泡和大麻子泡以东三处荒地。科左中旗，嘉庆十三年（1809）时已有耕地125000垧。科左后旗在道光十九年（1839）时有南荒、夹荒两处耕地几万垧。郭尔罗斯前旗，嘉庆四年（1800）时已有耕地265648亩。郭尔罗斯后旗道光四年（1824）时已有耕地270000亩。[⑥]至清末新政前，哲里木盟东南部形成两大农业区，一为郭尔罗斯前旗以长春为中心，沿伊通河、饮马河、雾开河两岸；一为松花江南岸。

---

① 《清圣祖实录》康熙五十一年五月壬寅。

② 刘景岚著，刘玉祥主编：《西辽河蒙地开发与社会变迁研究》，国际华文出版社2001年版，第146页。

③ 参见［日］及川三男《热河蒙旗概要》，热河省公署民政厅旗务科发行，1936年。

④ 参见曹树基著《中国移民史》第6卷，福建人民出版社1997年版，第487页。

⑤ 参见中国第一历史档案馆《阿勒清阿奏喀喇沁王控商民不给抽分地铺银两》。

⑥ 参见王龙耿《近代内蒙古农业的兴起和蒙古族对农业的贡献》，载《内蒙古垦务研究》（第一辑），内蒙古人民出版社1990年版，第39—41页。

　　西部土默特地区也是开垦比较早的地区。归化城土默特地区康熙年间已有大批汉民迁来垦殖。18 世纪中叶时，该旗的土地已大部分开辟为农田。大青山北麓的武川县"昔为蒙民游牧之区，土著者无多，自清末叶垦殖以来，移民渐多，由晋北、陕北移来者约占十分之七八，冀、鲁、豫各省来者占十分之二三"，"境内居民十之七以务农为业"。① 乾隆八年（1743），归化城统计两旗土地，原来的 7.5 万顷牧地，经过开垦，只剩下 1.4 万顷，失去了牧地 6 万余顷，占五分之四。② 康熙末年至乾隆年间，山西人携家开垦，其田地"散布山谷间，山土饶沃。""山、陕北部贫民由土默特而西，私向蒙人租地垦种，而甘省边民亦复辟殖，于是伊蒙七旗境内，凡近黄河、长城处，所在多有汉人足迹。"③ 雍正时期（1723—1735）13 年间放垦土地 4 万顷。随着归化城六厅设立和大量汉人迁入，耕地进一步增加，到清末已几乎变成纯粹的农业区了。农耕地其中包括庄头地、公主地、户口地、已开垦的官地等约 135143 顷。④ 据统计，1743 年归化城土默特两旗的牧地已不足五分之一，其他被开垦作农田。⑤

　　在清代归化城的北部，即今天的山西、河北等省市的北部，是蒙古族察哈尔各旗的游牧地区，也是清代移居汉族农业人口较多的地区之一，雍正初年，清政府曾经在察哈尔地区各旗进行过调查，结果表明位于察哈尔南部的右翼四旗已经开垦了土地 29700 余顷。⑥ 清末察哈尔牧地大面积开垦，最终形成了察南一带的农业区和察哈尔中部的半农半牧区。19 世纪初，乌兰察布盟的四子王旗、达尔罕旗、茂明安旗、乌拉特三旗都出现了农业生产，特别是乌拉特三旗与伊盟的杭锦旗、达拉特旗等沿黄河的地方，修筑引水渠发展灌溉农业。⑦

　　雍正朝以后，鄂尔多斯南部边缘地带兴起了相当规模的农业经济。至道光二十二年（1842），移民的"伙盘地"北界大致已接近今陕西与内蒙交界一带。嘉庆年间，达拉特旗、杭锦旗和鄂托克旗部分地区得到开垦。准格尔旗在嘉庆

---

① 民国二十九年《武川县志略二·社会概况》（五）。
② 《清高宗实录》卷 168。
③ 潘复：《调查河套报告书》，中华书局 1923 年版，第 219 页。
④ 参见彭勇《清代土默特的占有方式》，《土默特志》卷五。
⑤ 参见《清高宗实录》卷 198，乾隆八年八月壬子条。
⑥ 参见《清圣祖实录》卷 22，雍正二年四月甲寅条。
⑦ 王龙耿：《近代内蒙古农业的兴起和蒙古族对农业的贡献》，载《内蒙古垦务研究》（第一辑），内蒙古人民出版社 1990 年版，第 39—41 页。

十八年至十九年（1813—1814）也招徕汉民连续开垦牧地，使该旗基本变成为农业区。到 1900 年为止，集宁南部地区、伊克昭盟南部的农业开发基本完成。伊克昭盟开垦的农民大体来自三个方面：从土默特沿黄河西行到达拉特旗和杭锦旗的，主要是山西省的农民；北越长城和原来的"黑界地"到准格尔旗、郡王旗、扎萨克旗、乌审旗的，大都是陕西府谷、神禾、榆林、怀远、定边、靖边等县的农民；东越黄河进入鄂托克旗境内开垦的，则多数是甘肃、宁夏的农民。经过一个时期的自由放垦，大量的汉族农民在鄂尔多斯的 7 个蒙旗扎下根来，这就打破了原先鄂尔多斯居民民族成分单一的局面。① 蒙古高原与黄土高原互为边界，也就是农耕文化与游牧文化过渡的区域。这一区域首先移入了农业人口，这些区域农业化的过程也就是传统的游牧业衰落的过程。

图 3.2.1　如诗如画的草原　邢旗摄

　　游牧地大量被开垦与清政府的政策存在着密切的关系。封建国家往往厘定在法规和条理中的制度，并且由国家的权威机构来严格执行，以此制定社会"大传统"的秩序。清初规定鄂尔多斯南面长城边墙外 50 里为禁留地；康熙三

---

① 参见梁冰《伊克昭盟的土地开垦》，内蒙古大学出版社 1991 年版，第 47—52 页。

十六年（1697）准许蒙汉民在此耕种；五十八年（1719）又规定界址，边外开垦有沙地区 30 里立界，无沙地区 20 里立界，雍正八年（1730）在旧界外再展二三十里，以原留禁地 50 里为界。这时的政策对于移民和开垦起了一定抑制作用。康熙五十四年（1717）奏准：乌兰古木在新设汛界之外，山坡山沟，不便耕种。其科布多延图郭勒等处耕种，收获甚多，应预备籽粒田器，给予公博尔丹，率土默特人一千，及出兵归化城之土默特兵一千，令往耕种。康熙六十年（1723）奏准：遣官兵在乌兰古木等处平治田亩，开垦沟渠，乘时播种，复派屯种五百官兵于乌兰古木等处设立营伍，谨汛防守，乘农事毕，引水入地，来春冻开，及时播种，可以增辟田亩。① 经过短短的六年，"不便耕种"的土地就被开垦了。

此时东起科尔沁草地，西至阿拉善旗沿长城一线，形成了热河、卓索图盟、昭乌达盟南部地区、哲里木盟部分地区、察哈尔地区、归化城土默特地区、河套前套地区等农业文化圈，哲里木盟部分地区、河套后套地区等半农半牧文化圈，同时城镇文化圈也在逐渐形成。这些垦殖区域在自然生态上标志着农牧带和半农半牧带由南向北逐渐推进。在清中期，内蒙古区域部分蒙古族的生计方式已经发生了根本的改变，他们由牧人转变为农民或者半农半牧民。清末进入了半殖民地社会，清政府内忧外患，病入膏肓，在这样的情况下，实行"开放蒙荒"的政策。所谓"放垦"，就是在内蒙古区域的任何地方都可毫无顾忌地开垦，开垦成为挽救清政府灭亡命运的稻草。在这一历史时期，农耕民向蒙地发展的速度之快与规模之大，都是亘古未有的。移民使得蒙古族的游牧生活内部发生了不可逆转的社会组织和社会机能的变革。学者认为："虽然不能把近代内蒙古社会的变迁的全部动因归结于汉族移民的影响，但声势浩大的塞外移民浪潮的确是蒙古游牧社会发生全方位、大幅度嬗变最为关键的转折点。"②

（二）清末至民国时期的继续开垦

清末内蒙古的牧场和土地被帝国主义瓜分。过去清政府对蒙古实行"因俗而治"、"分而治之"的政策，实行的盟旗制度保留了蒙古族原有的贵族领属体制。这种体制是为了保持清统治的长久统一，同时也保护了蒙古贵族的利益。

---

① 《光绪大清会典》卷 179，《户部·屯田·北路屯田》。

② 闫天灵：《论汉族移民影响下的近代蒙旗经济生活的变迁》，《内蒙古社会科学》2004 年第 3 期。

但是由于帝国主义列强的侵略，他们开始占领蒙古地域的土地并且在此划分势力范围，清政府的统治面临着巨大的危机，为了维持其长治久安，清政府改变了原来的"因俗而治"、"分而治之"的政策，决定"放蒙地"。① 放垦蒙地的直接原因是筹措庚子赔款和兵饷，维持清朝昏惨惨似灯将尽的腐朽统治，而根本不可能顾及蒙古族和汉族民众的利益和民生的需求，而对于开垦带来的生态环境的破毁，给子孙万代生存带来的困境，他们也根本负不起历史的责任。

他们愚蠢地把开放蒙地这项政策视为解决内忧外患的途径。理藩院左丞姚锡光也上奏光绪，请放东部内蒙古荒地。他说："奉天三省乃国家根本……其与奉天唇齿相依，南拱京直，而北接俄国者，则为内外蒙古，地质膏腴，民俗劲悍，此尤根本之根本……于今日而欲保奉天三省，当经营内外蒙古荒地，宜及时采东西殖之策，用晁错实边之谋，简派大臣，编成段落，招民垦种……无事则为农为商，有事则应如应募……此左文右武，思患预防之善政也。……昭乌达、哲里木二盟之巴林、达尔罕各旗，未垦荒地纵横方千余里，除游牧不垦外，尚可开地数 10 万顷……预算可得银千万余两，除拨予蒙古荒价一半及办公等费外，尚可得银 400 万余两……"② 这里说得很明确，开垦蒙地的目的在于巩固封建国家的国防，经济上可以增加封建国家的收支。清廷对于这个奏折很赏识，很快派出大员，先从原属哲里木盟的扎赉特旗开始丈放。与此同时，呼伦贝尔盟副都统宋小濂，清东三省总督徐世昌准其放垦这个奏议也获得了清廷的核准。③ 清末命侍郎贻谷督垦务，筹察哈尔事，陈扩充变通数端，大旨主"清旧垦，招新垦"。蒙旗生计在耕不在牧。④ 这样的谬论后有驳斥。

腐败的清政府在内蒙古实施了"新政"，其所谓"民多私垦，不如官为经营"，正式"放垦蒙地"。⑤ 应该说明的是，私垦与官垦有很大的不同。从规模上看，私垦的规模小于官垦的规模；从分配额看，流民私自开垦的土地全部交

---

　　① 参见清廷上谕中的语《清德宗实录》卷589，朱寿朋《光绪朝东华录》第五册，中华书局 1958 年版，总第 5888 页。

　　② （清）姚锡光：《筹蒙刍议》清光绪戊申年（1908）秋仲京师寓斋铅印本。

　　③ 参见沈斌华《内蒙古经济发展史札记》，内蒙古人民出版社 1982 年版，第 157 页。

　　④ 参见《清史稿》卷 120，《食货一》，第 2519—3524。

　　⑤ 参见清廷上谕中语《清德宗实录》卷589，朱寿朋《光绪朝东华录》，第五册，中华书局 1958 年版，总第 5888 页。

给蒙旗，而官垦一般是对半分配或者官四蒙六。官垦敞开了内地汉民大量涌入草原地区的门户。开始在察哈尔、乌兰察布等西部地区，而后在昭乌达、哲里木等东部地区有大批汉民移居，在 1902—1908 年的所谓 "移民实边" 的高潮中，自光绪二十八年（1902）到光绪三十四年（1908）内蒙古西部地区共丈放土地 750 多万亩。在东部地区的哲里木盟 10 个旗的 7 个旗的境内丈放土地 3679 万亩左右。①"自边禁渐弛，郭尔罗斯前旗首先招垦，科尔沁左翼诸旗继之，嗣后北部诸蒙，或因近接铁路，预防侵占，或因公私债项，挹注偿还，先后由三省将军遣员丈放，遂使榛莽之区，一变而为陇畔。各旗办法互有异同，综其大纲，厥分二种：一曰蒙旗招垦，一曰官局丈放。"② 与开放蒙地同时的 "官为经营" 的政策损害了蒙古族的利益。

光绪二十八年后的 "新政" 时期，卓、昭两盟进入了第二次垦荒高潮期，农耕北界推进到昭乌达盟中部地区；哲里木盟农耕向腹地推进，形成两大农业区，即东北部三厅为中心的松嫩平原农耕区和洮南府为中心的洮儿河流域农耕区。农耕北界北端推到洮儿河下游白城以西、通辽以北地区，并西南沿西辽河两岸地区，经开鲁直到西拉沐沦河流的林西，即今吉林省西部、辽宁省北部以及西辽河沿岸地带。

"哲里木盟境，自开边禁以来，燕、齐之民，不恤悌航，跋涉聚族于斯。初则从事耕作，继乃营工商，平沙莽荡之中，时夏有麦莠黍苗，纵横阡陌。"③ 昔日是伏莽梗塞，广漠无垠的昌图地区，"在未开垦之前，不过蒙古一游牧场，……迨至开放以后，……遂变为最盛之区，年产额以百余万石计，自给而外，尚可运输出口"。④

清政府的政策经过了一个从禁垦—局部放垦—全面放垦的过程，在全面放垦的政策下，内蒙古东西部地区都出现了滥放滥垦，浩浩荡荡的汉族农业移民涌入了内蒙古草原的各个角落。"二十一年（指光绪纪年），奉天将军增祺请丈放各蒙荒，付都统寿山亦以为言，而国子司业黄思永请垦内蒙伊克昭、乌兰察布二盟牧地，盟长有谓妨其生业者，未克实施。是时晋边之丰镇、宁远垦民积

---

① 参见《清世宗实录》卷 80，雍正七年四月辛巳。

② （清）徐世昌：《东三省政略》（蒙务下）。

③ 同上。

④ 《昌图府志·实业志》。

数万户，而扎赉特、杜尔伯特、郭尔罗斯陆续报垦，人争取之。察哈尔旗牧及草地虽禁私开，然自咸丰中马场弛禁，至近岁越占纷纭，客户旗丁，讼不胜诘。"① 从以上记载可以看出，除西部的内蒙伊克昭、乌兰察布二盟牧地开垦外，东部的扎赉特、杜尔伯特、郭尔罗斯陆续报垦，造成了深刻的矛盾。

清末及民国时期开垦的新背景是帝国主义列强的渗入。鸦片战争以后，帝国主义列强的入侵给中国社会以极大的震撼。帝国主义列强对中国早就垂涎已久，他们也在肆无忌惮地侵占内蒙古的土地。1902 年俄国修筑的东清铁路已经穿越了大兴安岭，经杜尔伯特，郭尔罗斯后旗，直到长春。东清铁路所占有的土地，远远超过所必需的土地。在满洲里、免渡河等地，沙俄侵占的土地达六千余垧，海拉尔被侵占达六千五百余垧。② 据统计，仅在呼伦贝尔盟境内就抢占土地 41911 公顷。③ 对我国的辽阔国土垂涎已久的日本帝国主义也加紧强占土地。日本满铁株式会社和兴盛公司在科尔沁左翼中旗设立了农牧试验场，抢占沃土 495000 亩。1939 年，伪满皇帝时期，又有日本武装农民的'开拓团'、'移民村'抢占开垦了大片草牧场。④ 修筑铁路也罢，直接强占牧场也罢，其性质与目的昭然。

当时的中原地带和长江流域人口众多。但直到 19 世纪后期，东北的人口依然十分稀少。东北的垦殖发生在近代，清末至民国时期东北的牧场全部开放。"黑龙江省放出地多年，已垦者如龙江、大赉、肇州、肇东、呼兰、木兰、汤源、大通、拜泉、青冈、纳河、克音段等 13 处，重在清丈；未垦者如西部特哈、安达、乌鱼、安古、通北、嫩江、景星镇、甘井子、龙门、萝北、呼玛爱辉等 12 处，重在放荒招垦。"⑤

此时沦为半殖民地的中国在殖民者的支持下，还修筑了从沿海各省通往内蒙古的铁路，例如从四平到齐齐哈尔，从北京到包头，从郑家屯到通辽，从大虎山到通辽，从白城子到乌兰浩特。铁路的开通一方面占有了内蒙古的草原牧场，另一方面为内蒙古区域与中原区域的沟通创造了便利条件。河北、河南、

① 贻谷：《垦务奏议》，清末京华印书局排印本。
② 参见沈斌华《内蒙古经济发展史札记》，内蒙古人民出版社 1982 年版，第 146—147 页。
③ 参见厚和等《放垦与土地沙化》，内蒙古档案局、内蒙古档案馆编《内蒙古垦务研究》，内蒙古人民出版社 1990 年版，第 50 页。
④ 同上书，第 51 页。
⑤ 《农商公报》第 36 期，1917 年 7 月。

山东各省移往内蒙古的汉人急遽增加，他们除了涌入内蒙古东部的地区外，还涌入内蒙古的西部地区。随着铁路的开通，内蒙古开垦的面积愈来愈大，很多只适合游牧的地区也开辟为农田。垦区从铁路沿线向周围地区迅速扩展，从京包线沿线向西扩展到河套西部，向北扩展到阴山以北的乌兰察布盟的南部和察哈尔的南部，向南深入到伊盟的中部；从大郑铁路沿线向西扩展到昭盟东部；在平齐铁路地区即原呼伦贝尔盟（今海拉尔市）大兴安岭东麓地区也开始了大规模的开垦："内蒙现有的农区耕地大部分是在解放前30年内开垦的。在旧绥远省的区域内，从1912年到1949年全省所开垦的耕地面积约为清代全部耕地面积的4倍左右。"① 据民国北京政府蒙藏院1918年调查，喀喇沁右旗，"本旗境内均已开成熟地"②，喀喇沁中旗"全行开垦"③，喀喇沁左旗"先年所有封禁山荒于前清光绪季年均行招佃开垦，历年收租充公，别无生荒可垦"。④ 可见开垦的力度。

民国时期北洋军阀变本加厉地继续执行放垦政策，提出"蒙地汉化"，1915年北洋政府又颁布了《边荒条例》，规定放垦蒙古游牧地段，由各扎萨克转呈大总统核准开办；放垦游牧地段，照习惯应留界者，台吉每名仍留界两方，壮丁每名一方，喇嘛亦然，此外圆寝佛寺圣泉鄂博等项有应留界者，亦酌量划留；放垦游牧地段，其所收荒价，半归国家，半归蒙旗，由放荒县署或垦务局征收，分解分交。"蒙地汉化"政策的执行同样出于统治者经济、政治的需要。

20世纪20年代以来，国民党政府在内蒙古设立了热河、察哈尔、绥远三省，除了山西、河北之外，又加上来自山东、河南的移民，开垦势头更加深入。1931年绥远垦务局丈放荒地18万顷。1930年前后，绥远省人口增至203.3万人。在察哈尔省，由于移民的激增，到1927年，共丈放荒地6.6万顷用于开垦，耕地连片，村落密布，城镇发展，省面积几乎一半的地

---

① 孙敬之主编：《内蒙古自治区经济地理》，科学出版社1956年版，第9页。

② James. Gilmour, "Among the Monggols", *The Religious Tract Society*, 1888, p. 167.

③ 蒋维乔：《五台山游记》，《古今游记丛钞》第三册；沌谷：《五台山参佛日记》，《地理杂志》第三卷第1期，1912年。

④ 白眉初：《中华民国省区全志》第三册，《山西省志》（1924—1927年），北京师范大学史地系铅印本，第74页。

方住满了人。①

表 3.2.1　　　　　　　　　　1902—1911 年哲里木盟各旗放垦情况　　　　　　（单位：垧）

旗名	放垦次数	放垦时间	放垦总数	其中熟荒数
札赉特旗	2	1902—1911	57000	30000
郭尔罗斯后旗	3	1901—1905	617960.9	1204.73
科尔沁右翼前旗	3	1903—1908	765217.6	42900.0
科尔沁右翼后旗	2	1904—1911	588973.6	22228.8
杜尔伯特旗	2	1904—1908	381961	1690
科尔沁右翼中旗	1	1906	283770	极少
科尔沁左翼中旗	2	1809—1911	160000	无
郭尔罗斯前旗	1	1907—1910	300286.6	不详

资料来源：刘海源主编《内蒙古垦务研究》第 1 辑，第 277—279 页。转引自闫天灵《汉族移民与近代内蒙古社会变迁研究》，民族出版社 2004 年版，第 32 页。

表 3.2.2　　　　　　　　　　伊克昭盟垦务情况一览表　　　　　　（单位：顷、两）

旗名	报垦地	报垦时间	报垦数目	已放土地	所得压荒银
准格尔旗	黑界地	1905—1906	1588.3	1588.3	60335.9
扎萨克旗	黑牌子地	1905	1608	1608	20406.9
	祝缎地	1904	575.35	575.35	6015.9
乌审旗	旧牌子地	1909	1452.5	1452.5	18820
	祝缎地	1904	530.7	530.7	5540.8
鄂托克旗	月牙湖地等	1903	10000	175.3	4363.8
杭锦旗	东中两巴噶等地	1904	4100	4100	305271
郡王旗	灶火等地	1903	9638.9	9638.9	108219.9
达拉特旗	四成地	1903	1225.2	1225.2	100447

资料来源：伊克昭盟地方志编纂委员会《伊克昭盟地方志》，现代出版社 1994 年版。

据在内蒙古通辽市扎鲁特旗的调查②，扎鲁特旗位于内蒙古自治区通辽市

① 新吉乐图主编：《生态移民：中国环境政策报告》，内蒙古大学出版社 2005 年版，第 5 页。
② 中央民族大学博士包海青于 2004 年的调查。

西北部，总人口 24.5 万人，有蒙古、汉、回、满、朝鲜等 13 个民族。其中蒙古族 8.6 万人，占总人口的 36%，多居住在北部牧区和中部、南部半农半牧区；汉族 14.9 万人，占 62%，主要分布在中部农区；其他民族 1 万人，占 2%。全旗行政区划为 14 个苏木、5 个乡、6 个镇、249 个行政村。从明嘉靖三十九年（1560）开始，扎鲁特部驻牧于扎鲁特这片土地。扎鲁特蒙古族过着游牧生活，以牧为主，既没有犁耕，也没有垄作。蒙地开垦是巴林蒙古部游牧经济变迁的主要外部原因之一。而随着社会历史的发展，发自游牧民社会内部的变迁也比较明显。历史上巴林右旗境内的牧民饲养牲畜主要靠游牧。牧民以畜群踩播漫撒种籽的方式种植糜子，以满足自食所需。自清光绪二十八年（1902）开始，清朝实行移民实边，开发蒙地新政策。扎鲁特左右两旗也招募经棚、大板一带农民来垦荒。

第一次开荒：在清光绪三十一年（1905），由东西扎鲁特及阿鲁科尔沁三旗在西拉沐沦河流域开荒 18000 顷。其中扎鲁特左旗 5000 顷，扎鲁特右旗 6000 顷，阿鲁科尔沁旗 7000 顷。光绪三十四年（1908）热河都统派员与阿鲁科尔沁旗和扎鲁特左右二旗扎萨克共商之后，在三旗交接处附近，设开鲁县治。

第二次开荒：在民国 6 年（1917），东西扎鲁特旗在新开河以北开荒 18000 顷。

第三次开荒：民国 9 年（1920），东扎鲁特王爷为抵债，把巨日合、义和背、鲁北三处地方，划给张作霖部下陆民国。民国 11 年（1922）之后，巴彦塔拉、巴彦宝力皋一带相继开荒。三次开荒的时间相距为 15 年，也就是说，在 15 年内大量的移民改变了扎鲁特旗的游牧的生计方式。

清末，巴林右旗西部放垦，民国初年巴林右旗南部、巴林左旗西北部（现划归右旗）也放垦迁民，先是在乌力吉沐沦河下游地方，后扩展到索博日嘎哈达图、塔西沟一带。今旗内朝阳乡大部分地区、索博日嘎苏木塔西、辉腾河、阿日山河等许多汉民村庄都是那时立村。右旗汉族人口大量迁入是 1914 年，当时旗衙门给全旗蒙古族每户都分"生计地"，准许在"生计地"内开荒、招青，这样一来，不但蒙古族贵族招青，平民百姓也相继招佃开种，因此汉户越来越多。至新中国成立前，除蒙古贵族官吏、"生计地"户招垦外，还出现许多汉农户"二地主"，这些"二地主"遍布全旗，他们以租来的蒙古贵族户的土地招种，遂使汉族人口大量迁入。在旗西南部靠近林西的地方，韩扎黑拉其、达拉玛慕棍达等人也招青，因此，克德河一带迁进了许

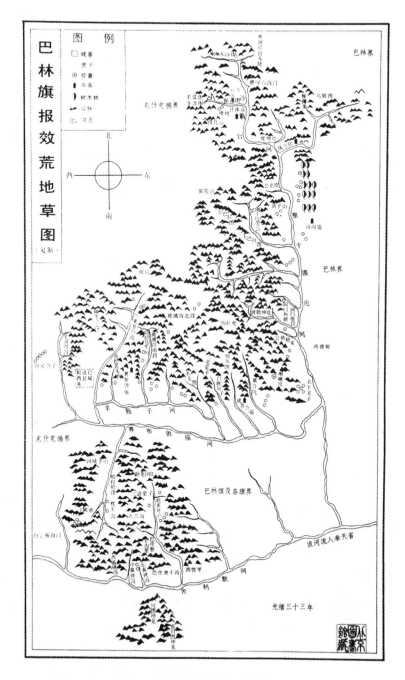

图3.2.2　光绪33年巴林旗报销荒地草图　北京图书馆藏

多汉农，以后立为村庄。旗北部查干沐沦和巴彦琥硕要日吐川的汉人也就这样迁来。上要吐日有个营子叫"三七地"就是汉农招青种"三七地"的地方，要日吐川的四五个汉人村庄都是那时建立的。巴彦琥硕镇政府所在地的村庄名叫仓上，因为有个叫金玉泽的人在那里给衙门看守粮仓得名。他雇汉人耪地，以后巴彦琥硕与四家一带的村庄先后建立。羊场、宝日勿苏的一些汉族人口，最初是给公爷业喜诺尔布放羊、种地而迁来的，开种的"二八地"有数千亩，耪青的人数很多，随之不少村庄出现。①

内蒙古草原是我国甘草的主要产地。甘草具有重要的药用价值。为了满足国内外市场的需求，"走西口"和"闯关东"的农民组成了挖掘甘草的大军，挖药材成为晋商的一桩赚钱的好买卖。"在甘草业最盛时，晋西北有一个县到口外掘草斫草的人，一年就达8000人之多，几乎是全县动员了。每年春季，甘草商在包头、河口两镇设甘草总厂，并分派伙友到各处草地设立分厂，俗谓之'出草场'"，②在内蒙古地区挖药材在持续进行。"保德县人由挖甘草赚钱而开店铺的有100多家，总资产达300万银元。"③

经过民国年间的继续开垦，哲里木境内的嫩江、松花江、东西辽河领域成为蒙汉民族杂居的农业区，村落星罗棋布，还兴修了水利。在水利资源和土地资源等自然条件较好的哲里木盟一带，"高粱大豆之产额，与东北三省相伯仲"，号称"蒙边一谷仓"。④"边城北带蒙民，富户有地数百顷者颇多，入冬河道冻后，一家或有数十辆马车，每日往市镇卖粮者。"⑤农业文化圈的扩大与游牧文化圈的缩小是成正比例的。伊盟郡王旗、杭锦旗的牛羊马驼4种牲畜，1936年比1930年减少了75%—80%，这是牧场草地急剧缩小的最有力证明。也是军阀肆意掠夺蒙古人民草场牧地的证据。⑥农牧分界线的北移是牧业文化缩小的重要标识。"由于汉民族的大量北移，农牧分界线大大地向北移。民国时期，分界线东北起'满洲国'的林西、经棚，向南经多伦、德化、

---

① 参见巴林右旗地方志编纂委员会编《巴林右旗志》，内蒙古人民出版社1990年版。
② 闫天灵：《汉族移民与内蒙古社会变迁研究》，民族出版社2004年版，第431页。
③ 郭裕如：《山西社会大观》，上海书店出版社2000年版，第56页。
④ 东方杂志社编：《蒙古调查记》，商务印书馆1924年版，第25页。
⑤ 同上书，第32页。
⑥ 参见祁美琴《伊克昭盟的蒙地开垦》，见《内蒙古近代史论丛》，第四辑，内蒙古大学出版社1991年版，第26页。

再经四王子府和百灵庙，较为平行地沿北纬 42 度线向西延伸。"① 当时目睹其变化的锡里居泰指出 "自民国以来，政府倡导移民屯垦开发蒙荒，并广设垦务机关，专司其事。于是汉胞纷至，垦务大兴。蒙旗明知与蒙人生计有碍，然国家命令，何敢反抗？俎上之肉，一任宰割。不下数年……即牧民之牧场，变做汉人之耕地……"②

在农耕文化以不可阻挡之势进入了游牧文化圈的时候，两种文化处于激烈的碰撞和冲突之中，1901 年，清政府要继续开垦乌兰察布盟和伊克昭盟的土地，受到蒙古族的强烈的抵制和反对。在内蒙古西部的乌审旗爆发了规模宏大的 "独贵龙" 运动，在内蒙古东部爆发了陶克陶的武装抗垦斗争。当贻谷受清政府之命再三强迫时，乌盟当时当机立断地回复："此实系代民兴垦，压制蒙古、消灭草场，一兴一灭，万难应允"，"请免开垦"。③ 抗垦斗争的性质是两种文化的矛盾和冲突，其本质是要维系游牧的生产方式和生活方式。关于这个问题，在其他章节研究。

对于民国时期的开垦应该如何评估呢？在民国时期北洋军阀和国民党都实行了 "蒙地汉化" 的政策，随着铁路的修通，移民的潮流就像洪水一样涌入草原。学术界的评估是："民国时期对内蒙古草原的开垦规模不会小于清朝。毫无疑问，不论是清朝时期还是民国年代，统治者所选定的开垦地区都是水草肥美、气候适宜的优质草原。"④ 也有的学者认为："解放时的内蒙古农区、半农半牧的耕地面积，大部分是在解放前三十多年中开垦出来的。"⑤ 清末和民国年间 "移民守边" 的政策和全面放垦、滥垦政策，对内蒙古草原生态环境的破坏极为严重。

当农耕人群大规模地、长时期地迁入的时候，不可避免地与本地人形成

---

① 山田武彦、关谷阳一：《蒙疆农业经济论》，日光书院，昭和十九年（1944），第 163—164 页，转引自王建革《农牧生态与传统蒙古社会》，山东人民出版社 2006 年版，第 26 页。

② 锡里居泰（汉名邢复礼）：《内蒙要求自治原因及自治政府之现状》，载云子明主编：《民族古籍与蒙古文化》总第 3—4 期，呼和浩特市民族事务委员会编辑出版，2003 年，第 7 页。（内部出版）

③ 《内蒙古垦务档案史料汇编》（内蒙古图书馆藏）。转引自内蒙古档案局、内蒙古档案馆《内蒙古垦务研究》，内蒙古人民出版社 1990 年版，第 133 页。

④ 恩和：《草原荒漠化的历史反思：发展的文化维度》，载额尔敦布和、恩和、[日] 双喜主编《内蒙古草原荒漠化问题及其防治对策研究》，内蒙古大学出版社 2002 年版，第 99 页。

⑤ 沈斌华：《内蒙古经济发展札记》，内蒙古人民出版社 1982 年版，第 221 页。

生存资源的竞争，改变当地人口与自然资源生态之间原有的比例。"民族结构的重要变动带来了经济结构和社会生活的深刻变动，最终使农业及与农业相伴随的中原文化在塞外取得了与游牧经济及游牧文化相对等的地位。"①

（三）1949 年后的开垦与新建设

1949 年后，步入了国家统一、蒙汉团结的社会主义建设的时期。牧区的开垦包括：（1）建设兵团对草原的开垦。（2）在"农牧结合"、"牧区要实现粮食自给"的方针指导下的开垦。（3）对进入牧区的农业人口的收容并允许其开垦。

第一次开垦是 1958—1962 年在牧区和半农半牧区开垦草原，在"以粮为纲"的指导下，大办农业和副食基地。陈巴尔虎旗最早叫巴尔虎部落。②这个地区 1949 年前没有开垦，开垦是从 1954 年开始的，当时的口号是"建设边疆、保卫边疆"，在全国的边疆地区建设了 2000 多个国营农场。③

访谈：黑龙江、内蒙古、新疆等地同时开垦。解放军以团为单位建立了浩森浩海、特尼和、谢尔塔拉、巴格西等农场。其中巴格西农场和谢尔塔拉农场属于海拉尔的范畴。兵团的开垦把牧场变为了农场。这时大批滞留在中国境内的俄罗斯人开始回到苏联，俄罗斯的村落当时有 20—30 个，他们来的时候与当地牧民关系较好，他们走时收购了大量的牲畜，回到了俄罗斯。1954 年只是开头，大面积的开垦是在 1958 年。"大跃进"时期中央军委号召发扬"南泥湾精神"大量开荒，当时掀起了开荒的狂热，从 1958—1960 年短短 3 年期间，就开垦荒地 16 万亩，到了 1962 年已经开荒 100 万亩。大面积的开荒把草原变成了农田，引起了牧民的不满，牧民与农民发生了冲突。我记得，当时有两个牧民被打伤。这个事件的得到了中央政府的重视，后来陈旗开了第四次人民代表大会，最后决议被开垦的牧地为 187000 亩，其他已经

---

① 闫天灵：《汉族移民与内蒙古近代社会变迁研究》，民族出版社 2004 年版，第 1 页。

② 巴尔虎部落最早在贝加尔湖一带游牧。1516 年游牧到黑龙江下游。1742 年又从黑龙江的布特嘎旗，（现在的扎兰屯一带）到陈巴尔虎旗，迁徙过来的有鄂伦春、达斡尔和鄂温克的索伦部落。他们先到海拉尔的扎兰木德，敏都河，海拉尔和牙克什中间，后来到海拉尔河和莫日根河一带。最开始以狩猎和游牧为生。

③ 参见新吉乐图主编《生态移民：中国环境政策报告》，内蒙古大学出版社 2005 年版，第 6 页。

开垦的土地退还给牧民。①

访谈：内蒙古的耕地面积由 1947 年的 396.7 万公顷增加到 2005 年的 735.5 万公顷。增加了一倍。同期的粮食产量由 184.5 万吨增加到 1662.2 万吨。1949 年后，有国营农场，召集了汉族牧工。"文化大革命"期间人多起来。在东乌地区有军队六师的军马场。②

在 1958 年的冒进时期，曾经批判过现在看来应该检讨的观点："大力贯彻农牧结合的方针"，"今年再开荒一百万亩，明年争取农业社有饲料基地 500 万到 1000 万亩"，"饲料基地要水利化"，"在两年内解决牧区的粮食、饲料自给问题"。甚至说：当年开荒当年见效。据锡林郭勒盟统计，牧业人口由 1958 年的 89040 人猛增到 1961 年的 154441 人。又从包头接来全国各地的盲流 7000 人，人口竟然增加了 58%。该盟 1960 年大办农业，开垦草原 144.3 万亩。③

第二次开垦是 1966—1976 年。在这十年动乱中，提出"牧民不吃亏心粮"的错误导向。大办生产建设兵团和国营农场，开进十几万大军，到处开"荒"，致使好多水草肥美的草原遭到破坏。这一时期据不完全统计，"全区约有 250 多个部队单位农场、牧场。有些名为军马场，实为农场和副食品基地。当时占用农民的耕地 170 多万亩，开垦的草原 330 多万亩，两项合计 500 多万亩，占全区可利用草原面积的 5%"。④ 当时为了鼓励兵团的开垦，国营农场每开垦一亩草原，国家就补贴 30 元，内蒙古生产建设兵团几个师，不到几年，共开垦草原 2480 万亩。据不完全统计，蒙陕晋三省区从 1953—1990 年三年共开荒 7864 万亩，其中内蒙古 5574.9 万亩，占三省区开垦总面积的 70.89%。⑤ 据统计，在 1958—1976 年间的 18 年中，全区开垦草原 206.7 万

---

① 被访谈人：DML，男，67 岁，蒙古族，东乌珠穆沁旗乌里雅斯太镇牧民。访谈人：邢莉、张曙光、王志清，访谈时间：2008 年 7 月，在东乌珠穆沁旗乌里雅斯太镇。

② 同上。

③ 参见敖仁其主编，敖其等副主编《制度变迁有游牧文明》，内蒙古人民出版社 2004 年版，第 120 页。

④ 内蒙古档案局、内蒙古档案馆主编：《内蒙古垦务研究》，内蒙古人民出版社 1990 年版，第 51 页。

⑤ 参见敖登托亚、乌斯《内蒙古草原所有制和生态环境建设问题》，《内蒙古社会科学》2004 年第 6 期。

公顷，其中部队、兵团、机关、学校、厂矿、企业等单位在 16 个牧业旗县开垦草原 93.3 万公顷。[1] 建设兵团成为国家粮食生产的重要基地。"但兵团和汉族移民在发展农业的过程中，难免与当地的少数族群农民发生因土地、水源引起的纠纷。由于风俗习惯和宗教差异，移民与当地少数族群间也可能存在文化隔阂和出现冲突。""这样一种局面对当地族群关系，具有正、负两方面的影响。"[2]"文化大革命"时期陈旗的土地进一步进行了开垦，"文化大革命"后期 80 年代末，粮食涨价，开始把牧地变为农田，这样开垦的土地逐年增加。

1979 年统计耕地 100 万亩，到 1993 年已经达到 150 万亩。这个数字是惊人的，后来达到 167 万亩。大面积的开垦影响了牧业的发展，而且没有被开垦的容易沙化。[3]

第三次开垦高潮是 20 世纪 80 年代开始并持续 10 年的草原开垦高潮。政府在 1981 年的《内蒙古自治区工作纪要》指出："内蒙古自治区的经济建设方针，应下决心以二、三十年或半个世纪的时间，用愚公移山的精神，因地制宜，走出一条以林牧为主，多种经营的路子。"[4] 1986 年自治区党委提出："念草木经，兴畜牧业"为全区经济建设主攻方向。[5] 但是在 20 世纪 80 年代，仅部队系统就有 3 大军区、6 个省军区，4 个兵种的 229 个单位在 11 个盟 63 个旗县建了 446 个生产单位，占据草原面积 890 万亩，其中开垦了 135 万亩。[6] 最近完成的一项调查表明，其"开垦强度和开垦面积往往大于前两次……大兴安岭两侧所新开垦面积逾千余亩"。[7] 直到 1997 年还在扩大耕地，于是所谓"开垦宜农荒地 480 万亩"被定为国民经济和社会发展的指标。"相应地 1986 年至 1996 年呼伦贝尔新开垦耕地 36.13 万公顷，耕地面积增加了 34.8%，耕地重心向西北移

---

① 参见苗忠《试论内蒙古草地资源与保护》，吴国忠主编《环保工作论文集》，内蒙古人民出版社 1998 年版，第 184—186 页。

② 马戎：《民族社会学导论》，北京大学出版社 2005 年版，第 140 页。

③ 被访谈人：男，60 多岁，蒙古族，陈巴尔虎旗前畜牧干部。访谈人：邢莉，访谈时间：2004 年 8 月，在海拉尔陈巴尔虎旗。

④ 内蒙古自治区畜牧业修志编史委员会：《内蒙古畜牧厅大事记》，内蒙古人民出版社 1997 年版，第 150 页。

⑤ 同上书，第 177 页。

⑥ 达丽：《内蒙古草原生态系统的可持续发展》，复旦大学出版社 2001 年版，第 27 页。

⑦ 内蒙古自治区环境保护局：《内蒙古自治区生态环境现状调查报告》2001 年 2 月。

动了 33.5 公里。"① "新增耕地的 79.7% 来自沙质草原东南部沙漠化土地分布面积最广、沙漠化危险最大的新巴尔虎左旗和鄂温克自治旗的沙质草地。"② 作者于 2006 年在额尔古纳市附近目睹了农场侵蚀草原的景况，绿色是草原的本色，无垠的绿色连成一片与天际相连，像一片绿色的海洋。但是间或有被开垦的翻新的土地，显示了与绿色分割的极不协调。

近 50 年来，在 20 世纪 50 年代开垦草原 80 万公顷，60 年代开垦草原 70.4 万公顷，70 年代全区增加耕地 100 万公顷，80 年代末至 90 年代东 5 盟 34 个旗县草地开垦 97.08 万公顷。90 年代后内蒙古东部 33 个旗县开垦达 97.08 万公顷。③ 1947 年自治区成立时耕地面积为 397 万公顷，1996 年耕地已达到 820 万公顷。④

表 3.2.3　　　　　　　　内蒙古 1949—2002 年开垦草原统计表

年份＼项目	开垦草原（亿亩）	人工种草（亿亩）	五配小草库伦（亿亩）	其他（亿亩）
1949—1985	1.38	0.1277		
1985—2000			0.084	0.2048
2000—2002	0.95	0.144		

资料来源：内蒙古草原勘测设计院实地调研数据。

开垦意味着农牧交错地带的北进和西移。"经过上百年的变动，农耕西段已经从清初的山海关到目前的扎鲁特旗格尔朝鲁，北上 4.8 个纬度东段由清初的开原到目前的科右中旗吐列毛杜，北上 3 纬度，农耕北界北上的最短（垂直）距离为 3 个纬度。"⑤

为什么内蒙古区域的开垦不可遏制？对于开垦如何评估？这是一个有争论的问题。学者总结了民国时期的农牧之争。其中包括：（1）巩固国防论；（2）

---

① 王秀兰：《基于遥感的呼伦贝尔盟农牧业土地利用的变化及其对地区农业持续发展影响的研究》，《地理科学进展》1999 年第 4 期。
② 封建民、王涛：《呼伦贝尔草地沙漠化现状及历史演变研究》，《干旱区地理》2004 年第 3 期。
③ 资料来源：内蒙古草原勘探设计院提供。
④ 同上。
⑤ 黄健英：《蒙古族经济文化类型在北方农牧交错带变迁中演变》，《江汉论坛》2008 年第 9 期。

内地问题论；（3）边省利益论；（4）经济增长论；（5）民族关系论；（6）生态平衡论。上述都是对开垦的不同角度的评估。① 其中"巩固国防说"的典型理论是"移民实边论"、"农垦实边论"。民国时期同样重复的理论是自汉代以来历代封建王朝持有理论的延续。封建社会的制度文化完全是从巩固个人的集权统治出发的，其历史局限和阶级局限使得他们不可能具有现代的生态观。其他如"内地问题论"、"边省利益论"、"经济增长论"等，其核心观念认为开垦可以解决边疆的经济"落后"，促进边疆经济的增长。这是一个应该研讨的问题，人口的增长，生活的挤压，政策的误导等等错综复杂的交叉都是开垦草原的动因。开垦的结果解决了十分贫困的农耕民的温饱问题，农业文化圈的建立和农业的稳定，易于财富的积累。以往的学术界充分地肯定了农业发展的增值效应，肯定了开垦在民众生活中所起的重要作用和对内蒙古区域的重大影响。人们往往从增值效应出发，对于开垦做出了正面评估。这样导致了一个错误的结论：无论是内地问题论、还是边省利益论抑或经济增长论的文化根源都认为农耕文明优于游牧文明，游牧文明落后于农耕文明，把游牧业改为农业是先进的举措。民国时期的《蒙古会议决议案》中提出：蒙古族的生活"不适于今之世界，按人类进化程序，蒙古地方应由游牧时代进入农业时代"。根据这样的指导思想，在蒙古农业计划案中，蒙藏委员会也提到："宣传利益，蒙古习于游牧，不知耕植之利，故宜先将农业与人生之体智及社会文化种种关系，广为宣传，使人人深明农业之重要乐于耕耘。"在《改良蒙古牧畜计划方案》中也说："查世界各民族经济演进之程序，大部由渔猎改为牧畜，牧畜改为农业，农业改为工商业，蒙古封建进化之阶段，当亦不外乎此。"这是一种强制变迁的理论，从现代生态学的角度审视，这种评估是错误的。

目前学术界认同的是对于文化相对论的思考：文化相对论和文化平等论认为游牧文化与农耕文化处于相等的天平上，无所谓孰优孰劣。但是长期来人们的认识走进了误区，农耕民族往往以自己的标准去衡量游牧民族的文化价值，"文化价值是不能以自己的文化为标准去衡量他族文化中同样事物和活动的，即不同的文化背景，其价值和功能是不相同的"。② 文化人类学还认为："每一种

---

① 闫天灵：《汉族移民与近代内蒙古社会的变迁》，民族出版社 2004 年版，第 433—448 页。
② 黄淑娉、龚佩华：《文化人类学理论方法研究》，广东教育出版社 1998 年版，第 165 页。

文化及其组成部分能够保留下来，都有其价值或有用性。"① "具体来说，游牧是人们以文化的力量来支持并整合于被人类所改变的自然之平衡的生态体系结构。这是对自然环境的一种单纯适应，而农耕则以生产力的稳定与地力的持久为其特色。"②

与游牧文化的脆弱性相比，具有累积性的农耕文化的确给内蒙古区域带来很大的变化，开垦改变了内蒙古区域的饮食结构，满足了牧人对农产品和手工艺品的需要。同时开垦也解决了汉族移民的温饱和生存。但是在20世纪末期，面对沙化、退化的内蒙古草原，人们思考开垦的负面效应。最近出版的《蒙古族通史》已经得出不容置疑的结论：农耕民族的开垦是"以牺牲蒙古民族传统畜牧业为代价的。放垦的土地，但事实上只要宜于垦辟农耕，更会宜于游牧养畜。从'农本'的角度来看是'荒'，历史事实是，清末放垦的地区基本上都是内蒙古各盟旗水草丰美、地势平缓的沿河流域。蒙古族经营畜牧业的优良牧场。清朝统治者强行开放放垦这些牧场之后，大多数蒙古牧民被迫赶着牲畜迁往山陵、沙地、碱滩等土壤贫瘠地区，不仅牧场缩小，畜牧业遭到破坏和损失，蒙古民族原有的生存空间也随之严重缩减"。③ 这是从生态理念出发得出的结论。因为"游牧人的生活乃是人类技能的一种胜利。他设法依靠他自己不能食用的粗草来维持生活，把粗草变成他所驯化了的动物的乳品和肉类……"④ 实际上我们可以把长期的关于农牧的论争归结为：一是对自然规律的违背，一是对自然规律的顺应；一是与自然的对抗，一是与自然的和谐；一是破坏地球村，一是保护地球村。

三 农进牧退与草原生态环境的退化

草原的生态环境功能是全球性的，它占据着地球上森林与荒漠、冰原之间的广阔中间地带，覆盖着地球上许多不能生长森林或不宜垦殖为农田的生态环

---

① 黄淑娉、龚佩华：《文化人类学理论方法研究》，广东教育出版社1998年版，第165页。

② 麻国庆：《草原生态与蒙古族的民间环境知识》，《内蒙古社会科学》2001年第1期。

③ 义都合西格主编，柳谦副主编，白拉都格其、金海等撰写：《蒙古民族通史》第五卷（上），内蒙古大学出版社2002年版，第136页。

④ ［英］阿诺德·汤因比：《历史研究》（上），曹未风等译，上海人民出版社1992年版，第211页。

境，在干旱、高寒和其他生境严酷地区起到保护生态环境关键性作用，对经济、生态及人类社会的可持续发展具有极其重要的影响。地球防风固沙的卫士是草原，涵养土壤水分的是草原，调节气候改善环境质量的是草原，各种动植物的基因库是草原，养育牲畜哺育游牧民族的是草原。在此引用中国大学生绿色营发起人 Macia Marks 的一段话重新看待草原："希望你们不仅从望远镜中搜索广阔的景色，还应该掉过头来，好好观察一下脚边的小花小草，你们就会被生物多样性的类型，姿态和颜色所倾倒。这些千变万化，有些是功能性的，比如为了吸引昆虫，还有许多我们不知道，无疑都是宇宙间生物多样性的最好明证，大自然不仅为我们昭示着奇异，还孕育着真理和力量。"很多蒙古族的传统民歌在赞美草原，很多现代歌曲体现了对草原的依恋情结。

（一）草原生态问题的提出

草原是地球母亲具有独特个性的儿子。民歌里唱道：蓝蓝的天上白云飘，白云下面马儿跑——草原是牧人的天堂。但是近些年来，草原刮来的沙尘暴向人们的生活发出了黄色的警示，专家的研究和媒体的报道更以真实的事实和科学研究关注着地球母亲这个儿子的状况，他们以"褪色的草原"、"天堂里的伤痕"、"风吹草低不现牛羊"、"胡杨树的哭泣"等惊心动魄的标题描述着草原的现状。草原退化的情况引起国家高度重视，《国务院关于加强草原保护与建设的若干意见》（［国发 2002］19 号）中指出："我国 90% 的可利用天然草原不同程度地退化，每年还以 200 万公顷的速度递增，草原过牧的趋势没有根本改变，乱采滥挖等破坏草原的现象时有发生，荒漠化面积不断增加。草原生态环境持续恶化，不仅制约着草原畜牧业发展，影响农牧民收入增加，而且还直接威胁到国家的生态安全，草原保护与建设亟待加强。"

在我们谈到草原退化的时候，我们必须明白人的生态位在哪里？"草原是人类的生态屏障。这是根据生态位提出的一个抽象的命题，需要进一步阐述。如果相信进化论，认为人是由猿进化而来，从树上下来，来到地面，来到草原。那么人的生活环境应该介于树与草之间。"① 正像牧人所说，草原是人类的母亲，草原是人类的家园。耳提面命的警示，告知着人们对地球母亲恩赐给人类

---

① 白图格吉扎布、梁应权：《中国草原退化及沙尘暴起因之我见》，载单平等主编《牧区发展与草地资源可持续利用》，内蒙古人民出版社 2008 年版，第 274 页。

图 3.3.1　哭泣的草原　邢旗提供

的这片独特的家园的关注。那么草原的现状如何呢？内蒙古草原的生态环境是严峻的。

其一，沙尘暴的加剧。根据内蒙古草原勘察设计院草原调查数据显示：从20世纪60年代至今，内蒙古草原资源变化十分明显。21世纪初全区草原面积为7499.39万公顷，与20世纪60年代草原面积8495.27万公顷相比，近50年草原面积总量减少995.88万公顷，变化率为 -11.72%；较80年代全区草原面积7880.45万公顷相比，总量减少381.06万公顷，变化率为 -4.84%。全区各大类草原牧草产量及载畜量与20世纪80年代相比，都有不同程度的降低，通过全区各类草原产草量测定得出，全区每公顷平均产草量由20世纪80年代的1068.75公斤/公顷，降至2000年前后838.05公斤/公顷，20年来每公顷平均牧草产量下降幅度达到了21.59%；21世纪初全区载畜量比80年代同期减少2082.38万羊单位。内蒙古自20世纪60年代中期以后，草原退化、沙化、盐渍化日趋突出，退化、沙化、盐渍化面积占草原可利用面积由60年代的18%，发展到80年代的39%，21世纪初已达75%，21世纪初全区退化、沙化、盐渍化草原共4835.44万公顷，与20世纪80年代2503.68万公顷相比，面积增加了近

1 倍。① 请参见下面的图表。

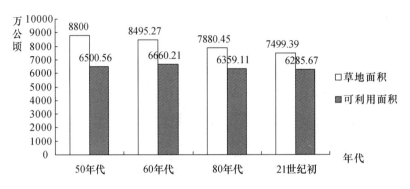

图 3.3.2　20 世纪 50 年代以来草原面积的变化

资料来源：内蒙古草原勘察规划院提供。

表 3.3.1　　　　　　　　内蒙古草地退化现状统计表　　　　　（单位：万公顷）

范围	时　间	天然草地面积	轻度退化	中度退化	重度退化
全　区	20 世纪 60 年代	8495.27			
	20 世纪 80 年代	7880.45	1183.63	884.27	435.78
	21 世纪初	7499.39	2187.45	1895.42	599.6
重点牧区 半农半牧区	20 世纪 60 年代	7590.52			
	20 世纪 80 年代	7237.89	1087.04	812.11	400.22
	21 世纪初	6849.94.	2008.95	1740.75	550.67

资料来源：内蒙古草原勘察规划院提供。

　　从以上表格可以看出：（1）20 世纪 80 年代与 21 世纪初相比，草原轻度退化面积增加约 1000 万公顷；中度退化面积增加约 1000 万公顷；重度退化面积增加约 164 万公顷。（2）重点牧区半农半牧区，20 世纪 80 年代与 21 世纪初相比，草原退化轻度退化面积增加约 900 万公顷；中度退化面积增加约 929 万公顷；重度退化面积增加约 150 万公顷。草原退化其后果是物种多样性指数降低，草群结构和组成贫乏化，造成草原生态环境更为

---

① 内蒙古草原勘察规划院提供。

脆弱。从整体上看，一个普遍的规律是地上生物量下降的速度在逐渐加快。从草群组成上看，禾草的比例下降 10% — 40%，与之相反，杂草类比例上升 10% — 45%。我们再看一个具体的实例。

表 3.3.2 　　　　　鄂温克族自治旗草场退化情况（1974—1997）

	草甸草原草场	干草原草场	山地草甸草场
盖度降低	10% —20%	15% —20%	10%
草群高度降低	9—15 厘米	7—11 厘米	
地上生物量下降	32.3%	40.21%	7.78%
1997 年产量	258.55 公斤/亩	123.25 公斤/亩	338 公斤/亩
同比降低	123.35 公斤/亩	87.65 公斤/亩	28.5 公斤/亩

资料来源：鄂温克族自治旗草原监理站提供。

20 世纪 70 年代中期，鄂温克族自治旗有退化草地 324.3 万亩，占草场可利用面积的 18.3%，平均每年以 14.4 万亩的速率增加。到 20 世纪 80 年代初，全旗退化草地累计 424.8 万亩，占总面积 24.0%，平均每年以 16.5 万亩的速率增加。到 80 年代末全旗退化草地累计 540.4 万亩，占总面积的 30.5%，平均每年以 25.9 万亩速率增加。全旗草地的理论载畜量也由 20 世纪 80 年代初的 140 万羊单位下降为 100 万羊单位。到 2000 年，全旗退化草地达 871.1 万亩，占总面积的 49.2%。

表 3.3.3 　　　　　1997 年全旗的草地退化情况统计

单位	可利用草地面积（万亩）	退化草地面积（万亩）	退化面积在本地区占比例（%）	退化面积占全旗总退化面积比例（%）
全旗	1771.35	773.63	43.67	100
巴彦托海镇	68.46	68.46	100	8.85
大雁矿区	34.17	34.17	100	4.42
伊敏河镇	11.75	11.75	100	1.52

续表

单位	可利用草地面积（万亩）	退化草地面积（万亩）	退化面积在本地区占比例（%）	退化面积占全旗总退化面积比例（%）
红花尔基镇	4.47	4.47	100	0.58
巴彦嵯岗苏木	107.02	24.35	22.75	3.15
巴彦塔拉乡	56.26	56.20	100	7.27
西苏木	326.94	218.84	66.94	28.29
孟根苏木	218.81	85.30	38.98	11.03
伊敏苏木	382.85	109.67	28.65	14.18
辉苏木	201.48	82.90	41.15	10.72
北辉苏木	99.45	44.17	44.41	5.78
东苏木	259.87	32.75	12.60	4.23

资料来源：鄂温克族自治旗草原监理站提供。

在可持续发展的现代牧业中，草原是草原牧民最基本的生产资料，牧民从事的以牧业为主的生产方式，需要从草原产生经济效益。但是在人口众多的情况下，低产出的传统的游牧业已经不能满足牧民人口增加的需求和走向现代化生活的需求。在商品经济的刺激下，增加牲畜是牧人的欲求，这样就使得本来就退化的草原退化的形势更加严峻。30 多年中，内蒙古天然草原退化面积增加了 36 个百分点，草原产草量平均下降 30%。严重退化草地，地表裸露，优质牧草锐减，部分地段几乎丧失了生产能力。草原鼠虫害、沙尘暴等自然灾害频繁发生，草原资源优势明显削弱。

与草原资源减少同步发生的是水土流失和土地荒漠化。草原主要分布在干旱、半干旱区域，在日益增长的人口压力下，水土流失及土地荒漠化的形势日趋严重。水土流失是指在水力、风力作用下，土壤被侵蚀、搬运和沉淀的整个过程。水土流失主要发生在山区、丘陵区和风沙区。《联合国防治荒漠化公约》指出："荒漠化"是指包括气候变异和人类活动在内的种种因素造成的干旱、半干旱和亚湿润地区的土地退化。我们通常所说的荒漠化土地，是指人类历史时期，在包括气候变化影响的前提下，主要是人为经济活动超过土地的承受能力，已经发生退化过程的土地。导致草原牧区土地荒漠化的主要有风蚀荒漠化和水蚀荒漠化，也有大面积的水蚀、风蚀交互作用而引起的荒漠化区域。另外，由于气候干旱、排水不畅及地下水位过高等外在因素，地表植被遭被破坏而造成的土地退化，也是一种荒漠化类型。内蒙古是全国荒漠化土地最多的省区之一，目前全区荒漠化土地面积64万平方公里，占内蒙古自治区国土总面积的54.1%。其中风蚀荒漠化土地58.6万平方公里，占荒漠化土地面积的91.6%；水蚀荒漠化土地面积2.8万平方公里，占荒漠化土地面积的4.4%；盐渍荒漠化土地2.56万平方公里，占荒漠化土地面积的4.0%。[①] 荒漠化以及因荒漠化引发的生态问题造成的危害已十分严重，内蒙古荒漠化土地三分之二以上来自草原荒漠化。

草原植被是土地的保护伞，草原植物贴地面生长，一方面能减少地表风蚀，另一方面具有拦截雨水、减缓径流速度的作用。草原植被增加下垫面的粗糙程度，降低近地表风速，从而可以减少风蚀作用的强度；完好的天然草原不仅具有截留降水的功能，而且比空旷裸地具有更高的渗透性和保水能力。草原植被一旦退化，土壤侵蚀便会发生。内蒙古水蚀荒漠化土地的分布区主要集中在一些河流的中、上游及一些山脉的山麓地带，这些地段多为人类活动剧烈地带，过度放牧、陡坡垦荒等致使植被破坏。内蒙古风蚀荒漠化土地分布广泛。草原地区的库布齐、乌兰布和、腾格里、巴丹吉林四大沙漠，呼伦贝尔、乌珠穆沁、浑善达克、毛乌素和科尔沁（部分）五大沙地，面积24万平方公里，占全区土地总面积的20.3%，颗粒粗、流动性强的沙土广泛分布于这些沙地、沙漠及周边地区，植被被破坏后，多风的气候和松散地表，导致这些地区极易风蚀沙化。在内蒙古地区，一些沙地已经扩大，20世纪60年代全区沙漠及沙漠化面积有27.33万平方公里，80年代沙漠及沙漠化面积已达30.67万平方公里，28年中增加3.34万平方公里，平均每年以0.12万平方公里的速度在扩展，浑善达克沙地已从1959年的1.8万平方公里增到1999年的38万平方公里。[②] 一些地区草原严重沙化，迫使农牧民迁移。如内蒙古达拉特旗，80年代因草地沙化4个苏木和175户牧民迁移他乡。1961年在位于乌审旗西南角的沙而利格苏木开垦了7千公顷的草原，这是祭祀一位

---

① 曹建军、魏洁：《内蒙古荒漠化现状与防治对策》，《内蒙古林业科技》2010年第3期。

② 同上。

蒙古族英雄的圣地草原，开垦的草原很快被废弃，据报道目前仍被黄沙覆盖着。① 由于开垦，破坏了多年沉积下来的植被，开垦出来的农田，一旦废弃就迅速变成荒漠化土地。这些地区在春末夏初季节降水甚少的季节，地表异常干燥松散，抗风蚀能力很弱，在有大风刮过时，就会将大量沙尘卷入空中，形成沙尘暴天气，成为我国北方的严重沙源区。

图3.3.3　草原沙尘暴　邢旗提供

草原植被退化、土地大面积裸露，干旱、大风是沙尘暴发生发展的主导因素。阿拉善高原、河套平原、鄂尔多斯高原、苏尼特盆地和浑善达克沙地等，均是沙尘暴天气多发的集中区。在荒漠化草原由于植被覆盖率低，当风速达到6—7米/秒时，大量的土壤颗粒卷入高空，便形成了"黄毛风"或"沙尘暴"，研究表明沙尘暴的形成与生态环境恶化具有密切关系，沙暴灾害不仅影响了天然草场牧草的正常生长和产量，强烈的大风吹走、掩埋牧草，

---

① 参见［日］儿玉香菜子《鄂尔多斯乌审旗50年的自然环境和社会环境的变化》，载小长谷有纪、色音等主编《干旱区生态环境保育与可持续发展》，内蒙古人民出版社2008年版，第134页。

吹走表土，搬移沙石，进一步加重草场沙化。沙尘暴破坏草原牧区建筑物和牲畜棚圈，吹倒或拔起树木、电杆，风蚀草地、磨蚀沙埋植物，造成大气污染、火灾、人畜伤亡、交通供电受阻或中断等。2000 年我国发生了 8 次沙尘暴天气，额济纳旗为重要的沙源之一。根据卫星遥感探测，影响范围波及西北、华北、东北甚至京津地区①。2000 年 3 月，一次范围广、强度大，持续时间长的沙尘天气袭击了我国北方 140 多万平方公里的大地，影响人口达 1.3 亿人。2004 年 3 月 29 日，在内蒙古锡林郭勒地区，持续 40 多个小时的特大沙尘暴导致数千顶救灾蒙古包、帐篷损毁丢失，10000 多名灾民被迫露天等待救援，5000 多头牲畜在强沙尘暴中失踪，已经发现的死亡牲畜数字超过 500 头（只）。当沙尘暴扩大的时候，人们在寻找沙尘暴的源头，草原生态学家刘书润说："地球本来就有草原，有沙漠，这是天然合理的，这是自然的安排。沙尘暴的地理源头和物理原因是人所共知的。寻找源头的提法是浅薄、无知的。问题是应该反思人类的文化行为是否加剧了自然灾害，人，不应该是为所欲为的。"美国历史上由于过度开垦而发生过黑风暴，前苏联由于砍伐森林而发生过沙尘暴。前车之鉴，应该牢记。

其二，气候旱化，水资源减少。在草原生态系统的整个环境制约因子中，水是第一位的。水的多少，直接影响着牧草和家畜种群数量变化。内蒙古草原处于北半球中纬度内陆地区，地势高燥，气候大陆度约在 70% 上下。大部分地区远离海洋，加之山体阻隔，东南季风作用不强，影响范围不能深入高原中心。因主体部分属干旱、半干旱气候区，内蒙古草原上河流稀少，地表水、地下水资源有限，大部分属于中国水资源的少水带或缺水带；各河段径流量小，季节性河流发育，年季变化很大，地表水丰水年与枯水年水量相差几十倍；河川径流量的 70% 以上集中于夏、秋季，而在 4—5 月农田及牧草灌水期，河川径流量仅占 5%—10%。地下水分布区域间差异大，封闭和半封闭的盆地地下水埋藏较多；广大高平原上地下水较少。水分不足决定了草原生态的脆弱性。

天然草原降水量小，从东北到西南由 400 毫米左右降低到 100 毫米以下，甚至 50 毫米以下，且多集中于夏季，占年降水量的 65%—75%；冬季雨雪稀

---

① 参见色音《人类活动对黑河流域生态环境的影响》，载［日］小长谷有纪、色音等主编《干旱区生态保育与可持续发展》，内蒙古人民出版社 2008 年版，第 233—241 页。

少，占年降水量 1%—3%；春、秋季各占 12%—15% 和 15%—18%，全区普遍春季干旱，对牧草返青不利。草原区降水年变率较大，在 10%—50% 之间，在年降水量较多的中、东部地区为 10%—25%；降水量较少的西部区则在 25%—50%。其分布趋势是自东向西递增。

干旱和半干旱地区自然条件的一项重要特征是蒸发量大，全区蒸发量大约相当于年降水量的 3—5 倍，不少地区超过 10 倍，荒漠地区可达 15—20 倍以上。全区几乎每年都有程度不同的旱灾发生。尤其在春季，降水量仅占年降水量的 12% 左右，不能满足作物生长的需求，故春旱严重，夏旱、秋旱和季节连旱的发生频率也很高，有"十年九旱"的特点。内蒙古农区发生干旱的频率为 89.2%，大旱的频率为 32.4%；牧区发生干旱频率为 91.4%，大旱的频率为 31.4%。干旱是内蒙古草原畜牧业发展的主要制约因素。[①] 以乌审旗为例，20 世纪 60 年代平均降雨量是 370 毫米，70 年代是 322 毫米，80 年代平均降雨量是 333 毫米，90 年代减少到 286 毫米。降雨量减少的同时，相应地气温上升了，20 世纪 60 年代平均气温是 6.5 度，70 年代平均气温是 6.9 度，80 年代平均气温是 7.2 度，90 年代到了 8 度。[②] 据内蒙古气象部门统计，2000 年至 2009 年 10 年间平均降水与 1990 年至 1999 年 10 年间平均降水相比，呼伦贝尔市下降了 94 毫米，锡林郭勒盟下降了 56 毫米。同期，全区平均蒸发量由 1969.1 毫米上升到 2028 毫米，增加了 59 毫米。全区气温从 80 年代的平均 4 度左右，上升到 21 世纪平均气温 5.4 度左右。其中锡林郭勒盟 80 年代的平均气温只有一个年份超过 3 度，而 21 世纪以来的十年中平均温度超过 3 度的有 7 个年份，呼伦贝尔市平均温度在零下 1 摄氏度的年份有 5 个，21 世纪以来没有一个年份的平均温度达到零下 1 摄氏度。

近一百年以来，全球正在经历一场以变暖为主要特征的气候变化。2007 年 2 月世界气象组织政府间气候变化专门委员会（IPCC）第四次评估报告中指出，近百年来全球地表温度上升了 0.74℃。地球变暖，这是人类生存条件的改变，这个问题引起了世界的关注。无论是进入现代化的发达国家，还是发展中国家都关注这个事实。气温的上升带来了植被的减少，带来了干旱和

---

　　① 刘永志、常秉文、邢旗主编：《内蒙古草业可持续发展战略》，内蒙古人民出版社 2006 年版，第 172 页。

　　② 资料来源：乌审旗气象局数据资料。

水的减少。近年来，内蒙古气温上升明显，据中国适应气候变化项目（AC-CC，中、英、瑞士三国合作项目）研究：1961—2006 年，内蒙古年平均气温上升了 1.6℃—2.0℃，其中最近 20 年是有气象记录以来最暖的时期；四季气温均呈变暖趋势，并且以冬季增温最为显著，上升幅度高于全国。

地球气候变化对内蒙古降水、地表水和地下水资源影响明显。2000 年以来，随着气候变暖和降水的减少，进入干旱少雨的枯水期，降水量较自 20 世纪 90 年代减少 39 毫米。气候变化加剧了内蒙古地表径流的减少，湖泊的萎缩或干涸，可利用水资源下降明显。由于降水趋于减少，大部分河流自 20 世纪 50 年代以来径流减少趋势是越向西部越明显。1956—1969 年全区平均地表水资源量为 438.6 亿立方米，1970—1999 年全区平均地表水资源量为 360.6 亿立方米，30 年来减少了 78 亿立方米。目前内蒙古河流中季节性河流明显增多，常年有水的河流近 30 年减少了 50%—60%。随着气候变暖，湖泊面积也趋于减少，20 世纪 60 年代全区 1 平方公里以上的湖泊面积为 5261 平方公里，80 年代测算的湖泊面积为 3940 平方公里，20 年来减少了 1321 平方公里。由于近年降水趋于减少，入渗补给不足，以及城市化扩大、工业发展的用水等，许多地区出现了地下水开采过量，采补失调，出现了降落漏斗区，如辽河井灌区地下水位大面积下降，形成近 2000 平方公里的漏斗区。[1]

呼伦湖位于美丽的呼伦贝尔草原，是中国北方第一大湖，也是中国最大的草原淡水湖，面积最大时达 2300 多平方公里。由于两条补水河流克鲁伦河与乌尔逊河近年来水量减少，甚至出现过断流，使湖水面积明显萎缩。据新华网 2010 年 8 月报道，2000 年 4 月遥感卫星监测的湖面面积为 2370 平方公里，到了 2010 年 6 月，湖面面积只剩下 1850 平方公里，减少了 520 平方公里，草原和湖边中间已经出现一条约 600 米宽的白沙带。呼伦贝尔市水利局工程师 YYSH 说："达赉湖水位下降导致周边草原地下水不断补充到湖中，造成草原地下水位下降，加剧了草原沙化和草场退化。达赉湖是呼伦贝尔草原的肾，肾坏了，当然会出大事情。"[2] 近年来额济纳旗先后有 12 处湖泊、16

---

① 参见托娅、李海英《气候变化对内蒙古水资源的影响》，《内蒙古气象》1994 年第 1 期。
② 被访谈人：YYSH，男，40 多岁，汉族，呼伦贝尔市水利局工程师，访谈人：邢莉，访谈时间：2006 年 7 月，在呼伦贝尔市。

处泉水、4 个沼泽地干涸，部分牧民由此被迫生态移民。① 在锡林郭勒盟的阿巴嘎旗有一个白色的湖泊（蒙语查干诺尔），这是锡林郭勒最大的一个湖泊，过去两个湖泊的水都是满满的，大湖是咸水，小湖是淡水，小湖的水人和畜都可以喝，有 80 平方公里。自 2001 年后湖水干了，干涸盐湖 10—20 公分白碱粉尘刮到下风方，大片草原被污染。被采访的牧人说："我们的查干诺尔湖干啦。我的冬营盘在湖盘的下风头上，一起风，满天都是白的，牲畜根本不能出去……牲畜出去都变成白色的了，人被白色的东西刺痛，不断地流泪……这白色的东西就是从干泡子吹出的盐碱面……盐碱面落在羊身上把羊烫脱了毛。这样的大风天气今年就刮了 40 多天，下风头跟我们这里一样，受到影响的有几百户人家……"② 在东乌珠穆沁旗内，有一条乌拉盖河，一个年轻的牧人说："我们小时候，也就是 95、96 年的时候，有芦苇塘、有天鹅、大雁、大鸨都有，那时候可以猎取。实行截流后，修了水库，现在见了河底，形成一个大泡子，芦苇还没有草高呢……"③ 众所周知，人的生命起源于水，动植物的产生起源于水，人的生命、牲畜的生命、绿草的生命都依赖于水，我们保护草原，首先要保护草原珍贵的水资源。

其三，动物和植物的减少所引起的生物链的断裂，生物灾害频发。草原的退化不仅仅表现在沙尘暴的出现，也不仅仅表现在草原植物数量和质量的退化，而是整个系统能量的流动和物质循环的改变。现代生态学认为，草原是由植物、动物、微生物等生物群落及其与周围环境例如光、热、水、土等组成的统一体。根据草原学家的研究，草原是各种生物的自然宝库。学术界按用途将草原植物分为饲用植物、药用植物、纤维植物、食用保健植物、能源植物等类别。内蒙古天然草原上生长的饲用植物共有 916 种，药用植物全区已知的约有 1000 余种，含天然纤维的植物 70 多种。野生鱼类 80 余种，两栖爬行类 20 余种，鸟类 370 余种，兽类 100 余种，国家重点保护动物近百种。内蒙古草原的动植物丰富了全球的基因库，组成了一个和谐的生物圈。各种生物之间的捕食关系是互相交织在一起的错综复杂的网状关系。食物网

---

① 孙力：《西部生态环境建设初探》，《生态环境与保护》2002 年第 8 期。

② 林岚：《马倌寻访日记》，《人与生物圈》2007 年第 2 期。

③ 被访谈人：东乌珠穆沁旗干部，男，40 多岁，蒙古族，访谈人：邢莉，访谈时间：2008 年 7 月，在东乌珠穆沁旗。

图 3.3.4　保护草原的水源　邢莉摄

把草原生态系统中的各种生物直接或者间接地联系在一起，假如食物网中的某一条生物链发生了障碍，就可以通过其他食物链来进行调节和补充，从而达到生态系统的稳定。

草原的生态系统是一个动态的平衡系统，其调节能力是有限的。草原退化主要发生在放牧利用强度过高的草场上，退化草原生产力下降，植物种类发生明显变化。伴随草地退化，可食牧草比重下降，轻度退化草场可食牧草产量减少 20%—40%，中度草场可食牧草产量减少 40%—60%，重度退化草场食牧草产量减少 60% 以上。退化草原中一年生有毒有害植物大量增加，甚至成为群落的主体。如呼伦贝尔草原针茅类型草场退化前，草群高度 32 厘米、盖度 85%，可食干草产量 69.4 公斤/亩。重度退化后演替为冷蒿、杂类草，草群高度仅 6 厘米，盖度 40%，由产干草仅 18.8 公斤。如 21 世纪初锡林郭勒盟北部的草原前些年由于持续干旱及虫灾，加之过牧，有相当一部分草场，禾本科、豆科等多年生牧草已消失，以灰菜、沙蓬等一年生植物为主的草场取代了过去的优质草场，这不仅给畜牧业生产带来严重损失，而且加速了生态环境恶化。① 随着草原上优良牧草减少，有毒植物滋生蔓延，使一些家畜采食毒草中毒而亡，造成很大的经济损失，成为草原灾害之一。

由于草原的破坏，天然草场上劣质有毒植物增多。典型草原是内蒙古分布范围最广泛的草原类型，主要代表性的植物群落有大针茅、克氏针茅、本氏针茅等。在不同强度利用下，草原出现不同程度退化，群落植物组成发生很大变化。轻度退化时，草群基本保持原有的外貌，优势种植物群落盖度、产量有所降低；中度退化时，草群中原有的优势植物生长明显衰退，阿氏旋花、星毛萎陵菜、牛心朴子、赖草、狼毒等不可食或有毒植物大量出现；重度退化时，草群中原有的优势植物消退，骆驼蓬、阿氏旋花、狼毒、牛心朴子、一年生杂类草等不可食或有毒植物占据草群优势。据统计，目前呼伦贝尔市鄂温克草原有毒植物有 21 种，其中对畜牧业生产危害最大的是毒芹和藜芦，牲畜误食可能致死。藜芦为百合科多年生草本植物，生于林缘草甸或阴湿的山坡，灌丛地草场，在危害区的草场中密度较高，一般密度为 750—3000 株/公顷。据不完全统计，从 1995 年 11 月到 1996 年 3 月中旬，全旗因误食毒芹中毒死亡的牛 103 头，羊 13 只，经济损失达 21 余万元。2001 年 9 月至 11 月，巴彦塔拉乡、巴彦查干苏木又发生因误食毒芹死亡牛 50 头，羊 30 只。2002—2005 年，全旗每年毒草发生面积约 1 万公顷左右，每年防治面积约 1300 公顷。防治措施为人工铲除毒草。② 草原的退化不只是草场质量的退化，而是草原生态系统的全面退化，包括草的退化，土地的退化，动物和植物的退化和减少，特别是整个系统能量流动和物质循环的改变。

现在草场退化，虽然有草但是草的营养价值下降了。以前草原上草的种类有几百种，现在也就几十种了。草场退化的原因我认为是在八、九十年代，张北、通辽、东北一带的汉族来草原"挖地毛"（发菜）、"挖药材"，破坏了草原的植被，当时管理松散，没有意识到问题的严重性。现在草的品种少多了，质量不好，出现了大量的"猪毛菜"这样的草，羊不怎么爱吃。③

---

① 资料来源：内蒙古草原勘察规划院提供。
② 资料来源：海拉尔科技局提供。
③ 访谈人：DML，男，67 岁，蒙古族，东乌珠穆沁旗乌里雅斯太镇牧民。访谈人：邢莉、张曙光、王志清，访谈时间：2008 年 7 月，在东乌珠穆沁旗乌里雅斯太镇。

呼伦贝尔大草原是人间的宝贝，这里所产的优质饲草达 130—140 种，牲畜可爱吃了。过去春营地选择在草场好的地方，选择避风遮风的地方，这样便于接羔；夏营地选择在山区，比较凉快，草的品种丰富，牲畜可以吃到各种各样的草；秋营地选择在土质碱性大的地方，牲畜需要碱，这是抓膘的季节；冬营地选择草地质厚，草长得密的地方，这样便于牲畜趴卧。现在草场小了，不能按过去的营地放牧了，有一种牲畜特别爱吃的俗名叫布驼洛的草，现在也不长了。①

我们都在为"胡杨林在哭泣"的真实报道震撼，原来的额济纳绿洲的胡杨林大量死亡。根据调查，1982 年有胡杨林、沙枣林 107.6 万亩，现在不足50 万亩。1982 年有柽柳 523 万亩，现在不足 150 万亩。② 胡杨林的死亡，导致原来胡杨林下的 200 多种植物的减少，植物种群的消失，何况占胡杨林62% 的病木腐木成为滋生病虫害的仓库。绿洲特色是天然的植物群落组成的，现在绿洲不再，干枯的胡杨木，弯曲的树枝诉说着对水的渴求。

草原生态环境恶化，野生动物失去了适宜生长的栖息地。由于乱捕滥杀，20 世纪 60 年代还成群分布在内蒙古草原的黄羊，现已所剩无几了。自 80 年代以来，仅内蒙古地区每年猎杀的黄羊，就多达 70000—80000 只，致使黄羊种群数量急剧减少，种群密度大大下降，由常见变为偶见。在草原上常见的一些猛禽，如雀鹰（Accipiter nisus）、鸢（Milvus korschun）、大鵟（Buteo hemilasius）等，也由于乱捕滥杀而成为稀有的鸟类了。在草原歌声里常常出现的百灵鸟等鸟类很少见了，在民间故事中常常出现的狐狸、狼、野猪、蛇类、苍鹰也不见了，甚至连蜥蜴、兔子等小动物也越来越少。内蒙古锡林郭勒盟正蓝旗蒙古族牧民夏东希布说："过去我们这里有一种大鸟，叫大鸨，鸟体很大，足有半个人高，小孩子如果遇见这种鸟，会很害怕，但是这是益鸟，可以吃草地的害虫，这种鸟 80 年代还有，现在没有了。还有狼，我十几岁的时候，就遇到过狼，这些年见不到了。"③

---

① 被访谈人：BDG，男，62 岁，蒙古族，锡尼河镇西苏木牧民。访谈人：邢莉，访谈时间：2004 年 7 月，在其家里。

② 申元村等：《中国绿洲》，河南大学出版社 2001 年版，第 310 页，参见色音《人类活动对黑河流域生态环境的影响》，载［日］小长谷有纪、色音等主编《干旱区生态保育与可持续发展》，内蒙古人民出版社 2008 年版，第 239 页。

③ 访谈人：XDXB，男，50 多岁，蒙古族，牧民。访谈人：邢莉，访谈时间：2007 年 7 月，在正蓝旗。

　　动植物的减少和干旱使生物灾害加剧，特别是鼠灾和虫灾，而人为的滥捕、滥猎，施用化学农药又造成了天敌数量的锐减。内蒙古草原鼠灾、虫灾在20世纪70年代只是局部地区发生，从90年代中期以后发生范围逐年扩大，危害强度持续增加，从2001年开始至2005年，鼠害虫害发生面积都在666.67万公顷（1亿亩）以上，连年暴发的鼠害、蝗虫害，构成对草场植被最为严重的破坏。特别是在内蒙古中西部地区更为严重。如2005年，全区草原遭鼠害危害面积达873.24万公顷，严重成灾面积达436.34万公顷；虫害发生面积达790.87万公顷，严重成灾面积达368.84万公顷。对内蒙古草原造成危害的蝗虫种类主要有白边雏蝗、西伯利亚蝗、亚洲小车蝗、白边痂蝗等，主要害鼠有布氏田鼠、长爪沙鼠、大沙鼠、鼢鼠类等。此外，草原毛虫、草原螟等啃食草原牧草根条，该害虫发生面积广、数量大、食性杂，对草原也造成严重灾害。

　　为什么蝗灾如此猖獗呢？据内蒙古锡林郭勒盟草原工作站研究员BX研究，蝗虫喜欢在植被盖度小于50%的草地上产卵，草场退化、牧草高度、盖度下降，适于蝗虫产卵，而控制蝗虫天敌的动物和微生物逐渐减少，蝗灾的存在使得草原进一步恶化。而在冬季轻度利用的缺水草场，虽有鼠、虫分布，但难以成灾。呼伦贝尔市鄂温克族自治旗的草场是自治区为数不多的较好的天然草场，过去很少发生鼠害虫害，但近些年生物灾害有增加的趋势。

图3.3.5　草原蝗虫成灾　邢旗提供

图 3.3.6　草原严重的鼠害　邢旗提供

鄂温克旗发生虫害较明显的年份在 2002—2004 年。2002 年 8 月中旬，全旗发生近 20 年来最为严重的草地螟危害，发生面积为 60 万公顷。短短的 10 天时间受害苏木涉及巴彦托海镇、巴彦塔拉乡、西苏木、辉苏木、伊敏河镇等地。危害最多的地段是居民点附近的人工饲草料地。2003 年，受气象灾害的影响，全旗又发生大面积虫害。2004 年全旗发生蝗虫灾害面积约 4 万公顷，平均密度为 25 头/平方米。关于虫害的起因，专家认为受气象灾害的影响。鼠害分布范围也由 80 年代初的 3 个苏木增加到 2001 年的 10 个苏木、乡、镇。[①] 据锡盟草原工作站调查，2003 年秋季，阿巴嘎旗 33 万公顷草场受到布氏田鼠的袭击，严重鼠害面积占 90%，26 个样方（每个样方为 1/4 公顷）调查，平均 5702.2 个活动洞口，第一个开洞贮草为 4.5 公斤，第二个开洞为 5.12 公斤，每亩约 8—10 个土堆（指布氏田鼠的贮草仓库），每个土堆

---

① 资料来源：内蒙古呼伦贝尔市鄂温克自治旗科技局提供。

下存草4—5公斤，洞口周围牧草啃食，形成"秃斑"。鼠虫危害使已脆弱的草原畜牧业生产雪上加霜，加速了草原退化的进程。而在额济纳旗，胡杨木的死亡引起了虫害的加剧，阿拉善旗草地每年发生国标一、二级病虫害200万亩以上，鼠害1000万亩以上，毒草害4000万亩以上。上述灾害，额济纳旗最为严重。① 这是一个连锁反应，水的减少引起植物群落的衰亡，植物的衰亡引起病虫害的加剧，导致草原植被的减少。这是我们面临的生态灾难。

（二）草原生态环境的严峻与农业开垦

面对着当今严重退化的草原，我们在思考：如何评估人类的行为与自然的关系？人类在自然界的位置是什么？在进入21世纪现代国家可持续发展的过程中，如何反思草原的生态哲理？如何保护草原？

由于人类社会发展对于资源和环境的依赖性，以及人类不断向自然索取的欲求，环境问题已成为当今世界性的问题。草原生态恶化是一个不争的事实，也是一个渐进的历史过程。这个过程与地球的气候变化有关，也与人的文化行为——对草原的开垦和过度使用存在着密切的关系。移民与开垦虽然暂时解决了灾民的生存，也满足了蒙古族对农产品的需求，但是所带来的生态环境的负面效应是巨大的。社会学家费孝通一针见血地指出："靠天种地的粗放农业对牧场草地来说是一种破坏力量。而且凡是丢荒之地，在天旱地区植被破坏后，很快就会沙化，农耕所及，草场荒废。加上农业社区人口增殖，一定要扩大耕田面积，即使在较高的轮作和施肥的农业水平上，也会和牧民争夺土地。所以在这种技术条件下，农区和牧区既互相依存，需要互通有无，而又互相排斥，难于长期和平共存。这种关系在传统生产技术没有突破以前，决定了过去我国边区农牧接触界线上长期发生的你去我来，我来你去的拉锯局面。"② 属于生态环境脆弱区域的内蒙古草原，经过多年的不断移民开垦，目前内蒙古水草丰美的优质草原已为数不多。

草原的表土很薄，气候寒冷，水源稀少，风力较大。如前所述，内蒙古区域的生态环境是降水量少而蒸发量大的区域。自东南向西北呈500—400—

---

① 参见色音《人类活动对黑河流域生态环境的影响》，载［日］小长谷有纪、色音等主编《干旱区生态保育与可持续发展》，内蒙古人民出版社2008年版，第239页。

② 费孝通：《行行重行行》，宁夏人民出版社1992年版，第134页。

300—200—100 毫米的递减。大部分地区年降水不足 300 毫米，阿拉善盟西部不足 50 毫米，降水集中在 6—8 月份，雨量约占全年的 75%。降水的年、月变率大。蒸发量一般是降水量的 3—5 倍，西部地区超过 10 倍以上。全区年平均风速在 3 米/秒以上，北部高原区在 5 米/秒左右。高原区冬春≥8 级大风日数，在 20—40 天左右，最多的超过 60—100 天。除了临近水源的地区适合农业外，其大部分所提供的生态环境不适合农业。特别是在经过了一段开垦之后，薄薄的土层肥力枯竭，无法继续耕种。对于清政府的全面放垦，有农耕经验的农耕民当时就抵制。察哈尔土地贫瘠，不适耕种，老农不屑经营。康、雍、乾时期农业很兴旺的归化城一带，到了咸丰年间已经无法耕作。由于大部分地区属于中温带干旱、半干旱地区，在降水不足的情况下，地表水系对内蒙古区域的农业生产具有重要的意义。其中河套平原、阴山丘陵地区、土默特平原及靠近东北的西辽河中下游平原、嫩江流域一带土壤气候特别是水源比较优越，可以农耕。但是从总的生态环境来看，不宜开垦。清初土默特的情况是："立春后必有大风……立夏坚冰始消，草木甲坼，夏至后虽三伏盛暑，早晚不离棉衣，立秋，天已苦寒，处暑夏天始热，白露前后即有严霜，野无遗禾，寒露白草枯萎，人皆衣裘，寒霜雨雪，百工不兴。"[①] 在放垦绥远一带八旗牧场的过程中，清官僚贻谷视察发现在号召开垦时，"领户寥寥"，究其原因，是其不适合耕种：正蓝旗两翼土性差强，砂石相间，连汉农也不屑开垦。当时的档案就记载，民人不领土地的原因是砂石相间，沙化的土地是无法收成的。蒙古族从事牧业的区域，往往是不能开垦的区域。"入民国后，始陆续报垦。惟土质多瘠，少灌溉之利。各旗北境，气候更寒，往往未届收获，严霜已降，天时地利，视绥西各旗相去远矣。故一般蒙民，至今犹形诸歌谣，以为牧畜易于蕃滋，播谷则难生长，而以放地妨碍游牧为言。虽蒙情或有偏执，究其实际情况，乌盟境内宜牧不宜农之区，所在多有，则民歌之词，亦未可厚非也。"[②] 因农垦不适宜，这个地区最后维持了游牧业。草原游牧业是对脆弱草原生态环境的适应的文化行为，而农业与游牧不同，农业要积极地改观生态环境。"正是地理环境促使形成了形成某种生活方式并强

---

　　①　《归绥识略》卷二《天部·天气》。
　　②　内蒙古地方志编纂委员会总编室编印：《内蒙古史志资料选编》第三辑，1985 年版，第264—265 页。

加给它一些限制。在某种海拔高度之上和某些气候条件之外，小麦就要让位于大麦了。蒙古那辽阔的草原牧场更有利于大规模的饲养业而不是农业，需要大量的水稻灌溉种植业最理想的选择地是温带和热带那些能灌溉的草原。"①

草原大部分区域不适合农垦，其收成式微，在灾年显示得更为明显。1904 年前后，绥远的八旗牧场在放垦的过程中，遭到了大旱，"口外一带，今年雨迟霜早，岁收不过一、二成。牧场尤甚，……履勘所至，触目惊心，场圃一空，田庐多弃。已垦熟地，因来年缺乏籽种，尚多不肯翻犁；至新领生荒，置而不营者，更无论矣。"② 光绪年间，水源较丰富的大小黑河一带也发生了争水抢水的争执。由于上游地区节节筑坝，蓄水灌地，下游地区善里九旗四村人民状告不止，至使官方判案，并于光绪三十三年冬在村中立碑，表示了此争端，并警戒后世。③ 短短的记载，说明农业的发展已经受到受到水利资源和生产力发展水平的限制，如果不能进一步开发水资源，农业的发展将受到影响。

在此应该反思人类行为对草原的破坏力。由于开垦土地的大都是汉族的移民，他们在开垦的初期，春来秋走，成为一种特殊的农民——"游农"。蒙人"自种地者寥寥无几，要以雇汉人耕种伊克昭盟右翼四旗地方、佃与汉人耕种为最普遍。此种佃农或雇农，因无土地权，不作久居之想，春来秋去……加之各旗对汉人抽收建造房屋税，而房屋建好后，每年又须纳地皮租，因之蒙地汉民，不愿建屋久住，演成一种游农性质之特别景象。"④ "游农"看到土地没有收成，往往弃地而逃。"口内粮地肥瘠不同，口外则沙漠之区，绝无沃土。……其余如清河两厅山坡之硗确，屡报逃荒，萨托濒临黄河，时虞水患，归化量地极多皆远在山后苦寒之地，春末开冻，秋初均霜，统年燠少寒多，禾稼难以长发。稻粱菽麦本非陌地所生，蒿子油麦亦视为嘉谷，劳于耕作而薄于收成。"⑤ 这段记录除了描述了当时地理环境不适合耕种的情况外，又指出了一个极为重要的问题即"劳于耕作而薄于收成"。"外来耕凿之

① [法]谢和耐：《中国社会史》，耿升译，江苏人民出版社 1995 年版，第 12 页。
② 内蒙古档案馆：《内蒙古垦务档案史料汇编》（上编），内蒙古图书馆藏本。
③ 郑裕孚：《归绥县志》，学生书局版，册 2，第 480 页。
④ 蒙藏委员会调查室印行：《伊盟右翼四旗调查报告书》，1939 年版，第 49—50 页。
⑤ （清）刘鸿逵：《归化城厅志》卷 3，《职官》第 50 页，所录《钟观察秀上抚县禀》。

户，又多浮住而无资本，且不讲树艺，但任之天时地利之自然，而于人事多有未尽。"① 这里所言的人事未尽，就是指"游农"的行为少有技术含量而无资本的投入，且又存在贪图目前利益的客居心理。与雁行佃、雇农相比，跨塞地主的两栖姿态和客居心态对塞外的消极影响更大。"此等地户，类名其原籍之地为旧地，新垦之地为新地，因之对于植树事，概不注意。即本地土著，亦无植树之智（知）识。询之辄以土地不宜或气候不合或牲畜践踏为对。其实皆只贪图目前之利，不知植树之大利在十年以后也。"② 百年之前的开垦，具有掠夺性质。

　　内蒙古区域生态环境的恶化是一个历史渐进的过程。在 14 世纪前就已经开始。伊克昭盟的毛乌素沙漠，原来树木茂盛，700 年前这里曾为战场，因而遭受严重的破坏。以后 19 世纪清政府又在这里大肆砍伐放荒，才造成了人为的沙漠。1949 年前，伊克昭盟的沙化面积已经达到 1575 万亩流沙要侵吞几十万亩农田、草场。南部的流沙随着西北风，"二十年一打滚"，向东南侵入了长城三边、榆林一带。③ 科尔沁沙丘都被草原所覆盖，是利于发展畜牧业的天然牧场，但是不适宜改变为农田。因为地表只有 10—20 厘米厚的腐殖质层，再往下即是黄沙。草场土质贫瘠，蓄水保肥的能力很差，农产品的产量极低。④ 清文献《清水河厅志》给我们留下了从嘉庆、道光到咸丰年间，耕种过的土地成为荒芜的记录。

表 3.3.4　　　　　　　　　清代清水河厅报退废耕地数量表

年代	报退废耕地（顷）
嘉庆二十三年（1818）	262.50
二十五年（1820）	1774.79
道光元年（1821）	413.88
十五年（1835）	3087.05
三十年（1850）	670.14

---

① 朱启钤：《东三省蒙务公牍汇编》卷 4，《洮南府知府孙葆晋上蒙务局督办经营洮蒙说贴》。
② 《平地泉集宁县之经济状况》，《中外经济周刊》1926 年第 148 期。
③ 参见沈斌华《内蒙古经济发展札记》，内蒙古人民出版社 1982 年版，第 241—243 页。
④ 参见冯季昌著《东北历史地理研究》，香港：同泽出版社 1996 年版，第 289 页。

续表

年代	报退废耕地（顷）
咸丰三年（1853）	2604.85
总计	8813.21

资料来源：《清水河厅志》。

"其生态恶化主要就是在清末以来的滥垦以及不合理开发活动造成的。"①民国中期属于现杭锦旗的份子地乡有一片占地 20000 亩的农田，产量颇丰，号称"麦子窖"。"糜子窖"到 1954 年退化为盐碱地。② 在较干旱的土层薄或坡度大的草原中，开垦 1—2 年，土壤肥力降低便弃耕，使得草原景观破碎，原生草原群落被稳定性差的一年生杂类草所代替。开垦不但造成草原面积逐年递减，而且在春天形成大面积裸露地，造成新的沙尘源。在千古绝唱敕勒歌的诞生地——内蒙古从化德县到达茂旗东西长 380 余公里，南北宽 100 多公里的地方，在 20 世纪还是"草过于马瘠"的优质草原，目前沙化严重。目前"从事纯游牧业的人口不足 30 万，仅占全蒙古族人口的 1/3，从事种植业人口的比重已达 88.8%，种植业的产值在农牧业总产值中的比重达 72%"。③这是 20 世纪的统计数字，现在应更少。

从 20 世纪 50 年代初期到 80 年代中期，内蒙古三次开垦潮使 207 万公顷的草原变为耕地，换来的却是 134 万公顷土地的荒漠化。20 世纪 90 年代，内蒙古东部 5 个盟市有 97 万公顷的草原变为耕地。据专家研究，每开垦一亩耕地，就引起周边 3 亩土地的沙化。一首顺口溜形象地概括了草原开垦的后果：一年开荒，二年打粮，三年五年变沙梁。从长远来看，草原开垦经济效益低下，撂荒后又面临土壤养分流失、机械组成粗化，植被恢复缓慢，抗干扰能力弱等生态后果。究其原因，与人口的增加，资源分配不足有关，在此我们再次重温费孝通的告诫："以牧区来说，由于牧场缩小，单位面积载畜数相应增加，超过了自然恢复饲草的限度，引起草原退化。这一系列破坏生态平衡

① 恩和：《草原荒漠化的历史反思：发展的文化维度》，载额尔敦布赫、恩和、［日］双喜主编《内蒙古草原荒漠化问题及其防治对策研究》，内蒙古大学出版社 2002 年版，第 99—100 页。

② 张立范：《关于河套行政区农业生产上三个关键性问题的意见》，《内蒙古日报》1954 年 7 月 21 日。

③ 况浩林：《中国近代少数民族经济史稿》，民族出版社 1992 年版，第 152 页。

的因素，形成了恶性循环，引起了一般所说的'农牧矛盾'，在民族杂居地区又表现为民族矛盾。"[1]

（三）草原生态状况的严峻与草场的过度使用

当代学者关于草原退化、沙尘暴的原因，现在主要有气候变化说、人为退化说、气候与人的过度利用行为兼有说三种。气候变化说虽为地球的变化，但是环境的变化与人的行为是否存在着关系？第二、三种说法是反思人的行为的。著名社会学家费孝通先生针对赤峰地区草原沙化的问题进行了研究："在这个地区，沙化和反沙化的两种势力长期以来一直在较量。人这个因素，扮演着相反的两个角色：一方面是自发的破坏，另一方面是理智的建设。"[2]我们要在地球上生存下去，首先要检讨人类的行为。草原的脆弱性与人的过度开垦及不恰当的甚至是掠夺式的使用形成了尖锐的矛盾。属于自发的破坏包括三个方面：（1）大面积的开垦；（2）过度樵柴和非法挖搂；（3）超载放牧。对于第一个问题，前述很多，对于第二、第三个问题我们再做些补充。

过度樵柴和非法挖搂破坏了植被和表土，加剧了草原地区的荒漠化。传统的游牧业以牛粪为燃料，但在早年定居化的牧区、半农半牧区，大部分居民以野生植物作为燃料，据1979年进行的一次沙漠化调查，前伊盟境内的农牧民每年大量挖掘油蒿、沙柳、柠条，用此为燃料、扎棚圈、加固围墙甚至增加经济收入。据测算，一户五口之家的年需烧柴相当于40亩固定、半固定沙地上的全部油蒿，即为烧柴每年要破坏40亩天然植被。草原上挖药材对草原的破坏性极大，挖药材在草原上形成大块"斑秃"，引起草场退化、毒草丛生。据研究，每挖1株甘草，破坏草原面积约5平方米，伊克昭盟在新中国成立初期甘草的分布面积为120万公顷，至1981年减少至33.33万公顷。内蒙古的野生麻黄资源由于滥采甚至连根砍伐受到严重破坏，草原沙化与大量采挖麻黄有关。在牧区搂发菜破坏草原现象也很突出，"发菜"与"发财"谐音，在市场上价格很高。发菜集中分布在一些荒漠、半荒漠草原地区，研究表明，搂发菜可将50%左右的牧草拔断，5%的牧草根拔起，使盖度降低50%，产草量降低58%，每半斤发菜可卖100元，需要搂遍20亩地的牧场，

---

① 《费孝通学术精华录》，师范大学出版社1998年版，第433页。
② 费孝通：《行行重行行》，宁夏人民出版社1992年版，第142页。

相当于破坏一只羊的饲草条件。苏尼特右旗的人口为 7.8 万人，而搂发菜的人数达到 5 万余人，以至于中、蒙、俄联合考察队在 2001 年 7 月描述其状况时是"寸草未生，赤地千里"。①

破坏草原的行为还在于超载放牧，草畜矛盾突出。据内蒙古草原勘察规划院调查：草原面积自 20 世纪 50 年代以来减少了近 2 亿亩，2000 年牲畜数量 6040.58 万头只，是 1957 年 2656.96 万头只的 2.27 倍，草地面积的不断缩小，牲畜头数的持续增加，导致以草原资源为物质基础的草原畜牧业，每个绵羊单位拥有天然草场面积从新中国成立初期的 165 亩降至 1985 年的 29.7 亩，1999 年的 16.37 亩，50 年间每个绵羊单位的天然草场拥有面积下降了 90%。而天然草原平均每亩产草量从 20 世纪 80 年代的 71.25 公斤，下降到 2000 年的 55.87 公斤，平均每亩产草量减少 21.6%，造成草原负载过重。据 20 世纪 80 年代调查，当时内蒙古有 88 个旗县，饲养家畜超载的旗县有 67 个，占 76.1%；2000 年调查，除个别旗县外，全区草原超载现象普遍存在，草原牧草没有休养生息的机会。特别是严重退化的地段，由于家畜过度啃食、践踏，使土壤坚实，理化性状恶化，植被稀疏，许多优良牧草减少及消失。

草原在养育着人类，草原有可利用的丰富的自然资源。草原是牲畜的粮仓，也是牧人的衣食之源。但是脆弱的草原其载畜量是有限的。我国草原荒漠化的成因中"过度农垦占 25.4%，过度放牧占 28.3%，过度采樵占 31.8%"。② 学术界认为"草原长期的（几十年），大面积的，高强度的超负荷过牧导致草原植被退化，才是沙尘暴的真实原因。与这样长期高强度的超负荷过牧相比，其它因素的影响（如所谓'厄尔尼诺'现象的解释）就微不足道了"。③ 1936 年美国森林局对美国西部草原问题作了广泛的概括，确定了下列事实：过度放牧已毁坏了草原牧草资源的一半以上，当时全部草原的 3/4 还在继续退化。五十多年中过高的牲畜头数，在公有土地上无限制的放牧，缺乏知识，或对土地不照管，是破坏草原的主要原因。④ 为什么在草场面积缩

---

① 营光耀等：《穿越风沙线——内蒙古生态备忘录》，中国档案出版社 2001 年版，第 12 页。

② 陈文：《草原畜牧业经济研究》，内蒙古大学出版社 1992 年版，第 14 页。

③ 图格吉扎布、梁应权：《中国草原退化及沙尘暴起因之我见》，载单平等主编《牧区发展与草地资源可持续利用》，内蒙古人民出版社 2008 年版，第 278 页。

④ 参见营光耀等主编《穿越风沙线——内蒙古生态备忘录》，中国档案出版社 2001 年版，第 12—13 页。

小，草场质量衰退的情况变小的情况下载畜量反而越大呢，造成对草场的过度使用的原因是什么呢？

　　超载过牧的原因是人口的需求。内蒙古 33 个牧业旗县，1950—1980 年均增加人口 9 万多人；1980—2000 年的 20 年间，每年约增加 4 万人。1980—2000 年，牧区总人口增长速度缓慢、城镇人口增长速较快。[①] 再有一个统计数字，从 1949 年到 2000 年，全区人口增加了 3.7 倍，而牧区增加了 6.4 倍。[②] 以锡林郭勒盟为例，1949 年为 20.5 万人，2000 年为 99.3 万人，增加了 79 万人，年均增长率为 3.14%；呼伦贝尔市由 20.9 万人增加到 273.7 万人，年均增长率为 4.44%。从 1949 年到 2000 年，全国人口的年增长率为 1.62%，而内蒙古人口的年增长率为 2.71%。[③] 其中内蒙古区域的汉族人口一直在持续增长。"汉族人口从 1912 年的 100 万增加到 1937 年的 370 万，1949 年的 520 万，2002 年的 1855 万。内蒙古自治区总人口粗略地分成三个部分；其中 1/3 是原有人口，1/3 为自然生育，另外 1/3 则是外来移民。这样的人口增长速度使得内蒙古农村与牧区的人均自然资源明显下降，土地过度开垦和草原'过牧'（牲畜数量超过合理载畜量）导致自然生态的恶化。"[④] 这个分析是较为客观的。

表 3.3.5　　　　　　　内蒙古地区人口增长的情况（五次人口普查结果）

年份	人口数量（单位：人）
1954	6100104
1964	12348638
1982	19274279
1990	21456789
2000	23755400

资料来源：国家统计局《统计公报·人口普查公报》，http：//www.stals.gov.cn。

---

① 参见敖仁其主编《制度变迁与游牧文明》，内蒙古人民出版社 2004 年版，第 236 页。
② 敖登托亚、乌斯：《内蒙古草原所有制和生态环境建设问题》，《内蒙古社会科学》2004 年第 6 期。
③ 王关区：《我国草原退化加剧深层次原因探析》，《内蒙古社会科学》2006 年第 4 期。
④ 马戎：《民族社会学导论》，北京大学出版社 2005 年版，第 137 页。

　　长期以来，有一个错误的观点，认为西部地区人口密度小，为了西部的发展可以向西部移民。近半个世纪以来，农牧交错的沙化地区，据统计，从1949 年内蒙古自治区每平方米只有 6 人。① 有的地方甚至不足 6 人。1949 年后，许多地方每平方米已经超过80—100 人。② 移民有的开垦草原种粮、有的从事手工业，还有相当一部分承包了草场饲养牲畜。他们挤压了原住民的生活空间。目前在干旱草原区人口密度达 11.2 人／平方公里，为国际公认的干旱草原区生态容量 5 人／平方公里的 2.24 倍。向西部移民在理论上是错误的，是不宜实行的。实际上，西部的境况是地少人稠。中国著名的沙漠学会专家朱俊凤教授说："通过普查和沙区社会调查表明，我国沙区资源与人口增长的矛盾十分突出，仅北方 12 省（自治区）干旱、半干旱地区的人口就达7465 万人，人口密度每平方公里 24 人，远远超过这类地理理论上承载人口的极限。"③

　　1949 年到 1999 年的 50 年间，内蒙古自治区的总人口数增加了 3.9 倍，农牧业人口增加了 2.7 倍，牲畜头数增加了 5.9 倍，耕地面积增加了 5.7 倍。与此相悖论的是牧场的减少和牧草质量的降低。④ 人口是生产的动力，同时也需要消费自然资源。人口增多，恰恰是在草原面积逐渐减少和草原的质量逐渐下降的情况下，而养活人口需要牲畜大量增加，这就必然使草原负载更重。锡林郭勒盟典型草原 1985 年畜均需草地 24.87 亩，同样的草原现畜均需草地29.17 亩。⑤ 这说明，草场的质量在降低。据统计，全国的载畜量合计约 5—6个亿羊单位，超过理论载畜量的 20%，集中表现在冬季放牧场上。北方广大牧区冬季草地已超载 50%，少数地区超载 1.15 倍。这就进入到一个瓶颈之中，草场的面积在减少，草场的质量在退化，而人的需求在增加，而过度放牧使得草场更加恶化。另外开挖草原矿产，工业化污染，人为破坏草原现象

---

　　① 孙敬之：《内蒙古自治区经济地理》，科学出版社 1956 年版，第 4 页。

　　② 敖登托亚、乌斯：《内蒙古草原所有制和生态环境建设问题》，《内蒙古社会科学》2004 年第6 期。

　　③ 转引自乌力更《生态移民与民族问题——以内蒙古为例》，内蒙古人民出版社 2009 年版，第47 页。

　　④ 邢旗、黄国安、敖艳红：《内蒙古草地资源即利用现状评价》，载额尔敦布和、恩和、［日］双喜主编《内蒙古草原荒漠化问题及其防治对策研究》，内蒙古大学出版社 2002 年版，第 44 页。

　　⑤ 内蒙古草原勘察规划院提供。

时有发生。乱征滥占草原、不合理开采草原水资源等现象十分突出，水资源量和时空分布的不均衡影响了水分的充分利用，干旱气候延续、水资源浪费及水污染、大气污染和固体废弃物污染日益严重，导致生物多样性锐减。

在此我们必须重温一下草原是什么？对于草原的认识既不同于作为放牧对象的草场，也不同于作为耕作对象的草地，更不是农耕文化所定义的待开垦的"荒地"。长期以来，由于人类的浅薄和无知，人们之所以在保护自己的生存之源——草原的认识上存在着很大的误区，人类从史至今在违背自然的规律。我们应该认识到：

（1）草原是国家生态安全的重要屏障。草原具有调节气候、涵养水源、防风固沙、保持水土、净化空气、美化环境等多种生态功能，辽阔的草原覆盖了祖国的半壁江山，是生态保护的一道绿色生态长城。

草原是可更新的自然资源。草原是由绿色植物与其他多种生物成分及非生物环境因素组成的自然生态系统，人类合理地适度地利用草原，可以维系地球的寿命和人类的生存。

（2）草原是畜牧业发展的重要物质基础。草原养育着丰富多样的家畜，依托大草原的资源优势，为人类提供大量的纯天然无污染的乳、肉、皮、毛绒等畜产品，是国家重要的畜牧业生产基地。

草原是游牧文明的摇篮。草原孕育了以游牧生产方式为基础的草原文化，蕴涵了天人合一、崇尚自然——人与自然的和谐的理念，草原因而成为游牧文明的摇篮。

以上两点，草原的生态对于地球母亲的维系和保护作用是首要的，是第一位的，没有这样的理智的认识，地球的寿命就难以维持，人类的生存也就不堪设想。草原是几十万年大自然天工造化的产物，草原是对人类有贡献的，同时也是脆弱的。据学者研究，内蒙古处于环境脆弱的地带。科学界是这样描述的：他们把埋在草原的生长芽比作胎儿，"草原主要是由耐旱、耐寒、耐牧的地下芽植物、禾草组成的植被。植物把生长芽保留在地下，是一种进化。使嫩芽得到更好的保护，好比胎生比卵生进化，因为胎儿得到更好的保护"。①

---

① 白图格吉扎布、梁应权：《中国草原退化及沙尘暴之我见》，载单平等主编《牧区发展与草地资源可持续利用》，内蒙古人民出版社 2008 年版，第 281 页。

　　脆弱的草原目前已经不能承担人类过度开垦的持续性，过度使用的掠夺性，草原母亲在哭泣。如果超过了草原的恢复能力，本来是可再生的草原资源就面临毁灭。在联合国环境规划署任职 18 年，于 20 世纪 80 年代任联合国副秘书长兼联合国环境规划署执行主任的莫斯塔法·卡·托尔巴博士早在 20 年前就曾指出："同大多数环境问题不一样，沙漠化的原因没有什么不明确的地方。从表面上看，这些原因就是滥用和过度使用脆弱的土地——过度放牧、毁林、过度耕作和破坏了土地生物生产能力的不良灌溉。而这些做法起因于交错在一起的复杂而隐藏的原因，包括不公平的贸易条件、人口的增长、短期的规划，有时仅出于完全无知。理事会提出的建议，必须考虑到这些隐藏的原因。"①

　　美丽的自然提供了人类生存的资源，但是长期以来，人们没有树立文化生态观，没有树立生态保护的观念。在传统的游牧业中，牧人有关于保护草原的民间法，在成吉思汗时期还厘定了国家法律，况且游牧本身的脆弱性例如雪灾的袭击可以使得牲畜自然减少，加之地多人少，不存在超载放牧的问题。但是由于人口的增加，生存的需要。国家以牲畜的头数为衡量牧业生产的唯一指标，目前"在牲畜质量退化的同时，几十年的时间，把牲畜头数推到了草原载畜量的极限，甚至逼近或达到了草原生物量。而且这种'头数挂率'政策一旦形成，便有极大的惯性"。②另外，在传统的牧民的思维定式里，把牲畜视为财富的象征。在牧人看来，牲畜"不仅供应食物，同时也是资本，牲畜成为各种社会关系活生生的象征——婚姻、友谊等各种社交活动都包括象征地交换牲畜这项内容。拥有牲畜是财富惟一的真实形式，由此而超出了环境的承载能力"③。

---

　　①　［法］莫斯塔法·卡·托尔巴：《论持续发展——约束和机会》，中国环境科学出版社 1990 年版，第 123 页。

　　②　白图格吉扎布、梁应权：《中国草原退化及沙尘暴起因之我见》，载单平等主编《牧区发展与草地资源可持续利用》，内蒙古人民出版社 2008 年版，第 274 页。

　　③　麻国庆：《草原生态与蒙古族的民间环境知识》，《内蒙古社会科学》2001 年第 1 期。

第 四 章
内蒙古区域农耕生计方式与
半农半牧生计方式的构建

　　由于汉族移民的推动，在内蒙古区域逐渐出现了村落文化，村落文化在内蒙古地域的出现是游牧文化变迁的重要标识。内蒙古区域村落文化的出现，对于从事农耕民族的汉族来说，存在一个由"游农"到定居的过程，而对于从事游牧的蒙古族来说，也有一个从游牧到定居的过程。我们从游牧文化变迁的角度来研究内蒙古区域的农耕文化圈是如何形成的，这个区域的文化变迁和文化选择经历了怎样的历程。

一　内蒙古区域农耕村落文化的形成

　　汉族的农耕社会组织是以家族和地缘为集群的社会。由于移民原本所处的地域不同，村落不同，其移往的路线不同，所到地域在草原上形成了独立于蒙旗组织之外的小群体。而这些小群体或是同一村落的老乡，或是同一祖籍的人群，他们在塞外要重建故乡的社会秩序，经过了一个从移动到定居的过程，一个从客位居住到主位居住的过程。

（一）汉族移民的定居与村落文化的形成

　　清代之后，长城沿线及黄土高原的汉族农民，由于自然地理环境的持续恶化，被迫不断地向北部移动，逐渐深入到广阔的草原地带，并逐步由"春去冬归"地带"雁客"，转变为定居的开发者，形成了众多连片的农业村落。雍正初年，据历史档案记录，大同府周边"散居土默特各村落"的汉民，就有 2000 多家，而"归化城外尚有五百余村，更不知有几千家矣"。从今天的呼和浩特向西，到黄河河套地区的原土默特左右旗，"迷弥千里，悉皆腴壤，人居颇广"，而向北置大青山下的广阔的草原地带，都有"山西人携家开垦"的田地。① 例如在现在内蒙古托克托县有"塔布版申板"，意为"五间房"；在呼和浩特有"古路板"，意为"三栋房"；在库伦旗有"都尔拜兴"，意思是"高处的房子"；奈曼旗有"八仙筒"，意思是"平房的地方"。②

在内蒙古区域，定居的房屋最早出现在临水的地方，例如最早的村落出现在黄河河套地区和西拉沐沦河领域。研究者认为，内蒙古区域农耕村落文化的形成是一个渐进的历史过程，存在着错综复杂的状况。

1. 汉族移民开辟的村落

汉族移民是农耕文化的携带者和传播者，农耕生计方式的居住特点是村落。那些自发迁移的人口，他们数量多，开垦的区域广，他们冲破了重重困难，开辟了一个又一个的农业村落。"汉民初来，不住高岗，便住山僻，以耕为居，无复远虑，以故三、五零居，无大村落。故村有孤家子、两家子、三家子、五六七八九十家子等名。"③ 村落的房屋开始非常简陋，所用建筑材料为石头、泥巴、篱笆、秫秸，等等，村落的名称也以此为名。东部蒙古地区，"始则以石筑室，继则以篱为垣，故村又有杨家杖子（俗称篱笆为杖子）、石家杖子、韩家杖子、马架子（俗屋之短而不完者为马架子）、北窝铺（俗为新立门户为窝铺）、新窝铺诸号"。④ 近代风俗志载："内蒙东部多满汉移民，故建筑家居，颇同内地，惟规模狭陋，辄污浊不洁。猪牢马棚，即建在门外或近旁，棚外且积粪如山丘焉。"⑤ 村庄的建立与开垦存在着密切的关系，据调查巴林右旗最早开垦在旗西南部靠近林西的地方，蒙人韩扎黑拉其、达拉玛慕棍达等人也招青，因此克德河一带迁进了许多汉农，以后立为村庄。旗北部查干沐沦和巴彦琥硕要日吐川的汉人也就这样迁来。上要吐日有个营子叫"三七地"，就是汉农招青种"三七地"的地方，要日吐川的四五个汉人

---

① 《官中档雍正奏折》第 17 册，台湾出版社 1979 年版，第 837 页。
② 哈丹朝鲁：《内蒙古聚落的形成和主要类型》，《中央民族大学学报》1997 年第 5 期。
③ 沈鸣诗：《朝阳县志》，《种族·汉族之初来》卷 26。
④ S. C. 君：《热河卓昭两盟垦殖演进之研究》，《蒙藏周报》1931 年第 65 期。
⑤ 胡朴安：《中华全国风俗志》（下篇·卷九·蒙古）（影印本），上海文艺出版社 1988 年版。

村庄都是那时建立的。巴彦琥硕镇政府所在地的村庄名叫仓上，因为有个叫金玉泽的人在那里给衙门看守粮仓得名。他雇汉人耪地，以后巴彦琥硕与四家一带的村庄先后建立。羊场、宝日勿苏的一些汉族人口，最初是给公爷业喜诺尔布放羊、种地而迁来的，开种的"二八地"有数千亩，耪青的人数很多，随之不少村庄出现。

现在属于鄂尔多斯地区达拉特旗吉格思泰乡刘家濠村，其中村民 328 人，蒙族 35 人，回族 1 人。从村落组成的人口看，这是一个以汉族为主体的村落。该村落有 1000 多亩耕地，没有牧场。这里最早的村名叫"红眼窑子"，据说有一个陕西来的红眼人，他"跑青牛犋"，来到这里，建了村庄。现在村里的刘、王、柳、越、康、杜、齐、赵等姓氏，都是汉姓。老辈子都来自陕西府谷和神木两个县，刘姓和王姓都是这里的老户。所以这个村子叫"刘家濠"。① 以鄂尔多斯为例，移民的住所多依靠坡、湾、塔、圪台而建，这样前面再加上最先落脚人的姓氏，就成为村落的正式名称。科尔沁地区初来垦荒的人往往搭盖窝铺作为栖身之所，有的窝铺还带着垦荒者的姓，例如，王家窝铺，张家窝铺，何家窝铺。②

2. 由蒙古人原聚集地扩大而形成村落或者蒙古族建立的村落

洮南所在的双辽镇，光绪初年，是科尔沁镇国公旗的一个偏僻的蒙古族居住的小村落，只有十来户牧民居住。20 世纪初"辽沈长春避难人，多往归之，遂成大村落"。③ 在卓索图、哲里木及察哈尔蒙古族聚集的地区，村落频频建起："其数十户或数百户之蒙人村落，所在多有，大小市镇，商贾云集，盖脱离行国游牧之风，进于耕稼之习矣。但居室规模狭陋，周围筑土墙，墙外植榆柳等树，以白布细书经文悬于其上，布幅乘风飘扬，远望若'万国旗'然。"④

---

① "我们家原来不住这里，在陕西，民国初年的时候，在口内活不下去了，来到口外。当时这里还是满眼的野草，都是牧人放牧的牧场。"（被访谈人：WSHF，鄂尔多斯地区达拉特旗吉格思泰乡刘家濠村村民。访谈人：山西师范大学 2007 级民俗学硕士高瑞芬，访谈时间：2006 年 7 月，在鄂尔多斯地区达拉特旗吉格思泰乡刘家濠村）

② 波·索德：《科尔沁地名与地域文化》，《内蒙古大学学报》2005 年第 5 期。

③ 《洮南府之新造》，《地学杂志》1910 年第 1 卷第 7 期。

④ 啸岩：《西北风俗谈·内外蒙古》，《西北汇刊》第 1 卷，1925 年第 9 期。

3. 清朝政府招汉族开辟的村落

据我们调查，内蒙古东部有许多老公地或者以老公（太监）命名的村屯，如喀喇沁右旗的旺爷店镇、上瓦房乡、大牛群乡、小牛群乡的老公地村，就是公主陪嫁内监招垦形成的村子。有清一代，为了巩固清代的统治，满洲八旗驻防绥远，为了供应满族八旗的后勤需要，清廷主动招徕内地的汉民务农，这是汉族涌入塞外的一股洪峰。为了挣脱贫穷，"走西口"、"去桂花"（即归化）就是他们的唯一出路。汉族的人口很快就超过了蒙古族。在土默特境内形成的村落棋布。清廷实行蒙满贵族联姻的政策。在我们调查过的巴林右旗，清荣宪公主嫁给巴林右旗的札萨克王公。荣宪公主带来陪房 240 户，一些户也定居于大板。大板名称来历就于此有关。蒙古语称土木建筑的房屋为"拜上"。当时按照聚落地址将北台子王府一带称为"上拜上"，从此往南的台子下一带称为"中拜上"，再往南"十八家"一带称为"下拜上"。因此人们将大板总称为"益和拜上"。其意是"大房子"。但是与前面的情况相比，自发迁移的人口是构建村落的主流，除汉族外，满族也建立村庄。"满族人建立的村落在科尔沁地名中也有所显现。例如'张家锡伯'、'锡伯营子'等。"①

农耕社会是以家族、宗族集群的社会。由于移民原本所处的地域不同，其移往的路线不同，所到的地域在草原上形成了独立于蒙旗组织之外的小群体。或出于同一村落的老乡，或出于同一祖籍组成的小群体。在塞外要重建故乡的社会秩序并非易事。因此往往通过认亲的方法，形成同乡村。同乡村有多种情况，一种是由于灾荒等原因，农耕村落整体迁徙到内蒙古区域的。另外一种情况是"老乡见老乡，两眼泪汪汪"，是逐渐聚集在一起的。"如喀喇沁左旗夹皮沟乡和哈拉房子乡的各村庄，就是由直隶永平府临榆县宁社二甲的农民结成的。"② 内蒙古有不少村落是"同乡村"，萨拉齐县毕克齐镇水磨沟村，民国时期的 11 家磨房，都是同乡所开。③ 这里同乡的范围也不固定，有的是同村，有的是相邻的村落，有的可能范围更大，相距不远。在察哈尔

---

① 波·索德：《科尔沁地名与地域文化》，《内蒙古大学学报》2005 年第 5 期。

② 天海兼三郎：《旧热河蒙地开垦资料二则》，第 94—95 页。转引自王玉海《清代喀喇沁的农业发展和土地关系》，载马汝珩、马达正主编《清代边疆开发研究》，中国社会科学出版社 1990 年版，第 193 页。

③ ［日］今堀诚二：《中国封建社会的构造》，第 608 页，转引自闫天灵《汉族移民与近代内蒙古社会变迁研究》，民族出版社 2004 年版，第 163 页。

"汉族多聚族而居，张家口外，如董家窑、白家窑之类皆以姓为别也"。① 姓氏文化是汉族文化的重要表征，汉族常常同姓聚族而居。在家庭血缘关系的基础上，结成大的家族。个体迁移或者家庭的迁移使得同一姓氏的汉族分布在天南海北。但是迁移到异地之后，他们往往带着"同姓一家人"，"三百年前是一家"的姓氏观念，即使原来不属于一个村落的同姓人也往往互相认同，聚集而亲，亲情而居，在内蒙古区域组成新的村落。为什么会形成这样的状况呢？

其一，他们共同采用的仍旧是农耕的生计方式，农耕文化与草原游牧文化是两种不同类型的文化，构成了两种不同的文化体系。农耕民族是"种地"，种地就需要定居，聚居。共同的生计方式使得他们形成居有常所的群居的民俗特征，群居可以保持他们整体的农耕的生活习俗。西蒙地区"各方农民租种蒙古地亩，初则数椽茅屋，略避风雨，比户聚居，渐成村落"。② 张家口外的开垦者"多晋北土民，薄备资本，只身远出……刻苦积累，数年后率族偕来，居然成村落"。在东部，"至乾隆初，复遣直鲁贫民于此，借地安民，民户始各构房屋以居，自为村落，亲友时相往来，而蒙民风俗遂各异焉"。③ 在村落文化初建的肇始期，规模比较小，几户、十几户就称为一村。与中原区域数代累积形成的根深蒂固的家族、宗族严密组织的村落有明显的差异。察哈尔地区"坝上居民由清同治年间实行放垦，到光绪初年设立千总，各家无区村道路之规定，其招来者多系农夫，只知多种多获，随地建屋，因陋就简，不求整齐，且地面辽阔，村庄散漫，人民稀少，寥若晨星，多致二三十家，少则三五家，逾百户之村庄数寥寥"。④ 这是刚刚建立村落的状况，为以后渐呈扩大打下了基础。

其二，各地的移民离乡背井，初来乍到一个地域，言语不通，举目无亲，他们的生活惯习、行为准则、宗教信仰等诸方面与原住民存在很大的差异，他们习惯群居，一方面是由于农耕生活生计方式的需要，另一方面，也由于

---

① 林传甲：《察哈尔乡土志·家族》，《地学杂志》1916 年第 7 卷第 8 期。

② 钟秀、张曾：《古丰识略》，《村庄》（咸丰十年）卷 23。

③ 沈鸣诗：《朝阳县志》卷 25《风土》，转引自章有义编《中国近代农业史资料》第 2 辑，第 637—638 页。

④ 许闻诗：《张北县志》，《礼俗志·习惯》卷 5。

其移民的客居身份，初到异地，群居使得他们有一种归属感。他们在草原牧人散居的大背景下，形成了若干"小集团"。农耕民族注重亲缘关系，移民往往在亲族中互相沟通，因此村落的形成最初可能是同姓而居，同村而居，同族而居。总之这属于英格尔提出的属于"原发基础的"凝聚力的因素。"它使族群作为具有共同祖先的'文化集合体'而凝聚，人们出于对本族文化的深厚情感产生出保存和发展自身文化传统的愿望而凝聚，成为'文化抗争'的力量；后者代表'社会分层现象'，当一个族群在社会分层中整体处于劣势时，共同社会地位与共同利益追求使他们作为'政治抗争'或'经济抗争'的力量而凝聚。"[1] 当一个族群的移民深入到另外一个族群居住的区域的时候，开始时移民族群的文化处于弱势地位，他们在传播本族群文化的过程中聚合为凝聚力量。

村落文化在草原区域的逐步推进意味着什么呢？内蒙古区域村落文化形成与农耕文化的移民存在着密切的关系，而值得研究的是，他们并不是来到了这个区域就组成了村落，村落文化的形成是一个渐进的过程，移民经过了一个从移动到定居的过程，从客居到主居的过程，从"异乡人"到"本地人"的过程。与此同时，村落形成的过程就是对草原分割的过程。整体的草原被分割成一个又一个的村落，这是一个文化渐变的过程。研究这个过程不仅可以探索一个族群的整体文化如何向另一个族群居住区域的传播，而且可以探索另外一个族群的文化如何被挤压而逐渐弱化，以至于他们如何逐渐接受了异族群的文化，而替代了本族群原有的文化。

村落文化形成是人口的集中和居住的密集显现。农耕民族的村落是血缘关系和地缘关系的交织。汉族移民的主要原因之一是由于贫困，他们开始移民的动机是求得基本的温饱生存，其移民的规模是零散的、是个体的男人而非整个家庭，他们往往奔波于原住地与移居地之间。这一时期，俗语称为"雁行人"，也有的称为"花户"、"跑牛马镇"。从这个角度上说，还没有形成真正意义的移民。[2] 从学术角度上说，定居后才可以称为"移民"。

农耕民族的"雁行人"的生产方式和生活方式与真正意义上的移民有很

---

[1]   马戎：《民族社会学导论》，北京大学出版社 2005 年版，第 196 页。

[2]   一般认为，移民是具有一定数量、一定距离、在迁入地居住了一定时间的迁移人口。参见葛剑雄《简明中国移民史》，福建人民出版社 1983 年版，第 1 页。

大的区别。其生产方式的特点在于其耕作土地的游动性和不固定性。例如在
武川县："民间耕种，尽租蒙人之地，私定契约，约有年限，期满不续，则携
牛辇他往，以故农民春来秋往，靡有定所。浮萍其家，飞蓬其身，择土地之
肥美，为家口之粢养，尚留游牧时代之风矣。"① 他们有的与原住民定有契
约，有的并无契约，哪些地方易收获就开垦哪些地方，收获了粮食就走。地
域没有一定的限定。草原的沙化证明，这样的开垦具有相当的破坏性。其生
活方式的特点是居无定所，不带家属。"绥远客籍之农户，多来自晋北。春来
秋返，多不携家眷。"② 因此他们的房屋非常简陋，所用"木料亦甚细小，不
甚坚固，盖因开垦新地随意迁家，与蒙人逐水草而居甚相似也"。③ 这种状
况，我们称其为"游农"。"游农"的特征是其一他们居住的房屋非常简陋，
其二，他们没有任何生产投资。文献载"村居简陋，全中滩无一砖窑，均住
土房。盖居住其地者非贫民则怀暂居之心而不愿多费经营者"。④

　　从思想上来说，他们只是想解决天灾人祸给他们带来的暂时困难，并无
永久驻足的心理："一般感觉痛苦之贫苦农民，遂无安于是地，愿作土著之心
理……"⑤ 这种心理来自三个方面，一是担心会被清廷驱逐；二是担心不被
原住民容纳；三是农耕人传统的安土难迁的惯习。除了地域环境的生疏，人
际的陌生之外，还有根深蒂固的文化心理的不适应。对于原住民来说他们自
己认为是"客籍"，而同时原住民也认为他们是区别于自己族群的"他者"、
"他群"，而非"我群"。直到现在经过了一百多年阜新的蒙汉杂居的烟台营
子村还遗留着对蒙古族称"老鞑子"，对东北移民称"老坦子"的不同称
谓。⑥ 这不同的称谓表示他们尚在一定程度上恪守各自的文化边界。随着历史
的变迁，汉族"雁行人"的游耕的生计方式逐渐成为定居农耕的生计方式。
原因何在呢？

　　其一，"走西口"和"闯关东"的移民在塞北或从事农耕，其所耕耘的
土地比较固定，生活相对稳定；或从事商业，其商品流通打开了固定的渠道，

---

① 《调查口外十二县农林报告书》，《农林公报》1913 年第 2 卷第 20 期。
② 绥远省政府编：《绥远概况》（内部资料），《农业》第 5 页。
③ 许闻诗：《张北县志》卷 5，《礼俗志·习惯》。
④ 《中滩农业调查》，《中外急剧周刊》1926 年第 162 期。
⑤ 绥远省民众教育馆编：《绥远分县调查概要》（内部资料），第 183 页。
⑥ 据中央民族大学 2005 级博士王志清于 2007 年的田野考察。

这时他们或者往往携家带口来到新区域定居，或者娶蒙古族姑娘为妻，结束了"雁行人"的生活。经过了若干年，"于是内地人民之经商贸迁者，务农而春出秋归者，亦皆由游动而渐近为定居，由孤身而渐成为家室"。① 也有的商人在内蒙古定居。《归绥县志》载，山西寿阳人朱周成，"嘉庆中贾于归化，遂家焉"。② 祖籍寿阳的闫纯锦的祖先也是因为行商而定居在归绥的。③

其二，由塞内与塞外游耕的"雁行人"成为真正意义的移民与清政府的制度有关。康熙、乾隆年间以来，大量的移民去来靡定，数里一落，官方很难控制。随着土地的开垦和人口自然的繁殖，逐渐固定了居处。"康熙时喀喇沁等旗地，以民种而利其息入，廉募之，致妨游牧。乾隆初，亦令察哈尔蒙民易居，但杂处积年，户众垦蕃，难归徙而轻生隙，议者数称驱斥之便。至嘉庆初，土谢图汗各旗地，常有游民栖息。蒙人负民债不能偿，而贫民复若无归，则为之明界设限，不咎前失。"④ 清政府对于已经组成村落的移民带来的文化变迁只能采取认可的态度。"自康熙年间以来，久已陆续租给民人，以田以宅，二百余年于兹矣。该民人等久已长其子孙，成其村落，各厅民户何止烟火万家。此等寄民即不编籍，亦成土著，历年既久，寄民渐多……夫大青山以南，归化城以东以西，延茂数千里，西汉元朔以来，久为郡县，即定襄、云中、五原之境。况以国家修养生聚二百余年，士农工商数十万户，断无驱还口内之理。"⑤

其三，由塞内与塞外游耕的"雁行人"成为真正意义的移民与内蒙古地域广大、人口稀少和蒙古族博大包容的民族性格有关。有的学者从游牧民族对农业产品和手工艺的需求来分析蒙古族对汉族移民的容纳。当然用需求论分析不无道理。另外我们还可以从文化接受者的文化性格分析。草原地域广大，与中原相比人口稀少。世居苍茫草原、成年累月与牲畜相处的民族积习成博大包容的胸襟和富有大爱的同情心。这种文化品格逐渐积淀下来，成为一种集体意识，这种集体意识一旦形成，构成其民族心理的重要组成部分，

---

① 《河曲文史资料》第 1 辑，（内部出版）1991 年，第 90 页。

② （民国）郑植昌修、郑裕孚纂：《归绥县志·人物志》。

③ 同上。

④ 《清史稿》卷 120，《食货一》，第 2519—3524 页。

⑤ （清）张之洞：《张文襄公全集》卷六《筹议七厅改制事宜折》、卷八《口外编籍无碍游牧折》，中国书店 1990 年版。

"同一民族的人感觉到大家是同属于一个人们共同体的自己人的这种心理就是'民族的共同心理素质'或'民族意识'"。① 需求论的说法是不完全的，我们必须从文化性格和民族意识的高度来认识。

草原上农耕村落文化逐渐形成，产生了与游牧文化圈对应的农业文化圈和半农半牧文化圈，这是蒙古族游牧文化变迁的重要标识。就深度和广度来说，都是草原文化历史上亘古未有的，这意味着什么呢？

其一，标识着与游牧相异的农耕的生产方式和生活方式在内蒙古地域的移植。内地的移民寻找新的栖息地和生存方式。他们面临着或者选择放弃原有的生计方式，由农民转变为牧民，或者继续原有的生计方式，继续从事农业。从他们的体质和诸方面的生活惯习来说，从事农耕的生计方式比转向牧业的生计方式容易得多。他们把农耕的生活方式移植到传统的游牧业区域。或者开荒，或者向蒙古王公地主租赁土地开始耕种。当地的蒙古王公租赁土地，山西、陕西、直隶等省毗邻内蒙古西南的各蒙旗，尤其是沿长城南北和黄河河套、土默川平原等地逐渐形成了农耕村落文化，自张家口至山西杀虎口沿边千里的地域是首先形成的村落群。

开始贫困的移民所修的房屋是非常简陋的。在赤峰一带"各乡修造房屋，以土坯为墙垣，以秫秸为席橼，上覆泥涂，以庇风雨"。② 住在河套地区的汉民。他们"多在野处以柳木为橼，以茅茨为之草庵，卑陋狭隘，无异穴居"。③ 究其原因，移民来到内蒙古地域的初始阶段，开始并不是定居，而是春来秋归，被称为"雁行人"。今年耕此地。明年耕彼地，叫"跑牛马犋"。"跑牛马犋"这种农耕的生产方式的特点是找好地耕种，遗弃肥力低的地。文献记载，在绥远地区"有如逐水草而居之势。盖后套以水利当先，若某处于今年夏季伏天溉有良好田地，明年则移来种植，谓为'跑牛马犋'"。④ 农业的特征是定居，但是初来的汉族采取的是"游耕"的生存方式。由于受到传统的安土重迁的思想的支配，他们往往冬归春往。农业村落的呈现，表明

---

① 费孝通：《关于我国民族的识别问题》，载《费孝通民族研究文集》，民族出版社1988年版，第173页。

② 赵允元：《赤峰州调查记》，《地学杂志》1913年第1卷第4期。

③ 姚学镜：《五原厅志略》，清光绪三十四年刊。

④ 李纪：《后套农业近况》，《农业周报》1935年第1卷第17期。

"游耕"方式的结束同时更是农耕文化稳定移植的标识。在张家口、独石口、多伦诺尔的口北三厅："雍正中始募民垦种坝内，以为农田，画井区分，村落棋布，然虽熙攘日繁而令甲所著，耕氓皆冬归春往，毋得移家占籍。"① 这是初期农耕民的生活特征。

图4.1.1　村里特意保留的老房子叙述着村落形成的历史　靳一萌摄

其二，内蒙古区域村落文化的出现和形成是游牧文化变迁的标识，是农业文化圈在内蒙古区域形成的标志。村落文化形成的过程也是农耕文化在内蒙古区域传播的过程，由于移民"迁移后会自发地形成本族人相对聚集的小社区、使本族的生活习俗、宗教生活得以保持，生活上便于互助，也较易于集体争取自身合法权益"。② 最初在游牧区域内出现规模小的村落，这些村落可能被草原包围着，最初建起的村落像一座座孤岛。尔后这些村落在不断扩大，我们说村落文化的扩大，一是在已经几经建成的村落的基础上扩大规模，二是在其他地方建立新村落。蒙古族地区村落的形成是由清代时期蒙地的开

---

① 黄可润：《口北三厅志》，卷5《风俗物产志》（乾隆二十三年）。
② 马戎：《民族社会学导论》，北京大学出版社2005年版，第133页。

垦和蒙古族牧人生产方式转型的情况下形成的。

笔者认为，内蒙古区域农耕村落文化的形成经过了一个过程，由一个个村落的建立而连成一片形成村落文化群，逐渐变成小型的农耕文化区，从小型的农业文化区形成了逐渐扩大的农耕文化圈。其模式是：

从事农业无村落─→村落─→村落群─→小型的农耕文化区─→农耕文化圈
　　　　　　　（扩大）（扩大）（扩大）　　　　　　　　　（扩大）

农耕文化圈的形成是一个逐渐扩大、逐渐稳定的过程。文化要素是伴随着迁徙的人而传播的。移民是村落文化圈的传播者，农耕文化圈的形成表明游牧文化圈的缩小，说明内蒙古草原传统文化的历史性嬗变。

其三，在内蒙古区域村落文化的形成是一个渐进的过程，而蒙汉杂居村落的出现是游牧文化涵化的标识。"文化传播的范围或借用的程度决定于两个民族之间接触的持续时间与密切程度。"① 起初的村落是汉人聚集建立的。雍正时期，阴山南麓："归化城南，间有山、陕人杂处。"② 受到农耕文化的影响，蒙古族也逐步改变了生计方式而转型从事农业。（关于这个问题在后面的章节还有研究）虽然所从事的生计方式相同，居住习俗相似，但是在开始少有蒙汉杂居的村落，后来在土默特地区汉人与蒙古人混杂的村落开始出现。我们通过下列表格分析一下归化城—张家口—丰宁沿线蒙汉村落交错分布情况。

表 4.1.1　　　　　归化城—张家口—丰宁沿线蒙汉村落交错分布情况
归化城—张家口

次序	村名	村落情况	次序	村名	村落情况
1	沙梁尔	汉人、土默特人杂居	4	白塔	汉人、土默特人杂居，近70户人家
2	黑兰不塔	土默特人	5	孔岱沟	4家镶红旗察哈尔人、1家汉人客店
3	察罕板升	汉人、土默特人杂居	6	五犊垓平川	镶红旗察哈尔牧场

① 黄淑娉、龚佩华：《文化人类学理论方法研究》，广东高等教育出版社1998年版，第213页。
② 范昭逵：《从西纪略》，载《小方壶舆地丛钞》第2册。

续表

次序	村名	村落情况	次序	村名	村落情况
7	呼鲁苏台	正红旗察哈尔人	15	岱沁	察哈尔人
8	栖霞	4 户正黄旗察哈尔人	16	黄恼包	汉人
9	巴嘎诺尔	6 户察哈尔人	17	汗海子	汉人 8 户
10	七盖合	12 户汉人	18	奎腾	察哈尔人
11	水泉子	汉人	19	哈盖	察哈尔人
12	甘察呼都克	察哈尔人	20	贝金苏鲁克牧区	汉人
13	绰尔济庙	察哈尔人	21	格格台巴伊尔	察哈尔人 50—60 户
14	察罕营子	汉人	22	丘伦翁果卓	察哈尔人

张家口—丰宁县沟门子

序号	村名	村落情况	序号	村名	村落情况
1	大碛湖	察哈尔人游牧地	5	王金苏鲁克牧地	察哈尔人牧放
2	白庙子滩	汉族盐商	6	登乌苏台	察哈尔人
3	板申图	汉人	7	地字二号	汉人
4	二道洼	镶黄旗察哈尔人			

资料来源：〔俄〕阿·马·波兹德涅耶夫《蒙古及蒙古人》第 2 卷，第 135—138 页，转引自闫天灵《汉族移民与近代内蒙古社会变迁研究》，民族出版社 2004 年版，第 558 页。

从以上表格可以看出：从居住状况看，在 29 个村落中，除表中标示出两处仍旧为牧地，一处为汉族盐商外，其余 26 个均为村落。蒙汉杂居的村落 4 个；只有汉族居住而没有蒙古族居住的村落有 8 个；其中蒙古族居住的村落有 16 个。可以看出：（1）很大一部分蒙古族在农耕文化的冲击下，已经完成向农业或者是半农半牧的文化转型。村落名称其中大部分是用蒙文命名的，用蒙文命名的村落（例如以敖包命名的村落，以庙宇命名的村落）本身就证明文化涵化的过程。（2）汉族村落的单独存在说明从表中居住的民族成分看，已经是蒙汉混同，这里有两层意思：一是蒙汉村落之间的交错。二是长此以往，打破了蒙古族村落和汉族村落的界限，形成现在的蒙汉人家的错落。蒙汉之间已经成为邻居，其衣食住行的融合和婚姻的融合会深度地进展。

在内蒙古区域，农业村落在不断增加，这个过程一直持续到 1949 年以后。例如在道光中期以后，鄂尔多斯蒙古族人口开始下降，汉族人口却不断增加，到了清末，汉族人口逐渐增多，逐渐形成了蒙汉两个民族大杂居小群居的局面，从下表中可以看出鄂尔多斯村落逐渐增加的状况。

表 4.1.2　　　　　　　　　　伊克昭盟建村情况表　　　　（单位：个）

年代	东胜	准旗	伊旗	达旗	乌审旗	鄂旗	鄂前旗	杭锦旗
光绪之前	—	27	6	4	—	1	—	—
光绪时期	9	86	24	32	6	—	4	2
民国时期	9	124	58	71	1	1	6	21
解放后	15	10	14	7	—	18	6	10
情况不明	57	104	336	165	99	116	160	156
总计	90	351	438	279	106	136	176	189

资料来源：《伊克昭盟地名志》，内蒙古自治区地名委员会，1988 年。

从以上表可以看出，（1）伊克昭盟在光绪之前除个别旗外，村落寥寥。清末为村落建立的肇始期；民国时期为发展期；1947 年后为持续发展期。（2）所谓"情况不明"栏目所占数字的比例相当大，虽然很难计算出是哪个时期，但是确为村落则确定无疑。（3）伊克昭盟建村为 1765 个。这说明农耕文化圈、半农半牧文化圈在民国以后以至 1947 年以后在该地的传播速度和传播结果。相对来说，游牧文化圈在迅速缩小，同时也说明文化涵化的程度在加深。法国著名的学者说："清帝国最后征服了蒙古人，所造成的结果是中国农民既全面又点滴地推进，这许多农民不断地使蒙古草原后退，就像他们使满洲的森林后退一样，在这里铲去森林，在那里开拓荒地，在这样造成的农垦小岛里面，到处建立起来中国式的小型农场。这是和平的和无名的侵入，在这种侵入的面前，蒙古的牧人或通古斯的林居者一直向北愈退愈远，正如美洲的红种人在美国农民的面前一直向西愈退愈远一样。"[1]

---

① ［法］雷纳·格鲁塞：《蒙古帝国史》，龚钺译，商务印书馆 1986 年版，第 360 页。

（二）内蒙古人口的增加和密集

在我们研究游牧文化变迁的时候，注意到社会环境是社会现象变迁的根源，因为社会环境是社会现象存在的基本条件，只有通过社会环境才能真正解释社会现象及其变化的实际情况。自然环境的变化是缓慢的，而社会环境的变化是急剧的。促使内蒙古区域农业和半农半牧区域的形成的重要原因是人口的增加。

1. 清代内蒙古人口的增加

由于草原生态环境的脆弱，从事游牧经济的蒙古族占有的地域较广而人口稀少。内蒙古在明朝的归属比较复杂。调查人口是一个棘手的问题。学术界认为，"中国近代人口的调查方法，既不完善又多缺漏，因此人口数字的可靠性是成问题的。但是除此之外又无其他的可靠数字。为此我们只有对这些数字进行整理，以求得一个比较接近实际的数字，这是唯一可取的方法"。[1] 有资料证明"东北地区数奴儿干都司，稍南数辽东都司，再向西数京师大宁都司（原为北平行部司）、山西行都司、陕西都司，还有很多地方在蒙古部落控制之下。全自治区总计大约 200 万左右"。[2] 也有的评估当时蒙古族人口约 100 万，汉族约 75 万。[3] 估计总人口为 175 万—200 万是一个大概的数字。那么蒙古族和汉族的比例如何呢？前面已有表述。这里学者又为我们提供了另外一个数字：在明万历年间（1573—1620）蒙古族的人口约为 109 万人，汉族人口约为 70 万人。[4] 这个数字与前面的数字相似，都表明在这一历史时期，蒙古族总人口的比例高于汉族。

清朝初期的人口依然是很难计算的。内蒙古自治区所辖地区，与北部各省区多有参差，东北部在嫩江以西，时属黑龙江将军所辖地区，再向南其东部属吉林将军所辖地区，南部与直隶为界，河套及其以西地区与今自治区大体相同，现按今政区考察清初人口。学者计算人口的思路是从当时最强的察哈尔部外出作战的兵力入手，历史记载各部兵力总计当不少于 40 万人，计 40

---

① 许道夫：《中国近代农业生产及贸易统计资料》，上海人民出版社 1983 年版，第 3 页。

② 路遇、滕泽之：《中国分省区历史人口考》，山东人民出版社 2006 年版，第 1100 页。

③ 沈斌华：《近代内蒙古的人口及人口问题》，《内蒙古大学学报》1986 年第 2 期。

④ 宋遒工：《中国人口》（内蒙古分册），中国财政经济出版社 1987 年版。

万丁壮，推其人口也当在 170 万，包括呼伦贝尔高原和大兴安岭地区，以及西部的阿拉善地区，全自治区人口总计当不少于 180 万人。[1] 清代初期的这个数字与明代万历年间的数字是接近的。

清中期以来，随着"借地养民"政策的兴起，塞北发生了亘古未有的深刻变化。贫困的农民源源不断的"走西口"、"闯关东"，开垦草原，这些地方的耕地面积迅速扩大。随着"雁行"农民的定居，在河套地区、鄂尔多斯、察哈尔四旗牧场、大青山北麓、科尔沁旗、达尔罕王旗、宾图王旗、敖汉旗和赤峰都出现了大量的村落。在 19 世纪初期仅在归化六厅、赤峰地区、丰镇厅、科尔沁左翼前旗后期等四处，汉族人口就有 425000 人。[2] 村落文化就是农耕文化人口聚集的象征。

村落文化的形成说明农耕文化的浸入，那么到底汉族移民有多少呢？由于历史的局囿，这是一个很难统计的数字。据专家估算，在乾隆年间（1736—1795），内蒙古的蒙古族人口为 103 万人。[3] 这与明代万历年间的人数相比增加无几。嘉庆二十五年（1821），内蒙古区域的人口不能少于 270 万人。[4] 30 多年间，增加的百万以上的数字与汉族移民存在很大的关系。

据这个表的统计，从 1782 年到 1830 年约半个世纪，仅热河地区州县就增加了 34838 户，计 226675 人。这是农耕化的过程。是一个不小的数字。这里增加的主要是汉族移民。清代中叶，随着农耕民"雁行人"定居的过程，内蒙古区域的人口也在增加。19 世纪初期，仅在内蒙古归化城六厅四处的人口就有 42.5 万人。《山西通志》记载丰镇地区约 15 万人，《承德府志》记载赤峰地区约 11 万人。归化城六厅约 12 万人，科左后旗有约 4 万人，整个内蒙古的汉人远远超过这个数字，因此在 19 世纪初期，内蒙古的汉族人口最少超过百万。[5] 这是移民的数字，不包括明代到清初原有的汉族人口。那么这 90 万—100 万就是移民的数字了。特别是鸦片战争以后，帝国主义把中国变

① 路遇、滕泽之：《中国分省区历史人口考》，山东人民出版社 2006 年版，第 1175 页。
② 宋道工：《中国人口》（内蒙古分册），中国财政经济出版社 1987 年版，第 49 页。
③ 同上书，第 48 页。
④ 路遇、滕泽之：《中国分省区历史人口考》，山东人民出版社 2006 年版，第 139 页。
⑤ 宋道工：《中国人口》（内蒙古分册），中国财政经济出版社 1987 年版，第 49 页。

表4.1.3　　　　　　1782—1830年热河地区州县人口增长情况　　（单位：人）

时间 地名	1782年（乾隆四十七年）		1830年（道光十年）	
	户数	口数	户数	口数
承德府	8979	41496	16339	110171
平泉县	29315	154308	20449	158055
滦平县	5230	106630	6914	45769
丰宁县	20871	72079	22198	115973
建昌县	23730	99093	31996	163875
赤峰县	6324	22378	14996	112604
朝阳县	15356	61220	31751	77432
总计	109805	557204	144643	783879

资料来源：海忠《承德府志·田赋·户田》，卷23。

为殖民地半殖民地社会，清政府把更大的压力转嫁到劳动人民身上。由于政治、经济等多方面的原因，采取了"恤蒙实边"、"开放蒙荒"的政策。于是在中国土地上，开展了大规模的移民运动。形成了移民的高潮，在北方移民的三条线路中，直鲁两省到东北三省为一路线，直鲁晋陕到口外蒙古地区为一线路。其中的两条都包括内蒙古区域。

表4.1.4　　　　　清末哲、卓、昭、锡四盟及察哈尔八旗蒙汉人口对比

盟旗名	汉族人口（人）	百分比（%）	蒙古族人口（人）	百分比（%）
卓索图盟	760000	81.3	175000	18.7
昭乌达盟	583000	74.4	200000	25.6
哲里木盟	2852000	92.5	230000	7.5
锡林郭勒盟	0	0	112500	100
察哈尔	55000	88	7500	12
总计	4250000	85.4	725000	14.6

资料来源：［日］稻叶岩吉《满洲发达史》，东京日本评论社刊行，昭和十四年（1939），第38页。转引自闫天灵《汉族移民与近代内蒙古社会变迁研究》，民族出版社2004年版，第335页。

从以上表可以看出，自清末内蒙古族地域的五个盟旗的比例中，蒙古族

只有在锡林郭勒盟是主体民族，其他四个盟旗的蒙古族最多占1/4。清末至民国以来绥远地区的总人口在200万以上。这一时期，绥远地区的人口总数还在不断地增长，所以到了20世纪30年代，在许多文献里就有了绥远地区人口300万的提法。[①] 在300万人口中，汉族占很大的比例。移民的增加，改变了内蒙古人口的民族结构成分。据粗略估计，明代到清初，内蒙古区域的蒙古族人口多于汉族人口，但是到了清末，汉族人口的比例大大高于蒙古族，蒙古族的人数大大少于汉族。"内蒙古人口的增长其来源主要是移民，一方面是新增的移民，另一方面是原有移民的生殖繁衍。移民设治彻底打破了内蒙古蒙古族人口的自然构成和社会构成的传统定式，而且彻底内蒙古人口的民族构成，经过了近一个世纪的发展，内蒙古土著居民蒙古族，在自己的故土上成为真正的少数民族。"[②]

2. 清代人口的增加与上层制度文化

人口的增加有众多复杂的原因，其中包括自然因素和社会因素。我们认为汉族移民导致了内蒙古人口的增加，而汉族的移民与汉族人口的增加与清代的错误的生育政策有关。康熙十二年（1673）人口只有1900多万，后来康熙的诏令："承平日久，生齿日繁，嗣后滋生户口，勿庸更出丁钱，即以本年丁数为丁额，著为令。"[③] 正是这种多生优惠的政策，刺激了人口的增长。康熙五十一年（1712）还有"新增人丁永不加赋之谕"。[④] 人口增长而不加赋税，在传统的农耕民族的观念里，其发展往往不考虑生态环境和资源的制约，在多子多福多劳力的传统思想的支配下，农人何乐而不生？祖宗定的法律又不能改，致使他的子孙执政后，人口增长飞速。到了道光二十一年（1841）人口竟达到4亿。

以山东为例，康熙晚年，山东民人往来垦地者，多至10万余。[⑤] 从雍正二年（1724）到乾隆三十二年（1767），山东人口由1139万人猛增至2563万人，增加了1.25倍。脍炙人口的"盛世滋生人丁，永不加赋"，是乾隆时

---

① 牛敬忠：《近代绥远地区的社会变迁》，内蒙古大学出版社2001年版，第63页。

② 孛尔只斤·吉尔格勒：《游牧文明史论》，内蒙古人民出版社2002年版，第157页。

③ 赵尔巽：《清史稿本纪》，中华书局1976年版，第281页。

④ 赵尔巽：《清史稿·食货志》，中华书局1976年版，第3487页。

⑤ 参见成崇德《边疆民族卷》，载戴逸主编《18世纪的中国与世界》，辽海出版社1999年版，第239页。

期山东人口大发展的决定因素。道光十年（1830），山东人口已突破3000万大关，咸丰元年（1851）达3326万人。咸丰、同治以后，山东人口增长速度逐步缓慢下来，但底数已经增加，到光绪二十四年（1898），人口已达3778万。由此看来，清代确实是山东人口发展史上的一个关键时期。

清代山西全省人口在光绪三年（1877）为1643.3万人，最少的为宣统三年（1877）为1009.9万人口，即作为清代山西平常年份的户口数。按照十分之一计算，平常年份山西外出经商的人数应在132.7万人左右。清王朝统治维持了近300年，以一个甲子（30年）为一代，清代山西人将近有十代人子孙相继，前后叠加，应该有1300多万山西人出外谋生。[①] 而这些人去的主要是内蒙古区域的西部，并且集中在土默特地区，内蒙古区域的晋文化圈就是这样形成的。这说明地域与族群相复合的较为单一的内蒙古地域的草原游牧文化向多元的地域文化的转型。

纵观历史，迁徙是人类活动、生存和发展的需求。游牧民族和农耕民族的人口总是处于互动的过程中。有农耕民族向边疆地区的迁移，也有游牧民族的内徙与西迁。这是互动的常态。而在游牧文化发生变迁和转型的历史时期，出现了非常态，因为这一时期农耕民族的大规模的移民是在清代人口暴增的语境下出现的。清代统治者实行的错误的人口政策，导致我国人口骤增的局面。清初我国总人口约为1920万人。[②] 康熙六十年（1721）全国人口约为2538万人。[③] 乾隆六年（1741）全国在册人口为14341万余，这是我国人口第一次突破了一亿大关。二十年后即乾隆二十七年（1762）又超了2亿，再过二十年，即到了乾隆五十九年（1749）进至31328万余。总计以上五十余年间，净增人口17000万，平均每年增长320万左右，超过历史上任何一个朝代。到了乾隆六十年（1795）人口约为29696万人。[④] 道光元年（1821）约为35554万人。[⑤] 道光二十一年（1841）约为41345万人。[⑥] 清代人口的剧增完全是清朝皇帝上层统治者制定的人口政策造成的。清统治者最初采取不

① 参见安介生《山西移民史》，山西人民出版社1999年版，第393页。
② 参见赵尔巽《清史稿本纪》，中华书局1976年版，第281页。
③ 参见中国历史研究会编《中国通史简编》，华东人民出版社1952年版，第979页。
④ 参见赵尔巽《清史稿食货志》，中华书局1976年版，第3487页。
⑤ 参见中国历史研究会编《中国通史简编》，华东人民出版社1952年版，第79页。
⑥ 同上书，第979页。

肯"多垦一田，增居一人"的政策，但是在清中期，乾隆在位六十年人口翻了一翻。

　　人口的增加完全是清代统治者的人口政策造成的。人口基数增大，导致人口越来越多，从而使人均占有的自然资源数量大大减少，同时也增加了环境的负担。在生态环境允许的条件下，人具有创造力，但是人的创造力是需要依赖客观的资源的，况且人本身就是依赖地球所供给的资源为生的。封建统治者当时就觉察到人口带来的难题。乾隆忧虑地说："朕查上年各省奏报民数，较之康熙年间，计增十余倍，……生之者寡，食之者众。朕甚忧之。犹幸朕临御以来，辟土开疆，幅员日廓。小民皆得开垦边外地土，籍以暂谋食。"① 统治者把人口的突增造成的"生之者寡，食之者众"的困境向内蒙古草原转移。

　　3. 民国时期汉族移民与内蒙古人口的持续增长

　　从民国初期到内蒙古自治区成立以前，内蒙古区域的人口一直在持续增长。民国时期伴随着内蒙古区域农区和半农半牧区的形成，一批新的城镇的形成，内蒙古的人口仍旧在增加。内蒙古自治区所辖地区，在民国初年分属于黑龙江省、辽宁省和热河、绥远、察哈尔特别行政区（后均置省），因为自治区是后建，没有当时全区的户口统计，所以学术界认为，这一时期的人口只能对当时所跨省区，据属县或地区做分割归并处理，并予适当分析估计。② 民国时期又是移民增长的高潮期。内蒙古的汉族人口从民国初年（1912）的 1550948 人，至 1937 年已经 3719113 人，到 1949 年已经增长到5154000 人，而 19 世纪初期，内蒙古的汉族人口约为百万。③ 上述人口的增长有两个阶段。

　　（1）从 1912 年的约 150 万人到 1937 年的 370 万人；也就是说，仅仅过了 25 年，内蒙古的汉族人口已经超过 300 万人。这 25 年内增长率为 143%。

　　（2）从 1937 年的 370 万人到 1949 年的 515 万人。也就是说，从 1937 年到 1949 年约 12 年间，内蒙古的汉族人口增加了 145 万人。

　　这不只是移民的数字，包括已经定居移民后的自然增长。在 20 世纪初

---

① 赵尔巽：《清史稿·食货志》，中华书局 1976 年版，第 3487 页。

② 路遇、藤泽之：《中国分省区历史人口考》，山东人民出版社 2006 年版，第 1309 页。

③ 宋道工：《中国人口》（内蒙古分册），中国财政经济出版社 1987 年版，第 53—54 页。

期，蒙古族人口不到85万人，比原来略有减少。① 我们看这三个直线上升的数字：从170万人到270万人，从270万人再到350万人，上述第一个阶段是增加100万人，第二个阶段是增加了80万人。与之相对应的还有另外一个数字。"自19世纪初至1947年内蒙古自治区成立的140年间，由100万人增至469.6万人，1949年增至515.4万人，增长4倍左右。同时期全国人口从3.6亿人增至5.4亿人，仅增长50%。显而易见，内蒙古汉族人口如此剧增，基本上不是自然增长，而是迁移增长。"②

表4.1.5　　　　　1912年内蒙古各盟旗蒙古族人口统计　　　　（单位：人）

盟旗名	总户数	总人口数	盟旗名	总户数	总人口数
热河蒙旗	58071	293826	伊克昭盟	35914	171669
察哈尔旗	13074	45783	阿拉善旗	1522	7275
锡林郭勒盟	13606	65037	额济纳旗	1718	8112
归化城土默特	6419	30683	哲里木盟		193000
乌兰察布盟	6812	32561	各盟旗合计	137136	847946

资料来源：宋迺工《中国人口》（内蒙古分册），中国财政经济出版社1987年版，第51页。

从上表可以看出，1912年内蒙古区域的蒙古族人口约为85万人，而在1947年，内蒙古蒙古族的总人口为78.6万人。③ 这一时期，蒙古族的人口没有增长而有减少。

与全国的人口增长相比较，内蒙古人口增长的速度是惊人的，放垦蒙地后，彻底打破了蒙古族人口分布格局和流动的规律。首先使开垦的哲里木盟、卓索图盟、昭乌达盟、兴安盟的蒙旗变为农区和农牧兼营区，其人口密度高，人口增长快。"蒙古族人口过去各部落分布比较均匀，流动是四季轮牧，比较有规律性，东、西部蒙古族人口比例基本均衡，甚至在北元蒙古时期，西部蒙古人口密度和总数都比东部蒙古高得多。而1902年伊始的移民实边和放垦

① 我们说的是保守的数字，还有一个可以参考的数字，1912年，不包括察哈尔部、阿拉善、额济纳两旗，内蒙古地区的汉族人口达到3956330人，总计超过了400万人。（参看闫天灵《汉族移民与近代内蒙古社会变迁研究》，民族出版社2004年版，第24、26—27、33—34页）
② 沈斌华：《近代内蒙古的人口及人口问题》，《内蒙古大学学报》1986年第2期。
③ 参见孛尔只斤·吉尔格勒《游牧文明史论》，内蒙古人民出版社2002年版，第155页。

蒙地，彻底打破了传统的蒙古人的分布的格局，出现了东多西少的分布局面。"① 从蒙古族分布的东多西少的格局，可以看出东部农业区所占的地位，也反映出农业文化圈、半农半牧文化圈的形成。

4. 1947 年后内蒙古区域人口的增长

1947 年以后，内蒙古区域在工业、农业和畜牧业等诸方面都得到了持续的发展，内蒙古人的生活得到了改善，内蒙古自治区的人口继续持续增长，我们看下面的统计：

表4.1.6　　　　　　内蒙古汉族人口统计表（1947—2000 年）　　　（单位：万人）

年份	汉族人口	汉族占人口（%）	年份	汉族人口	汉族占人口（%）
1947	469.6	83.6	1977	1573.9	87.5
1952	614.4	85.8	1982	1627.8	84.5
1957	811.2	86.1	1987	1706.9	82.6
1962	1023.5	87.3	1992	1766.1	80.0
1966	1158.3	87.1	1997	1836.8	79.0
1972	1401.7	87.4	2002	1855.0	79.5

资料来源：马戎主编《民族社会学导论》，北京大学出版社 2005 年版，第 137 页。

（1）我们首先看几个重点数字：1947 年汉族人口为 469.6 万人；1962 年为 1023.5 万人；1977 年为 1573.9 万人；2002 年为 1855 万人。也就是说在约半个世纪里，内蒙古区域的汉族人口约增加了 1385.4 万。

（2）从内蒙古区域的汉族人口占自治区总人口百分比看，呈现了马鞍形，也就是说，从 1947 年的 83.6% 增加到 1960 年的 88.1%，然后下降到 2002 年的 79.55%，也就是说 20 世纪 50 年代是汉族人口增长最快的时期，尔后略有下降，但是总的来说，汉族人口占内蒙古区域总人口始终维持在 80% 左右（这是保守的算法）。

---

① 孛尔只斤·吉尔格勒：《游牧文明史论》，内蒙古人民出版社 2002 年版，第 157 页。

表4.1.7 全区蒙古族人口发展分期表

分期	年份	时间（年）	增加人口数目	总增长率（%）	年均递增率（%）
合计	1947—1995	48	2778481	353.33	3.20
第一阶段	1947—1960	13	437620	55.65	3.46
第二阶段	1960—1961	1	23420	1.91	1.91
第三阶段	1961—1973	12	536625	43.02	3.03
第四阶段	1973—1977	4	146768	8.23	2.00
第五阶段	1977—1990	13	1354116	70.13	4.17
第六阶段	1990—1995	5	279932	8.52	1.65

　　资料来源：《中华人民共和国人口统计资料汇编》（1949—1985），中国财政经济出版社1988年版。

　　从上表可以看出：从1947年以来，内蒙古区域蒙古族的人口也在增长。从1947—1995年共增加约278万人。年均增长率最高的是3.46%，最低的是1.65%。其中有两个高峰期，一为1947—1960年，总增长率为55.65%，一为1977—1990年，总增长率为70.13%。两相比较，在最近半个世纪里，内蒙古区域汉族人口的增加高于蒙古族人口的4倍。

　　内蒙古区域的人口为什么在这一历史时期增长得如此之快？内蒙古区域人口的增加是在世界人口大爆炸的背景下产生的，"中国人口历来是世界第一的。中国人口爆炸是世界人口爆炸的主要方面。如果把20世纪称为世界人口大爆炸的世界，因为世界人口从15亿增至63亿，100年净增48亿人。这期间中国人口从4.26亿增至13亿，增加8.74亿人。这就是说，中国人口爆炸是世界人口大爆炸的最主要方面"。[1]

　　人口的增加是一把双刃剑。因为人既是生产力，又是资源的消费者。曾经有很长的一段时间，人们误认为人只是生产力，而忽略了其相应的消费力。中国人口居世界第一，这曾经是中国人引以为豪的记录，如今却已经被人比为一把达摩克里斯剑。人口的过度增长，超过了环境的负荷，就会给人类带来困境。在传统的农耕社会形成了一个根深蒂固的观念，即人口越多生产力

────────

　　① 余谋昌：《生态关于人口与可持续发展关系的思考》，《自然辩证法研究》2000年第7期。

越大，多子与财富紧密地联系在一起，那是处于非科技时代的观念。而现代
生态人类学要考虑环境给人提供的资源。生态人类学认为，"数量是种群最明
显的变量之一。计算它可以根据规模——种群全体人员的人数，或者密
度——每英亩、每平方英里或一些其他的地理计算单位中的人数。……它可
以用几种方式计算，包括：（1）每一整体空间单位人数，即自然人口密度；
（2）每一居住空间单位的人数，称为经济密度或生态密度，它考虑到有些地
区不适宜居住"。[①] 也就是人的生存与其所处的地域的自然环境存在着密切的
关系，而由于各个地域为人提供的生存条件不同，其所承载的人口也不同。
人口的增加，必然导致人均耕地的减少。康熙十二年（1673）1900 万人口
时，人均耕地 27.92 亩，到乾隆十八年（1753）猛增到 1 亿零 200 万人口时，
人均耕地就从康熙十二年（1673）的 28 亩减少到 6.89 亩，到了乾隆三十一
年（1766）人口翻至 2 亿零 800 多万时，人均耕地下降到 3.53 亩。比较乾隆
十八年（1753），平均每人减少了 3.96 亩，到了嘉庆十七年（1812）平均每
人的耕地为 2.19 亩，与乾隆三十一年（1766）相比，中间不过隔了 47 年，
而人均耕地又减少了 1.34 亩。[②] 以上的数字都出于官方的统计，与实际数字
肯定有出入，但是人均耕地的减少，却是确凿无疑的事实。

　　我们在前面已经谈过，天设地造的草原是美丽的，同时也是极其脆弱的。
历史上的农业和牧业这两种不同的生计方式是按照长城来划分的，长城以外
的内蒙古地区年降水量在 400 毫米以下，有的干旱草原地区还不足 200 毫米。
正因为如此，农耕社会人口的密度的极限与游牧社会人口密度是大不相同的，
由于生产方式和生活方式不同，游牧社会人口密度的极限依据是游牧人依靠
一个羊单位采草量所占据的地域多少能够养活一个牧民的家庭计算的。过去
人们常常强调人口增长对于国家恢复经济繁荣的重要性，却没有认识到人的
生存依靠对自然资源的消费，没有认识到人的增长对土地承载力造成的威胁。
"现代农业生态学经过计算认为，用农耕维持一个人一年的营养只需 1—1.5
亩土地，而改为畜牧养活一个人则至少需要 10 倍以上的土地。或者说在同样

　　[①] ［美］唐纳德·L. 哈迪斯蒂：《生态人类学》，郭凡、邹和译，文物出版社 2002 年版，第 103
页。

　　[②] 梁方仲：《中国历代户口田地田赋统计》，上海人民出版社 1980 年版，第 394、396、400 页。

的土地面积上，畜牧业能养活的人口数量不及农耕业的 1/10。"[1] 内蒙古人口的增加主要是因为汉族移民。移民造成了人口的密集。同样的资源，要供给膨胀几倍的人口，这样造成的结果是：

其一，人们持有的旧观念是内蒙古区域地广人稀，而迁移的目的是进行人口的平衡。但是恰恰相反，汉族迁移的结果带来的是人口与内蒙古区域的经济环境之间不平衡。经济环境与生态环境、资源环境紧密地联系在一起。离开生态环境和资源环境就不可能谈经济环境。人口与经济环境匹配状况取决于人口状况，也取决于经济发展状况。与脆弱的草原相匹配的游牧经济习俗不可能超负荷地承载这么多人口。"移民将不可避免地与本地人在自然资源（土地、草场、水源）的占有上形成竞争，改变当地人口与自然生态之间原有的比例……"[2] 牧区需要地广人稀，而移民大规模的迁入会导致迁入地各族群人口相互比例的改变，从而导致自然资源的紧张和分配的重新调整。

其二，人口与自然生态之间比例的改变使得人口密集，也使得原有族群面临着新的文化选择，是持续自己原有的游牧业的生存方式还是改变自己的生存方式？这时牧人社会发生了社会分层，一部分牧人或者是被迫或者是主动接受了农耕的生活方式。"当人口密度增加时，不但群体内部的关系紧张化了，而且竞争能力强的群体得以充分发展，而竞争能力弱的群体则逐步缩小自己的地盘，甚至被挤压到区域之外。"[3] 社会环境是社会现象变迁的根源，因为社会环境是社会现象存在的基本条件，只有通过社会环境才能真正解释社会现象及其变化的实际情况。

人口与发展始终是在地球上生存的人类所考虑的重要问题。目前在地球上的人分为穷人的世界和富人的世界。穷人的世界人口太多。"现在发展中国家的人口超过世界人口的 70% 以上；全世界每年出生的新生儿约 1 亿，其中 90% 诞生在第三世界……1990 年发达国家总人口 8.16 亿人，比我国一国人口还少。富人的世界出生率不足，是另一种'人口炸弹'。富人的世界虽然人口过少，但是消费过度。它表现了人口问题的特殊性。"[4] 目前，内蒙古区

---

① 王利华：《中古时期北方畜牧业的变动》，《历史研究》2001 年第 4 期。

② 马戎：《民族社会学导论》，北京大学出版社 2005 年版，第 130 页。

③ 阿拉腾：《文化的变迁——一个嘎查的故事》，民族出版社 2006 年版，第 16 页。

④ 余谋昌：《生态关于人口与可持续发展关系的思考》，《自然辩证法研究》2000 年第 7 期。

域处于祖国现代化的进程中，在此我们应该认真回顾历史，思考人口、资源与可持续发展的关系。

（三）土地所有制的变迁

游牧文化变迁的过程就是把部分草场开辟为农田的过程，也就是把产出和消费牧业产品变为产出和消费农产品的过程。在谈到内蒙古部分地域游牧生计方式向农耕生计方式转型的时候，核心问题是土地的使用权和所有权的变化，也就是公共使用的牧场如何变成私人耕地的过程。土地所有权的变化可以分为蒙旗内部的分配和蒙汉之间的分配："即随着土地由蒙古族向汉族的过渡，土地的管理者也由盟旗王府替换为省县衙门。在土地'主人'身份变化的同时，土地本身的身份，即土地的用途也在发生变化。"① 传统的游牧生活的草原牧场属于封建领主所有，但是其使用是公有的。清初以旗为单位，各旗有明确的牧场的使用范围，在清代划分旗制以后，也仍旧保持了牧场使用的公有制。迈斯基在描述 1916 年前后外蒙古的土地制度的时候写道："土地是公有，任旗随便使用，即使王公、上层喇嘛以至呼图克图葛根也没有专用的特别土地，任何人均享有平等权力，放牧自己的牲畜……所有蒙古人，自王公以至奴才，只能在本旗领地内放牧，至于越旗放牧则须经该旗允许。牧场分为冬夏两季，此种分类行之已久，世代相沿，如要变更，须经旗府决定。"② 谁对牧场具有支配权和使用权，谁就占有了生存资源。把草原牧场开辟为农田的过程就是土地私有化的过程，这段描述记录了当时的转变："于地之不妨牧者垦之，曰牧地；又有租地、养赡地、香火地、皆自种自租。九年，山西巡抚张之洞言：'丰、宁二厅，归绥五厅，自招垦蒙荒而户日蕃，所在余荒，时亦借业佃民租种，其租所入，除例与蒙旗外，凡开地基本薪公岁耗弥补一切，皆取给其间，为益匪细。'"③ 那么牧场的封建王公占有制向封建地主开垦制度的变迁是如何实现的？这个变迁的结果又如何呢？

1. 土地向蒙古贵族转移：形成了蒙古族的地主阶级

移民开垦和农业文化圈和半农半牧文化圈形成的过程，就是草原公共使

---

① 闫天灵：《汉族移民与近代内蒙古社会变迁研究》，民族出版社 2004 年版，第 271 页。

② ［日］田山茂：《清代蒙古社会制度史》，转引自闫天灵《汉族移民与近代内蒙古变迁研究》，民族出版社 2004 年版，第 272 页。

③ 贻谷：《垦务奏议》，清末京华印书局排印本。

用的牧场向土地私人占有转化的过程，其中包括在蒙古族内部的重新调整土地关系和土地关系的族籍转移两种状况，这两种状况反馈回来，都影响了生计方式的变迁，这是出现由游牧向农耕转化的重要条件。

农耕文化对于内蒙古贵族官僚阶层的冲击和影响很大。（1）他们对于农产品的需求大于贫困的牧民；（2）在土地变为私有的过程中，他们是利益的既得者；（3）在他们的思维模式里，认为游牧"落后"而农业先进于游牧业。在变迁的初级阶段，部分王公贵族对于农垦是尚可能采取抵制态度，但是一旦清政府的政策改变，他们在文化转型的过程中获得私利之后，他们甚至请垦即主动招徕汉民开垦。清朝初年，为了阻挡游牧文化和农耕文化的交融，为汉族规范了一条南北宽 50 里地的禁地，这个被称为"黑界地"的地方，原本是清统治者划定的禁止农耕民族沁入的禁区，但是后来清统治者应鄂尔多斯部奏请"发边内汉人，与蒙古人一同耕种黑界地"。① 蒙古族的上层从拒垦到请垦，是一个质的变化。蒙古族逐渐放弃了草场公共使用的惯制，把土地归为己有。"各蒙旗札萨克王公便逐渐明确将清廷所赐予的土地化为私有，并凭借手中权势，强占了原来只属于他们支配的部分官地（旗衙门所数）和公地（全旗共有，包括所谓鳏寡孤独地）。为了贪图典租之地，他们不断地招租、出租并经营农业，逐步转化为新兴地主。"② 对于土地的重新分配和土地所有权的改变，学术界已经进行了比较详尽的研究。在王玉海的《发展与变革——清代内蒙古东部由牧向农的转型》这部著作中，把蒙古上层王公贵族所占有的土地模式分为：（1）内仓地；（2）闲散王公地；（3）台吉或塔布囊地；（4）庙地。蒙古族下层和汉族移民所占有的土地模式分为：（1）生计地；（2）恩赏地；（3）福分地；（4）驿站地；（5）黑地；（6）三园地。③ 哲里木盟的农业生产主要是由于卓索图盟、昭乌达盟蒙古族移民的移入而引起的。清朝统治者征服蒙古后，封建扎萨克王公、贵族将大量土地据为直辖领土，他们招募农民大量开垦荒地，以出租、招工等方式盘剥农民，农民租种地主的土地，除了直接向地主交租外，一些牧民也因天灾人祸牲畜

---

①　《秦疆治略》"神木县"条。

②　刘景岚：《西辽河蒙地开发与社会研究》，国际华文出版社 2001 年版，第 169 页。

③　参见王玉海《发展与变革——清代内蒙古东部由牧向农的转型》，内蒙古大学出版社 2000 年版，第 32—44 页。

死亡而成为佃户或耪青户。

在19世纪，有相当的牧人由于破产而失去土地，被当地的王公贵族雇佣而开荒种地。开垦的汉族则成了雇农或者佃农。当然也有极少数牧民在社会震荡时期因经济上升而从原来的非贵族即普通牧民成为地主。例如光绪十七年（1891）昭乌达盟喀喇沁左旗蒙古族平民宝音陶克陶胡，由原籍迁移到哲里木盟科尔沁右翼前旗六十户地方，向当地蒙古王公租了180余垧地，雇佣了30余户蒙民佃户，他除了向蒙古王公缴纳地租之外，每年坐收四五百担粮食的盈利。① 应该说明，如果没有农耕文化的强烈的不可逆转的冲击，蒙古族内部是不会发生这样的历史变迁的。这种变迁的实质正如学术界所分析的："在任何时候，一个群体的某些成员将成为其他群体的成员。如果相对于可获取的土地或资源来说，这个群体发展得太大，那么一些成员就会去加入其他群体，在新地点获取土地和资源权力。"②

2. 土地的族际转移：形成了在内蒙古区域的汉族地主阶级

在封建王公占有制向封建地主开垦制度文化的变迁的过程中，草场的公共使用变为农耕土地私有化，不仅形成了蒙古族的地主阶级，而且游牧变为农耕，旗民共有的土地转入到汉族地主的手中，汉族的地主取得了土地的支配权。在这里有几种模式：

（1）汉族的地主直接买地、垦殖

在农耕民族看来，土地就是财富，占有了土地就能够生产粮食，就具有生存之源，而牧场，在他们的承传的意识中是"荒地"、"生地"、"草地"、无用之地，只有通过开垦，才能变为财富。凉城县"因县内地广人稀，土质膏腴，有财力者，因垦殖不已，遂形成多数大地主。"③ 由于塞外可垦地多，还出现了佃富农。他们从汉族地主的手里租种大量的土地，以顷数计算。这样牧场变为了耕地，从公共使用的牧场变为了私有的耕地。

（2）汉族地商、高利贷者的形成与盘剥

---

① 参见《原札萨克旗清末土地放垦及其演变情况的调查报告》，内蒙古历史研究所近代历史调查组，1965年刊印。

② ［美］唐纳德·L. 哈迪斯蒂：《生态人类学》，郭凡、邹和译，文物出版社2002年版，第105页。

③ 《绥远省分县调查概要》，绥远省民众教育馆编印，第60页。

　　由于清末采取的全面开垦的错误政策，这一时期出现了一个特殊群体——"地商"。这些人专为移民办理在那些曾属于蒙古人的牧场上落户及耕种土地等方面的事务，他们是政府与移民之间的中介。"察哈尔各旗界内，多有狡猾地商，或以微利诱蒙而坐享其地，或直恃横强而占据蒙地为己有。起初，预为挂号，蓄包揽大段之谋；其后故欠押荒，为延缓升科之计。"① 蒙古人把这个阶层的人叫做"黍人"。"他们通常都是有官衔的人，也就是以某种手段为自己弄到帽顶子的人。他们很有钱，至少拥有一万五或两万两银子的家财。此外他们又都善于钻营，不但办事精明，而且在社会上又有声望，与官府衙门中的官员熟悉。他们摸清当地蒙古人牧场的情况，选中一片合适的土地之后，就提出申请，要求开垦这些土地。通常他们都是先向最近的地方衙门提出申请……申请提出之后，通常是一级级地呈报上去，直到北京。为使这项申请在每级政府机关都能通过，提出申请的官员必须使用种种手段。倘若结果能如愿以偿，这一地段被允许划分出来，那么这个官员就成了这一地段的'黍人'。"②

　　"黍人"是一种中间剥削形式，还有一种称为"揽头"，也是一种中间剥削形式。"揽头"将整片土地从王公、贵族那里租来，由他负责交租，然后再把土地以更高的租额转租给其他农民。一些牧民也因天灾人祸或牲畜死亡而成为佃户或耪青户。"揽头是在蒙旗开垦的过程中大面积承揽荒地的地商，是蒙旗土地地主的主要倒卖者、揽租者和蒙古大地主地租的代征者……"③ 地商的盘剥是很厉害的："向来承办蒙地之人名曰地商，曰户总，其办事地方曰地局，罔不养打手，置军械，弱肉强食，动辄争斗。……拟即严打谕示，去其地商、户总名目；其从前地商户总有经手未报之地，无论已垦未垦，均遵照现办章程，即行交纳押荒，以凭分别升科。不准任意延抗，亦不准再有恃强越占，及互相械斗情事。倘或不遵查办，定予重惩。"④ 可见地商具有相当的权势。

---

　　①　贻谷：《垦务奏议》，清末京华印书局排印本。

　　②　[俄] 阿·马·波兹特涅耶夫，《蒙古及蒙古人》第 2 卷，张梦玲等译，内蒙古人民出版社1987 年版，第 55—56 页。

　　③　王玉海：《发展与变革——清代内蒙古东部由牧向农的转型》，内蒙古大学出版社 2000 年版，第 78 页。

　　④　贻谷：《垦务奏议》，清末京华印书局排印本。

在蒙古贵族、寺庙的大喇嘛转化为新兴地主的过程中，汉族的揽头在推波助澜的同时，有的其本身也成为土地的占有者。据史料记载："绥远土地分配，极为不均，富者田连阡陌，贫者地无立锥，尤以河套后山为甚。一般大地主拥有土地致数十万者之多，此辈地主原为本省之地商，于放垦时，认领多量土地，以便转售或出租，亦有本省之军政要人，于在职时，贱价购入土地，专待地价高涨时居奇出售，后者现多远离绥远另图他业；前者所购土地亦以领地太多，无法垦种。任其荒芜——即所谓不在地主是也。"[①]

（3）汉族由佃户转变为地主

汉族的贫苦移民由佃户转变为地主，这里经过了一个转化过程。第一个阶段：汉族的贫苦农民为佃户，纳租于蒙古族；第二阶段：汉族的佃户转化为地主，蒙古族或为佃户，或移民改操他业。陕北怀远县民国改为横山县的贫困的地区，境内可耕土地甚少。"地有开垦而粮无加增，境内无地可耕者皆租蒙古地亩。"[②] 例如热河地区"汉族完全是佃户，纳租于蒙古，而蒙古是地主，但汉族勤俭而能谋生产……今则佃户变为地主，所给蒙古纳的租钱，值此钱法变毛，已成寥寥无几之数"[③]。在光绪十七年（1891）金丹教暴动之后，蒙古族的吃租权进一步被剥夺，汉族地主、地商和汉族中的地痞无赖，趁蒙古人的地契被烧毁之际，在普通蒙民和一般蒙古贵族征租之际，索要吃租文契，如果没有，则不认原主，拒不交租，一般汉人佃农也纷纷效仿。[④] 这样汉族逐渐由缴租变为不缴租，成为地主。

这是土地族际转移的时期，内蒙古区域的牧场经过开垦，土地大量地转入到汉族的地主手里。这里出现了两种情况，一种情况是移民中的贫困者，到了内蒙古区域成了地主——富有阶层。例如河套地区五原县的大地主王同春原为河北邢台的地痞，后开辟地五千顷，成为当地最大的地主。随着清末民初的放垦，这一带黄河河路开航，晋北河曲、陕西府谷以及河北、山东等地的贫苦农民为其雇工。还有一种情况是汉族中的富人，他们看中了内蒙古

---

① 徐世昌：《整理绥远土地刍议》，《边事研究》1937 年第 5 卷第 3 期。

② 卢坤：《秦疆志略·怀远县》（道光年间刊本）。

③ 《热河土地状况之报告》，《中国农民》，1927 年第 2 卷（1）。

④ 参见［日］及川三男《热河蒙旗概要》，伪满热河省公署民政厅旗务科，1936 年，第 19—20 页。

区域的开垦是扩大资本的良机，因此主动承揽。直隶省永平府临瑜县宁社二甲的大地主巨国栋，乾隆年间在喀喇沁左旗承揽土地 1260 亩。学术界称之为"植入型"社会分层。① 土地的使用权和所有权向汉族人转化，这里有多种复杂的原因，其中最主要的原因之一是蒙古族面临生计方式的挑战和转变。清代官员张之洞在任山西巡抚时的一份奏折中讲到了这一问题："土默特（蒙众——引者注）……有地而不习耕耘，无畜而难为孳牧，惟赖民人租种其地，彼才有粮可食，有租可用。故现在该蒙古以耕牧为生者十之二三，借租课为生者十之七八。至该旗所谓户口地游牧地者，自康熙年间以来，久已陆续租给民人，以田以宅，二百年于兹矣。"② 在其生计方式转变的关键时候，蒙古族没有管理和耕种的经验，从行为方式来说，他们擅长游牧而不屑于也不善于经营土地，从思维方式来说，他们在游牧生活惯习中持有的草场观念、牲畜观念、价值观念及生活习俗都不可能在短期内转变。

　　3. 土地向清皇室的族际转移

　　（1）为了巩固清代江山，清政府各设了满、蒙、汉的八旗制度，这些官兵的内需，由其直接拨给的军用驻防庄田供给，军用驻防庄田为其"永世恒产"。这些"永世恒产"他们往往招垦，由汉民耕种。

　　（2）为了羁縻蒙古族，清政府对蒙古王实行"蒙满联姻"的政策，清朝皇帝直接赐予下嫁给蒙古王的公主的土地称为"胭粉地"。例如淑慧公主下嫁到巴林右旗之后，皇帝赐给她波罗河屯平地 500 顷。巴林右旗有清代的两个公主下嫁，直接陪伴公主进入蒙旗的主要是温姓，还有李、德、王、刘等姓，称为"巴户人"，原来的十几户，已经繁衍为五百多户。这些守陵户在陵墓附近种地，其中的王、李随二姓成为大地主。③

　　对于农民来说，其生存之依是土地，对于牧人来说，其生存之依是牧场。"在清朝确立旗制之前，蒙古土地是由鄂托克、爱马克等凭自治力量来占有、支配，供这些团体成员共同利用。因此，这种土地占有无疑具有总有性

---

　　① 闫天灵：《汉族移民与近代内蒙古社会变迁研究》，民族出版社 2004 年版，第 191 页。

　　② 张之洞《张文襄公奏稿》卷 6，第 11 页，转引自李文治：《中国近代农业史资料》第一辑，三联出版社 1957 年版，第 809 页。

　　③ 参见巴林右旗地方志编纂委员会《巴林右旗志》第二十五编《人物·固伦淑慧公主》，内蒙古人民出版社 1990 年版，第 726 页。

质。"① 所谓总有性质，就是个人没有处置土地的权利。而自开垦以来，内蒙古区域人与土地关系的变化打破了土地的公共使用的性质，在原本的牧场上形成了一个新的阶级——地主阶级。清代的盟旗制度已经宣告土崩瓦解。土地产权制度对游牧生产方式的兴衰产生深刻的长远的影响。这个巨大的变化意味着什么呢？

其一，清代的盟旗制度"在原则上，该旗虽系为该旗札萨克后裔所治理，然旗之土地仍为该旗所公有，非札萨克所能私有"②。随着垦民的涌入，土地主人的身份发生了置换，这种置换表现在两个方面：（1）原来的公共牧场被大量开垦，转变为私人占有的土地；（2）由清政府的赏地及公地、官地等各种形式的土地转为个人所有。这是一个很大的变迁。

其二，由之而来的是土地（牧场）使用价值的转换，由游牧业转为农业。一些蒙古族的封建主，为了增加自己的收入，除了将荒地招募汉族农民农耕之外，也有将荒地给属下蒙古人民耕种的。土地所有权发生的转型，即在原有的内蒙古草原出现了地主阶级及土地的自由买卖。王公贵族和地主剥削农民的方式很多，主要有租佃土地、农业借贷、榜青等。由于人的生计方式从游牧向农耕的转型，这时发生了两个重大变化：人与土地的关系变为耕种的关系，人与人的关系变为租赁土地而纳租的关系。

其三，与之俱来的是土地二重价值的出现。在游牧时期，天然牧场公共使用，草场不被个人占有，占有草场不具备经济价值，而且"在游牧条件下，游牧生活是逐水草而居，而非永久性定住在同一土地上，因此使买卖土地成为不可能"③。当草场转变为农耕的土地之后，土地具有了两重价值，一方面具有使用价值，这是草场也具备的价值；另一方面具有经济价值和商品价值，也就是说土地不仅是一种生产资料，而且进入了可以买卖的商品系列，这是草场所不具备的价值。

其四，牧人价值深层观念的变化。以牲畜为财富的观念转变为土地是财富的观念。以牲畜为财富是牧人的一种惯性思维。在他们谈到财产的时候，是以活的牲畜计算的。当他们见面的时候，会问牲畜如何。但是当草场转变

---

① ［日］田山茂著：《清代蒙古社会制度史》，潘世宪译，商务印书馆1987年版，第166页。
② 札奇斯钦：《蒙古史论丛》下册，台湾学海出版社1980年版，第1067页。
③ 余元庵：《内蒙古历史概要》，上海人民出版社1959年版，第108页。

为农耕地之后，带来的不仅是其生计方式的变迁，其深层观念的巨大变迁，就是对于土地价值观念的变迁。其一，土地是财富，个人的财富的多少是拥有土地的多少。其二，土地是可以自由买卖的商品。"在游牧民族的思想体系中，从来就没有将土地与房屋变成财产的想法。游牧业总是建立在与畜群的相互补充的共生关系上的，是完全靠畜群的再生产而存在的生活方式。"①土地可以自由买卖是对游牧民族传统观念的巨大颠覆。

如何评估公共草场向土地私有制的转移呢？这是一种文化模式向另一种文化模式的变迁。"这是一种带有目标的文化转型，需要尽快实现，而不似缺乏目标的文化变迁，可以渐进地演化。在渐进演化的过程中，只是新文化因子，最多是新的文化被纳入到原有的文化模式中，来逐渐改变原有的文化模式；而文化转型则需要很快用新文化丛代替旧文化丛，进而很快用一种全新的文化模式代替原有的文化模式。"②当然我们所说的文化转型只是内蒙古地区的一部分地域而不是全部。

在此应该提到的是，土地的私有化与村落文化的出现构成相辅相成的关系。农耕需要土地的固定，土地的私有化促进了村落文化的出现，村落文化是人口密集型的生存空间，是以地缘关系组织起来的社会基层单位，它的出现意味着蒙古族的部落文化即以血缘组成的社会关系的打破，这是一方面；另一方面，村落文化的出现意味着土地的私有制的稳定和扩大。这样清政府在内蒙古区域实行了旗厅分治二重制度。虽然名义上是旗厅分治二重制度，但是旗制下也有农耕民和农业的存在。"土默特牧场，旧惟任意垦治，嗣分余地界蒙人，口率一顷，而佃与民种者多。至十七年，令入蒙押租，以其四佐官用。其租息，无业蒙人四之，公家及本旗贝勒各三之。同治七年，徙喀喇沁越垦诸户分归各旗。"③当时阻止开垦的科尔沁左翼中旗方面写给辽宁省当局的书信中进行了这样的描述："……窃台壮等世居达旗东南边境，溯自前清道光以来，以至近今已经由我五份座落地亩内，出放大段荒五次之多。在当时随曾拨给生计、村基等地界，俾资生活，但蒙民生长于地广人稀之区、较

---

① ［日］松厚正毅：《游牧世界》，杨海英审、赛音朝格图译，民族出版社2002年版，第5页。

② 王俊敏：《从游居到定居、再到城镇化——鄂伦春族发展问题的生态经济人类学的思考》，《黑龙江民族丛刊》2002年第4期。

③ 《清史稿》卷120，《食货一》，第2519—3524页。

诸内地生活各异，习俗特殊，一旦使与汉人杂居，实多不便。是故开放各座落，分设梨、怀、辽、双各县治。"① 可见旗县分治不仅是"大传统"制度的改革，也是蒙地的要求。其意图是与汉族的文化相隔离，恪守蒙古族的文化边界。其实就族群分布来说，虽然有的牧民已经转变了生计方式，但是思维方式和文化习俗的转变是一个很长的历程。"虽然不少地方蒙汉杂处，比屋而居，可是就大多数来说，还是蒙与蒙聚居，汉与汉聚居，这也是生活习惯使然。"② 随着农垦业的发展，特别是清末、民国时期的开垦，形成的是"大杂居、小聚居"的居住格局。经过1947年以后两种文化的进一步交融，文化隔阂逐渐被打破。

二　蒙古族生计方式的重构——蒙古农民社会的形成

当汉族移民持续地来到蒙古族居住区域的时候，必然会给迁移地的族群带来冲击。由于汉族移民持续的时间较长、数量较大，所遍及的区域较广，其冲击力是非常大的。清代的内蒙古区域就已经形成了生计方式和生活方式不同的文化圈，即农业文化圈、牧业文化圈、半农半牧文化圈及城镇文化圈。农耕文化的冲击表现之重要的一个方面，就是部分蒙古牧民向农耕生计方式的转变。蒙古农民——其族群身份是蒙古族，而其文化身份属于农耕文化的范畴。这不是个别的个体的变化，而是一个族群内部相当一部分人群的变化，属于一个族群文化的变迁的重要组成部分。

（一）游牧民的流动与生计方式的抉择

如何评估农业文化对于内蒙古区域游牧文化的冲击？学术界认为，"人数较多的移民集中地迁移到一个地区，会对当地的文化生态（语言、宗教、生活习俗等）带来影响，使得当地族群感到自己的传统文化受到冲击"③。就内蒙古区域游牧文化的变迁来说，农耕文化的冲击不只是对

---

① 转引自孛尔只斤·布仁赛音《近现代蒙古人——农耕村落社会的形成》，娜仁格日勒译，内蒙古大学出版社2007年版，第56页。
② 庞守善：《伊克昭盟达拉特旗蒙民的乡村生活》，《东方杂志》第32卷第12期。
③ 马戎：《民族社会学导论》，北京大学出版社2005年版，第131页。

其文化生态的冲击和自然生态的变化，而首先是其族群内部部分人游牧生计方式的转变。

当汉族移民向内蒙古区域迁徙并开辟牧场为农田的时候，在蒙古高原从事传统牧业的蒙古族面临着痛苦的文化选择和文化思考。"蒙古本属游牧之区，百余年垦放渐广，旧俗渐变，于是积习分为两种，一则保持牧地。恐一开垦，必致舍旧图新，诸多不便。一则久为开垦，习为农业，不屑再事畜牧。"① 在清代全面放垦的制度下，由于农业文化圈的逐渐扩大，牧场的逐渐缩小，游牧人面临着生存抉择：一种情况是持续牧业，或者离开原有的居住地，向能够维持游牧的地域迁徙。或者向半农半牧即逐渐从半游牧到定居牧业的转变。这里还存在着在迁徙后，随着游牧文化圈的逐渐缩小而发生嬗变，转变为农民的情况，只不过转变的时间比不迁徙略晚。另一种情况是一部分牧人受到农耕文化的影响，或者主动地或者无奈地适应农耕。这两种情况都是其迫于生存压力而做出的选择。人的社会行为是理性的，人为实现自身的生存或者利益使得他不断构成新的行为，从而影响社会变迁和文化变迁的发生。

农耕文化对内蒙古区域的震荡首先体现在内蒙古区域蒙古族人口的流动上，在大片牧场被开垦的情况下，蒙古族内部打破了旗与旗之间的界限，打破了苏木与苏木之间的界限，出现了内蒙古区域内蒙古族成规模的人口流动。"卓索图盟境内移民的膨胀，府、州、县的先后增设，使各旗的游牧范围日益收缩，尤其是自嘉庆以来，大量蒙地转手汉民，致使旗民牧无草场，耕无地亩。加上封禁的山荒陆续被移民开垦，公共牧场的牲畜被盗窃的情况严重，社会秩序极为混乱等，部分贫困的喀喇沁、土默特人自乾隆间开始，背井离乡，跨旗迁徙。"② 从 19 世纪 90 年代开始，卓索图盟的五旗，即今天的喀喇沁旗、宁城县、辽宁省和朝阳、北票、阜新、建昌、平泉等地的农牧民的生活受到汉族移民的震荡，又由于统治阶级对土地的贪欲，他们被迫离开故乡，移到科尔沁右前旗南部的巴彦昭、呼伦布哈等地垦荒，以维持生计。内蒙古区域内最早开垦的喀喇沁部、巴林部、敖汉部、翁牛特部、克什克腾部的蒙古民众因为丧失了牧场、土地和牲畜，纷纷向东迁移到科尔沁部。从乾隆年

---

① 《喀喇沁郡王贡桑诺尔布奏请变通蒙旗办事章程牍》，《东三省蒙务公牍汇编》卷五。
② 呼日勒沙主编：《草原文化区域分布研究》，内蒙古教育出版社 2007 年版，第 193 页。

间开始，原居住民喀喇沁人、土默特人日趋贫困破产，被迫向更远的地方迁徙。如科尔沁右翼三旗的蒙古族的 50% 以上是喀喇沁、东土默特两旗，巴林等部迁来的移民，现在兴安盟的近 60 万蒙古族中，50% 以上是卓索图和昭乌达盟外旗蒙古移民的后裔。喀喇沁部的方言甚至取代了科尔沁方言，古老的科尔沁方言已经绝迹，只在科尔沁右翼前旗乌兰毛都牧区一隅还尚存。① 迁徙形成的规律是，汉族农耕民到长城沿线以北的地区，长城沿线的蒙民向北迁徙到邻近的地区，邻近地区的原住民再向更北的地区迁徙，就像水中的波纹一样逐次推进。

汉族移民来到内蒙古区域促进了其原住民的移民。打破了清政府划定的不可越旗的规定。清代划分盟旗制度以后，蒙古族大都在旗内游牧："蒙人于夏季，则各在隶属之旗内，择牧草繁茂之地筑包而居；其移住之一区域，自有一定，决不随意转徙。此为蒙古旗内之土地概有界限，其族由何处至何地，各有一定之区域内，求水草良好之地而转移耳。超越旗境游牧者，实为罕见。"② 不同的文化群体对于生物场所的需求是不同的。对于游牧群体来说，他们寻找的是广阔的草场，但是当汉族的移民从他乡来到这里开垦，草场被农田分割的时候，他们被迫迁徙。旗民大规模地向外旗流动，宣告了人们冲破了清政府禁止越界放牧制度的法律限制，移民打破了蒙古族人口的自然构成和社会构成的传统定势，带来了游牧制度的转型与变迁，结果是削弱了蒙古族内部血缘的结合力，而加速了两种不同模式的文化融合力。

牧场是牧民赖以生存的基本生产资料和生活资料。传统的游牧经营靠天粗放经营。牧场逐渐缩小，牧民拥挤在较小的范围内放牧，势必造成草场承载牲畜的承载量过度，又会引起牧场质量的下降，饲草的不足，牲畜的质量和数量都会受到很大的影响，其抵抗疫病和其他自然灾害的力量就会减弱。从清末开始经过民国年间，一直到新中国成立前，随着开垦面积的不断扩大，蒙古族游牧草场越来越缩小，从草场方面限制了蒙古人的生存空间。"归化"城土默特二旗，这两个旗的地亩面积，总计为 75048 顷，其中牧场只占 14268 顷，其余六万顷全部为农田，占地亩总面积 4/5。③ "据统计，哲盟科右前旗

---

① 参见孛尔只斤·吉尔格勒《游牧文明史论》，内蒙古人民出版社 2002 年版，第 157 页。

② 《蒙旗概观》，天津百城书店石印本，民国二十六年，第 728 页。

③ 参见沈斌华《内蒙古经济发展札记》，内蒙古人民初步社 1982 年版，第 113 页。

由于牧场缩小，加上自然环境变换及麦力镜疫病流行，民国五、六年与全面放垦前比，牲畜减少了 30%—40%。"① 牧场在游牧生活中占有极为重要的地位。牧场是他们驯养牲畜的资源，是他们赖以生存的生态空间和文化空间。马克思早就说过，"在天然牧场上饲养牲畜，几乎不需要任何费用。这里起决定作用的，不是土地的质，而是土地的量"②。在地广人稀的情况下，草场为公共使用，与农耕人比较，游牧人对土地（牧场）的观念相对薄弱。在与定居的农耕人发生联系时，游牧人对土地（牧场）的观念在强化。因为土地（草牧场）同样是畜牧业的生存之依。在蒙古族世代相传的传统史诗中，部落之间为了争夺草场而引发战争的描述屡见不鲜，在蒙古族传统的生活中，出现了爱护草原的种种惯习，在蒙古族的古代社会，出现了保护草原的法律。由于大片土地被开垦，造成了游牧文化圈的紧缩。近代以来，游牧文化受到工业文明的冲击，农区挤压牧区，游牧开始定牧。游牧文化圈的急剧缩小，牧人面临进退两难的抉择。

在研究游牧文化变迁的时候，社会内部的发展和农耕文化的影响，都具有重要的作用。人类学家博厄斯提出研究涵化的动力机制。他指出："可以把对价值系统的选择的适应，整合和分化的过程，发展次序的世代、决定因素和个人因素的作用看作涵化变迁的动力。"③ 涵化的过程是一个社会化的过程，也有个人选择的因素。随着移民的开垦，内蒙古区域农业文化圈的形成，一部分牧人转变为农民。我们对其转变的原因做如下研究。

其一，由于农耕地区的延伸，草原面积的缩小。大片的草原被开垦，农垦地区逐渐扩大和延伸，清代划分的各个旗都有公共牧场，但是这些牧场陆续被开垦，在牧业社会里大量的开垦使得游牧人失去了牧场，汉族的开垦必然引起草原的缩小。"清朝政府强行放垦这些牧场以后，大多数蒙古牧民被迫赶着牲畜迁往山陵、沙地、碱滩等土壤贫瘠的地区，不仅牧场缩小，畜牧业

---

① 《原扎萨克图旗清末土地放垦及其演变情况调查报告》（铅印本）。

② 马克思：《资本论》第3卷，中共中央马克思恩格斯列宁斯大林著作编译局译，人民出版社1975年版，第756页。

③ 转引自黄淑娉、龚佩华《文化人类学理论方法研究》，广东高等教育出版社1998年版，第230页。

遭到破坏和损失，蒙古民族的原有空间也随之严重缩减。"① "在科尔沁左翼中旗，随着与吉林省邻接的东南部土地被开垦，从事畜牧业的原住蒙古人，虽然分到了维持生存的一定留界地，但因为不愿与汉人杂居，便向未开垦地区移居。被迫向旗内移居的这些蒙古人，由于人口密集和牧场狭小不得不放弃牧业，在未开垦地区寻找比较适合农耕的土地进行开垦，结果导致了新的农耕地带的产生。"② 鄂尔多斯地域的达拉特旗"民国十七年后，本旗蒙民感于牧场日蹙，牲畜日减，为应生活之要求，曾先后向旗政府领地，自行耕种，自是以后，相率从风，旗府附近，直至黄河南岸，蒙人耕作者，阡陌相望。旗政府为体恤民艰，多予免纳租金之利。现全旗蒙民从事耕种者四十余户"③。

如前所叙，人口的增加，游牧文化圈的逐渐缩小是最为重要的原因。"放垦站道荒而后、凡各该境内原住蒙户，均以遭田产庐墓，移住未放荒界，聚族而聚。加之年来，生齿日蕃，户口激增。数倍有奇与此演成地狭人稠，游牧既不相宜，只得积极垦荒，改操农业以为仰事俯畜之计……"④ 据学者研究，农耕文化维持一个人的生存需 1—1.5 亩地（根据地力的差别不能一概而论），而牧业需要 10 亩以上的土地。据 20 世纪 30 年代调查，蒙人牲畜"牧草一任牲畜自由啮食，以致一匹马而需要四十亩，一羊需要十亩"⑤。草原的蒙古人无论是游牧，抑或操持漫撒种子的农业，都依赖于土地的广阔，但是"查蒙古由来专以游牧养牲为业，继而务农，务农者虽不善耕作，犹恃荒地宽阔，可以广种薄收，养牲者可以游牧畜，放牛羊，尤赖荒场度日。今招民开垦，则在奸民大方谋占，地必渐少……不数年间势必为客民满占，由是种地者少收获之利，养牲者无游牧之区，实于蒙古生计大有关碍"⑥。这里已经如

①　白拉都其格、金海等：《蒙古族通史》第五卷（上），内蒙古大学出版社 2002 年版，第 136页。

②　孛尔只斤·布仁赛音；《近现代蒙古人农耕村落社会的形成》，娜仁格日勒译，内蒙古人民出版社 2007 年版，第 152 页。

③　国民政府蒙藏委员会：《伊盟左翼三旗调查报告书》，1941 年，第 27 页。

④　李景唐：《达尔罕王旗出荒始末》，科左中旗政治协商委员会文史委员会编印，转引自孛尔只斤·布仁赛音：《近现代蒙古人农耕村落社会的形成》，娜仁格日勒译，内蒙古人民出版社 2007 年版，第 153 页。

⑤　袁勃：《察绥之农业》，《开发西北》1935 年第 3 卷第 1 期。

⑥　中国第一档案馆朱批《德英奏为邻界杜尔伯特蒙古招民开垦贻患无穷折》同治十年二月。

实记载，开垦的结果是农耕者获利甚小，而游牧者无游牧之地，二者都陷入艰难的境地。

在赤峰地区把牧场变为农田的过程中："垦区的部分蒙古族牧民迁往北部尚未开垦的草原，留居下来的蒙古族居民开始从事农业生产，并在与汉族朝夕相处中逐步接受了汉族的生产技术，生活习惯以至语言文化。在这样一个大的历史背景下，赤峰的社会经济发展过程也可以说是汉族移入和农业领域不断向北扩展的同时'移民—本地居民'、'汉族—蒙古族'、'农业—牧业'这三组基本矛盾交织在一起而相互发生作用的过程。"① 随着农业的拓展，村落纷纷兴起。

表4.2.1　　　　　　　　　　　　蒙古村落名称

顺序	蒙古地名	汉语译名	地名含义
1	古日本钦达木尼	三合	三个如意宝
2	特日格台	敖包屯	有勒勒车的屯子
3	胡拉毛日台	胡鲁莫台	有黑鬃黄毛马的地方
4	绍等	超等	地形似马尾巴形状
5	道兰格日	七家子	七户人家
6	哈喇乎硕	哈拉胡雪	形状如铁铧的黑土地
7	奈曼格日	八家子	八户人家
8	敖包艾勒	五八屯	有敖包的屯子
9	布和台、博额台	薄荷台	1. 有摔跤手的地方；2. 有萨满的屯子
10	查干诺尔	叉古挠	白湖，引申为清澈的湖
11	阿都因高	阿等户	马圈壕
12	喇嘛·因·塔冉格日	喇嘛地房子	喇嘛种地的地方
13	哈布塔该	哈麻套海	地形似烟荷包
14	哈那台	康台	有蒙古包毡壁的地方
15	博尔台	博尔代	紫色岗子，长有紫色植物而得名
16	乌日格斯台	乌伦木台	长有荆棘草的地方（针刺草）
17	茫嘎尔台	马克图	长山葱的地方

---

① 潘乃谷、马戎主编：《边区开发论著》，北京大学出版社1993年版，第85页。

续表

顺序	蒙古地名	汉语译名	地名含义
18	敖包因召	敖包岗子	有敖包的岗子
19	都日本格日	四家子屯	四户人家
20	呼和格日	呼和格日	青房，引申为瓦房
21	英格窝堡	英格窝堡	有碾子的窝堡
22	哈喇该召	哈拉海岗子	长有蝎子草的岗子
23	吐莫因呼珠	骆驼脖子	意思为骆驼脖子
24	毛西纳、毛顿西纳	茂兴	1. 土质不好的夹心子地；2. 地形似三角形之地
25	乌兰诺尔	新站	意为红色泡子，引申为碱水泡子
26	苏木因仓	吐木塘	庙地窝堡
27	蒙古勒艾勒	蒙古屯	蒙古屯
28	阿拉格别如	阿勒布勒	二岁花牛之意

资料来源：波・少布、何日莫奇《黑龙江蒙古部落史》，哈尔滨出版社 2003 年版，第 314—317 页。

表格的村落名称可以分为两类，一类是蒙古族游牧文化的记忆，一类记录了其生活方式的转变的过程。"屯子"是人的聚集地，而以"勒勒车"修饰，有的以"敖包"修饰，这是两种文化叠加的产物，实际上是游牧文化变迁的一面镜子。从上述情况来看，汉族移民的开垦引起牧场的缩小，这是改变传统游牧方式的重要原因。清末官僚姚锡光曾预言："游牧生活断无持久幸存之理，……恐不出五十年，游牧之风将绝景于地球之上"。[1]

其二，由于贫困，解决贫困的方法是向农耕转化。民国时期普遍放垦后，牧场被分割为农田，由于惯习于游牧生活的蒙古人不熟悉农耕的生产方式，他们并没有很快地转为农业生产，公共牧场的面积逐渐缩小，"蒙地屯垦，牧场样缩小，蒙人生计，无法维持。蒙古自古为游牧民族逐水草而居，肉类充饥，乳浆解渴，其生活方式简朴，数千年来，相沿成习。"[2] 蒙古牧人相沿成习的习俗很难改变，他们不会种地，也不愿接受种地的生活方式，他们将

---

[1] （清）姚锡光：《筹蒙刍议》光绪三十四年铅印本。

[2] 呼和浩特市民族事务委员会编辑出版：《民族古籍与蒙古文化》，2003 年，总第 3—4 期。

"户口地"或者"生计地"招租给汉族农民佃种,自己仍旧以畜牧业为主,兼种少量农田为辅助生产,他们在与农田交叉的固定牧场上放牧,在住宅周围修筑棚圈养饲。他们的居所已经在固定的房屋里,改变了人随畜群的游牧状况。这个过程是从游牧过渡到农耕的一个阶段性的转变。自乾嘉以来,大部分喀喇沁旗、东土默特旗人以租佃的形式把户口地、箭丁地出租给汉人耕种,自己从事牧业,兼靠地租生活。这一时期他们是以牧为主,以农为辅的生计方式。这是其生计方式转变的第一阶段。但是其生存于贫困之中。据《绥远概况》统计,1933年,绥西地区已经屯垦近2千顷。当时各盟办事处通电:"蒙古自建省设县,移民开垦以来,盟旗权利,蒙民生计均为剥夺殆尽,蒙古深苦无法生存。"①

贫困的原因可以从各个层面进行分析,总的来说,是由于地狭人稠、资源不丰的生存境况。从19世纪末到20世纪初,科尔沁中旗进行了蒙地开垦,科尔沁中旗曾给辽宁省的报告书中说:"凡各境内原住户,均已遗弃田产庐墓。移往未放荒界,聚族而居,加之年来,生齿日蕃,户口激增,数倍有奇,于此演成地狭人稠,游牧既不相宜,只得积极垦荒,改操农业。以为仰事俯畜之计。"②"当人口密度增加时,不但群体内部的关系紧张化了,而且竞争能力强的群体得以充分发展,而竞争能力弱的群体则逐步缩小自己的地盘,甚至被挤压到区域之外。"③由于所处的地域不同,个人的生境状况不同,接受农业也呈现出多种状况。但是从总体来说,接受农业的首先是贫困的牧人,或因牧地的紧缩,或因灾害相袭显示的游牧的脆弱性。

其三,由于社会的动荡,牧人认为农耕生活更为稳定。在清朝末年民国初年,一方面是游牧圈越来越小,另一方面是在社会的转型时期带来的不安定,这也是游牧民转为农耕民的重要原因。扎萨克图旗:"牧养马匹牛羊,原为蒙人之习惯,近已递减,转务农业。一为地多开垦,牧养不易;一为马贼频年扰害所致也。"④掠夺、抢劫这种不安定因素在任何社会中都可能发生,

---

① 贺扬灵:《察绥蒙民经济解剖》,商务印书馆1935年版,第229页。
② 转引自孛尔只斤·布仁赛音《近现代蒙古人农耕村落社会的形成》,娜仁格日勒译,2007年版,第153页。
③ 阿拉腾:《文化的变迁——一个嘎查的故事》,民族出版社2006年版,第16页。
④ 《洮南府之新造》,《地学杂志》,第1卷第7期。

具有社会问题的普遍性。一方面由于国情处于变为殖民地、半殖民地的境遇中，其不安定又具有特殊的历史性；另一方面，社会的动荡也包括在文化转型过程中农牧之间的矛盾（关于这个问题在其他章节有论述）。在移民转变为本地居住民、游牧转变为农耕的过程中这种矛盾是客观的，不可避免的。传统的农耕与游牧的根本不同的生产方式、生活方式及其价值观、文化观都具有特殊性和整体性，这是两种文化的矛盾交织而相互发生作用的过程。"由于土地的利益以及清廷官吏等的恶意挑拨，蒙汉族之间的冲突逐渐增多。清政府的大量攘地城田，逼得好多人流离失所，乞讨流浪，有一部分人便到处打家劫舍，给社会秩序带来新的不安定因素，而蒙民受害尤深，畜群时被驱掠，房帐屡遭烧毁。"[①]

在两种不同的文化相互碰撞、相互冲突、相互选择的过程中，为什么其主流是游牧民族的地域改变了自己的生活方式呢？人类学、民俗学在研究社会变迁的时候，"认为这一方面取决于社会的内部发展，另一方面取决于外部的影响，但在谈社会动力时却不讲社会内部发展的动力"[②]。在探讨文化变迁的动力机制的时候，我们一方面将其置于外部环境的影响下，即农耕文化对游牧文化冲击中，另一方面要探讨反思游牧文化本身的原因，即游牧文化本身的脆弱性和其内部对于农产品的需求。

其一，游牧民族对于农产品的需求。游牧民族需要农产品，随着游牧民族战争时代的结束，随着社会的变化发展，其对于农产品的需求越来越大，尤其是农耕文化越来越广泛地渗入游牧区域，他们对于粮食、蔬菜和日用品的需求越来越大，对于工匠的需求越来越多。因此他们对初来的汉人非常欢迎。"素来不谙稼穑的蒙古人，据说最初对大量涌到的汉人甚至感到高兴，因为他们可以把自己并无收益的荒地出租给他们，并且还可以便利地和他们进行物物交换。"[③] 进行物物交换的结果引起他们生活习俗的变迁，他们对于粮食、茶叶和日用品的需求日益迫切。在与农耕文化的互动中，他们在接受涵化而非反涵化。

---

① 沈斌华：《内蒙古经济发展史札记》，内蒙古人民出版社 1982 年版，第 162 页。

② 黄淑聘、龚佩华：《文化人类学理论方法研究》，广东高等教育出版社 1998 年版，第 230 页。

③ ［俄］阿·马·波兹德涅耶夫：《蒙古及蒙古人》第 2 卷，张梦林等译，内蒙古人民出版社 1983 年版，第 291 页。

其二，研究社会文化变迁，要研究社会内部的变化即纵向的变化，这是各种动力系统的纵向运动所造成的。"文化接触或涵化接受来自外部的影响，文化系统互相接触，文化作用网互相连接，对外来文化特质的选择和适应，整合和分化，群体之间的涵化，这些都是横向运动的动力。"① 从文化人类学的角度看，游牧文化与农耕文化是一个互动互补的过程，变迁的推进使得游牧民族近距离地接触了农耕民族，而游牧经济的脆弱性使得他们这种需求更为强烈："查蒙古人等以牛马羊驼四项牲畜为生，向来不谙耕种，全赖民人种地收成米面、大麦等粮，熬做面茶、炒米以资糊口，至于喇嘛念经需用大麦尤多，……又兼连年以来春夏之时雨泽甚少，秋冬之际雪后风狂，各项牲畜无草可食，冻饿倒毙者连山遍野，无法可施。"② 在 19 世纪末，阿·马·波兹德涅耶夫看到巴林右旗的蒙古族由于瘟疫发生牲畜大量死亡，不得不开始从事农业。③ 在探讨文化变迁的动力机制的时候，我们一方面置于外部环境的影响，即农耕文化系统对游牧文化系统的冲击，另一方面要探讨反思游牧文化本身的原因，即游牧文化本身的脆弱性。

（二）从蒙古包到定居房屋的变迁

民俗学研究民众生活中的习俗："民俗学最初在人世间安身立命的时候，被给予的世界就是专家现象之外的世界，也就是胡塞尔所说的'生活世界'"。④ 当我们研究蒙古族游牧文化变迁的时候，其居住方式的变迁是重要的标识之一。

文化是一个象征系统，是一种符号体系。"文化的概念，本质上是一种符号的概念。"⑤ 民居服饰等都是族群的文化符号。游牧人居住的是蒙古包，农耕民居住的是房屋。蒙古包与固定的房屋都有遮风避雨、防寒祛暑、确保安全的功能。居住于蒙古包的家庭组成了游牧社会，居住于固定房屋的家庭组成了农业社会。蒙古包和固定房屋的最根本的意义在于提供内部的空间，其

---

① 黄淑娉、龚佩华：《文化人类学理论方法研究》，广东高等教育出版社 1998 年版，第 232 页。

② 孙喆：《清朝前期蒙古地区的人口迁入及清政府的封禁政策》，《历史研究》1998 年第 2 期。

③ 参见［俄］阿·马·波兹德涅耶夫《蒙古及蒙古人》第 2 卷，张梦林等译，内蒙古人民出版社 1983 年版，第 472 页。

④ 高丙中：《民俗文化与民俗生活》，中国社会科学出版社 1994 年版，第 127 页。

⑤ C. Geertz, *The Interpretation of Cultures*, New York: Basic Books, Inc. p. 5, 1973.

居住形式与人类生存环境和活动具有适应性关系。

蒙古包是游牧民族重要的文化符号，其适应的是游牧的生态环境，是游牧人生存智慧的表征。而定居的房屋是农耕文化的象征符号。蒙古包的文化特征是为了"游"为了"走"，处于动态之中，而固定的房屋是在土地上占有一个生活空间，是静态。这一动一静，反映了农耕文化与游牧文化的各自的特征和生计方式的不同。

游牧人的居所蒙古包与农耕人的居所汉式房屋有很大的不同。

（1）外观不同：蒙古包是圆形的，此来源于蒙古族生产、生活的需要。圆形可以抵挡草原上的朔风，可以利用所占有的有限范围。圆形本身是最单纯的、最自然的、完满自足的，凭支解力界定的最有规律的线形。在坦荡的草原上，这种单纯的完满自足的线形与笼罩四野的苍穹相映成趣。而汉式的房屋是方形的，方形是有棱角的，给人以稳重、均衡、固定、完满的感觉。房屋是伴随着农业生产而产生的，是农耕文化的表征。

（2）所用的材料和工艺技术不同。蒙古包所用的材料是木杆、毡和皮绳。而房屋用料是木料、泥土、砖、瓦、石等。两相比较，蒙古包较为简易，省工省料，自拆自搭，材料也就地取材，自己制作。而汉式房屋上梁上檩上瓦，制作比较繁复，用料也需外界供给。

（3）蒙古包和汉式房屋的居住模式不同。家庭是构成社会的基本单位。它是用夫妻关系与亲子关系结成最小的社会生活的共同体。一个蒙古包就容纳一个核心家庭，儿子结婚要另立蒙古包。而汉族的房屋可能是三代人甚至四代人的复合家庭。

（4）所反映的文化观念不同。蒙古包内的圆形空间体现出以游牧生产为基础的土地占有观念。其占有的草场少而利用率最大。这样的观念是尽可能的保护草原。"天似穹庐，笼罩四野"，穹庐似天，紧依大地，反映了蒙古族天人合一的哲学观念。而汉式的房屋为矩形，而且是砖瓦结构，是永久的固定的建筑。而矩形体现出来的则是界限分明的格局观念。这是由于游牧和农耕不同的生计方式决定的。不同的生计方式决定他们的生活居住模式，而居住文化是其生活居住模式的表征。

由于汉族移民建立的农业文化圈的传播，一部分蒙古族开始从牧民变成了农民。从动态的游牧生活过渡到静态的农耕生活，从居住蒙古包的生活方

图 4.2.1 现在展示的蒙古包与车是历史的记忆 邢莉摄

式过渡到居住固定房屋的生活方式，这是一个文化涵化的过程。"可以推断，历史上汉族文化改变游牧文化的几个过程。首先是生活条件的改变，特别是定居所引起的变化，定居是集约化农牧业的前提……"① 那么他们是如何从游牧到定居的呢？民居的变化是无字的史书，记载着部分蒙古族从游牧到农耕的历史。

对于蒙古族来说，在与农耕文化的碰撞中，经历了相当长的文化选择过程。蒙古族并不是从蒙古包直接过渡到定居的房屋的，俄国旅行者记叙了这样的事实："巴林右旗人几乎全已定居，但有意思的是没有一个巴林人是从帐篷（蒙古包）直接过渡到汉式房子的。他们是这样过渡的，当毡篷破损时，从事农业的巴林人已经不能用新毡来加以更新了，而是在木架子周围造一道芦苇篱笆，用泥抹住。这样就有土房子了。"② 作者认为，由牧人转变为农耕或者半农半牧的生计方式的蒙古族牧人的居住方式的改变大致经历了三个阶段。

① 王建革：《农牧生态与传统蒙古社会》，山东人民出版社 2006 年版，第 274—275 页。

② ［俄］阿·马·波兹德涅耶波夫：《蒙古与蒙古人》，张梦林等译，内蒙古人民出版社 1983 年版，第 268 页。

第一阶段：由移动的蒙古包变为固定的蒙古包的阶段。固定的蒙古包其外面形状似蒙古包，但不可拆卸。不可移动。在实行盟旗制度以后，有的地区就开始从游牧到定居游牧的转变。这时出现了固定的土木结构的蒙古包。即圆形的土墙屋，屋中间有一柱。上盖草顶，开有窗户，这是用蒙古包改建的房屋。另有一种形式："其形如大轿车，用当代所产沙柳，多条合扎一束，以代椽檩，弯曲为车洞式，外以泥抹之随处可以建造"①，俗称"柳笆子"，还有一类是窑洞，"察哈尔部蒙民多穴居野处。俗谓土窑。形式方圆互异。穴外为盖，穴内铺毯以居。考其构造尚不能如苗族土穴之精致耳。"② 这三种房屋均有炕。作者在 2006 年在乌审旗访谈时，还看到柳笆子的残迹。

蒙古包式的房子为土木建筑的蒙古包，其房盖为圆形，房盖上覆以德拉苏苇草、芦草或茅草，屋墙可用砖、石、土坯，有的还用柳条编成墙壁，内外覆以黏土，屋内一根柱子支撑圆形房顶，有些地区在蒙古包的向阳处开有窗户，这种蒙古包式的圆形屋子，与汉式房屋无异。"准格尔境旗内蒙人，均系住屋或挖土窑而居，全境已无蒙古毡包，其建筑木料，多为榆柳，产自本旗……"③ "蒙古包形的房屋还有完全是用木料制作的，这种木屋是把园木上下砍平，榫堆砌而长的，木头和木头中间用泥填塞，顶部用草泥和草皮覆盖，屋顶上有天窗，这种设置与蒙古包完全相似，但不同的是不以毡为墙，而是以木为墙。著名民族学家吴文藻先生的《蒙古包》一文曾有所记叙。蒙古式的房子兼有游牧社会的建筑——蒙古包及农业社会的方形房屋的特征，这种房屋是蒙古族开始定居社会的产物，戈壁草原的半农半牧地区有的还保留这种蒙古包形的房屋。我们认为这是一种"包房组合"的结构。

与移动的蒙古包相比较。固定的蒙古包的特点是：（1）蒙古包的骨架是固定的。首先出现用柳条编织成代替"哈那"的固定包壁，上面的"乌尼"（蒙古包的天窗）也是固定好的。（2）取消了毡帐覆盖蒙古包架，而是在其外边抹上了泥巴。牧人原来只会赶毡，不会和泥，现在学会了农耕民族的和

①　内蒙古地方志编纂委员会总编辑室编印：《内蒙古史志资料选编·绥远通志稿》（第三集），第 242 页。

②　胡朴安：《中华全国风俗志》，下篇·卷九·蒙古，上海文艺出版社 1988 年版（影印本）。

③　内蒙古地方志编纂委员会总编辑室编印：《内蒙古史志资料选编·绥远通志稿》（第三集），第 241 页。

泥的技术，但是很不均匀，眼见粗糙。这是一种由移动的蒙古包到固定房屋的一种过渡形式。从牧民变为农民经过了一个家居由移动的蒙古包到固定的蒙古包的转变时期。在一百年前，牧区、半农半牧区和农区的房屋就有很大的区别。当时的锡林郭勒的牧业群体和海拉尔一带的牧业群体各旗都居住转移式蒙古包。而半农半牧区域则住固定式蒙古包。

第二阶段：从固定的蒙古包到房屋的演变。固定的蒙古包与游动的蒙古包的区别是把毡子置换为泥土。为了防止顶部流下来的雨水冲刷蒙古包壁的泥土，渐渐地在顶部出现了屋檐，由圆形改为了椭圆形、长方形的建筑。不但建筑的结构发生了变化，渐次有屋檐、有屋脊、有梁柱，相应的建筑的材料也完全不用毡子，而是用泥土代替了。这种居住形式是一门一窗，一家庭一室。与固定的蒙古包相比较，这样的房屋有窗子。民居内的变化就更大。传统的蒙古包内的摆设是，火撑子在中央，这是一个家庭的象征。蒙古包内没有炕，而固定的房屋有了炕。"郡王旗境内蒙人住所，平房占十分之一，其房均为简陋小室，不筑院墙……窑房均有土炕，灶火通之"。[①] 这是接受农耕文化生活方式的重要标识。

第三阶段：完全是汉式的房子。矩形房屋在定居的游牧民族的生活中占有极为重要的地位，这样的房屋不只分布在农区、半农半牧区，而且在牧区也有分布。就宅地来说，有依山而建的半穴居式的住宅，也有在平旷处的房屋；就原料来说，有土木结构的，有石木结构的，有砖木结构的，也有完全为木结构的；就构图来说，有对称形、曲尺形、也有檐廊形。根据区域和贫富而定。平民居住的矩形房屋大多为土砌墙，石砌墙，砖砌墙较少。顶木为木檩椽结构，苇束草泥盖顶，也有石盖顶的。房屋有门，有窗数扇，大小不一。过渡到完全农耕以后，蒙古族农民所住的房屋一般以圆木为骨干，为横排三间，进深一间。中间开门，门内设灶，烟道通往其他两间，厨房的烟通到里面可以取暖。周围的墙壁是用坯子砌成，再涂以黏土。现在大多是砖瓦的，土坯房逐渐消失。而内蒙古区域的清代尚存至今的喀喇沁王府、阿拉善王府完全是典型的规模宏大的汉式建筑。

从纵向看，从游动的蒙古包到居住在固定房屋，直到现在牧人已经全部

---

① 内蒙古地方志编纂委员会总编辑室编印：《内蒙古史志资料选编·绥远通志稿》（第三集），第241页。（内部资料）

图4.2.2　修整后的喀喇沁王府　邢莉摄

定居——蒙古包已经消失。(在牧业地区只是暂时使用)这是一个漫长的变迁的历史过程,民国时期,"除长城附近,蒙汉杂处之地,稍有筑屋室者外,余尚尽为帐幕"[①]。就整个区域来说,其变迁是有层次的。第一阶段住定居房屋的是由牧业转为半农半牧的牧人和转为农业的牧人。20世纪初,部分蒙古族农牧兼营,尽管未脱迁徙之风,定居性已经加强。他们逐渐脱离了蒙古包,形成了圆形或方形小村落。从牧民到农民的居所经历了三个阶段的变迁。

从横向看,从牧民转为农业的生计方式或者半农半牧生计方式的蒙古族经历了一个多种文化交汇融合的时期。从20世纪30年代伊克昭盟七旗住宅类型的分布看,在这一时期,呈现出多种居住形式并存的局面,存在着多元并存的象征的符号:毡包、平房、柳庵(俗名"柳笆子")、土窑等。这表示居住状况可以分成三个层次: (1)毡包:这是尚未改变的牧人的居所; (2)柳庵:这是处于从牧业过渡到农业或者半农半牧的民众的居所;(3)平房和土窑:这是完成了由牧业到农业生计方式的改变的民众的居所,平房受

---

① 丁世良等主编:《中国地方志民俗资料汇编》(华北卷),书目文献出版社1989年版,第729页。

到河北、山东移民的影响，而土窑受到山西、陕西移民的影响。达拉特旗、扎萨克旗是比较早地进入农业经营方式的社会，毡房消失得较快。而杭锦旗、鄂托克旗牧业生活方式仍存在，所以保留了毡房。在蒙古草原，由于农耕文化的渗入，还出现了汉式的门房，后面为帐幕的蒙汉合璧式的建筑。近代的居住习俗有"蒙古世家巨族所居宫室，板升屋数间在后，蒙古包在前，旁有羊库伦，西有佛堂，与板升屋齐"①。从游牧到定居，从牧人的居所蒙古包到农人的居所固定的房屋要经历一个缓慢的过渡过程。从表层看，这是居住方式的转变过程，从深层看，这是思想观念和文化价值的转变过程。"文化是现象的种类，包括目标、行动思想和态度，那是依赖象征的使用。"②

研究从游牧到定居是一个复杂的问题。这里有生态因素、人口因素、制度文化的变迁等错综复杂的多种原因。"文化要素只有通过人、同人一道，随着人，在人身上，特别是在人之中，即在人的心上，作为一种模式的思想萌芽，才能传播。因此，民族学所研究的文化对象是同他的代表者一道移动的。"③ 这是农耕民族的文化向游牧民族传播，游牧民族接受农耕民族文化的重要标识。如果不互相接触，这两种居住方式很难产生关联。因为他们属于两种生态环境产生的两种文化类型，他们各自维系着各自的文化体系。但是当农耕民族越过自己的居住区域，把自己的生计方式带到草原区域的时候，汉族的移民改变了蒙汉民族的空间分布。农耕民族的生计方式及生活惯习就迅速地向游牧民族传播。而对于"他者"的传播，原住民有一个文化适应的问题。"文化人类学主要从人类的社会制度、文化传统、价值观、经济变迁等角度探讨人类群体在面对环境周围压力的文化适应和文化中断的原因。"④

蒙古族由游牧到农业，由蒙古包到定居，由牧业的社会组织浩特到村落，这不只是一个空间居住的变化，还涵括着深刻的社会变化和文化变化。定居是一个人口密集的过程，是形成村落的肇始。村落既是自然边界，也是社会

---

① 《归绥县志》（民国二十三年铅印本），转引自丁世良主编《中国地方志民俗资料汇编》（华北卷），中国书目文献出版社，第757页。

② Totems and Teachers, *Perspectives on the History of Anthropology*, edited by Sydel Silverman, Columbia University Press, New York, p. 173.

③ ［俄］C. A. 托卡列夫：《外国民族学史》，汤正方译，中国社会科学出版社1983年版，第140页。

④ 庄孔韶主编：《人类学概论》，中国人民大学出版社2006年版，第294页。

边界，同时又是文化边界。依照"小村落，大社会"的学理，这是农耕社会的标示，其文化观念、价值观念在向农耕社会发生嬗变。蒙古族的居住方式的嬗变和村落文化的形成，重塑了民族文化心理。

（三）部分蒙古族向农耕生计方式的嬗变

对于蒙古族在游牧阶段有否农业生产，学术界是有分歧的。有的认为，牧业生产的单一性和脆弱性决定其存在少量的农业。历史上西拉沐沦河北岸巴林左右旗地在辽金时期有过少量农业，元明时以游牧为主。清前期蒙古族曾在此从事过原始性的种植。蒙古族主要靠牧业，附带的是农业，所种植的多是一些糜黍子，这也是蒙古人的谷种。其方法是，多是四月间入种，先以牛很简单地锄耙一下，就把种子种下去。① 这说明内蒙古区域没有形成农业区，即使从事农业，也不占据主导地位。

学术界公认的看法是：一部分蒙古族从事农业是伴随着从清朝以来特别是清中期以后汉族涌入草原地带受农耕文化的影响开始的。"清代前期，内地农民在塞外开垦种植，他们聚族而处，盖房栖止，父子夫妇之间久已视同乡里，垦殖区域由南向北推进，逐渐扩大，形成了一部分农业和半农业区。"② 这是一个改变游牧传统文化类型的巨大嬗变。同时也是一个文化涵化的过程。

从牧人到农民是两种截然不同的生产方式的变迁和生活方式的变迁，由生产方式的变迁所引起的社会结构、价值观念以及生活方式的变迁。生产方式不仅是个人的再生产行为，也表现为人的生活方式。"民俗生活作为人的活动，是指主体把自己投入到民俗模式中而构成的活动。"③ 部分蒙古族从蒙古包到汉式房屋的居住习俗的改变过程，也是其从游牧的生产方式到农耕的生产方式的改变过程，可以说二者是同步进行，相辅相依的。对于大多数农耕民族来说，他们来到的是异地，而其在异地操练的是自己熟悉的农耕生活，而对于蒙古族来说，他们所处的是本地，他们要在本地接受"异族群"的"异文化"，两相比较，牧人变为农人是一个社会经历和思想经历改变的过

---

① 贺扬灵：《察绥蒙民经济的解剖》，商务印书馆中华民国二十四年版，第17—38页。
② 乌云毕力格等：《蒙古民族通史》，内蒙古大学出版社2002年版，第四卷，第293页。
③ 高丙中：《民俗文化与民俗生活》，中国社会科学出版社1994年版，第165页。

程，是难事而非易事。作者认为，至少可以分为几个阶段：

第一阶段：蒙民利用"游牧地"、"户口地"吃租的阶段。顺治、康熙期间虽有移民，但是采取了封禁政策，后来封禁政策逐渐瓦解。清中期以后，造成了"禁者自禁"、"耕者自耕"的局面。由于移民的迁徙，游牧文化圈的逐渐缩小和农业文化圈的逐渐扩大，清政府的制度是"全面放垦"，蒙人分得了"游牧地"、"户口地"，但是并不会农耕。他们把"游牧地"、"户口地"租给汉族耕种。这里包括永租和活租两种。永租地是蒙古人将自己的土地永远租给汉族农民使用，不可借口收回。活租地是汉族农民耕种的土地在规定的期限内，蒙古族保留自己的支配权。

这一阶段的蒙古族生计方式的特征是：内蒙古的草场被分割为农耕的土地，蒙古族拥有土地的所有权，他们不从事农耕，依赖把土地租给无地的汉族靠吃租生存，可能在很小的范围内牧养少量牲畜。虽然他们没有亲自从事农耕，但是其已经生活在农耕文化的语境中，他们的饮食已经在悄然发生改变，表现在对农产品的享用和需求的增加。游牧民在与农耕民的接触中，饮食上开始变化，享用米面等农产品，此后逐渐接受农耕的生产方式。物质生活在民俗文化中占有重要的地位，饮食习俗是一个族群区别另一个族群的标识，是民族传统观念的外化，部分蒙古族饮食上对粮食的需要逐渐增多，刺激了其生计方式上变为农耕民的需求。

第二阶段：以牧为主以农为辅的粗放的农业阶段。由于游牧文化圈的缩小，也由于游牧业本身的脆弱性和其对农产品的需求，为了生存而没有迁徙的部分游牧民，耳濡目染地近距离地接触了农耕民族，他们把游牧生产和小型的农业生产结合起来。开始用粗耕的农业来弥补畜牧业的不足。"蒙人与汉人杂居久，知自种之利多，出租之利少，遂由牧畜生活改为耕稼生活，操作一如汉人。"① 对于这样的初级农业，有学者进行了描述。在伊克昭盟、乌兰察布盟地区"蒙古人附带的生产是农业，而主要的生产是牧业。所种植的多是一些糜黍子，这亦是蒙古固有的谷种。其方法，多是四月间入种，先以牛很简单地锄耙一下，就把种子下去。雨后这些种子自然会侵入土层里面，再过相当时期，到了秋天，就穗而结实了。他们又没有特别的刈获农具，腰上

① 吴贞禄：《东西盟蒙古实记》，《地学杂志》1931 年第 4 卷第 2 期。

只带一把小刀子，只是胡乱割了了事。这些耕种与收获法，是最原始的……他们的农地，是由牧场分割的，因此表现的形式，有的是圆形，有的是半圆形，有的是方形，有的是短栅形"①。这说明，一部分蒙古牧民在汉族的影响下，开始向农耕转化。他们初步经营农业称为"靠天田"，"既耕种，四出游牧，及秋乃归，听其自生自长"②。开始经营农业，有一种"漫撒籽"的方法，这是一种粗放农业。春天用牛拉耙开地，播种糜子、谷子等农作物。然后赶着牲畜移营地到处游牧，到了秋天，再收割庄稼。这样的种植产量甚低，甚至只是收获没有成熟的农作物。但是其没有脱离游走的方式，为了适合游走，居住地还是毡帐。"蒙古耕种，岁易其地，待雨而播，不雨则终不破土，故饥者恒多。雨后相水坎处，携父子、牛羊以往，毡庐孤立，布种辄去，不复顾。逮秋复来，草莠杂获，计一亩所得不及民田之半。"③ 这一阶段的农业具有如下特征：

（1）耕作的土地与牧场相交错，没有形成大片的农田，当时也不可能形成大片的农田。

（2）种植的品种也是适合当地生态环境的糜子、黍子之类，被视为农产品中的粗粮品种。

（3）工具简单，不会精耕细作，也不懂田间管理，其生产环节只在"种"与"收"上，可谓名副其实的"靠天田"。

这一阶段生计方式的特征是亦牧亦农。农牧的比例因区域的生态环境和各自的经营条件而定。"自清末以来，垦殖事业在本区广泛开展后，牧场日益缩小，留居在农区的蒙人已有不少转向农牧兼营，并有少数转向纯农业。"④实际收入中可能出现农少牧多、农牧参半、农多牧少等不同的景况。

第三阶段：由农牧参半的生计方式完全改为农业的生计方式，完成了从游牧民向农耕民的转变。据学术界研究，在清代初年已经出现了由牧人转变为农人。特别是在昭乌达盟、卓索图盟南部的几个旗里，那些占有牲畜极少

---

① 贺扬灵：《察绥蒙民经济的解剖》，商务印书馆1935年版，第17—38页。

② 徐珂：《清稗类钞》卷5，《农商类》，中华书局1984年版。第五册，第2272页。

③ 方式济：《龙沙纪略·饮食》。

④ 孙敬之主编：《内蒙古自治区经济地理》，科学出版社1956年版，第12页。

的贫苦牧民逐渐走向务农。"蒙古佃贫农，即渐罢游牧，相将艺黍禾。"① 在大量的草场被开垦后，在与农耕民毗邻的生活中，一条向蒙古民族敞开的道路就是接受农耕的生活方式。在现在土默特地区和昭乌达盟地区的蒙古族率先务农。

农耕文化的传播具有两条路径，第一条路径，主要是农耕民的传播。移民的定居对农耕文化的传播起了至关重要的作用。第二条路径，即完成了文化转型的蒙古族的农民向未完成文化转型的农民传播。清代道光、咸丰之后，随着蒙古地区土地买卖、典押租赁关系的发展，哲里木盟、昭乌达盟、卓索图盟等盟旗的大批蒙古族由于在兼并中失去了土地，他们到他乡受雇佣为生，称为"榜青"。光绪十七年（1891）查处科尔沁右翼前旗札萨克王私招喀喇沁、土默特蒙人垦放洮儿河夹心荒地。来垦者约千余户之多。郭尔罗斯前旗和科尔沁部各旗王公、台吉等经营土地者，私招敖汉、奈曼土默特诸旗蒙人以助耕作，俗名"榜青"，受雇者多达数千户。② "哲里木盟除了招募河北、山东'无业人民'外，就是召敖汉、奈曼、喀喇沁、土默特诸旗蒙人，以助耕作，俗名'榜青'。"③ 在清末全面放垦哲里木盟的时候，蒙古族已经由被动地退却变为主动地领垦，"此次周历蒙地，查十旗垦荒之户，半皆来自奈曼、敖汉、土默特、喀喇沁各旗，考其缘由，实缘其地开化最先，内地牧民渐已屯积而本旗土著遂不得不顾而之他。此为天然膨胀力，可因势利导者也"④。一方面，没有垦地的牧户已经处于强势农业的包围之中，不领垦就没有出路，另一方面受到其本族群改变生计方式的影响，农产品较之牧产品的稳定收获和定居的生活对其有一定吸引力。学者认为："近300年来，在哲里木盟地区开垦的过程中，科尔沁蒙古人在周围汉族移民村落增多，牧场面积日益萎缩的情况下，不得不放弃单一的畜牧业经济学习汉族农民的耕作技术，使农业生产逐渐成为他们生存的主要生活手段，甚至在更多的地方畜牧业竟成为他们家庭经济中附属于农业生产的家庭辅助产业。

值得注意的是，"在科尔沁半农半牧复合型文化的转变过程中，接受农耕

① 和珅：《热河志》卷92。
② 刘景岚：《西辽河蒙地开发与社会变迁研究》，国际华文出版社2001年版，第179页。
③ 徐世昌：《东三省政略》《蒙务下·纪实业》。
④ 朱启钤：《东三省蒙务公牍汇编》卷1《蒙务局督办上东三省总督筹勘蒙地铁路说帖》。

文化较早的卓索图盟喀喇沁、东土默特蒙古人和昭乌达、敖汉、奈曼等旗蒙古人起了重要作用"①。在这里我们看到另外一个变迁的模式，汉族移民促进了内蒙古区域农业区的形成，把部分蒙古族牧人转变为蒙古族农民，经过了二至三代的漫长过程之后，农耕文化圈在逐渐地扩大，另外又不断有新的牧人转变为农人，而这部分从牧人到农民的转变是由蒙古族族群的农人推动的。对于前一种途径来说，是一个农耕文化类型的承载体——汉族在传播着农耕文化，而对于后一种路径来说，是文化载体发生了涵化之后，向本族群传播着本不属于自己族群的异文化。这说明了什么呢？为什么从总体来说，汉族移民没有接受草原民族的生活方式，而是汉族的农耕文化向游牧区域传播呢？这是一个复杂的值得反思的问题。作者认为，研究这个问题，起码包括三点。

（1）农耕民的保守性和固有的惯习很难改变，尤其移民聚居，与游牧民产生了距离，其生存环境在改变，但是其因袭的生产方式和生活方式很难改变，其因袭的农耕观念的形态观念形态更表现出稳定性、保守性。民国时期，到内蒙古去的美国人对汉人的农业本色感到惊奇："到了蒙古草原这样适宜畜牧的地方依旧锄地播种，一家人划着小小的一方地，种植起来，真象是向土里一钻，看不到其它利用这块土地的方法了。"②

（2）游牧经济的脆弱性、不稳定性。稳定的可操作的生计方式是人类生存的基础，本书第一章已经分析，适应草原自然条件的粗放的游牧经济本身存在着不可克服的脆弱性和不稳定性（这并不说明农耕文化比游牧文化先进），这种脆弱性和不稳定性与相对比较稳定的农耕经济比较，使得农耕文化易于传播。

（3）人口的增加和密集也是一个非常重要的原因，前面已经说明，游牧的生计方式存在的前提是广袤的草原，而人口的增加和密集已经失去了牧场，所以是农耕文化向游牧地的扩大而不是相反。

这一变单说明什么呢？

其一，文化载体是文化的表述者，当文化载体表述的不是自己的传统而传播"他者"的传统的时候，可见其涵化的程度之深。博尔斯认为，"不同

---

① 呼日勒沙主编：《草原文化区域分布研究》，内蒙古教育出版社2007年版，第193页。
② 转引自费孝通《乡土中国与生育制度》，北京大学出版社1998年版，第6页。

地区不同民族的社会文化,其本体处于文化与文化承载者的关系之中,文化因每种文化群体自身的需要而形成各自的选择和价值……"① 部分蒙古族在文化选择的过程中不仅仅接受了农耕文化的生计方式而且接受了其文化观念及价值体系。其标识是其向本族群传播原来不属于本族群的"异文化",这不仅仅是生计方式的变迁,而且是脱离了其原来的核心价值体系,发生了整体的文化特质的变迁。

其二,涵化是一个文化接受的过程。"涵化不是被动的吸收,而是一个文化接受的过程……一个文化系统可能自愿或被迫抛弃一些原有的特质,又由于新的特质而得到补偿。"② 当人们研究文化涵化的时候,往往着眼于两个不同的族群之间的文化传播,从蒙古牧人转变为蒙古农人的过程看,实际上还应重视和研究本族群向本族群传播"他者"文化的过程,研究这个过程,对于涵化理论的建树具有意义。

其三,当谈到蒙古族涵化过程的时候,往往谈到其处于被动的一面,但是从实际情况看,一方面,蒙古族也同化了少量进入蒙古社会的汉人(这个问题我们在后面蒙汉联姻时还会提到),另一重要方面是他们也期待建立一个与汉族的农耕社会相对应的农耕集团。"而对于个别融入到蒙古社会的汉人,则将他们作为自己集团的一个成员而积极接受并使之同化。换句话说,这种倾向是为谋求持续独自发展的集团,必须建立一个与蜂拥而至的汉人社会集团相抗衡的农耕社会的情况下产生的。"③ 这是由于直接进入蒙古社会的农民、手工艺人带来了农业的推进,随着农业化的推进,蒙古族的饮食结构在逐渐改变,农业给他们带来了物物交换的契机,大大触动了他们原有的生活方式和思维方式。

其四,按照现代生态学的理念,产生文化变迁,变迁并非是由于农业的"先进"和游牧业的"落后",那么为什么农耕民处于主动的文化扩散和强势话语的地位呢?农耕民族利用其累积性的优势,积累起大量的代偿力,使得非农业民族接受涵化。

---

① 孟慧英:《西方民俗学史》,中国社会科学出版社 2006 年版,第 119 页。
② 黄淑娉、龚佩华:《文化人类学理论方法研究》,广东高等教育出版社 1998 年版,第 222 页。
③ 字尔只斤·布仁赛音:《近现代蒙古人——农耕村落社会的形成》,娜仁格日勒译,内蒙古大学出版社 2007 年版,第 166 页。

　　在汉族移民的影响下，牧人学习耕作技术。"渐染汉俗，始从事种植。"①所谓"渐染汉俗"就是由粗放性农业到集约性农业的发展过程。自清政府实行"移民实边"和"新政"后，解除了对蒙古的封禁，汉族移民的大量迁入客观上增加了蒙汉等各族人民之间接触与融合的机会，为蒙古地区农业的发展提供了条件。汉民将农业的耕作技术、生产工具带到了内蒙古区域，他们兴修水利，灌溉农田，挖井修渠，推动了地区农业的发展。内蒙古区域的蒙古族从事农业表现在：

　　（1）农具的使用及农业技术的改进。蒙古族过去用漫撒种子的方法，后来学会使用犁杖，称为蒙古犁。蒙古犁的特征是犁铧宽，带犁镜，吃土深，用四个牛拉。通常的构件有犁辕、犁把、扶手、挂绳橛、犁底、犁箭、犁铧、犁镜、托头、抛绳、牵绳、四牛杆、牛套绳、牛鞅等。在与汉族的接触中，蒙古族逐渐学会了农业的耕作技术，并且学会了使用各种农具，实现了由粗放的农业到精耕细作的过渡。蒙古族传统的粗放农业只有种和收。在逐渐习得农业的过程中，学会了精耕细作。其中包括播种、施肥、锄草、中耕、收获、脱粒、储存等全过程。在清末东蒙古一带，"近边诸旗，渐染汉俗……凡设郡县之区，类皆农重于牧，操作亦如汉人"②。在准格尔旗村落名称出现了十牛锒塔，在科尔沁左翼中旗出现了"八付犁杖"，过去草场的面积是不需要计算的，蒙古族从事农业以一头牛或者一付犁杖在一天内耕种的面积作为计算土地面积的单位，所以村落以之命名。蒙古族原来用臼锤舂米，18世纪末期使用碾子，所以才出现了以碾子命名的村落。例如达拉特旗的关碾房，准格尔旗的碾子湾，奈曼旗的英特即有碾子的村庄，科尔沁左翼中旗的英格勒（碾房）和巴林右旗的关乃英格（公家的碾子）等。③

　　（2）在经营农业初期，塞外所经营的农业与长城之内不同。开始从事农耕的蒙古族只种荞麦、黍子、糜子等适应内蒙区域生态作物的品种。一是由于地薄，二是由于技术不娴熟。"我蒙地五谷种籽不全，仅有数种糜子粮食于应用，垦种为生。迨后进口观察内地生产，则五谷兼备，耕地垄田，而于康

---

　　①　［俄］阿·马·波兹德涅耶夫：《蒙古及蒙古人》第2卷，刘汉明等译，内蒙古人民出版社1983年版，第291页。

　　②　徐世昌：《东三省政略》，《蒙务下·纪实业》。

　　③　哈丹朝鲁：《内蒙古聚落的形成和主要类型》，《中央民族大学学报》1997年第5期。

熙年间呈请部署，选招内地熟习耕作农民，由公家颁于执照，来蒙地从事耕作，耕种事务始得其法矣。"[1] 他们逐渐习得了农耕的方法。种植的品种逐渐扩大。

表 4.2.2　　　　　　　现代蒙古语中带有农耕文化色彩词语一览表

词语分类 ＼ 语种分类	蒙古语	汉语	蒙古语	汉语
农具名称	atʃ	木叉	toel	犁镜
	dəlbə	撒绳	xɵʃɷ	犁铧
	bɔl	碌碡	sɵm	犁箭
	Xuldu：r	木橛子	dor	牛鼻环
田地名称	ɷsaˇn tɛrɛ	水田	namaˇg tɛrɛ	漫撒地
	Œrɛ：n tɛrɛ	晚田	ərti：n tɛrɛ	早田
农作物名称	naraˇn xɷa：r	向日葵	maLʤ	芝麻
	xaʃ	茄子	nɛri，m	谷子
	paŋS	玉米	ʃiʃ	高粱
	Sagaˇd	荞麦	mɔŋɔl	糜子
与农业劳动有关的词	jiŋdəˇx	碾	alaˇɷʃɷlaˇx	去细糠
	arəʃul əˇx	去粗康	agʃa：x	煮稠
	dɵndʃl aˇx	去中糠	itaˇgabaˇx	扬场

资料来源：呼日勒沙主编《草原文化区域分布研究》，内蒙古教育出版社 2007 年版，第 235—236 页。

（3）水利灌溉的引用。黄河河套地区是水利资源充足的地区，民谚说："黄河百害，唯富一套。"在清末民初黄河河套平原兴修了 8 条干渠灌溉农田，出现了"桥"，"渠"等名称的村落。例如伊金霍洛旗的"车家渠岔"，土默特左旗的"五节桥"，牙克石市的"大桥屯"等。

清中期曾将大、小黑河的水开为将军渠，河流修有大小水渠。"由于水源充足，向不虞苦旱。各渠灌溉田亩数，少则数十顷，多达数百余顷。为调配

————————

[1]　中国第二档案馆藏：《卓索图盟盟长呈蒙藏委员会文》。

各渠用水，又定有分水章程，详细规定上下游使水日数。"① 自清政府实行
"移民实边"和"新政"后，解除了对蒙古的封禁，汉族移民的大量迁入客
观上增加了蒙汉等各族人民之间接触与联系的机会，为蒙古地区农业的发展
提供了条件。汉民将先进的耕作技术、生产工具带到了内蒙古区域，他们兴
修水利，灌溉农田，挖井修渠，推动了该地区农业的发展。清末，河套农田
水利鼎盛时期，经由汉族地商和晋、冀、陕、甘等省贫困农民所修的大干渠
总长度为 1543 里，支渠 316 道，灌溉面积达 10829 顷。② 民国初，在包头以
西的三湖河北岸，昆都伦河附近的乌拉特西公旗地界，有蒙人贺级三开挖山
水渠一道。"此渠用昆都伦河之水灌田，灌域约六百余顷，或云中滩地之大西
渠，亦系蒙民自开，引用三湖河之水，灌田约八百顷。"③ "河套农业以渠水
为命脉，云地随水走，人随地走，甲岁南阡成聚，乙岁百陌列里，民无恒业，
人无定居，势使然也。所谓农功者耕不必深，溽不必易，坐贪天功不尽人
力。"④ 这段记载，一方面记录了蒙古族利用水资源开展农业的状况，另一方
面，也披露了对资源只知使用而不知爱惜的情景。农业的开垦，还普及了掘
井技术。直到 1947 年前，"乌盟各旗蒙人，仍逐水草而居，多汲用天然河水，
近年因接近汉人，亦知掘井而饮"⑤。

（4）农业的成熟和发展还表现在对园林的经营和蔬菜的种植。蒙古族传
统的农业不种植水果蔬菜。他们的食品以奶制品为主。在清末民初归化城土
默特一带有了果园："归绥南行二十余里白石虎地方，蒙人有一果园。果树有
水李、樱桃（全未修枝）、棠梨（虫害最烈）、葡萄（果子甚小）等。"⑥ 种
植果树、蔬菜可以视为向农业转换的又一标志。

清代中期，内蒙古的农业区域已经形成。"归化城土默特地方，年来五谷
丰登，米价甚贱……应自归化城购买米，从黄甫川界黄河运至内地……若此
事易办，则外而蒙古，内而百姓，大有裨益。"⑦ 以致北路的清朝守军的粮食

① （民国）郑植昌修、郑裕孚纂：《归绥县志》。
② 周晋熙：《绥远河套治要》。
③ 前绥远省民众教育馆：《绥远分县调查概要》，《绥远省蒙旗调查概要》，1934 年。
④ 摘自民国《绥远奏议》。
⑤ 《绥远通志稿》（民族志·蒙族），《内蒙古资料选编》第三辑，第 235 页。（内部铅印本）
⑥ 曾雄镇：《绥远农垦调查记》，《西北会刊》（第 1 卷），1925 年第 9 期。
⑦ 《清世宗实录》卷 34，第 21 页。

可以不从内地运输。"自张家口至山西杀虎口沿边千里，窑民与土默特人咸业耕种，北路军粮岁取给于此，内地无挽输之劳。"① 中蒙十二旗群的正黄、正红两族及伊克昭盟近河套各旗，凡是蒙民归农者，在收获上都能与汉民获得同样的结果。"土默特和伊克昭盟有大部分蒙民，都成为'道地'的农民了。"② 在水利资源和土地资源等自然条件较好的哲里木盟一带，"高粱大豆之产额，与东北三省相伯仲"，号称"蒙边一谷仓"。③ 农业的开展对于内蒙古区域有什么影响呢？

其一，"农业对蒙古草原的影响已不是单纯的互相补充与互相对立，而是已经深深地改变了传统蒙古社会生产的性质。这种影响在游牧业形态畜群结构集约化和放牧制度等一系列经济形态和制度形态中表现出来。"④ 游牧文化虽然具有脆弱性和非自足性，但它是一个独立传承的体系，"它除具有一定的文化因素组成而外，还具有一系列结构特点，包括形态结构、生态结构、生计结构"。⑤ 对此我们在第一章已经进行了研究。而农业文化圈在内蒙古区域的形成，意味着游牧文化的部分解体和其整体发生的变迁。

其二，部分蒙古族生计方式和生活习俗的改变，完成了由牧人向农民的转化，由"长袍蒙古"向"短袍蒙古"的转化。⑥ 蒙古族的农业形态由粗放的农业向集约式的转变是汉族农业文化的涵化过程。严格地说来，这是文化转型——从一种文化到另外一种文化。其宗教信仰、语言文化、衣食住行以及价值观等都发生了一系列的结构性的整体变化。说到深层，是民族心理的重新建构。农耕文化会形成与游牧文化不同的价值取向，如祖先崇拜、土地崇拜、家族主义（Familism）、勤劳尚俭、安土重迁、丧葬礼仪隆重等等，这种价值取向与游牧民族的自然崇拜、英雄崇拜，由于财富不能积累而崇尚消费、主动进取、喜欢共享等价值观是不同的。虽然变化是历时性的，但是事

---

① 方承观：《从军杂记》，《小方壶斋舆地丛钞》第二帙，雍正十一年。
② 贺扬灵：《察绥蒙民经济的解剖》，商务印书馆，民国二十四年（1935）。
③ 东方杂志社编：《蒙古调查记》，第32页。
④ 王建革：《农牧生态与传统蒙古社会》，山东人民出版社2006年版，第274页。
⑤ 阿拉腾：《文化变迁——一个嘎查的故事》，民族出版社2006年版，第12页。
⑥ 在田野调查的过程中，我们多次听到现在从事牧业的蒙古牧人称蒙古农民为"短袍蒙古"。这表明，一方面，他们认可转变为农民的蒙古人是自己族群的一部分，包括共同的祖先，文化历史传统的共享，但是另一方面他们又认识到这两种文化的差异。

实是不可逆转的。

其三，农业对蒙古草原的影响已不是单纯的互相补充，而是已经深深地改变了传统蒙古社会的性质，文化要素是伴随汉族移民而扩散的，汉族的迁徙使得农耕文化的传播成为可能。这种影响不仅仅出现了"短袍蒙古"，而且影响了整体的游牧文化的体系，在持续发展的牧业形态、畜群结构、集约化和放牧制度等一系列经济形态和制度形态中表现出来。[①] "大量的移民和铁道的修建并没有使蒙族走向现代化，只是加快了汉族农业的影响而已。畜牧业变化方向也向汉族农业趋同的趋势。"[②] 这是农耕民逐渐深入游牧社会并持久地发生影响的结果。

三　蒙古族农业的生活方式
——以阜新蒙古族自治县烟台营子村为个案[③]

（一）烟台营子村概况

阜新蒙古族自治县地处辽宁省西北部边缘地带，东邻彰武县、新民市、黑山县，西接北票县，南连北镇县、义县，北靠内蒙古库仑旗、奈曼旗，隶属辽宁省阜新市。烟台营子村（蒙语村名元灯席勒）位于阜新蒙古族自治县境内，地处阜新蒙古族自治县王府镇东南部，是蒙古族人口比例为83%的蒙古族聚居村落。

该地全境处于北半球中纬度地带，属温带半干旱季风型大陆性气候。四季分明，夏短，温热多雨；冬长，干旱严寒。年平均气温7.2℃，气温年际变化在5.8℃至8℃之间。县境内各地气温差异明显，东南部高于中部，中部高于西北部，南北相差1℃。年平均降水量511.8毫米。年平均日照时数2865.5小时。无霜期158天左右。历史上旱涝风雹、倒春寒、低温冷害等自然灾害时有发生。

县境内地势西北低山、丘陵，东部平洼，南部低山，北部丘陵，中部低

---

① 参见王建革《农牧生态与传统蒙古社会》，山东人民出版社2006年版，第274页。

② 王建革：《农牧生态与传统蒙古社会》，山东人民出版社2006年版，第274页。

③ 此部分由中央民族大学民俗学博士王志清访谈并撰写，作者略有修改。

丘、平原。境内山峦叠嶂，有大小山头 4483 座，其中海拔 500 米以上的 235
座，600 米以上的 8 座。乌兰木头山海拔 831.4 米，是阜新地区最高峰。县境
内有大于 150 平方公里集水面积的河流 15 条，分属于饶阳河、柳河、大凌河
3 大水系。在该河段两岸汇集着 41 个自然村，其中 38 个为蒙古族聚居、杂居
村落。

在蒙古族历史上，内蒙古区域建立村落文化是其生产方式与生活方式的
转型的结果，蒙古族经历了风起云涌的反对开垦牧场的运动后，逐渐放弃一
些激烈的"反社会"行为和去除生产方式转变的"集体不适应症"后，在剧
烈的文化变迁过程中经过文化调适，达成了文化适应。农区蒙古族村落的形
成也是风俗习惯的重大变迁，它标志着当地蒙古族牧民游牧生活的结束，定
居生活的开始。随着生产方式的转变，牧场转变成了农田，蒙古贞地区的蒙
古族文化就大量渗入农耕文化因子，①蒙古族吸纳了汉族移民带来的诸多文
化：耕种方式、生活方式、居住方式甚至包括教育方式以及游艺习俗，但他
们是以自己的语言和文化为核心认同，吸纳了这些新的文化因素。在清代随
着蒙地的被开垦，在 1902—1912 年期间，内蒙古东部的土默特二旗②成为了
纯农区，当地的蒙古族民众先后转变为农耕生产方式，相应地也多在水草丰
美之地形成蒙古族聚居村落。

烟台营子村位于阜新县王府镇。烟台营子村的所属的行政区域是阜新县。
从清朝开始，东北地区推行行政设置、民族迁徙、军民移垦、开垦放荒等重
大举措，现在使用的县名"阜新"二字开始于光绪二十九年（1903），当时
清王朝推行"新政"，开放边禁，移民垦荒，加强警戒，广置厅县。在热河
境内，由朝阳县东北境析出奈曼、库仑部分旗地及土默特左翼旗全境，设置
阜新县，管理汉民事务。以"物阜民丰，焕然一新"语意取"阜新"二字为
县名，热河都统松寿派王维庸任阜新知县，县衙设在鄂尔土板（今奈曼旗青
龙山乡境）巡检衙门内，推行县、旗并存，蒙、汉分治体制。次年升朝阳为

---

①　蒙古贞：指现位于辽宁省西北部的阜新蒙古族自治县。又有一说"蒙古贞"为"种糜子的
人"。这一区域开垦较早。
②　土默特左翼旗（亦称蒙古贞旗）是清朝廷在内蒙古地区设置的 49 旗之一，其地域包括今阜新
市区（不包括今清河门区）和阜新蒙古族自治县全境。清代为区别内蒙古地区的东西路土默特起见，
称居于呼和浩特的土默特为"归化城土默特"，称以西峰口为贡道的东部土默特为"西峰口土默特"。

府，阜新县归朝阳府管辖。王府镇地名则是以人的职衔命名。2005 年 12 月该村党支部书记 QSHL 主编出版了一本村志，书名为《元灯席勒》，本书采用当地人所采用的汉译村名。①"元灯席勒"一词根据当地人的解释是最早定居户的姓名加上自然地理实体，是"元灯"加"席勒"的组合结构。"元灯"是藏语人名，藏语的语意是富庶、美好的意思。根据对民间的访谈，元灯这个人是这块土地的第一位拓荒者；"席勒"是蒙古语的山坡之意，因为这个村庄的地势比较高，处在山丘的向阳坡，于是命名为"元灯席勒"，寓意富庶美好的村庄。村落的命名本身就记录着区域的移民史与开垦史，村名是部分蒙古族文化转型、建立村落的象征符号。"元灯阿寅勒"，汉语为"烟台营子"。

村名的来历与元灯的传说紧紧联系在一起，传说是民众的公共记忆。"传说也是一种历史话语，是一个特定的群体对所记忆的历史事实的阐释。只不过传说的制造者和传说者们并不是历史学家。"② 传说是关于历史的叙事。公共记忆属于特定聚落空间记忆内部的共同记忆，与其他地域、民族、阶层、族群、组织等的记忆有着明显的差异。该地的村民还保持着关于元灯传说的深刻记忆。

（1）文献记录上的传说是：元灯是烟台营子贺家大院的先人，兄弟三人迁徙到蒙古贞地区落脚，兄弟三人的名字为满德户、元灯和招束，分别在蒙古贞地区的三个地方落户，这三个人的名字都成了当地村落的名字，老大满德户在他本扎兰乡，老三在招束沟乡的上招束沟，老二元灯在烟台营子依靠山坡落户。③

（2）在《元灯席勒》一书的《元灯席勒的由来》的传说中有这样的相关内容："从内蒙古大草原逃难出来的元灯在敖汉旗受到一位长者的 '只要你们一直朝着太阳升起的方向走，什么时候轱辘车陷进黄泥里走不动了，就要停下来，那里就是你们家想住的地方'的指点，走了三天，来到蒙古贞的土

---

① 烟台营子的地名根据蒙语地名的谐音有多种写法，有"云代营子"、"云丹艾勒"、"元灯阿寅勒"、"元灯席勒"等叫法。访谈对象：QSHL，蒙古族；访谈人：中央民族大学 2005 级民俗学博士王志清。

② 万建中：《民间文学引论》，北京大学出版社 2006 年版，第 173 页。

③ 高乐巴根等编：《蒙古贞姓氏与村名考》，内蒙古文化出版社 1991 版，第 484 页。

默特左翼旗王府附近，遭遇大雨，轱辘车陷进黄泥里走不动了，于是全家就在此地落户，建筑房屋，开荒种地，结果年年丰收。元灯悟出了指路长者的话非常有道理，因为下雨后，陷车的地方必定是土层较厚，水分充足的地方，是得天独厚的人类生存的好环境。"①

（3）在田野调查过程中又采录到了另一则村名来历的传说，相关内容如下："一个姓贺的叫元灯的人在王爷府立了大功，王爷赐给他在王爷属地内跑马选地的权利，他骑着马走遍了王府的周围，认为烟台营子这个地方是个宝地，背面是五座山丘，植被茂密；其沟壑中有汩汩喷涌的清泉；东面和南面是平坦的洼地；西边是坡地，青草茂盛，适合饲养牲畜。于是在此选址落户，繁衍生息，造就了辉煌一时的贺家大院。"②

这三个传说，虽然讲述人不同，但是其讲述的传统是相同的。讲述者对村落起源的描述，是其重构村落文本的文化心理基础。"隐含着人类亘古以来即已形成的'领土观念'与家园情感。"③ 在关于村名来历的传说中，当地的讲述者显然对传说进行了某种想象的重构，把自己村落的起源与赖以生存的生态环境紧密地联系在一起，构成了对农耕文化建构的村落的回忆。民间文学是在习俗氛围中生存的，民间口承叙事的创作中注入了民俗的基因。

在蒙古语词汇中，"阿寅勒"一直都在稳定地指称着牧营或牧户，后来开始转变为同时又指称村落。20世纪初诞生的描述游牧民俗社会的第一部系统的蒙古民俗学著作《蒙古风俗鉴》中，作者罗卜桑却丹就把"阿寅勒"单纯地指做"牧营"和"牧户"。这表明"阿寅勒"指称牧营和牧户的内涵一直是稳定的。与此同时，随着蒙地放垦以后，在蒙古草原上出现了大量的屯落，农区和半农半牧区逐渐形成，那里的蒙古族民众便把"阿寅勒"的内涵扩充起来，开始指称起村落。游牧社会的阿寅勒有的后来也聚合或发展成了村落。应当说，最晚也是从蒙地放垦以后，"阿寅勒"一词开始既指称牧户牧营，同时也指称村落。蒙语村名"元灯阿寅勒"对应了汉语村名的"烟台营子"，

---

① 齐双林主编：《元灯席勒》，吉林音像出版社2005年版，第152页。（讲述：贺玉国、贺永生，记录：郭秀丽，整理：吉雅泰）

② 访谈对象：WTL，男，蒙古族，55岁，小学，农民（1980—1993年担任村蒙古族小学的蒙语文民办教师）。访谈人：王志清，访谈时间：2007年2月5日，于其家。

③ 江帆：《生态民俗学》，黑龙江人民出版社2003年版，第285页。

"元灯"利用谐音成了"烟台","阿寅勒"相应形成了东北方言的"营子"。"营子"这个称呼一般来说是汉族称呼蒙古族聚居地方时的用词。

图 4.3.1　烟台营子村贴汉语对联的蒙族人家　王志清提供

这个村落名称的起源说明其"在世"的生存状态。这就是《存在与时间》中表述的"'此在',即人的'被抛、在世'状态,它意味着'生存'人的'此在'是一个'事实';这个事实是我们不可摆脱的,说得直白一点,就是人的'实际生活'(factic life),它是本原的、具有自明性的"①。说明这种"在世"的生存状态即蒙古族的农业生存状态是一个事实。在外人看来一望无垠的农田,其实都是被当地人传播地方性知识的"文化地图",每块田地都有可供识别的地名,当地的农田有传统文化色彩的地名有八天地、九天地、十三天地、十八天地、新家坟、敖包土等,还有根据方位和地势特征命名的比较简单的地名,如东洼子、南头、西梁、北山等。为什么称为天地呢?这里又包含着地方性知识。"天"为清朝时期的计量单位,一天地等于六市

_____

① 孟慧英:《西方民俗学史》,中国社会科学出版社 2006 年版,第 455 页。

亩。在东北的满族民众中"计丁授田"，八旗男丁每人可分到圈拨旗地六天①。"天地"一词应该是移民垦荒后的早期蒙古族地区采用了满族的计量单位。数目不同表示田地面积的大小不同。康熙十六年，卓索图盟移民开垦，蒙古人入冬时候收租，"原来关于收地租的规定是：十亩为一天地，一天地的好地地租为五斗，二等地为二斗半，中等地的地租为一斗半。（可以用猪肉或大米代替，可以用各种东西交租。）这是交给蒙古人的规定。另外有向国家交纳税的规定：由衙门收"②。下洼子村是由租种烟台营子村贺家大院的汉族佃户组成的村落。

> 我们这儿早就实行了农耕，当时每户租种田地都是按十亩八斗粮交租的，当时每家租种的田地大多数是两、三垧（一垧是十亩），能否租种上还得托人求地揽头。（地揽头是贺家大院在该村管理租地事务的汉族村民高宗福）。③

根据上述，"天地"一词，是蒙地开垦后出现农耕生产方式才形成的词汇。度量衡名词具有特殊的社会文化特点。学者研究，度量衡受社会制度文化的影响，它是由国家和地方规定并强制执行的，一般情况下，通用的、强势语言的度量衡系统成为公认的度量衡单位。度量衡单位名词受民族的物质文化生活及语言的词汇结构制约。"自给自足的自然牧业经济和物资交流的不发达，导致蒙古语固有词缺乏度量衡专门名词。当在生活中需要精确丈量土地、粮食、布匹、房屋、书籍和戏剧等伴随汉族农业文化而来的对象时，蒙古族只好用汉语度量衡单位和名词。"④ 按照语言规律分析，当地的"天地"一词应该是借鉴采用了当时占文化强势地位的满族的计量单位。这个地域特有的地方性知识积淀为一种集体的文化记忆。

"新家坟"是位于烟台营子村南部的洼地，是现在的七家子村民白龙、敖

---

① 江帆：《满族生态与民俗文化》，中国社会科学出版社 2006 年版，第 302 页。

② 罗布桑却丹：《蒙古风俗鉴》，赵景阳译，辽宁民族出版社 1988 年版，第 146 页。

③ 访谈对象：HXZ，男，76 岁，汉族，不识字，三岁时候随父亲从山东移民落户到该村；DJZH，女，78 岁，汉族，不识字。访谈人：王志清，访谈时间：2007 年 2 月，在其家。

④ 宝玉柱：《清代蒙古族社会转型及语言教育》，民族出版社 2003 年版，第 299—300 页。

其尔兄弟二人先人的田地。"新家坟"地名的出现则反映了历史上曾经存在的该区域的土地制度、丧葬制度和移民史。早期的村落是由来南部的蒙古族移民依靠具有土地和权势的贺家大院聚族而居形成的,蒙古族的贫民是以雇农、佃户的身份出现的,在土地私有的制度下,无论盖房子还是埋葬都只能占用自家的土地。而没有寸土的长工、短工面临死后只能薄葬在拉拉屯后面一个叫烂材岗子的地方,这就是"新家坟"地名的来历。2000 年锦州—阜新的高速公路修建,这块坟地才被平掉。这又是一个集体的文化记忆。这两个文化记忆都是村民对农耕史的追忆。这两个词的遗存属于传统,过去与现在有时间的距离,"重要的问题在于把时间距离看成是理解的一种积极的创造性的可能性。它是由习俗和传统的连续性所充满的,正是由于这样的连续性,一切流传物才向我们呈现自身"[1]。

(二)　烟台营子村落生活的农业传统

烟台营子村现总土地面积 8.7 平方公里,管辖 2 个自然屯,全村共有 315 户,1282 口人。居民民族构成有蒙古族、汉族、满族、回族,其中蒙古族人口占 83%。全村耕地面积 8610 亩,林地面积 3400 亩。村级管理组织主要有 3 个,即:村民自治委员会、村党支部和村民小组。1982 年烟台营子村开始实行联产承包责任制,全村人口划分为 7 个居民小组。[2]

1982 年农村实行联产承包责任制,全村土地包产到户,该运动被村民们称为"单干"。土地按照各个生产队自己拥有的田地亩数在各自队内平均分配,经过分配,各个小组的人均耕地面积并不相同,一队和五队农田平均每人 6—7 亩,二、三、四队平均每人 4—5 亩左右。各生产小组的居住格局是从东向西依次划分,因为居住区域不同,一、二队被称为"东街",三、四队被称为"西街",五队因为是一个自然屯,被称为"七家子"(蒙古语称为道兰格日),根据村民 HSHQ 的介绍:"该称呼始于清朝期间,这里当时只有七户人家,是贺童娃、扎木苏、萨格日阿、吴风山、贺洪畛、勿日土巴雅尔、

①　严平编选:《伽达默尔集》,邓安庆等译,远东出版社 2003 年版,第 47 页。
②　联产承包责任制后只是原来的 5 个生产队转用名称,在 2002 年一组与五组因为村民利益争执,第一组分为一组和七组,第五组分为五组和六组。而民间话语的日常交流中仍然采用习惯性的称呼,称为五个生产队。

贺洪祥等七户人家的祖先。现在该屯子有 88 户人家，300 多人口。"① 1948 年土改时期平均分配土地，全村平均每人分到户近 10 亩地，1956—1958 年，成立人民公社，人民公社实行"三级所有、队为基础"，其中的队是指生产小队，各生产小队附近的农田相应地归该队村民所有。比较土壤肥力，一、二队拥有洼地所以土质最好，土地抗旱能力强，但不抗涝，而辽西地区的气候状况的是"十年九旱"，几乎没有涝灾的情况发生，所以村东的土地成了该村上好的农田。三、四、五队居住在村中和村子西部，他们有部分洼地和大部分山地。五队因为接近山岭，生产队时期和联产承包责任制实行后，该生产队开辟了大量荒地，所以该队拥有的农田面积比较大。这三个组占有的农田山地居多，土层较薄，土壤肥力差，抗旱能力低。

在 1948 年前实行佃户租地交租的生计方式，1949 年后经历了互助组、合作社、生产队等生产组织的生产劳动，20 世纪 80 年代初期实行家庭联产承包责任制。在近百年的历史历程中当地的农作物种类、生产方式、消费途径几经变化，在实行家庭联产承包责任制之前，当地主要是自给自足的经济形态。这之前的农作物有诸多种，主要包括：

（1）荞麦：是当地群众很爱食用的主要粮食作物之一。以前大量种植。过去多用荞面做上等食品待客或过节。荞麦的优点是种、产、收割过程都比较简便，生长期短，适应不同土质。在春播开始先种其他作物，之后翻荞麦地或开垦新荒地，准备耕种。荞麦地一般要翻两遍，暑伏时期开始耕种，谚语："头伏萝卜二伏菜，三伏种荞麦。"缺点是产量较低。

（2）黏黍子：黏黍子碾成黄米，是做豆包的原料。当地蒙古族有冬季以及正月早餐食用黏豆包的习惯，所以黏黍子是蒙古贞当地群众种植的主要作物之一。

（3）散糜子：是地道的具有蒙古族食用特色的米谷作物。过去，蒙古贞群众非常看重散糜子，尤其是举办婚事，节日会友，家中必须备有散糜子米（炒米）。

（4）黍谷子：籽粒近似黏黍子。米色发白，米粒比小米粒稍大，（当地

---

① 访谈对象：HSHQ，男，蒙古族，蒙古名字 BHNRR，1949 年生，58 岁，初中文化，1982—1988 年当过村小学民办老师，教地理历史课程，对家乡乡土知识比较了解。访谈人：王志清，访谈时间：2007 年 1 月，在其家里。

称白小米），熟饭特别受吃。但产量较低，黍谷子牲畜不吃，于是种植逐渐减少。

（5）高粱：高粱只是当作牲畜饲料用，后来与边里汉族群众做买卖，多用高粱作等价物，并用高粱交公粮。于是当地种植高粱的逐渐增多。品种有黑壳高粱、白高粱、黏高粱三种。到了伪满时期有了黄壳高粱。生产队时期广种杂交高粱，白高粱、黏高粱几乎绝迹。

（6）谷子：耐旱，适于气候干爽的山地耕种，与当地"十年九旱"的干燥气候适应。谷子碾成米后称作小米，小米是当地群众的日常食粮，做米饭或小米面饸饹，夏季吃小米水饭。当地一日三餐中，大约有两餐是小米，另外，谷草是饲养牲口的主要饲料。

（7）豆类：豆类有黄豆、黑豆、绿豆、小豆等。豆类，虽然不属于重点耕种作物，但在人们的日常生活中也是不可缺少的。黄豆可作酱、做豆腐，酿油。黄豆、绿豆可以生豆芽食用。黑豆，主要用来喂马、牛、驴、羊。小豆可作黏豆包食用。后种花豆、豇豆，主要做豆馅食用。

（8）芝麻：是当地群众重点种植的作物之一。芝麻味鲜、油香，营养价值高。当地有食用黏豆包沾芝麻面的习惯。芝麻可作芝麻汤（牛犊汤）食用，堪称当地美食。

（9）大麻子（蓖麻）：大麻子属油料作物。过去，没有煤油和电，百姓日常所用的照明灯、佛灯，润滑马车、牛车等车辆的车轴时，全用大麻子油。

（10）线麻：秋后拔下来放在水坑里沤熟后，捞上来晾干扒皮，用线绳打绳，做车辆、犁绳套以及家中纳鞋底子用。

蒙古族农民在农耕生活的实践中积累了丰富的经验。主要表现在：

其一，种植庄稼倒茬的习俗。当地的生产经验是，为了培育地力，今年种植的作物与去年种植的作物不能重茬耕种，此谓倒茬耕作。这是从多年生产实践中总结出来的经验。如今仍在沿用这种科学的农业技术。如果重茬种植，作物生长缓慢，产量也低，所以农民非常介意重茬耕作。高粱、谷子、豆类是种植最多的作物。倒茬时，豆茬种高粱，高粱茬种谷子，谷子茬种豆类。也有高粱茬种谷子，谷子茬种高粱的情况。但是，豆类种高粱茬是普遍做法。荞麦、散糜子、黏黍子等作物，一般种植在山坡薄地，通常也要倒茬耕种。

其二，施粪肥。在以往的农耕生活中，拉土积肥几乎占半年时间。粪肥主要指大粪、土粪、黄粪。大粪指人的粪尿，从每家的厕所中淘取，掺土后堆积在一起，然后翻倒几次，倒的越细肥力越好。农家院子里都有积肥坑，平时往里面倾倒日常生活的垃圾。春季种完地后，往坑里垫柴草秫秸，并用土盖上，经过雨水浸泡腐烂，再加上牛羊粪便，就成了多效农家肥。到了秋末，把粪坑里积攒的粪和牛羊圈的粪都起出来，堆积在一起，开春翻倒几次，这是通常所说的土粪，土粪多施用于高粱、谷子、豆类作物。黄粪是将牛、马粪与穰秸一起沤制，开春以后，将这些混合物堆放在向阳处浇水发酵，种地时运到地里堆放好，然后掺土倒一遍就可使用，黄粪肥力较差，一般施用于山坡地或洼地。

其三，因时制宜的耕作习俗，当地有"二十四节气歌"作为因时制宜的耕作指南。

> 立春阳气转，雨水淹河边。惊蛰乌鸦叫，春分地皮干。
> 清明忙种麦，谷雨种大田。立夏鹅毛住，小满鸟儿全。
> 芒种忙开铲，夏至不穿棉。小暑不算热，大暑三伏天。
> 立秋忙打甸，处暑动刀镰。白露忙割地，秋分无生田。
> 寒露不算冷，霜降要变天。立冬叫十月，小雪地缝严。
> 大雪河封冻，冬至不行船。小寒又大寒，又是一个年。

该村落 1949 年前以种植高粱、谷子为主，杂粮为辅，还有少量白玉米。1982 年"单干"以前主要农作物是高粱，直到 20 世纪 70 年代左右，在农耕发展史上高粱占据着重要地位。从生态民俗学角度来看，一个群体生产、生活方式与习俗的文化特征，都对应着不同的生态体系。并且"一般说来，在人类与大自然的长期接触中，首先是那些与人类的生存紧密相关的客观自然物及对象优先进入人类的视野，被人类作为民俗符号的表现体，并逐渐固定化为民俗观念的替代物"[①]。在诸多的粮食种类当中，高粱能够充当一般等价物有它的必然原因，是当地民众的合理选择。于是在当地农民的日常生活中

---

① 江帆：《生态民俗学》，黑龙江人民出版社 2003 年版，第 310 页。

相应地形成了大量的以"高粱"为中心词的民俗事象，无论是饮食居住、日常杂用还是婚丧嫁娶、游艺娱乐都渗透于其中。

（1）高粱为货币。1949年前，汉族商贩来该地区做生意时，他们以高粱作等价物与当地群众交换商品。村民海青山的家里还保留着容量为"四印"的大铁锅，这是当年供全家九口人用的煮饭的锅。据他讲，这是20世纪50代的时候用四斗高粱交换的。并且当时是用高粱交公粮。高粱在商品流通领域具有替代货币的作用。在传统的牧业社会，牲畜不仅具有生活资料的价值，还是财富的标志，在历史上著名的"茶马贸易"中牲畜起到货币的作用。而在蒙古族农民组成的村落里，高粱为货币，这标志着蒙古族生计方式的转型以至民俗替代物的转型以及思维方式和价值观的变迁。

（2）高粱为聘礼。20世纪70年代前这个村成亲用高粱作聘礼，有五担粮、八担粮、十担粮之说，至今流传着"十三担的媳妇"的说法。（一担是500市斤，1949年前的亩产量大约平均每户人家的口粮二至三担左右。由粮食收获的多少来确定家庭收入与聘礼的数额的反差很大。）《清稗类钞·蒙古婚嫁》条记载，蒙古婚嫁，礼聘、奁资皆用牲畜，他们崇拜的数字为九，婚嫁用的牲畜可能从九开始，延续到九的倍数。在传统的牧业社会是以牲畜为聘礼。而烟台营子村的聘礼是农作物——高粱。以高粱为货币、以高粱为聘礼体现的不仅是蒙古族生计方式和生活方式转型的重要标志，而且成为婚嫁的象征物。生产高粱的过程是一种文化程序，"人类恰恰是极端依赖这种超遗传的、身体以外的控制机器和这种文化程序来指导自身行为的动物。"[1]

（三）1947年以后农业的发展

1949年后的烟台营子村经历了不同的历史阶段，先后成立过互助组、合作社、生产队等生产组织。在农业生产发展的同时，开始采用少量化肥，产量略有提高。1953年产粮150万斤，在十二区（王府镇1949—1956年属于县第十二区）里是出名的丰产村，亩产量平均也就200斤左右。生产队时期的口号是亩产量超过500斤为"过黄河"，达到800斤为"跨长江"。这是一种浮夸风，实际上一直到20世纪80年代初期，当地实行"单干"之前即使

---

[1]　[美] 克利福德·格尔兹：《文化的解释》，纳日碧力戈等译，上海人民出版社1999年版，第5页。

在风调雨顺的年头也很难达到这个产量。

纵观该村落百年间粮食作物结构变化很大。从 80 年代，包产到户的联产承包责任制开始后，产量低、不适应增产要求的高粱迅速被淘汰，抗旱能力强、产量高的杂交苞米代替了高粱。苞米收入是当地农民的主要收入之一。目前全村大面积种植的农作物是被当地民众称为"铁杆庄稼"的黄玉米，当地称"苞米"。从"单干"开始，各家各户先后选择种植产量大的黄苞米。该农作物亩产量在千斤左右，丰收年头能突破 1200 斤。到了 20 世纪 90 年代，从耕种到脱粒已经实行了半机械化操作。每到秋天，家家户户的场院里都是金灿灿的苞米堆。以前农家衡量谁家勤劳与富裕的标志是房前屋后的高粱茬子堆，而近十年来因为采用了机械化灭茬子技术，农作物的茬子直接在农田里被粉碎掉后当作肥料，所以茬子堆成的柴火堆已经看不到了。现在对谁家富裕程度的口头评价则是看谁家的苞米堆的大小了，黄苞米虽然不像过去的红高粱一样在现实生活的流通领域中充当一般等价物，但在村民日常生活的聊天里仍然起着衡量财富的作用，人们总会把娶媳妇、盖房子等民俗生活中的大事操办打算都与黄苞米的产量联系起来。

> 明年能否住上宽敞明亮的大房子，那就得看老天爷的脸色了，如果苞米堆得和山似的什么都不怕啊。①
>
> 你问结婚，我打算明年秋后结婚呢，苞米堆大的话就松快一些了（松快指经济富裕）。②

从两例访谈中可以发现，当地家庭的农业主要收入是靠出售黄苞米，丰收与否和黄苞米的产量是当地人颇为关心的。黄苞米的产量就是财富，是能否顺利"办大事"的条件。虽然当地的黄苞米品种适合做工业原料和牲口饲料，人吃口感并不好，但在 20 世纪 80 年代生活水平还处在温饱阶段的时候，黄苞米则是家家的主食，所以就出现了并至今仍在流传的一句熟语——"黄

---

① 访谈对象：MLJ，女，蒙古族，35 岁，初中，农民。访谈人：王志清，访谈时间：2007 年 1 月 6 日，在其家。

② 访谈对象：XY，男，蒙古族，25 岁，初中，农民。访谈人：王志清，访谈时间：2007 年 2 月 5 日，在其家。

图4.3.2　烟台营子村的玉米地　王志清提供

苞米䓍䓍——一治没治"，在该村落语境中此熟语用来评论生活中遇到的无可奈何的事情或性格固执的人。

　　进入改革开放新时期以后，过去民众的口粮黄苞米现在几乎全部出售，人们不再食用黄苞米了。黄苞米的出售途径主要依靠村内或附近村落的粮食贩子上门收购，价格则主要参考市县区粮库的收购价格。2007年冬季市区粮库的收购价格是每公斤人民币1.4元（即每市斤0.7元，在村落中粮食贩子都按当地的衡量习惯用市斤计算），以一麻袋为一个计算单位。每个标准麻袋的玉米重量是90公斤。粮食贩子在村落中的收购价格在0.6元左右。粮库收购玉米（即黄苞米）是看玉米的湿度（即水分含量）定价，玉米的安全湿度是含水分为14%，就是每市斤含水量为14%（俗称14个水儿），保持这个湿度的玉米在任何天气条件下都可以安全存放。收购玉米的时候如果超过一个水儿，就要减掉0.007元（即七厘）的价钱。冬季的玉米一般都在23—26个水儿之间。粮食贩子从村民手中收购玉米的时候，凭经验判断玉米的湿度定价，然后以统一价格收购。主要赚取粮库和村民之间的玉米湿度的差价，如果是24个水儿，玉米每市斤就卖0.63元，每市斤玉米有0.03元的赚头，如果是 26 个水儿，粮食贩子去掉车工、人工等费用就只能保本。该村每家的玉米产量在 2 万斤到 4 万斤左右，黄苞米的收入在 1 万到 3 万左右，所以说黄苞米的收入是家庭的主要收入。

在烟台营子村，从事农耕的蒙古族的蒙古语并没有消失，这成为这个蒙汉杂居村落蒙古族恪守蒙古族文化的边界。农耕文化的词汇在蒙古族村民日常生活的语言交流中得到充分的体现，虽然经过了数代变迁的蒙古族都会汉语，但在考察当地村民间"唠嗑"的场景就会发现，当地的关于农作物、农具、农业传统技术等词汇都是用蒙语来表示，例如苞米、高粱、犁杖、锄头、拔地等词汇都用蒙语表示，而像尿素、二铵等各种化肥的名称以及近年出现的机械化农具就直接采用汉语的发音作为借词纳入到蒙语会话中。进了村落，一听说话，就能够辨别民族族籍。由于蒙语自身的造词能力减弱，民族语言出现弱化趋势，现在直接采用汉语发音的词汇运用到口语交流中了。以该村的农业相关词汇为例，汉语借词比例有逐年加大，并且有取代原来传统词汇的趋势。

四　半农半牧生计方式的形成与变迁

汉族的大量涌入和农耕文化在内蒙古区域长期迅速大规模的发展，给予传统的相对封闭的游牧文化以重大的影响，震荡了游牧社会的整体结构，打破了相对封闭的游牧文化圈。其表现在：一方面部分游牧民彻底改变自己的生产方式和生活方式，成为农民，牧人称其为"短袍蒙古"；另一方面表现在游牧文化整体结构和内部运行机制的调试，这就是内蒙古草原半农半牧生计方式的形成。半农半牧文化圈是受到农耕文化的冲击之后，在内蒙古草原形成的一种新的文化模式，这种文化模式在以往也零星存在，但是没有形成一个广泛的固定的文化结构，自清代以来，在内蒙古区域形成了农业文化圈、半农半牧文化圈，这种生计方式和文化模式一直延续至今。半农半牧文化圈是如何形成的，其生计方式又具有什么样的文化特征呢？

（一）蒙古族内部的迁移和人口的叠加

在内蒙古区域形成了农业文化圈是汉族移民的结果。这就必然引起游牧民内部的震荡。其震荡表现在游牧民内部的迁移。"在如此宏阔的时空背景下的移民必然引起族群内部的变迁。游牧民移民不是主动地迁徙，而是被动地退让，在历史上称为'避垦'，'避垦'的历时之久，涉地之广，在近代的移民史上也应该得到研究。"① 这种被动性的"退让"，一种是向远处迁移，一种是近距离的迁移。

1. 旗内迁移

清代为了巩固自己的统治，订立了很多制度，例如编审户口制度，不许汉人与蒙古人通婚的制度，不许随便迁徙的制度等。但是迫于生计，困难的蒙古人冲破了腐朽的"大传统"制度文化的束缚，开始移居到旗内的未开垦的地区。这些地区"仍保留着土地共同利用形态的旗内未开垦的土地，以此为目的的蒙古人的旗内移居频频发生"②。这是近距离的被动的迁徙方式。

2. 旗外迁移

清代的盟旗制度挡不住迫于生存的蒙古人，他们往往冲破清政府的清规戒律，实行跨旗移动。从乾隆年间开始，原住民喀喇沁人、土默特人日趋贫困破产，被迫向更远的地方迁徙。据 1810 年（嘉庆十五年）的统计，喀喇沁左旗迁往哲里木盟法库门等地的共 252 口，前往秉图王旗（科尔沁左翼前旗）：有 71 户，277 口，陶布斋王旗（科尔沁左翼前旗）的 29 户，126 口，卓里克图王旗（科尔沁左翼中旗）有 10 户，44 口。③ 1937 年巴林右旗的 400 户牧户迁入西乌珠穆沁。④ 应该指出的是，有部分蒙古族是迁移后又被迫第二次甚至第三次迁移。河北、河南、山东等地的移民迁徙到内蒙古东部地区，处于长城边缘的喀喇沁人大量涌入北部的科尔沁地区，使科尔沁部人口过剩和膨胀，又使大量的科尔沁蒙民纷纷向东向北迁移到呼伦贝尔盟的巴尔虎部落的牧地。"现在的呼伦贝尔盟（已经改为呼伦贝尔市）的 18 万蒙古人口

---

① 闫天灵所著《汉族移民与内蒙古社会变迁研究》中的第四章第三节涉及此问题，民族出版社 2004 年版。

② 字尔只斤·布仁赛音：《近现代蒙古人农耕村落社会的形成》，娜仁格日勒译，内蒙古大学出版社 2007 年版，第 152 页。

③ 内蒙古档案馆藏左旗扎萨克衙门档案，全宗号 503，目录号 2，案卷号 3231，1814 年。

④ 据伪康德五年锡盟乌珠穆沁调查书载，转引自巴林右旗志编纂委员会编《巴林右旗志》，内蒙古人民出版社 1990 年版，第 37 页。

70%以上是被巴尔虎人称为'奥登'或'南部蒙古人',即科尔沁移民的后裔。"①

3. 向现在地理位置的外蒙古迁移

在民国时期,迫于生存的内蒙古人向外蒙古迁徙:"奈曼等各旗,近因施行移民屯垦政策后,私牧场一开,命脉攸关,几无复有生存之余地,遂集合全村数十户,纷投外蒙……现外蒙道上,牛迹车声,仍是络绎不绝。"② 这当然是少数。对于游牧民来说,远距离的迁移不仅仅是十分艰苦的,而且受到清政府清规戒律的阻挠。游牧民的移民是在汉族涌入的大背景下发生的震动。

蒙古族向北向西移动在主观上试图固守传统的游牧方式。清政府虽然给原住蒙民划了生计地,但是草原上的原住民并非愿意改变自己祖辈承传的生计方式而接受另外一种生计方式,这样"迫使仍愿游牧的蒙民将生计地或卖或弃,向地理位置偏北,自然条件较差,人烟稀少的未开放地迁移。象扎萨克图宾王旗,乌泰私借俄寨案发后,清政府强制出放了旗境北部的北山和归流河一带土地,以荒价抵偿大清银行贷款,蒙民的游牧范围更加狭小"③。在清光绪年间陕西省府谷、神木等外来的地主用白银和大烟换取了鄂尔多斯东胜县(现在的东胜市)最好的牧场,于是鄂尔多斯的正中间被开了"天窗",由于牧场大大缩小,大批牧民被迫弃牧经农,或被迫赶着牲畜,钻进贫瘠的沙窝子。④

文献中除了对游牧人迁移的描述外,还有对牧群移动的描述。据《张北县志》记载,移往北方的牧群第一次移迁在乾隆年间,由殷子川移至三四台西南地方;第二次移迁在光绪三十二年,移至大马群地方;第三次移迁在民国六年,移至正白旗东南地方。"太仆寺右翼牧群"第一次移迁在乾隆年间,由兴和县移到马莲渠;第二次移迁在大尔齐庙东,至光绪三十二年再移至闪

---

① 字尔只斤·吉尔格勒:《游牧文明史论》,内蒙古人民出版社 2002 年版,第 157 页。
② 《昭盟各旗恐惧移民屯垦案》,《蒙藏周报》1930 年第 34 期。
③ 杜心宽:《清代哲里木盟垦务及土地关系》,载内蒙古档案局、内蒙古档案馆编《内蒙古垦务研究》,内蒙古人民出版社 1990 年版,第 283 页。
④ 参见沈斌华《内蒙古经济发展史札记》,内蒙古人民出版社 1983 年版,第 162 页。

电河。① 在清末察哈尔地区正黄旗迁徙牧群，把牧群迁移到商都牧群牧场内，将商都牧群东南的达普逊诺尔地方——东由霍岳尔霍罗起，西至苏济至，长87里，南由民地壕垦向北，宽15里，垒立土堆，拨给正黄旗牛群放牧；将南至帕兰营子起，沿壕垦向北至毛盖乌珠山止为东界，再由此向东到到图尔根察罕为北界，由图尔根察罕顺库伦大路向南至察罕诺尔边止为西界，再由此向东至帕拉营子为南界，长约100里，宽约23里，拨给正黄旗羊群放牧。② 日本学者安斋库治在《清末绥远的开垦》一文中也曾指出，农耕面积的扩大，蒙古人原有的牧场逐渐被新来的汉族移民所侵蚀而不得不丧失掉。他们逐渐被驱逐到北方。这种情形，早在开垦相当进展的乾隆年间就已经出现了。例如，当时因牧场缩小而向北方移动的，可以举出正黄旗牛群。察哈尔右翼地区开垦的进展给各蒙旗和注定依靠游牧才能存在的各牧群以沉重的打击。因为开垦的进展，到光绪末年，各牧群的移动又频繁地出现了。③ 牧群是游牧业的根基，大规模的畜群是游牧业的文化象征符号，粗放的游牧经济的特点是人随牲畜有规律地移动，牧群的移动不仅体现牧人的生存方式，而且呈现出蒙古族传统的游牧文化的特征和文化心理。

这是一个族群内部的自发扩散。扩散的动因是在汉族移民的推动下，原住民在本土境内的再移民。民国时期这种自发的扩散达到了高潮。扩散的方向是向北、向西迁移。对于这种被动性的"退让"，有的学者称为"扩散"："因为政治、社会环境的剧烈变动，这种正常的迁徙运动会受到干扰而转变成为扩散运动。在这种扩散运动中，游牧民或者以大集团，或者以小集团，或者以个别的形式离开原有的迁徙范围，扩散到其他地方去。"④ 汉族的大量涌入和农耕文化圈在内蒙古区域的构建，给予传统的相对完整的游牧文化结构以重大的震荡，牧人的旗内扩散和旗外扩散是其显著标志。从人的行为方式来说，扩散和迁徙都是移动，作者认为，有的学者之所以称其为"扩散"而不称其为"迁徙"，是因为其与游牧民族维持其适应草原生态环境的迁徙的

---

① 参见闫天灵《汉族移民与近代内蒙古社会变迁研究》，民族出版社2004年版，第294—295页。

② 内蒙古档案馆：《钦差垦务大臣全宗》。

③ 参见《蒙古史研究参考资料》第六辑，1963年，第102页。

④ 阿拉腾：《文化的变迁——一个嘎查的故事》，民族出版社2006年版，第19页。

生活方式有质的区别。前者是主动的，后者是被动的，前者是自觉自为的，后者是被迫盲从的，前者是遵循自然规律而形成的牧人对生活方式的选择，后者是在惯习的生活方式解体后无奈的移动。

汉族移民和内蒙古区域内农业文化圈的形成挤压了原住民，一部分不适应农业生计方式的原住民的迁移使得地理位置北边各旗人口不断增加。据1913 年统计，哲里木盟境内蒙古族约 193000 口，其中本盟"约占 11 万有奇，他盟旗人口约 8 万口"①。"近 300 年来，由于喀喇沁旗、东土默特人的不断跨旗迁徙，哲里木盟各旗蒙古族人口益增多……新中国成立以来，内蒙古各盟蒙古族人口中，哲里木盟（包括今兴安盟）人口之所以一直处于首位，与喀喇沁、东土默特人的大量迁入有很大的渊源关系。"② "20 世纪 30 年代，本旗的人口为 11742 人，外旗的人口为 14293 人，占全旗总人口的54.1%。"③ 外旗人口占本旗人口的一半还强。"据 1935 年统计，扎赉特旗境内，设立的伪满景星县的蒙古人 188 户，1336 口。其中喀喇沁、土默特的人占 140 户，693 口。"④ 内蒙古区域北部旗县人口的叠加远远超过了自然人口的增加，加大了内蒙古人口的底数，导致了自然人口的膨胀增长。人口的增长意味着人类依赖的资源需要重新调整。

由于汉族移民，引起了蒙古族群内部的迁移，迁移的结果一是农业文化圈在内蒙古区域的构建，二是内蒙古区域西部和北部人口的增加，人口的增加直接导致了游牧文化圈的变迁：一是从事游牧业的牧人游牧文化圈的缩小，一是导致了新的生计方式的产生——即半农半牧文化圈的形成。

（二）半农半牧生计方式的形成与蒙汉杂居

自清中期以来，在汉族移民的推动下，在内蒙古区域形成了另一种经济习俗——半农半牧的经济习俗。今内蒙地区农业区主要分布在水源条件稍好的地区，即大兴安岭东侧、阴山山前的丘陵和平原以及鄂尔多斯高原的东部

---

① 王大任：《哲盟实剂·人口》，内蒙古大学图书馆转抄本。
② 呼日勒沙主编：《草原文化区域分布研究》，内蒙古教育出版社 2007 年版，第 195 页。
③ ［日］田山茂：《清代蒙古社会制度史》，潘世宪译，商务印书馆 1987 年版，第 125 页。
④ ［日］寺冈健次郎：《满洲帝国地方事情大系第二号·黑龙江省景星县事情》，1936 年版，第12 页。

地区，半农半牧区位于农业区与牧业区之间的交错狭长过渡地区，这也可以说是农牧业的分界线，此界线大致是从呼盟的鄂伦春自治旗东南部经札兰屯、索伦、乌兰哈达、扎鲁特旗、阿鲁科尔沁旗、巴林左旗、林西县、克什克腾旗、白旗、化德县、察右中旗、四王子旗、武川县、固阳县至伊盟金霍洛旗（指旗、县所在地一带）。半农半牧区以北及以西为牧区，其以南以东为农区。半农半牧经济习俗的形成是内蒙古区域游牧文化变迁的又一标示。"与世界上的其他民族相比，蒙古族倒是一个长期坚持单纯游牧的民族，但在近代，在与世界文化交流与发展的压力下，他们逐步改变生产方式。特别是农业生产方式。他们采用农业后一般不放弃原来的游牧，故形成了众多的半游牧半农业的生产形态。"[1]

半农半牧文化圈的形成是由于文化生态的变化和自然生态环境所提供的可能。"文化要素是伴随民族迁徙而扩散开的。"[2] 半农半牧产生形成在农耕民开垦草原的文化语境中，即农耕对草原的侵蚀时期。农耕民的开垦是把草原分割成块块农田。农牧交错的形成的最开始是插花分布的。其开垦的农田呈现出不规则的形状。在清末全面放垦的过程中，"察哈尔右翼正黄旗境内，为了在牧养牲畜的同时又保护草场，他们积累了分群放牧的经验。原有的牛群、羊群游牧各一处。牛群界址东西宽 90 里，南北约长 70 里，羊群界址东西宽百里。数十年来，牛群牧地未开垦者不过十之二三，羊群仅十分之一二。两牧群游牧于已开垦地之间，很难繁殖生衍。"[3] 由于农业的挤压，游牧不可能在农业地里迁回，游牧限于困境之中。20 世纪初期日本学者在东部陈巴尔虎旗的调查显示"游牧民为维持独立生活，普遍需要牛 50 头，羊 200 只，骑马大约 8 匹"。对养五口之家的草场，他做了这样的估算："每只羊需要 3.11 公顷（1 平方公里等于 100 公顷），假如有 300 只羊、100 匹马、50 头牛的一个家族，必需的放牧面积就要达到 14198 公顷，并且是方便畜群的移动。"[4]

---

① 王建革：《农牧生态与传统蒙古社会》，山东人民出版社 2006 年版，第 275 页。

② 夏建中：《文化人类学理论学派——文化研究的历史》，中国人民大学出版社 1997 年版，第 55 页。

③ 内蒙古档案局、内蒙古档案馆：《内蒙古垦务研究》，内蒙古人民出版社 1990 年版，第 189 页。

④ ［日］后藤富男：《农牧接壤地带的蒙古人生活》，转引自［日］后藤十三雄：《蒙古游牧社会》，布林译，内蒙古自治区蒙古族经济史研究会编，第 28 页。

大规模的牧群的消失有两个原因，一是牧场的缩小，二是牧场与农田插花交错，所以保留传统的游牧方式已经不可能。那么为什么这里没有完全演变为农业区域呢？

半农半牧文化圈的形成与自然生态环境存在着极为密切的关系。半农半牧区域之所以保留牧业，不是人为的主观愿望决定的，是人类活动与生态环境适应的结果。昭乌达盟和哲里木盟南部、大青山南麓、鄂尔多斯的东南部等内蒙古区域的东南部和西南部区域的降水量达到或者接近 400 毫米，形成了农业文化圈的区域，农牧交错地带是生态敏感的区域，其大部分地域是不适于开垦的贫瘠之地，且降雨量比较少。东部的扎鲁特旗因为连年放垦，河南岸之地不能放牧："北境多有山岭沟壑岩石之地，无宽敞地方，其在山岭沙岗之间可耕之田不过五百万，本旗台庄人倚之为生活。"[①] 科尔沁左翼中旗从 19 世纪中期到 20 世纪 30 年代，经历了多次开垦，旗地的大半被开垦后编入了临近省区，1950 年以后也被多次划分行政区域。该旗现在的总面积不到清初总面积的 1/3。"在旗地缩小的过程中，原住的旗民从开垦地区逃到未开垦地区，而未开垦地区的土地往往是不适应农业的沙坨地或者盐碱地，失去了牧场的牧民为了生存无奈选择了不习惯的农业，逐渐形成了半农半牧经济形态。"[②] 我们不持有地理环境决定论的观点，但是生态环境对生计方式起着很大的作用。"正是地理环境促使形成了某种生活方式并强加给它一些限制。在某种海拔高度之上和某些气候条件之外，小麦就要让位于大麦了，蒙古那辽阔的草原牧场更有利于大规模的饲养业而不是农业，需要大量灌溉的水稻种植业最理想的选择地是温带和热带那些灌溉的平原。"[③] 总之半农半牧区域是在农耕文化圈的近距离的影响下，但是其生态环境又不适应发展农业而形成的兼农兼牧的生产方式和生活方式。这种生计方式既适合了生态环境所提供的可能和文化环境所带来的压力，又是蒙古牧人的生存选择。请看 20 世纪 30 年代察哈尔北部蒙古聚落状况表 4.4.1。

---

① 蒙藏院总务厅统计科编印：《蒙藏院调查内蒙沿边统计报告书》（1919 年），《札鲁特左旗》。

② 布仁闫音：《从旗地缩小的历史过程探讨所谓"过度放牧"发生的原因——以内蒙古自治区科尔沁左翼中旗为事例》，载小长谷有纪、塞音等主编《干旱区生态保育和可持续发展》，内蒙古人民出版社 2008 年版，第 126 页。

③ ［法］谢尔耐：《中国社会史》，耿昇译，江苏人民出版社 1985 年版，第 12 页。

表 4.4.1　　　　　　　**察哈尔北部蒙古聚落状况表（1936）**

（蒙古包单位：个、家；畜单位：头）

地名	固定包数	移动包数	人口数（人）	家畜数
镶黄旗	6	12	30	牛 600、羊 400
海皮戛	40＋60（土房子）	—	120＋350	—
牛群	4（土房子）	—	12	牛 50、羊 200
哈依保巴嘎	—	—	77	马 150、牛 200、羊 500
马呼号多	5	50	128	马 200、牛 200、羊 2500、骆驼 150
帕嘎凯奥恰斯	14	—	25	牛 14、羊 500
帕乞察斯玛	26	—	30	牛 100、羊 500
巴劳虾鲁搭拉	—	6	28	马 250、牛 130、羊 540
巴依诺尔	—	5	18	牛 70、羊 300
波多路塔	—	3	5	牛 15、羊 180
依荷拉	—	3	25	马 30、牛 50、羊 190
海里喀多	7	—	22	马 7、牛 40、羊 140、骆驼 2

资料来源：南满洲铁道株式会社调查部：《北支那畜产调查资料》，昭和十二年（1937），第 359—361 页。转引自王建革《农牧生态与传统蒙古社会》，山东人民出版社 2006 年版，第 242 页。

　　从以上聚落的组成呈现出多元的居住状况可以看出，民国时期的察哈尔北部从游牧到定居的转换变迁的概况。（1）有固定的蒙古包，也有移动的蒙古包，这个聚落的牧人处于游牧状态或者半游牧状态；（2）只有固定的蒙古包，没有移动的蒙古包，为定居状态的肇始，是定居小范围的游牧；（3）只有固定的土房子或者固定的蒙古包，土房子是定居状态的表征；（4）只有移动的蒙古包，处于第四种居住方式的牧民仍旧保持游牧的状态；（5）这些聚落的人口形成了差序格局，个位数，十位数，百位数不等，最多达到 470 口人，从达到 470 口人的趋势看，定居定牧的格局已经形成；（6）据调查：定居过程也有阶层分化。蒙古地区森林少，盖房需要木料故贫困户可能首先实施农业，但可能不首先实现定居。50 年代对阿拉善旗一定地区的调查表明，"在蒙古族近代居住形式的变迁中，住房子主要是牧主和富裕户所为，且主要是在 30—50 年代盖的房，而台吉的土房子的历史达百年。另外盖房子的人一般是汉人，蒙古人自己不会盖房子"①。这显示了游牧的移动的生活方式向定居游牧或者半定居游牧生活方式的变迁。

当前学术界把游牧分为完全不定居游牧、半定居游牧和定居游牧三种状态。"定居游牧制的一个重要特征是固定式蒙古包，并在季节性营地内定居。"② 定居游牧还保留走"敖特儿"的习俗。所谓"敖特儿"蒙古语为小帐篷之意。定居游牧的牧人在短期内到水草好的地方放牧，不是全家迁徙，只带小型的帐篷或者篷车，通常称为"走敖特儿"，即离开居住的地方短距离的迁徙。但是对于传统的游牧生产习俗和生活习俗来说，这是一个游牧文化基因的转变，是对于其母体文化的脱离和向农业文化的靠拢。与蒙古族的牧人成为农人一样，这是游牧文化变迁的又一重大标识。

这里我们注意到，学者称其为"聚落"而不称"村落"。村落和聚落都显示人口的相对集中和居住方式逐渐靠拢和密集，但有很大的不同。聚落不同于农业区域的村落，其人口的相对密度比村落小，规模也远远不及村落。另外就深层说，"村落既是指农业社会中人们共同居住、生产、生活的空间，又是指在这一空间中生活的一个群体。此外还是指一种制度性的人群组织类型"③。村落是农耕文化的表征，自有其乡土的传统和相应完整的社会组织制度，这里逐渐形成了一种人际关系及对外的或抗拒或调和的能力。而在半农半牧阶段的聚落只是一种松散的组合，远远没有农耕民族的村落那样严密的家族和宗族的制度，那样统一的民间信仰。可以说聚落文化是村落文化的雏形，聚落文化必然向村落文化过渡，为蒙汉杂居开拓了广泛的文化空间。

联合国粮农组织负责非洲、近东地区游牧民族定居化问题的专家组认为，游牧人是指"几乎或从来不以耕耘方式利用土地，主要以畜牧业作为其生活来源，因寻找草牧场而迁徙，不能长时间居住于一地的牧人"；半游牧人是指"在经营草原畜牧业的同时，全家或家庭的部分成员从事农耕，拥有在全年的某些季节较长时期定居的人们"④。在此强调的"半游牧人"

①　内蒙古自治区编辑组：《蒙古族社会历史调查》，内蒙古人民出版社1986年版，第108页。

②　王建革：《农牧生态与传统蒙古社会》，山东人民出版社2006年版，第241页。

③　刘铁梁：《村落——民俗传承的生活空间》，《北京师范大学学报》1996年第6期。

④　FAO, *Consultation on the Settlement of Nomads in Africa and Near East*, Cairo：FAO, 1972.

也就是我们所说以半农半牧为生计方式的人，他们有两个特征，一是其经济习俗具有从事农耕习俗的成分，二是定居。前面已经研究，就居住方式来说，定居与非定居是农耕与游牧在居住文化符号方面的象征，前面的表格正显示了这个过程。当一个地域呈现这样的趋势的时候，势必受到农业文化的影响，"内蒙古南部地区在农业渗透下逐步采取半农半牧的形态，半农半牧有一定的固定居住地点，合牧以固定村落为物资供应的核心"[1]。应该指出的是，"在科尔沁半农半牧复合型文化的转变过程中，接受农耕文化较早的卓索图盟喀喇沁、东土默特蒙古人和昭乌达、敖汉、奈曼等旗蒙古人起了重要作用"[2]。这些喀喇沁、东土默特的农民与当地的科尔沁、扎赉特、郭尔罗斯、巴林等蒙古人居住在一起，从事农业生产，推广农耕技术，促进了东部地区农业文化的传播。

　　近代风俗志对于游牧业变迁的描述分为两类，一类是游牧部落居住转移式蒙古包，一类是半农半牧的定居民的固定式蒙古包。"论其居住，其在纯游牧地锡林郭勒盟中，有所谓移转式部落者，因牧畜之宜，四时迁居。一部落自十户至二三十户。夏则移居河川沼泽之边，以逐水草，冬则避风而雪迁居于山腹。又有所谓固定式部落者，散见于农牧混合地，其周围绕以墙壁，家屋附近有耕地若干。其接近于汉满人移住之地，有土屋之制。而在兴安岭东部殆无移转者，则以水草沃润之故耳。其在满洲附近及长城附近，汉蒙杂居，则有数十户或数百家之大小市街。至其境内，以牧畜为生，仅见二三户至二三十户之部落耳。"[3] 半农半牧有一定固定的居住地点，合牧以固定村落为物资供应的核心。在西拉沐沦河一带，民国初年的观察者在道路旁看到耕地、牧群、牧地和蒙古包。道路两旁的村落为大村落，规模达 20 户左右，散在的蒙古包一般只有一二户在一起。清代蒙古族游牧"已不是从前那样大规模的游牧，而是一户或二三户的小规模的游牧。兼营农业的游牧民，于游牧季节过后，仍回到原来的地方居住"[4]。从定居的形

　　① 王建革：《农牧生态与传统社会》，山东人民出版社 2006 年版，第 196 页。

　　② 呼日勒沙主编：《草原区域文化分布研究》，内蒙古教育出版社 2007 年版，第 193 页。

　　③ 胡朴安：《中华全国风俗志》下篇·卷九·蒙古，上海文艺出版社（影印本）1988 年版，第 48 页。

　　④ 余元庵：《内蒙古历史概要》，上海人民出版社 1958 年版，第 114 页。

式看，可以分为集中定居、自由定居、在农区插花定居等多种形式，以集中定居为主："蒙古人以牧畜为主业，故每户需广大地域，以村落之集居为不利，欲其营生容易，自然离隔而散居。一村落多至二十余家，家必在隔，近者一二里，远者数里，或十数里，为牧畜放牧不至抵触也。无家居之构造，因地势与水草之丰啬而定居。"[1]

变迁的生计方式出现了两种状况，一种是定居游牧，一种是半农半牧。半农半牧的生计方式与游牧有很大的不同，其根本的不同就是含有不同程度的农业比重，而与游牧的原生态不同。"套中已耕熟地，不及半数，弥望荒草……每隔十数里才见一家，其执业多半耕半牧，又每购茶市诸物堆积室内，蒙人自来以牲畜易之。"[2] "四子王旗垦荒较早，旗民生活，稍染汉习，间有不用毡包而建平屋者，王公亦不禁止。且与汉人相处已久，渐知自耕之利益，多有牧畜之外，兼务稼穑者。内地汉人经商于旗境，购地筑屋，远近相望，汉蒙至为融洽……"[3]

除了居住方式之外，定居状态的小范围内的游牧有打井的习俗，而游牧民族没有打井的习俗。在"达拉特旗境内，梁上掘地三丈，滩上掘地长许，均可及泉，故取水甚易。""乌审旗'境内掘地五、六尺即可得水处……'。""鄂温克旗境内，南部掘地数尺即可得水，中部续至十余丈始得水。至北部则有深至四、五十丈者。故蒙人卜居，常以取水为先决问题。"[4] 所以打井与定居相关。

在农耕文化影响下，游牧文化发生了急速的变迁，无论是定居游牧还是半定居游牧，其牧业都发生了变化。

1. 牧业结构的调整

从表4.4.1可以看出，牲畜的结构发生了变化。在游牧生活中，马是五畜之首，占有举足轻重的重要地位。表4.4.1的12个聚落中，没有马的聚落有7个，而牛羊的比重在加大，因为养马需要广阔的牧场，牧场在缩

---

[1] 丁世良主编：《中国地方志民俗资料汇编·华北卷》，书目文献出版社1989年版，第740页，摘自《绥蒙辑要》（民国二十五年铅印本）。

[2] 沌谷：《塞北纪行》，《地学杂志》第6卷第7—8合期，1915年。

[3] 傅增湘：《绥远通志稿》卷73《民族志·蒙族》，《内蒙古史志资料选编》（第三辑），内蒙古地方志编纂委员会编印，1985年，第240页。

[4] 同上书，第275页。

小，游牧文化的特征渐衰渐弱。游牧文化中，供脚力的骡不占有位置，但是在半农半牧文化中，骡占有相当的比例，这是由于农业的需要。

2. 牧业方式的变迁

半农半牧地域的民众的本意是保持游牧的生计方式而不得已转为半农半牧。他们无奈定居后："还在住宅的周围中划一块土地，绕以高约五尺许的大墙，并设门扇，以为关放。这种牧法，是与汉人饲养家畜一样，不过所畜种类不同，一是偏于猪牛骡等，一是大半或全数是牛马羊了。"[1] 值得讨论的是，他们关放的目的是为了维持游牧的草场不被侵占，但是这种方式本身就是一种圈养的模式，只不过是范围大些罢了。

3. 牧业技术的调试

定居放牧的生产生活方式与游牧的生产方式有很大的不同，这是传统的生产方式和生活方式的变迁。定居放牧的方式与游牧的方式相比较，其特点是：

（1）具有储存牧草的习俗。传统的逐水草而居的方式没有储备牧草的习俗，而定居牧业要储存冬季的草料。在伊克昭盟郡王旗牧民"自春初草长以至秋尽草凋，皆驱之原野，任其自然生活。至严冬则放之围栏中，饲以草料。较后山诸旗终年驱赶牲畜于原野者，饲养之法似为进步"[2]。这种生产习俗在 1947 年前就有，后来又继续推行："在广大牧区推行划分四季草场和打草场，推行打草饥和搂草机，扭转了不打草或者少打草的历史习惯，为冬春季储备足够的饲草。"[3]

（2）建立棚圈。野牧毡帐的生活是没有棚圈的，定居游牧或者半农半牧有简单的棚圈。民国初年，内蒙古五原一带的蒙古牧民"帐幕之旁，设大园囿，绕柽（俗称红柳），以作藩篱，是为畜群夜栖之所"[4]。在黄河后套一带的蒙古牧民为了防止风雪，冬天已经开始用粪堆做围墙，高二尺余，圈护牲畜，冬季也有饲草准备。

---

① 贺扬灵：《察绥蒙民经济的解剖》，商务印书馆，民国二十四年一月，第 17 页。

② 蒙藏委员会调查室印行：《伊盟左翼三旗调查报告书》，第 9 页。

③ 孙敬之主编：《内蒙古自治区经济地理》，科学出版社 1956 年版，第 20 页。

④ 傅增湘：《绥远通志稿》卷 73《民族志·蒙族》，《内蒙古史志资料选编》（第三辑），内蒙古地方志编纂委员会总编室编印，1985 年，第 275 页。

面对农耕文化渗入的文化语境，北移的大部分蒙古人没有放弃畜牧业，原因有二。一是生态原因：为了与其所处的年降水量少于 400 毫米的地域与土壤等生态环境相协调；二是文化原因：他们的文化心理上存在着牧业生活的情结，因此把畜牧业与农业结合起来。长期以来，这两种不同的生计方式同处于同一家庭中，或者是同一村落中，处于持久的互动和交流之中，其生产方式和生活习俗面临着裂变、选择、替换、融合的过程。"民俗并不仅仅是历史的化石，随着时代的变化它也在不断地变化。民俗有集团的，被人们无意识地遵守的一面，也有被人有意识地操作的一面。"① 一方面人们在变迁中固守着原来累积的习俗，在衣食住行等诸方面维系着族群文化符号的接替；另一方面，在其生计方式必须顺应其生态环境和文化环境改变的时候，又在进行必要的调试。虽然无意识的遵守与有意识的操作在互相交叉，但是其结果是旧的文化符号的遗失和新的民俗文化符号的产生。那又是一种什么状况呢？值得研究的是半农半牧从产生开始就存在着多种模式和复杂的状况：

（1）牧主农辅。从事牧主农辅生计方式的大多是蒙古族，他们的农业开始是粗种的，也就是前面所述"漫撒种子"的方法，后虽有改进，但是投入的资本和技术较少，他们的生活主要靠牧业支撑。

（2）农主牧辅。从事这种生计方式的主要是汉族移民或者南面旗县迁至的蒙古族移民，他们以农为主。其牧业与游牧文化牧养马、牛、绵羊、山羊、骆驼有很大的区别，他们主要是养羊，另加之养猪。游牧的牲畜是草原牧养，牲畜可以走遥远的路程，而这些地区的牲畜不能游动，只能在小范围内例如村落边放养，甚至圈养。

（3）农业户没有牧业。从事这种生计方式的是汉族移民或者南面旗县迁至的蒙古族移民。这部分农业集约化的程度较高。他们从事农业经过了播种、拔草、中耕、收获、捆束、堆积、脱谷、储藏等全过程。

（4）牧业户没有农业。从事这种生计方式的主要是蒙古族的原住民。他们往往定居游牧或者半定居游牧。联合国粮农组织负责非洲、近东地区游牧民族问题专家组当前没有把定居游牧的形态包括在内。但是我国存在

---

① 韩敏：《人类学田野调查中的衣食民俗》，见周星主编《民俗学的历史、理论与方法》（上册），商务印书馆 2006 年版，第 182 页。

图 4.4.1　半农半牧的村落　邢莉摄

的实际情况是定居并非是"半游牧人"，他们在定居后仍旧处于游牧状态，也就是说他们缩短了游牧距离和调整了牧养规律，其经济习俗没有农业的比重。"入民国后，始陆续报垦。惟土质多瘠，少灌溉之利。各旗北境，气候更寒，往往未届收获，严霜已降，天时地利，视绥西各旗相去远矣。故一般蒙民，至今犹形诸歌谣，以为牧畜易于蕃滋，播谷则难生长，而以放地妨碍游牧为言。虽蒙情或有偏执，究其实际情况，乌盟境内宜牧不宜农之区，所在多有，则民歌之词，亦未可厚非也。"[①]

　　半农半牧的生计方式是在汉族移民的冲击下形成的，而这种生计方式一形成，更促进了蒙汉杂居。1919 年，日本人类学家鸟居龙藏在内蒙古地域考察的时候，在洮南往郑家屯的途中，沿路看到："草地之中，蒙古人与汉人种植着高粱、粟等作物，牛马羊群游牧其间，是一片蒙汉杂居、农牧交错的景象。"[②] 在土默特一带："凡经属近诸旗地，已巍为农牧并管，蒙

<hr />

　　① 傅增湘：《绥远通志稿》卷 73《民族志·蒙族》，《内蒙古史志资料选编》第三辑，内蒙古地方志编纂委员会总编室编印，1985 年，第 275 页。

　　② ［日］鸟居龙藏：《满蒙古迹考》，陈念本译，商务印书馆 1933 年版。

汉共居之乡。"①

图 4.4.2　半农半牧村落的农业　邢莉摄

在谈到内蒙古游牧文化变迁的时候，由于受到强大的农耕文化的冲击，在蒙古族内部产生了一种新的生计方式即半农半牧的生计方式。"不论在空间上还是在时间上，生活环境都不是均匀地延伸，而是一些不同质量、不同生计水平的拼缀。环境的这种拼缀特征，就决定了扩散而来的移民有可能主要从事的生计方式。""同时，这些'拼缀'斑块的大小及性质，也决定了外来移民迁入的规模、方式以及所携带文化的特征，并且还会对其将来的发展方向起到深远的影响，使这些新的迁入者逐渐产生与其同种类的母体不同的表现类型。"② 这种文化类型既不同于游牧文化类型，也不同于农耕文化类型，这是由于人口的增多和农业文化圈的挤压，在农业文化圈和牧业文化圈之间出现的文化类型。

---

① 《河曲文史资料》第一辑，1991年，第90页，转引自闫天灵《汉族移民与近代内蒙古社会变迁研究》，民族出版社2004年版，第336页。

② 阿拉腾：《文化的变迁——一个嘎查的故事》，民族出版社2006年版，第21页。

为了了解半农半牧的现状，作者于 2006 年在巴林右旗进行了田野访谈。①

我们家里有五口人，两个大人是劳动力，还有 3 个孩子上学。旗里1998 年分的草场，实行"双权一制"，牧业小组分的草场多，也有耕地。农业小组分的耕地多。草场是 1998 年分的，现在我家有牧场 1000 多亩。草场 1000 多亩，100 多只羊，20 多头牛。分到的草场分为三部分：一为饲料基地，主要种植玉米。二是放牧场、三是打草场，这三部分是分开的。我们只放牧不种粮食，米和面都自己买，饲料地种玉米、葵花、大豆等，种地的收成人畜都可以用，秸秆可以喂牲口。

现在有 1 口压井，一口机井。这里旱得厉害，去年（2005）旱，今年还是旱，有井解决了问题。此外还栽了 100 亩林地。收入嘛，一亩地一年能剩下七八千元，人均年毛收入 7000—8000 元，纯收入 3000—4000元，这里要去掉化肥、种籽、饲料、防疫等费用。现在每个嘎查里留有自己的公共财产，也就是说，有 5% 的集体经济，就是有 5% 的耕地，这个嘎查有 600 亩地的集体耕地。嘎查长负责管理低保、种地、争取项目和民间纠纷等事宜。嘎查有卫生所、赤脚医生。也有小学，现学生实行"两免一补"，学费书费免，补住宿费。

每年 6 月 24 日祭敖包，这个日子是固定的，不能改。要祈祷全家平安、风调雨顺，也祭山神。祭敖包的时候就把日子定了，主要有祭山、

---

① 背景资料：巴林右旗白音塔拉苏木哈日根塔拉嘎查属于半农半牧的嘎查。其现状如下：哈日根塔拉嘎查位于巴林右旗白音塔拉苏木北部，距苏木政府所在地 15 公里。全嘎查总土地面积 13 万亩，辖 8个独贵龙（组），365 户，1466 口人，劳动力 771 人（其中年人均收入不足 500 元的贫困户 43 户，150人）。是一个以蒙古族为主体的地域，以农牧业经济为主的牧业嘎查。嘎查地处中纬度地带，属温带大陆性气候，年平均气温 4.9℃，无霜期 125 天，降雨量 350 毫米左右，年日照 3000—3200 小时，属干旱半干旱地区。全嘎查有可利用草场 10.5 万亩，耕地 1.5 万亩，其中水浇地 5970 亩。2004 年 6 月份的牲畜普查总头数为 25961 头（只），其中大畜 885 头，小畜 25076 只。目前正在进行草原建设，争取项目新打机井 17 眼，新增节水灌溉面积达 2740 亩；大力实施退耕还林项目，完成 674 亩，完成治沙造林 9000 亩。这个嘎查分纯牧小组和纯农小组，4 个纯牧小组和 4 个纯农小组。农、牧是分开的。纯牧户有饲料基地，纯农户也养牲畜，但是以种粮为主。60 年代，这儿有 250—300 口人，现在人多了，有 1400 口。这个嘎查以前没有汉族，60 年代的时候来了三户汉族，老家在山东。这个嘎查刘姓、沈姓、杨姓都是汉族。他们的上辈刚来的时候，都学会了蒙语。

祭水，目的是求平安、免灾去难。除了敖包祭祀之外，还过清明节，也过那达慕。大家一起过，不分蒙族、汉族了……

现有四个农业队、四个牧业队，蒙汉通婚的情况也不少，有 30 多户。90 年代以后逐渐增加，蒙古族也说汉语了。①

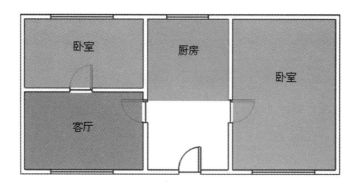

图 4.4.3　半农半牧户：白音塔拉苏木哈日根塔拉牧人之家

我父亲叫杨占青，解放前从山东济南府来到这儿，父母和两个大爷都是挑着挑子过来的，我父母都是 20 多岁过来的，逃荒过来的，哪儿有啥东西。早一些时候爷爷住在乌丹。他曾经赶牛车做买卖——拉咸盐，去锡林郭勒盟东乌旗拉盐，一年往返两三次。盐车拉成一排，有十几辆甚至二十几辆勒勒车，大木轮车，走得很慢，最后一个挂车拴一个铃铛，叮当叮当地响，这就知道尾车还跟着，说是容易，很辛苦哇，往返有六七百公里。干这个活儿的蒙族、汉族都有。前面的车坐人，带棚子，天气热，有时候晚上走，晚上凉快。

我父亲娶的是蒙古族，我母亲是蒙古族，我姓父亲的姓，是在这里长大的，但是没有随父亲的民族，随我母亲，户籍上是蒙古族。本来嘛，我是在这块地长大的，所以也是蒙古族，没人说我"假蒙古"。我老伴叫孙凤，是汉族。儿子也是蒙族，儿媳妇是满族，孙子是蒙族。

我家是农户，现有羊 80 多只，在邻家牧场放牧。家里有 90 多亩地，

---

① 被访谈人：NSHBYER，男，49 岁，蒙古族，巴林右旗白音塔拉苏木哈日根塔拉嘎查牧民；访谈人：邢莉、秦博，访谈时间：2006 年 7 月，在巴林右旗白音塔拉苏木哈日根塔拉嘎查。

种莜麦、玉米、葵花、甜菜等，耕地浇水，自己打了一口机井。需要水的时候能浇上地。但是现在吃的是细粮，面粉啊，米饭啊，粮食需要买。农户收入高些，但也很辛苦，与牧户比起来就是经济方式不一样。家里有一辆摩托车、一辆四轮车、一匹马，马在运输、刨地、打滚子时用。说习俗嘛，我们每年也去祭敖包，也过春节、五月节、八月节、清明，同时也祭灶。怎么祭呀，我们就走个形式，在院子里放个缸子，放满米，插上香，由老伴祭祀，过去有火撑子，现在没有了，拿个缸子代替……①

田野笔记：

> 　　我们访谈了另外一个家庭。这是一个蒙汉婚姻的家庭。男主人叫 ZHS-HG，汉族，41 岁，女主人是蒙古族，叫 WRGN，45 岁。男主人的父母本来是林西县的人，1949 年来到巴林右旗，已经 50 多年了。男主人是驼背，女主人之前离过一次婚，带过来一个儿子，后来两人结婚后又生了一个女儿。他们家现在住三间旧砖房，中间房是饭厅兼厨房，摆着两个锅灶，各通向一个房间，可以取暖。门向南，迎门摆着一个旧的八仙桌。两间卧室，一是夫妇用的，一是孩子的，主人进屋靠南是大炕，北面摆着矮柜。

图4.4.4　访问富裕户　余纪纲摄

---

① 被访谈人：YZH，男，60 岁，蒙古族，巴林右旗白音塔拉苏木哈日根塔拉嘎查牧民；访谈人：邢莉、秦博，访谈时间：2006 年 7 月，在巴林右旗白音塔拉苏木哈日根塔拉嘎查。

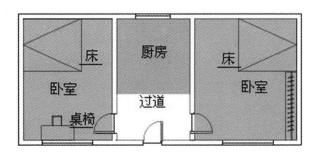

图 4.4.5   ZHSHG·WRGN 家

> 　　主人告诉我们：现家有 20 多亩地，养了一百多只羊。以养羊为生，当地称为"牧户"。收入就靠卖羊和卖羊绒两项。草场是按照人口分的，分到的草场不够放羊，只能借别人草场放羊，给别人租金。地是饲料地，供羊的草料，特别是冬天的草料，这叫'以农养牧'。每年家庭毛收入 4 万多，纯收入二三万。主要还是缺水，他们家没有机井。他说："我们这儿水位低，要求打得深，不深不见水，要打 60 米才行，要花十几万，拉管道，配套设备，我们暂时没有考虑打机井……"

　　从访谈中可看出：（1）这里存在的是农牧并存的局面。费孝通先生于1984 年 8 月在赤峰市巴林右旗黑塔子嘎查进行社会调查后得出的结论在这里再次证实。他曾指出："黑塔子嘎查的经历告诉我们，这个地区的所谓半农半牧，并不是农牧结合，而是农牧并存。从民族上看是蒙牧汉农，杂居共处。这个草甸子原来是优良的牧场。六七十年前开始有务农的汉人移入，但是到解放时候该地人口汉蒙还是三七开，所以保持了以牧为主的经济。30 多年来发生了变化，成了半农半牧。这变化在经济上说是走了下坡路。移入的汉人越多，农田越多，日子越难过。这是该地居民每个人的切身教训，也是引起民族矛盾的经济基础。"[1]（2）直到目前，虽说是农牧兼营，而蒙古族的大部分，也仍以牧养牲畜为主，因此蒙古族人民在本区的畜牧业生产中仍是最主要的力量。（3）这里的牧业渐渐脱离了游牧文化的基因，完全为定居放牧。

---

[1]　费孝通：《行行重行行》，宁夏人民出版社 1992 年版，第 151 页。

图 4.4.6　访谈贫困户　余纪纲摄

（三）内蒙古赤峰市翁牛特旗阿什罕苏木照克图嘎查生计方式描述①

赤峰市（原昭乌达盟）位于内蒙古自治区的东部，东与通辽市毗邻，东南与辽宁省朝阳市接壤，西南与河北省承德市交界，西北与锡林郭勒盟相连。翁牛特旗位于内蒙古自治区赤峰市中部，位于大兴安岭山脉与七老图山脉汇接地带东麓，科尔沁沙地西缘。地处东经 117°49′—120°43′，北纬 42°26′—43°25′。北隔西拉沐沦与林西县、巴林右旗、阿鲁科尔沁旗、通辽市开鲁县相望，东与敖汉旗、通辽市奈曼旗毗邻，南与赤峰市松山区接壤，西与克什克腾旗相连。翁牛特旗属温带大陆性季风气候，春季冷暖无常，空气干燥，大风频吹；夏季炎热，天气短暂，降水集中；秋季天朗气清，寒潮骤发，雨量锐减；冬季漫长寒冷，多西北风。照克图嘎查（组）是阿什罕苏木管辖内的一个村落。照克图位于苏木东北方向 6 公里以外，村落总面积为 8000 亩，农田种植面积为 2000 亩，草场面积为 3500 亩，其他（沙丘、房屋、道路）面积 2500 亩，居住着 70 多户人家，共有 278 口人，其中蒙古族人口 236 人，

---

①　此部分由中央民族大学 2007 级民俗学硕士闫萨日娜访谈并撰写，作者略有修改。

占总人口的 84.89%，汉族人口 42 人，占总人口的 15.11%。日常会话多为
蒙古语。① 这里从什么时候开始定居的，现在已无人知晓。但是 1947 年自治
区成立，照克图嘎查只有 29 户人家，都是蒙古族，以牧业生产方式为主。他
们已经进入了定居游牧的状态。村民进行了这样的回忆：

> 那时候啊，不游牧了，牧人都有固定的居所，但是有走"敖特儿"，
> 有牛，有羊，马少了。极少数比较富裕的牧主住蒙古包，因为蒙古包造
> 价高，一般的牧民住柳条房，有些生活窘困的牧民甚至住"圆房子"
> （当地方言叫蒙古包或崩崩儿②），土坯房是解放后逐渐从农耕地区带
> 来的。③

从 60 多年前的民间居住类型看，他们的定居是在民国时期，其仍旧保留
游牧的生计方式。定居的背景是清中期汉族移民的增加和土地的开垦。至乾
隆四十三年（1778），清廷在卓索图盟及昭乌达盟南部设治了州县，使蒙汉
分治的局面开始形成，汉移民有了相对独立的发展空间，增强了迁入蒙地的
预期。移民渐聚而设州县，州县设立而促移民，二者相互推进。正如《光绪
会典事例》中记载："热河迤北一带，系蒙古游牧处所，乾隆四十三年改州
县后，民人渐集多。"④ 赤峰县从 1782 年的 22378 人，增加到 1830 年的
112604 人。⑤ 在 48 年间，人口翻了 4 倍多。由于在蒙古族传统游牧地区大量
开荒种地，他们的游牧经济形态受到了巨大的冲击，其生产、生活发生了
嬗变。

> 那个时候牧人都是散放牲畜，3—5 天去看一次牲畜，每户最多有
> 300—500 头牲畜，最少也有 30—50 头牲畜。只是把老、弱、病、残的

---

① 访谈对象：BYAOS，78 岁，蒙古族，农民；访谈人：闫萨日娜，中央民族大学 2007 级民俗学
硕士于 2008 年 2 月，在翁牛特旗阿什罕苏木照克图嘎查。
② 崩崩儿：利用柳条编成的，房盖为伞状，下方为圆柱形，外层用泥土固定的房屋。
③ 访谈对象：BYAOS，78 岁，蒙古族；访谈人：闫萨日娜，访谈时间：2008 年 2 月，在翁牛特
旗阿什罕苏木照克图嘎查。
④ 《光绪会典事例》《户部 7·户口》卷 158。
⑤ 海忠：《承德府志》《田赋·户田》，卷 23。

牲畜圈养。当时经常发生风灾,春季的风很大,白天也需点灯,因为牲畜是散放,遇到风灾经常被成群压死,但是那个时候交通不方便,只能靠人顶风慢慢寻找……那个时候自然水源很多,所以不用人工打井就能解决牲畜的饮水问题。牲畜多的大牧主就会找一户牧人承放"苏鲁格",按照双方达成的协议给报酬,或羊下双羔的话其中一个羊羔归牧人,或一年的羊毛归牧人等。合作化时只收牧业税,不收农业税。[1]

1949 年前,人们过着定居牧业的生活。由于牧人对农产品的需要,后来在嘎查边上种少量的地。合作化之后,牧民渐渐开始向汉族学习引入农耕。进行农业生产的方式是把农作物种子随便地撒在农田里,种植少量的玉米、谷子、糜子、黄豆等,当地牧民把这种种植方法称为"漫撒籽"。主要的生产工具是单铧犁、双铧犁,单铧犁套两头牛,双铧犁需要四牛。那时全嘎查集体种地,以工分为计算单位,到年底统一计算工钱,10 分算一个工分,身强体壮男丁一天最多只能挣到 8 工分,妇女和老人一天只能挣到 6 工分,一工分最高时折合人民币为一元,最低时也有 0.75 元。"那个时候我们嘎查的工分在当时算是很高的了,所以很多汉族人都愿意往这边搬迁。我们现在的人口,比那时候又多多了。"[2] 虽如此,每户种植面积最多不超过一亩地,人多地少,粮食不能自给自足,需要去临近的农业地区买粮食、蔬菜、日常用品等。牧民们经常砍柴用大牛车驮运到霍秦浩日(现乌敦套海镇)卖钱,一车柴能卖 6—11 元钱,再用钱买粮食。

1955 年时,主要吃小米、炒米、奶食等,牛肉 0.27 元/斤,羊肉 0.25元/斤,与主食的价格相差甚少。白面 0.21 元/斤,小米 0.07 元/斤,大米0.19 元/斤,那时很少有大米吃,大概每年人均吃到大米 4.5 斤,一年里几乎吃不到新鲜蔬菜。

---

[1]　访谈对象:LXSR,男,蒙古族,74 岁,原嘎查长,老住户;访谈人:闫萨日娜,访谈时间:2008 年 2 月,在翁牛特旗阿什罕苏木照克图嘎查。

[2]　被访谈人:LXSR,男,74 岁,蒙古族,原嘎查长,现在半农半牧民;访谈人:闫萨日娜;访谈时间:2008 年 2 月,在翁牛特旗阿什罕苏木照克图嘎查。

1958 年大跃进之后才渐渐开始种垄地，由于很多牧人都没有牛、马拉犁，大多数人家没有单独进行农业生产的能力，必须参加合作组，依靠集体的力量才能进行农业生产。这时来落户的汉族李姓、殷姓就是在 1958 年时从外地请来的园林师傅。他们是最早在这里落户的汉族，其他汉族都是在 20 世纪 60 年代迁徙而来的。其中有逃荒来的，有的是做蒙古族女婿过来的。这里逐渐变为蒙汉杂居。

1960 年，阿什罕苏木建立人民公社，行政区划名的变化是苏木变成公社，嘎查变成生产大队。整个大队集体放牧，集体种地，这时个人的牲畜和其他生产资料属公有。那个时候每个大队都有专门的放牧人，各有两个人专职放牛、马、羊。全大队大畜大概有 200 多头，小畜有 700 多头，牧户以生产队为单位，牲畜分为几个苏鲁格一年四季散放，在政府的统一规划下，在固定的范围内放牧，人随畜走，靠天养畜。人工挖掘柳条井解决牲畜的饮水问题，在牧业管理上基本属于粗放牧业，那时草场比现在好，所以牲畜膘抓得快。生产队的牲畜数量直线上升，到了 1966 年"文革"初期牲畜总数量达到了 6300 头，创下了生产队的最高历史纪录。

从 1958 年到"文革"结束 20 年间，农业生产方面也有了新的变化，生产大队建立了一个农业队，大概由 12—13 个人组成，专门抓农业生产，主要种植玉米、谷子、黄豆、花生等农作物，其中玉米的种植面积最大。"在耕地面积增加的同时，畜牧业用地面积减少，草原畜牧经济文化类型被迫转变为半农半牧经济类型。"① 牧人仍然是集体劳作，实行工分制度，按照年度的收成情况计算工钱。一工分最高一元钱，最低时只有 0.6 元钱。

> 当时是集体所有，生产大队有 2 辆马车，3 辆牛车，每辆车必须套用 4 头牲畜，主要用于农业生产，大队的农业生产秋收后必须上缴给人民公社，粮食由人民公社粮站统一供应。每年每人平均可得到 28 斤成品粮，包括白面 1 斤/人、大米 1 斤/人、小米 1.2 斤/人，其他都是玉米；肉食根据生产队的牲畜增长情况供应。②

---

① 黄健英：《蒙古族经济文化类型在北方农牧交错带变迁中演变》，《江汉论坛》2008 年第 9 期。
② 被访谈人：BYER，男，51 岁，蒙古族，原照克图嘎查牧民；访谈人：闫萨日娜；访谈时间：2008 年 2 月，在照克图嘎查。

1982 年实行包产到户，取消公社，又重新建立苏木、嘎查体制。这时阿什罕苏木包括照克图嘎查等在内的 9 个嘎查。1982 年实行草场家庭承包制，按家庭人数分草场。牲畜也由集体经营变为牧户所有，每个成人基本上能分到一头大畜，两头小畜，这样草场所有权与使用权发生了分离，草原的产权有所明晰。以前是集体放牧，牲畜一年四季处于散放状态，现在固定了草场，牲畜不能再随处散放，只能在自己分配到的草场里放牧，因为个人的草场有限，为了减轻草场压力，牧户从夏季 6 月份开始要走"敖特儿"，有的只有农田没有牧场的农户，把牲畜承放给有牧场的牧户，他们付给放牧者工钱，工钱不等，根据双方协商以头为计算单位，大约大畜 20—30 元/月，小畜 3—5 元/月等。一直到秋季打完草，才回到定居点。

虽然草场使用权归牧户，但是所有权归嘎查。每年都在约定俗成的时间 8 月末开始打草，秋季打草是为过冬准备充分的草料。储备完草料已进入 10 月份，每年这个时候是秋收的季节，牧户开始掰玉米，当时玉米仍然是主要的农作物，除此之外还有黄豆、高粱、葵花等。农业和牧业的收获时间并不冲突，恰好连接起来，互不影响，而且农业牧业之间具有循环的作用。

20 世纪 80 年代，牲畜在冬季已经开始圈养，刚入冬的时候牧人为节省草料不用羊草饲养牲畜，而是用玉米的秸秆充当草料喂养，或经过加工做成青储饲料，这样牲畜不仅喜欢吃，也可以减轻缺少草料的压力。但是那个时候农作物种植面积非常少，极少数住户农作物的年产量才能达到 1000 斤，所以牲畜多的牧户，经常遇到缺少草料的情况。当时已经用马、驴耕地，外出交通工具多为驴车、马车，生产工具多为新型犁杖，一头牲畜拉犁即可。为补充草料必须从他处买草，以捆为单位，一捆为 5—8 斤，一捆草一般 1—2 元左右。如果有伤残或产犊、产羔的牛羊，牧人还会喂饲料，饲料的成分主要是经过加工的玉米，这样牲畜才能安然无恙地度过寒冬。

随着社会的发展，照克图嘎查也以崭新面貌迈入了新世纪。2003 年旗治进行整编，照克图又由嘎查改称为组。2000 年实行"开垦草场种植稻田 30

年承包制",牧户①自愿参加,每户只能种植 10 亩地,不可多也不可少(不限制承包他人的土地种植稻田)。目前玉米仍旧是主要农作物。照克图嘎查 95% 以上的牧户都种植玉米。这里的土地为沙质,许多土地只能种植大田,而不适合稻田的生长,这也是稻田面积比玉米面积少的原因之一。

图 4.4.7　照克图嘎查牧牛图　闫萨日娜摄

照克图嘎查调查表明:其一,就生计方式来说,经过了一个从游牧—定居游牧—半农半牧的过程。半农半牧的生计方式是与游牧不同的另外一种生计方式。近半个多世纪以来,其实现了定居,车、马、帐组成一体的游牧文化的物质文化符号已经消失殆尽。就其饲养牲畜的种类来说,马在减少,大多数牧户已经没有马,羊是其饲养的主要牲畜。就其饲养方法来说,圈养与放养相结合,牲畜从 12 月份开始到第二年 7 月份必须圈养,目前圈养的时间达 8 个月。待庄稼成熟,有短距离的放养。牲畜的饲料依赖的已经不是天然草场,而是人工种植的饲料。这是一种受农耕文化影响的牧业模式。

表 4.4.2　　　　　　　　照克图嘎查 2007 年农业、牧业收入状况

种类	农业收入多	牧业收入多	两者相同	总数
数量(户)	32	25	4	61
百分比(%)	52.46	40.98	6.56	100

资料来源:闫萨日娜调查并制作。

---

① 被访谈人:BYER,男,51 岁,蒙古族,原照克图嘎查牧民;访谈人:闫萨日娜;访谈时间:2008 年 2 月 10 日,在照克图嘎查。

其二，照克图嘎查是一个半农半牧的嘎查，这里指的是嘎查有农有牧，而且就其具体家庭来说，也是有农有牧，没有分为纯农业户或者纯牧业户，这里调查的结果与前所例举的巴林右旗不同。什么是半农半牧的文化模式？这是学术界尚在探讨的问题。为此社会学家费孝通调查认为："从本地自然资源和经济发展的长远方向来看，'农牧结合'是一个值得探讨的思路。当时设想过的'农牧结合'的办法是'卖羊买牛'，发展奶牛业，种植玉米一类的作物，成熟后趁青贮窖，在草料缺乏时，喂饲牲畜或用以加强牲畜营养。这是一种为牧业服务的农业，不仅可以以农促牧，而且通过'过腹回田'，又为农田提供了有机肥料，以牧促农，使农牧矛盾的恶性循环转变为农牧结合的良性循环。"[1] 该嘎查以饲养的牛的粪为肥料和燃料，以种植的青储玉米为饲料，正在经历一个以农促牧的过程。由于牛粪水分含量高，氮素低，分解缓慢，发酵温度低，肥效迟缓，属"冷性肥"。为提高牛粪质量，可将鲜牛粪稍加晒干，再加入马粪混合堆积，可获优质的有机肥。这样不仅可以节省开支，而且属于绿色化肥，利于牲畜。此外牧户为节省草料。通常先喂牲畜玉米秸秆、稻草等。当地人认为，这是"使农牧矛盾的恶性循环转变为农牧结合的良性循环"。这个问题还需要进一步研究。

其三，照克图嘎查自民国时期逐渐脱离了游牧，迄今为止维系了半农半牧的现状，但是其经济习俗处于动态的变化中。1949 年前定居的照克图嘎查从 29 户发展到现在的 70 多户，增加了一倍还多。随着人口的增加，农业持续推进。"1949 年以后，北方农牧交错地带农业发展超过历史上任何一个时期，伴随着几次大规模的人口迁移，耕地面积快速增加，在很多地区，农业超过畜牧业，成为农村经济的主体。"[2] 照克图嘎查的农业开始于 20 世纪 50 年代初，人们普遍认为农业收入多于牧业收入。嘎查的农业比重在逐渐增加。从农业发展看，早已经从粗放农业过渡到精耕细作的状态，已经从种植大田到出现水田——种植水稻，显然是农进牧退。虽然近来开始大量种植水稻是适应当地人饮食结构调整的需要，但是这里涉及水资源的利用问题、草场保护和防止沙化的问题，当地人认为：近来由于过量放牧，土地沙漠化，牲畜

---

① 潘乃谷、马戎：《中国西部边区发展模式研究》，民族出版社 2000 年版，第 148 页。

② 黄健英：《蒙古族经济文化类型在北方农牧交错带变迁中演变》，《江汉论坛》2008 年第 9 期。

的数量不断减少，同时开荒耕地的现象越来越严重。环境保护是首要问题。可持续发展是在保护当前生态环境下的发展，我们不仅仅应该关注当今的发展，还应该注意给子孙后代留下可持续发展的资源。

图 4.4.8　照克图嘎查农用播种机　闫萨日娜摄

从游牧畜牧业的经济类型到定居的农耕文化类型的转变，从游牧畜牧业的经济类型到半农半牧经济类型的转变，都是从一种文化模式到另一种文化模式的转变，说明其生计方式和生活方式的转变已经脱离了原来的游牧业的文化模式，而走向了另一种文化模式。"从一种经济类型转化为另一种经济类型，属于整个文化模式的改变，而不只是其中的文化因子或文化丛的改变。即使是文化模式的改变，经济文化的转换就不可能是一日之功。"① 这就是说，两个族群都在适应内蒙古区域的生态环境和文化环境的变迁而发生变迁。

---

　　① 王俊敏：《从游居到定居、再到城镇化——鄂伦春族发展问题的生态——经济人类学的思考》，《黑龙江民族丛刊》2002 年第 4 期。

从汉族移民来说，他们已经离开了原有的农耕文化圈，他们处于内蒙古草原的地域生态环境中，他们的生计方式在新的生态环境中重新建构，他们的生活惯习也在发生改变。就蒙古族来说，他们所处的生态环境并没有发生变化，但是他们的生产方式和生活方式的文化环境发生了变化，其处于与农耕民族文化的碰撞与交融之中。在一个村落甚至一个家庭的文化的涵化过程中，其语言文化及一系列生活惯习在逐渐趋同，形成了一个新的民俗文化圈："民俗文化圈是一个背景性的问题，他是由一定的生物性成份，地区环境成份，历史沿革成份构成的民俗文化空间。"① 这个民俗文化圈的形成是两种生计方式和两种民俗文化体系互相选择互相融合的过程，一旦形成，就彻底打破了农耕文化圈和游牧文化圈各自的完整性和封闭性，冲破了各自族群的文化边界，显示了不同族群的生存经验和生存能力，同时形成了新的地方性文化知识的储藏库。

---

① 马成俊：《论民俗文化圈及其本位偏见》，《青海民族研究》2000 年第 8 期。

第 五 章
1947 年后内蒙古区域游牧业
生计方式的变迁

　　游牧文化变迁的过程，是农业经济结构的比重越来越大而畜牧业的经济比重越来越小的过程。到 1947 年内蒙古自治区成立时，约有 3/4 的蒙古族人口从事农业或正在转向农业。[①] 另有一个参考数字："在建国初期，全区从事牧业的蒙人已不到 30 万，只占蒙族总数的 1/3。但是在自治区的全牧业人口中蒙古人却占了 97％。"[②] 当时行政划分的内蒙古自治区（不包括赤峰、乌丹、宁城三县和敖汉、翁牛特、喀喇沁三个蒙古族自治区以及阿拉善和额济纳两旗）也就是说四分之三的蒙古族生计方式发生了变迁，只有 1/4 的蒙古族从事纯牧业。

　　从游牧到定居是一个历史渐变的过程，就内蒙古地域来说，由于生态环境变化不同，汉族移民的数量不同，其定居时间也不尽相同。但是到了 20 世纪末，完全实现了定居，标志着游牧时代的衰微。就历史的纵线来说，经过了几个历史阶段。"蒙民的定居史可分为三个阶段。从清初到 1947 年是第一阶段。部分蒙民从清初就实行农业，由游牧逐步过渡到定居游牧或定居定牧。但北部大多数游牧区仍在游牧。最有特色的是第二阶段。这是集体化下的定居游牧时期，定居游牧在所有的牧区推广。"这一阶段从 1950 年代起到 1980

---

　　① 参见白拉都格其、金海、赛杭《蒙古民族通史》第 5 卷（下册），内蒙古大学出版社 2002 年版，第 640 页。

　　② 孙敬之主编：《内蒙古自治区经济地理》，科学出版社 1956 年版，第 12 页。

年代结束。""第三阶段是在 1984 年以后，一个政策导致游牧完全消失。"①
这一章我们集中研究 1947 年以后内蒙古区域由游牧到定居的过程。

一　从 1947—1980 年蒙古族游牧生计方式的变迁

学术界研究："纯粹的游牧业有多种，有完全游牧，有定居游牧，也有半定居游牧。长期以来，内蒙古定居游牧的产生本身就是农业渗透的结果，定居引起游牧业放牧半径缩小，移动次数减少，定居加强。"② 对于当代学者划分的第一阶段，我们在前面已经描述。在本节我们谈第二阶段。在这一阶段，牧区经历了两个时期，即 20 世纪 50 年代初期到 60 年代末期的互助合作时期和 60 年代末到 70 年代末的人民公社化时期。

（一）50 年代初到 60 年代末的互助合作时期

1947 年前，内蒙古地区实行的是旧苏鲁克制度。所谓"苏鲁克"原本意指畜群例如牛群、羊群，但是这里所说苏鲁克指的是新中国成立前牧区粗放牲畜的一种经营方式。清代牧场属于官方所有，畜牧业的生产资源和牲畜、畜产品等为王公贵族及牧主所有，牧主付给牧工的报酬以实物即牲畜兑现，其报酬是低微的。在这一时期放牧的方式是四季轮牧。据在克什克腾旗那日苏嘎查调查，新中国成立前 90% 以上牲畜被贵族、牧主、地主及封建上层占有。其形式有"苏鲁克"（苏鲁克又称"孳生"，农区称"份养"）就是大牧主将牲畜分群或分数分给无畜或少畜的牧民代养，一般 3 年为一周期，畜主保本，所产仔畜或对半分成、或四六、或三七或二八分成不等，绒毛、奶酪归牧民。饲草由牧民储备，由大牧主出地、工具和种子，牧民种草，收获时也是对半，三七或二八分成。每年秋季时候，大牧主就会派人点畜结算，牲畜有丢失或狼吃掉了牲畜都由牧民赔偿。牧民为谋生会主动义务地给大牧主

---

　① David Sneath：*Changing Inner Monggolia：Pastoral Monggolian Society and the Chinese State*，Oxford University Press，2000。转引自王建革《农牧生态与传统蒙古社会》，山东人民出版社 2006 年版，第 130 页。

　② 王建革：《农牧生态与传统蒙古社会》，山东人民出版社 2006 年版，第 240 页。

打草、帮工等。这种牧业体制即苏鲁克制。①

如果说汉族移民和开垦是游牧文化变迁的直接动因，清代盟旗制度的推行是推动从游牧到定居的转折点的话，新中国成立又发生了更为深刻的变化。1947 年，农业旗县，有蒙古族人口约 78 万人，牧区蒙古族人口约为 15 万人，牧业人口占全区蒙古族总人口的 20% 左右。② 新中国初期，内蒙古自治区《施政纲领》规定：草原牧场为蒙古民族所公有，而不为封建领主所私有。这是对历史上不合理草场私人占有的彻底颠覆，这个史无前例的变化充分显示了牧人当家做主的权利。这一制度的实行促进了畜牧业生产的迅速发展。1947 年 11 月，内蒙古党委和内蒙古自治区政府制定了牧区民主改革的基本政策，（1）承认内蒙古地域的牧场为蒙古民族所公有，废除封建的牧场所有制。（2）废除封建阶级的一切政权，废除奴隶制度。（3）牧区实行保护牧民群众，保护牧场、放牧自由，在牧民与牧主两利的前提下，调动了牧民的生产积极性。到 1952 年，全区的大畜和羊发展到 1593.8 万头。1952 以后进入互助组阶段和合作社阶段。在互助组阶段的生产组织形式为牲畜和生产工具为个人所有，以浩特为单位在生产忙季实行互助。由于生产的发展，进入了合作社阶段。合作社形式与互助组不同，牧民的劳动力、牲畜和生产工具归合作社所有，收益分配的方法是按股分红。牲畜除了少数自留畜之外，全部归集体所有。

1953 年，乌兰夫同志提出："要在一个相当长的时期内，把个体的、游牧的、落后的、小生产的畜牧业经济，发展改造为现代化的、社会主义的畜牧业经济。"③ 当时实行纯游牧的地区是呼伦贝尔、锡林郭勒、乌兰察布盟的牧区，阿拉善旗和额济纳旗，东盟的昭乌达旗、察哈尔盟和中西部的伊克昭盟大体已经处于定居游牧状态。在 1947 年后，以蒙古族为主体的纯牧区的广大牧民，根据不同地区牧场条件和季节变化，采取了不同的经营方式：在呼伦贝尔盟和锡林郭勒盟东部，适应牲畜多劳动力少的情况，实行终年游牧，每年迁徙达十数次，迁徙距离最远达 150 公里到 200 公里。在大部分牧区，采取"半游牧半定牧"的方式，他们要视气候状况、水源状况、地形状况和

---

①　中央民族大学 2004 届民族学硕士毕业生宋小非于 2003 年在赤峰克什克腾旗那日苏嘎查调查。

②　参见字尔只斤·吉尔格勒《游牧文明论》，内蒙古教育出版社 2002 年版，第 164—165 页。

③　乌兰夫同志 1953 年 12 月 28 日在牧区工作会议上的讲话。（内部铅印本）

牧草生长情况，选择四季放牧场，有的地区冬春定牧，夏秋游牧，有的地区春、夏、秋三季游牧，冬季定牧。半定居半游牧的特点是：就家庭来说，老人孩子和体弱多病的人驻留在固定的住所内，而管理牲畜迁徙的是青壮年劳动力，牲畜的牧草在春夏秋依赖草场，而冬季则用打草储备的草料，有的区域甚至自己种植牧草，但是比例很小。与纯游牧地区相比较，其游牧的距离比较短，各季间移徙距离一般不超过 100 公里。

据调查，锡林郭勒盟东乌珠穆沁旗行政体制经历了 1958 年的合作社、1960 年的人民公社和 1983 年后改革开放的过程。其历史沿革为：1958 年之前是旧时代的管理和行政划分体制，那时候行政区划名是旗—苏木—巴嘎。[①] 一个苏木有 4—5 个巴嘎。"旗"等于现在的"旗"，"苏木"也与现在的基本相同，这一时期草场是牧人共有，牧人的牲畜是属于个人所有，由于牧业发展的需要而采取合作社的生产组织形式，而合作社组织的原则是入社自由。在政府的号召和动员下，1958 年建立合作社，把个人的财产如牲畜，草场都收为公有。1960 年建立人民公社，这时有 4 个公社 17 个巴嘎。"文革"时，行政区划名的变化是苏木改为公社、巴嘎改为大队。1983 年施行草场分归个人使用之后，解散公社，重又建立苏木嘎查体制，公社变回苏木，大队变成嘎查。有 12 个苏木、2 个镇，把集体财产分到了个人手里。2000 年开始对原有的行政划分进行改革从原有的 12 个苏木、2 个镇，到 2005 年为止改变成 2 个苏木、5 个镇。

根据在东乌珠穆沁旗做的调查，[②] 对于游牧的状况，牧人这样回忆：

> 1947 年我们这儿和平解放，不分不斗，所以贫富的格局没有多大改变。我们这儿过去一直在游牧，1967 年、1968 年还在游牧，人民公社以后当地依旧游牧，后来不游了。当时的游牧状况是一年四季迁徙四次，秋季迁徙主要是抓羊膘，冬季迁徙主要找背风的地方。迁徙的距离呀，原来几十年前迁徙的路线长，后来近了，大概二百里左右吧。当时搬家

---

① 苏木：行政单位，相当于乡。"巴嘎"等同于现在的嘎查。嘎查：行政单位，相当于村。但是与农业的村落文化有很大的不同，就地域来说，比农业村落大，就人口密集来说，比农业村落稀少。

② 调查地点为东乌珠穆沁旗达布希拉图嘎查，现有总户数 78 户，人口 272 人，其中蒙古族 239 人，汉族 33 人，是纯牧业的嘎查。

迁徙的交通工具是勒勒车，我家比较困难，有5、6个勒勒车，当时的富裕人家有十几辆勒勒车。勒勒车，妇女和小孩都会赶，男人骑马。拖拉机呀等机械是后来有的。当时游牧时候三五户联合迁徙，游牧时候先要与当地的驻牧人联系，看看水草的情况，也要看看跟别人隔得远一点，不能离得近。当时没有叫做"嘎查"的组织，只有叫"巴嘎"的组织，巴嘎就是联合合作社的组织，主要靠个体组织起来的。①

表5.1.1　　　　　　　东乌珠穆沁旗历年行政区划分图表

时间 \ 东乌旗行政划分 \ 其他地区行政划分	镇	乡	村	备注
2005 年	镇	苏木	嘎查	2 个苏木 5 个镇
1983 年	镇	苏木	嘎查	12 个苏木 2 个镇
1960 年	镇	公社	大队	4 个公社 17 个巴嘎（后改大队）
1958 年	旗	合作社	巴嘎	
1958 年之前	旗	苏木	巴嘎	

资料来源：中央民族大学 2005 级硕士白丽丽于 2007 年 5 月调查并制作。

　　年轻的时候（20 世纪 60 年代）我们游牧。夏天在巴彦敖包这边的草场放牧，到秋天九月份的时游牧到旗北部，再向西一直到阿巴嘎旗东北部，这时候已经是十一月份。到了春天，正月十五再返回来，四五月份的时候回到去年的夏营地，在夏营地待上三个月左右的时间，一直待到秋天，再按原路游牧回去。边走边放牧，在草好的地方多待两三天，不好的地方直接走过。春天在路上接羔正好草也绿了……全程 1400 多华里。

_____

　　① 被访谈人：DML，67 岁，蒙古族，东乌珠穆沁旗乌里雅斯太镇牧民。访谈人：邢莉、张曙光、王志清，访谈时间：2008 年 7 月，在东乌珠穆沁旗乌里雅斯太镇。

图 5.1.1 草原是牧人的家 邢莉摄

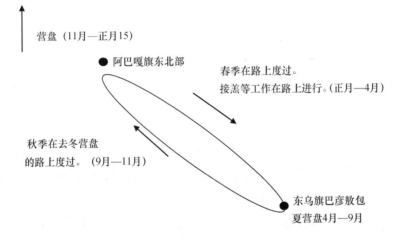

营盘（11月—正月15）

● 阿巴嘎旗东北部

春季在路上度过。
接羔等工作在路上进行。（正月—4月）

秋季在去冬营盘
的路上度过。（9月—11月）

● 东乌旗巴彦敖包
夏营盘4月—9月

图 5.1.2 东乌珠穆沁旗牧人 20 世纪中期游牧路线图 白丽丽制作

　　春节在冬营盘过。穷人有四五辆牛车，富人有二十多辆牛车搬迁。那时大家一起游牧，一个家族的。牲畜多的一两户或三四户一起，牲畜少的家庭四五户在一起游牧。那时也有行政划分，也有地界，但都不在乎，我们游牧都经过了阿巴嘎旗、阿巴哈纳尔旗，到了锡林浩特北部，经过了两三个旗的地盘。那时没有草场纠纷，草场公有。那时我们家有羊三四百只，山羊一百多只，牛七八十头，马三四十匹，没有骆驼。人民公社后都收为公有。

那时候很方便，燃料随处都有，干牛粪都有现成的，在那儿住一晚，牛羊粪到明年又是现成的柴薪。牲畜歇处还是去年的那个地方。牲畜冬天吃雪，夏秋有河水、泉水。那时在山沟里有很多小溪、泉水。有的地方也开始打井，修棚圈。过去挖井的不多，人们说怕触动龙王……①

东乌珠穆沁旗最初的固定房屋是上世纪50年代末出现。1956、1957年建牲畜的棚舍。那是集体的时候，国家拨款盖棚舍，避免牲畜受自然灾害的侵害。用石头、土坯牧民自己建。1958年，大队的办公的地方就是蒙古包，1959年搬到苏木上的房子里，那个房子也是原先喇嘛住的房子，后国家收走后分给我们当办公室的。70年代，最初一批的牧民居住的土坯房子出现。②

据在内蒙古赤峰克什克腾旗那日苏嘎查的调查：50年代政府鼓励牧民由游牧生活方式向定居、半定居过渡，那时牧民是自愿结组，有的也想盖房子，因为人多包里住不下，毡子是用羊毛做的，费用高，一般人家也添不起，而房子就不一样，属于不动产，盖上之后属于永久性的，所以从那时候起多数的牧民实现了定居，但盖的是简陋的土房，后来逐渐过渡到砖瓦房。③

从以上描述中，可以看出：

（1）牧人的生活方式是游牧的方式，分为冬营盘和夏营盘，而秋季和春季没有固定的营盘，处于流动状态。

（2）就牧业技术来说，已经开始挖水井，修棚圈，并且实行分群放牧，

---

① 被访谈人：BDLQ，男，65岁，东乌旗达布希拉图嘎查牧民。访谈人：白丽丽，访谈时间：2007年5月，在东乌珠穆沁旗达布希拉图嘎查。

② 被访谈人：DMCHG，男，70岁，蒙古族，东乌珠穆沁旗道特淖尔镇会计，访谈人：白丽丽，访谈时间：2007年5月，在东乌珠穆沁旗达布希拉图嘎查。

③ 中央民族大学2004届民族学硕士毕业生宋小非于2003年7月，在赤峰克什克腾旗那日苏嘎查调查。

分为母畜群、种畜群、苏白群即公阉畜群等，出现了牧养不同畜类的专业户。

（3）就分配方式来说，对不同的牲畜的价值在入社前就进行评估，在分配时参照评估按股分红。在财产制度和分配制度上，初期的合作社尊重了牧户财产所有权和利益的合理分配的原则。据锡林郭勒盟调查，1955 年有 2846 户，其中富裕牧民为 1510 户，占 53%。[①]

乌兰夫同志在 1957 年 10 月党的八届三中全会上总结说："办合作社的办法上，内蒙古过去曾用过六种，现在看来，以母畜入社比例分红和牲畜评价或作价入社比例分红等两种方法，为群众所容易了解和接受，我们已经把它确定为最近几年内发展合作社的主要形式……我们认为，在一个较长的时期内，在合作社中有意识保留牧民对牲畜的所有权，对社会主义改造对发展生产都是有利的。"[②] 这一时期草场是属于国家的，牧民使用公有的草场，牲畜是私有的。虽然政府提出建立现代化畜牧业，但是无论是从技术层面还是思想层面都存在相当的距离。这时这里的畜牧业经济，仍是以牲畜和其他生产资料个人占有和个体劳动为基础的，具有私有性、分散性和自给性。

（二）60 年代末到 80 年代初的人民公社化时期

在 1957 年的《内蒙古牧业生产合作示范章程（草案）》和 1961 年的《内蒙古牧区人民公社工作条例》（修正草案）中都提出"按畜群组包工"和"三包一奖"，建立严格的责任制。人民公社体制与合作社有很大的不同。在所有制的关系上，1959 年的八次牧区工作会议上提出："在当前及今后一个相当长的历史时期，必须保持下列三种所有制形式。即生产资料基本公有，保留畜股报酬……主要生产资料集体所有，自留畜私有。"其变革表现在：牧业经营实行"四定"和"三包一奖"制度。四定：（1）定劳力。90% 劳力固定到队、组。10% 劳力归大队调配，社员参加劳动由生产队或大队统一记工分，参加分配。（2）定草场。草场按牲畜头数由大队统一分给生产队、组，生产队要留出秋季打草场之外，剩下分春夏秋冬四季进行轮牧。队与队之间不准侵占，不准变换。（3）定畜群。牲畜按种类、数量划分不同生产队管

---

① 参见敖仁其主编，敖其等副主编《制度变迁与游牧文明》，内蒙古人民出版社 2004 年版，第 114 页。

② 乌兰夫在 1957 年 10 月在党的八届三中全会的讲话。（内部铅印）

理，无特殊情况，畜群不准打乱。（4）定设备。按牲畜头数，将生产设备井、圈等工具固定给大队长期使用，处理权归大队。在四定基础上，进行包产、包工、包成本，超者奖、少者罚，以保证大队、生产队、牧户互利。这种体制即集体所有制。

（1）其管理体制是：与合作化时期比较，人民公社制度把牧界划得更小，近一步强化和巩固了定居放牧，在"大一统"的体制下建立居民点，逐渐开始定居和半定居，牲畜也有了相对的棚圈和牧场。这时以大队为基础，在生产队领导下，实行统一计划，分配、积累、调配力量，必要时畜群也可以统一调整。大队的职能是：行政组织指挥；生产建设调配；对外交往合作。这时牧区居民点在逐渐形成。牧民居民点的形成，说明人口的聚集，利于教育、卫生等方面的改善，也同时意味着游牧距离的缩小。

（2）其所有制和分配制度是：牲畜除了少数自留畜之外，全部归集体所有，公社每年还本。这里已经发生了一个重大的变革，"牲畜已经由私有变为公有。自留畜在一个队内占5%—7%，最多不超过10%"①。年终的分配形式除了提取公积金、公益金等集体的公用费用之外，60%以上为牧民所得。原则上实行各尽所能，按需分配的原则，实际上生产力的发展远远达不到这种理想境界。

（3）其生产方式和生活方式是：为了游牧，牧民的居住仍然比较分散，三五户居住在一起，也有一户居住在一起的，仍旧住蒙古包。放牧畜群组成生产组，有的一户放牧一群，有的几户放牧一群。在畜牧业的实践中提出水、草、繁（繁殖成活）、管（饲养管理）、防（防疫防兽害）、舍、工（购置和改良工具）等基本措施。② 公社化后，牲畜集中起来，以生产队为单位统一组织管理，草原按照公社、生产队划定使用范围，一般分为放牧场和打草场。按不同畜种，根据季节及当年牧草生长、水源、雪情等情况搬迁，调换牧场。以往自由放牧的形式被有组织有计划的放牧形式所代替。我们以锡林郭勒盟

---

① 敖仁其主编，敖其等副主编：《制度变迁与游牧文明》，内蒙古人民出版社2004年版，第116页。

② 参见敖仁其主编，敖其等副主编《制度变迁与游牧文明》，内蒙古人民出版社2004年版，第123页。

正镶白旗明安图镇后英图嘎查为例。①

明安图镇英图嘎查是以草原畜牧经济为主的纯牧业嘎查。英图嘎查有 6 个牧业小组 69 户，283 人。其中贫困人口 32 户 133 人，占嘎查人口的 46.3%，共有男女劳动力 150 人。被调查牧户共有 16 户，户主的名字是：NSHBT、ALTDL、JYL、DGER、DRB、NMJLDERJ、ZHJQ、DML、QDENT、CHFB、BT、ALTWQER、BYDL、HXG、LJ。其中蒙古族有 12 户，汉族 4 户。

> 我年轻的时候，曾参加过几次的走"敖特尔"。（离开居住地较远距离的游牧。）解放以后还存在走敖特尔放牧。如 1958 年的时候因为干旱去锡林郭勒的附近叫惠帖恩—西里，距英图 400 里地的地方进行敖特尔放牧。全家走的少，一般一家出一个劳动力。那时是大家集体去，需顺着有河流、井水的路线远行。一般的情况下由领导派人去。②

> 我 20 多岁的时候，3 个冬季敖特尔的地点是在英图东边的古原和星耀公社。星耀公社去过两次。那时冬天遭了白灾，牲畜没有草，饿得啃雪，羊瘦得皮包骨。有钱的家向附近的汉族农民买草喂牲畜，没钱的也用一部分家畜换草。那时遇到天灾……到没有遭灾的地区走敖特尔。走敖特尔是渡过灾难的一种办法。在没有分草场之前有这样的情况，常有。③

> 我家现在有 1000 亩草牧场，5 头牛，50 多个羊，1 个驴，还养鸡和

---

① 背景材料：后英图嘎查位于正镶白旗明安图镇的中南部。距旗政府所在地明安图镇 17 公里。全嘎查东西宽 8 公里，南北长 7 公里，总面积 86500 亩。其中可利用草地面积 73500 亩，占嘎查总面积的 85%。海拔一般在 1200—1400 米。嘎查地貌由宽谷平原、丘陵、丘间谷地组成。土壤以栗钙土为主。草场供水能力较好，地表水位一般在 5—7 米。这里属于温带半干旱大陆性草原气候，四季分明，无霜期短（120 天），降水量少而集中。昼夜温差大，光照充足，雨热同季，年平均温度 2 摄氏度。年平均降雨量 350 毫米，年均蒸发量 1970 毫米，日照时数 3000 小时。年均风速 4 米／秒。全年大风日数 60—70 天（6—8 级），多为西北风。

② 被访谈人：NMJLDERJ，65 岁，蒙古族，小学学历，内蒙古锡林郭勒盟正镶白旗后英图嘎查书记。访谈人：邢旗、红歌左拉，访谈时间：2005 年 7 月，在正镶白旗后英图嘎查。

③ 被访谈人：QDENT，蒙古族，47 岁，牧民，小学学历，内蒙古锡林郭勒盟正镶白旗英图嘎查书记。访谈人：邢旗、红歌左拉，访谈时间：2005 年 7 月，在正镶白旗后英图嘎查。

猪。我们在自己分得的草场上盖了房屋。我因治疗牛皮癣花了钱，家境不是很富裕。说到大集体的时候，70年代我们这儿大旱，旱得草发黄，水泡子都干了。我那时大概20多岁，负责放牛，靠挣放牛的工分活着。我赶着集体的200多头牛到离嘎查40—50里的星耀军马场去走敖特尔，走敖特尔就是离开自己的放牧地，到另外一个牧场。那时牧场是集体的，是人家大队的。人家让不让你去还要看两个队的关系，关系好就让去，关系不好人家不让去。走敖特尔有时近的100—200里，有时也到500里，600里，不一定……①

那时大集体的时候，把大队的草场分成四季营盘游牧。大家集体放牧，冬天去冬营盘，夏天在夏营盘。游牧对草场好也对牲畜好，那会儿牲畜也多，也不用打草，有的是草场。现在草场挤了……当年集体的时候吃得穿的都不如现在，虽然穷点，但是互相帮助。集体劳动，按劳分配，每家生活差不多。现在有的人们变得懒惰，自己不干活请人干，挣点钱到镇上去娱乐、赌博，骑着摩托整天无所事事。②

这一时期虽然有的地域还保存游牧状态，但是一个显著的变化就是定居游牧的逐步展开。1947年以后，我国畜牧业发生了更深刻的变化："从我国北方近代草场资源来看，游牧的范围越来越小，游牧距离也渐趋缩短。"③ "公社制把家庭劳动力变成公社社员，并分层归属于生产大队和生产小队，生产小队、生产大队和公社的功能被空前强化，家庭的功能在一定程度上有所减弱……。"④ 公社化进一步巩固了定居游牧。1951年，中共内蒙古分局提出要在有条件地区逐步推广定居游牧。1953年，中央也提倡定居游牧。国务院就中国北方少数民族区在条件具备的地方提倡定居游牧时指出："各地牧业区，绝大部分是游牧区，也有一部分是定居和定居游牧区。定居与游牧各有

---

① 被访谈人：BYDL，蒙古族，47岁，牧民，小学学历。访谈人：邢旗、红歌左拉，访谈时间：2005年7月，在正镶白旗后英图嘎查。

② 被访谈人：BDLGQ，男，65岁，东乌珠穆沁旗达布希拉图嘎查牧民。访谈人：邢莉，访谈时间：2007年5月，在东乌珠穆沁旗达布希拉图嘎查。

③ 扎格尔主编：《草原物质文化研究》，内蒙古教育出版社2007年版，第195页。

④ 王俊敏：《一种新型社区——牧区社区》，《内蒙古大学学报》1993年第2期。

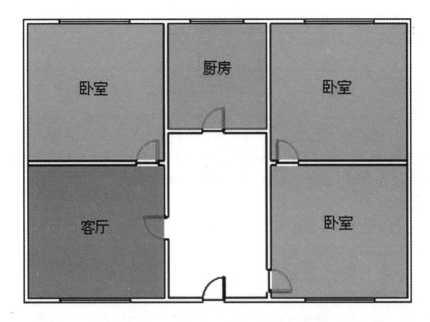

图5.1.3　额尔德尼乌拉嘎查 BDL 的家
邢莉、张曙光、王志清2008年田野考察　桂丽绘制

好处与缺点。定居对'人旺'好，但因天然牧场、草原产草量有一定限度，对牲畜发展与繁殖不利。游牧能使牲畜经常吃到好草，对牲畜繁殖有好处，但全家老小一年四季随着牲畜搬家，对'人旺'来说极为不利。而定居游牧，在目前的生产条件下，则可以兼有两者的优点和克服两者的缺点。因此，在条件具备的地方提倡定居游牧，一部分（主要是青壮年）出去游牧，一部分人（老弱小孩）在定居的地方建设家园，设卫生所、种植牧草、种菜、兴办学校等，并在自愿的条件下，逐步将牧民组织起来，进行互助合作，这将可以更好地达到改变牧业区人民的生活面貌和达到人畜两旺的目的。"①

　　我认为定居和群居不一样，定居是固定在一个地方居住，把家安置了，男人还可以到其他地方去游牧，一家一户，三户五户住在一起，群

————————

①　《中央人民政府政务院批转民族事务委员会第三次（扩大）会议关于内蒙古自治区及绥远、青海、新疆等地若干牧区业生产的基本总结》，1953年6月15日。载内蒙古党委政策研究室等编印《内蒙古畜牧业文献资料选编》第1卷，1987年版，第19—20页。

居人就多了；就是村了……过去五畜俱全，马、牛、羊、驼我们这儿都有。骆驼和马活动的范围比较大，小片草场无法养，大牲畜放牧晚上都不回来，马走的范围很宽，一匹公马带一群。牲畜所吃的草都不一样。骆驼喜欢吃碱性的草，那时草比现在好……①

我们这儿离农区近，"文革"前，昭和一带早就是农区，什么时候成为农区的，我也说不准，昭和一带离呼和浩特近，早就是农区了……我们这儿地不好，长不出粮食，就是靠草养羊……②

这一时期，人民公社是具有大集体性质的基层组织，融政治、经济、文化为一体。人民公社有电话和乡间邮政体系，有供销社、信用社、卫生院、托儿所、敬老院等公共设施。公共设施的完善为牧民的生活提供了一定的社会保障，同时也标志着社会整体形象的构建。由于受"人民公社化"和"文化大革命"的影响，牧区在公社下面的牧业组织是"生产队"，这与农区的称谓一致。牧民定居的逐渐增多，并且居住也相对集中。这一时期，其劳动生产单位和社会归属具有同一性。这一时期的变迁是一个复杂的过程，是多重因素促成的。人口的增长、人口的密集是一个不能排斥的重要因素。"中华人民共和国的前30年追求的社会发展是普遍的革命性转变，不论地区和民族处于何种现状，都无一例外地转向相同的制度和文化，因而达到普遍的社会同质性，并且这一过程是在短时期内迅速完成的。因此这种变化就性质而言是革命，就结构而言是社会的一体化。"这一时期的变迁是牧民私有化的牲畜变为公有化的过程。

二　从游牧到定居

20世纪80年代初期，内蒙古区域的畜牧业发生了更大的变迁，放牧场和

---

① 被访谈人：JRGL，男50多岁，蒙古族，牧民。访谈人：邢莉、邢旗，访谈时间：2004年5月，在内蒙古达茂旗。

② 高丙中、纳日碧力戈：《现代化与民族生活方式的变迁》，天津人民出版社1997年版，第85—86页。

打草场承包到户，畜群自产自销。马克思说：生产方式"不仅应当从它是个人肉体存在的再生产这方面加以观察。它在更大程度上是这些个人的一定的活动方式，表现他们生活的一定形式，他们一定的生活方式。"[①] 在此我们探讨在新时期游牧人的生产方式和生活方式发生了怎样的变迁。

（一）当代牧人生活描述
——以锡林郭勒盟乌里雅斯太镇等牧区访谈为实证

学术界对当前牧人的生活状况的研究指出："80 年代初开始实行的家庭经营改革，使畜群归了个人，草场（包括放牧场和打草场）承包到户，游牧存在的必要条件逐步消失。一户牧民拥有的牲畜，牛、马、骆驼、羊种类齐全，难以做到按畜种专群放牧；一户牧民承包的草场范围狭小，分割细碎，无法按照季节分别使用，从而游牧已经基本上不可能或没有必要存在了。"[②]

当代告别了蒙古包的蒙古牧人怎样生活？作者对东乌珠穆沁旗乌里雅斯太镇的牧户进行了调查。乌里雅斯太镇现有 9 个嘎查，1 个自然村。现占有面积 5459 平方公里，其中划归镇内的面积 400 平方公里，现有牧区的面积为 5159 平方公里，户数为 1340 户，总人口 4541 人，牧业占有重要的比重，在 1983 年以前一直处于游牧状态，1983 年分牲畜，20 世纪 80 年代分草场后，草场承包到个人，牧人在自己的牧场中放牧，禁止别人的牲畜侵入。为防止别人的牲畜进入自己的草场，牧民们打上木桩拉起铁丝网。买木头和铁丝网的资金是牧民自己出的，以标识个体对草场的专门使用权。因为有铁丝网而且牧场就在定居的住所附近，牧民不像以前那样每天跟着畜群看管，通常是把牲畜赶到草场后，回到家里做其他事情，每隔一段时间出来查看一次。每天固定时间让牲畜饮水，晚上把牲畜赶到棚圈。下面是我们对牧户的调查：

　　我们现有草场 90 万亩，虽然实行了联产承包责任制，但是还保留了一部分集体财产，但是数量较少。有公共草地 2 万亩，有 400 头羊。租

---

① 《马克思恩格斯选集》第 1 卷，中共中央马克思恩格斯列宁斯大林著作编译局，人民出版社 1972 年版，第 25 页。

② 额尔敦布和：《游牧业的变迁及草原畜牧业的可持续发展》，载刘钟龄、额尔敦布和主编《游牧文明与生态文明》，内蒙古大学出版社 2001 年版，第 157 页。

图5.2.1　草原上的网围栏　邢旗摄

给嘎查的人放牧，财政收入归嘎查管理，为集体福利使用。

1983—1984 年按照家庭人口数量分牲畜和草场。后来 1997 年又重新整顿了一次。初次分草场没有精密的测量仪器，也没有准确的数字根据，根据地图，凭目测大体上分，如从这个山头到那个山头是哪个苏木的等，所以分得不太准确。1997 年整顿了一次，如一份草场曾经是一户人家，现在两个儿子结婚后新增加了两户，所以这份草场要分成三份。现在各苏木、嘎查留有小面积的公有草场，没有分给个人，个人不能私自使用，集体需要时使用。草原最初分得不均匀，在不同的苏木嘎查，人口占地数额有所不同，差距很大。如道特镇奈日木德勒嘎查土地总面积52 万亩，人均所占草场1300 亩左右，而在满都宝拉格镇的某一嘎查，其土地总面积就有260 万亩，人均所占草场高达5000—6000 亩。满都宝拉格镇有十几口人的家庭有 10 万亩草场。有的嘎查所占的面积大，人口少，分得就多；有的嘎查所占的面积小，人口多，分得就少。牧民是靠养畜生存的，从一定角度来说，草场的大小关系到牛羊多少，关系到牧人的生活状况。现在牧人的生活有差距，有富户，有贫困户，我认为，在我们这里，草场划分不均匀是牧民生活水平存在差异的原因之一。①

田野笔记：

> 我们来到额尔德尼乌拉嘎查牧民 BLK 的家，我们在祭祀敖包的时候已经与其熟识。BLK 是这次乌里雅斯太镇白音敖包的祭祀的主持，在祭祀敖包的时候，他出的钱最多。他是一个典型的蒙古族牧人，中等个子，身体强壮，扁平脸，古铜色的脸膛上泛着光亮。他会简单的汉语，家中 6 口人，他的妻子也是典型的蒙古族妇女，身材适中，颧骨较高，不善言语，带着蒙古族中老年妇女的矜持和善良。但是在我们参与的白音敖包祭祀中，她负责煮祭祀敖包的肉食，六个大铁锅都呼呼地冒着热气，当草原上飘散着肉香的时候，她又显示出蒙古族传统妇女的任劳任怨。他们的大儿子在牧场，已经成家，另盖房，其房子在父母的居室旁边。小儿子大学毕业在镇里工作。
>
> 这是一个富裕的家庭，定居后盖的是红砖瓦房，墙上挂有旗政府、镇政府和苏木颁发的各种奖励。其家有电话、电视机、电冰箱、手机，等等，信息畅通。BLK 夫妇给人以精明强干的深刻印象。

我们这儿先分牲畜，后分草场，1983 年分的牲畜，1984 年分草场后就不能游牧了。我们家每人分了 2208 亩草场。我们家现在有马 30 多匹，牛 60—70 头，羊 1100 多只。忙不过来，有 2 个雇工，负责放羊，每年给他们工资。我们家每年收入 20 万左右，过去只有 7 万。人们陆续定居了，90 年代以后我们在自己分到的草场上盖的砖瓦房。因为草场很大，为每个牧户之间至少有几公里的距离。

我家是富户，主要是有牧业的经验。牧业主要损失在白灾和黑灾。1977 年有场很大的白灾。我那时有大牲畜 140 多头，我一看天气不好，白毛风刮起来了，什么都看不见，我就把牲畜往山上赶，蒙古包都扔掉了，迎着白毛风，一步一步走，人快冻坏了，冻僵了，零下 40 多度，……别的牧户就不行，损失非常大……我保住了 70 多头……受到上级的表扬。2001 年又是一

① 访谈人：ENHBT，男，30 岁，蒙古族，东乌珠穆沁旗奈日木德勒嘎查长。访谈人：邢莉、张曙光、王志清，访谈时间：2007 年 5 月，在其办公室。

场大雪灾，我看到天阴得厉害，云都是黑压压的，就往山上赶，这次没有损失。牲畜保住了，得到上级的表扬。冬天没有吃的，现在储存了草料，又有了棚圈好多了。[①]

我们住的地方叫额尔敦乌拉嘎查，嘎查的总人口为 544 人，其中蒙古族 459 人，汉族 85 人。汉族人口约占 1/7。我曾经参军，那是 1964 年，在骑兵二团，1969 年复员的。

1983 年分的草场，当时家里 6 口人，每人 2208 亩，一共分了 13000 多亩吧。现在不遇天灾还可以，（遇上）天灾草场就不够了，维持有困难了，到别人的草场去不行，再说草场是连成一片的，你有灾，别的人家也有灾。

现在牲畜的比例变化很大，现在羊多起来了，五畜变成了以羊为主。7 只羊等于 1 匹马的吃草量。牛实行国家配种，提高优良出栏率。60 年代开始改良本地牛羊，一直进行到 1984 年才结束。改良的过程并不很顺利。1984 年以后，国家不推行改良计划了，让牧民自己发展了。现在家里有羊 1000 多只，现在有忙不过来雇工的，我们家没有使用雇工。1990 年以后马不让多发展，够用就行了。我现在有马二三十匹，也卖，也骑。1990 年以前骑马放羊，现在用摩托车了。1983 年嘎查给每户牧民都分了骆驼，但是当时没有继续饲养，都卖给食品公司了。现在人力不够的话就养单一个品种比较方便。

我认为五畜结构合理是从对草场有利的方面说的，大牲畜吃粗草，小牲畜吃细草，合理搭配，为了保护草原。现在不游牧也是为了保护草场……我们这儿秋季自己打草，预备过冬的饲料。国家现在提倡春天实行圈养，防止羊吃小草。老牧人认为如果不下雨，即使圈养也是白费力气。老人认为草场少的地方可以圈养。这里实行圈养，政府虽然给了饲料，但是人工成本提高得太多了，例如运水，要花费很多人工。以前定居前草场上没有什么建筑，定居后有了建筑，这样的话弄饲料方便些。

定居后草场变坏了，以前游牧的时候，牛粪直接变成了肥料，定居了就不行了，必须有棚圈。棚圈可以抵御自然灾害，但是同时加大了人的付出……我们这里三月份接羊羔，非常忙，剪羊一般在 4 月 20 号左右。打马印记也是忙的

时候，自己忙不过来，还需要十二三个人互相帮忙。一般是兄弟之间相互帮忙。秋季打草比较忙。我们这儿有秋季打草的习俗，过去也打……

我家有三个儿子一个女儿，现在的住所是"春季的游营"，主要是接生羊羔的时候用的，暂时用，还有其他固定的住所，儿子们有的在镇上住，在另外一个住所，都已经成家。[①]

家里一共六口人，有一个儿子在外地，现在家里五口人，现在有羊700只，牛十几头，马十几匹。有1辆汽车，1辆拖拉机，3个摩托车，有3口井。90年代有70多头牛，现在草场不好了，所以减少了牛。我家是1993年盖的房子，1993年以前住蒙古包，现在是砖房。定居以后最大的支出是买草，一般一年得花几万元钱买草。[②]

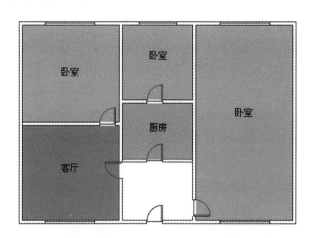

图5.2.2 额尔德尼乌拉嘎查 SGL家 桂丽绘制

田野笔记：

额尔德尼乌拉嘎查牧民SGL及其妻子DLGER具有牧业的经验。特

---

① 被访谈人：DML，男，67岁，蒙古族，东乌珠穆沁旗乌里雅斯太镇牧民。访谈人：邢莉、张曙光、王志清，访谈时间：2008年7月，在其家里。

② 被访谈人：SGl及其妻子DLGER，两人均60岁以上，均为蒙古族，额尔德尼乌拉嘎查牧民。访谈人：邢莉、张曙光、王志清，访谈时间：2008年7月，在其家里。

别是颧骨较高、中等个子、眼睛不大的女主人对我们非常热情。他们告诉我们在牧牛牧羊的时候，要唱歌。这对于我的学生——第一次来到牧区的农区蒙古族王志清博士感到非常新鲜有趣。我们并没有请求，女主人就唱了起来，先唱的一首叫《哄羊歌》，这首歌是当母羊不认羊崽时候唱的，目的是让母羊给小羊喂奶。这首歌没有歌词，只有曲调，曲调并不复杂，但是似责备、似启迪、似埋怨、似期盼……女主人告诉我们，母羊有灵性，她能够听懂人的歌唱，怎么证明她听懂了呢？——羊的眼睛里滴下大滴大滴的泪珠……当DLGER讲到这里的时候，我们看到她的眼睛里飘着泪花……在我们赞许的眼光下，DLGER又唱了《台歌》、《哄羊歌》、《山羊歌》、《认犊歌》等，男主人SGL可能是受了妻子的感染，也许是为了满足我们求知的渴望，他主动唱了一首《哄牛歌》，其音色与女主人唱得一样委婉动听，我们在思索：在人与动物之间，这是一种什么样的交流和默契，这又是一种什么样的生存体验呢？

我们访谈了另一位牧户：

我们是从张家口逃荒来的。孩子他爸19岁那年——1960年过来的。他落了脚，我才来的。刚开始的时候不在这个地方，在南边一点，后来这个地方人少，就到这儿来了。1983年以前，在嘎查打石头，后来养牲畜。我们没有马，也不会骑马，也没有牛，就是养羊，1984年分了4000亩草场，养了400只羊，按照上面的要求，草原没有超载。我老伴会蒙语，我不会，你们想，我们是汉族，到这里放牧，周围都是蒙古族，不会蒙古语怎么行？我们的后代就又变了，不放牧了，我大姑娘找了个通辽的蒙古族，现在在驾校上班。[1]

---

① 被访谈人：LJL，女，53岁，牧民。HWSH，男，牧民，57岁，LJL之夫，其夫妻均为汉族。访谈人：邢莉，访谈时间：2008年7月，在牧人家里。作者特地访问了汉族的牧户，学术界认为：内地农民的扩散，有两种形式，"一种是群体规模的扩散，另一种是零星的个体的扩散。前者形成散居的农业村落，后者则散居在游牧群体中，这些移民所携带的文化，前者是比较纯粹的农耕文化，后者则是不完整的农耕文化。"（阿拉腾：《文化的变迁——一个嘎查的故事》，民族出版社2006年版，第22页）

田野笔记：

> 我们访谈的对象是一个汉族牧户。从外表看来，这户的三间房子有些破旧。与蒙古族的牧户不同，这里有用篱笆搭起的院落，院子里种了土豆、圆白菜等蔬菜，但是面积不大，我们走访的蒙古族牧户没有院落，也没有种蔬菜的。进门是个过堂屋，向左是卧室兼客厅，他们屋里装着铁制的炉子，睡的是木床。与蒙古族的牧户不同，他们的屋里养着两盆花，一盆是绣球，一盆是芦荟。在他们的房屋附近，还有三家住户，房子的样式和他们一样，都是三间，有院落。在访谈中，我们了解到，这家只养羊，不养马。附近共有 7 户牧户，都是汉族。他们也都是只养羊，不养马，不养牛。并且不会骑马，他们对马是陌生的，没有情感。汉族的 7 个牧户存在亲戚关系，他们之间的关系很好，与蒙古族的关系也好，过年的时候，蒙古族牧户和汉族牧户还互相拜年，互相送点东西……

由于各种复杂的原因两个群体的文化在发生碰撞的时候，不管在一个小范围的地区甚至一个家庭互相融化的深度如何，但是总归为两种，一种是蒙古族由游牧的生存方式改变为农耕的生活方式，产生了蒙古族农民；还有少部分汉族由农耕的生产方式转变为牧业的生产方式（最开始是游牧）转变为牧民；再有就是游牧民或者农耕民与其所处的生态环境相适应，转变为半农半牧民。第一种情况蒙古族的数量很大，涵化程度很高，产生了农业区，第二种后者的数量相对少些，他们是汉族农民转化为牧民。"前者很少受到周围游牧文化的影响，而后者所携带的母体的农耕文化就容易受到游牧文化的影响，并且随着时间的推移，其个人色彩变得越来越浓厚。"[1]

我们这里 1984 年分草场后就不游牧了，陆续定居。在自己分到的草场上建房屋。因为草场很大，每个牧户之间至少有几华里的距离。1984 年后成家立业的牧民，不能分得草场，因为草场分完了。此后每个新成立的家庭只能从自己父母的草场中分得相应的部分，建房居住。所以草原上有两三栋房子

---

[1]　阿拉腾：《文化的变迁——一个嘎查的故事》，民族出版社 2006 年版，第 22 页。

是紧挨着的，不挨着也距离很近，通常是至亲，不是父子就是兄弟关系。

过去我们住蒙古包，现在游牧生活逐渐被定居所代替，草原上的牧民建起土坯或砖瓦房，蒙古包越来越少了。现在还有蒙古包，但是都是以前用过的，没有新做的。夏天到离家远的牧场放牧时还有用，如到邻近苏木嘎查租用的草场时牧民会带着蒙古包前往，在那里居住一段时间到夏末返回，我们叫"夏营地"，那儿水好，草也好……

我们这儿普遍定居是 80 年代中后期。到 90 年代土坯房子换成砖瓦结构的房子。最初的土坯房子都是牧民自己动手建造的。在 1980 年前大集体的时候，大家一起劳动，一起盖房。到 90 年代，建砖瓦房是雇佣他人，主要来自山东、河南、河北和其他盟旗的汉族的工匠。我家 2001 年建造 4 间砖瓦房花费 7 万多。这属于比较高级的，里面装修算是高级的，各种电器、现代化设备齐全。近几年建的房子没有火炕只有床，自己烧地热取暖。①

牧民砖瓦房基本结构是：

（1）（20 世纪 90 年代的砖房）

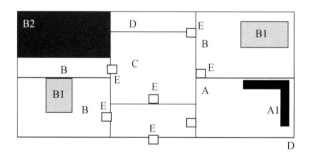

图 5.2.3（1）

备注：A 为客厅，A1 为沙发，B 为卧房，B1 为床，B2 为火炕，C 为厨房，D 为储藏间，E 表示门

---

① 被访谈人：DMCHG，男，70 岁，蒙古族，东乌旗道特淖尔镇会计。访谈人：白丽丽，访谈时间：于 2007 年 5 月，在东乌珠穆沁旗道特淖尔镇。

（2）2000 年的砖房

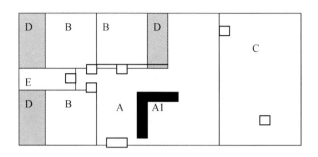

图 5.2.3　白丽丽在东乌珠乌沁旗考察制作

备注：A 为客厅，A1 为沙发，B 为卧房，C 为厨房、储藏室，D 为床，E 为洗手间。现在家家通电，装有电话，有的苏木通班车。各种媒介工具很普遍，信息畅通。①

田野笔记：

> 　　2007 年暑期我们来到鄂温克旗王公陶海嘎查。王公陶海嘎查距离海拉尔市 200 多公里。汽车在油漆马路上奔驰，周围是围起了的网围栏，眼前看不到"天苍苍、野茫茫"的景观，草原已经不是整体。属于牧人个体家庭使用的草场被一个个网围栏圈起来了。草并不高，在 7 月时已经微有黄色，有的地方可以看到裸露的地面，牧人说这是缺雨，下一点雨，就有绿色……但是稀疏的小草还是顽强地显示着生命力，用它的生命支撑着大地的绿色。草原上偶然看见盖起房屋的住户，也有蒙古包出现，牧人告诉我们，蒙古包是临时的住所……
> 　　我们来到一个蒙古包前，男主人衣着 T 恤衫和长裤，女主人头上向后扎的头帕显示着其蒙古族妇女的身份。蒙古包与传统的蒙古包不同的是，其外面和里面的毡墙上都围上了薄薄的塑料薄膜。包里的右边放置着一个单人铁床，中间置放一个铁炉子，地上堆放着土豆和洋白菜，男主人公跟我们打了招呼，而女主人正在挤奶，一头棕色带白点的乳牛

---

① 被访谈人：DMCHG，男，70 岁，蒙古族，东乌旗道特淖尔镇会计。访谈人：白丽丽，访谈时间：于 2007 年 5 月，在东乌珠穆沁旗道特淖尔镇。

（学名叫草原花牛）静静地站立着，她的手利索地抚摸捏着乳牛肥硕的乳房，白色的乳汁静静地流下来……作者曾在海拉尔奶牛饲养基地看到用挤奶器挤奶，我们问牧人为什么不用挤奶器，他们说不太习惯；也有的说，价钱贵些……

我们嘎查有 50 多户，全是牧户。民族有蒙古族和鄂温克族，这儿的人一代一代的都放牧，有放牧经验。我们 20 年前分了草场，但是还保留公共营地 15000 平方公里。过去游牧的时候有四季营盘。现在定居了，定居是在过去所说的冬营地定居。我家盖了五间房子，孩子和老人留在冬营地。我们夏天在夏营地暂时居住，搭盖临时用的蒙古包。我们定居得晚，是 90 年代初才定居的。

刚开始承包到户，我们才有 5 头牛、50 只羊，还分到一匹骟马，一匹骒马。现在马没有了。主要是养奶牛。现在大小有 100 头牛，加上下的 30 个犊子共 100 头。每天要给 20 头牛挤奶，每头平均出奶 6 公斤，一天可以出 120 公斤奶。早上和晚上都有人来收购奶，是定点的。牛奶供给市场。①

图 5.2.4 呼伦贝尔草原夏季牧场及牧人 邢莉摄

---

① 被访谈人：ZHMSR，男，48 岁，蒙古族，鄂温克旗王公陶海嘎查牧民。访谈人：邢莉，孟丽，访谈时间：2007 年 7 月，在其临时的驻地蒙古包内。

现在我家 5 口人。我有两个儿子，一个女儿在日本读研究生，大儿子曾在乌兰巴托留学。我家有打草场 3000 多亩，现在没有夏营地了，营地固定，每家都知道哪片草场是自己的，不能到别人的草场上放牧。过去再往北走，有 2000 多亩地是夏营地，那里通风水草好，大家都到同一个草场过夏。草地上的黄花菜是牛羊爱吃的草，虽然都爱吃，但是不闹矛盾，羊吃花，牛吃叶，羊吃了长膘，肥壮；奶牛吃了产奶量增加。但是我们这里现在没有这块地方了。现在草场可以租赁，我的草场不够用，你的草场大些，我可以租你的草场使用。我们现在也小范围自行组合，比如四家共同联合，合理分工，不用雇人了，这样可以节省开支……

我家 1984、1985 年开始定居，1985 年前都是游牧。最远的地方可以到陈旗。到了伊敏河东，有几百公里的路程。游牧时牛羊不生病，吃的是中草药，喝的是矿泉水，哈哈，那是纯天然的……现在有 30 多匹马、130 多头牛、700 多只羊。人们都不养马了，可是我喜欢马，舍不得把马卖掉。人家说马没用了，我还骑马放牧……红花尔基附近树林有山丘，狼容易藏身，现在恢复生态，狼又出现了，狼不怕摩托车，害怕骑马的人……

我们这儿以前生产队时也打草，这里冬天要在零下 30 多度甚至 40 多度，冬天雪大，不储草不行，储存的草供牛羊在 10 月到（下一年）4 月吃。我们也用了机械，有大拖拉机、小四轮，共有三台。我们家勤劳，有的家爱喝酒，懒惰……

我认为，定居对草场有破坏。固定地方放牧，加围栏，总是在一个地方放牧，使用草场，草场没有休息的阶段；当然人口多，多养畜也增加了草场的负担。定居牛羊易生病，草场小了，要用药。定居要有一笔投入生产的开支，网围栏呀，购买机械啊，挖井啊等等。费用很大。①

田野笔记：

在一位布里亚特蒙古族姑娘的陪同下我们来到布里亚特牧人布德的家。他的家位于鄂温克旗市锡尼河镇。那是一处盖在自己草场上的灰颜色

---

① 被访谈人：AOQER，男，65 岁，蒙古族，锡尼河镇布日都嘎查牧民，小学四年级文化。访谈人：邢莉、孟丽，访谈时间：2007 年 7 月，在锡尼河镇布日都嘎查。

的砖房，约 150 平米以上。迎接我们的女主人身着布里亚特的传统夏季的连衣裙，虽然年长，但是仍旧梳着两条长辫子——这是布里亚特已婚妇女的传统装束，她不会汉语，只是礼貌地微笑。她把我们引入了约 30 平方米左右的客厅，男主人起身接待了我们。环顾客厅的四周，我认为是我近年看到的最为讲究的客厅了：屋内的北面有一张桌子，桌子前面摆放一转椅，显然是主人的位置，在转椅的另一面，有沙发，与沙发配套的是一长茶几，上面用干净的白色的玻璃器皿摆放着水果，在沙发的西面是三面镶有玻璃的礼品柜，礼品柜里摆放的全是玻璃的食具和酒具。据翻译介绍，男主人叫布德，是非常富于牧业经验的富户，曾经是当地的人大代表。

女主人给我们倒上了热腾腾的奶茶，特地摆放了奶豆腐、炒米，还有白砂糖……但是屋里没有人，我很失望，要知道，我们为了访问这一牧户，已经跑了 150 多公里的路程，来回就是 300 公里……这时一个魁梧的牧人出现了，主人脸庞宽阔，高耸的鼻子很显眼，身着汗衫、高筒皮靴，显示出一付匆忙的样子。他说他家里有 3 个机动车，他要带着儿子到远处游牧去，能走多远就走多远，时间可能是个把月。我们出门一看，果然有一辆汽车停在门口，车上用麻袋装着盐，他说这是给牲畜预备的，牲畜在夏天需要舔盐……现在还有游牧吗？他为什么要游走？

我是个老牧人，放牧有 40 多年的历史，20 年前还是过着游牧生活，现在已经定居了。过去有夏秋冬三季营地，在三季营地上轮流放牧。夏营地在距离现在的锡尼河镇四房山 100 公里，是通风的地方。秋营地在辉河盐碱地一带，寻找有碱的地方牲畜喝碱多的水肉质好，油质大，可以上膘。冬营地在呼盟洪沽拉一带，过去陈旗、西旗冬天的牛羊马都在一起，不分地点。鄂温克旗指的是红花尔基、灰腾河、维那河一带，东旗是巴尔托、罕达盖一带，陈旗指的是莫日根河一带，西旗指的是达赉湖、克鲁伦河、奥鲁金河一带。

过去旗里游牧选址时先派一个懂风水的人先去，一般是有经验的老牧民。现在没有看风水的人了……这还不是最远的地方，30 年代初，牧业四旗的牲畜最多的时候曾经达到 40 万—50 万头。其中马占有相当的数量。最多的达好几千匹马。1946年苏联进入曾将马群赶走。上一（20）世纪20年代游牧的距离更远，那时好像边界线不明显，10月份到黑山头、根河一带，有的时候游牧到更远的地方，游牧到外蒙古、俄罗斯博尔吉亚等地方。牲畜在那里过冬，再转回来……

我这辈子游牧习惯了，我认为游牧好，不分草场好。饲养牲畜就是靠游牧，靠草场，游牧牲畜可以吃各种各样的草，有营养的草，在围栏里的牛羊像要饭的，只能吃外围的草，牛羊要自由自在地吃草，大草原才好，越自在越好。游牧牲畜抓膘好，配种率90%，定居配种率60%。

另外定居比游牧费用大，游牧投入少收入多。牧民算了一笔账：同样养100头牛，定居费用17万（元），游牧只需6万；一只羊游牧和定居差40元，牛差400元，钱花销在买草上，我家84年包产到户分到草场3700亩，只是打草场，没有放牧场。所以我要走。现在冬营地、夏营地都没有了；我认为打草破坏草场，以前冬营地、夏营地不打草，游牧时夏营地5—7天一轮流。过去打草量占草场的10%—20%，现在打草量大，破坏草场。呼伦贝尔大草原曾经有120多种草。现在种类少了。草场现在在退化，这是事实，不信，你们看看我的草场，草场是盐碱地……①

莫和尔图嘎查始建于1732年（康熙十年），当时定居于此的只有8户人家，分属敖姓和郭姓两大姓。这里的原始居民多从黑龙江的漠河一带和内蒙古的莫力达瓦旗迁移过来的达翰尔族。这里四五十年代（1940—1950年）处于半牧业半林业的状态，那时全嘎查约有70户300口人，大家牛羊赶在一处集中放牧，生产队派专人管理。当时的人口较少，生产力低下，好在草场和林业资源丰富，足够养活这里的人，我们那时的消费水平也不高，靠牧业生产得来的劳动产品，就基本上可以过上自给自足的生活了。现在80多户，人多了，树木少了，草原退化了……②

---

① 被访谈人：BD，男，62岁，蒙古族，老牧人。访谈人：邢莉与中央民族大学2012届民俗学毕业生桂丽，访谈时间：2007年7月，在锡尼河镇西苏木牧民家中。

② 被访谈人：GSR，男，50多岁，鄂温克族，牧民。访谈人：邢莉、中央民族大学2004届民俗学硕士毕业生王玉光，访谈时间：2003年8月，在莫和尔图村其家中。

田野笔记：

> 　　老人身材高大魁梧，虽然年近古稀，却不显龙钟老态，说话声音洪亮，很有威严之感。这家的院落很大，砖砌的院墙，铁栏杆大门，进门右首是 10 米见方的牲畜围栏；围栏采取先立桩，桩与桩之间钉横杆的形式构建，木材取自附近山上的樟子松或白桦树。住房的布局是，主房面南背北，两侧是厢房。房屋建筑类型是当地传统的"丁字房"，即房屋的主体结构是横竖相交，成"∟"状，当地人称之为"丁字房"。丁字房有土木结构和砖石结构之别，他们家是砖石结构。这种结构的住房在取暖性上优于一般的平房（或称为"一字房"），且抗风能力强，较适应牧区的冬季气候（因牧区没有高山阻挡，冬季风力很强，普通"一字房"很容易被大风揭去屋顶）。
>
> 　　GSR 家是典型的大户人家，马、牛、羊大小牲畜超过千头（匹），年收入在 12—20 万之间（据当地村民估计）。在这家我看到很多专门为其管理牲畜的牧民，是 G 家雇佣的长工。约有 20 人。这些人常年吃住在 G 家。据说在当地大户人家雇长工的现象十分普遍。

　　我们家里有小四轮拖拉机和打草机等机械设备，发展奶牛嘛，这是先期投入……不过我是外来户，搞养殖最大的难题就是没有自己的草场，租用人家的草场要付很高的租金，而且不易租到好草场。就拿眼下即将面临的打草问题，大户人家可以在自己的草场上打草，像我们这样的只能与有草场的牧民合作打草，合作的方式一般是有机械的出机械，帮助有草场的打草，互换劳动。①

田野笔记：

> 　　SHMJ 一家原来住在距离巴彦嵯岗不远的大雁镇，去年春天搬到莫和尔图村，主要是为了发展养殖业。因为听说这里的草场较好，集体牧场很

---

① 被访谈人：SHMJ，男，40 多岁，鄂温克族，牧民。访谈人：邢莉、王玉光，访谈时间：2003 年 8 月，在莫和尔图村其家中。

大，有很大的自由放牧空间，因而，单敏杰说服父亲，用他自己多年打工的积蓄买了 4 头成品奶牛和 16 头小牛犊（成牛每头价格 1 万元左右，为当地的优良品种"锡尼河牛"；仔牛每头价格在 400—500 元之间）；并且以 1.4 万元的高价，在莫和尔图村村民手中买得住房及院落一处，累计投资近 10 万元，足见他们发展养殖业的决心。

　　我们看到告别了蒙古包的现代牧人的居所和生活。牧人的居住方式发生了很大的变迁，其突出表现在：

　　其一，居室的现代化和多样化。牧区一般都是砖木结构的房屋，所居的面积及房屋的设置也不同。定居房屋有贫富的差别，但是做到了人畜分开。过去住蒙古包时牧人把冻饿的小羊放在蒙古包内。现在家家有羊圈，户户有牛棚。传统的蒙古包饮食起居都在 10 多平方米内，现代的居室因生活的不同需要而进行了分割。一般都有客厅、卧室和厨房。燃料有的用牛粪，有的用饲料玉米的秸秆，也有的用煤，自己有供暖设备。厨房用水来自压力管井。厨房与居室的分开也是一大改进。在居室的布置上，打破了传统的蒙古包内固定的模式——铺毡子，人睡在毡子上，中间有火撑子，西边置小木柜等。与 1947 年前相比，在居室内置放佛龛的渐少。牧人已经使用了现代家具，以床为卧具。

　　其二，动力系统的增加。传统的动力系统只是畜力，用畜挽车运水，用畜力运输物资等，现在动力系统增加了机械；抽水和加工饲料所用的燃油的机械力，家用电器和照明所用的风力发电机所提供的电力，动力系统的增加，减少了人力，牧人正在享用现代化。

　　民俗的居住文化不是先天而生的，而是后天习得的，是可以发生变异的。人是实践的主体。在其实践的过程中，他的习俗在不断地调试的过程中，一方面因生态环境的变化，一方面因社会环境的变化，总之受自己生存需要的驱动。

（二）当代牧人生活节律描述

　　民俗文化研究的是民众的生活文化，研究的是民众的生活模式。生活模

图 5.2.5　新型的草原牧民　桂丽摄

式是由生活中的系列行为组成的,并且在生活中不断地有规律地重复呈现。
在当代,由游牧业转向定居的过程中,牧业的生活模式又有了什么样的变化
呢?通过田野考察,我们通过例证来说明:

鄂温克旗位于呼伦贝尔大草原的东南部,总土地面积 19111 平方公里,
主要植被是森林和草原。可利用的草场为 1770.5 万亩,占全旗面积的 62%,
林区面积占总面积的 33%。周边湖泊达 600 多个。其水系属于额尔古纳水系、
海拉尔水系,最大的河流是伊敏河。当地人称为是六分草、三分林、一分水
的好地方。鄂温克旗属中温带大陆性气候,冬季漫长。夏季较短。光照充足,
降水量较少,这天造地设的自然条件和辽阔的地域适于放牧生活。鄂温克旗
现居住着蒙古族、鄂温克族、达斡尔族等多个民族,主要从事牧业。这里的
蒙古族约占 18%。主要是由三部分组成的,一是从 1917—1928 年从贝加尔湖
迁徙来的布里亚特部,二是 18 世纪中期由现今黑龙江省迁来的额鲁特部,三
是 1947 年后从哲里木盟、兴安盟迁来的蒙古族。

3 月—4 月:春季伊始是牲畜繁殖的重要季节。这时的工作包括阉割、留
种、保护幼畜。牧民主要的劳动是:

(1)接羊羔:接羔期需要大量人力。待产母羊随时都可能产羔,不宜远
距离放牧。因下羔多在夜间,需要日夜看守。放牧时,牧人随身携带羔羊袋
(用帆布或毡子做成,能放两只羔羊),以便随时接羔。

羊产羔后需要加以保护,牧人要帮助不认羔的母羊认羔,特别要防止幼
羔被大羊挤踏,故暂时要把产羔母羊和新生羔羊进行分圈看护管理。初产母

羊，每天要保证羔羊吃奶 3—4 次。普遍应用的方法是在由羊倌将母仔逐一找出后赶出群，这样进行几天后，母羊就能自带羔羊离群喂奶。

（2）接牛犊。接牛犊是在 2—5 月份，有时 6 月份也有。要提前准备充足的饲草，如果自家草场的草不够，需要向别人买草。

（3）3、4 月间开始下小马，牧人要接马驹。马在牧人的心目中占有重要的地位，所以要格外注意。

（4）准备好牲畜的饮水，现在一般用有机井的水。

5 月：

（1）为了识别每户的羊群，往往沿袭给牲畜打印记的习俗。现在草场固定，这个传统习俗还在延续。

（2）准备药品：催产素、青霉素等基本药品，每 100 只羊大概需要花费 100—200 元。2009 年以前，牧民需要支付防疫费用，包括药品、打针，每只羊每针 4 块钱，一般一年需要打四针（春天 1 针，秋天 2—3 针），主要为了防治口蹄疫、羊痘、炭疽等病。

6 月—7 月：主要的活动是剪羊毛、挤牛奶。

（1）剪羊毛、卖羊绒。据调查 2007 年山羊绒 150 元/斤，绵羊绒 105 元/斤。

（2）挤牛奶：6、7、8 月是鲜奶产出最多的季节，是牧人挤牛奶、羊奶的忙月。过去牛奶、羊奶自己使用，现在交通发达，信息流通，牛奶、羊奶一般由奶站专门收购，供应城镇居民。

（3）开始贮备草料，准备过冬，用打草机开始打草，需要一个半月到两个月。

8 月：

（1）牧人的劳作与上述同。这个季节，也是牧人节日的季节——即举行敖包祭祀与那达慕——"男儿三艺"——骑马、摔跤、射箭的季节，这是酬天敬神、庆贺丰收的民间节日。千百年来，这个牧业的节日在传承。

（2）打草、拉草：打草和拉草是对牲畜冬天饲草的积累。这个劳动往往视草的长势而定，一般是八月中旬开始，这是一年中最繁重的牧业劳动。在呼伦贝尔草原，割草和拉草已经普遍使用机械。这项繁重的劳动是由男子承担的。当前有的家庭劳动力不足，有雇工。妇女在此期间负责挤牛奶、饮牛

图 5.2.6 剪羊毛 邢莉摄

等劳作。

（3）按照传统在这一时期有熟皮子、擀毡等劳作，目前正在消失。

9 月—10 月：主要的牧业活动是打井、牲畜育种的交配、修理棚圈。

（1）这一时期羊出栏，卖掉一半。卖当年的羔子，还有过不了冬的瘦弱的羔子。

（2）修理棚圈、还有牲畜育种的交配等。牲畜的配种由牧人配合配种站来完成。

11 月、12 月：

（1）采取舍饲、半舍饲的管理方法给奶牛、良种畜、幼畜喂草。放羊、给牲畜添草、收拾牛圈、铲牛粪、羊粪、调羊圈（大概 2 个月换一次）。

（2）挤奶：冬季出奶量少，一般一天或者两天挤一次。

1 月—2 月：

（1）重复上述劳作。

（2）要有充足的饲草，羊瘦弱，给羊育肥，否则不能过冬，饲草不足可购买。

图5.2.7 作者在牧人家里访谈 孟丽摄

（3）牧人过春节。蒙语称：查干萨日，意思是白节。[1]

田野笔记：

挤牛奶是牧人的妇女进行的劳作。男子一般不承担。这也是一个传统。如今这个传统仍旧延续着。我访谈的这家牧人叫SD。女主人40多岁，健壮而纯朴。由于时代的变迁，她已经不着传统的蒙古袍了，衣着是T恤衫和长裤。但是她的头上扎着一块方格子头巾，从额头向后打一个结子——这是牧人妇女的装束。站在草原上的母牛的乳房鼓胀鼓胀的，她把拇指贴近母牛的乳房，四个手指顺势而下，洁白的乳汁像一条流淌的小河，源源不断地流进奶桶……在静谧的草原上，母牛静静地伫立着，很温顺，似感激，牧人妇女的手仿佛在弹奏着一首草原牧曲，没有丝毫疲惫和劳累，此时我看到了和谐——人与动物的和谐……我走近了母牛，

---

[1] 材料来源：邢莉及中央民族大学2012届民俗学硕士桂丽于2007年7月，在鄂温克旗的考察整理。

开始挤奶，模仿着牧人妇女的动作，当我看到同样洁白的乳汁涌流的时候，我知道，我在重复我祖先的劳作——这就是牧人生活的记忆。刚开始的时候也有节奏，但是一会儿就感到两手的劳累，而她们每天要坚持两次，每次要坚持两个小时以上的劳作。她们告诉我，现在有挤奶机了，但是要几千元，还没有用挤奶机的习惯。我在海拉尔地奶牛饲养基地看到了给母牛用挤奶机挤奶，传统与现代在交织……

图5.2.8　挤奶　邢莉摄

（三）当代牧业的社会组织——牧业社区

目前国家进入改革开放的新时期，在步入现代化、商品化、城镇化的过程中，传统的草原畜牧业发生了很大的变化，已经完全不同于合作化时期和人民公社化时期。其核心理念是：以集体经营为主的畜牧业经济转移到以家庭经营为主的轨道上来，从依赖自然的粗放游牧方式向现代化的畜牧业经济过渡。这是一个巨大的变迁。政府采取了牲畜作价归户、"分散经营的方式。尔后草场实行了双权一制"，即草场所有权、使用权和承包经营责任制。从集体的生产体制到家庭的生产体制，这是一个巨大的变迁，与此相适应的社会管理和组织体制也发生了变迁。目前牧区的社会组织分为：家庭小区—嘎查—苏木。

何谓家庭小区？传统的牧业是家庭组成的劳作单位。一个蒙古包就组成了一个蒙古族的家庭，儿子结婚分盖一个蒙古包，组成了另一个家庭，这里不包括牧人的生产资料即草场。这不是家庭小区的概念。当代学者王俊敏研究的牧区家庭小区的概念，是家庭的人口、固定的居室与其分得的草场联系在一起，"区"的概念包括生产资料即草场："家庭小区是荒漠草原畜牧业经济与家庭承包责任制相结合的产物，是一定规模的家庭与一定的家庭承包制相结合的产物，是一定面积的土地相结合的结果，也是荒漠草原牧区固有的散居方式和邻居特点的自然发展。"[1] 家庭小区有什么特点呢？

（1）家庭小区是一个地缘概念又是一个血缘概念，是地缘概念与血缘概念的组合。与合作社时期和人民公社时期不同，那时没有家庭小区的概念，家庭并不构成家庭小区，而构成家庭小区概念首先是家庭承包的草场，其所承包的草场与其固定的住所相结合。有学者认为"这不是血缘的扩大，而是地缘的扩大"的提法值得商榷。在划分草场以后，父亲的家庭和儿子的新家庭同样在已经划分承包的草场上劳作。我们在调查时看到，牧人定居的房屋与其结婚的儿子毗邻，有的甚至像农耕文化的村落一样居住在一处房屋。客观上是地缘没有扩大，而血缘在扩大，人口在增加。这种血缘和地缘的结合加固了血缘关系，固定了血缘家庭与这块特定的地缘的关系，从空间角度固定了这个家庭与邻里、与周边社会的关系。

（2）传统的游牧社会是一个蒙古包组成一个家庭，家庭只是一个血缘聚集的生活单位，而家庭小区的概念既是生活单位又是生产单位。家庭小区与集体所有制有很大的不同。它是当代牧业文化的承载者和牧业社会的基本单位。"拥有财产的群体中，家是一个基本群体，它是生产和消费的基本社会单位，因此它便成为群体所有权的基础。"家庭小区具有"相对独立和完整的社会生活"[2]。

在当前的牧业生产中，家庭小区具有稳定的生产单元和生活单元并组成

---

① 王俊敏：《一种新型社区——牧区社区》，《内蒙古大学学报》1993 年第 2 期。

② 同上。

了一个社会单元。（1）家庭小区具有草场的使用权和租用权；（2）具有生产资料和生活资料的拥有权和支配权；（3）具有牧养牲畜的所有权和买卖权；（4）具有在承包的草场上搭盖固定居所的权利和使用的权利；（5）具有在承包地草场上打井、修固定的棚圈等牧业生产资料的权利；（6）在所使用草场的过程中有雇工权。（7）其子女具有上述继承权。这彻底打破了游牧文化幼子继承制的传统。家庭小区具有产出牲畜及畜产品的功能，同时具有支出和消费功能、家庭小区具有育子和教育子女的功能、传承牧业经验和继承牧业生产和生活资料的功能，与社会各个层面上交往的功能。上述功能与20世纪80年代前牧业的家庭有很大的不同。"承包制空前地增加和强化了牧民的家庭功能，浩特和嘎查的功能程度不同地被消减，苏木功能则转化为主要为家庭和嘎查的管理服务。"①

（3）当代牧业的家庭小区是新时期建设的产物，是当前政府厘定的草场承包制度的产物，也与在当代社会时空发生的巨大变迁发生着必然的密切联系，上层制度文化的变迁是在当前的社会时空变迁的语境下发生的，对于这个问题我们在第二章第四节有详细的论述。牧人的家庭小区是从计划经济过渡到商品经济转型时期的产物，例如公路的开通、信息的发达、传媒的畅通等等，都是牧业的家庭小区产生的语境。"社会时空是主体活动的根本框架，也是生活方式活动最基本的社会条件。"②

（4）牧业家庭小区的标示是网围栏的设立。每家牧户承包草场是固定的，分割草场的标示就是铁丝组成的网围栏。

与牧民的家庭小区直接发生社区服务关系的是嘎查。嘎查是牧业的行政管理的基层组织。农耕区域的村落和牧业区域的嘎查都是人类组织的类型，这是相同的一面。但是作者认为与农耕民的村落不是一个概念。

（1）村落是人口密集居住的地域，但是每个农户的住所与其农田有距离，农田也不必有围栏的分割，嘎查中的每个牧户的住所就在其分得的草场上。

（2）就规模来说，尽管草原在缩小，牧业需要的牧场比农田大得多，从前面的例证可以体现。特别是在纯牧业区，牧户间相隔的距离较大，现在虽

---

① 王俊敏：《一种新型社区——牧区社区》，《内蒙古大学学报》1993年第2期。
② 高丙中、纳日碧力戈：《现代化与民族生活方式的变迁》，天津人民出版社1997年版，第76页。

有现代化的各种渠道在沟通，但是其人口相对于高度密集型村落来说，是有差别的。正因为嘎查中的每个牧户与其承包的草场相联系，所以与村落比较，其非密集型，而是松散型，其与邻里的距离相对疏远。牧民与邻居的距离因各地的生态环境不同而有差异，牧区近的一般达一二公里，远的达几公里、十几公里。

（3）农耕的村落邻居之间邻此接彼，关系密切。此村落与彼村落有明显的差别，每个村落有共同的地域，共同的墓地，共同的信仰——祭祀共同的神祇，各自形成相对封闭完整的文化特色。社会学者和民族学者把村落看成是"人们彼此最相熟悉而不感陌生的社会"。由于自然生态和文化生态不同，牧业区域的嘎查不可能那么密集，与农业社会有明显的区别，但是其距离比过去近。联系也开始密切。这是随着定居开始的。

嘎查设有嘎查长、会计等。当前嘎查长的职责：（1）下达苏木传递的政府的各项政策，并督促各项政策的落实。例如围封草场的政策、计划生育的政策、包括选举人大代表的落实等。（2）检查、督促和向上级汇报牧业的状况。（3）争取并负责牧区的重大项目的落实，例如生态保护项目等。（4）在遇到重大问题时，例如重大灾害起到协调、组织的作用，保护牧人家庭的经济财产。（5）协调民间的纠纷，例如当前的草场纠纷问题。（6）保护自己的嘎查公用的草场。协调与其他嘎查的草场纠纷。（7）帮助贫困户脱贫，如小额贷款，寻找投资项目等。（8）由于嘎查长的权力和威望，牧人请其主持节日庆典，例如婚礼、小型那达慕、老人寿辰礼仪等。

嘎查地点的机构：嘎查设有初级小学、小型商店、邮局、医疗点等。但是有的嘎查现在没有小学和医疗点。可以看出，嘎查与牧人的生产和生活发生非常密切的联系，其不仅是基层的行政管理，还辐射生产、生活的各个层面，是联系苏木和牧人家庭小区的中枢和纽带。

苏木是建立在嘎查之上的行政单位。"苏木是由数个嘎查和所辖区域的一些组织组成，苏木中心区指的是这些组织机构的所在地。"① 苏木是一个地域范畴，有一定的边界线，苏木是由嘎查和苏木中心区组成的。苏木中心区的设置包括：（1）苏木政府负责整个部门的行政管理，其中包括财政、派出所

---

① 王俊敏：《一种新型社区——牧区社区》，《内蒙古大学学报》1993 年第 2 期。

等维持治安的机构。（2）牧业技术的管理和服务部门，例如畜牧业技术综合服务站、牲畜防疫站；（3）公共服务设施；例如邮电所、储蓄所、信贷部门。（4）公共教育卫生设施：学校、医疗保健院等。（5）商业部门：卖日用品及手工业的部门，例如制作牧业工具的部门，以及缝衣店、小餐馆、小旅店等服务部门。

苏木具有多重功能。苏木中心区集行政管理功能、牧业生产管理功能、商业功能、公共教育与卫生功能为一体，其功能是多维的、立体的、全方位的。一方面其功能辐射到嘎查，满足嘎查的需要。从形式上讲，牧区的嘎查相当于农耕区域的行政村，同时类似于人民公社时期的生产大队。而现在牧区的苏木相当于农耕区域的乡，同时类似于以前的人民公社。但是其功能有很大的区别。

千里草原的生计方式和生活方式的变迁当然引起人们的关注，包括制定政策的政府部门及国内外学术界的思考，尤其是牧业文化的承载者——牧人群体的关注。对此学者和政府都在进行深入的调查研究，也有大量有价值的论文发表。其核心问题是，草原是我国绿色的生态屏障，也是重要的经济资源，如何在保护草原生态屏障的同时，努力提高内蒙古区域人民的物质生活水平和提升人们的精神生活，如何实现牧业的现代化和可持续发展。

三　文化转型中牧业生计方式的变迁

通过对现代牧人生活的描述，可以看出"游牧的生计方式已经完成了其历史性的发展，游牧的生计方式连同其产生的游牧文化已经宣告结束"[①]。对此前面两节已经进行了分析研究。游牧文化虽然具有脆弱性和非自足性，毕竟是一个独立传承的文化体系，"它除本身具有一定文化因素组成外，还具有一系列结构特点，包括形态结构、生态结构、生计结构"[②]。定居的方式意味着其原来的文化活动的解体，其实不只是文化活动的解体，而且是原本的生产方式和生活方式的解体。目前由于人口的增加和工业的污染，自然物种正以超过正常物种灭亡速度的 100 倍到 1000 倍的速度灭亡。这是一个全球性、

---

① 刘明远：《论游牧生产力的生产属性》，《内蒙古社会科学》2005 年第 5 期。
② 阿拉腾：《文化的变迁——一个嘎查的故事》，民族出版社 2006 年版，第 12 页。

世界性的问题，是全人类面临的问题。实际上，可持续发展中与保护生态环境是统一的，我们说可持续发展，应该是建立在保护生态环境中的可持续发展。

在生态环境出现危机的情况下，学术界提出生态经济的理念。莱斯特·布朗在他的著作《生态经济：有利于地球的经济构想》中指出："经济赤字是我们彼此之间的借贷，生态赤字却是我们取子孙后代的财富。"① 为了给子孙后代留下财富，在当前可持续发展和生态保护的语境中，牧业的生产方式与生活方式呈现什么样的状态呢？

（一）目前保护草原的重大举措的实施

在我们恰似雄鸡站立的国土上，有一块美丽的绿色的地带，内蒙古的草原分布在东起大兴安岭，西止阿拉善戈壁，阴山、贺兰山以北的内蒙古高原。按照《中国草地类型分类系统》，根据自治区第三次草地资源普查，内蒙古草地划分为 8 个大类，21 个亚类，134 个组，476 个型，草地型占全国 813 个草地型的 58%。

1972 年联合国在瑞典首都斯德哥尔摩召开的人类环境会议，通过了划时代的文献《人类环境宣言》。1980 年由世界自然保护同盟等组织、许多国家政府和专家参与制定的《世界自然保护大纲》，第一次明确地提出了可持续发展的思想，把资源保护与人类发展结合起来考虑。1987 年世界环境与发展委员会（WCED）向联合国提出了《我们共同的未来》的报告，其中可持续发展的经典定义即：可持续发展是指既满足当代人的需要，又不损害后代人满足需要能力的发展。1988 年，联合国环境理事会就"可持续发展"一词的含义草拟出为发展中国家和发达国家都可以接受的说明，即可持续发展，系指满足当前需要而又不削弱子孙后代满足需要之能力的发展，而且绝不包含侵犯国家主权的含义。可持续发展还意味着维护、合理使用并且提高自然资源基础，这种基础支撑着生态抗压力及经济的增长。1992 年在巴西里约热内卢召开的联合国环境与发展大会通过《里约环境与发展宣言》和全球《21 世纪议程》，第一次把可持续发展由理论和概念推向行动。1992 年 7 月我国制

---

① 转引自胡仪元：《西部经济开发的利益补偿机制》，《社会科学辑刊》2005 年第 2 期。

定了《中国 21 世纪议程——21 世纪人口、环境与发展白皮书》，提出了人口、经济、社会、资源和环境相互协调的对策和行动方案，这是国民经济和社会发展的纲领性文件。

在《中国 21 世纪议程》可持续发展战略的新思路的指导下，2000 年国务院在《关于实施西部大开发若干政策措施的通知》中，强调"当前和今后一段时期，实施西部大开发的重点任务是加快基础设施建设、加强生态环境保护和建设"。此后，出台了《全国生态环境保护纲要》。提出"发展牧业要坚持以草定畜，核定载畜量，防止超载过牧。严重超载过牧的，限期压减牲畜头数。采取保护和利用相结合的方针，严格执行草场禁牧期、禁牧区和轮牧制度，积极开发秸秆饲料，逐步推行舍饲圈养办法，加快退化草场的恢复"。2001 年国家出台了《全国草原生态保护建设规划》，提出实施八大草原生态保护建设工程。2002 年，国务院出台了《关于加强草原保护与建设的若干意见》，提出"要建立和完善草原保护制度，实行草畜平衡制度；推行划区轮牧、休牧和禁牧制度，实施已垦草原退耕还草，转变草原畜牧业经营方式"等措施。

严峻的生态状况是政府与民众共同关注的问题。人应该在自然界中寻找自己的位置，人的理性观念正在实现这样的转换：由自然的征服者成为地球的守护者。目前在草场的使用上一是实行放牧地的轮牧。二是在有条件的地方培育割草场和建设人工草地。放牧地的轮牧，是让草地恢复的一种方法，由于草场的质量不同，每个区域轮牧的周期也不同。目前草场已经分为：（1）设牧场；（2）割草场；（3）人工草地、饲草饲料基地；（4）牧草种籽生产基地。牧人的牧场分为两个部分，一为放牧场，一为割草场。人工草地、饲草饲料基地和牧草种籽生产基地只在水土条件较好的地方才能建植。

在鄂温克自治旗的调查中，作者了解到，该地域是把每一放牧地划分成 5—8 个轮牧小区，每年各轮牧小区的利用时间、利用方式按一定规律顺序变动，周期轮换。这样做是为了防止终年或每年在同一时间以同一方式利用同一草地，从而达到均衡利用草地、恢复草地，避免草地退化的目的。否则会使价值牧草的产量降低。据调查呼伦贝尔鄂温克旗的主要做法有：（1）更换利用顺序；（2）较迟放牧：牧草充分生长后再牧；（3）延迟放牧：主要的优良牧草结籽后放牧；（4）刈牧交替：割草与放牧交替。

据研究，划区轮牧的效果有：（1）减少牧草浪费，节约草地面积；（2）改善植被组成，提高牧草产量和品质。（3）有利于草原管理和草地改良措施的实施。（4）采用先进、适用的综合配套技术，发挥了草原资源的自然优势。（5）保护生态环境，合理利用草地缓解草畜矛盾。经测算得出，草地划区轮牧投资 15 元/亩，年管理费 3 元/亩，草地原产值 15.9 元/亩，投资收益率为 27%，投资回收期为 4 年，经济效益显著。[①] 修建草库伦、围封草场也是政府推行的保护草原的重大举措。政府认为这是保护利用打草场治理退化草场，实行定居放牧的有效措施。据巴林右旗统计，全旗围封了 163.1 万亩，共有 175 块。其中 3 万亩以上的 15 块，2 万亩以上的 41 块，5000 亩以上的 30 块，千亩以上的 69 块，900 亩以上的 20 块，平均每头牲畜占有围封草场 1.8 万亩，其中用铁丝网围封的占 100 万亩。[②] 围封的草场实行休牧。围建草库伦把草场暂时封闭一个时期，在此期间不进行放牧或割草。给牧草提供一个休养生息的机会，使其能够积累贮藏足够的营养物质，逐渐恢复草地生产力并使牧草有进行结籽或营养繁殖的时间。在长期的游牧生活中，蒙古族的"逐水草而居"的生活方式就是保护草原的轮牧的生活方式。草原文化生成于大草原，植根于北方游牧民族的游牧业的生计方式。

千百年来，古代草原民族就认为人、草、畜的关系是一种平衡关系。草原是牧人生存的家园。其文化的精髓就在于尊重自然规律，与大自然和谐相处的人文思想。这种人文思想不仅明显地有别于其他文化类型，而且也成为草原文化的核心内容。草原民族"逐水草而居"的游牧方式为草原提供了可再生的饲草、水源和充足的地域空间。为了防止草场的超载使用，将可利用的草原划分为三季或者四季营盘，根据水草的变化确定养畜数量、游牧地带和放牧时间的长短，不断调整放牧压力和草原的时空分布，避免对草原生态的破坏。元代是游牧业的鼎盛时代，人的游牧行为是合乎自然规律有序地进行的"虽迁徙无常，而各有地分"，元代还将"草生而刨地者，遗火而热者诛其家"作为国家大法而必须执行。草原文化的意识形态、科学技术、伦理规范、民风习俗、宗教信仰等诸多方面都蕴含了鲜明的生态思维。而当今牧人实践的"围封转移"、"禁牧休牧"、"划区轮牧"等，都是优良历史传统在

① 参看邢旗、双全等《草原划区轮牧技术应用研究》，《内蒙古草业》2003 年第 1 期。
② 资料来源：邢莉与秦博于 2008 年 7 月田野考察期间当地农牧局提供。

新条件下的传承。

图 5.3.1　草原休牧　邢旗摄

　　面对草原生态环境的危机，我国把草原生态保护列入了法治的轨道。在实施了重新修订的《中华人民共和国草原法》的基础上，重新修改制定了《内蒙古自治区草原管理条例》。禁止了滥挖、滥搂、擅自滥开草原等破坏草原的违法行为。我国全面推进了禁牧、休牧、划区轮牧和草畜平衡制度，截至 2009 年底，全区禁牧休牧面积 7.81 亿亩，其中禁牧面积 2.83 亿亩，休牧面积 4.07 亿亩，草原轮牧面积达 0.91 亿亩。开展了草畜平衡核定工作，与 39.99 万牧户签订了草畜平衡责任书，涉及草原面积 7.20 亿亩。落实基本草原保护制度，8.4 亿亩草原依法划定为基本草原。全区草原保护建设呈现出持续稳定的发展态势，草原建设总规模稳定在 4000 万亩以上，"十一五"期间累计草原鼠虫害生防面积 5000 万亩以上。经过 10 年的努力，内蒙古的草原生态保护建设取得了较明显的成效。通过对退牧还草工程、风沙源治理工程区监测表明，草群高度、盖度、产量、植物多样性增加较明显，裸地、明沙面积逐年减少。

图 5.3.2　草原封育对比　邢旗提供

（二）牧业生产技术的变迁

在研究畜牧业文化当前所呈现的形态的时候，我们要研究生活方式活动的社会条件，主要包括物质资料（生产资料、生活资料）和社会时空。生产资料和生活资料是主体符号性的活动模式呈现为现实的生活物质条件，是衣食住行、生产、娱乐的工具、用具、手段。它们客观地决定了主体选择文化模式的现实条件。① 这里谈到的社会时空即社会条件的变迁，在第二章游牧文化的转型期里我们已经探究了社会时空的变化给畜牧业带来的影响，在此我们进一步研究。

在谈到现代技术应用和普及之前，我们要纠正学术界的传统的偏颇，即认为游牧业是没有技术含量的。在第一章里我们已经谈到游牧业是牧人的完整的知识系统，一个实践的技术操作系统。对于民众的地方性知识，我们尚

———————

① 参见高丙中、纳日碧力戈等《现代化与民族生活方式的变迁》，天津人民出版社 1997 年版，第 76 页。

未发现和研究就面临消失。这是一方面，另一方面对于传统的游牧业往往存在其自身不能克服的脆弱性和非自足性，不能抵御"黑灾"和"白灾"的袭击而导致牧业的大规模的损失，而这样的损失限制了牲畜的数量，维持了草原的人、畜、草的平衡。这恰恰表现了大量消耗资源和粗放经营的草原游牧业的生产要素已经不能再提供新的经济增长点，而在目前人口压力的情况下，提高牧业的产值为牧人生活提高所需。学术界认为：目前要走集约化的草原畜牧业的发展之路。其实质就是实现草原畜牧业由外延性的扩大再生产向内涵式扩大再生产为主的转变，从资源消耗型粗放的经营向资源节省型的集约经营转变，从生态经济恶性循环向生态经济协调发展转变。

修棚圈是克服牧业的脆弱性和非自足性的技术手段之一。纵观牧业的发展，棚圈设置有两个阶段，第一个阶段是在 20 世纪 50 年代。第二个阶段是在 20 世纪 70 年代到 80 年代。以我们所调查的巴林右旗为例，在 20 世纪 50 年代各地所建立的棚 3369 个，可容纳 33.2 万头牲畜。建圈 1647 个，可容纳 29.8 万头牲畜。1982 年建立棚 35991 个，圈 43107 个。实行了生产责任制以后，舍饲的数量增加，半农半牧区牲畜夏秋出场，冬春都实行半舍饲，牧区冬季牛羊或瘦弱牲畜实行半舍饲，优良品种实行舍饲。巴林右旗牧区和半农半牧区都设有永久性棚圈，目前约计有棚 6.5 万个，圈 4.8 万个，90% 的牲畜都能进入棚圈。①

鄂温克旗从 80 年代中期至今，随着牧户牲畜数量的增加和经济实力的扩大以及统分结合双层经营形式的发展，畜牧业逐步由常年游牧开始转向定居或半定居。其放牧演变为两种主要形式，一是牲畜数量少、以牛为主、畜别单一、专业化养畜程度高的牧户，冬春季依靠棚圈定居饲养牲畜，夏秋季则利用天然草场流动放牧；二是牲畜数量多、以羊为主、饲养 2—3 种牲畜的牧户，冬春季依靠棚圈饲养牛或瘦弱牲畜，大群羊只仍依靠冬营牧场流动放牧。春季母羊进入棚圈，夏秋季利用天然牧场流动放牧。依靠棚圈和饲草减少了牲畜冬春损失，充分利用了夏秋天然牧草抓了畜膘，保护了冬春草场。棚舍经过了一个由简易到规范、由低级到高级的过程。现在的棚圈主要分为砖木结构全封闭透光板暖棚（对尾双列式）和砖木结构全封闭（对尾双列式）两

---

① 资料来源：邢莉、秦博于 2008 年 7 月在巴林右旗的考察。

种类型。到 2005 年末，全旗永久性畜棚达 1985 座 293000 平方米，与 1990 比增加 900 座 135000 平方米。①

　　游牧的方式充分利用自然资源又保护了自然资源的可持续利用性。牧人进行规律性的转场，"为了使干旱草原能供养尽可能多的牲畜，游牧民不得不按照周期性的季节轨道不断把畜群从一个牧场赶到另一个牧场"②。其劳动的支出，是牧人在转场中的辛苦，他们年复一年维持简约素朴的生活方式，为保护草原付出了很辛苦的代价。定居以后牧人的生活方式发生了很大的变化，搭盖棚圈、种植饲草、给牲畜饮水、打药，个体都要付出劳动。一方面定居生活给牧人生活带来稳定，带来了生活质量大幅度的提高，另一方面，虽然其牧业的距离大大缩小，但是牧人的劳动会相应增加。目前定居前和定居后所付出的劳动很难评估，但有的学者认为："一方面，家畜总体用于维持生命、生产以及为觅食所消耗的能量就相应加大，另一方面，牧民所付出的劳动支出也会相应加大，获取同等数量的畜产品，定居畜牧较游牧所付出的劳动多，牧民就自然会感觉到辛苦。"③ 面对工业化和现代化，牧人的生产方式和生活方式正在调试，其消费观、价值观、生活观也都在转变。

　　当我们关注牧业文化变迁的时候，不能不关注现代技术对于牧业文化变迁所起的作用。现代科学技术，已经渗透到生活的各个角落，这是民俗变迁的重要原因。人类学家怀特认为："文化是一个动态系统，需要提供能量，使之运动和进化。他将文化分成三个亚系统，即技术系统、社会系统和思想意识系统。它们彼此相关，互相影响，其中技术系统起主导作用，因为人要生存在自然界中，必须要有技术手段。"④ 由此引起的变化乃是民俗学最应关注的。牧业生产在逐步机械化、信息化。据作者 2007 年在呼伦贝尔鄂温克旗调查，其传统的交通工具例如冬季交通的雪橇、各种车辆勒勒车、棚车、胶轮车等正在渐少以至消失；传统的生产工具包括马具系列例如马绊子、马嚼子、套马杆、马鞍等由于马的数量的渐少也正在渐少；传统的羊具例如羊毛剪子、羊绒抓子、接羔袋等也在渐少。代之而起的是牧业的机械，其中包括打储草

---

①　资料来源：邢旗于 2007 年 7 月调研考察提供。

②　［英］阿诺德·汤因比：《人类与大地母亲》，徐波等译，上海人民出版社，第 111—112 页。

③　阿拉腾：《文化的变迁——一个嘎查的故事》，民族出版社 2006 年版，第 25 页。

④　黄淑娉、龚佩华：《文化人类学理论方法研究》，广东高等教育出版社 1998 年版，第 287 页。

的机械、种草采用的犁和播种机，畜产品采集机械、运输机械及汽油发电机、柴油发电机、风力发电机，抽水机的水泵，三轮、四轮拖拉机等。给牛羊消毒的浴池也是现代的防疫方法。有学者调查鄂温克旗辉苏木的乌兰宝力格嘎查有拖拉机82台，户均一台，有的牧民家中有汽车，牧民家庭用电率达到100％，家家用上了水压井，在缺水的地方还打了机井。① 内蒙古区域风能资源丰富，大部分地区年平均风速3—4米/秒，年均大风日数，东部各盟20—40天，西部各盟40—60天，冬春季节大风日数占全年60％左右，是发展风力发电的优良地区。其中赤峰地区就利用了大量的风能。

表5.3.1　　　　　内蒙古通辽市扎鲁特旗格日朝鲁苏木查干敖包嘎查
之马匹、车辆的情况　　　　　（单位：匹、辆）

数量　　种类 ＼ 时段	20世纪60年代—1978年	20世纪80年代—90年代	20世纪90年代—至今
马匹	200	1800	40
机动车	很少	120	280
摩托车	没有	很少	1020

资料来源：包海青于2004年7—8月调查。

　　学术界认为，实施草原畜牧业的集约化经营是实现可持续发展的途径。集约化的草原畜牧业就是指通过采用先进的技术手段和科学的管理方法，对草原畜牧业的生产投入较多的物化劳动，使得各种生产要素优化组合，以获得更高的草地生产率、畜群生产率的一种内涵型畜牧业生产方式。在这样的理念下，定居的牧人在牲畜的结构上有所调整，饲养方式也在转变。

　　传统的牧业是牧养五畜。五畜平衡维持了游牧业生产结构的进行。作为生产周期短（胎期5个月）、提供生产资料快而较全的绵羊与山羊必全养或养一类；作为生产周期长（胎期9—11个月）、提供游牧必需的役用畜力的三类大家畜马、牛、骆驼也必全养或养一两类。大家畜与小家畜各占比例一般是

---

　　① 李·吉日格勒等：《内蒙古鄂温克旗乌兰宝力格嘎查的调查》，云南大学出版社2004年版，第68—70页。

30% 或 20% 与 70%、80%。马和绵羊是游牧民衣、食、住、行、用的主要经济来源并能在冬季以蹄扒雪觅草，所以在游牧业中占有重要的地位。在草原牧业转型的过程中，牧业的结构在进行调整。在我们调查的锡林郭勒东乌珠穆沁旗奈日木德勒嘎查有牛 289 头，马 184 匹，骆驼 8 头，羊 32389 只，其中山羊 10595 只，绵羊 43465 只。嘎查长家有 1300 只羊，其中包括山羊和绵羊，马 10 几匹，牛 20 几头，过去有骆驼，现在骆驼没有了。[①] 再以扎鲁特旗民主乡新艾里嘎查额尔德尼达莱家为例，如表 5.3.2 所示：

表 5.3.2　　　　　　　　定居前后牲畜种类的变化　　　（单位：头、匹、只）

种类　数量　时间	定居前	定居后
骆驼	少量	消失
牛	20	40
马	30	3
绵羊	150	40
山羊	50	160

资料来源：包海青于 2004 年 7—8 月调查。

从这里看出，粗放的游牧生计的五畜平衡的结构已经解体，骆驼与马已呈大量减少的趋势，牛的数量和绒羊的数量增加，这是由于市场经济的驱动。牲畜结构的调整表现在两个方面，一方面是大型牲畜较少，另一方面是牲畜品种比较单一。由于棚圈的普遍使用和冬季畜草的准备，所以出现牲畜品种单一的趋势。目前饲养除了利用天然草场之外，还利用补饲的方法，补饲根据自然草场的情况而定，方法多样，把贮存的牧草因种类不同，喂养牲畜的需要不同而进行不同的加工，有铡短、浸泡、发酵、晾晒等不同的方法。

目前正在推行牧草青储及饲喂技术。作者在海拉尔市的奶牛饲养基地观察了青储饲料的过程。所谓青储饲料就是把青储原料如玉米秆收割后，把种

---

① 张曙光于 2008 年在锡林郭勒盟东乌珠穆沁旗奈日木德勒嘎查的调查。

植的饲料晒 24—36 小时，然后打捆放入青储窖中。青储窖是在地面上挖一个长方形的深坑，坑的大小有十几米深，按照储藏量决定。再盖上 40—50 厘米的干草后培土，能够起到保温作用。在往坑里置放时，草捆的摆放不能有空隙，过多的空气会使青储原料的养分氧化损失，甚至腐败变质。所存的饲料经过 30—40 天的发酵，就可以喂牲畜。披碱草生长在呼伦贝尔盟高寒地区，为短期利用型多年生牧草，在干旱的条件下，其产量较高。其刈割时间不能太晚。刈割后一般采用调制干草和制作青储的方式。在海拉尔市周边，作者看到在机播牧草。1995 年鄂温克自治旗引进澳大利亚英特包装材料设备公司的牧草生产设备和强力拉伸膜裹包青贮草捆技术，进行了牧草捆青贮工艺技术的研究与开发。用强力拉伸膜裹包制作的青贮牧草，冬季饲喂奶牛、肉牛，不仅没有出现通常的掉膘现象，而且保持了肉牛平均日增重 0.8 公斤，奶牛平均日增重 5.9 公斤的效果，用该青贮牧草育肥的肉牛被定名为"呼伦贝尔肥牛肉"。经中国农业科学院草原研究所化验分析：用该技术生产的青贮牧草粗蛋白质含量为 14.37%，粗脂肪含量 2.52%，钙、磷及微量元素含量丰富，每公斤干物质可产生 8.71 兆焦耳热量，是普通青干草（4.8 兆焦耳/公斤）的 1.8 倍。

以半农半牧的巴林右旗为例，1956 年全旗的饲料基地为 1.5 万亩。1957 年产精饲料 500 万公斤。全旗每只羊单位占有 20 公斤。60 年代政府组织建立了合乎标准的饲草饲料基地。1970 年后全旗的饲料基地都建立在围封草场内，以种植青储饲料为主。1975—1979 年饲料基地每年平均生产青储饲料 1500 万公斤。1986 年全旗青储饲料播种面积 9700 余亩。[①] 种植需要水利灌溉，从 20 世纪 50 年代中期开始，巴林右旗灌溉草场 6000 亩。在 20 世纪 60—70 年代，旗内修水渠 30 条。1980 年全旗灌溉草场 3.33 万亩。经巴彦尔灯草原站检测，未灌溉的亩产鲜草 111.2 公斤，灌溉的亩产鲜草 879.75 公斤。利用引洪灌溉的土地人工种植的紫花苜蓿，亩产达到 1312.75 公斤。[②]

锡林郭勒盟正镶白旗 1997 年开始分配打草场。牧户都签有《锡林郭勒盟正镶白旗草牧场承包合同书》。人工草地种植方法被推广。我们调查过的英图嘎查于 20 世纪 90 年代开始种草，至 90 年代中期开始大量种植，种植面积达总草场面积的 10%。人工草地是一种集约的经营方式，即在一定的土地面积

---

① 巴林右旗地方志编纂委员会编：《巴林右旗志》，内蒙古人民出版社 1990 年版，第 177 页。

② 同上书，第 75 页。

图 5.3.3 草原科技工作者在进行草原调查 邢旗提供

上栽培牧草作为青饲（可以直接喂牲畜），也可作青贮，调节草畜的矛盾。干旱多风是荒漠草原的气候特征，而牧业的生命线——水源却较少。为了发展牧业生产，牧人的家庭开发了水利资源。牧人的家庭普遍使用了水井，有的家庭还打了机井。井上配备了压力管或者水泵，还有水渠和塑料输水管道。但是有的地区草原干旱缺水，有的地区打井很深，水尚不足灌溉。这是面临的问题。

20 世纪 80 年代以后，出现了较详细的社会分工。出现了各种专业户，例如养奶牛专业户、养羊专业户、种草专业户、运输专业户等。牧民逐步从"户户有五畜，家家小而全"的自然经济形态，逐步向畜牧业生产专业化、社会化的商品经济转化。从 1991 年至 2005 年的 14 年间，鄂温克自治旗奶牛养殖户数由 216 户增加到 3972 户，占全旗牧户总数的 69.48%。鲜奶产量由 35347 吨增加到 150687 吨，翻了 4.26 倍，出售鲜奶由 30198 吨增加到 129657 吨，翻了 4.29 倍。尤其到了 1999 年，自治旗依托上海光明奶业市场优势，在海伊公路沿线六个乡镇苏木、24 个嘎查，实施"政策促动，龙头牵动，项目带动，投资拉动，基地联动，科技推动"的奶业发展战略，全面实施了《80 公里奶牛带工程》。到 2005 年全旗牛存栏 15.34 万头，比 1998 年增加 3.2 万头，其中奶牛头数达 7.65 万头，较 1998 年增加 3.20 万头；奶牛单产由 1998 年的 1.44 吨，提高到 2005 年的 2.79 吨，提高 51.61%。2005

年奶产业占牧业产值比重由 48% 达到 70%。①。

定居牧业的畜群结构在重新调整。传统的饲养方法是任牲畜自由采食，由天然草场供给牲畜营养。游牧的核心是与环境统一的机制，由于环境的自然淘汰而限制了牲畜的数量和人们增加牲畜的欲求。而定居牧业的"牧民通过家畜这种初级消费者（获取环境中净初级生产力），即牧草的能力也就相应得到增加。如此循环往复的结果，大型牲畜如马等，因为不利于收获能力的增加，就自然退出经营范围。游牧生计活动方式中所包含的收获努力的限制功能，因而就被自然而然地摆脱掉了"②。随着草场的划分和牧人的定居，打破了传统粗放的五畜平衡的牧群结构。这是由于牲畜改变了采食方法，加之畜牧业进入了市场经济的商品网络，马与骆驼的功能衰退，而且不利于牧人收获赢利，自然渐渐退出牧业范围。

（三）牧人商品意识的增强和消费习俗的变迁

在世界经济一体化的语境下，发达的交通，畅流的信息，已经打开了一个个封闭的社区，"一个以分秒、时刻和星期为基本单位的时间体系在全社会取得了支配地位，在这种时空结构里面，人们的生活方式的可能性自然发生了根本的改观"③。牧业生活方式的变迁不仅表现在劳动生活方式的变迁，而且表现在消费习俗的变迁。

在传统的牧业社会，粗放的牧业经济不需要生产投资，而现代牧业需要生产投资。据前面已经提到的赤峰克什克腾旗那日苏嘎查调查④：1978 年前，那日苏嘎查没有草库伦，大队和大队之间有边界线，牧人放牧不超过边界线即可，修建草库伦是在 1978—1983 年期间。通过修建草库伦，明显看出草库伦里草的长势要比没建草库伦的地方长得好，但牲畜可食用草减少，这是当地牧民的反映。牧民也反映：围建草库伦的费用大。1 米网线约 1—2.5 元（一般 7—9 层）。一个桩子 3—20 元（木桩子 3—5 元），水泥桩子 20 元。但

①　邢旗于 2007 年调研考察提供。

②　阿拉腾：《文化的变迁——个嘎查的故事》，民族出版社 2006 年版，第 23—24 页。

③　高丙中、纳日碧力戈等：《民族现代化与生活方式的转型》，天津人民出版社 1997 年版，第 76 页。

④　中央民族大学 2006 届民族学硕士毕业生宋小非于 2005 年在赤峰克什克腾旗那日苏嘎查调查。

木桩子易烂，而水泥桩子又具易锈缺点，因此隔一段时间必须更换或修整。

此外打井是生产经营的另外一笔投资。克什克腾旗那日苏嘎查现政府规定每户可以耕种 15 亩人工草场，可以种些玉米秆等植物。条件是草场上必须有抽水井，以灌溉草场，但打一口井的费用太高，打 1 米要 550 元，要打 30—40 米才能出水，牧民大多数打不起井，所以在那日苏嘎查种草的只有几户。牧民反映种的草牲畜爱吃，长势也比自然草长势好，因为种草的地方会翻土，土质松软。没有种草的地方土质坚硬，影响草的长势。但是种草成本较高。达日罕乌拉苏木政府在发展畜牧业方面重点是建棚圈，属于该苏木的那日苏嘎查从 1985 年以来，在苏木政府组织下，冬季备料，夏季施工，秋季验收。牧民多数给牲畜修建柳笆子的棚圈，少数富户才会给牲畜建砖瓦结构的暖棚。搭盖棚圈也是一笔开支。

以前大集体的时候，牲畜是由公家的收购机构来收购，由嘎查长负责。这是公家对公家的买卖行为。从 20 世纪 80 年代初期至 90 年代再至今，牧区实行了联产承包责任制，由于草场承包到家庭，牲畜不属于原来的集体所有，而是以个体的家庭为单位所有，个人对草场的使用权和对牲畜的所有权激发了牧人生产的积极性。在牧业社会里牲畜就是财富，在改革开放的新体制下，他们希望快快致富。同时在商品社会，牲畜已经成为一种商品，"随着商品生产，即不是为了自己消费而是为了交换的生产的出现，产品必然易手"[1]。关于当前牲畜的市场状况，我们进行了下面的访谈。

> 我家在村南边，虽然在沙子边上，地方还算宽敞，所以养牲口还挺方便的，草场在家门口。我们每年都要处理一些牲口的，一般卖一些老弱病残的，还有一些公（雄性）的牲畜，很少卖母畜，还留着明年下羔子呢。一般都是外地人来收牲口，但是要有个当地人领着。收牲口的人也压价，我们也跟他们争挤争挤（方言，"讨价还价"的意思）价钱，谁都想多卖点儿钱。人们现在也看行情，总想多撑几天，卖个好价钱，摸准行情也难，有时越搁越落价……[2]

---

[1]　［德］恩格斯：《家庭、私有制和国家的起源》，人民出版社 1972 年版，第 172 页。

[2]　被访谈人：LYG，男，48 岁，蒙古族，牧民。访谈人：闫萨日娜，访谈时间：2009 年 7 月于翁牛特旗照克图嘎查。

因为我们家开商店，所以经常往外跑，慢慢的认识的人多了，现在交通方便，来这里收牛羊牲口的人也多了。现在也都有电视、手机了，信息流通很快。一到秋天，我们在打听价格，也讲讲价格，谁家买东西不讲价……，现在来买牲口的人必须有当地熟人领着，牲口贩子自己来一般买不到牲畜，都不信任。差个三十五十（元）的就由"和事老"说合说合。我们蒙古人卖牛羊的时候必须从尾巴那块拔下一撮毛来，意思是把根留着，希望以后五畜兴旺。每年秋天的时候或者学生开学的时候需要钱就会卖牲口，卖一、两头牛就够了……①

我当过村长，那时候牲口什么的都不能随便卖，都由上边（政府）的人来统一收走，要是有谁随便卖了就会被批斗，一个大牛才 30 块钱……从 1981 年包产到户之后，就不一样了，把牲口、草场都分给个人家了，卖不卖是自愿的了。以前（80 年代前）我们都是骑马、套毛驴车出门，交通不方便，消息也不灵通，村里好多时候都卖不上钱，现在不同了，骑马的少了，套毛驴的更没有了，都嫌慢了，每家每户都有摩托车了，还有手机，牧民互相串通，消息可快呢。②

据调查，随着社会文化变迁，牧人自己秋后卖羊羔、羯羊和 2 岁公牛。每只羊羔的价钱不等，我们 2007 年的调查是羊羔每只 380—400 元，羯羊每只 1000—1500 元。均属于个人对个人的买卖行为。

我家养牲口也种地，还养猪，这营子（方言，"村里"的意思）基本都是这样的，自从 2003 年开始给农业补贴之后种的地就更多了，国家政策也挺好的，种地了就有粮食了，顺便养几头猪年底可以杀着吃，这几年猪肉太贵，养个母猪还能增加一些收入。我们一般都去集（集市）

---

① 被访谈人：YB，男，37 岁，蒙古族，个体商户兼牧户。访谈人：闫萨日娜，访谈时间：2009 年 7 月于翁牛特旗照克图嘎查。
② 被访谈人：LYSER，男，73 岁，蒙古族，牧民，曾任村长。访谈人：闫萨日娜，访谈时间：2009 年 7 月于翁牛特旗照克图嘎查。

上卖猪羔子。我们苏木十天一个集。外地人也有来集市的，我们家随大流，看看人家多少钱卖，我们就跟着卖。粮食收完了就有当地人来收购了，然后送到粮站，他们从中间挣点差价钱。棒子（玉米）去年是六毛八一斤，今年太旱了，估计也收不了多少，天天都在浇地，没闲时候，其实一年下来算算也剩不了多少钱，可是不种地又能做什么呀，地是老百姓的命根子嘛。①

在改革开放的新形势下，在商品大潮中，内蒙古区域牧人的商品意识表现逐渐增强。除了从事牧业外还开拓和增加了各种适应当代社会需求的多种生计方式。据我们在鄂温克旗布里亚特蒙古族的牧人中调查，分到草场的牧人有的不直接从事牧业，而是采取了雇工的方式，其本人和家庭成员选择从事多种职业。其中包括：（1）在海拉尔、满洲里开设卖布里亚特包子的饭店。（2）有些牧民做些奶制品，奶皮、奶干等到市区出售。（3）随着旅游业的发展，在草原上搭盖蒙古包，开家庭旅游点，这种状况逐渐增多，收益甚好。（4）与俄罗斯做边贸生意，主要是双边具有特色的工艺品，也包括皮毛生意等。（5）开设民族服装店，随着商品经济的发展，蒙古族服饰的制作已经由家庭走入市场，购买蒙古袍的有牧民，也有其他民族的人，特别是旅游者。蒙古族的服饰正在从实用型向装饰型和审美型转化。（6）牧人自己开车跑运输。（7）也有少部分外出打工的，从事各种职业。② 但是与其他地域的蒙古族比较，从总体来说，布里亚特人汉语能力不强，与外界接触困难不少，但是即便如此，改革开放开启了他们从事多种生计方式的大门。

在传统的牧业社会，牧人的商品观念是比较薄弱的。牧人主要消费自己生产的产品，如肉、乳、皮毛等各种畜产品，可以满足日常生活的需要。他们还有乳制品加工工艺、毛皮制作工艺等技能满足日常生活的基本需求。牧人长期来处于消费品自给性支出的状态，"在他们那里，附着在物品上的人情因素还没有被剥离掉，不存在纯粹市场化的物品。他们在内心深处，还保留

① 被访谈人：ZHGY，女，46 岁，汉族。访谈人：闫萨日娜，访谈时间：2009 年 7 月于翁牛特旗照克图嘎查。

② 材料来源：邢莉、桂丽 2007 年 7 月在鄂温克旗布里亚特蒙古族的调查。

着按身份、勋绩、友情、威望分配物品的观念，所谓的交换是不完全的"①。过去在少有的交换中他们讲人情，讲面子，甚至出手大方，讲究馈赠。在他们的观念中，馈赠是个人心甘情愿的一种选择，而不是一种交易的手段。现在他们逐渐减少了这种馈赠行为，而且与交易人或者交易的单位讨价还价，他们生产的牲畜与奶制品已经步入了市场经济的轨道。在传统的牲畜是货币的基础上，他们的观念正在紧跟飞速发展的市场经济在转化，他们的商品意识在迅速加强。

在探讨生活方式的概念和解释的时候，韦伯等西方学者把生活方式转变为消费方式来研究。"消费是操作商品实物以及人们赋予其中的符号意义的系统行为，象征为主，实物是象征的媒介，两者的结合才构成完整的消费对象。"② 在传统的牧业社会里，牧业产品主要供自己享用，交换的机会较少。这属于自给性或者半自给性消费。如今这种自给性或者半自给性消费在消费文化中占的比例在缩小和减少，而从市场上购买的产品所占的比重越来越大。就这个问题我们访谈了锡尼河镇布日都嘎查苏优乐玛。她是牧民，丈夫是牧民兼兽医，有一子。家中有牛40多头，羊100多只，打草场800亩。其家一年的收入有三项：（1）其夫兼兽医给牲畜看病的工资；（2）卖牛奶的收入；（3）卖牛犊及羊羔的收入。家庭年收入大约5万—6万元。其支出包括：

1. 生产支出：打草机械支出——此项支出为一年中牧业生产的最大支出，打草也是牧民秋季主要和重要的事情。2010年买柴油、修理机械和雇人打草花了6000元左右。

2. 雇工支出：（1）家里雇人放羊，一个月一只羊给5块钱，一年要放9—10个月，需支出5000—6000元。（2）雇人打草，每人每月1800元。

3. 生活消费支出：消费住房支出——现定居住房为砖房，大概2—3年维修一次，主要是重新粉刷和画些图案，需要1000元左右。

4. 孩子教育支出：此项支出开销最大。孩子在海拉尔一中读书，初中的时候每年大约需要8000元，高中每年需10000元（包括学费、书费、生活费）。不包括手机一部，800多元。

---

① 闫天灵：《汉族移民与近代蒙古族的变迁》，民族出版社2004年版，第305页。
② 高丙中、纳日碧力戈等：《现代化与民族生活方式的变迁》，天津人民出版社1997年版，第13页。

5. 交通支出：（1）平时在苏木和嘎查里的交通主要是自家的摩托车，汽油费用年约500—600元；（2）孩子寄宿学校，夫妻要到海拉尔探望，来回每人50元，一个月一次，一年约2000元。

6. 通讯费用：手机通讯费每人每月50元。

7. 服饰支出：夫妻服装费用节省，3、4年做一身袍子，孩子的服饰支出大些。

8. 社会支出：婚礼、葬礼、升学宴等。每年大概需要花费3000多元。（1）婚礼支出不一，视关系远近和经济情况而定婚礼一般的随100元，关系好的200—500元；（2）布里亚特葬礼的随礼分与逝者关系的远近，给几百元几十元不等。一种情况是在逝者家中的佛像前置钱，参加葬礼的人将钱放在哈达上，然后放到佛桌上。普通的10元、20元，也有50元或100元的；另一种情况是将钱直接给主人，一般为100或者更多。葬礼后，主人回赠客人礼物。

9. 节日支出：（1）过年支出主要以购买食物支出为主，包括水果、糖、肉等；此外还有拜年时用的头巾和哈达。这些大概要花费2000元。如果家里的亲戚有新结婚的姑娘，布里亚特蒙古族讲究新婚夫妇的回访（这是布里亚特蒙古族流传已久的习俗），要为新婚夫妇准备礼物，包括羊肉、水果、罐头、糖等，一般大概要花费1000—2000元不等。（2）过年到庙会锡尼喇嘛庙内置钱少许，从几十元到百元，求得平安吉祥。平时家里出现生病的人或者诸种不顺心的事情，也要到庙里寄放香火钱。

10. 一次性支出：项目包括住房、牲畜棚圈、机井等，还包括接收信号的卫星接收器（2000元左右）等。[①]

通过调查我们认识到：其一，牧人的消费观念正在转化，从自给性或者半自给性消费方式转向商品消费方式。其中主要包括三大项即生产性消费的投入、生活性消费的增加以及教育投资的固定化。过去粗放的牧业，牧人生产性消费很少，在步入现代化市场经济的过程中，特别是牧业现代化机械的使用和维修，生产性消费占有较大比重。过去在衣食住行上牧人自给自足，现在生活性消费占有相当的比重，尤其是牧人的家庭手工艺在淡化，逐渐步

---

① 资料来源：桂丽于2009年暑期在呼伦贝尔鄂温克旗锡尼河镇东苏木布日都嘎查的调查。

入市场购买。牧人的婚礼也要在饭店举行，他们认为这是一种现代化的生活方式。在生活消费中，传统的牧业生活少有娱乐支出，其娱乐也往往以家庭为空间，而现在临近城镇的牧人已经享受歌厅的消费。目前牧人的子女享受教育，在享受普及教育的基础上希望子女上大学甚至到外国留学，这是一笔重要的固定的消费。

其二，在研究消费习俗变迁的时候，我们注意到由于联产承包责任制加速了社会分层，生活水平和消费水平都出现了差异。我们调查了锡尼河镇布日都嘎查牧民 SDZHB，48 岁，蒙古族，居住地为孟根楚鲁，男主人原为伊敏煤矿的工人，后成为牧民。有妻室和一子。1983 年分得草场，家庭拥有现代化机械，其中包括全套的打草设备、拖拉机、卡车等。现共有牲畜 1400 多只，其中羊 700—800 只，其余为牛。2009 年秋季卖羊羔 400—500 只，收入约 20 万；羯羊卖了 100 多只，收入约 10 万元。这是牧业的富户。但是有的牧户或因牲畜基数小，或因天灾人祸，或因不善经营，或因家中有病人，或因不知积攒等诸种原因，靠雇工为生，年收入仅 5、6 千元不等。两相比较，生活差距很大。过去牧人的消费基本处于同一水平，但是现在富户的生产资料和生活资料的支出都高于中等户和贫困户，有人总结为"由基本均衡消费向级差消费的转变"①。

总之，自 20 世纪 60 年代以来，内蒙古经历了两次大的社会经济转型。（1）从封建社会的自给自足的经济模式转变为社会主义公有制的经济模式。经过对传统社会经济的社会主义改造，不仅解放了民族地区的生产力，而且还极大地发扬了草原各民族的主人翁精神。（2）从社会主义公有制经济模式转变为公有制为主体多种所有制经济共同发展的社会主义市场经济模式。改革开放以来，"草原社会结构最根本的变化是由总体性社会向分化性社会的转变，从集体经济模式转变为个体私营经济模式，这一变化的根本动因是体制改革"②。

---

① 参见《牧民消费方式的变迁》，载斯平主编《内蒙古社会发展与变迁》，内蒙古大学出版社 1992 年版，第 202 页。

② 刘高、孙兆文主编：《草原文化与现代文明研究》，内蒙古教育出版社 2007 年版，第 35 页。

（四）牧人保护草场的新生产经营模式

在可持续发展的现代牧业中，草原是草原牧民最基本的生产资料，牧民从事的以牧业为主的生计方式，需要从草原产生经济效益。但是在人口众多的情况下，低产出的传统游牧业已经不能满足牧民人口增加的需求和走向现代化生活的需求。在商品经济的刺激下，增加牲畜是牧人的欲求，这样就使得本来就退化的草原退化趋势更加严峻。严峻的生态状况是政府与民众共同关注的问题。人应该在自然界中寻找自己的位置，人的理性观念正在实现这样的转换：由自然的征服者成为地球的守护者。

近些年来针对气候变化、草畜矛盾突出、草场分散经营、生产基础设施建设薄弱、科技含量和组织化程度低等草原难以恢复的主要限制因素，在国家对生态保护建设投入的同时，牧区基层组织及牧民也在用自己的方式寻找着可持续利用草原的出路。在传承游牧制度合理利用草原经验的基础上，依靠先进的生产设备和科学技术，充分挖掘草畜资源潜力，草原在利用中保护，在保护中利用，创建了一些新的经营管理模式。下面是我们调查的一些典型案例。

典型案例一：以嘎查（村）草场为基本利用单元的经营模式①。

陈巴尔虎旗呼和诺尔镇白音布日德嘎查有可利用草场面积76万亩，牧户78户，总人口283人，劳动力172人。该嘎查在保障牧民对草场所有权的前提下，保持集体化管理的优越性，对全嘎查草场管理使用、畜群转场放牧、定居点规划、脱贫致富以及防灾、抗灾机制等事关全局的大事上，形成共同约定，采取了集体管理和牧户自主经营相结合的"统分结合"双层经营管理模式，设计了良好的管理制度。有效解决了"有分无统"的草牧场经营管理弊端，做到了"三个统一"（即统一规划、统一管理、统一使用），使嘎查草场退化、沙化面积明显降低，嘎查集体经济不断发展壮大，牧民生活质量和水平逐年提高。

嘎查长远规划，合理布局定居点，在划分草牧场过程中综合考虑草牧场草质、水源等基本情况，逐水划分草牧场，使每户牧民草牧场境内都有水源，

---

① 被访谈人：内蒙古呼伦贝尔市陈巴尔虎旗呼和诺尔镇白音布日德嘎查书记，男，蒙古族，访谈人：邢旗，访谈时间：2010年7月，在陈巴尔虎旗呼和诺尔镇白音布日德嘎查。

根据天然草原类型，按"天然草原载畜量计算"标准，按平均25亩养一个羊单位，核定全嘎查草地载畜量；以嘎查为利用单元，牲畜分为20群，大户一家一群，小户2—3家合养一群，56万亩放牧场进行四季轮牧。放牧时根据四季营地降水情况，草场牧草返青、生长情况，通过嘎查牧民大会决定季节营地的轮换和放牧时间，也可对上述四季大区轮牧时间进行适当调整。

在嘎查基层组织的带领下，采取捐资和嘎查出资的办法改良退化，对草地严重退化草原进行围封补播、休闲；同时争取项目资金，围封沙地0.7万亩，种植饲料地300亩。嘎查养奶牛户较多，专门成立了奶牛养殖专业合作社，提高牧民的组织化程度。

上述模式的特点是：适合在人口相对较少、草场放牧压力较轻的地区。该模式要由基层组织出面公平、公正地解决牧民草场植被、地形、水源、基础设施等方面存在的问题，既传承了牧民多年合理利用草原的经验，又运用现代技术和设施，基础设施投入及草场资源维护监督成本相对较低，同时保持了牧区文化特色及草原景观。

典型案例二：以联户草场为基本利用单元的经营模式①。

内蒙古锡林郭勒盟西乌珠穆沁旗巴拉格尔镇伊拉图嘎查有8户牧民，8户中有5户中等户，3户困难户，总人口30人，劳动力16人，草场面积共21000亩。联户之前每户畜均草原面积小，牲畜长年在一块草场上放牧，草原承载能力基本处于饱和状态，部分草场沙化严重。在牧户自愿的基础上，联户整合草场，牧户集体商议联合使用的办法与制度。

首先控制牲畜数量，以当时平均27亩养一个羊单位，按各家草场承包的面积来决定每家可以饲养的牲畜头数，多畜户以高于市场的价格付给少畜、无畜户草场使用费。聘请科技人员根据草场情况、水源分布等划分季节放牧场，夏秋放牧场联户轮牧，冬春季放牧加补饲，部分退化草场围封休牧。借助国家项目支持，进行围栏、饮水点、饲草料地建设，种植了100亩青贮饲料地，建了青储窖，利用饲草料地种植的青储，冬春分户放牧或舍饲。

羊群、牛群整合分3群放牧；劳力整合为放牧、种草等不同分工；进行

---

① 被访谈人：内蒙古锡林郭勒盟西乌珠穆沁旗巴拉格尔镇伊拉图嘎查牧民 NSGRL，男，蒙古族。访谈人：邢旗，访谈时间：2009年9月，在西乌珠穆沁旗巴拉格尔镇伊拉图嘎查。

牧业机械整合，处理了各户旧的小型打储草机械，合伙买了20马力、30马力的打储草设备。联户后减少了生产生活开支，每户节省牧机修理和柴油费2000元/年、雇工放羊费9600元/年、羊圈清理费350元/年、饲草料补饲费2500元/年、打草雇工费500元/年等，每户每年共节省14950元生产开支。草场联合使用2—3年后，植被得到一定程度的恢复。近两年8户牧民成立了育肥牛合作社，在农业综合开发项目的扶持下，建了肉牛育肥基地和牛肉干加工产业化项目，现已步入生产阶段，合作社收入稳步增长。

　　该项模式的特点是：几户牧民（邻居或亲属）自愿联合，必须处理好合作牧户之间的利益关系。联户草场整合必须在草原承包到户的基础上，明确产权和经营权，采用租赁、股份制等方式进行经营。以联户（合作社）为草场利用单元经营投入相对较少，除了能更合理利用草场，解决草原资源、水源不均的问题，还能够在生产上合作互惠，分担自然灾害风险。

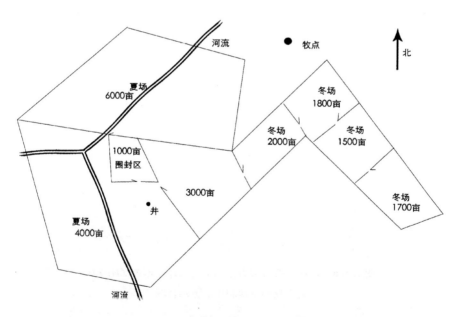

图5.3.4　西乌珠穆沁旗伊拉图嘎查8户牧民联户划区轮牧图

资料来源：邢旗调查提供。

典型案例三：以单户家庭牧场草场为基本利用单元的经营模式①。

内蒙古锡林郭勒盟锡林浩特市宝力根苏木巴彦淖尔嘎查 ZHBZH 牧户有 4 口人，有草场 7070 亩，租用他人草场 5000 亩。科技人员根据牧户草地类型、草地产量和牧草再生特点，人工饲草地或打草场提供饲草数量，确定草场载畜量，依据草场类型、地形、水源等外部条件，暖、冷季饲养量对草场进行优化配置，该家庭牧场草原利用现配置为：划区轮牧区 8840 亩，分为 13 个轮牧小区，每小区 400—700 亩；冬季放牧场 2130 亩自由放牧；打草场 1000 亩；人工饲草基地 100 亩。轮牧小区放牧时间根据牧草生长情况进行调节，每一放牧单元中的各轮牧小区，每年的利用时间、利用方式按一定顺序周期轮换。

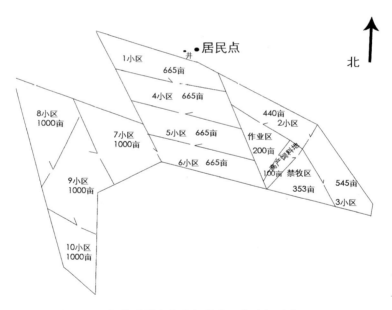

**图 5.3.5　锡林浩特市宝力根苏木巴彦淖尔嘎查 ZHBZH
家庭牧场草地利用配置示意图**

资料来源：邢旗调查提供。

---

① 被访谈人：内蒙古锡林郭勒盟西乌珠穆沁旗浩勒图高勒镇巴彦宝力格嘎查牧民 BT，男，蒙古族。访谈人：邢旗，访谈时间：2009 年 9 月，在西乌珠穆沁旗浩勒图高勒镇巴彦宝力格嘎查。

在轮牧小区内，采用封育、铺设枯草等方法改良退化草场，在有水源的地块种植了青储玉米。枯草期用青干草、青贮料和精料进行放牧家畜的牧后补饲。通过项目扶持进行了围栏、饮水点、饲草料基地、棚圈、青贮窖、储草棚、小型打储草机械等生产设施建设，安装了风力提水机和饮水管道，以供轮牧家畜饮水。经过几年建设，草场恢复良好，饲草不仅能满足自家养畜需求，还能出售部分饲草。每年收入超过同等自然条件未经建设牧户年收入的 2—3 倍。

上述模式特点是，该模式在单户家庭牧场实施，要求草场已承包到户，需要通过草场流转达到一定经营规模；牧户需要结合国家项目投资完善基础设施，达到具有一定的饲草料自供能力。牧户要有能力承担项目自筹资金，具有一定的文化素质，以家庭牧场为利用单元建设模式要求牧民建设积极性高，因是单产而不易产生矛盾和阻力，但在自然灾害等方面风险会大于联户经营模式。

从以上典型案例可以看出：草原牧业的生计方式就是要处理"人、草、畜"三者之间的关系。在人与草的关系上，过去是单纯利用天然草场，现在是合理利用天然草场和发展现代草业。一些牧人认识到以草定畜，控制放牧量的重要性，根据天然饲草产量和饲料地饲草贮量，确定不同季节的牲畜饲养量，促使草原植被在利用中得到恢复。一些牧户在国家项目支持下，进行划区轮牧，草场改良、人工种草使草原利用率在原有基础上提高 1 倍以上。有的牧户采用租赁、入股等形式发展适度规模经营的家庭牧场，或采取"单户承包、联户经营"的经营模式，应用他们多年的放牧经验，将一定规模的草原按季节适宜性划分为季节营地，采取营地轮换的方式利用草原。一些牧民还自愿成立了各种专业协会，提高了牧民进入市场的组织化程度。这些牧户在草原可持续利用途径的探索中起到了示范作用，在目前草场承包的情况下，牧人正在探讨保护性利用草场的新模式。

下　　篇

第　六　章

游牧文化与农耕文化的冲突与融合

　　移民带来了蒙古族游牧文化的变迁。历史上以长城为人文标识的农牧分界线已经完全打开，并且呈一发而不可收之势，两种不同特质的文化发生了亘古未有的激烈碰撞。就历史的时空来说，自清代以来，内蒙古区域除了具有牧业文化圈之外，还存在农业文化圈、半农半牧文化圈和城镇文化圈，这是农耕文化圈和半农半牧文化圈不断扩大而游牧文化圈不断缩小的结果。对于生活在族群中的个体来说，蒙古牧人面临着改变或保留原有的生计方式的生存选择。不管其选择的结果如何，其生活方式都在发生嬗变。

　　本章研究在汉族移民的冲击下，游牧文化在逐渐发生嬗变的过程中，农耕文化与游牧文化的冲突与融合。一方面在农耕移民推动游牧文化嬗变的初级阶段，在农耕民推行农业的生计方式时，引起对生存资源的争夺，并带来的衣食住行、婚丧娶嫁等民俗文化模式的不同所引起的文化碰撞是在所难免的；另一方面，在自清中期以来的近距离的文化接触中，双方的文化也处于互相了解和消解与融合的过程中。

一　农牧两种不同文化模式的冲突

　　文化生态学从人与自然的关系、人与环境的关系去诠释人类创造的文化，他们首先关注的是各个族群的生计方式。早在半个世纪前，苏联民族学家、人类学家切博克萨罗夫和我国的人类学家林耀华就按照经济文化类型划分了中国和东南亚地区的多种类别。在钟敬文主编的《民俗学概论》中，"物质民俗"的章节谈到了农业民俗、游牧民俗、狩猎民俗及渔业民俗。乌丙安和陶立璠在 20 世纪 80 年代分别出版的《中国民俗学》和《民俗学概论》中"物质民俗"的章节也谈到了经济民俗的多种类型。其分类背后的"历史民俗区"旨在说明区域生态——生计系统中生态的多样性和文化的多样性。

（一）游牧文化与农耕文化的冲突

游牧业和农耕业是生活在不同区域的民众适应不同区域的生态环境所采取的不同的生计方式，这样的生计方式和因此形成的生活模式已经形成了一种稳定的文化生态环境。当农耕的生计方式进入游牧区域的时候，必然会发生冲突和矛盾。农耕民族的涌入一方面可以补充游牧民族生计方式的脆弱性和单一性，满足其对粮食等方面的需求，但是另一方面农耕民族挤占草场，把草场变为农田，对蒙古族的传统的生计方式进行了前所未有的冲击。历史学家早就指出，游牧行国和田园居国是两大经济文化类型。在工业文明之前，他们一直主宰着世界。与农耕民族相比较，游牧民族有一个比农耕民族更大的生产空间和生活空间。他们需要四季轮牧的草场和丰富足够的水源，而粗放的游牧生活依赖的是天然的草场和水源。游牧与农耕，学者称为"行国"和"居国"，"两者判若天渊，无论在政治、经济、文化、社会各方面都有很大的差别"[1]。当汉族带着自己传承的农耕文化进入到游牧文化圈的时候，必然引起两种文化的冲突。

游牧文化与农耕文化所处的生态环境不同，游牧民和农耕民在各自的生态环境下所选择和创造的生计方式不同，累积了不同的文化传统，其生态理念、思维定式、价值观、生活观等都存在很大的差别。学者认为："虽然不能把近代内蒙古社会变迁的全部动因归结于汉族移民的影响，但声势浩大的塞外移民浪潮的确是蒙古游牧社会发生全方位、大幅度嬗变的最为关键的转折点。"[2] 文化冲突和社会冲突是一种普遍的社会历史现象。从文化生态学的观点看来，游牧民与农耕民的文化冲突首先是争夺生存空间的冲突。不同的文化群体对于生物场所的需求是不同的。对于游牧群体来说，他们寻找的广阔

---

①　史继忠：《论游牧文化圈》，《贵州民族研究》2001 年第 2 期。

②　闫天灵：《论汉族移民影响下的近代蒙旗经济生活变迁》，《内蒙古社会科学》2004 年第 5 期。

的草场，这是牲畜繁衍的乐园，也是牧人世代依赖的生存家园。但是当汉族的移民来到内蒙古开垦，草场被农田分割的时候，"当人口密度增加时，不但群体内部的关系紧张化了，而且竞争能力强的群体得以充分发展，而竞争能力弱的群体则逐步缩小自己的地盘，甚至被排挤到区域之外"①。科尔沁在民国至清末被过度开垦，许多良好的牧场毁于一旦。正如时人所说："东省土地开垦之现状，奉吉两省最为发展，前清光绪二十年（1894 年）以后，两省曾设有垦荒局，专从事调查荒地，以为扩张农业地步。一时牧民有缺乏牧场之患，斯亦土地开垦之一征也。"② 位于内蒙古西部的乌兰察布盟亦有争夺资源的矛盾。其原因在于："近二百年来，由于阿拉泰军台所需，牧场急速地缩小，至清末，每旗仅有草地一段，而数万牧民皆赖此地养命当差，除此别无余地。"③

如农民失去土地无法生存一样，牧民失去牧场也无法生存。充足的牧场是牧民生存的资源，是牧民的生命线。文化冲突表现在农人占领牧场和原住民反对占有的激烈冲突。"萨克图王旗蒙荒：即哲里木盟长所辖十旗之一，坐落洮儿河南北两岸，东西延长，为奉省北壁屏障。承平日久，蒙旗固步自封，向以游牧为事，沃野千里，不加辟治，内地民或越垦，必援例驱逐。近年强邻逼处，势取利诱，各旗蒙地渐失主权……"④ 民国时期的哲里木盟盟长给奉天省主席的信中写道："伏思前设各县之初，所拨原住蒙户生计地亩，非不足以维持。而今且无一户住在县境。可知汉蒙不能杂居，实如前述无疑。况此次如将蒙荒全段出放，则环境所迫，久住不能，转徙无所，诚恐流民之图，不胜其绘。而蒙不存旗安傅！非均并入县境不止。是不独一部蒙民困苦流离而已，实为全旗存亡问题所属……"⑤ 开垦也引起了旗内的移动和矛盾。1921 年巴林右翼旗与巴林左翼旗的东部放垦。设置林东垦务局，垦区 21.6

① 阿拉腾：《文化的变迁——一个嘎查的故事》，民族出版社 2006 年版，第 16 页。

② 孙绍康：《东省农话》第 53 期，1918 年 12 月。

③ 李克仁：《清代乌兰察布盟垦务研究》，载刘海源主编《内蒙古垦务研究》，内蒙古人民出版社 1990 年版，第 134 页。

④ 《光绪后期奉天省各处报荒情况》（宣统年间徐世昌等奏报），转引自彭雨新编《清代土地开垦史资料汇编》，武汉大学出版社 1992 年版，第 728 页。

⑤ 刘忱：《嘎达梅林》，转引自《哲里木盟盟长给奉天省主席的信》，远方出版社 2004 年版，第 126 页。

万顷，其中有巴林右翼旗的 2.6 万顷，从 1924 年到 1931 年垦荒 2600 余顷。由于右旗西部和东部放垦，垦区原巴林右、左二旗的千余牧户，挤向旗的中部，牲畜增多，草原狭窄，牧场争端之事屡有发生。为了解决牧场争夺的矛盾，两翼旗重新划定了旗界。① "土地日开，民户日众，汉蒙民杂处杂居，霸耕霸种之风，争地争渠之事习以为常，动酿巨案。"② 游牧民与农耕民的矛盾开始出现在争夺土地上。由于贫苦移民生存的需要，而蒙古贵族也逐渐认识到通过农耕可以获得最大利益，他们支持开垦，以致蒙汉生衅，讼案迭出。"扎萨克镇国公旗蒙荒：座落与扎萨克图王旗前放荒地毗连，亦归哲里木盟长统辖，同为奉省北部屏蔽。扎萨克图王旗蒙地出放既著成效，该公旗亦咸知种植利益，招民渐垦。及耕民日多，而复施以驱逐，蒙汉生衅，讼案迭出。"③ 农垦给蒙古王公带来了利益，使他们增长了无限的贪欲，清政府和蒙古王公把土地开垦视为谋取经济利益的手段。

农耕文化圈和半农半牧文化圈业的形成和发展，引发了在蒙地开垦过程中不同文化之间的碰撞甚至抗垦等起义暴动事件。罗布桑却丹记录的"萨贝子歌"就是这种文化碰撞击出的火花，生动地体现了蒙古贞旗（今阜新蒙古族自治县）的蒙古族对开垦和外来文化的抵触情绪④。歌中用谴责的口吻倾吐了对经济文化转型和蒙民经济、文化地位失落的强烈不满。近现代科尔沁民众经历由游牧到农耕的过程，这种不被统治阶级的正史所记载的深刻的历史记忆往往通过朴实的民歌表现出来。有人说，迁徙的生活使得游牧民族没有乡土观念，其实正是因为迁徙，蒙古族思念家乡、思念乡土的情结格外浓厚，当他们在失去家园、失去故土的时候这种集体意识通过民歌强烈真挚地反映出来：

　　　　达钦草原湖泊清澈，
　　　　春夏鸿雁成群嬉戏，

---

① 《巴林右旗志》，内蒙古人民出版社 1990 年版，第 4 页。
② （清）贻谷：《垦务奏议》，清末京华印书局排印本。
③ 徐世昌：《东三省政略》卷二（蒙旗篇·蒙务上），《财政·附奉天省垦务·纪放竣各荒》（宣统年间徐世昌等奏报）。
④ 罗布桑却丹：《蒙古风俗鉴》（蒙古文版），内蒙古人民出版社 1981 年版，第 191—218 页。

失去牧场生计的牧民，

两眼泪水又能奈何。

——《达钦塔拉》①

这段描述记录了牧人失去牧场的过程。

两种不同类型文化的碰撞不仅体现在表层的行为方式上，还表现在深层的价值观念上。"移民族群有可能在体质、语言、宗教、生活习俗、价值观念、行为规范等方面与本地族群之间存在差距。体质上的明显差异会降低移民与本地族群之间的认同感，语言差异带来交流困难，造成彼此的距离和误解。宗教、生活习俗等方面的不同会增加族群间的隔阂，影响移民与本地族群成员的日常交往与合作。"② 实际上两个族群的体质并没有多大差异，而文化差异是鲜明的。例如对于草原，两个族群的观念就大相径庭。农耕民族擅长开垦种植，喜苗恶草，因为草妨碍了禾苗的生长，他们以拔掉草而后快，他们的行为方式是除草、拔草、薅草等，甚至产生了一系列诅咒草的词汇。他们期盼的是雨露滋润禾苗壮。而牧人爱草、护草、珍惜草、赞美草，草原是他们的家园；是他们的天堂；是他们的"额吉"。③

在农耕文化的影响下，有一小部分蒙人由牧业被迫转为农业，过着兼农兼牧的生活。近代全面放垦之后，蒙古族把土地租给汉族移民耕种，以土地主人的身份出现，但是汉族并不甘心交租，也逐渐不认可其为地主的关系，土地的占有者和土地的租用者往往矛盾重重。"历年既久，汉人益益反客为主，欺侮蒙古，相习成风。交租之时，故意刁难，或称年景欠收，或称钱项不便，以致缺欠原额。或迟日时，令地主守候日久，临去之日凑纳肉粉等物，尚须扣留日用靡费，且时有抗租不交之举。"④ "原来安民之时，所与之地，本有余荒。尔今已经满开，有地多而租少之弊。蒙古意欲丈量，俾添租项；而汉人则希图渔利，每每吃会聚众，力抗不准。因此有起诉讼者连年不断，

---

① 呼日勒沙主编：《草原文化区域分布研究》，内蒙古教育出版社 2007 年版，第 209 页。

② 马戎：《民族社会学导论》，北京大学出版社 2005 年版，第 133 页。

③ "额吉"，蒙古语意为母亲。

④ 汪国钧著，马希等校注：《蒙古纪闻》，中国人民政治协商会议赤峰市委员会编，1994 年（内部印刷），第 124 页。

虽然曲直由公，而汉人总以纳租为忿，倡言反抗。"① 种地的汉族抗租不认可蒙古族的土地拥有者的身份，蒙古族则认为在自己分得的土地上收租是天经地义的事情。其矛盾在所难免。在对于生存资源的占有和柴草山林的利用上，蒙古族认为自己是当然的享用者，对于汉族利用往往加以限制，引起汉族的不满："依蒙人自谓为占山户（谓开荒占草之主人也），故使用一切土木石柴及牧场，皆其自便。汉人不然，凡有需用以上一切，必须购买。且不准自行运输，必用蒙古车马乃可。设有犯者，罚钱、鞭楚、收官、充公。"② 这是涉及到农耕文化对游牧文化内部运行机制的颠覆的深层矛盾。"从文化空间的角度看，就是文化体（民族）之间争夺空间占有权的斗争。这里所说的空间，不是几何学意义上的空间，而是文化空间。与社会、政治冲突相比较，文化冲突居于核心地位。"③

牧业和农业是不同生态区域的民众适应不同的生态环境所采取的不同的生计方式，适用不同生态区域的生计方式一经形成，就构成了一种稳定的生活模式。当农耕民带着其固有的观念和行为方式进入到游牧区域的时候，必然形成对土地、草场、水源等的竞争，改变当地人口与自然资源生态之间原有的比例。必然会发生冲突和矛盾。"土地日开，民户日众，汉蒙民杂处杂居，霸耕霸种之风，争地争渠之事习以为常，动酿巨案。"④ 水利是农业发展的基础，在绥远地区的大黑河和小黑河流域，光绪年间，上游地区节节筑坝，蓄水灌地。但是随着荒地渐开，用水日显不足，"光绪年末乃有争水风波。先是下游地区善里九旗四村人民，以上游地区节节筑坝，截水灌地，致该区交纳水科之地，竟滴水不分，故涉讼不休。后经归绥道会同归化、萨拉齐、托克托各厅实地勘察会讯之后，乃断令仍遵旧章用水，并立碑石以垂永久。光绪三十三年冬，分别于道署村中各立一碑，以资永守，用水争端始弭"⑤。我们说两种生计方式的冲突是因为每种文化都是特定的族群在特定的生态环境中所选择的生存模式，农耕和游牧这两种生存模式具有异质性，因此形成不

---

① 汪国钧著，马希等校注：《蒙古纪闻》，中国人民政治协商会议赤峰市委员会编，1994 年（内部印刷），第 124 页。

② 同上。

③ 种海峰：《文化冲突的两种相位及当代际遇》，《内蒙古社会科学》2007 年第 1 期。

④ （清）贻谷：《垦务奏议》，清末京华印书局排印本。

⑤ （民国）郑植昌修、郑裕孚纂：《归绥县志》。

同文化特质的民俗文化圈。不同的民俗文化圈是由不同的生物性成分、地区环境成分、历史沿革成分和不同的民族文化成分构成的不同的民族文化空间。民俗文化圈的特质性决定其在碰撞时的冲突在所难免。

(二) 农牧两种文化的冲突与民族冲突

游牧文化与农耕文化的文化冲突的原因主要是他们原来处于不同的空间区位。"游牧人的生存空间多在高山戈壁间,北方寒冷贫瘠之地,草原连绵,流沙千里,自然条件十分艰苦。草原的盛衰,是牧人居停或迁移的重要原因。而农耕人的生存空间则多在南方温暖的河湖地区,他们开辟土地,形成田畴遍野。河湖的开垦和水利设施的兴建,是农业兴旺或盛衰的关键,对于天灾与人祸,游牧人的承受力较弱,而农耕人的承受力很强。"[1] 游牧文化的核心词是"迁徙",利用天然草原牧养牲畜并且守护天然草原;农耕文化的核心词是"定居和开垦",把土地改造为农田。无论是哪一种生计方式,土地(草场)都是他们最为重要的生存资源。游牧文化的变迁是以汉族的人口迁移为突破口的,清末对蒙古地区的大规模的放垦冲击了原住民的牧业经济习俗,而从事牧业的蒙古人不得不向土地贫瘠的地带转移,这样以土地开垦为导火索的两种文化的矛盾迅速上升。有学者把人类文化分为动、静两种类型。如果这种区分成立的话,那么传统的草原游牧文化属于动态的、进攻型的,而农耕文化是静态的、保守型的。虽然历史上游牧民族往往采取主动进攻的方式,但是在内蒙古区域近代发生的变革恰恰是静态的文化向动态的文化发动主动的、持续的碰撞。原本动态的、进攻型的游牧文化处于被动的、防守的、退却的地位。当然两种文化存在着共通共融的一面,而且不同特质的文化可以在互相碰撞中发生变异,从而达到协调。但是"民间耦合力量主要有效于蒙汉交往前期,越到后期,以自发性、自律性、自主性为特征的民间耦合力越显得力不从心,或者说其自身矛盾越突出"[2]。

汉族把农耕方式引入内蒙古的草原地带,游牧民族转变自己的生活方式接受农耕的生活方式,实属不易之事。这不仅包括生产方式、生活方式的转变,还包括文化心理和文化性格的转变。

---

① 项英杰:《中亚:马背上的文化》,浙江人民出版社 1993 年版,第 15 页。
② 闫天灵:《汉族移民与近代蒙古族社会变迁研究》,民族出版社 2004 年版,第 117 页。

在内蒙古草原被开垦的过程中，清政府和民国政府强行推行放垦的政策，综合各种史料记载，清末先后放垦的区域和土地面积如表6.1.1所示：

表6.1.1 　　　　　　　　　　　**清末放垦的土地面积** 　　　　　　（单位：顷）

放垦的地区	放垦的土地面积
察哈尔左翼四旗	2万余
察哈尔右翼四旗	24800余
绥远城八旗牧厂	3700余
杀虎口站	7900余
伊盟各旗	18800余
乌盟各旗	7900余

资料来源：白拉都格其、金海等：《蒙古民族通史》第五卷（上），内蒙古大学出版社2002年版，第131页，作者制作。

开垦土地还是保持牧场形成了尖锐的矛盾。清代档案里屡有记载。"查蒙古由来专以游牧养牲为业，继而务农，务农者虽不擅耕作，犹恃荒地宽广，可以广种薄收，养牲者可以游牧畜，放牛羊，尤赖荒场度日。今若招民开垦，则奸民多方谋占，地必减少……不数年间，势必有客民占满，由是种地者少收获之利，养牲者无游牧之区，实于蒙古生计大有关碍。"[①] 汉族移民来到内蒙古地域，他们以自己的农耕文化的生活方式冲击着游牧民的生计方式，游牧民面临着生存危机，这引起了蒙古族的普遍抵制。乌盟六旗札萨克曾经共同上书："大清因赏赐本盟六札萨克世世牧养牲畜，查核钦定专条旧例，已经尊奉年久，作为定法情理，若遵循杭锦、达拉特两旗目前试办辙迹，万万难允，所关紊乱国家律例，又更改旧制重大，理合声明遵守定例。"[②] 为了保存自己的文化空间和惯有的习俗，他们往往限制了农耕民的发展和生存。久而久之，个人的积怨酿成了群体的积怨。而且这样的积怨是在两个族群之间发

---

① 档案：《德英奏为邻界杜尔伯特蒙古招民开垦遗患无穷折》，同治十年二月初八日，中国第一档案馆藏，转引自王玉海《发展与变革——清代内蒙古东部由牧向农的转型》，内蒙古大学出版社2000年版，第126页。

② 《内蒙古垦务资料汇编》（内蒙古图书馆藏）。

生的，所以有的学者认为是两个族群的冲突。① 从 1912—1949 年绥远省内的开垦面积等于清朝在内的蒙古地区全部开垦面积的 4 倍左右。由于耕地盲目扩大，草原日益缩小，牧民的生计益感困难，因此产生了尖锐的农牧矛盾，并经常由此而引起民族纠纷。② 这本来是两种文化近距离碰撞之间的矛盾和冲突，但是往往酿成民族纠纷。

　　近代史上的金丹道暴动是农牧冲突激化为民族冲突的表现形式。金丹道主要是在清末内蒙古东部卓索图盟和昭乌达盟一带的汉族的组织。亲历过金丹道暴动的蒙古人汪国钧曾从六个方面对金丹道的武装暴动进行了分析：其一，汉人的欠租或抗租；其二，蒙古人对佃户的骚扰；其三，蒙汉之间不平等；其四，不准汉人上山砍薪；其五，蒙古王公贵族过于跋扈；其六，丈地增租。③ 光绪十七年（1891 年）暴动者头裹红巾，以专杀蒙古人为目的。暴动波及了敖汉、奈曼、朝阳、建昌、大城子、塞音台、哈巴齐尔、热水、凌源县、八里罕一带。在喀喇沁右旗西山嘴子村，蒙古村民两千余口"皆被杀尽"，"有铡刀铡者，有牵到石槽砍之者，厥后数十石槽皆满人血"④。蒙古人"惨苦情形不堪言状"⑤。对此费孝通先生作了深度分析："以牧区来说，由于牧场缩小，单位面积载畜数相应增加，超过了自然恢复饲草的限度，引起草原退化。这一系列破坏生态平衡的因素，形成了恶性循环，引起了一般所说的'农牧矛盾'，在民族杂居地区又表现为民族矛盾。"⑥

　　历史上的尖锐冲突原本属于两种生计方式的矛盾，两种文化的冲突，但是由于蒙古族是草场的原有者，而汉族是移民，所以在旧时的民俗志中，描述以"蒙古人"与"汉人"划分，似为两个族群的矛盾。就蒙古人来说，他们是原住民，就汉族来说，他们认为蒙古族不应吃地租而坐享其成。因此无

---

　　① 俄国人波兹德涅耶夫认为，这是"蒙古地区汉族人反蒙古人，反基督教徒的暴动"。〔俄〕阿·马·波兹德涅耶夫：《蒙古及蒙古人》，刘汉明等译，第 2 卷第 6 章，内蒙古人民出版社 1987 年版，第 290 页。

　　② 参见色音《蒙古游牧社会的变迁》，内蒙古人民出版社 1998 年版，第 30 页。

　　③ 参见汪国钧著，马希等校注《蒙古纪闻》，中国人民政治协商会议赤峰市委员会编，1994 年（内部印刷），第 124—125 页。

　　④ 同上书，第 134 页。

　　⑤ 档案：《蒙众被扰垦恩赈济折》，光绪十七年十月二十五日。

　　⑥ 费孝通：《费孝通学术精华录》，北京师范学院出版社 1988 年版，第 433 页。

论从生存资源的竞争层面还是从对"他者"接受的心理层面矛盾冲突都在所难免。汪氏记叙了当时的矛盾冲突:"攻陷贝子府之第二日,系十四日,喀喇沁右旗之海棠川一带,汉人亦闻风蠢动,当日起事约七百人,一律红巾裹头。然其器械不整,有持菜刀者,有持斧镰者。甚至将锄勾伸直,捻成利锋以充军械者,诚难枚举。贼众因念凤恨,王子坟(喀喇沁王之祖茔也)素禁打柴,曾受彼等欺侮,莫若先由彼处起首为宜。遂拥众树旗,焚掠附近各村落。如大城、新城、斯罕城、七官营子一带蒙古焚杀无余。其先事逃走者为数无几。"① 由于时代的局囿汪氏不可能完全摆脱民族主义的偏颇,但是由于亲历,其披露的资料有相当真实的价值。金丹道的暴动遭到蒙古地方政权的镇压而告终,这是惨痛的历史记忆。他给蒙汉双方带来的生命的、经济的、精神的损失是巨大的。② "由于蒙汉地主和汉族地商、高利贷者对蒙汉劳动人民的残酷的经济剥削,造成了蒙汉双方在土地租佃上的矛盾。在内蒙古东部地区开垦土地和耕种农田的主要是汉族农民,而从事牧业的主要是蒙古人,因而这两种生计方式的矛盾往往会以民族矛盾的方式表现出来。"③

游牧文化既是一种区域文化,又是一种族群文化,它是在内蒙古草原由蒙古族享用和世代传承的文化。就区域文化来说,我们知道,不同的区域文化有不同的特征,当一种外来文化传入的时候,区域文化的封闭性就会产生一定的排外性,因而发生冲突。就族群文化来说,不同的族群不仅生计方式、行为方式不同,而且在语言、思维方式以及社会心理、宗教信仰、传统习俗方面都不同。在呼伦贝尔草原我们曾经访问了一个老牧人,当谈起蒙古族野葬的习俗的时候,他说:"我们珍惜草原,我们不挖坑,不立碑,因为我们不

① 汪国钧著,马希等校注:《蒙古纪闻》,中国人民政治协商会议赤峰市委员会编,1994年(内部印刷),第128页。

② 在翁牛特旗阿什罕苏木召哈图嘎查有这样的传说:在民国时期,红帽子大量屠杀蒙古族,因此一些蒙古族民众逃到了阿什罕苏木的一个小村落,虽然他们人很少,但是他们挖了一百座灶在那里煮饭,红帽子以为他们还有很多人,所以就放弃了对他们的追杀,他们成功地迷惑了红帽子,逃脱了屠杀,在这里世代生息繁衍。为纪念这次胜利就给这个村落起名为"召哈图",意为"一百口灶"(被访人:LXSR,男,蒙古族,74岁,召哈图嘎查原嘎查长,老住户;访问人:闫萨日娜于2008年2月)。作者按:在民俗学者看来,传说依附于历史,演绎着历史。这个传说与汪氏记载的事实相对照,具有一定的真实性。其表现在:(1)记录了召哈图嘎查形成的经过;(2)记录了金丹道暴动的史实。

③ 王玉海:《清代内蒙古东部农业发展过程中的蒙汉民族矛盾》,《内蒙古大学学报》1999年第7期。

能在母亲的脸上留下伤痕。"在蒙古族的萨满教信仰中，他们创造了地母的观念，这种观念成为一种集体意识存留下来。一个族群的文化形成了族群的边界，这种边界一旦形成，就被人们恪守和传承着。他们在开始与外群体接触的时候，"群体成员一般说来对于他们的内群体（in-groups）即他们所属的群体都有特别的感觉，他们用怀疑的眼光看特别的群体或者说是外群体（out-groups）认为外群体不如内群体重要"①。而他们对于内群体的亲密感与对外群体的陌生感显而易见。20世纪的"移民实边"对内蒙古的开垦，由于文化冲突而引起了两个族群的冲突。"从西部到东部，多起保护草原抵制开垦的民间运动，可以说是族群之间不同文化价值思维与行动的直接对峙。"② 从上述情况来看，牧场缩小是改变传统游牧方式的重要原因，也是激化民族矛盾的主要原因。清末官僚姚锡光曾断言："游牧生活断无持久幸存之理……恐不出五十年，游牧之风将绝景于地球之上。"③ 人类学的研究一再表明，中国北方人群的血缘关系距离甚微。而生产和生活方式的反差是较大的。20世纪早期，美国人类学家博厄斯及其诸弟子从平等的角度出发，提出了文化相对论的主张，尽管各民族的文化在表现形式上各具特征，但其本质是一致的，没有高低贵贱之分。它们都是有价值的存在，因此对于边缘文化也应该持尊重的态度。"但是文化相对论的最大的缺陷在于肯定和尊重边缘文化的同时，没有涉及弱势群体对'本文化'的态度，更没有反映出文化内部的中心与边缘的对立。"④

从半农半牧文化圈的形成可以看出，这是中心文化与边缘文化对立的结果。这是一个互相影响、互相认可、双向变异的过程。随着蒙古族与汉族大杂居小聚集的居住格局的形成，出现了吃猪肉、吃年糕的蒙古族和吃手把肉、喝奶茶的汉族，这预示着："不同民族的文化都随着历史、传统、环境、社会制度、思想观念的变化而具有历史地变动性，并非是一成不变的。"⑤ 随着时代的变迁和长期的接触，民间的耦合力量又发生了变化，从矛盾冲突到矛盾

---

① ［美］戴维·波普诺：《社会学》，李强译，中国人民大学出版社1999年版，第188页。

② 庄孔韶：《可以找到第三种生活方式吗——关于中国四种生计类型的自然保护与文化生存》，《文化研究》（中国人民大学复印资料）2007年第2期。

③ （清）姚锡光：《筹蒙刍议》，清光绪戊申（1908）秋仲京师寓斋铅印本。

④ 周大鸣：《人类学视野中的文化冲突及其消解方式》，《民族研究》2002年第4期。

⑤ 种海峰：《文化冲突的两种相位及其当代际遇》，《内蒙古社会科学》2007年第1期。

化解和互相调试、互相容纳的过程。

(三) 农牧两种文化的冲突与贫富冲突

由于生存的无奈，汉族的农耕文化体系浸入了内蒙古区域，这是内蒙古区域一场剧烈的社会变革和社会震荡。文化碰撞酿成了社会冲突，农耕文化和草原游牧文化的冲突往往通过社会冲突、贫富冲突表现出来。"文化冲突是民族冲突、阶级冲突的集中表现。文化冲突的实质可以视为中心与边缘、强势与弱势、富人与穷人的冲突。"[1] 前面已经研究了当两种文化冲突往往涉及两个族群的冲突。但就其实质来说，是在蒙古民族内部的强势群体与弱势群体、富人群体与穷人群体的冲突。

在清末至民国强行放垦的过程中，清代统治者和蒙古王公勾结在一起，把土地开垦作为谋取财富的最有力最迅速的手段。在清官员督垦的 6 年里，清政府在内蒙古西部新放垦土地共约 8.7 万余顷。[2] 与此同时，腐朽的清政府强行实现改省设县之举，改省设县与放垦政策是土地（草原）私有化的重大步骤。这两个举措直接导致游牧文化的变迁。制度变革是通过内蒙古的王公贵族推行的。蒙古王公在开垦中获得了巨大的利益。"凡蒙旗荒价，半归国家，半归蒙旗，其归蒙者自王公、台吉至于壮丁、喇嘛，厘其等差，各有当得之数。凡地额设者为排地，向免租押。"[3] 蒙古王公"曾以每年收纳地租，不若售出土地，取得地价之利。于是蒙古人民，因之丧失牧地，渐次陷入困境，流离失所，要求政府'严禁开放'"。[4] 甚至"阉营蒙古房熟基地"，"捏为己有"，"租给汉人耕种"[5]。在开垦的初期，某些王公贵族还对开垦持保守的态度，但是当他们在开垦中得到利益之后，就与清政府合流了。他们置人民的呼声于不顾，私放旗内的公共牧场和属下的蒙古人的土地，大量占有好地，转化为吃地租的大地主。

---

① 周大鸣：《人类学视野中的文化冲突及其消解方式》，《民族研究》2002 年第 4 期。

② 参见白拉都格其、金海等《蒙古民族通史》第五卷（上），内蒙古大学出版社 2002 年版，第 131 页。

③ 《清史稿》卷 120，《食货一》，第 2519—3524 页。

④ 《察绥两特别区之开发》，《中外经济周刊》1926 年第 155 期。

⑤ 档案：《珠隆阿奏敖汉旗札萨克台吉栋鲁布克王朝发争地案》，嘉庆十二年九月初六日。

表 6.1.2	清末放垦的土地面积	（单位：顷）

放垦的区域	放垦的土地面积
杭锦旗	4000 余
达拉特旗（赔教地）	2600 余
郡王旗	9600 余
鄂托克旗	170
札萨克旗	2200
准格尔旗	约 1600
王爱召香火地	1200 余
四子王旗	3900（含赔教地 830）
达尔罕旗（喀尔喀右翼）	1000
茂明安旗	680 余
乌拉特前旗（西公）	2000
乌拉特中旗（中公）	约 70
乌拉特后旗（东公）	190 余

资料来源：（清）贻谷：《垦务奏议》，清末京华印书局排印版。

　　19 世纪以来随着移民的增多和开垦的推行，牧人的反抗一直在持续。以乌审旗开始波及整个伊克昭盟各旗的"独贵龙"运动一波未平，一波又起，在 1866 年、1879 年、1885 年、1891 年持续了近 30 年之久。伴随着土地的开垦，原来隶属于卓索图盟的土默特右旗在乾隆末年爆发了"八枝箭"的反抗斗争。蒙民"无事不役，无苦不当。苦的八枝箭地产尽绝，赤贫如洗。终身受苦，复加逼勒，致有饿死父母者，卖儿女者，上吊投水者，不计其数，耳不忍闻"[①]。揭竿而起的民众虽遭镇压，但其浩气永载史册。在大量开垦、王公贵族强权占有好地、民众赋税差役过重的情况下，土默特左旗的"老头会"在 1860 年聚众反抗，从上书请愿到手携鸟枪器械，夺取贵族的财产，不准其耕种土地。最后遭到残酷的镇压。20 世纪 30 年代嘎达梅林的武装抗垦

_____

① 宝音等：《"鄂尔多斯人民独贵龙"运动资料汇编》，中册，（内部铅印本），第 14—18 页。

就是通过贫富冲突表现出来的文化冲突。

从清中期至民国，哲里木盟的土地已经被大量放垦，此时该地的部分蒙古人被迫接受了农耕的生存方式，虽然也拨给蒙民生计地、村界地等俾资生活："加以年来，生齿日蕃，户口激增，数倍有奇，于此演成地狭人稠，游牧既不相宜，只得积极垦荒，改操农业，以为仰事俯畜之计，而八口之家，幸免饥寒，胥赖该段地亩，为之救济，实数性命相连，始终不容出放者也。"① 但是生计方式的改变给他们带来的是贫困。由于土地瘠薄，他们付出劳累的已经开垦的熟地满目苍凉。开垦引起的后果对于绿色草原来说是"多成荒片"。对于牧人的生活来说是"呼天抢地"。造成这种状况的原因一是自然生态环境不适合耕种，一是人为的原因即王公贵族的盘剥勒索。"窃查出放该荒，迄经数载，不独生计地亩久未丈拨，并村基垦费等区区权利，亦尚付之阙如。至于借登记户口，调查熟地，丈拨村基等种种经费为名，勒索之来，不一而足。台壮等应付不遑，挨户破产，不得已遗弃房舍田产，转徙新河数十里一条隙地栖身于原有数村，苟且图存。既乏田产，复无住室，骤遭此种流离之苦，莫不呼天抢地，涕泗遑惑。"② 况且当时的哲里木盟盟长给奉天省主席的书信中说，在垦荒的背景下，由于两种文化习俗不同，两个族群在接触中存在种种隔阂。

在民不聊生的情况下，东北军阀支持内蒙古哲里木盟科尔沁左翼中旗的达尔汗亲王陆续放垦该旗旗东、西夹荒和辽北荒大片土地。《测放西夹荒辽北荒章程》规定："灵户于报领批准之日起，限世日将正价及附收经费等项，一次交足，如逾期不交者，即撤段另放。"（第四十九条）"本局所收荒地正价，按照本章程第三条规定，以五成解缴省库，以五成拨给达旗。"（第五十一条）"附收经费，仍援照东夹荒成案，照价加收二成，就附收费内提出三成拨达旗，作蒙荒局经费。其余七成，归本旗王公。"（第五十二条）③ 他们所说的"荒地"，实际上是草场；他们名义上是"领垦"，实际上是出卖草场，这是又一场借"开荒"之名汉族军阀与蒙古王公贵族合谋的残酷勒索。

---

① 转引自《哲里木盟盟长给奉天省主席的信》，载刘忱《嘎达梅林》，远方出版社 2004 年版，第 124 页。

② 同上书，第 124—125 页。

③ 同上书，第 120 页。

在民国时期的哲里木盟，蒙汉地主和汉族地商互相勾结，掠夺性地抢占土地。存留的有关科尔沁左旗的文献指出："竟有本旗奸徒数人与贪婪之辈合谋，名该荒曰西夹荒，在省运动，务使出放，以资牟利。"① 蒙古王公贵族同意放垦的目的是谋取最大利益。在草原生态环境破坏的情况下，还要变本加厉地开垦，在"开荒"的名义下，巧夺名目地横征暴敛。而当时草原的状况是："而其所放夹荒，迄今未能售出。所可惜者，台壮等数世惨淡经营之熟地，现已一望荆棘，多成荒片。"② 当局要开垦的地方，恰恰是蒙民居于斯食于斯的衣食之地。所以民众"如闻晴天霹雳，莫不大惊失色"③。因为"在官家丈放该荒数年之久，尚未完竣。本不急于再放他荒，况现在坐落乃系数万台壮居斯食斯，视为无二之根本之计，岂容再言出放"④。蒙古王公贵族与民国政府置民生于不顾，把个人发财致富置于民众的呼号之中。

　　开垦严重地损害了蒙古民众的利益，不懂民情，不顾民生，违背民愿。此时"蒙汉纠纷的产生已不是一个观念是否正确、执法能否公允的问题，而是涉及农牧争地等深层次矛盾"⑤。嘎达梅林代表蒙古下层人民的利益为民请愿。在请愿不得的情况下揭竿而起，民众振臂云集。起义由几百人发展到一千人。活动范围由达尔罕旗的舍伯吐和架玛吐扩展到北至索伦山，南到辽宁省的彰武县，贯穿扎鲁特旗，以武力制止了"辽北荒"和"西夹荒"的丈放。各地蒙汉军警武装"虽经年兜剿，只以人少，势微，枪弹不济，莫能御制"⑥。轰轰烈烈两年之久的武装抗垦斗争为军阀的正规军镇压。史称："嘎达梅林领导的抗垦起义虽然最终失败，但他们'为了蒙古人民的土地'（《嘎达梅林之歌》）而英勇斗争的不朽业绩，却在科尔沁草原上广为传诵。"⑦ 在清末至民国放垦和反放垦的冲突中，收益者是大大小小的统治者，而受害者是贫困的牧人。

① 刘忱：《嘎达梅林》，远方出版社 2004 年版，第 125 页。

② 同上书，第 124—125 页。

③ 同上书，第 124—125 页。

④ 同上书，第 125 页。

⑤ 闫天灵：《汉族移民与近代蒙古族社会变迁研究》，民族出版社 2004 年版，第 115 页。

⑥ 《蒙藏周报》第 65 期，1931 年。

⑦ 白拉都格其、金海等：《蒙古民族通史》第五卷（上），内蒙古大学出版社 2002 年版，第 406 页。

马克思、恩格斯早就论述了社会冲突产生的必然性，冲突的必然性在于人为地违背规律的行为，而具体到清代后期直到民国时期放垦中的冲突，与蒙古王公贵族不顾蒙古民众在水深火热中的挣扎，抢发私财中饱私囊有密切的关系。"历史是这样创造的：最终的结果总是从许多单个的意志的相互冲突中产生出来的，而其中每一个意志，又是由于许多特殊的生活条件，才成为他所成为的那样。"①

文化是一种生存方式。每一个群体都在特定的生态环境中创造出能动的适应其生存方式的文化模式。他们本来在不同的区域内，但是当他们处于同一时空中的时候，当异域、异质的文化与本地域的传统文化相碰撞的时候，两种生计方式的冲突发生了矛

嘎达梅林（1892～1931）

图 6.1.1 嘎达梅林

刘忱《嘎达梅林》，远方出版社 2004 年版。

盾。"当靠天放牧和粗放农业碰在一起，问题就发生了。农民开垦土地，把原来的牧场变为耕地，人口多了，耕地面积扩大，更缩小了牧场，粗放农业不能经久地在一块土地上耕种，必须不断更新耕地，也就要不断丢荒，被丢荒的土地不久就沙化，沙丘会因风移动，吞没草地，又是对牧场的一种重大威胁。这样的农业在这个过程中确是破坏牧业的消极因素。它之成为消极因素也由于被破坏的牧业是靠天放牧的低级牧业。这种牧业是让牲畜在草地上自己去找自然生长的草吃，并不是人种了饲料去喂牲畜。如果我们把'农'理解为人工种植，那么靠天牧业中包括不了'农'的成分，因而同农村对立了起来。"②费孝通准确地分析了冲突的文化背景是靠天牧业与粗放农业的矛盾。这种矛盾往往通过强势群体与弱势群体、富人群体与穷人群体的冲突展

---

① 《马克思恩格斯选集》（第 4 卷），人民出版社 1972 年版，第 478 页。

② 费孝通：《行行重行行》，宁夏人民出版社 1992 年版，第 140 页。

图 6.1.2　流淌着英雄鲜血的土地　姜迎春摄

图 6.1.3　嘎达梅林纪念碑　姜迎春摄

示出来，激化为社会冲突。这是由于文化冲突的实质是文化主体价值观的冲突，在放垦和反放垦的冲突中，由于富人和有权者代表的强势群体与穷人和无权者所代表的弱势群体所处的社会地位与经济利益不同，人们对于放垦的态度也不同。而作为控制力量的国家机器在这里具有操作权，强势群体与其呼应，剥夺了弱势群体的话语权和生存权。

图 6.1.4　嘎达梅林的事迹被说书人在当代传播　姜迎春摄

二　从蒙汉族际婚看蒙汉文化的融合与变迁

择偶不仅属于人作为自然体的生物性需求，同时也是一种文化需求。所以从这个意义上说，婚姻择偶也是一种社会文化。人是自然和文化的结合体。人要从自然的人成为文化的人。美国法律文化中有所谓血缘上的与法律上的亲属关系（relatives by blood and relatives by law）之间的区分。其中的原则极为简单。"一个人若是我的亲属，那不外乎血缘上的或婚姻上的这两类。还可以说，从自然上来讲，亲属是生出来的，而从法律上讲，则是通过'婚配'

而获得的。血缘关系是自然的或天生的，而通过婚配所出现的亲属关系则为美国界定的'法律上'（in law）的关系。"① 人们在通过婚配来确立亲属关系的时候，族籍往往构成一个文化边界。只有当两个族群之间的关系在整体上比较融洽时，他们的成员才有可能出现一定数量和比例的族际通婚。正因为如此，族际通婚被社会学作为族群关系研究的一个重要专题，族际通婚的比率也就成为测度族群关系的重要尺度，族际通婚的比例是透视族群关系的一面镜子。

分属于两个不同族群的人能否通婚不是属于一定婚龄男女的个人问题，而是分属于两个族群之间的具有不同的文化背景的男女是否能够互相包容，两个族群接触程度和亲密程度的融合。清代以来清政府为了怀柔蒙古族，把清代的公主下嫁给蒙古王实行具有鲜明政治目的的满蒙联姻。这是上层社会的族际婚，而我们探讨的是蒙汉之间民间的族际婚。

在大量的汉族移民涌入内蒙古之前，蒙汉民间虽有接触，但是通婚较少。"因为家庭是人类社会基本组成单元，是研究社会变迁的重要切入点，所以对婚姻与家庭研究是社会学重要研究领域。族际婚涉及的不仅是两个异性个体之间的关系，而且隐含着这两个人各自代表的族群文化和社会背景。"② 因为两个族群具有不同的文化背景，存在着较大的文化差异，包括语言的差异、宗教信仰的差异、衣食住行等习俗的差异而形成的思维定式、价值观念、文化心理的差异，这种文化差异是各自的文化传统层层累积形成的。③

内蒙古区域发生蒙汉的族际婚是伴随着近 300 年以来汉族的大量涌入，并且在该区域定居、播布农耕的生活方式和文化观念开始的，汉族移民改变了草原牧人传统的生计方式和文化格局，形成了农耕文化圈、半农半牧文化

---

①　赵旭东：《从文化差异到文化自觉》，《民俗研究》2006 年第 1 期。

②　马戎：《民族社会学——社会学的族群关系研究》，北京大学出版社 2004 年版，第 443 页。

③　在内蒙古区域的农业区，蒙汉杂居已经经过了几代人，但是学者对于蒙古贞这个蒙汉杂居地区的农业村落的当代调查这样分析："汉族移民从关内带来为克服'人多地少'矛盾而形成的精打细算、勤俭持家的过日子方式，而经历了从游牧生产方式到农耕生产方式转变的蒙古族农民，多少都保留着'载歌载舞载酒'的游牧生活的遗风流韵。这种因为精神的狂欢而造成的物质方面的损失在当地汉族用其农耕社会的伦理标准来衡量就多少显得奢华浪费（注意蒙古族没有累积的习惯）。所以就个体家庭层面来说，蒙古族家庭的生活状态就显得粗疏松散，没有汉族农民人家过的殷实。当地在饮食方面就流传有'饿死的老鞑子（指蒙古族）八百斤，撑死的老蛮子（指汉族）三百斤'的说法。在村落历史上，蒙汉农民家庭中存在着'蒙穷汉富'的经济格局。"（中央民族大学 2005 级民俗学博士王志清于 2007 年暑期调查于阜新烟台营子村）

圈与游牧文化圈并列的格局，使得蒙汉密切接触，为蒙汉通婚的契机。近百年来内蒙古区域商贸文化的发展，尤其是 1947 年后的工业的突飞猛进及教育的大发展使得蒙汉两个族群有了更多的接触和融合的机会。只有两个族群在互相亲近并且逐步消除了文化边界和文化隔阂的时候，通婚才具备了可能。在本节里探讨蒙汉通婚经历的不同阶段并且初见规模的过程。透视蒙汉两个族群在婚姻择偶文化上的交融是蒙汉文化交融的重要窗口。婚姻择偶是折射社会的一面镜子，从婚姻的择偶文化中可以折射出族群关系的融合的深度和社会的变迁。为了说明问题，我们划分为三个阶段，但是这三个阶段很难用上层制度文化的变革划分，所以我们以初期、中期和当前三个阶段来表述。

（一）蒙汉通婚的初期——汉族"随蒙古"的阶段

自清中期以来，汉族由于生活所迫，艰难困苦地走上了"走西口"和"闯关东"的路途，移民来到了内蒙古区域，大量农民把农耕民族的文化携带到内蒙古区域，也有很少的一部分改变了原本的农耕的生活方式而从事牧业或者手工业和商业。他们都与蒙古族发生了近距离的接触。两个族群同处于一个文化空间，甚至共同居住在一个村落，从事相同的生计方式，使得婚姻成为可能。"个人或群落不断分布于因地形不规则而支离破碎的空间。这些种群的边界在哪呢？如果繁殖种群概念可成立的话，那边界可以由婚姻的地理形态来决定，其中存在婚配和子孙繁殖的地理区域世界定基因库界线。婚姻形态有地理分布范围，这是由下列条件决定的：1. 婚配活动……；2. 婚后活动……；3. 父母、后代活动……"① 蒙古族和汉族通婚说明，彼此生活在相同的生态空间和文化空间，进行较多的文化接触，只有这样通婚才具备可能。长期以来，不同类型汉族移民的涌入，为蒙汉两个族群近距离的接触提供了可能。族际婚是两个族群的文化互相融合、两个族群的感情互相融洽、文化心理互相沟通的过程。这是两种不同类型的文化交流、碰撞和融合最鲜明的表征。因为族际通婚是属于两个不同族群的个体血缘的结合，一方面，两个属于不同的文化群体的个体通婚，说明两个不同的族群文化互相融合的深度；另一方面，通过

---

① ［美］哈迪斯蒂：《生态人类学》，郭凡译，文物出版社 2002 年版，第 102 页。

血缘的交融又促进两个族群的生活方式的进一步接近和认同。

在蒙汉通婚的历程中，清政府曾明令禁止通婚，在康熙年间："凡内地民人出口，于蒙古地区贸易耕种，不得娶蒙古妇女为妻，倘私相嫁娶，查出将所嫁之妇离异，给还母家，私娶之民照地方例治罪。"① 清政府不仅明令蒙汉禁止通婚，而且不准带家属同去。"若令伊等连带妻子一同带去居住，恐其生事，不准带领妻子前往。除情愿在口外过冬人等外，俟秋收之后，约令入口，每年种地之时，再行出口耕种。其出入行走之处，着令检验通知关防文书，准其行走。"② 清政府在一段时期的政令甚至想驱逐汉族移民在内蒙古定居。这些政令是有其深层的政治原因的，限制汉人"俱为蒙古"，也不希望蒙古人"失其旧俗"。其目的是保留这两个族群的文化差异，加固他们的文化隔阂，以利于清政府分而治之。但是当移民的潮流势不可当，而且为了清代封建统治者的利益而采取了放垦政策的时候，农业区和半农半牧区已经逐步形成，其稽查和驱逐都是不可能的。"因思口外各蒙古部落种地民人，在圣祖仁皇帝、世宗宪皇帝时，已因人数繁多，屡经降旨设官管理，立法稽查，迄今又将及百年。内地民人生齿日繁，出口谋生者益复加增；即原先出口之人，亦复滋息日多。"③ 清政府决定："听该处民人各安本业，照旧交纳租息，无庸驱逐。"④ 到了1796年即嘉庆元年"共种地民人五百余户，男妇大小一万余口"⑤，移民群体的定居为族际婚创造了条件。一方面，逃难的贫苦农民已经在草原地域扎根落户，没有回归的动机和可能；另一方面，清统治者逐渐认识到对偌大规模的汉族移民已经不可能驱逐并且也无力驱逐。例如敖汉旗在清中期放垦的过程中，政府产生了经理藩院奏准让地方官驱逐汉族移民的动机，但是汉族"均有押租钱文，交与蒙古……数十年来，生齿日繁，人烟稠密，实有数千名口之多"，况且"铺户贸易亦久，已通商乐业，蒙古民人本属相安无事"⑥。嘉庆十五年上谕：本日朕恭阅《世宗宪皇帝实录》，内载

---

① 《清会典事例》卷九七八《理藩院一六》"户丁"篇，中华书局1991年影印版。

② 黄可润：《口北三厅志》卷一《地舆篇》。

③ 光绪《大清会典事例》卷一五八，《户部·户口》。

④ 《直隶总督温承惠奏为敖汉耕地民人现在查办情形折》，嘉庆十三年十二月十七日，转引自刘海源主编《内蒙古垦务》，内蒙古人民出版社1990年版，第311页。

⑤ 同上。

⑥ 《直隶总督胡寄堂奏为敖汉民人请旨照案停其撵逐折》，嘉庆五年五月十三日。

雍正五年二月二十三日谕旨：敬览《圣祖仁皇帝实录》，内载康熙五十一年奉旨："山东民人出口种地者，多至十万有余。伊等皆朕黎庶，既到口外种地生理，若不容留，令伊等何往？但不互相对阅查明，将来俱为蒙古矣。"①久居于内蒙古区域的汉族可能"俱为蒙古"，对此清政府已经在预料之中。

　　无论是"闯关东"还是"走西口"的人们，有相当一批是年轻的未婚者，他们刚刚来到内蒙古地区，话语不通、生活无着、举目无亲、前途未卜。经过由"游农"到定居的过程，"对于大多数私入蒙地耕种的汉人，以及在顺治年间的圈地运动中被赶出家园，来到蒙地耕种的汉人，并没有资料表明清政府对于他们的驱逐，则可以认为他们的定居已经被承认。另外从另一个角度考虑：出边垦荒的大多为生活所迫，许多人已无家可归，那么他们一开始就考虑在蒙古地方定居几乎是必然的"②。他们来到了异地，接触的是"异族群"，他们在新的生态环境和文化环境中寻找立足生存之道，"汉族之不入蒙籍者，动辄获咎。樵采不许越界，牧羊不许出圈（蒙古族以汉族所居为圈）。犯则掳其人物，扣其牲畜"③。因而在行为上及心理上急切希望被他族群接纳。费孝通先生在《乡土中国》里曾经谈到："怎样才能成为村子里的人？大体上说有几个条件，第一是要生根在土里：在村子里有土地。第二是要从婚姻中进入当地的亲属圈子。"④如何走入当地的亲属圈子呢？在东蒙古的东南部"满汉民居住的地方，则与蒙古人混设村落，从事农作颇盛。此等满汉民，其移住之初，多为独身，后娶蒙古妇人而生子女"⑤。就西部来说，在西土默特一带，"在绥远'蒙古地方汉民之移住者，与蒙人混设村落，从事农牧。此等汉民，其移住之初，多为独身，后娶蒙妇生子，故有类似蒙古人，而风俗习惯殆与汉人无异者'"⑥。据汉族史籍记载，这种情况叫"随蒙

---

①　光绪《大清会典事例》卷158，《户部·户口》。

②　薛智平：《试论清代卓索图盟、昭乌达盟的放垦》，《内蒙古垦务》，内蒙古人民出版社1990年版，第308页。

③　沈鸣诗：《朝阳县志》卷26《种族》，转引自卢明辉《清代蒙古史》，天津古籍出版社1990年版，第126页。

④　费孝通：《乡土中国与生育制度》，北京大学出版社1998年版，第72页。

⑤　[日] 松本隽：《东蒙风俗谈》，吴钦泰译，商务印书馆1928年版，第7页。

⑥　[日] 安斋库治：《清末绥远的土地开垦》，内蒙古师范大学历史系蒙古史研究室译，1961年，转引自阎天灵《汉族移民与近代内蒙古社会的变迁》，民族出版社2004年版，第341页。

古"。在土默特旗公主陪嫁人中，有手工业者，就有称为八大匠人的原籍是山东人，这些人在公主殁后，大多数加入了蒙籍，成为"随蒙古"。① 何谓"随蒙古"？即汉人"依蒙族，行蒙俗，入蒙籍，娶蒙妇"②。在蒙汉通婚的初级阶段，首先要"依蒙族，行蒙俗，入蒙籍"，然后才能娶蒙妇，也就是说要认同蒙古族群的文化，然后才能与蒙古族结成姻亲关系。

1. "随蒙古"首先要会蒙古语。族群的差异主要是文化差异，而语言是文化的表征。不同族群的语言在浩如烟海的人群中划分出其界线分明的文化边界，所以进入蒙古人的圈子首先要学蒙古语。据当今调查，内蒙古阜新蒙古贞地区的烟台营子村是民国时期蒙古族建立的农耕村落，建村的贺家大院（系蒙古族）遵循"认语不认人"的落户原则，凡是能说蒙古语的投奔者都可以入村居住成为佃户或者允许在村中居住从事榜青劳动。不会说蒙古语的则到村落三里以外的南部洼地处居住。因为汉族移民众多，很快在那里就形成了一个较大规模的汉族聚居村落，称为"下洼子"。烟台营子村人早期称呼该村为"下边的窝棚"。在"下洼子"的南面又形成了"新地"村。在烟台村西南部的拉拉屯村的东头部分也都是贺家大院的汉族佃户。③

鄂尔多斯达拉特旗解放滩乡马技民村 ZHSN 回忆她在 20 世纪初从原籍陕西府谷到这里落户的经历："那会儿我那老汉（GWT）弟兄几个都给蒙人做营生了，老二给朝戈白家放羊，我老伴给戈什林斗家揽长工了，10 岁去了，17 岁才回来，一直在那家蒙古人家住，那会儿他就学会了蒙古话，不说咱这汉话，就从小和人家搅在一起……那蒙人家可有意思了，去了会说蒙古话是一个样，不会说蒙古话又是一个样。我老汉会说蒙古话，那老婆儿一见他回来，就朝窗户喊：'回喝茶来，回喝茶来。'我们家他兄弟老二不会说蒙古话，人家见了让也不让……"④

2. "随蒙古"要随蒙古人的生活习俗。特别是饮食习俗是很重要的一方面。例如喝奶茶，吃奶疙瘩和牛羊肉是蒙古族的习俗，所谓"不食粒者矣"。

---

① 《筹蒙刍议》（下），《经画东四盟条议》。

② 沈鸣诗等：《朝阳县志》卷二六，《种族》，转引自卢明辉《清代蒙古史》，天津古籍出版社 1990 年版，第 126 页。

③ 中央民族大学 2005 级民俗学博士王志清于 2007 年暑期调查于阜新烟台营子村。

④ 被访人：ZHSN，女，87 岁，汉族，鄂尔多斯达拉特旗解放滩乡马技民村村民。访谈人：山西师范大学 2004 级硕士高瑞芬；访谈时间：2006 年 8 月，在 ZHSN 女家。

两个族群不同的饮食习俗互相交融要有一个过程。

> 他们吃那"囫倒肚"(山西人对蒙古族制作的血肠的叫法)也不知道蒙人咋想起来的那个吃法,把羊杀下,底下支个盆,把肠子两头的脏东西倒出来,里面装进面糊糊,再把那肠子煮熟捞出去,用小刀子割着就茶吃,那会儿蒙人杀了牛之后卸成大块,煮那么一大锅,煮肉以后留下的腥汤当煮面条时的臊子用,人家吃得香,咱们看着就腥得没法吃……①

夫妻要在"同一锅里吃饭",饮食习俗的沟通也是打开文化边界的重要方面。

3. "随蒙古"要尊重蒙古族信仰的喇嘛教。宗教是区别各民族的文化符号之一。学术界在研究不同文明的边界时,早就关注到宗教不同而文明不同。清代是喇嘛教兴盛的时代。"喇嘛教不仅仅是一种民间的宗教信仰,而且还是蒙藏社会最为有力的社会制度,举凡的影响亦深入人心,弥漫于人生各个方面,非内地佛教所可比拟。何况说,它又是教育中心、经济中心、政治中心,一切舆论、价值、权衡的枢纽呢?故若不能了解喇嘛教,必不能了解蒙藏的社会生活。"② 在这种社会环境中不信仰喇嘛教的人,很容易被认为异己而受排斥。因此汉族移民为了能够在内蒙古区域落脚扎根,就必须信奉喇嘛教。

汉族置身于蒙古族社会圈中,只有学会蒙古语、见习蒙古族的行为习惯,方可由"陌生人"变为"熟人",被蒙古族接纳,在此地立足扎根。这是由其客居依附地位所决定的,既有自愿因素,也有强制因素。因此汉族移民的"蒙古化"实质上反映的是个人对社会的适应过程,是一个文化选择和文化认同的过程。罗布桑却丹认为,在清代汉人转入蒙古籍的很多。按来源分:1. 汉地商人变管理属民者;2. 满族公主带来的随从;3. 从内地买来的汉族佣人。4. 内地农民,在蒙古各地有叫做"园头"的蒙古人,冠汉姓,他们来自汉地菜农。③ 我们在田野调查中发现,追溯询问有的蒙古族人家的家族谱

---

① 访谈对象:ZHSN,女,87岁,汉族,鄂尔多斯达拉特旗解放滩乡马技民村村民。访谈人:高瑞芬;访谈时间:2006年8月,在家。

② 李安宅:《萨迦派喇嘛教》,《边政公论》第4卷第7—8期。

③ 罗布桑却丹:《蒙古风俗鉴》(蒙古文版),内蒙古人民出版社1981年版,第39—43页。

系，四五代以上就是山东、河北的移民了。最近的年代有三代的，孙氏家族转入蒙古族的时间最近，孙有才（蒙古名字布仁巴雅尔，58 岁）的祖父就是落户在下洼子村的汉族，懂蒙语，因为妻子是烟台村的蒙古族，所以就迁入烟台村落户。[①]

在蒙古族与汉族通婚的初级阶段，其婚姻有如下特点：

其一，蒙汉通婚以汉族的男子娶蒙古族的女子为特征，有的是以招婿婚的形式出现的，汉族称为"入赘"，很少有蒙古族的男子娶汉族的女子。"在阿拉善旗，民勤汉人还有被蒙古王府招赘为婿的情形。"[②] 入赘婚是以汉族男子的语言习俗和生活习俗发生渐变即"随蒙古"为前提的。

其二，"随蒙古"要认同蒙古族群的文化甚至加入"蒙古籍"。族籍是社会的个体认同族群的重要符号，而族群的区分是文化的区分。通过婚姻改变族籍，汉族男子要改变自己的文化身份而加入蒙古族族籍。这对于有着根深蒂固的儒家传统的汉族农民来说，是一个悖逆。如土默特右旗佑顺寺的土地，就都是由该庙在偏头营子村的属户耕种的，该寺的属户，是在寺庙修建之初，从内地迁入的建庙工匠，寺庙修好后，蒙古王公和僧侣贵族就把土地租给他们耕种。后来，他们加入了蒙古籍，成为"随蒙古"。汉族渐渐地"由酬酢而渐通婚姻，由语言而渐习文字"[③]。加入蒙古籍中一部分勤劳忠厚的农民或者手艺人成为了蒙古族的女婿。如在民国时期在内蒙古鄂托克地区，一名陕西男子 15 岁就在该旗一个苏木当差，"勤苦二十余载，血汗所积，计有羊百五十头，马六匹，已可称小康之家矣。唯彼欲娶蒙妇，格于礼例，久未成功。最后由苏木甲喇与苏木章京会商，赐彼蒙名，曰'倒头马'，并指一孀妇，嘱娶为室"[④]。

辽宁阜新蒙古贞地区，有不少蒙汉杂居的农业村落。历史上很多汉族移民都是通过姻亲关系在蒙古族地区扎根立足的，蒙古贞地方学者暴风雨的解释为这段史料添加了情境化的注脚：

---

① 中央民族大学 2005 级民俗学博士王志清于 2007 年暑期调查于阜新烟台营子村。

② 黄举安：《由定远营到西宁塔尔寺》，《开发西北》，第 4 卷第 3—4 合期，1935 年。

③ 徐世昌：《东三省政略》《蒙务下·纪实业》。

④ 转引自闫天灵《汉族移民与近代蒙古族社会变迁研究》，民族出版社 2004 年版，第 341 页。

当时蒙古贞地区的情况多为蒙古族家庭招入赘女婿，入赘的多为蒙古化程度很高的无牵无挂的单身移民。虽然清朝法律禁止蒙汉通婚，该律令直到光绪年间才被废除。该律令可能在总体上对蒙汉通婚有所限制，但是在民间蒙汉通婚还是有……这玩意儿皇上也挡不住嘛。①

对加入蒙古籍的个体行为，汉族整体采取藐视的态度。但是贫困的汉族移民为了生存，往往同意加入蒙古籍，主动表示对蒙古族的亲近和文化认同。

其三，在这一阶段，生活在蒙古族中的汉族个体迫切希望蒙古族接纳自己，其婚姻的选择带有主动地向另一个族群文化接近和靠拢的性质。"近年来大多数季节性移民都是单身男子，在中国内地娶妻有困难的人们。""可以反过来证明当时想要通过通婚来实现定居的贫穷移民很多。"② 这一时期，汉族移民主动接受蒙古族文化，与蒙古族女子结婚的愿望十分迫切，他们处于被选择、被接纳的地位，处于文化弱势地位，而蒙古族处于选择的地位、接纳的地位，处于文化强势的地位，这也说明在两个族群文化博弈的过程中，还没有达到互相平等互相融合的地步。

其四，旧民俗志对于汉人移民"依蒙族，行蒙俗，入蒙籍，娶蒙妇"的记载虽然资料可贵，但是蒙汉两族的族际婚是一个互相认同的过程。但是认同的路径和程度是不同的。一般会出现两种情况，一种情况是汉族男子改变自己的生计方式，从事牧业，另外一种情况是从事农业或者半农半牧。入赘婚的产生应在蒙古族消除了对农耕文化的抵触情绪，不合作的心态，对于汉族的农耕文化开始认同，并且在改变自己生活习俗的过程中需要农耕文化的劳动力和农业技能的时候，如果没有消除农牧两个族群的文化偏见而对农耕文化在一定程度上的认同，是绝对不可能接纳汉族入赘的。被接纳的汉族男子的身份或农民、或雇工、或小手工业者，而其娶的蒙古族女子多在内蒙古地域已经转变了生产方式的农业区或者半农半牧的地区。学术界认为，"目前对于族群的研究已经达到一些共识，"即'族群'并不是单独存在的，它存在于与其他族群的互动关系中。……族群边界成为我们分析族群的一把钥匙。

---

① 被访谈人：BFY，辽宁阜新烟台营子村村民，访谈人：王志清，访谈时间：2007 年 1 月，在辽宁阜新烟台营子村。

② ［日］田山茂：《清代蒙古社会制度》，潘世宪译，商务印书馆 1987 年版，第 265 页。

也就是说我们必须从族群互动中研究族群内涵和族群关系"①。此时的族际婚虽然是汉族个体主动融入蒙古族的生活习俗之中，但也表明蒙古族内部的嬗变，一方面，他们在恪守自己的文化，另一方面他们同时在接纳"他者"的文化。但是在这一历史时期，从宏观上说蒙古族和汉族通婚毕竟是极少数，其族际婚还存在着种种障碍。下面是访谈资料：

> 我来烟台营子村（前所叙一个以蒙古族为主体的农耕村落）的时候，就有一户蒙族人家把女儿给汉族人家的，那户汉族人家姓李，不咋样，图汉族人家多给高粱（当时的聘礼主要是粮食），就把女儿"卖"给人家了，那姓李的不正经干活，后来在村里呆不下去就搬走了……②

蒙古族中把女儿嫁给汉族人家的，当地蒙古族称之为"卖女儿"③。所谓"卖女儿"包含着两层意思：（1）对于嫁女的蒙古族改变原族群的传统而索要彩礼的行为，民众采取谴责和鄙视的态度。（2）蒙古族民众的舆论不愿意把女儿嫁给汉族。这说明族群之间存在着文化隔阂。

> 那时候（指 1947 年前）蒙族和汉族基本上没有结婚的，蒙族的不懂汉族话，汉族的也不懂蒙古族话，再说了，汉族也不愿意把女儿给蒙族的，认为蒙古族不会过日子。④

> 那会儿找媳妇打听打听人家人好不好，正色不正色，别的甚也不想，但一定要是蒙古族。我们这一茬子是蒙古族找蒙古族的，就这条件。现在蒙古族、汉族不分了，我这个岁数的人，都是找蒙古族的。庄户人家，

---

① 周大鸣：《论族群与族群关系》，载徐杰舜主编《族群与族群文化》，黑龙江人民出版社 2006 年版，第 514 页。
② 被访谈人：SHGD，男，汉名 BFL，83 岁，蒙古族，辽宁阜新烟台营子村农民。访谈人：王志清；访谈时间：2007 年 1 月，在辽宁阜新烟台营子村。
③ 作者注：按照蒙古族的习俗，在财产继承权上，男子和女子具有平等的地位，女儿同样可以分得父母的财产，结婚时她分得的牲畜就是嫁妆，而不向男方索要彩礼。
④ 被访谈人：ZHMS，男，87 岁，蒙古族，辽宁阜新烟台营子村农民。访谈人：王志清，访谈时间：2007 年 1 月，在 ZHMS 家。

种点地，有点吃的就行了，别的也没条件了……①

可以看出，虽然生活贫困，择偶的条件比较简单和纯朴，但是族群边界还是很鲜明的。事实上，在蒙汉族际婚的初期阶段，农耕文化与游牧文化的涵化处于初期阶段。其原因是多重的，其中一个重要原因是移民与原住民各自的文化边界还比较鲜明，在这样的障碍下，远远没有也不可能达到深层情感的融合。例如民国时期，在伊克昭盟的四旗北开垦，人烟稠密。但是尚未形成蒙汉杂居的局面。"伊盟右翼四旗（指现在的鄂托克旗、鄂托克前旗、乌审旗、杭锦旗）的人口，蒙汉约各占半数，惟因蒙汉人民技能有别，汉精于农，蒙精于牧，如杭旗四边开垦，中部放牧，于是汉人住于四边，蒙人则居于中部，又如鄂旗赔教地放垦，汉民较多，其他未垦处牧民居之放牧牲畜，汉民因职业技术不同，形成地域上之划分，尚未达到混合居住的状态。"② 由于恪守各自的文化边界，还远远没有达到两种不同的文化传统进入持续的接触的程度，两者互相适应、互相调适的地步。

（二）蒙汉通婚的中期：互相选择的阶段

在汉族移民的过程中，开始汉族主要分布在南部农区，蒙古族居住在北部牧区，但是随着清政府放垦制度的逐渐展开，不少蒙古族实现了定居，有的改变了原有的生计方式，变成了农民——短袍蒙古。这个根本的改变逐渐形成了蒙汉杂居的局面。这是与农耕民进一步接触的契机。与语言的交融和衣食的交融相比较，对于广大的农区、牧区和半农半牧区来说，居住的混同和趋同占有至关重要的地位。"如果两个民族各自的传统生产活动不一样，语言、宗教文化也很不一样，决定它们之间相互关系的一个重要的客观条件就是它们的成员之间是否有相互接触的机会。如果没有接触，语言、文化方面的差异会使这种隔绝状态延续下去，并可能产生种种误解和冲突。假如这两个民族的成员基本上混杂居住，在生活与生产中就有广泛接触、相互了解的机会。"③

---

① 被访谈人：ZHBR，男，蒙古族，76 岁，辽宁阜新烟台营子村农民。1921 年结婚。访谈人：王志清，访谈时间：2007 年 1 月，在烟台营子村。
② 伊克昭盟编：《伊克昭盟文史资料》第三辑，1998 年内部版，第 148 页。
③ 马戎、潘乃谷：《居住形式、社会交往与蒙汉民族关系》，《中国社会科学》1989 年第 3 期。

　　不同的群族文化都随着社会制度、人文环境、思想观念而具有历史的变动性，俄国学者就亲自看到了名称为沙梁尔、察罕板升和白塔村的村落。他对察罕板升进行了这样的描述："这里的汉人与土默特人已经混居到如此地步，连他们的庙殿也是在同一个院子里。"① 他在通辽附近的莫林庙的属地上，看到蒙汉杂居的村落，其村落用大土围围起来，"其中约有十五大家，蒙汉杂居"②。在归化城土默特等地，蒙汉杂居的村落有百年以上甚至更久的历史。社会学者和民俗学者认为居住研究不只是某一个家庭、某一群体所占据的地理空间的特征，他们从居住与社会交往关系的新角度研究了蒙汉民族文化的交融。"较高程度的民族混居和民族成员间的广泛交往可以从一个侧面反映出民族间文化差异、民族偏见和民族歧视行为的减弱，至少是两个民族可以和平共处，并会逐步增加民族间通婚的可能性，淡化居民的民族意识。"③ 因为空间的邻近为时间的接触提供了可能。这是一个很长的历史阶段，如果通过时间来划分的话，可以从 1947 年前一直延续到 20 世纪 70 年代。

　　不同的宗教信仰往往成为族际婚的阻隔。信仰基督教和信仰伊斯兰教的男女就很难成婚。蒙汉两个族群的宗教信仰存在较大的差异。蒙古族的游牧文化信仰萨满教，明清以来，喇嘛教信仰在内蒙古区域有一个世俗化的过程。而汉族移民的民间信仰十分繁杂，甚至每个村落都有不同的民间信仰，土地庙、关公庙、财神庙、观音庙等比比皆是，构成了不同的族群信仰文化的特征。由于长期杂居在同一地域、同一村落，往往其信仰存在"易感染性"，例如汉族信仰的民间神祇传到文化转型比较早的喀拉沁农业区。这种类型村落的蒙古族或者淡化了自己民族的历史记忆，或者在保存自己民族的历史记忆的同时，包容汉族民间信仰的存在。据在喀拉沁右旗的调查，民国时期民间信仰既不完全属于汉族的民间信仰，也不完全属于蒙古族的传统信仰，而是显示了复合性、杂糅性的文化特征。而在牧区和半农半牧区生活的汉族有的也去喇嘛教的庙会和参与祭祀敖包。在蒙古族与汉族杂居的文化环境中，

---

　　① ［俄］阿·马·波兹德涅耶夫：《蒙古及蒙古人》第 2 卷，刘汉明等译，内蒙古人民出版社 1987 年版，第 143 页。

　　② ［日］鸟居龙藏：《满蒙古迹考》，陈念本译，商务印书馆 1933 年版，第 59 页。

　　③ 马戎、潘乃谷：《居住形式、社会交往与蒙汉民族关系——从赤峰调查看影响民族关系的因素》，《中国社会科学》1989 年第 3 期。

其信仰由差异性转向趋同性。我们在当今的调查中就发现了这样的案例。宗教信仰的族群边界已经模糊而其区域性、村落性更为突显。

表6.2.1　　　　　　　　喀拉沁右旗民国时期民间信仰一览表

信仰对象	信仰表现形式
财神	赤峰有财神庙
灶神	民众锅台后有灶神院
敖包	祭祀敖包
祖先	清明、农历十月初一上坟
龙王	祈雨祭龙王，有龙王庙
关帝	农历五月二十三、六月二十四祭关帝
黄鼠狼、狐狸、蛇等	有灵异的传说

资料来源：邢莉根据2004年暑期访谈制作。

据地方志学者30年代对绥远地区的9个县128个乡的调查，几乎每乡都有唱戏酬神的民俗活动。以归绥县为例："辛亥革命之前，城内各行社及四郊村镇均有酬神演剧之习。夏秋两季，殆无虚日，或为大戏，或为秧歌。大戏有两种，皆梆子戏，演于城市者，明字号班。另有一种演于乡村者，脚色较低，俗谓之跑营子班，秧歌纯属田家口味，口白用本地口语，取材亦多通俗故事，乐器与大戏略同，唯多一笛。农人平日工作，喜歌此调。酬神时也多农民自行扮演，完全为土戏性质。"① 当时不同的季节的酬神戏在不同的庙宇举行。春季唱戏在奶奶庙、关帝庙或者龙王庙举行，唱的是平安戏；秋季酬神戏在龙王庙举行，唱的是谢茬戏。山西、陕西的戏曲在这里普遍流传，其戏剧是农耕文化春祈秋报的祭祀仪式。农耕文化春祈秋报的祭祀仪式的流行不仅显示土默特地区已经较早地转型为农耕的生计方式，而且说明接收了农耕民族生计方式的土默特的蒙古族也吸纳了农耕民族的信仰。

与宗教相比较，语言的传播是最快捷的符号。由于民俗语言具有鲜明的社会性和集体性。有的地区的蒙古语已经消失，不但形成了汉语文化圈，并

---

① 《绥远通志稿》卷73（民族·汉），转引自牛敬忠《近代绥远地区的社会变迁》，内蒙古大学出版社2001年版，第112页。

且持有不同的汉语方言特征。这就是东部的东北方言文化圈和西部的西北方言文化圈。① 汉语方言圈的形成对蒙古族产生了深刻长远的影响。在西部一带"农商往来人事为繁，故蒙人之能操汉语者颇多。其他各旗次之，中公旗则极少矣。大约西公旗能操纯熟汉语者，可占十分之七、八；东公旗可占十分之六、七；四子王旗占十分之五；其达尔汉、茂明安二旗则不过十分之二三而已，以上各旗，所谓能操汉语者，亦熟与简单参半，均不及西公旗为熟练焉"②。在这样的文化语境中生活的归化城土默特蒙民已经与汉族没有区别。"衣服多仿汉式"，"食料以谷类为多"，"家屋庙殿亦细用砖瓦梁矣"，甚至婚丧娶嫁等习俗也十分相近。③ 据 20 世纪 30 年代《绥远通志稿》的纂修人员调查，"当时五、六十岁的老人蒙语皆熟，四十岁以下的蒙古人全操汉语，只有寺庙喇嘛还比较严格地遵循使用蒙古语的制度，但在接待汉人时也用汉语。当时，就整个土默特旗蒙古族来说，通蒙古语的人只有 30% 左右"④。

　　语言和宗教壁障的消解与蒙古区域农耕文化区的形成，与部分游牧民转型为农耕民存在着密切的关系。汉语和汉族的民间信仰在内蒙古区域逐渐传播。这一时期的蒙古族与汉族通婚主要多在农业区域，半农半牧区域次之，牧业区域再次之。以前面描述的阜新烟台营子村为例证：

　　20 世纪 50 年代：村落中第一对蒙古族与汉族通婚的是 WQSH 夫妇。⑤

　　20 世纪 70 年代：出现了两例蒙汉复合型家庭，都是村落中的蒙古族

---

① 据半个世纪前的调查："内蒙古地区的方言的流传可以确定其风俗的渊源。从内蒙古区域的汉语方言的情况看，属于北方方言系统。东部呼伦贝尔盟、昭乌达盟、哲里木盟三十三个市旗县的汉语方言，基本上与东北方言同。自治区中部、西部四十五个市、旗县镇的汉语方言，则属西北方言，接近山西及陕北话。外省移民，东部区的人多来自东北、河北、山东等地。除掉开发较早的农业区外，其他各地由于移民不断增加，各地的家乡话而相互影响，语言不太巩固。"（张清常：《内蒙古自治区汉语方言概况》，《内蒙古大学学报》1963 年第 2 期）

② 内蒙古地方志编纂委员会总编室编：《内蒙古史志资料选编》（第三辑），1985 年版，第 264—265 页。

③ 邢亦尘：《蒙汉各族人民思想文化交流的新时期》，《内蒙古社会科学》1987 年第 6 期。

④ 呼和浩特市地方志编修办公室编：《呼和浩特市志》（上），内蒙古人民出版社 1999 年版，第 270—271 页。

⑤ 被访谈人 WQSH，男，75 岁，蒙古族，妻子 MGZH，70 岁，汉族娘家就是本村的老穆家，为 20 世纪 50 年代初期移民到该村的汉族。两人在生产队集体劳动的过程中相识相恋，于 1960 年成家，养育一儿四女。和 WQSH 已经结婚 47 年的 MGZH 至今不会说蒙语。访谈人：王志清，访谈时间：2007 年 1 月，在其家里调查。

男性青年娶了汉族的下乡的女性知识青年。（1）现在村中的老支书 WXQ70 年代中期娶了一个姓张的女知识青年，该家庭有一儿一女，家庭语言用汉语交流。（2）七家子的贺榔头和一个姓郭的汉族下乡女性知识青年结婚，该家庭有一儿一女，日常生活中全部用蒙语交流，儿媳妇和女婿都是蒙古族。

20 世纪 80 年代：（1）本村的 WBQ（1957 年生，汉族）与本村的 BXQ（1954 年生人，蒙古族）结婚；（2）WQG（1954 年生人，蒙古族）与本村的 GYR（1958 年生，汉族）结婚；（3）村民 QXL（1960 年生，蒙古族）招汉族女婿 SZHL（1955 年生人）。80 年代中期前有 6 户蒙汉通婚的复合型家庭。[①] 从以上例证可以看出，蒙汉通婚呈增长的趋势，而且在日常生活中，汉语的使用占绝大多数。

中央民族大学民俗学硕士靳一萌对西部土默特地区呼和浩特附近的农业村落土良村进行了婚姻择偶的调查。

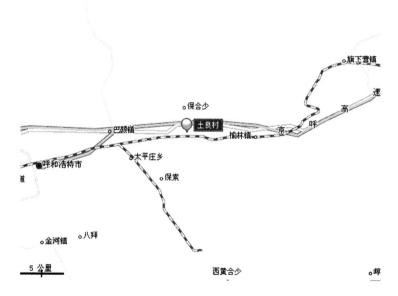

图 6.2.1　土良村地图　靳一萌提供

---

① 材料来源：王志清于 2007 年 1 月在烟台营子村调查。

　　背景材料：土良村位于内蒙古自治区西北部，距自治区首府呼和浩特不到五十公里。属温带大陆性气候，年降水量400毫升，年平均气温4—5℃。地理位置优越，交通条件便利。"土良"为汉语，意为此地有优良的烧砖土。调查时一位老村民告诉笔者，村里的坟地已经埋了六辈，按照人均50年的寿命计算，土良村至少也有三百多年的历史。全村现有耕地面积606亩，草滩面积415亩。1947年前生产方式为半农半牧，其中放牧主要集中在大青山一带。新中国成立后农耕成为唯一的劳作方式，人均耕地五亩。农作物以玉米、豆类、谷黍为主，此外还饲养奶牛、绵羊、猪、鸡等家禽。全村现有人口127人，共计32户，且男性村民都姓赵（户主都为蒙古族）。土地革命时期，进行户籍注册的汉族官员为没有汉姓的蒙古人随便起了姓氏，而本村的姓氏也因此而来。

表6.2.2　　　　　　　　1940—2009年土良村蒙古族通婚状况①②

结婚时间 （年）	案例 （个）	蒙蒙通婚	蒙汉通婚	蒙蒙通婚 比重（%）	蒙汉通婚 比重（%）
1940—1959	13	12	1	92.3	7.7
1960—1979	23	14	9	60.9	39.1
1980—2009	34	8	26	23.5	76.5
合计	70	34	36		

中央民族大学2007级民俗学硕士靳一萌调查制作。

　　通过表6.2.2可以看出：20世纪40—60年代，蒙汉通婚只有一例。此唯一的蒙汉通婚是由于来此地榜青打工的汉族男性入赘到蒙古族家庭。可以说土良村从建村到20世纪60年代之间长达三百多年的建村历史中，蒙古族族内通婚占绝对优势。在60年代到80年代，蒙汉通婚达39.1%，接近40%，这个比例是相当大的。

———————————

　　①　由于目前村里只存在蒙、汉两个民族，因此在族际通婚调查时只需考虑蒙汉通婚的情况。
　　②　访谈对象：SDB，男，蒙古族，1940年出生，文盲，农民。访谈人：靳一萌，于2009年10月，在其家中。

图6.2.2　土良村村民　靳一萌摄

从清朝中期到民国以至 1947 年后，虽然骑骏马、穿蒙古袍的游牧民的牧业文化符号依然存在，但是由于社会的发展，蒙古族的文化结构已经发生并且正在发生翻天覆地的变迁。1947 年后，城市的发展，包头等地的大工业的发展，使得蒙古族的职业趋于多元化。1949 年以后，除了个体的移民之外，在政府的政策下有组织的移民也在持续有规模地进行，这就为蒙汉交往与通婚开拓了更大的社会面和影响面。两个族群具有更多的互相选择的机遇。据学者对土默特左旗 20 名蒙古族青年的调查，其父母全为蒙古族的有 13 人，7 人的父母一方为汉族。蒙汉通婚约占 49%。① 蒙汉通婚的比例城市高于农村。这一阶段蒙汉通婚有什么特征呢?

其一,这一阶段的蒙古族与汉族通婚与前述的初始阶段"随蒙古"有很大区别。在初始阶段,强调汉族"随蒙古",即汉族要主动摒弃自己原有的生活习俗,认同和适应蒙古族的生活习俗。而在这一阶段,则脱离了原来的思维定式。蒙汉婚姻是男女的自由结合,在婚姻族别的选择上树立了平等、自愿的理念。从理念上说在一个家庭中既为蒙古族随汉族,同时汉族也要随蒙古族。这里的"随"是一个泛指。民间话语所说的"随",并非指一个族群的成员在民俗生活中完全适应另一个族群的生活惯习,而是当事人在生活中互相适应,互相调适,是双向的改变和更大范围的融合。

其二,这一阶段的蒙古族与汉族的婚姻完全脱离了招婿婚的模式,汉族男子为蒙古族招婿、改为蒙古族族籍的惯习已经逐步减少。以往汉族男子改为蒙古族族籍实际上是在强调蒙古族文化的主体性,实现汉族对蒙古族文化的认同,这是为生活所迫而无奈的抉择。在这一阶段婚姻族籍的选择上是自愿的,在结婚登记的法律程序和户籍中仍旧填写自己原来的族属而没有改变。这表明:

(1) 在姻亲关系建立的过程中双方都对"他者"有更深层次的认同。

(2) 人类学给族群下的定义是:"族群就是一种社会群体,其成员宣称具有共同的世系或在继嗣方面接近、并宣称历史上或现实上有共同的文化。"② 蒙古族与汉族族际婚的发展,说明在历史上有不同文化的族群在现实中却可能共享共同的文化,族际婚淡化了蒙汉两个族群原本的文化边界,其文化处于相互融合的过程中。

(3) 在婚姻择偶中,传统上把族籍的选择作为主要的择偶标准之一,有的个体甚至置于首要位置,如今婚姻择偶中族籍的选择开始淡化。在社会发展、民族平等、文化共享的语境中,在某种意义上民族的符号被国家公民的符号所湮没,而民族的文化边界在模糊。

---

① 纳日碧力戈:《现代蒙汉通婚的一个侧面》,中央民族大学《研究生论文集》第一辑。转引自麻国庆《论影响土默特文化变迁的因素》,《内蒙古社会科学》1991 年第 1 期。

② Stephen Cornell, The Variable Ties that Bind: Contend and Circumstance in Ethnic Process [J]. Ethnic and Racial Studies, Vol. 19, No. 2, 1996.

其三，从以上的论证中看出，蒙古族与汉族的婚姻圈在扩大。婚姻圈既可以看成空间的通婚距离，也可以看成族际间的距离。蒙古族与汉族通婚圈的扩大说明两个族群通过血缘融合而达到文化的进一步融合。学术界重视以婚姻媒介来探讨民俗融合与地缘的关系。"如果甲民族的某一部族移入乙民族统治的地域通婚，则融合的程度就高，如果是甲乙两族地域邻近通婚，则融合程度就低。"① 上述两种分析，在内蒙古地区都存在。

（三）当代蒙汉通婚：具有规模的阶段

在 20 世纪末到 21 世纪初，我国进入到改革开放的新时期，内蒙古区域在经济、科技、文化、教育等方面飞越发展。在目前所处的都市化的过程中，农业人口、牧业人口在向城镇流动，这是社会心理与文化心理变迁的过程。都市化、工业化的社会心理和文化心理扩散到乡村社会。这就打破了原来的自然经济社会为基础的格局，进入到现代化、工业化、信息化的文化格局之中。网络的便通，初等教育的普及和高等教育的发展，以及现代化业缘关系网络的形成，价值取向和理想信念的趋同，使得蒙古族与汉族婚姻建立在一个新的语境之下和更广泛的社会网络之中。内蒙古与全国同步发展。改革开放促进了人口的流动，促进了蒙古与汉族文化空前的交融，目前在内蒙古区域蒙古族与汉族通婚已经达到了一定的规模，这是蒙古族与汉族文化深度交融的重要的实证。

1. 赤峰地区蒙古族与汉族通婚例证

赤峰位于内蒙古东部，克什克腾旗位于赤峰的北部，其北部是牧区，中部是半农半牧区，南部是农区。费孝通把内蒙古比做一个展翅的大鹏，赤峰位于它的中部，他认为内蒙古的社会调查应当从赤峰入手。② 当代民族学家马戎选择了赤峰作为案例，他认为："从人口迁移和民族关系研究的角度来看，赤峰具有代表性。"③ 他们发现："赤峰地区蒙汉通婚已达到一定的规模，在被调查的已婚蒙古族户主中娶汉族妻子的为 15.2%，在已婚汉族户主中娶蒙

---

① 李安民：《论民俗的融合》，《民俗研究》1994 年第 4 期。

② 费孝通：《边区开发与社会调查》，天津人民出版社 1987 年版，第 20 页。

③ 马戎、潘乃谷：《居住形式、社会交往与蒙汉民族关系——从赤峰调查看影响民族关系的因素》，《中国社会科学》1989 年第 3 期。

古族妻子的为 13.2%，在多民族地区这是比较高的民族通婚率。新疆和西藏的民族通婚率远远低于这一水平。"[①]

我们也在赤峰做了调查。在对克什克腾旗的随机抽样调查中，有 14% 的户主为族际婚。以汉族男性户主为例统计，13.2% 娶了蒙古族妇女为妻子。以蒙族男性户主为例统计，他们 77% 从事畜牧业，15.2% 娶了汉族妇女为妻子。[②] 该地蒙族男子娶汉族女子的通婚率高于汉族男子娶蒙古族女子的通婚率，这个问题尚待进一步研究。

在对巴林右旗[③]的调查中，巴林右旗的 1980—1990 年结婚约 11002 对。其中蒙古族与其他民族结婚 502 对（其他民族主要是汉族，此外可以忽略不计），1990 年到 2000 年结婚 13000 对，其中蒙古族与其他民族结婚 700 对，2000 年到 2008 年 6 月共结婚 12800 对，其中蒙古族与其他民族结婚 680 对。[④]

赤峰市翁旗阿什罕苏木照克图嘎查中，该村最老的汉族住户是王、吴两姓，其他都是在 20 世纪 60 年代迁徙而来的。根据当地的老人回忆："我们年轻的时候很少有蒙古族与汉族互婚的现象，从（20 世纪）80 年代开始有蒙古族与汉族通婚。"[⑤] 2000 年后至今，本村的蒙古族与汉族通婚达 3 例。嫁出的蒙古族女子与汉族通婚的达 7 例。蒙汉互婚的数量具有逐渐增长的趋势，蒙古族女子嫁给汉族男子的数量明显增长，这是因为当地汉族认为蒙古族姑娘忠厚、老实、贤惠，所以很多人都愿意给儿子娶蒙古族妻子。甚至有一家三个儿子其中两个娶的都是蒙古族妻子。相反蒙古族小伙子很少娶汉族姑娘，虽然当地很多人对蒙汉互婚的现象都表示习以为常，但是真正选择对象时他

---

① 马戎、潘乃谷：《居住形式、社会交往与蒙汉民族关系——从赤峰调查看影响民族关系的因素》，《中国社会科学》1989 年第 3 期。

② 资料来源：邢莉、秦博于 2008 年 7 月调查于赤峰克什克腾旗由当地民族事务委员会提供。

③ 背景材料：巴林右旗位于内蒙古自治区赤峰市北部，处于西拉沐沦河北岸，大兴安岭南段山地。1634 年，清朝划分蒙古诸部牧地，巴林部始定于此。顺治五年即 1648 年，建巴林右旗，迄今 340 余年。面积 10256.36 平方公里。其传统的生计方式是游牧业，由于民国以来的放垦，部分区域成为农业区和半农半牧。1949 年后，工业和商业得到很大的发展。据 1990 年统计，其中蒙古族 6.4 万，汉族 8.5 万（参看《巴林右旗志》，内蒙古人民出版社 1990 年版，第 1—7 页）。

④ 资料来源：邢莉、秦博于 2008 年 7 月在巴林右旗调查。

⑤ 被访谈人：ALTWQER，男，58 岁，蒙古族，曾任赤峰市翁牛特旗阿什罕苏木照克图嘎查长；访谈人：闫萨日娜，访谈时间：2008 年 1 月，在翁牛特旗阿什罕苏木照克图嘎查。

们仍然会考虑到族群界限的问题，所以才会出现这样的现象。①

2. 鄂尔多斯半农半牧区蒙古族与汉族通婚例证

鄂尔多斯地区旧称伊克昭盟，蒙古语意为"大庙"，鄂尔多斯蒙古语意为"众多的宫殿"，是一代天骄成吉思汗陵寝的所在地。这里是半干旱地区。在历史上是农牧交错的地带。清代蒙古族在这里驻牧或者半游牧。清代至民国的汉族移民使其生计方式和文化习俗发生了改变。展旦召嘎查村隶属于鄂尔多斯地区达拉特旗吉格思泰乡，是展旦召苏木所在地。包括新城、哈吉代营子、改改召以及展旦召共4个小队，300多户，1155人，其中蒙古族485人，汉族670人，有15万亩牧场和4万亩耕地，这里的生计方式是半农半牧，而牧业收入大大高于农业收入。在展旦召3个小队312户家庭中，蒙古与汉族通婚的家庭13户，占总数的4.2%。② 1949年前，没有蒙汉通婚的现象，现在占有一定的比例。

3. 锡林郭勒盟正蓝旗蒙古族与汉族通婚例证

在以牧业为主的锡林郭勒盟正蓝旗③的随机调查中，参与调查人的状况：（1）性别状况：男性49人，女性23人，共72人。（2）年龄状况：20—30岁31人；30—40岁16人；40—50岁19人，50—50岁以上6人。（3）居住状况：正蓝旗镇居住的66人，苏木居住的8人，嘎查居住的8人。（4）民族状况：蒙古族59人；汉族11人；其他民族2人。（5）职业状况：牧民14人；工人1人；商人1人；职员52人；大学生4人。在调查的72人中，族际婚为11人，所占比例为15.2%。其中蒙古族男性与汉族女性结婚的比例大于汉族男性与蒙古族女性结婚的比例。④

4. 东乌珠穆沁旗乌利雅斯太镇蒙古族与汉族通婚例证

东乌珠穆沁旗隶属于内蒙古锡林郭勒盟，全旗辖5个镇、2个苏木、1个国营农场。还建立了乌拉盖农牧业综合开发区。东乌珠穆沁旗现有人口7.09

---

① 中央民族大学研究生闫萨日娜于2008年暑期在翁牛特旗阿什罕苏木照克图嘎查的考察。

② 资料来源：山西师范大学2007级民俗学硕士高瑞芬于2006年在鄂尔多斯达拉特旗吉格思泰乡展旦召嘎查调查。

③ 正蓝旗位于内蒙古自治区南部，锡林郭勒盟的南端，位于东经116.02°，北纬42.25°。它北部为浑善达克沙地，南部为低山丘陵，全旗总面积10182平方公里，总人口8.3万人，高峰期人口10.5万人，是一个以蒙古族为主体的多民族聚居区。目前还保持着牧业的生产和生活方式。

④ 资料来源：邢莉和中央民族大学民俗学硕士敏捷于2008年7月在内蒙古正蓝旗那达慕现场调查。

万人，城镇人口占 44.82%，牧区人口占 55.18%。汉族人口 1.51 万人，占 26.8%，蒙古族 4.08 万人，占 72.2%。汉族人口 75% 分布在东乌珠穆沁旗所属乡镇，蒙古族 65% 分布在苏木地区。① 畜牧业是东乌珠穆沁旗的传统产业也是基础产业。

作者对乌利雅斯太镇雅日盖街户籍的材料进行了调查。该街位于乌利雅斯太镇的西南，据 2006 年统计，共有户数 606 户，1939 人，蒙古族 1366 人，汉族 544 人。② 我们抽样调查了 141 户，蒙汉通婚的比例已经占到 43.3%。调查结果见表：

表 6.2.3　　　　　　　乌利雅斯太镇雅日盖街蒙汉通婚户数比例表格

（N = 141）	频数	百分比（%）
蒙汉	61	43.3
蒙蒙	27	19.1
汉汉	45	31.9
其他	8	5.7

材料来源：根据邢莉、张曙光于 2008 年对该地户籍调查制作。

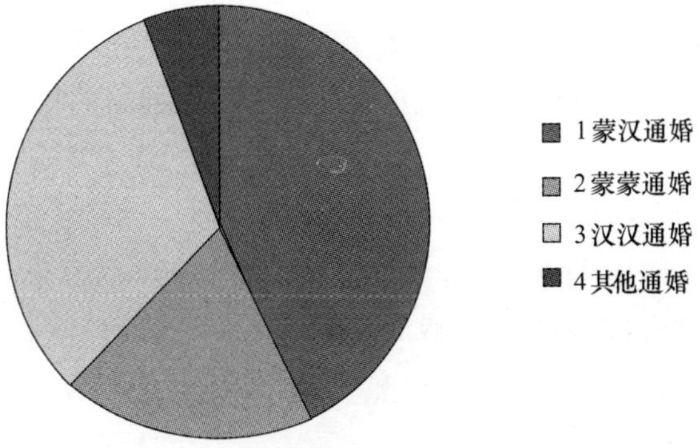

图 6.2.3　乌利雅斯太镇雅日盖街蒙汉通婚户数类型表格

材料来源：根据邢莉、张曙光于 2008 年在该地的户籍调查制作。

---

① 材料来源：东乌珠穆沁旗政府办公室提供。

② 资料来源：邢莉、张曙光于 2008 年 7 月在东乌珠穆沁旗乌利雅斯太镇雅日盖街调查。

5. 城市蒙古族与汉族通婚例证

游牧文化变迁的过程又是一个城镇化的过程。在内蒙古区域的发展中，城镇化的比例、城镇化的速度和其经济效益都在发展。呼和浩特是一个移民城市。历史上随着城市的发展修建昭庙、旅蒙经商、移民开垦、军需支边，使大量的工匠、商人和农民相继出塞，形成了一个蒙、汉、满、回四族共聚的城市。当代学者研究了在内蒙古草原大城市呼和浩特（青城）的居住格局、民族关系和发展状况。学者认为，"民国以来，尤其是 1949 年以后，虽然外来人口继续不断，但在性质上已非从前。以前是各民族由日积月累的迁移而形成一定的居住格局，后来则逐渐转变为特定的居住格局影响各民族的迁移……"① 呼和浩特既在历史上存在着在蒙、汉、满、回四族共聚的历史传统和居住格局，又在现代化的语境下维持了这个格局并取得稳步发展。下面是 1994 年和 1995 年两年婚姻记录的统计：纳日对 1976—1984 年第三季度蒙汉恋爱婚姻的统计结果是蒙—汉占 54%，蒙—蒙占 46%，族际婚比族内婚高 8%。由于蒙古族族际婚中绝大部分是蒙汉通婚，统计蒙汉通婚占族际婚的 95.8%，故可以用蒙汉通婚率代替其族际通婚率。②

这个数字是城市文化圈统计的数字，虽然不能概括整个内蒙古区域蒙汉通婚的全部状况，但是可以看出城市文化圈中蒙汉通婚的比例。

6. 综合例证

据自治区 1982 年三次人口普查 10% 抽样统计，内蒙古蒙古族有配偶的人口为 86127 人，其中与外族结婚的人数为 12909 人，占有配偶人口的 14.99%，其中蒙古族与汉族通婚 12378 人。蒙古族男性与汉族女性结婚者 6360 人，蒙古族女性与汉族男性结婚者 6018 人。蒙古族与汉族通婚占蒙古族与外族通婚的 95.89%。③

蒙汉通婚从整体上来说比例在增加。从纵向来说，蒙汉族际通婚中的

① 王俊敏：《青城民族——一个边疆城市的历史演变》，天津人民出版社 2001 年版，第 26 页。

② 参见王俊敏《青城民族——一个边疆城市的历史演变》，天津人民出版社 2001 年版，第 170—172 页。

③ 宋道工主编：《中国人口》（内蒙古分册），中国财政经济出版社 1987 年版，第 372 页。

"代"是一个重要的坎儿,各代之间族际通婚的比例不一样,族际通婚中呈现出明显的代际差异。大规模的蒙汉通婚是从 20 世纪 80 年代中后期开始的,并且呈现越来越多的趋势。不同的"代"反映的是不同的成长背景和不同的认同意识。目前牧区、农区、半农半牧区和城镇区域的蒙古族与汉族通婚呈现出不平衡的状况,显示出一定的差序性。一般来说,城镇的通婚率较高,农区和半农半牧区次之,而牧区的蒙古族与汉族通婚率较低。

通过以上实证,我们看出在进入现代化建设的新时期,无论是在牧区、农区、半农半牧区、还是在乡镇和城市,蒙古族与汉族通婚的比例已经初具规模,而且其规模存在逐渐扩大的趋势。学者认为:"戈登提出的衡量族群融合的 7 个变量中,族际通婚应该在排序上位于最后,理由是我们不仅关注通婚个案的出现,而要关注族际通婚的相对规模,这个指标应该作为衡量族群关系最重要、总结性的变量,因为它最集中地体现了两个族群作为整体是否真正在相互交往中处于融合状态,即是否达到血缘关系的融合。"[1] 正如马戎等学者已经研究得出蒙古族的族际婚高于西藏和新疆地区的结论。这是两个族群冲破各自的传统的文化边界互相融合的表征,也是社会变迁的折射。只有当两个或多个族群群体的大多数成员存在着十分广泛而普遍的社会交往,彼此之间在政治、经济、文化、语言、宗教和风俗习惯等各个方面达到相互认同、趋同、和谐的时候,各族群之间才有可能出现较大数量的通婚现象。"一般达到较高族际通婚率所需要的主要条件应当包括:(1)两个族群的文化涵化已经达到较高的程度,族群之间没有语言障碍,宗教上互不冲突或至少能彼此容忍,而不是绝对排斥;(2)两个族群成员们相互之间有很多的社会交往机会,人们有可能相识并相爱;(3)两个族群彼此之间没有整体性的偏见与歧视;(4)两个人所在家庭与族群社区对于族际通婚也不持反对态度甚至持比较积极的态度。惟有在这些条件之下,两个族群的成员之间才有可能发生较大规模的通婚。"[2] 从以上可以看出:

其一,蒙汉族际婚具有规模标志着蒙古族与汉族关系的亲密和融合。初具规模的蒙汉族际婚大大跨越了族际婚的初期阶段和中期阶段,初期阶段是

---

① 马戎:《民族社会学——社会学的族群关系研究》,北京大学出版社 2004 年版,第 205 页。

② 同上书,第 437 页。

汉族的个体重新改变自己、模塑自己，趋附于对蒙古族的认同。中期阶段是蒙古族或者汉族个体的进一步互相认同而没有达到两个族群互相认同的规模。美国社会学家辛普森（Simpson）和英格（Yinger）把民族通婚率视为衡量"社会距离和民族融合的十分敏感的指数"。① 婚姻不仅属于男女双方个人的行为，同时也是族群关系密切程度的符号，婚姻是一个社会关系网络体系的建构，是社会变迁的符码。当两个族群的族际婚具有规模的时候，呈现的是两个族群关系整体的密切的程度和深层次的融合，不仅是生计方式的相同，语言与宗教的趋同（也可能是信仰的淡化和消失），衣食住行等民族行为的融合，而且在民族文化心理中的界限也在消解。

现在蒙人、汉人一样的，蒙人女娃找汉人的还可多了，汉人女女可爱找那蒙人小小了。②

实说汉人女子比蒙人女子有本事，你们汉人喝稀粥，吃山药丸子，那女子都聪明得了，实际上蒙人小子找汉族女子养的孩子还聪明呢。③

我们这茬就绝对不和汉族通婚。本身有这样的传统观念，父母也想找蒙古族的。但我之后娶汉族（儿）媳妇就为了下一代聪明。人家都说蒙古族与汉族通婚后孩子聪明嘛。④

国家政策的影响、经济发展和交流的频繁以及民族较大范围的融合等一系列外因，加速了内蒙古区域蒙古族与汉族通婚的步伐，从清代到民国时期的移民，改变了内蒙古区域蒙古族与汉族的比例，从1947年前到改革开放30年后的今天，蒙古族与汉族的族际婚是两个族群在一个共同地域、长期杂居

① 马戎、潘乃谷：《赤峰农村蒙汉通婚的研究》，《北京大学学报》1988年第3期。
② 被访谈人：ALTH，女，47岁，蒙古族，鄂尔多斯达拉特旗展旦村村民；访谈人：山西师范大学硕士高瑞芬，访谈时间：2006年8月，在鄂尔多斯达拉特旗展旦村。
③ 被访谈人：BT，蒙古族，男，38岁，鄂尔多斯达拉特旗宿亥图村民；访谈人：高瑞芬，访谈时间：2006年8月，在鄂尔多斯达拉特旗展旦村。
④ 被访谈人：SDB，男，68岁，蒙古族，文盲，农民；访谈人：靳一萌，访谈时间：2008年10月，在呼和浩特近郊土良村。

的生活中，相互消除了民族的文化边界，实现了对"非我族类"认同的标示的结果。人属于群，不同的族群由于历史传统不同、所处的生态环境和创造的生计方式不同，各自所处的文化圈和文化链不同，而形成认我（族群）排他（族群）的观念。这样的观念是长期文化隔阂的结果，不可能马上消除。1947 年后，在国家统一的大环境中，在民族平等、民族团结的政策下，由于长时期近距离的接触，不同族群摒弃了对"他者"认识的偏见，在整体上给予不属于自己的族群以文化认同，这是一方面；另一方面，蒙古族与汉族同处于政府导引的建设现代化的历程中，两个民族都在创造现代化，也在享受现代化，他们的价值观念、文化观念、审美观念以及思维模式、生活方式都在与时俱进，他们都突破了传统的族群的文化边界，处于建立社会主义新文化的历程中。

其二，当代蒙古族与汉族的族际婚是在"生活场"中互相认同、互相融合的结果。这一结果反映了蒙古族与汉族民众生活方式的相互趋同与相互包容。在蒙古族与汉族杂居的结构形成后，蒙汉两个族群的个体创造了互相接触的机遇，但是接触的机遇并不等同于互婚的选择，婚姻的选择是一种文化的选择，只有两个族群的文化融合到相当的程度的时候，才能出现族际婚。

蒙古与汉族的族际婚具有日常生活的基础，表明其衣食住行等民间习俗在日常生活中大范围的交融，否则很难搅在一个锅里吃饭，在一个房间里共处。日常生活是出于生活经验和血缘关系建构的重复的实践行为。"在日常生活领域中，人们之所以可以凭借各种给定的图式或归类模式而成功地和理所当然地活动，重要原因之一在于传统、习惯、风俗、常识自发的和直接的经验在这里占据统治地位。"[①] 目前在国家的"大传统"的和谐的语境中，两个族群通常在日常生活中的文化交融和相互的文化认同起到重要的作用，在这里我们强调的是"相互"，也就是说可能是一方完全丢弃了自己的习俗，认同了另一方的习俗，也可能是在两方的习俗中产生了一种新的习俗而互相认同。蒙古族与汉族通婚的文化基础是两个族群在日常生活的基本结构和生活图式中的交融，是两个具有不同的生产方式和生活方式的族群互相认同、互相变异的结果。

---

① 姚登权：《从日常生活图式看中国文化的转型结构》，《文化研究》（中国人民大学复印资料）2007 年第 1 期。

（1）语言的交融：汉族会蒙语，蒙古族会汉语，这是剔除蒙汉通婚的障碍最为关键的问题。根据学者的社会调查显示，赤峰地区的 2089 户农牧民中，在牧区有 96% 的蒙古族会讲流利的汉语，同时有 34% 的蒙古族完全丧失了母语。在牧区有 47.2% 的汉族户主会蒙语，精通汉语的比例也达到了73.2%。可见在牧区蒙语一般是通用语言，与汉族交流多使用汉语。[①] 应该注意到，赤峰地区牧区蒙古族会讲流利的汉语达 96%，而汉族牧户有一半以上会蒙古族，说明语言的双向传播，两相比较，汉语传播的范围大于蒙古语，使用汉语的范围和规模已经很大并且逐渐加大。

> 现在蒙古与汉族通婚的也有了，过去人家有的蒙古人也嫌汉人嘛，汉人也嫌蒙古人嘛，言语不通么，现在人家内部用人自家的蒙语，汉语他们也会了么。[②]

> 蒙汉杂居后咱们蒙语退化有一百多年了。我奶奶会说蒙语，她下来就不会说了。从解放后，这里成立了学校，也是学蒙古语，但学不成。年年学蒙古语，年年从头学，因为用不上嘛……现在就是在卓资山那里年轻的还会说（蒙古语）的……现在这个村就没人说蒙古语了。现在的孩子就不学蒙古语了，就土小（土默特小学）土中（土默特中学）和民中（民族中学）还有，大部分都学英语了哇。[③]

（2）宗教信仰的趋同和淡化。如前所说，宗教是影响族际婚的重要因素之一。蒙古与汉族族际婚规模的形成表明民俗个体在现代化的历程中宗教信仰的淡化和趋同。国家进入改革开放的新时期，人们处于宽松的宗教政策中，可以信仰自由。但是由于多年来无神论的宣传，又加之"文化大革命"期间对喇嘛庙的毁坏，虽然在当今文化复兴时期，民间信仰作为传统文化得到保

[①]　马戎、潘乃谷：《赤峰农村蒙汉通婚的研究》，《北京大学学报》1988 年第 3 期。

[②]　被访谈人：LWN，汉族，展旦昭村民；访谈人：高瑞芬，访谈时间：2006 年 8 月，在鄂尔多斯达拉特旗吉斯太乡。

[③]　被访谈人：SDB，男，蒙古族，1940 年出生，文盲，农民；访谈人：靳一萌，访谈时间：2008 年 10 月，在呼和浩特近郊土良村其家中。

护，但是与 1949 年以前内蒙古区域昭庙林立，家家有喇嘛的状况相比较呈淡化的趋势。目前我们在鄂尔多斯和呼和浩特两个地区调查宗教信仰的状况，在不同的地理人文环境下有很大差异。来自呼市的被调查者中 69.1% 的人态度是"不供奉"佛龛，家里供奉佛龛的为 30.9%；鄂尔多斯地区只有 13%。而鄂尔多斯地区 91.3% 的人许愿的对象是民间信仰中的"长生天、祖先、成吉思汗"，家里供奉成吉思汗画像的比例达到了 82.6%。[①]

表 6.2.4　　　　　　　　　当代民族民间信仰的基本情况

问　题	变　量	鄂尔多斯地区（%）	呼和浩特市区（%）
你对敬天祭祖、萨满教这样的民间信仰的态度是什么？	尊敬但不信仰	8.7	55.6
	相信	52.2	33.3
	都是封建迷信，不应该相信	0.0	0.0
	只是民族的传统文化	39.1	11.1
你会向谁许愿呢？（在遇到困难或求福的时候）	从不许愿	0.0	16.7
	所有能想起的神仙	4.3	5.6
	佛、菩萨	0.0	44.4
	上帝	4.3	0.0
	长生天（腾格里）、祖先、成吉思汗	91.3	33.3
你参加过下列活动吗？（可多选）	祭敖包	87.0	88.9
	朝拜成吉思汗的陵墓	95.7	44.4
	祭天	21.7	11.1
	请萨满招魂、治病	0.0	0.0
你的家里供奉（可多选）：	佛龛	4.3	38.9
	成吉思汗的画像	82.6	22.2
	祖宗	4.3	0.0
	什么也不供	13.0	61.1

[①] 邢莉、宝贵贞、王卫华等：《内蒙古自治区宗教信仰现状调查》，国家民族事务委员会 2004 年委托中央民族大学民间宗教调查项目。

续表

问　　题	变　　量	鄂尔多斯地区 （%）	呼和浩特市区 （%）
年节的时候，你的家里有下列活动吗？（可多选）	祭天	56.6	22.2
	祭祖	60.1	44.4
	祭成吉思汗	78.3	11.1
	祭火	78.3	66.7
	祭敖包	65.2	22.2
总　　数		（23）	（18）

资料来源：邢莉、宝贵贞、王卫华等：《内蒙古自治区宗教信仰现状调查》，国家民族事务委员会委托中央民族大学 2004 年民间宗教调查项目。

　　当然这只是随机调查的参考，但是与半个多世纪之前比较，宗教信仰的淡化是当代社会的事实。在广大的农区和半农半牧区，民间信仰出现了更大程度的趋同。所谓趋同是同一地域、同一村落的民众信仰趋于一致。在牧区敖包信仰较为普遍，在我们田野调查过程中参加敖包祭祀的时候，其主体是蒙古族人，也有汉族人参加。汉族群众说：我们住在这儿，就入乡随俗呗。他们说祭祀敖包可以求雨，我们也祭。而蒙古族并不排斥。在农区汉族的民间信仰早就在传播。

　　在某些地域，呈现了多元共存的情况。前面王志清描述的蒙古贞的农业村落阜新烟台营子村在 2006 年夏季新落成了成吉思汗纪念馆。在新的信仰空间，出现了成吉思汗与关公同庙共祭的现象。[①] 成吉思汗不仅是蒙古族的祖先，而且是被蒙古族神话化的英雄，而关公为汉族的民间信仰的财神。如何共存一处？关帝公是山西解县人，山西人走到哪里，就把关帝庙修到哪里。

---

　　① 该庙宇的村庙坐落在村北的北骆驼岭（蒙名吐莫海洲），是参考王府镇德汇寺的建筑模式建筑而成的，是长 9.5 米，宽 6.5 米的青砖红瓦仿古典式建筑。庙内布局为：西侧墙壁上由南至北依次张贴着"成吉思汗母亲的五箭训子图"、"成吉思汗坐像图"和"成吉思汗站像图"，每个画像两旁都贴有蒙古语的对联。北侧墙壁上依次由西向东悬挂着"阿弥陀佛"、"释迦牟尼"、"药师佛"、"千手观音"的画像。北墙下侧正中摆放着关羽的石像，左有立刀的周仓，右有托着金印的关平。左侧还有赤兔马和马童的石像（王志清：《借名制：民间信仰在当代的生存策略——烟台营子村关帝庙诞生的民族志》，《吉首大学学报》2008 年第 2 期）。

1913 年路经绥远一带的人见闻："沿途所经各地，凡晋人足迹所到之处，即有关帝庙存在。"① 走西口的山西人把关帝信仰带到了草原地区。因为"文化要素是伴随民族迁徙而扩散开的"②。关羽的文化品格包括两个方面，他既有勇有谋，屡战屡胜，又为义气之人，后者为晋商所推崇，被供奉后又转为财神，关公是汉族民间信仰的文化符号。蒙古族既尊崇自己的祖先，又供奉汉族的神化的英雄。我们在牧区参与调查，牧区是不供奉关公的。这可以看出蒙古族对汉族民间信仰的吸纳与自己民族信仰的融合，表现了蒙古族农业村落在当代民间信仰的特征。

（3）衣食的融合：我们所说的"生活场"是一个在日常生活中自行运行的系统。在这里两个族群的饮食习惯能否趋同占有极为重要的地位。游牧的蒙古族饮食是"红食"（肉制品）和"白食"（奶制品），肉食主要是食羊肉。猪是圈养的牲畜，不善走，不结群，是农耕民族的家畜。在文化变迁中，蒙古农牧民在饲养牛马羊的同时，在农耕民族的影响下，开始饲养猪。在 20 世纪初，根据鸟居夫妇的实地调查，内蒙古东部半农半牧区只有翁牛特、扎鲁特右旗和奈曼等地的部分地区开始饲养猪，其他地区几乎还没有开始饲养。③ 如今赤峰的翁牛特旗阿什罕苏木召哈图嘎查每年每户至少屠宰一头猪，甚至有的屠宰 2—3 头，超过羊的屠宰数量。猪肉饺子成为蒙汉民族年节共享的食品。

　　　　我们把各种吉祥的东西包到馅里，有硬币、奶酪、白线、糖、枣子，吃到硬币的人来年财运亨通，吃到奶酪的人表示心地善良，吃到白线的人将长命百岁，吃到糖的人未来日子更甜美，吃到枣的人早生贵子。④

　　　　蒙古族与汉族杂居生活在一起，形成了蒙古族与汉族杂居的村落，

---

① 勾与：《西盟游记》，载《新西游记汇刊续编》第 5 册，第 22 页。

② 夏建中：《文化人类学理论学派——文化研究的历史》，中国人民大学出版社 1997 年版，第 55 页。

③ ［日］鸟居龙藏：《蒙古旅行》，1911 年版，第 577 页；［日］鸟居きみ子：《从土俗学角度观看蒙古民族》，第 501 页。

④ 被访谈人：XR，女，53 岁，蒙古族，牧民；访谈人：闫萨日娜，访谈时间：2010 年 2 月，在赤峰翁牛特旗召哈图嘎查。

促进蒙古族由牧转农，引起饮食结构的变化，他们逐渐适应大米、白面、鸡、鸭、鱼等为主的饮食习俗。不同族群的文化传播是双向进行的，在牧区和半农半牧区，蒙古族和汉族均喜食奶制品，还用来招待客人，同时在年节习俗中也常用奶食品作为节日食品或馈赠亲友的礼品。

我们这儿的风俗是每家茶桌上都有一个果盘，里面主要摆放奶食品，还有一些糕点，家里来客人了就煮奶茶，没有奶茶的就沏清茶，边喝茶边吃奶食品边聊天，再喝上点小酒就更能联络感情了。逢年过节家里来串门的人走的时候不能让人空手回去，不吉利，我们通常送点奶酪，表示年年有余。①

我们这每逢结婚生子、寿宴，有条件的都会弄手把肉、羊肉粥、奶茶，大家也挺喜欢吃，我们家老三结婚的时候也是用奶茶、手把肉、炒米招待的。②

在研究民族文化融合的时候，我们注意到融合不仅是双向进行的，而且他们在相互吸纳各自文化特质的基础上，也同时在创造新的文化符号。如蒙古语的"图古勒汤"，汉语意为犊牛面，是把荞麦面擀成薄片，用白水煮熟捞出，再在牛奶中煮沸，加奶油和盐而食。再如肉粥、蒙古馅饼等既体现农耕民族的饮食传统，又体现游牧民族的饮食传统，两个族群的饮食传统在碰撞、扬弃、叠加和融合。

其三，蒙古族与汉族通婚的比例在逐渐增加，初成规模反映两个族群价值观念、理想信念的一致。当代的"社会场"和"文化场"为蒙古族与汉族通婚建构了基础，而婚姻的跨族际的择偶又是"社会场"和"文化场"的折射。从某种程度上说，婚姻择偶的个体选择与社会发生密切的关系。"在地方社会中，民众所体会到的社会变迁最终转化为周围人际关系的变迁。维护与

---

① 被访谈人：BYER，男，51 岁，蒙古族，牧民；访谈人：闫萨日娜，访谈时间：2008 年 2 月，在赤峰翁牛特旗召哈图嘎查。

② 被访谈人：YSHQ，男，57 岁，汉族，牧民；20 世纪 60 年代随父移民到召哈图嘎查；访谈人：闫萨日娜，访谈时间：2009 年 7 月，在赤峰翁牛特旗召哈图嘎查。

建立社会网络就意味着适应了变迁。"① 如果说蒙汉族际婚表明在民间社会网络确立的话，我们由此不仅可以看出蒙古族与汉族两个族群之间文化的互相认同，而且可以折射出两个族群在新时期中共同的社会诉求。

在鄂尔多斯半农半牧的展旦召嘎查汉族更倾向于与蒙族人结亲。而在农区的情况则不同。据内蒙古赤峰克什克腾旗民族事务委员会的调查，在农区最富裕的家庭是汉族夫妇，娶了汉族妻子的蒙古族男子，其家庭收入明显高于蒙古族夫妇。汉族擅长精耕细作、善于经营计算。通过长期接触与交往消除了民族偏见，蒙古族女子也就愿意嫁给汉族男性。社会经济的发展扩大了蒙古族与汉族通婚的范围。"在农区的蒙族，如能娶一个汉族农民的女儿为妻，就可以在农业生产、住房修缮、农副产品出售等许多方面得到妻子娘家的帮助。"② 婚姻择偶选择从来就不是游离于"社会场"之外的行为，而是社会变迁的折射。"发生在非正式、面对面社区中的变迁，被希望反映在人际关系的标准中，在自我为中心的网络中表达角色希望。"③ 与当代社会变迁中人们普遍追求富足的观念有关，进入 80 年代以后，调动了民众发家致富、国富民强的强烈愿望，人们在婚姻择偶中建立的社会网络关系表述了人们的诉求。因为婚姻变迁与其他变迁的因素相比，有较大的稳定性。不同民族的择偶表现出社会中不同的群体在特定的环境下，经过长期生活实践所形成的民俗生活日益趋同，生活行为趋同，心理素质和思维定式也在趋于一致。蒙古族与汉族族际婚的选择说明他们都冲破了原有的婚姻观和价值观，而新的婚姻观和价值观正在建立中。

蒙古族与汉族通婚的逐渐增加是社会场域变迁的过程，同时也是社会变迁的结果。"一切社会过程的最初根源都必须从社会内部环境的构成中去寻找。任何事物都必须在一定的'场'中才能存在和表现出来，社会现象的'场'就是社会环境……"④ 我们把蒙汉通婚的趋向置于社会变迁的视角下，

---

① 吉国秀：《婚姻仪礼变迁与社会网络的重建》，中国社会科学出版社 2005 年版，第 254 页。

② 马戎、潘乃谷：《居住形式、社会交往与蒙汉民族关系——从赤峰调查看影响民族关系的因素》，《中国社会科学》1989 年第 3 期。

③ Ward, B. E., "Varieties of the Conscious Model: The Fishman of South China". In Benton, [M]. ed., the Relevance of Models for Social Anthropology. ASA Monograph No. 1. London: Tavistock Publication. 1965.

④ ［法］迪尔凯姆：《社会学研究方法论》，胡伟译，华夏出版社 1988 年版，第 90 页。

在这里研究的是国家制度与政策的变迁对蒙古族与汉族通婚的影响。当代蒙古族与汉族通婚率的提高折射出社会经济、技术及人口的变迁。以近代包头市区和郊区的蒙古族为例，近代包头市区和郊区蒙古族人数 1954 年为 1626 人；1964 年为 6652 人；1982 年增加为 15609 人，几乎翻了 10 倍。呼和浩特市郊区及蒙古族人口数 1953 年为 5125 人；1964 年为 27202 人；到 1982 年增加到 57728 人，增长了 10 倍。① 土默特地区蒙古族与汉族杂居的村落非常突出。以土默特左旗总共 330 个自然村为例，纯粹蒙古族聚集的村落已不复存在，相反纯粹汉族的村落有 47 个，占村总数的 14%。② 蒙古族与汉族的密切杂居和城市人口的密集是制度文化变迁的一面镜子，蒙古族与汉族通婚率的增加是"社会场"中制度文化变迁的折射。

传统的游牧生活的教育是民俗教育、家庭教育，与学校教育有很大的区别，但是不能忽视民俗教育在维持草原生活的知识体系中所起的作用。学校教育是伴随着蒙古族的定居出现的，内蒙古喀喇沁地区是较早的过渡到农业的区域之一，民国时期在东部最早开始蒙古族学校教育的是赤峰地区的喀喇沁旗的崇正学堂，是内蒙古地域唯一的百年老校。在西部除了私塾之外，还有文昌庙官学、土默特官学、绥远城官学等。正规学校的建立说明蒙古族游牧部落结束了马背上的民俗教育的时代，学校的教材和管理都在与主流文化接轨，这不仅是文化变迁和文化交融的重要标识，而且为蒙古族与汉族通婚开辟了路径。自此学校教育逐步开展，尤其是 1947 年以后，蒙古族的后代普遍享受到学校教育。特别是改革开放以来，蒙古族受教育的程度大大提高，牧民已经普及了初中教育，并且有相当的比例读了高中，还有相当一部分蒙古族受到高等教育，并且在各个行业、各个战线形成了一定规模的文化精英队伍。学者对当代呼和浩特市族际婚的研究显示，③ 蒙古族与汉族的族际婚中有相当一批来源于大学毕业生和具有更高的学位者。在学校教育中，不同程度地接受了主流文化和科学技术知识体系，

---

① 宋道工：《内蒙古自治区蒙古族人口的分布》，《阴山学刊》1982 年第 2 期。

② 麻国庆：《论影响土默特蒙古族文化变迁的因素》，《内蒙古社会科学》1991 年第 1 期。

③ "蒙古族的族际婚比族内婚率高 55.4%。纳日对 1976—1984 年第三季度蒙汉恋爱的统计是蒙汉占 54%，蒙蒙占 46%，族际比族内高 8%。"（王俊敏：《青城民族——一个边疆城市的历史演变》，天津人民出版社 2001 年版，第 170—172 页）

这是蒙古族与汉族通婚呈上升趋势的原因之一。蒙古族与汉族的族际婚既属于在国家一统的背景下，一个族群的文化向另一个族群文化传播的结果，又属于两个族群在国家统一和社会发展、民族发展的语境中，互相认识、互相选择、互相融入的结果。

学术界在分析族际婚的时候，美国学者戈登（M. Cordon）提出文化交融和结构交融的理论。戈登在分析美国移民与主流社会的关系时曾提出，当文化交融（宗教信仰、风俗习惯和语言的民族交融）和结构交融（居住区、学校、工作单位、政治机构、宗教组织各领域的民族融合）大规模地发生时，必然导致高通婚率，且结构交融后于文化交融的发生。① 中国学者在研究青城当代蒙汉通婚的案例中提出："当文化交融或结构交融大规模地发生时，必然导致高通婚率，且结构交融与文化交融在一定程度上完全可能没有必然联系。"② 作者认为，综合内蒙古区域蒙古族与汉族族际通婚的历史足迹及当代的研究成果可以分析出结构交融受"大传统"的影响和制约，而文化交融属于"小传统"的范畴，两者存在着必然的联系，存在着互动关系。

三　蒙古族命名习俗的汉化倾向与族群认同

当人们谈及人与动物区别的时候，常常用一个通俗的解释，人穿衣服，动物不穿衣服，以此说明人类可以创造文化。人有名字，而动物没有名字。名字是人类文化的表征之一。瑞士语言学家索绪尔认为，语言符号的功能不在于连接事物和名称，而在于沟通概念和音响现象。③ 音响形象不是物质的声音，也不是纯粹物理的声音，而是一种"心理印迹"，称为"能指"（signifier）。④ 人类姓名是一个特殊的能指系统，兼有专名和通名的特点。姓名既要区分个体，又要整合文化（服从和复制文化），在指称具体的人的同时，表达各种文化概念，这就是它的特殊性所在。⑤

① 参见王俊敏《青城民族——一个边疆城市的历史演变》，天津人民出版社 2001 年版，第 179 页。

② 王俊敏：《青城民族——一个边疆城市的历史演变》，天津人民出版社 2001 年版，第 180 页。

③ ［瑞士］索绪尔：《普通语言学教程》，高名凯译，商务印书馆 1980 年版，第 101 页。

④ 同上。

⑤ 参见纳日碧力戈《姓名》，中央民族大学出版社 2000 年版，第 14 页。

　　蒙古族传统的民间文化是一个具有严密层次结构的社会规范系统，个人命名制度是这个系统中的一个组成部分，一个严密的社会生活的网络结构中的纽带。研究个人命名制度，就必须在文化的系统中去确定它的网络结构位置，从结构功能的思维模式中去探寻个人命名制，廓清它在民族文化网络中的结构地位和演化规律及社会功能。近现代以来，传统的生产、生活方式发生了巨大的转变，社会的变迁影响了传统命名习俗的变迁，而命名习俗的变迁又折射出社会的变迁。

（一）蒙古族命名习俗的文化特征

　　命名习俗是个体的文化标识，但是又不仅是个体的标识。在人类社会中，它具有社会功能。其一，命名可以辨别个体族群的文化身份。"分族群——少数族群基于特定的族群与族群意识而形成的文化成员身份。"① 通过命名的语音和语义，可以辨别个体的族群所属。其二，辨血缘。在氏族社会，人类以姓名区分血缘，严格遵照"同姓不婚"的原则，保证人类后代的健康繁衍。其三，明身份。这里的身份指的是多层次的，根据语音与语义的差异我们可以辨别其国籍、族属、家族、男女等。最后才是分别个人——姓名可以区别你我他。可见，命名习俗不仅是个人的专利，它还是公共的符号。格尔茨强调："文化并不是禁锢在人们头脑中的东西，而是体现在公共符号之中。社会成员通过这些符号交流思想，维系后代。"②

　　分族群、辨血缘、明身份是姓名文化的通则。但是由于各个族群的语言不同，生计方式不同以及思维定式和行为方式不同，其姓名制度也不相同，并具有各自的文化特征。命名习俗与人们的出生地、父母之邦、民族、族属、国籍、性别等与生俱来之物相关。蒙古族的命名习俗既是蒙古族情感的产物，又建立在民间知识的基础上，不仅承载着深厚的历史和文化，也是"我群"区别于"他群"的标志。③"对于人类学家而言，每一个民族的概念性世界都

---

　　① ［加］威尔·金里卡：《自由主义、社群与文化》，应奇、葛水林译，上海世纪出版集团 2005 年版，第 154—171 页。

　　② ［美］克利福德·格尔茨：《文化的解释》，纳日碧力戈等译，上海人民出版社 1999 年版，第 11 页。

　　③ 蒙古族的命名包括：（1）以自然万物命名；（2）以动物、植物命名；（3）以金属、矿石命名；（4）以数字命名；（5）以器物命名；（6）以蒙古族崇尚的品格命名；（7）以吉祥、祝福类的美好词汇命名；（8）以梵语、藏语命名（邢莉：《游牧文化》，北京燕山出版社 1995 年版，第 207—209 页）。

是独一无二的，只有用该民族的眼光去了解，我们才能掌握文化真正的意义。"① 蒙古族的命名具有鲜明的草原游牧文化特征和鲜明深刻的历史记忆，在传统的游牧社会中，其命名制度在生活世界中世代传承，成为维系其群体活力的历久弥新的文化。

（1）传统的蒙古族的命名是以母语为载体的。蒙古语是草原游牧文化的重要标识，是蒙古族群区别于其他族群的重要文化符号。蒙古语有其独特的发音方式、结构和表达方式，是蒙古族游牧文化的重要组成部分，是蒙古族所创立的蕴涵着全部精神创造的关于物质世界的镜像。它不仅是与人们的民俗行为朝夕相伴的沟通媒介，是维系游牧社会的交流工具，而且是蒙古族文化的直接体现。"文化形式是特定的民族所认同的，是体现民族精神和民族气质的行为方式，而民族文化的传统形式又跟民族共同的语言相一致，语言是民族的风俗习惯和心理特征的直接表达方式。"②

（2）在名字中不显示姓氏。蒙古人的姓和名是分开的，但每个人都清楚地知道自己的氏族起源和姓氏。蒙古族重视亲属关系，把家庭的亲属分为父亲的亲属即"Turel"和母亲的亲属即"Sulbee"，父亲的亲属又称为"骨缘亲属"，母亲的亲属又称为"血缘亲属"，这个说法与父亲创造了人的骨头、精髓，而母亲创造了人的血肉的传统观念有关。蒙古族用"敖布格"表示姓氏，蒙古族的姓就是他（她）所属的部族之名称。这里指的是从远古时代就形成的氏族社会的组织成分，后来发展成具有一定血缘关系的社会成分。在成吉思汗的始祖孛尔贴赤那时代，蒙古人已经将男性祖先的名字作为氏族名称，或按照男性祖先的始祖来确定自己的始祖归属。在古代，蒙古族男人在氏族名称后加后缀"-dai"或"-tai"，女人则用"-jin"或"-qin"表示个人的姓氏。由于历史上的蒙古族实行严格的氏族外婚制，禁止同一氏族通婚，姓氏的血缘意义逐渐淡化，而地缘意义加强，所以姓氏的标识作用逐渐淡化。在漫长的历史发展过程中，氏族社会解体以后，产生了许多新的姓氏。传统的蒙古族姓氏的产生大致有两种情况：一种以本氏族的名称为姓，一种以父亲名字的第一字为姓。蒙古族的姓氏包括嘎都劳、劳木沁、唐古特、阿格塔沁、乌拉特等。但是按照蒙古族的传统，无论是在家庭场合还是社会公众场

---

① 李亦园：《人类的视野》，上海文艺出版社 1996 年版，第 11—12 页。
② 贾晞儒：《试论民族语言的文化学意义》，《青海民族研究》2001 年第 2 期。

合出现的只是名而不显示姓氏。

（3）蒙古族的命名习俗显示草原游牧文化的特征。蒙古族理解草原，热爱草原，抑或是因为草原动情的魅力，抑或是草原变幻的脆弱，他们以牧人的敏感观察草原的律动，往往以草原上的动物、植物、矿物、水土及各种各样的自然物给新诞生的婴儿命名。这些自然物呈现出草原的完整和谐的生态美。人与自然的关系是通过文化的中介表达的，生活方式是在草原生态环境中生存的牧人的一种特殊的文化表达。当这样的审美观照通过人的命名习俗折射出来的时候，显示了人与自然和谐的关系。

每个民族都期望自己的家庭血缘延续不断，族群人口兴旺发达，对于新生命诞生的热切期盼和衷心祝福是人类命名制度共通的主题词。但是由于每个民族的思维模式、文化性格以及价值观、审美观的差异，其表述方式是不同的。例如"查干其其格"，意思是白色的花，"呼和"意思是青绿，"陶格斯"意思是孔雀，"阿尔斯楞"意思是鹰，"呼和铁木尔"意思是青色的铁。草原特有的审美观进入了牧人命名制度的领域，他们把日常生活的经验与美好的愿望互相融合，并且内化为一种主体性的力量。蒙古族传统的命名习俗显示了人与自然互惠共生以及与草原融为一体的生态美。约定俗成的命名习俗（惯例）与自然，与草原形成两个互相指涉、同构的概念，只有当这两种力量形成对话时，才产生了生态美。

（4）蒙古族的命名习俗显示草原游牧民族的文化特质和文化性格。游牧文化是动态的文化，粗放的、依赖自然的游牧生活，需要他们具有生生不息、拼搏竞争、智慧勇敢的民族文化品格，具备在自然灾害面前百折不挠、容纳百川的心理素质。因此自古以来，英雄崇拜意识在蒙古族群中就有着深远的影响。男孩取名"巴特儿"的很多，往往用成吉思汗的四杰：木桦犁、博尔术、博尔忽、赤老温等名字命名。取名达赉，意思是海；取名牧仁，意思是江；取名朝鲁，意思是石头；取名其乐木格，意思是辽阔、开朗；取名乌日尼乐，意思是光耀祖先、前途无量等。蒙古族传统的名字甚至比汉族的重复率高。人们期盼后代出类拔萃，因此奋进、诚信、聪明、吉祥、幸福等词汇是蒙古族起名的原动力。一个特定民族（社群）的民俗文化，体现着民族性格，因而与那里的民众有着深深的情感纽带，凝铸着民族精神。在蒙古族的命名习俗中，有民族精神的灌注，显示了蒙古族的文化素质和文化品格。命名习俗看来是一种个人行为，实际烙印着一个族群的集体记忆和集体观念。"集体观念在双重意义上超过了感官生活。一方面，它们在我们所经验的疾驰而过的感官上加诸了一层固定性和稳定性；另一方面，它们对环绕着我们的事物和事件投射了价值。"①

（二）蒙古族命名习俗的汉化倾向

汉族移民进入内蒙古区域，使得一部分蒙古族改变生计方式，把一部分牧人变为了农人。当游牧文化格局发生整体变化的时候，两个族群近距离地接触，就会形成民间自发力量的蒙汉文化交流和沟通的网络。当然不能忽视官方的制度文化所起的重要作用。但我们在这里强调的是，民间的"耦合机制"是强大不可遏制的。② 当农耕区域的文化进入游牧区域的时候，两者融合具有的特点是：其一，耦合机制空间的宽泛性和时间的长期性。其二，耦合机制的整体性和内在的互动性。"蒙汉关系处于'多孔式'交换网络之中。这样，耦合蒙汉两族的力量不可能是哪一种或哪几种，而是多种多样和不断变化的。"③ 其三，耦合机制影响的深远性。正是民间的耦合力量，使得蒙汉之间的族际婚姻不断发展。在蒙汉民族共同组成的家庭里，蒙古族传统的命名习俗在发生着变化，具有汉化的倾向。其汉化倾向表现为：

其一，蒙古族姓氏的显示。按照蒙古语起名的规律，蒙古族有姓氏的概念，但在称呼上却只显示名字而不显示姓氏。在农业文化进入蒙古区域后，受汉族文化的影响，蒙古族在用汉语取名的时候，加上了姓氏，现在研究蒙古族的姓氏是一个难题，用汉语表达蒙古族姓氏的方法较多，有音译的，也有意译的。汉姓的来源主要包括：

（1）"汉姓"的来源往往是自己名字第一个字的音转，也有按照原姓中某一个音节译的。例如孛尔只斤氏或者博尔吉济特氏改为姓宝、鲍、包；额勒图特氏改为姓白；哈尔努特氏改为姓韩；锡里氏改为姓邢；博罕岱氏改为

---

① ［美］E. 哈奇：《人与文化的理论》，黄应贵、郑美能编译，黑龙江教育出版社1988年版，第176页。

② 耦合机制属于物理学的概念，是指两个或两个以上的体系或者两种运动形式之间通过各种相互作用而彼此影响以致联合起来的现象（参见闫天灵《汉族移民与近代蒙古族变迁研究》，民族出版社2004年版，第96页）。

③ 闫天灵：《汉族移民与近代蒙古族变迁研究》，民族出版社2004年版，第97页。

姓杨等。有些白姓是从哈拉努特、哈拉楚德变化来的，有些王姓是蒙古族克列部落的著名领袖王汗家族的后裔，有些是汪古特部族人或者是由"汪努特"、"芒古特"演变来的。

（2）有的依照意思而改姓。如阿格塔沁改为姓马、劳木沁改为姓弓等。

（3）据近代学者汪国钧记叙："其余如司、包、秦、郭、霍、彭、梁、孟、姚、伊等诸姓，原皆蒙古姓也，有因远离本族，各自另起一姓；有因指名为姓者；有因突遇汉人，互问姓氏时随口而起为姓者，所以一族而有数姓者也。总之，近来与汉人相交，以姓为先，故各自胡乱皆有姓氏矣。"① 另外在务农、经商的过程中为了方便，有的蒙古族随意用汉姓，这就是汪氏所说的"胡乱"的情况。在鄂尔多斯达拉特旗刘家壕村，有一个蒙族的老住户，他家有三个儿子，一个姓杜、一个姓白、一个姓雷，三个儿子三个姓，都是自己起的姓。他们说，汉族有姓，登记户口，随便起一个。②

其二，蒙古族起名习俗的汉化倾向。前一节我们调查过东乌珠穆沁旗乌里雅斯泰镇雅日盖街蒙汉通婚的情况，这里的蒙汉通婚已具有一定的规模，在蒙汉通婚的家庭里对第二代的命名有下列几种情况：

（1）蒙古语名字用汉文拼写，即本为蒙古语名字，音译为汉语。名字采取"父亲名字的第一个字母＋本人的名字"格式。在日常交往中，初次见面自我介绍，单说名字，不带父亲名字的第一个字母，但在书面材料上都要写出来。户籍上的名字完全是用汉语显示的。这是现代国家统一规划的需要。

（2）本为蒙古语名字，意译为汉语。

当代学者字尔只斤·布仁赛音对内蒙古自治区科尔沁左翼中旗郎布套布嘎查进行了调查。③ 这是一个在近代形成的农业村落。在对郎布套布嘎查的户籍调查中，出现的蒙古族的名字同样完全是用汉语显示的。作者认为可以分成三种情况：

---

① 汪国钧：《蒙古纪闻》，马希、徐世明校注，中国人民政治协商会议赤峰市委员会编，1994 年（内部印刷），第 1 页。
② 资料来源：山西师范大学 2007 级民俗学硕士高瑞芬鄂尔多斯达拉特旗刘家壕村调查。
③ 字尔只斤·布仁赛音所著《近现代蒙古人农耕村落社会的形成》一书探讨了科尔沁左翼中旗朗布套布嘎查这个由蒙古族、汉族、满族三个民族组成的农耕村落的形成过程及近现代的村落史。在该书的附表 2 为《郎布套布嘎查居民各户简历》，共列出村落 162 户户主的姓名、民族、人口、原籍、移居经历。下面作者引用的例证源于此表。

①蒙文名字：例如那木拉、哈日巴拉、德力格尔、哈斯巴根、色音巴雅尔额尔德木图等。

②汉文名字按照蒙文的意思。蒙文翻译的名字，例如赵双柱、金锁、张留宝、金山、双山等。

③汉文名字：例如刘青山、王铁旦、张福、赵宝忠、王铁英等。

在文化变迁的过程中，蒙古族的命名习俗出现了多元结构的倾向。所谓多元结构就是同是蒙古族籍，但是取名有的是用蒙古名字，有的是用汉族名字。他们各自遵循各自的语言结构和文化意义的规律，也显示不同的文化个性。在蒙汉联姻的家庭中，不少蒙古族直接用汉语命名，可以看出蒙古族的命名汉化的倾向。

表 6.3.1 　　　　　　　郎布套布嘎查居民蒙文名字百分比（N = 162）

	频数	百分比（%）
无法辨别类型	2	1.2
蒙文名字	56	34.6
蒙文翻译名字	69	42.6
汉文名字	24	14.8
蒙古族与其他民族通婚后代名字	11	6.8

材料来源：郎布套布嘎查居民调查（1999 年 10 月）。①

表 6.3.2 　　　　　　乌利雅斯太镇雅日盖街蒙古族直接用汉语命名调查表

	父亲	民族	母亲	民族	长子（长女）	民族	次子（次女）	民族	三子（三女）	民族
1	鲍向东	蒙	达古拉	蒙	鲍泽宇♂	蒙				
2	杨永广	汉	阿拉坦格日乐	蒙	杨湘南♂	蒙	杨华南♂	蒙		
3	吴云朋	汉	王秀英	蒙	吴海丽♀	蒙				
4	倪文泉	汉	包树燕	蒙	倪梦影♂	蒙				
5	张月礼	汉	关金花	蒙	张险峰♂	蒙	张冲♂	蒙		
6	王治军	汉	刘淑琴	蒙	王娜娜♀	蒙				

---

① 孛尔只斤·布仁赛音：《近现代蒙古人农耕村落的形成》，娜仁格日勒译，内蒙古大学出版社 2007 年版，第 369—376 页。

	父亲	民族	母亲	民族	长子 （长女）	民族	次子 （次女）	民族	三子 （三女）	民族
7	于占林	汉	白凤兰	蒙	于晓慧♀	蒙	于晓冬♂	蒙		
8	王志中	汉	张志坚	蒙	王晓玉♀	蒙				
9	王堂	汉	姚金兰	蒙	王双英♀	蒙	王秀英♀	蒙	王翠英♀	蒙
10	谷长利	汉	张云	蒙	谷春艳♀	蒙	谷枫♂	蒙		
11	徐树德	汉	阿拉坦图雅	蒙	徐小光♂	蒙				
12	李炳和	汉	青梅	蒙	李玉林♂	蒙	李春艳♀	蒙		
13	高伟	汉	留杰	蒙	高国强♂	蒙				
14	于文生	蒙	何桂荣	汉	于春松♂	蒙				
15	赛因胡拉	蒙	侯江梅	汉	黄川♂	蒙	黄纲♂	蒙		
16	方立新	汉	包金荣	蒙	方超♂	蒙				
17	王纪清	汉	鲍瑞彬	蒙	王博文♂	蒙				
18	宫国庆	汉	韩永华	蒙	宫韩宇♂	蒙				
19	李春生	汉	白艳梅	蒙	李傲新♂	蒙				
20	马永军	汉	李艳荣	蒙	马志江♀	蒙				
21	赵志刚	汉	李红迎	蒙	赵博文♂	蒙				
22	杨艳军	汉	董洪波	蒙	杨磊♂	蒙				
23	邰成伟	汉	张桂兰	蒙	邰皓♂	蒙	邰青梅♀	蒙	邰金全♂	蒙
24	陈国军	汉	其木格	蒙	陈洋♂	蒙				
25	何江	蒙	张秀云	汉	何井峰♂	蒙	何俊清♂	蒙		

材料来源：邢莉、张曙光对锡林郭勒盟东乌珠穆沁旗乌利雅斯太镇雅日盖街居民的户籍调查。表格中性别中的男用♂，女用♀符号来区分，赵月梅制作。

　　蒙古族命名习俗的汉化倾向是民族文化涵化所致。1954 年的涵化备忘录指出："可以把对价值系统的选择的适应、整合和分化的过程，发展次序的世代、决定因素和个人因素的作用看作涵化变迁的动力。"[1] 蒙古族用汉语命名伴随着文化变迁的历史过程。据当代在阜新衙门口村调查，1675 年特古斯朝格图作为守墓者来到衙门村落户，在当地生息繁衍了 300 余年，保存至今的其韩氏家族的家谱清晰地显示了蒙汉文化涵化历程中姓名发生变化的历史。以下是特古斯朝格图三个儿子额热赫、恩合、乌日图济勒图的世系家谱。

---

　　[1]　SSRC. Seminar 转引自黄淑娉、龚佩华《文化人类学理论方法研究》，广东教育出版社 2004 年版，第 230 页。

☆额热赫—色朝格系

1. 色朝格—色热布系

额热赫—色朝格—色热布—乌热根巴雅尔—陶格陶—

(1)

(2)

(3)

(4)

(5)

(6)　①乌勒济　　②包热嘎　　③海明　　④阿日布查　　⑤沙日

(7)　①宝日济　②韩国柱　①长林　　①大胡巴雅尔　①韩柱　①大山　①金龙　①大喜

(8)　①韩山　②韩德山　③韩占山　①韩金山　②韩泰山　①韩德江　①韩晓刚　①韩建军　①韩晓凯　①韩金龙　①韩长明

(9)　①韩晓江　①韩二江　①韩晓庆　①韩瑞　①韩智扬　②韩智波

2. 色朝格—伯穆系

(1)

(2)

(3)

(4)

(5)

(6)

(7)

额热赫
—
色朝格
—
伯穆

① 色那木济勒　② 套屯巴雅尔

① 韩青山　② 韩成林

① 宝林　② 铁龙　③ 铁全

① 韩志勇　① 韩志富　① 韩志豪

3. 色朝格—色扎布系

（1）

（2）

（3）

（4）

（5）

（6）

（7）

（8）

（9）

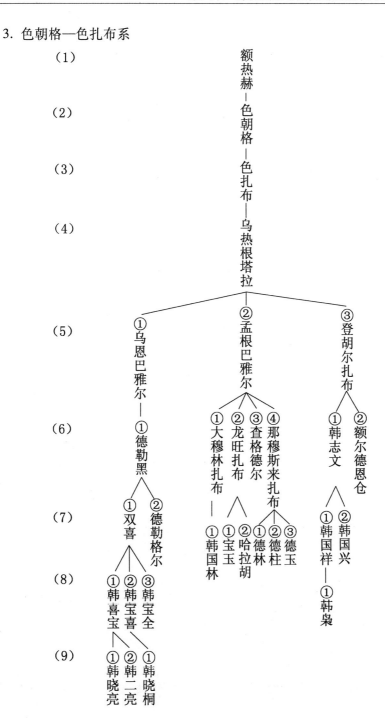

☆恩合系

1. 恩合—布车系

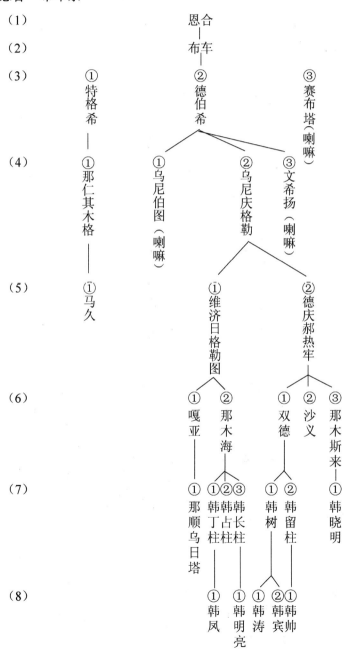

2. 恩合—宝迪系

（1）

（2）

（3）

（4）

（5）

（6）

（7）

（8）

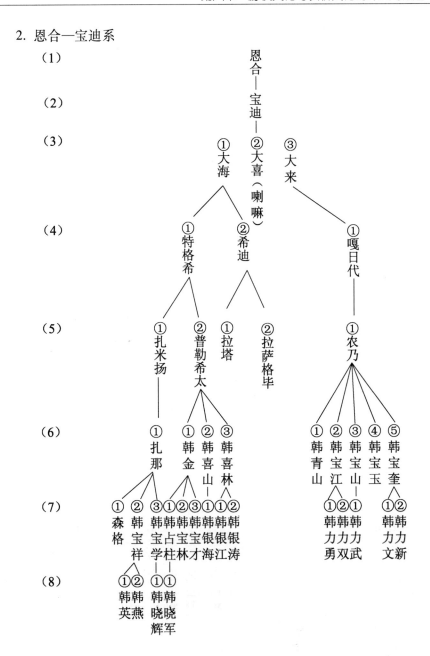

☆乌日图济勒图系

（1）

（2）

（3）

（4）

（5）

（6）

（7）

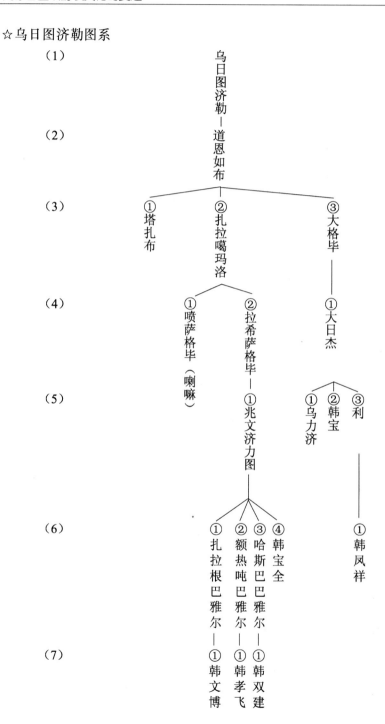

1. 色朝格—色热布系的第九代韩晓江、韩二江、韩晓庆、韩瑞、韩智扬、韩智波；2. 色朝格—伯穆系第七代的韩志勇、韩志富、韩志豪；3. 色朝格—色扎布系第九代的韩晓亮、韩二亮、韩晓桐；4. 恩合—布车系的第八代的韩凤、韩明亮、韩涛、韩宾、韩帅；5. 恩合—宝迪系的第八代韩英、韩燕、韩晓辉、韩晓军；6. 乌日图济勒图系第七代的韩文博、韩孝飞、韩双建等人已经都是"80 后"了。单纯从他们的名字上已经不能分辨出他们的族属了。① 从这里可以看出蒙古族命名习俗变迁的过程。这是一个从用蒙语到改用汉语的过程，蒙古族不出现姓氏的传统逐渐遗失，变化至今，完全采用汉语命名。从文化变迁的角度来说，这是一个涵化的过程。在韩家的族谱中，在 20 世纪 50 年代以前的长辈的名字中有很多藏语名字，例如色朝格—色扎布系中的第六代中的大穆林扎布、龙旺扎布、查格德尔扎布、那穆斯来扎布等。这是受到喇嘛教的影响，留下了清代喇嘛教信仰的遗迹。至今，蒙古族用藏语命名的习俗虽没有完全消失，但也逐渐淡化。

部分蒙古族命名习俗的汉化具有汉族传统文化的印记。当代的韩家人已经普遍采用了汉名汉姓，并且在有的支系中还出现了汉族宗族命名制的特点。汉族从事农耕文化，其村落文化往往是聚族而居，个人组成了家族，家族组成了宗族，其命名受家族、宗族的制约。汉族姓名一般是由三个汉字组成。第一个字是姓，它是父系血缘的标志，同姓"五百年前是一家"，意味着属于同一家族，同祖同宗，有着亲密的血缘关系。第二个字是辈分的标示，它是村落宗族文化的产物，是指代个人在社会秩序中位置的标记。前两个字的共有显示出小群体内部的血缘联系和个体相对于宗族大群体的地位。姓名的第三个字是区别个体的符号。对命名者而言，传统的农耕社会中，名字的前两个字都是传承因袭的、不可改变的公共符号。"家族为宗族的基本单位，个人则为家族的基本单位。家族能够决定个人的地位，家族中个人的关系，乃是利益的调和。"② "以家族到宗族的大小团体关系为经，又以各种不同功能横切这些团体关系为纬，织成一个有机功能的结构，实地工作者非具有洞察辨别的眼光，极难看到这个社会搭配的巧妙、活跃。"③ 这种命名制度是维系

---

① 资料来源：王志清（蒙古族）于 2007 年 7 月，在阜新衙门口村调查。

② 林耀华：《从书斋到田野》，中央民族大学出版社 2000 年版，第 167 页。

③ 同上书，第 164 页。

家族联系社会网络的基础。汉族命名制度已经在蒙古族族群中沿用。例如上述例子中，色朝格—伯穆系第七代的韩志勇、韩志富、韩志豪等，恩合—宝迪系第七代的韩力勇、韩力双、韩力武、韩力文、韩力新等。作者在东乌珠穆沁旗乌里雅斯泰镇雅日盖街的调查同样出现了这种命名习俗。

我们知道，词是语言的名称单位，是语音和语义的结合体，词义是语音形式表现的内容。而蒙古族命名习俗的变异从语音到语义的变化，表现在一种文化符号完全被另外一种文化符号所代替，说明蒙古族文化传统正在消失的过程中。

表 6.3.3   乌利雅斯太镇雅日盖街蒙古族姓名中体现汉族文化传统的个案统计表

	父亲	民族	母亲	民族	长子长女	民族	次子子女	民族	三子三女	民族	三子三女	民族
1	巴音达来	蒙	耿秀荣	汉	阎立明♀	蒙	阎立杰♀	蒙	阎立军♂	蒙	阎立强♂	蒙
2	陈江朋	蒙	刘淑灵	蒙	陈红伟♂	蒙	陈红辉♂	蒙				
3	杨永广	汉	阿拉坦格日乐	蒙	杨湘南♀	蒙	杨华南♂	蒙				
4	于占林	汉	白凤兰	蒙	于晓慧♀	蒙	于晓冬♂	蒙				
5	王堂	汉	姚金兰	蒙	王双英♀	蒙	王秀英♀	蒙	王翠英♀	蒙		

材料来源：邢莉、张曙光对锡林郭勒盟东乌珠穆沁旗乌利雅斯太镇雅日盖街居民的户籍调查。表格中的性别男用♂，女用♀符号来区分，赵月梅制作。

从上面所举的个案来看，蒙古族命名习俗的汉化倾向是民俗文化融合的一种方式，也是族群文化融合的结果。王桐龄在《中国民族史》中，为了说明各个族群之间的融合而整理出一个变量关系，其中就包括改变姓氏。[①] 与汉族家谱的有章可循，严格地按照辈分排序相比，蒙古族的按序起名更多的是一种随俗行为，这里的随俗，不是随蒙古族的传统而是随汉族的传统，随农

---

① 王桐龄指出，其中各个变量关系可以用于具体描述和衡量各个时代族群之间的关系，同时可用于数量。

耕民族群体内沿袭的习俗。我们承认姓氏的改变是权衡民俗融合的重要因素之一。这个融合不是表层的，单一的，而是深层的，复杂的，是文化同质化的表现。

在把姓氏和名字的改变看成研究民俗融合的契机时，我们不仅要注意其结果，而且应该关注其过程和缘由。蒙古族命名制度汉化的历时性过程是伴随着汉族移民来到内蒙古区域开垦而寻求生存之路而发生的。由移民而开垦，由开垦而杂居，由杂居而近距离接触，由近距离接触而通婚，由通婚而引起命名制度的改变。当然我们在研究"小传统"变化的时候，不可能离开"大传统"的语境，个人的命名并非只属于个人，而具有社会性，蒙古族命名习俗的汉化倾向是社会政治、经济、宗教、教育等诸方面变迁的折射。语言学家索绪尔认为，人类的语言可以分为涉及本身结构系统的内部语言学和涉及语言与民族、文化、地理、历史等方面的关系的外部语言学。[①] 索绪尔对语言学的最大贡献就是研究语言的结构或者系统。把索氏的这种观点应用于命名习俗的研究上。研究姓名的结构是"内部语言学"，研究姓名的"意义"是外部语言学。"姓名具有双重意义结构和双重意义。姓名的双重结构包括适应语言结构和相应的文化结构这两个部分。姓名一方面要服从语言学的规律，遵循语言使用的习惯，一方面还要适应社会、历史和文化的发展。"[②]

命名习俗是民间厘定的制度，往往由民族语言构成，受到特定的生态链和文化链的影响而产生，具有自身的结构与自身的文化符号。其结构和特征随着族群的繁衍而传承。但是他不是封闭的，一成不变的。蒙古族命名制度出现的汉化倾向说明蒙汉两个族群的文化边界已经消除，这是在游牧文化变迁的背景下，部分蒙古族的民俗文化与汉族的民俗文化互相影响、互相撞击，最后接受汉族文化的结果。民俗融合与民俗变异和民俗变迁存在着密切的联系，民俗融合是民俗变异和民俗变迁的重要组成部分，或者说，民俗融合从属于民俗变异和民俗变迁。名字是个人的符号，也是一个族群归属的标识。面对这种状况，学术界在讨论族群认同的问题时提出了很多观点。梁茂春引入了"族内异质性"的概念。他认为："族群的异质性将影响族群认同……

---

① 参见〔瑞士〕索绪尔《普通语言学教程》，高名凯译，商务印书馆 1980 年版，第 155—156 页。

② 纳日碧力戈：《姓名》，中央民族大学出版社 2000 年版，第 15 页。

族群认同虽然具有主观性,但区分于他族的客观性特征的消失,往往使族群的原生性情感联系失去必要的条件,并使这种感情趋于减弱乃至断裂,从而使族群认同失去稳定的基础,其结果是使族群认同随着不同的情势、不同环境的变化而变化,出现多重特点。"① 用蒙古语,按照蒙古族命名习俗命名是蒙古族族群文化的标识之一,学术界把脱离了这种习俗的情况称为"族群的异质性"。

(三)蒙汉通婚家庭的汉语命名倾向与蒙古族族别选择

蒙古族名字汉化出现在两种家庭。一是蒙汉联姻的家庭,父母一方为蒙古族,另一方为汉族,其名字可能为汉族名字。另一种情况是其父母均为蒙古族,其名字为汉族名字。在第一种情况下,即父母有一方为汉族时,不管是父亲为汉族还是母亲为汉族,孩子的名字在汉化的同时,其族籍为蒙古族。第二种家庭父母均为蒙古族,子女为蒙古族,但是起的是汉族名字。文化认同是心理学和社会学术语,文化个体在自身生活中产生一种秩序。名字与族属本来是联系在一起的,应该同属于对同一个族群文化的认同范畴,但是却出现了文化断裂和文化调适的过程。

按照蒙古族的传统,子女随父亲的姓氏和族籍,按照习惯,父亲是蒙古族而母亲是汉族,子女应填写蒙古族。但是近代以来在蒙汉联姻的家庭中,如果男方为汉族,女方为蒙古族,子女填写蒙古族的占大多数。

表6.3.4 乌利雅斯太镇雅日盖街居民的姓名及民族身份认同情况统计表
(2008年7月10—11日)

	父亲	民族	母亲	民族	长子 (长女)	民族	次子 (次女)	民族	三子 (三女)	民族
1	刘月成	汉	刘金铁	蒙	刘智敏♀	蒙	刘月霞♀	汉		
2	于占林	汉	白凤兰	蒙	于晓慧♀	蒙	于晓冬♂	蒙		
3	王志中	汉	张志坚	蒙	王晓玉♀	蒙				
4	李树森	蒙	刘金芝	满	哈日巴拉♂	蒙				

---

① 梁茂春:《论族群内部的异质性:以广西大瑶山为例》,《广西民族学院学报》2004年第4期。

续表

	父亲	民族	母亲	民族	长子 （长女）	民族	次子 （次女）	民族	三子 （三女）	民族
5	王堂	汉	姚金兰	蒙	王双英♀	蒙	王秀英♀	蒙	王翠英♀	蒙
6	谷长利	汉	张云	蒙	谷春艳♀	蒙	谷枫♂	蒙		
7	李刚	汉	李久艳	蒙	李仁珺♀	蒙				
8	徐树德	汉	阿拉坦图雅	蒙	徐小光♂	蒙				
9	柱木立	蒙	丁桂香	汉	冬梅♀	蒙				
10	李炳和	汉	青梅	蒙	李玉林♂	蒙	李春艳♀	蒙		
11	刘拥军	蒙	刘淑兰	汉	刘祥♂	蒙				
12	高伟	汉	留杰	蒙	高国强♂	蒙				
13	乔龙	汉	包金花	蒙	乔丽媛♀	蒙	乔明华♂	汉		
14	于文生	蒙	何桂荣	汉	于春松♂	蒙				
15	戴文彬	蒙	王晓华	汉	＊＊＊♀	蒙				
15	赛因胡拉	蒙	侯江梅	汉	黄川	蒙	黄纲♂	蒙		
16	方立新	汉	包金荣	蒙	方超♂	蒙				
17	佟白乙拉	蒙	王瑞芝	汉	＊＊＊＊♀	蒙				
18	高受忠	汉	白梅	蒙	＊＊＊♀	蒙				
19	常金柱	汉	关秀云	蒙	＊＊＊♂	蒙				
20	肖树怀	汉	＊＊＊	蒙	肖凌♂	蒙				
20	王纪清	汉	鲍瑞彬	蒙	王博文♂	蒙				
20	宫国庆	汉	韩永华	蒙	宫韩宇♂	蒙				
20	李春生	汉	白艳梅	蒙	李傲新♀	蒙				
21	马永军	汉	李艳荣	蒙	马志江♀	蒙				
22	赵志刚	汉	李红伃	蒙	赵博文♂	蒙				
23	杨艳军	汉	董洪波	蒙	杨磊♂	蒙				
24	邰成伟	蒙	张桂兰	汉	邰皓♂	蒙	邰青梅♀	蒙	宝音阁 （邰金全）♂	蒙
25	陈国军	汉	其木格	蒙	陈洋♂	蒙				

续表

	父亲	民族	母亲	民族	长子 (长女)	民族	次子 (次女)	民族	三子 (三女)	民族
26	何江	蒙	张秀云	汉	何井峰♂	蒙	何俊清♂	蒙		
27	鲍铁民	蒙	王素芳	汉	倩茹♀	蒙				

材料来源：邢莉、张曙光对锡林郭勒盟东乌珠穆沁旗乌利雅斯太镇雅日盖街居民的户籍调查。表格中的性别男用♂，女用♀符号来区分，未命名为＊＊＊，赵月梅制作。

调查说明，填写蒙古族是较为普遍的现象。鄂尔多斯达拉特旗吉格斯泰乡位于达拉特旗东部，村民327人，其中蒙古族35人，汉族292人，耕地1000亩，没有牧场。这是个以汉族为主的农耕文化的村落，目前蒙古族与蒙古族通婚的只有2家，其他都与汉族通婚，不管是男方为汉族还是女方为汉族，填写的族籍均为蒙古族。① 在内蒙呼和浩特市赛罕区榆林镇土良村的婚姻调查也是这种状况。不论族际家庭最终定居于农村还是城市，或即便父亲是汉族，其子女族别一律填写蒙古族。②

这种现象与传统的家庭中，子女姓氏和族属身份随父亲的传统习惯相矛盾。传统上子女族属随父亲的惯例受到了挑战。一位蒙古族老年女性说："女婿是汉族，孩子报的是蒙古族，尽是些假蒙人。"③ 在蒙汉文化的交融中，更改族籍并非始于当代。清中期以来最初是汉族为了表示对蒙古族的认同改为蒙古族籍，在巴林右旗的红旗嘎查也是如此。红旗嘎查原属都什苏木，乡镇改革后，隶属于大板镇，这个嘎查的牧民都是清代荣宪公主下嫁时从北京带来的240名陪房人的后代，现在都是蒙古族，但再往上几辈都有满族和汉族的血统。十家子乡则是荣宪公主的守墓人、点祭灯人的后代，为汉族十个姓氏，十家子乡也由此得名，他们的后代也是蒙古族。④

---

① 资料来源：山西师范大学2004级民俗学硕士高瑞芬于2006年7月在鄂尔多斯达拉特旗吉格斯泰乡刘家濠村调查。

② 资料来源：中央民族大学2007级民俗学硕士靳一萌于2009年10月在呼和浩特市赛罕区榆林镇土良村调查。

③ 被访谈人：隐名，女，63岁，蒙古族，农民；访谈人：靳一萌，访谈时间：2009年10月，在呼和浩特市赛罕区榆林镇土良村其家中。

④ 资料来源：中央民族大学2006级民俗学硕士秦博于2005年8月在巴林右旗的红旗嘎查调查。

　　村民实行族际婚姻，取汉族名字而认同蒙古族族籍的文化裂变的现象频频出现。我们要研究的是，他们是怎样表述自己的？他们为什么要这样表述自己？蒙汉族际婚姻的家庭取汉语名字，但是他们表述自己是蒙古族。"由'事实'（fact）转移到'情境'（context），由识别、描述'他们是谁'转移为诠释、理解'他们为何要宣称自己是谁'。"[①] 在当前文化多元化的语境中，蒙古族在反复表述自己在祖国大家庭中的族群身份，同时他们在争取主流社会对其身份的认同，也就是族群认同的变迁。我们想要讨论的是，族际婚姻家庭的后代为什么要宣称自己是蒙古族呢？

表 6.3.5　　　　　　　　　　内蒙古呼和浩特市赛罕区榆林镇土良村

姓名	性别	出生年月	结婚时间	民族	子女数量
赵白仁	男	1921	1942	蒙	4
云晓娥	女	1932	1951	蒙	6
塞登霸（赵）	男	1940	1963	蒙	4
云珍	女	1946	1963	蒙	4
赵全有	男	1946	1965	蒙	3
云志俊	女	1949	1965	蒙	3
赵勇	男	1951	1972	蒙	3
刘玲玲	女	1953	1972	汉	3
赵横横	男	1953	1976	蒙	3
赵彩云	女	1954	1976	蒙	3
赵栓标	男	1965	1987	蒙	2
李福枝	女	1966	1987	汉	2
赵鸿儒	男	1972	1999	蒙	1
岑桂琳	女	1972	1999	汉	1
赵海军	男	1978	2005	蒙	1
金＊＊（公公）	女	1980	2005	汉	1

　　资料来源：靳一萌调查并制作。

---

　　① 王明珂：《华夏边缘：历史记忆与族群认同》，社会科学文献出版社 2006 年版，第 8 页。

　　这种表述处于当代民族国家的语境中，处在中华民族多元一体的格局中，首先表述的是国籍身份。民族国家是当今国际交流中公认的表述单位，是一个原始社会形态的"想象的共同体"（imagined community）。费孝通先生提出"中华民族多元一体"的理论，形象地表达了中华民族是一个完整的整体，每个个体首先是国家的公民。组成中华民族被称为"民族"的族群之间严密的相互制约，其中任何一个都无法独自发生变化。经过历史上多个民族的"接触、混杂、联接和融合"，"奠定了以一个疆域内许多民族联合成的不可分割的统一基础，成为一个自在的民族实体，经过民族自觉而成为中华民族"①。这就是说，中华民族是一个不可分割的既是自在的又是自觉的民族共同体，在这个民族共同体中，又存在着多个民族的文化。一个个体具有双重身份，既认同自己国家的公民，又同时是自己族群的成员。一个个体在表述自己所属民族的同时，首先要认可民族——国家对其身份的表述。同时又认同自己的祖先，自己的文化。

　　在多民族国家中，共同体成员往往拥有多重身份。身份不同决定了认同感和归属感的不同，因为"社会不同群体的存在，正是在各自的文化和认同的基础上建立起来的"②。民族国家对个体身份的认可包括两个方面，其一，他是否是这个国家的公民；其二，这个公民属于哪个族群。而在国际通用的公共符号中，第一个符号居于首位。对于蒙汉通婚的家庭来说，由于民族——国家打破了以男性为主的家庭传统，实行了男女平等的政策，即父母中有一方是蒙古族的，孩子可以在户籍上登记蒙古族。目前在国家制度上，少数民族可以享受民族政策。为了解决少数民族与汉族的历史差距，保证合理的社会参与，而给予少数民族的优惠政策。包括民族识别政策、民族区域自治政策、民族平等政策、民族发展政策、民族语言政策，等等。声明个体是少数民族与目前的民族优惠政策存在着密切的关系。在优惠政策上主要体现在两个方面：

　　其一，子女能够享受高等教育。子女教育问题及就业是每个家庭考虑的

① 费孝通等：《中华民族多元一体格局》，中央民族大学出版社1989年版，第1—2页。
② 常士䦆：《多元文化与民族共治——凯米利卡多元文化主义政治思想研究》，《天津师范大学学报》2004年1期。

重要问题之一。在国家步入现代化的新时期，民族与民族，区域与区域，城市与乡村之间信息的沟通逐渐加强，人们的价值观发生了很大的改变。在这样的时代潮流中，蒙古族也与时俱进，迫切希望与现代化接轨，改变家乡的面貌和自身的处境，认为读书是一种"知本"，读书改变命运已经成为共识。国家规定，如果是蒙古族参加高考，能享受降低10分录取的优惠政策。而民族身份是享受国家民族政策的必要条件，民族身份与社会发展机会密切相关。民族教育政策的影响，导致了个体在族属边界上的大规模流动。当前的民族教育政策是影响人们族属选择的因素之一。被访者中谈到："我家都是汉族，两个儿媳妇是蒙古族，现在我的两个孙子、一个孙女填户口时写的都是蒙古族，就是为了将来孩子考学什么的能有照顾。"①

其二，享受国家关于计划生育的民族政策。按照计划生育政策，汉族只能生一胎，而少数民族可以生二胎。为什么愿意生二胎？（1）现在的独生子女太孤单，只有血缘关系才是子女与父母之间的可靠联系；（2）传统养儿防老的观念还存在。由于国家的养老保障在广大农村尚不健全，人们担心一个孩子负担太重。（3）改革开放后人们的生活水平大大提高，有条件养育更多子女。

我们谈到的国家公民是属于某个民族的个体，那么民族的特征又是什么呢？谈到一个民族特征的时候，"我群"与"他群"的区别在于文化，"由于族群与文化相互关联，不可分割，族群的发展只有凭借文化认同，才能自觉且有选择地与其他文化交流，维持自己的主体性的地位"②。在族际婚姻中，以汉语命名而选择蒙古族的族籍是某种程度上对文化的认同，"所谓认同感，指的是使用同一种语言的群体内部成员之间承认对方是自己群体的一分子或者承认自己与对方同属于一个群体"③。这种认同包括语言文字、宗教信仰、风俗习惯、婚丧嫁娶等。但是以这样的要素去衡量当代"蒙古族"身份显然是不适用的。一个民族不管其生计方式如何改变，居住地如何分散，语言始

① 被访谈人：HGH，女，汉族，58岁，召哈图嘎查牧民；访谈人：闫萨日娜，访谈时间：2009年7月，在赤峰翁牛特旗召哈图嘎查。

② 庞金友：《族群身份与国家认同：多元文化主义与自由主义的当代论争》，（中国人民大学复印资料），《文化研究》2008年第2期。

③ 张公瑾：《文化语言学》，云南大学出版社1998年版，第57页。

终是标示族群归属感的要素之一。蒙古族文化是通过蒙古语言来传承的。但现状如何呢？蒙古族中已经有相当一部分人会汉语而不会蒙古语，成为不会蒙古语的蒙古族。

随着经济社会的发展，汉语的日益普及，民族语言不可避免地面临冲击，使用民族语言的人口比例会呈现下降的趋势，《中国（大陆）少数民族地区文化建设状况调查总报告》的一些数据就证明了这一点。例如随着年龄的递减，少数民族人口"对本民族语言的熟悉程度"也呈现出递减的趋势，而不会说民族语言的人数比例，则随年龄的递减而增长。

表6.3.6　　　　　　　少数民族的民族语言与汉语使用情况统计表

序号	年龄结构	会说民族语言的情况 （单位%）	熟练掌握汉语读、写能力的情况 （单位%）
1	19 岁以下	85%	63%
2	20—29 岁	92%	62%
3	30—39 岁	93%	51%
4	40—49 岁	95%	47%
5	50—59 岁	96%	34%
6	60 岁以上	95.4%	17%

资料来源：《中国（大陆）少数民族地区文化建设状况调查总报告》（中国社会科学院重大国情调研项目，2006—2009 年），中国社会科学院民族文学研究所承担，项目负责人：江蓝生、朝戈金。

这篇调查报告谈到，不同年龄段汉语方面的实际能力和其对于汉语的认同成正比。在被问及"你希望自己的孩子上民族语班还是汉语班"时，越是年轻的受访者越是倾向于自己的孩子将来能上汉语班，在 19 岁以下的受访者中，希望自己的孩子将来能上汉语班的占80%，而在其他几个年龄段，这个比例则大致在 60% 左右；在被问及"你觉得民族语重要还是汉语重要"的时候，19 岁以下的有80%的人认为汉语更重要，而其他年龄段认为汉语重要的平均为63%左右；在被问及"你是否认为必须学习本民族语"的时候，19 岁以下的有 31% 的人选择了否定的回答，而其他几个年龄段选择否定回答的则从 15% 到 23% 不等。这几项数据都表明，年轻人对于民族语言的认同有所降低。

表 6.3.7 　　　　　　　　　　　　**蒙古族语言使用现状统计**

序号	语言类型	语言使用百分比（%）
1	汉语使用情况	77.3%
2	民族语言使用情况	21.3%
3	当地方言	1.0%
4	外国语	0.5%

资料来源：《中国（大陆）少数民族地区文化建设状况调查总报告》（中国社会科学院重大国情调研项目，2006—2009 年），中国社会科学院民族文学研究所承担，项目负责人：江蓝生、朝戈金。

目前高速发展，早日实现现代化、富国强民的意识已经深入人心，大众传媒事业在发展和普及，民族与民族、区域与区域、城市与乡村之间的交流和信息的沟通在加剧。封闭的社区格局已经打破，随着现代化的发展，让孩子接受现代的高等教育成为人们的心愿和家庭中的头等大事。他们的子女不仅在积极学习汉语，而且在积极学习英语，接受强势文化、接受强势语言已经成为他们实现新的价值目标的必然需求，这是大势所趋，而并非来自上层制度的强迫和挤压。在现代化的语境下，在命名制度上和在语言的学习上都一定程度地与母语拉开了距离。从传统的观点看来，这是一种异常行为，"个人的异常行为对传统文化的价值体系的作用大大超过往常，而其对民族认同的改变也非同往常，因为这些个人行为往往包含着革命性因素，对传统的价值体系具有强烈的'冲击'和'碰撞'作用，同时也是这些独立的个体发生文化人格裂变的过程"①。独立的个体发生文化人格裂变的结果一方面使得族群文化在淡化，族群的文化边界在模糊，另一方面，在中华民族多元一体的格局中，其族群意识依旧存在。民族身份的象征系统不仅是一个文化系统，

---

① 彭兆荣：《民族认同的语境变迁与多极化发展——从一个瑶族个案说起》，《广西民族学院学报》1997 年第 1 期。

还提供了一个民族伦理观念和民族政治的观念。"削弱了历史传统和文化特征，你可以说某一个民族已不是一个'文化共同体'，但不能说他不是一个'心理共同体'或'利益共同体'。"①

① 王俊敏：《青城民族——一个边疆城市民族关系的历史演变》，天津人民出版社 2001 年版，第 205 页。

第　七　章

敖包祭祀文化的变迁

　　敖包祭祀是蒙古族重要的文化象征符号，它起源于古老的萨满教信仰。在经历了时代的风雨、进入到新时期以来，蒙古族的敖包祭祀传统正在复兴。民俗学家对此做了评估："民间信仰习俗经过从'土改'到'文革'的漫长休眠期，目前正普遍复旧并应运而生。"① 目前敖包祭祀文化已经被评为首批国家级口头非物质文化遗产。但值得关注的是敖包的形制和祭祀仪式都发生了变迁，但是其本质属性与时空环境一起呈现的整体状态还依然存在。我们在此描述敖包祭祀文化的存在价值，研究其变迁和传承，并通过敖包祭祀文化的变迁透视社会的变迁。

一　敖包祭祀的神圣性与生态功能

　　茫茫草原，悠悠岁月，历经千载，为什么蒙古牧人对敖包的祭祀历久不衰？这里蕴藏着的象征意义是什么？这确是一个值得探讨的问题。对于敖包（又称"鄂博"）祭祀，蒙文文献较少，汉文文献的记载也不甚详。《大清会典事例·理藩院·疆理》条记载："游牧交界之处，无山河以为识别者，以石志，名曰敖包。"就"敖包"这个词汇来说，有"堆"的意思，还表示"群"、"众多"。近人胡朴安《中华全国风俗志·卷九》载："鄂博随在皆有……其形圆，其顶尖，颠立方角蒙经旗，其上下则埋哈达一方，粮食五种，银数钱，每年必一祭。"起源于蒙古族萨满教时代的敖包祭祀目前在内蒙古草

---

　　① 乌丙安：《论当代民俗文化的剧变》，《民俗研究》1996 年第 2 期。

原还存在着活形态。作者曾经多次参与过敖包祭祀。我们要研究的是：敖包是什么？敖包的传承有何意义？作者借助田野考察资料对敖包祭祀文化进行阐释。

（一）牧民对敖包的阐释

在广阔无际的大草原，大大小小的石块垒起了一座座小山，上面插着柳枝，此谓"神树"，神树上系着五颜六色的布条。2005 年进入国家级的口头非物质文化遗产的蒙古族的敖包是什么？这石堆或者土堆为什么在苍茫的草原上矗立至今？通过田野调查，民众有这样的说法：

其一，敖包是"神"，敖包是蒙古族生存智慧的创造。

> 敖包是天神，天神是管天管地，管下雨，我们这儿不下雨，就祭祀敖包，过去这样，现在也这样。①

> 祭祀敖包是祭祀山神，山神管下雨，祈祷："山神保佑，风调雨顺，五畜兴旺，无灾无病，大吉大利。"②

> 敖包就是神，我觉得祭祀的是"土地神"。蒙古人敬重天，敬重地，祭祀敖包表示对土地的尊重。③

蒙古族认为，"上有九十九尊天神……下有七十七阶地母"④，"当地人主要把山冈或山脉作为地神和山神的所在地。这些神保佑各个地区人丁兴旺……"而仅仅以一些赞扬性的委婉迂回说法相隐喻，如"美人"、"女圣

---

① 被访谈人：隐名，男，50 余岁，蒙古族，乌审旗牧民；访谈人：邢莉，访谈时间：2005 年 5 月，在乌审旗。
② 被访谈人：隐名，男，50 余岁，蒙古族，克什克腾旗牧民；访谈人：邢莉、秦博，访谈时间：2006 年 6 月，在克什克腾旗。
③ 被访谈人：隐名，男，50 余岁，蒙古族，克什克腾旗牧民；访谈人：邢莉，访谈时间：2006 年 6 月，在克什克腾旗。
④ L. 韩白诗和贝凯：《柏朗嘉宾及其〈蒙古史〉》，1965 年巴黎版，第 40、46 页。转引自 [意] 图齐、[德] 海西西《西藏和蒙古的宗教》，耿昇译，天津古籍出版社 1989 年版，第 495 页。

人"、"高大女神",等等。①

一部古老的蒙古书籍谈到:

> 向你,完全实现我们祝愿的神,
> 向所有的守护神,从腾格里天神到龙神,
> 我们表示崇拜并以祭礼而颂赞……②

其二,敖包龙。在访谈中,牧人有"敖包龙"的观念。蒙古族信仰的喇嘛教把"敖包"与"龙"联系在一起。

> 佛教盛传时期,有"敖包龙"的画像,每个敖包都有它所守护的龙……并且以前有它的画像,60年代"破四旧"的时候被消灭(毁)掉了……我们向敖包求雨。③

田野笔记:

> 2008年农历6月2日,作者在锡林郭勒盟东乌珠穆沁旗参加的"额吉敖包"的祭祀中,看到该旗的一个妇女在额吉敖包旁边修了一间小房,当地人称为"龙王庙"。当地人说:"敖包龙是Lus,龙与Lus不一样,龙是天上的,而Lus是地上的或者水里的,所以这个龙王庙的解释是敖包龙(Luos)。"④(本章第三节有叙)据当代蒙古族学者那木吉拉2006年的调查,东乌珠穆沁旗萨麦苏木和巴音阖布尔苏木接壤之处的号称"千人致祭"的"柴达穆·巴音敖包"的神灵为从藏区随众佛神一起驾临蒙古山水的"天骄龙"(Tengrilig luus)。有关"天骄龙"的传说在当

---

① [俄]B.A.卡萨克维奇:《当地蒙古地名学》,载于苏联科学院东方学研究所《论集》第13卷,1934年列宁格勒版,第6页。转引自[意]图齐、[德]海西西《西藏和蒙古的宗教》,耿昇译,天津古籍出版社1989年版,第497、500页。

② [意]图齐、[德]海西西:《西藏和蒙古的宗教》,耿昇译,天津古籍出版社1989年版,第500页。

③ 被访谈人:隐名,男,50余岁,蒙古族,锡林郭勒盟东乌珠穆沁旗喇嘛;访谈人:白丽丽,访谈时间:2006年7月,在锡林郭勒盟东乌珠穆沁旗。

④ 被访谈人:隐名,男,50余岁,蒙古族,东乌珠穆沁旗牧民;访谈人:邢莉、张曙光,访谈时间:2008年7月,在锡林郭勒盟东乌珠穆沁旗。

地民众中广泛流传。① 祭敖包就是祭"龙敖包"的神灵——龙神也有性别之分。

其三，祭敖包是崇拜英雄、崇拜祖先的表征。

我们蒙古族在历史上出现过很多英雄，英雄太多了，成吉思汗啊，木桦犁啊，都是人们心目中的英雄。我们崇拜英雄，崇拜祖先，我们这里有"英雄敖包"，所以我们祭祀敖包。②

据德国学者海西西的研究，察哈尔部萨满教的一部史著介绍了已故先祖的尸体是如何埋葬在高山以及如何由此产生了精灵和自然的力量的。③ "他把尸体埋葬在红山南侧的一块平坦地带，该山孤立地矗立在那里……继此之后，已故老父亲的精灵与本地之神及地神结合在一起了。"④

其四，祭敖包是祭祀神的文化空间。

祭"落岁"（水神）敖包，就是干旱不下雨的时候祭，没有固定的日子，最好是在阴历五月五祭。祭的时候在蒙古包的四个方向分别用两个木杆竖起四幅水神的画像，然后喇嘛们就在蒙古包里念一天一夜的经。把红牛的奶子拿到喇嘛跟前，让他们对着它念经，然后把"阿迪斯"（五种甜品，都是面食）放到红牛的奶子里，再把它撒到水上。⑤

敖包是祭天、祭地、祭祖宗的地方，祭祀总是要有个地点嘛，要大

---

① 拉·阿尔门德：《乌珠穆沁敖包祭祀》（蒙古文），内蒙古人民出版社 2004 年版，第 15 页。

② 被访谈人：隐名，男，50 余岁，蒙古族，乌审旗陶镇塔兰乌苏嘎查牧民；访谈时间：2004 年 7 月，在乌审旗陶镇塔兰乌苏嘎查。

③ 参见［意］图齐、［德］海西西《西藏和蒙古的宗教》，耿昇译，天津古籍出版社 1989 年版，第 497 页。

④ 《民间宗教》原版第 164 页，《人类学报》第 48 卷，1953 年版，第 504 页。转引自［意］图齐、［德］海西西《西藏和蒙古的宗教》，耿昇译，天津古籍出版社 1989 年版，第 497 页。

⑤ 被访谈人：道力玛，女，62 岁，布里亚特蒙古族牧民；访谈人：娜敏，访谈时间：2007 年 7 月，在鄂温克旗。

图7.1.1 东乌珠穆沁草原 邢莉摄

家一块儿祭祀嘛！①

敖包出现在遥远的氏族社会，蒙古语中"姓氏"一词，就是由"敖包"演绎而来的。内蒙古乌审旗的"哈德亨"、"艾古尔斤"、"赫赖德"、"查哈尔"等敖包，就是以乌审旗十三个氏族的名义供奉的，敖包的性质其实是氏族的保护神。在蒙古族地区有很多的以氏族为单位祭祀的敖包，这里包括"成吉思汗黄金家族"致祭的敖包和普通氏族致祭的敖包。一般的成吉思汗黄金家族后裔主祭的敖包，往往称之为阿拉坦敖包（Altan obo；意即黄金敖包）。以鄂尔多斯地区为例，在达拉特（Dalat）旗汉代（Handai）河左岸上的"翁滚敖包"、郡王旗境内的朵罗泰·海拉罕（Dolodai hayirhan）山上的"塔吉勒·陶高敖包"（Thyil togo obo）、杭锦旗喀拉·茫乃·诺尔（Hara mangnai nu:r）湖北岸高地上的"杭锦旗阿拉坦敖包"、扎萨克旗朵岗·郭勒（Dogong gol）河岸上的"扎萨克旗阿拉坦敖包"、鄂托克旗13座"阿拉坦敖

---

① 被访谈人：隐名，男，50余岁，蒙古族，锡林郭勒盟正蓝旗牧民；访谈人：邢莉，访谈时间：2007年8月，在锡林郭勒盟正蓝旗。

包"等都是属于成吉思汗后裔家族致祭的敖包。

当然从现代敖包琳琅满目的名字来看,我们几乎很难诠释出"敖包"是什么。学者也对敖包进行了各种各样的分类,例如"山水敖包"、"人物敖包"、"地界敖包"、"成吉思汗敖包"、"马敖包"、"孩子敖包"、"公主敖包",等等。敖包祭祀是蒙古族的集体记忆。敖包祭祀的场所是一个文化空间,这是表象,最终形成了一个心理空间,这是深层的。"我们把记忆定位在群体提供的心理空间里,但是这些心理空间,哈布瓦克斯坚持说,总是从那个具体的社会群体占据的物质空间获得支持,并且回溯到这个空间上。"① 在民众的集体记忆里,可以这样概括:

其一,敖包是神灵的象征。这里的神灵是一个宽泛的概念,其中包括:(1) 自然神灵,例如天神、地神、山神、水神;(2) 动物神,例如马神、牛神、羊神,等等;(3) 氏族神、祖先神、英雄神。祖先崇拜和英雄崇拜蔓延到文明社会,民众还在不断地建构新的崇拜对象,例如"成吉思汗敖包"、"公主敖包"等。

其二,敖包是祭祀神灵的重要的"文化空间"。方观承《从军杂记》早就指出:"峰岭高处,积乱石成冢,名敖包,谓神所栖……"纪昀《乌鲁木齐杂记》载:"敖包者,累碎石为以祀神",是召请神的文化空间场所。在蒙古族的心理空间上,敖包既是神灵汇聚的空间,同时也是世俗的人与神灵沟通的文化空间。法国学者涂尔干对于"仪式研究"的"神圣与世俗"的著名命题为人类学界和民俗学界广泛应用。"神圣与世俗"是在民众的日常生活和节日祭祀生活中,划分一个时间和空间的范围,以表明仪式的崇高性。总之,敖包既是神灵信仰的表征又是蒙古族祭祀神灵的文化空间。

(二) 敖包祭祀文化的神圣性

我们可以把蒙古族敖包在草原存在的活形态和蒙古族的"敖包祭祀仪式"视为一种"社会文本",也可以视为社会历史的记忆方式。以上的民间叙事说明,敖包祭祀的"社会文本"和记忆方式是神圣的,其神圣的原因是来源

---

① [法] 保罗·康纳顿:《社会如何记忆》,纳日碧力戈译,上海人民出版社 2009 年版,第 37 页。

于萨满教信仰。

其一，敖包祭祀的神圣性。敖包的神圣性包括：

1. 建构的神圣性——建构敖包的必要性：每当草原上的牧民遇到各种自然灾害和各种疾病的时候，牧民要建敖包，他们认为这些与游牧地区的"风水"有关，于是"大家聚集在一起，选择山，或大江河、大湖泊的地方当作祭祀之处，把一切寄托给山水"①。

> 敖包建立在高地上。（只有）牧民认为它风水特别好的，才能在这建敖包，不可能随意任意地认为这个地方好我就弄一个敖包，不可以那样。那样不合乎牧人的规矩。②

> 建设敖包首先要选地方，敖包要选高地，在草原上隆起的高岗地区设立敖包。第二还要选日子，要请德高望重的喇嘛卜算好日子才能建敖包。敖包下面要埋东西，主要有珍宝、金银、药物、五种谷物、五种颜色的绸缎等，总之要埋藏珍贵的东西。牧民说："这是为了增加神灵的力量。"过去还有装刀枪剑戟、铠胄等等的，现在没有了。这也是为增加力量。在建立敖包的时候，要请喇嘛念经，举行仪式，只有这样，神力才能增强，神灵才能护佑这方的生灵。③

敖包的结构是简易的，用石头累积而成，上面插着树枝。蒙古族有"人自石出"的神话传说。④ 敖包上面还插有树枝，关于"树枝"有多种说法，一是来源于蒙古族先民对树木的崇拜，钦羡树木的高大和旺盛的生命力。蒙

---

① 江上波夫：《匈奴的祭祀》，转引自刘文锁等《敖包祭祀的起源》，《西域研究》2006 年第 2 期。

② 被访谈人：隐名，男，54 岁，蒙古族，呼伦贝尔鄂温克旗牧民；访谈人：那敏，访谈时间：2007 年 7 月，在鄂温克旗。

③ 被访谈人：隐名，男，60 余岁，蒙古族，乌审旗牧民；访谈人：邢莉，访谈时间：2006 年 6 月，在乌审旗。

④ 在阿勒泰的史诗里，有"孤儿英雄，你的生父是硕大的石头"的描绘。英雄史诗《江格尔》里写道："白音查干巴特儿，他的父母都是石头。"

古族萨满教崇拜参天大树，其诗曰：①

蓬松紫檀木，青枝千万条。
日月闪金光，挂在路树梢。
嫩叶何清新，花开更妖娆。

二是在信仰萨满教的观念里，树枝是登天的梯子。蒙古族萨满教认为，"长生堂天"为管辖众神灵的守护神，这个守护神就住在参天大树上。这种信仰，在北方民族的岩画上得到了生动的描绘。② 在内蒙古阴山山脉的岩画上，枝叶茂盛的大树下有简略的人头像。③ 三是树木是吸引雨水的，牧人说："不祭祀敖包就没有风调雨顺，没有树就不能吸引雨水。"④ 这三种说法都印证着敖包祭祀与蒙古族信仰萨满教密切关联，并且这三种说法都认为树枝与雨水存在密切的关系：第一种说法是崇拜树木；第二种说法是为了与天神沟通，为敬天的标识；第三种说法是渴求得到雨水。

2. 祭祀仪式的神圣性

在传统的民间社会中，民间的规范和约束相对于政治而言更多的来源于宗教信仰和伦理道德的代代相传。宗教理念表现了神圣的宇宙结构，人通过超人间的想象与宇宙沟通。在仪式的阈限内，祭祀仪式是神圣的（本节第二个问题有相关叙述）。

3. 神圣领域的禁忌：敖包的地点及其周围形成了一个神圣的区域，在这个特殊的与世俗隔离的神圣领域存在着一系列禁忌，其中主要包括：（1）严禁在敖包附近挖坑取土，更不能开荒种地；不能在敖包附近打柴、捕鱼、伐木、乱扔杂物，更不能便溺。（2）敖包附近的河流、湖边禁止游泳、洗澡、洗衣服、钓鱼。（3）在敖包禁地内不能砍伐树木和防风的植物。（4）不能随

---

① 乌兰杰：《蒙古族古代音乐舞蹈初探》，内蒙古人民出版社 1985 年版，第 103 页。

② 参见［俄］Ⅱ. 奥克拉德尼可夫对查干查干扎巴对第四组岩画的描绘："最上方可以清楚地看到一个头上长角、躯干自腰部弯曲（或半坐式）的人物，这个人物似乎在缘着他身旁的一个树向上攀登。"转引自乌兰杰《蒙古族古代音乐舞蹈初探》，内蒙古人民出版社 1985 年版，第 106 页。

③ 参见盖山林《阴山岩画》，北京文物出版社 1986 年版，第 214 页。

④ 被访谈人：隐名，男，60 余岁，蒙古族，乌审旗牧民；访谈人：邢莉，访谈时间：2006 年 6 月，在乌审旗。

便攀登敖包，拆散敖包上的石与木，触动敖包的石与木要受到处罚。（5）登敖包高地时要选择好的方向，经过敖包的时候要下马而行，向敖包叩首膜拜。（6）祭祀敖包的物品一定要洁净，不洁净的物品不能祭祀。（7）敖包祭祀禁止服刑者、戴孝者和处理丧葬者参加；有些敖包为氏族敖包，其祭祀不允许外姓的人参加。（8）传统的敖包祭祀不许女性参加，现在这个观念已经打破。

其二，敖包的建构具有鲜明的地域性和差异性。乌审旗的牧民说："我们祭祀的是这块土地的山水"，"我们祭祀的是我们这方土地的神灵"。[①]"在固定地点堆起的土堆（即鄂博）一般都立于高地、山口、交叉路口等处。它们作为当地守护神和地神的神祠，享受到特别的崇拜。……因此，在萨满教思想的范畴内，鄂博可以被当做是本地神灵的所在地和汇合处。"[②] 作者在调查中发现，在锡林郭勒祭祀敖包是求雨，而在包头的莫尔根庙附近，黄河常常泛滥成灾，这里敖包祭祀目的是希冀黄河不泛滥。[③]

敖包祭祀文化具有差异性。敖包是一个具体的概念，不是抽象的。从原始社会蔓延至今，其"活形态"表现在两个方面：（1）在敖包构建的范围上，有旗敖包、苏木敖包、嘎查敖包、家庭敖包，过去还存在王爷敖包。不同的敖包祭祀的群体和人数不同。（2）在其构建的传说上，因人、因时、因地、因事不同，几乎每个敖包的建构都存在着传说。敖包可能会因人而建："我给你讲乌珠穆沁历史方面的故事。乌珠穆沁有五座山（峰），后来从苏尼特来了兄弟三个台吉，他们各自祭祀了一个山。五座山上有五座敖包。"敖包也可能因事而建："乌珠穆沁这片草原上已居住几代人，突然牧群生瘟疫。他们就到庙里向活佛祈愿，活佛会告诉他们破坏了水土，要祭拜敖包。"[④]

在这里，我们发现敖包传说与敖包信仰相辅相成，传说伴随着崇信，是

---

① 被访谈人：隐名，男，60余岁，蒙古族，内蒙古乌审旗牧民；访谈人：邢莉，访谈时间：2006年7月，在乌审旗。

② ［意］图齐、［德］海西西著：《西藏和蒙古的宗教》，耿昇译，天津古籍出版社1989年版，第498页。

③ 被访谈人：LBSSG，男，74岁，蒙古族，莫尔根庙喇嘛；访谈人：邢莉，访谈时间：2006年7月，在乌审旗。

④ 被访谈人：隐名，男，60多岁，蒙古族，东乌珠穆沁旗牧民；访谈人：张曙光，访谈时间：2006年7月，在东乌珠穆沁旗。

一个心理历程。由于民间信仰的支撑，民间叙事表述的是意识形态属性。在此我们探究一下敖包祭祀的功能及其所包含的文化象征符号。

　　那日苏嘎查一共有三个敖包，一个是"布日登敖包"，另两个是"甘珠敖包"和"孩子敖包"。"布日登敖包"已经有几百年的历史了，"布日登"是"集会、迎接"的意思，这个敖包的祭祀是在每年阴历的 5 月 20 日举行。祭祀该敖包女人不能参加。来参加祭敖包的人都穿着蒙古族的传统服饰蒙古袍。5 月 20 日这天，由喇嘛率领民众祭祀。敖包上插上松柏、红柳，正中央立天马佛幡，周围用五彩花卉装饰，摆上奶食品、阿木苏、点心等供品，桌上摆放九只整羊。要祈祷"山神保佑，风调雨顺，五畜兴旺，无灾无病，大吉大利"。然后开始进行赛马、摔跤等游艺活动。祭敖包也就是要求雨。这个季节正好是旱季，牧民希望下雨，而每次祭完敖包后第二天总会下雨，这就使得牧民更加信敖包。①

　　（敖包的功能主要是求雨）祭祀敖包早年就有了，现在怎么能没有?! 谁都去祭，上过学的，没上过学的……老人更要去! 干部也去……祭敖包是为了求雨，草原都干旱到这样了，不求雨怎么办?! 不下雨不行，祭了敖包心里就踏实了。②

　　敖包像"Los"（"龙"的意思）敖包，是祭"水"的敖包，在五月节还有初六、十六、二十六祭。有的人把敖包画下来在家里祭，画上山和水，山上有龙，水里有蛇。这个要素祭，没有肉。③

　　当然也求平安啊，牲畜没有病啊，孩子健康啊，但是主要是求雨，

---

　　① 资料来源：中央民族大学 2006 级民族学硕士毕业生宋小非于 2005 年 7 月在克什克腾旗那日苏嘎查的田野调查。

　　② 被访谈人：隐名，男，50 余岁，蒙古族，锡林郭勒盟正蓝旗牧民；访谈人：邢莉，访谈时间：2007 年 8 月，在锡林郭勒盟蓝旗。

　　③ 据说敖包祭祀分祭"山"的和祭"水"的。山的敖包用整羊煮熟了祭，里边的肠子、肚子也不拿出来，祭完了以后大家吃；水的敖包要素祭，没有肉（被访谈人：隐名，男，40 岁左右，蒙古族，鄂温克旗人；访谈人：那敏，访谈时间：2007 年 7 月，在鄂温克旗）。

现在也有求孩子考上大学的，求发财的。这是现在的事。①

　　从不同地点对内蒙古祭祀敖包的访谈看，牧人世世代代视其为守护神，敖包的功能是多方面的。在罗布桑却丹的著作里就谈到敖包有"求子"的功能："三年不育妇女到敖包前让老年人说要儿子，并且打三鞭。"② 总之从远古到现在，敖包要满足特定族群的心理需求，蒙古族"唯敖包是求"。

　　敖包祭祀的核心是民间信仰。民俗生成与生态环境有关。美国人类学家普雷斯顿·詹姆斯用自然植被和地表特征将地球表面的自然带划分成八种地理分类：干燥地带（沙漠）、热带雨林地带、灌木林地带、中纬度混交林地带、草原地带、北方森林地带、极地和山地。从不同地域人类群体的分布及生活模式，可以探察出生态区位的资源数量对于人类群体的负荷能力。③ 敖包祭祀习俗的形成与生态环境及民众在特定的生态环境下的生产方式和生存方式有关。如前文所说，干燥少雨是其气候的主要特点。内蒙古草原平均降水量为年400毫米以下，实际上大部分地区不足300毫米，西北部的沙漠地区甚至不足100毫米。其面积一半以上为内流区，内流区大部分缺乏表流，只有在雨后才形成临时性的表流，水流量非常小，且大部分湖泊水质较差，所以不适宜农业生产，而形成了以畜牧业为主的生产和生活方式。畜牧业的生活方式是顺应自然周期建构的民俗。在社会生产力非常低的情况下，在严酷的生存抗争中，人们制造了神灵。敖包祭祀是牧人与自然交流的印记。正如人类学家所说："一种宗教仪式与一种社会习俗（两种人本主义制度）可能联合起来传递环境的信息。"④ 敖包是游牧的蒙古族营造的一个神圣的空间，是草原上游牧人的神圣祭坛。敖包祭祀就是一种环境的与心理的社会信息的传递。

　　通过以上可以看出，敖包的建置对环境赋予了传统的意义。以民俗生态学的视角审视敖包祭祀文化，敖包祭祀有其明确的功能就是祈雨。在干旱或

① 被访谈人：隐名，男，60余岁，蒙古族，内蒙古包头附近莫尔根庙喇嘛；访谈人：邢莉，访谈时间：2004年7月，在内蒙古包头附近莫尔根庙内。
② 参见罗布桑却丹《蒙古风俗鉴》，赵景阳译，辽宁民族出版社1988年版，第141页。
③ 参见江帆《生态民俗学》，黑龙江人民出版社2003年版，第335页。
④ ［美］康纳德·哈迪斯蒂：《生态人类学》，郭凡、邹和译，文物出版社2002年版，第24页。

者半干旱草原所占比重较大的我国草原生态区域，雨水是草原的生命线，也是草原人的生存线。草原文化涉及的不仅仅是草、畜、人之间的关系，还涉及草原生态区域自然资源的数量和质量与草原牧人生存的持久性和连续性的关系。

> 敖包是在保护自然环境、生活条件所需要的情况下产生的。游牧民族必须依靠草原、牧场，这些从哪里来？就是从祭祀敖包来的。不祭祀没有风调雨顺，没有树不能吸引雨水，在保护自然的前提下祭祀敖包。每个人有信仰，每个人就不会乱砍伐树木。只要有与生活相结合的自然，就有蒙古人，没有自然就没有蒙古人，就没有游牧文化。所以是在保护自然的前提下产生敖包祭祀的。①

敖包祭祀的传承说明：

（1）在人类的整体的生活世界中，人并非是一种超自然的生物或者高居于自然中的人，而是在特定的生态环境中生活的人；草原牧人生活在草原生态区域的自然环境之中。

（2）在人类的生活中，自然、环境并非是一种“异己”的存在，而是人类生活整体的一部分，所以人们传承了敖包祭祀。

（3）既然人是自然中的人，自然是人在生活中的直接现实，那么人与自然环境就要建立一种互相沟通、互相尊重、和谐共处的关系。敖包祭祀就是氏族社会游牧人与自然沟通的方式。

马克思认为人类全部的社会生活在本质上是实践的，“既然人和自然界的实在性，亦即人对人说来作为自然界的存在和自然对人说来作为人的存在，已经具有实践的、感性的、直观的性质，所以，关于某种异己的存在物、关于凌驾于自然界和人之上的存在物的问题，亦即包含着对自然界和人的非实在性的承认的问题，实际上已经成为不可能的了”②。在这个意义上，学者将马克思的实践论视为现代人类学范式的发展和代表。以人类生活为终极目的

---

① 被访谈人：隐名，男，50余岁，蒙古族，西乌珠穆沁旗喇嘛；访谈人：张曙光，访谈时间：2006年7月，在西乌珠穆沁旗。

② ［德］马克思：《1844年经济学—哲学手稿》，刘丕坤译，人民出版社1979年版，第84页。

图7.1.2　敖包的原生态　邢莉摄

的现代人类学范式研究生态美学强调人与自然互相依存、互相和谐的关系。人类尊重自然就是尊重人类本身，人类尊重自然不被破坏也就是维系自己本身的生存。传承至今的敖包祭祀"把环境中这种意义的传统形式称为对世界的'认知'模式。认知世界代表真实世界，它的一套传统化意义指导着面对环境的个人行为"①。

　　虽然敖包祭祀出现在原始氏族社会，与现代人类学范式研究生态美学嵌入的人类对自然环境、人文环境的关注有很大的区别，表现出人对自然的依从关系，但是蒙古牧人建立了这样一个感性的素朴的概念："没有自然就没有蒙古人"，"我们祭祀敖包就是爱护草原"。这种人与自然和谐的思维模式是敖包祭祀存在的合理的文化内核，从这个意义上说，历史遥远的敖包祭祀为从现代人类学范式研究生态美学提供了思考。

---

　　① [美]康纳德·哈迪斯蒂：《生态人类学》，郭凡、邹和译，北京文物出版社2002年版，第23页。

二　蒙古族敖包祭祀文化的传承与变迁

——以 2006 年 5 月 13 日乌审旗敖包祭祀为个案

敖包文化是草原游牧文化的重要组成部分。起源于蒙古族氏族社会的敖包祭祀传承至今，经历了历代的沧桑变化。就清代至今，敖包祭祀经过了传统的延续、传统的衰微、传统的复兴三个阶段。正是因为敖包祭祀存在着生态观念，所以不管"大传统"如何变化，这个为民众所认同的"小传统"却顽强地保持了下来。

（一）清代以来敖包祭祀文化的变迁

自清代建立"盟旗"制度以来，蒙古族世代绵延的敖包祭祀文化发生了很大的变迁。

其一，敖包祭祀在农区逐渐消失。清中期以后，汉族移民大量迁移到以游牧为主的内蒙古区域，游牧文化发生了深刻的历史性的转折：出现了农业区和半农半牧区。在农耕文化所构建的村落中，敖包祭祀已经消失。其消失的区域首先是在沿长城一带建立村落并实现了农耕，后来渐渐向北延伸。对于现在生活在内蒙古区域的广大农区和半农半牧区的蒙古族来说，敖包已经是古老的神话。根据作者在农区调查，赤峰的喀拉沁旗过去的王爷府有敖包，但近半个世纪以来，年轻人没见过敖包，也不知道敖包存在的意义。敖包祭祀是在草原游牧的生态环境和游牧文化链中产生和维系的文化，"文化信仰活动，说到底是人与环境之间的一种连接装置"①。草原游牧生活是敖包祭祀产生的基础，离开了特定的生态环境和文化环境，这种"连接装置"就失去了存在的意义和存在的基础。

其二，在清代建立"盟旗"制度以前，历史上的元代实行的是"万千户制"，万千户制是由较多的血缘关系组成的游牧集团。明代出现了"鄂托克"制度，代替"千户"出现的"鄂托克"既是同一地区的经济单位，又是以亲属为中心的结合体，形成了最基本的社会集团。清代实行"分旗划界"的措

---

① 阿拉腾：《文化的变迁——一个嘎查的故事》，民族出版社 2006 年版，第 25 页。

施，盟旗制度的建立改变了过去远距离放牧的游牧方式，畜群在蒙旗界内放养。"……蒙人于夏季，则各在隶属之旗内，择牧草繁茂之地筑包而居；其移住之一区域，自有一定，决不随意转徙。此为蒙古旗内之土地概有界限，其族由何处至何地，各有一定之区域内，求水草良好之地而转移耳。超越旗境游牧者，实为罕见。"① "旗界"成为蒙古族的生活圈和文化圈，无论是在政治上还是在生活上蒙古人都被稳定在"旗"制度的秩序之中，这时就出现了以"旗"命名的敖包——旗敖包。

其三，喇嘛敖包的出现。喇嘛教在清代广泛传入以后，吸收包容了蒙古族的原始信仰，他们把敖包祭祀纳入了喇嘛教的范畴。一是表现在对敖包祭祀的参与上，二是表现在对敖包的管理上。作者于 2004 年对包头地区的五当昭进行了调查：五当昭后面的山上有敖包，每年五月十三日举行祭祀。参加的人很多，祭祀由德高望重的喇嘛主持。这个敖包在哪个寺庙的管辖范围内，就由哪个寺庙来管理，因此出现了"寺庙敖包"。

其四，敖包功能的变化。敖包本来是对这方天地这方水土诸神的信仰，旗敖包的出现使敖包成为"旗"之间的界线，成为一个旗与另外一个旗的区别的地域文化标识。"凡游牧近山河者，以山河为界，无山河者，以鄂博为界。"② 民间信仰"一旦通过集体行动而获得存在，宗教就会获得一定程度的自主性，并且以各种方式进行扩散"③。敖包本来是血缘氏族祭祀的标识，在盟旗制度建立以后，敖包又起了地域边界的作用，甚至用以划分国界。俄国与清朝划定边界时就以敖包为标准；"满洲国"与外蒙古的边境，开始也以鄂博为标准。④

其五，敖包祭祀包含着整套规范制度、信念和习俗，这种自然威力是力量、神、鬼、精灵，还是妖魔，这种观念在敖包口承文化中鲜明地表现出来。民间信仰就是一种由文化上形成的与文化上假定的超人交往所构成的习俗。在原始氏族社会，敖包祭祀的主持者是萨满，萨满是人与神之间的中介。但

---

① 丁世良、赵放主编：《中国地方志民俗资料汇编·华北卷》，书目文献出版社 1989 年版，第 740 页，摘自《绥蒙辑要》（民国二十五年铅印本）。

② 《大清会典》卷 79，《四库全书》第 619 册，台湾商务印书馆。

③ ［英］E. E. 埃文斯·普里查德：《原始宗教理论》，孙尚扬译，商务印书馆 2001 年版，第 67 页。

④ 参见［日］米内山庸夫《蒙古草原》，东京改造社，昭和十七年一月，第 134—146 页。

是随着时代的演变，喇嘛教的渗入、传播和盟旗制度的建立，敖包祭祀的主持人可能是盟旗的官员，可能是喇嘛，也可能是当地德高望重的牧人，现在的敖包祭祀的组织者有的是当地有威望的牧人，有的是政府官员，家庭敖包则是家庭的长者。

由于游牧文化区的存在，从远古积淀下来的古老习俗被传承到 20 世纪 60 年代中期，它已经成为蒙古族民众文化的深刻记忆。但是在 "文化大革命" 时期，牧区和半农半牧区停止了敖包祭祀，作者于 2004 年 7 月和 2006 年 6 月两次在乌审旗对敖包祭祀进行考察得出了这样的结论。呼同音敖包位于乌审昭镇淖尔东北呼同梁高地，这是一座期盼五畜繁衍的敖包，相传是在 1900 年由当地的一个富人建造的。本来是石堆敖包，后来改成了沙柳敖包。"十年动乱" 中敖包被夷为平地，还被掘土挖地，挖出很多擦擦①，撒得满地都是。牧民们不敢公开祭祀敖包，但是有牧人偷偷地祭祀。

（二）敖包形制的传承与变迁

"文化大革命" 之后，蒙古族敖包祭祀的传统开始复兴，民俗学家对此做了评估："民间信仰习俗经过从 '土改' 到 '文革' 漫长的休眠期，目前正普遍复旧并应运而生。"② 现代社会在复制传统，传统在现代中重构，"文化大革命" 时期停止了的敖包祭祀文化已发生了很大的变迁，仅鄂尔多斯地区，现存敖包 170 多处，而在 "文化大革命" 前存在 300 余处。通过实地考察，我们可以发现敖包祭祀文化发生的变迁。

其一，敖包形制的变迁。调查过程中，作者看到敖包的形制是传统与现代并存：

（1）传统敖包是用石头累积而成的，上面插上树枝，在乌审旗现在还保留着其主体是石块和树枝的 "原生态" 敖包，沙丘敖包也属于此类。

（2）完全是用树枝累积而成的敖包。乌审旗位于布赛嘎查吉日根塔拉牧业社的通嘎敖包就是柳枝围成的圆形独座敖包。乌兰陶勒盖巴音高勒嘎查和图克陶报嘎查的交界处的德勒格尔呼日呼敖包是用沙柳围成的圆形，圆形的

---

① "擦擦" 是一种脱模泥塑。泥塑为藏传佛教中的各种佛像。擦擦开始为装在佛塔内的圣物，也是民间供奉的祭物，民间制作擦擦是一种祈愿还愿的方式。

② 乌丙安：《论当代民俗文化的剧变》，《民俗研究》1996 年第 2 期。

中央长着一棵大柳树。图克镇西的一束束沙柳围垒成的阿巴海呼热呼敖包也属于此类。此类敖包以树枝为主体。此外，乌审旗存在的沙蒿敖包、草皮敖包、芨芨草敖包也属此类。

（3）外层镶砖的各种形态的敖包。位于朝代嘎查北部约500米处的朝代敖包是用砖砌成的，为梯形结构，呈五层，由红白釉瓷砖镶嵌而成，上面插满沙柳。乌审昭镇乌审昭庙内的敖包为砖砌而成，正方砖庙座上由圆形墩内插入的沙柳和小彩旗组成。在嘎鲁图镇呼和淖尔和呼和陶勒盖嘎查的交界处有特木尔敖包，上面插苏鲁德。乌审旗有一种在敖包体上装佛像、然后外面镶上玻璃的敖包。

图7.2.1　修葺一新的蒙古包　邢莉摄

（4）水泥包装的敖包。位于塔来乌素新庙梁的"宝日陶勒盖十三敖包"被民众称为"将军敖包"。其为六层梯形，最高层面插入沙柳。其每面排列有12个小敖包，小敖包是由水泥砌成的，呈圆筒形。萨茹拉努图克嘎查宝音宝拉格牧业社的"萨茹拉努图克浩勒报吉敖包"上层与下层均为圆顶形，上面插有苏鲁德，敖包前有禄马风旗①。

（5）敖包外面粘上瓷砖，敖包内有一小佛龛，龛内有一尊佛像，为佛祖宗喀巴的像。并供奉一个小型的灯盏，外面镶嵌上玻璃。

（6）敖包与敖包庙的联合组成。梅林庙嘎查萨囊彻辰纪念馆西北沙丘上的德力格尔敖包是沙柳围成的，敖包前还有一琉璃瓦的亭式建筑，称为敖包庙。这是最近建成的敖包。

现在乌审旗的敖包具有多样的形制，其外形及用料均与传统的敖包有大的差异，对此民众有不同的说法：

> 现在生活好了，敖包也应该讲究一点，日子好了呀，敖包就修得漂亮一些。过去日子难过，现在钱多了，我们的钱愿意用在敖包的修复上。②

> 敖包修得结实一点，有气派，就像一个人一样，得有些气派。敖包是我们祖先传下来的，没有气派怎么行?!③

在访谈中，大部分牧民都认为敖包的修复形式可以改变，但是也有不同的看法："老人们说，敖包是有神灵的，与人类一样需要空气的流通。而封闭起来就违背了敖包为神灵的原意，应该保持原来的样子。"④

对于敖包形制的变迁，草原人各执一词。无需争论的是：在改革开放的新时期，牧人在重新建构敖包，敖包文化在新时期的复兴是"传统"的复兴。"'传统'包括被发明的传统，其目标和特征在于不变性。与这些传统相

---

① 其间 6 厘米的方形薄纸上印着图案和经文，中间是一匹驮摩尼宝珠的骏马，上方印日月，四角印龙、鹏、虎、狮，经文印"八字真言"，牧人称之为"龙达"，就是风马旗或者称为"禄马风旗"。

② 被访谈人：JRGL，男，50 余岁，蒙古族，内蒙古乌审旗牧民；访谈人：邢莉，访谈时间：2006 年 6 月，在乌审旗。

③ 被访谈人：SQBTER，男，蒙古族，内蒙古乌审旗牧民；访谈人：邢莉，访谈时间：2006 年 6 月，在乌审旗。

④ 被访谈人：XDXG，男，50 余岁，蒙古族，锡林郭勒盟正蓝旗牧民；访谈人：邢莉，访谈时间：2007 年 8 月，在锡林郭勒盟正蓝旗。

关的过去，无论是真实的，还是被发明的，都会带来某些固定的（通常是形式化的）活动，譬如重复性的行为。"① 敖包是民间信仰的表征，在新时期的环境下，其祭祀仪式必然发生变迁。

（三）敖包祭祀仪式的传承与变迁

敖包祭祀的神圣性与生态保护观念。人类学家和民俗学家重视对仪式的研究，是因为敖包祭祀仪式不是个人的行为，而是一种群体的行为、社会的行为。杜尔干理论中个人和社会关系研究的核心概念是"集体意识或观念"。他说："构成社会现象的是集体性的信仰、倾向和守则。"② 敖包祭祀是从事牧业的蒙古族生活的重要组成部分。牧人用神的名义保护生态，通过与神的对话获得生存的信念。虽然有国家的大传统，经过了 1949 年新中国成立后的风雨，但是生存在干旱和半干旱草原的蒙古牧人体验到的更多的是一种更有效又更易于操弄的乡规民约和神约。经过历史的变迁，敖包祭祀在当代仍是一种活态的存在。

民俗信仰与仪式活动组成一个统一的体系。从民间叙事的角度来看，仪式是重要的叙事方式。地方志讲述了民国时期的敖包祭祀仪式："祭鄂博（敖包）之事，常行于春秋两季之中，王公、喇嘛、平民，届期咸往祭焉。举行之场所，多在沙石高丘之巅，构架树枝，搭成鄂博之形，高约丈余，中立高杆，上悬各种蒙藏经旗。祭毕，则作吃酒、角力之游戏。"③

2006 年农历 5 月 13 日，作者在乌审旗参加了嘎鲁图镇"呼和淖尔"和"呼和陶勒盖"嘎查交界处的特木尔敖包的祭祀仪式。这座敖包位于两个嘎查交界地方的山包上，海拔 1400 米。经过布置的敖包上面满插新的柳枝，柳枝上又插着红、黄、蓝、白、绿五色旗帜，旗帜上面印有风马和喇嘛教的经文。这是藏传佛教的标志。敖包的正前方有一个煨桑台，已经点燃了当地用来熏烟的一种蒿草。在煨桑台与敖包之间摆放着一个蒙古族常用的低矮的桌

---

① ［英］E. 霍布斯鲍姆、T. 兰格：《传统的发明》，顾航、庞冠群译，译林出版社 2004 年版，第 2 页。

② ［法］杜尔干：《社会学方法的原则》，胡伟译，华夏出版社 1999 年版，第 8 页。

③ 《内蒙古记要》（民国五年铅印本），转引自丁世良等主编《中国地方志民俗资料汇编》（华北卷），书目文献出版社 1989 年版，第 728 页。

子，大的木制的托盘里盛着羊背子、酒、奶制品以及酥油灯台。敖包的西面，五位喇嘛席草地而坐，有的持法器，有的持经文。法器主要有白色海螺、喇嘛鼓两面、镲一面。在敖包前摆着祭品，祭品主要是羊背子、酒、砖茶及奶制品。

> 敖包祭祀的供品看起来一样，有的也不一样。我们这儿用的是羊背子，一般用羊头或者羊背子，不用整羊。摆整个儿的羊是大的祭祀。①

> 一般的敖包是用白食祭祀，白食就是奶制品。在蒙古族传统祭祀中，羊或者牛是最好的"德吉"②。

作者参加了海拉尔建制改革即海拉尔"撤盟改市"举行的庆典仪式，当时举行了隆重的敖包祭祀，祭祀用的供品是牛头——以木盘子盛着的一个煮熟的大牛头，按照牧民的说法："因为这是大事，大的祭祀。"

敖包祭祀是牧人构建的区别于日常生活空间的神圣场所。按照语言学上的训诂，"神圣、世俗"至少具有以下的指示范畴：

（A）以神祇为核心的专属性——性质指喻；

（B）以仪式为表现形态的归属性——形式指喻；

（C）以场域为范围距离的空间性——空间指喻；

（D）以行为为规定范畴的连带性——行为指喻。③

敖包祭祀仪式包括：1. 吹白色海螺及喇嘛念经：敖包祭祀开始，一位穿深紫色衣服的喇嘛手持白色的海螺，向西方吹响，这时祭祀敖包的人肃立，在寂静的草原，海螺声传向远方。白色，是蒙古族崇拜的颜色之一，它代表对神的尊敬。吹海螺是与敖包神沟通的重要方式。藏传佛教传入后，喇嘛在敖包祭祀中起重要作用。这时，喇嘛鼓和喇嘛用的锣开始响起，喇嘛们诵读经文。喇嘛通常念《阿润桑》、《纳木达格桑》、《山水之桑》、《阿拉腾格日

---

① 被访谈人：SH，男，约50多岁，蒙古族，乌审旗牧民；访谈人：邢莉，访谈时间：2006年6月，于乌审旗。

② 德吉：蒙古语指的是最吉祥的食品。

③ 彭兆荣：《人类学历史的知识谱系》，《民俗研究》2003年第2期。

勒》等，还有诵读专门祭祀敖包的文献：《敖包传记》、《敖包桑》、《敖包祭辞》、《敖包颂赞》、《伊金苏力德桑》。

2. 民众的肢体语言之一——煨桑：敖包祭祀有煨桑的习俗，即用柏树枝熏祭。藏传佛教称为"煨桑"，当燃烧的柏树叶烟雾缭绕的时候，宣告与神相通。

3. 民众的肢体语言之二——祭祀的行为动作：在喇嘛的念经声中，人们开始鱼贯祭祀。祭祀人的手里各持奶制品、酒、砖茶和哈达。传统祭祀每个人都要添加石头或者树枝，有的先添加石头后献哈达。牧人恭敬地把蓝色或者白色的哈达结扎在敖包的树枝上。人们总是高高举起手臂，努力把自己献的哈达系在敖包的最高处以表示自己的虔诚。有的牧人把整瓶酒或者鲜奶洒在敖包上。

4. 民众的肢体语言之三——抛撒龙达即禄马风旗。在敖包祭祀时抛撒龙达是藏传佛教密宗的习俗，撒"龙达"是原始苯教祭祀各种神灵的重要形式。"龙"指天地间大气中的元气和无形的神灵，"达"表示信徒在元气的支持和神灵的护佑下，得以立于不败之地。

5. 民众的肢体语言之四——转敖包。按照古老的祭祀传统，要围绕着敖包顺时针转三圈，祈求敖包给他们带来好运。

6. 民众的肢体语言之五——叩拜敖包。祭祀的民众中，部分保持着叩拜敖包的习俗。据作者多次调查敖包祭祀仪式发现，叩拜敖包有多种肢体语言：（1）双手合十，低首；（2）鞠躬俯首不跪拜；（3）跪拜，叩头三次；（4）双手合十，跪拜，然后全身五体投地，如是三次。叩拜的祭祀过程中，有单独自己表达；有夫妻同时表达；也有父子或者母子同时表达；也有一个家庭同时表达。由于民众的职业、身份、年龄等不同，所操的肢体语言也不同。这是民众自身的选择。总之每个个体都把自己的愿望融入了集体意识之中。

7. 民间的口承文化——敖包的祭词。由民间文化的权威宣读敖包祭词。祭祀敖包的有周边民众100余人。有的牧人穿着鲜艳的传统的蒙古袍和蒙古靴，有的穿的是现代的夹克等服装，并不统一，但众人伫立，侧耳静听。

8. 喇嘛的诵经一直伴随着敖包祭祀的整个过程。最后，人们分食祭祀敖包的食品，主要是分食羊背子。这时人们纷纷用蒙古刀切割羊背子，争食羊肉。牧人说："经过祭祀的肉必须吃，吃了才有福气。"所以分食时不是互相谦让，而是竞相争食。

图 7.2.2　诵读祭祀经文的喇嘛　邢莉摄

　　民众的丰富肢体语言，喇嘛的音乐、诵经及祭祀敖包的颂赞词，组成了隆重而素朴的敖包祭祀仪式。在仪式上，民众的行为表达即肢体语言表述出："社会的身体构成感受物理的身体的方式。身体的物理经验总是受到某一社会范畴的修订，而且正是通过这些社会范畴，身体才得以被确知。因此对身体的物理经验就含有某种与社会相关的特定观念。在两种身体的经验之间，存在着意义的不同交换，而且不同的身体经验之间彼此强化。"① 民俗学家提示我们，要求我们去阅读和倾听身体，理解肢体语言的文化内涵。群体传播具有公共的性质，这里除了时间的公共性、空间的公共性之外，由于仪式被文化空间、氛围、规矩所规定，也就附加上了情境符号的特殊意义。

　　从作者参与的观察与访谈看，敖包的物化形式与敖包的祭祀文化在 21 世纪中延续，既具有历史性，又具有鲜活性；既具有累积性，又具有现实性；既是传统的，又是现代的。敖包祭祀的每一个程序，参与敖包祭祀的每一个

---

　　① 转引自何林军《身体的叙事逻辑》，《文艺理论》2007 年第 6 期。

牧民，都通过既相似但是又不同的肢体语言表现着其民族意识和民族认同，这"是指一个民族的成员相互之间包含着情感和态度的一种特殊认知，是将他人与自我认知为同一民族的成员的认识"①。但是另一方面，古老的历史中悠远的传统正在悄然发生变化。"发明传统本质上是一种形式化和仪式化的过程，其特点是与过去相关联，即使只是通过不断重复。"②

其一，敖包祭祀时间的变迁与调适。根据作者在乌审旗考察的敖包祭祀的仪式，发现其具有公共性。一个文化群体所创造的特定文化的象征符号是其传统文化的重要组成部分，传统的公共性往往通过仪式表现出来。敖包祭祀除了上述的公共祭祀之外，还包括个人祭祀或者家庭祭祀。牧人说："过去在分草场之前，路过敖包的时候人们都要下马祭祀，这是个人祭祀。特殊事件祭祀就是遇到不吉利的事情请求敖包解决。有一个牧户家里死了一只公羊，认为这不是好兆头，就杀羊祭祀敖包。有人认为这是迷信，但是不祭祀心里就空落落的……"③ 现在，平时路过时祭祀的少了，有家庭敖包的遇到特殊情况单独祭祀的少了，公共祭祀时人多。

其二，敖包祭祀文化功能的变迁与调试。斯皮罗指出，文化是公共的，文化的命题被编成集体的而非个人的记号（标志和偶像），因此这些命题存在于社会群体的集体表征中。④ 这些文化命题被社会行动者学到以后，就成为个人诉求的文化空间："所谓敖包者，即垒碎石，或杂柴、牛马骨为堆，位于山岭和大道。蒙人即以为神祇所凭，敬之甚虔。故遇有疾病、求福等事，辄唯敖包是求……"⑤ 过去祭祀敖包的主要功能是求雨，至于现代，由于干旱的加剧，求雨的需求仍旧存在。

祭祀敖包就是为了求雨，我们这儿干旱，有个牧人修了一个家族敖包。他就带领全家祭祀，果然下雨了。老人们说草原干旱，祭祀敖包就

① 王建民：《民族认同浅议》，《中央民族大学学报》1991 年第 2 期。
② ［英］E. 霍布斯鲍姆、T. 兰格：《传统的发明》，顾航、庞冠群译，译林出版社 2004 年版，第 4 页。
③ 被访谈人：GERD，男，50 岁左右，蒙古族，乌审旗干部；访谈人：邢莉，访谈时间：2007 年 8 月，在乌审旗。
④ 参见孟慧英《西方民俗学史》，中国社会科学出版社 2006 年版，第 317 页。
⑤ 《中国地方志民俗资料汇编》（华北卷），书目文献出版社 1989 年版，第 737 页。

是为了向敖包求雨。①

　　现在也有求雨的，信不信？老人还是信。我们这儿，这几年旱得厉害，一祭敖包就下雨……也许是到了下雨的季节。就是觉得这个风水宝地挺好的，我去了以后磕磕头、念念经，以后这一家人都平平安安的，这一年肯定会顺顺利利的。②

　　此外，敖包具有牧人聚会的功能，这同时也是一种公共的文化诉求。牧人称为"敖包乃日"，即通过敖包的祭祀仪式这一特殊的文化象征符号达到蒙古族群的认同。但是随着城镇的大量出现，农业区的稳固形成和发展，牧民的定居，敖包的聚集功能和维系功能可能有所转变。人们日常交往频繁，可以通过各种通信工具进行沟通和交流，无需借助敖包祭祀来交流和沟通了。

　　其三，敖包祭祀与"那达慕"剥离。传统的敖包祭祀后会举行"那达慕"即"男儿三艺"——骑马、摔跤、射箭。目前仅锡林郭勒盟西乌珠穆沁旗就有90余座敖包，其中78座敖包祭祀都有那达慕。当地牧民认为，蒙古族的摔跤、赛马、射箭是从祭祀敖包代表的山水之神而来的，过去只有在敖包祭祀时才有耐亦日（即那达慕）。敖包祭祀就是在崇敬自然、祭拜养育自己的土地上进行的。祭祀敖包后举行耐亦日（那达慕），目的在于取悦于天、地、山水之神。蒙古族进行"搏克"（蒙古族称摔跤为"搏克"）比赛，入场和退场时模仿飞禽走兽的动作。搏克的肢体语言表明了人与自然的关系，这些动物还被视为传说中的祖先，或具有保护山水的神力，被认为具有社会和文化方面的意义。"搏克身体表达象征着一种力量，特别是具有一种超人的力量——搏克对于社区，对于一个地域而言，具有神力，是力量和丰饶的象征。"③ 现在有的地域在祭祀敖包的时候已经与"那达慕"相剥离，没有"男

---

　　① 被访谈人：AODGRL，女，62岁，蒙古族，锡林郭勒盟额仁潮尔苏木牧民；访谈人：邢莉，访谈时间：2008年7月，在锡林郭勒盟额仁潮尔苏木。

　　② 被访谈人：BTER，男，蒙古族，乌审旗牧民；访谈人：邢莉，访谈时间：2006年6月，在乌审旗。

　　③ Rikido Tomikawa. Mongolian Wrestling（Bukh）and Ethnicity. [J] *International Journal of Sport and Health Science*, 2006, (4).

儿三艺"的举行。

其四，祭祀敖包仪式中特殊的象征符号的变迁。祭祀敖包仪式中特殊的象征符号是仪式结构的基本元素，仪式是"一个符号的聚合体"。敖包的祭祀仪式——以仪式为表现形态的归属性形式指喻在历史的进程中不断变迁。牧人谈到：

> 现在的祭祀时间没有以前长了。以前的敖包祭祀从三天前开始集会。喇嘛们乘车马来到祭祀敖包的地方，老百姓听喇嘛念经。第三天早晨，太阳出来前到敖包前把祭品等摆上，祭祀活动就依次开始进行了。主要是念经期间供上奶食品等祭品，然后膜拜祈求吉祥如意，最后放飞天马（即风马旗，亦称禄马风旗），助长运气。①

在祭敖包时念的经是从西藏传过来的，主要内容是《甘珠尔》卷，共 12 卷，这些经卷在三天的念经会上念完。一般分上午、中午、下午三个时间段念经，每个时间段的念诵都会有个名称。第三天早上，上敖包后念"敖包桑"，称作"那不得嘎桑"，是专门在敖包上念的。牧人说：

> 用酒祭祀敖包的时候，传统的祭祀是用拇指和中指弹撒的方法，这也是因为敖包是有神灵的，表示心诚则灵，滴滴酒表示我们的心意。现在把整瓶的酒都撒在敖包上，咕嘟咕嘟地一下子倒完了，似乎奶子撒的越多，酒倒得越多越虔诚，原来不是这样……
>
> 在传统的敖包祭祀中，绝对不允许将祭品随便乱扔，包括吃剩的骨头等都不能随便乱扔，必须将其焚烧。我认为这里面有两层意思：一为敖包是神灵，给神灵的东西必须让神灵完全享用，让敖包诸神圆满享受人们的虔诚之心；还有就是所祭的物品特别是祭品中的动物也是有灵魂的，将其焚烧，是让其灵魂升空。现在很少这样做了。②

① 被访谈人：SQ，男，蒙古族，乌审旗牧民；访谈人：邢莉，访谈时间：2006 年 6 月，在乌审旗。
② 被访谈人：AL，男，50 余岁，蒙古族，公务员；访谈人：邢莉，访谈时间：2005 年 7 月，于呼伦贝尔鄂温克旗。

祭祀敖包的时候，人们都要怀揣一些石头添置在敖包上。这些石块从远处带来，地方越远，就越表明祭祀者虔诚的祈愿。但是现在祭祀敖包的时候，人们往往从就近处取一块石头，很少从远处取石头。（还）在旅游点敖包旁边置放一些石头，供游客使用。

现在，不知人们是怎么想的，不上敖包，从远处祭祀。有些人直接从家门口祭祀……是不符合规矩（传统）的。祭祀敖包必须到敖包前，把祭品奉上。敖包是建在山顶上的，必须上山祭祀才能称得上是祭祀敖包。[①]

其五，祭祀服饰的变迁。民族认同是民族心理层面的重要内容，但是这种心理需通过行为表达出来。按照传统祭祀方式，每个人必须穿蒙古袍，把各种饰品都戴上，打扮得非常隆重，用人类学的观点是由"日常"生活过渡到"非常"生活。蒙古族在游牧生活中的服饰是一种区别于他族群的文化象征符号，是蒙古族自我认同和他民族识别"他者"的表征。这不仅说明个人融入集体、融入传统中，而且同样表明与其他民族的文化的区别。但是现在有人在祭祀敖包时不穿蒙古袍，而穿着流行服装，祭祀传统的一部分已经被遗弃。

其六，敖包传说的传承与变迁。随着敖包的建立和庄重的祭祀仪式，敖包文化还遗存了丰富的传说。敖包祭祀的叙事意义和语言意义具有互文的性质，敖包神祇的核心信仰为天神、地神、山水之神。后来虽然经过演变，但是其特定的祭祀时间、特定的文化空间与形成的特定的仪式与敖包的口承传说粘连在一起，在我们的调研中，每个敖包都伴随着传说，二者构成了互诠互构的关系。敖包祭祀文化是在牧业的生态环境和文化环境中组成的一组象征符号。在这里，想象的世界和生活的世界融合为一个世界，表明了人们的祈愿。敖包构建和传承的传说是蒙古族口承非物质文化遗产的重要组成部分。但是随着时代的变迁，民间信仰的淡化，这笔丰富的遗产在我们还没有来得及整理和搜集的时候就逐渐消失了。

其七，敖包生态环境的变迁。敖包是游牧文化的象征，绿色的草原是敖

---

① 被访谈人：AL，男，50 余岁，蒙古族，公务员；访谈人：邢莉，访谈时间：2005 年 7 月，于呼伦贝尔鄂温克旗。

包文化生存的语境，敖包的构建和传承同时又是蒙古族生态观的折射。但是现状却令人堪忧。"呼同敖包"位于乌审昭镇淖尔东北呼同梁高地，1900 年建立，经过"文化大革命"的沧桑，1988 年 5 月 13 日起恢复。恢复的祭祀仪式非常隆重，敬献桑、羊背子、哈达，并举行了"马驹节"。本来敖包周围是不许挖土的，但是近 20 余年，敖包周围的 20 多亩地被挖得千疮百孔，未动土的地方只有 5 亩，牧人说"真是惨不忍睹"。过去草场面积大，现在草场缩小了，政府为了保护草原修了网围栏。敖包周围的环境正在改变，其对敖包文化的整体性、完整性不能不发生影响。

我们研究的是：在现代化的语境中，"他者"为什么还通过敖包祭祀进行自我表述呢？其一，敖包祭祀的延续与断裂，是牧业文化与牧业传统在现代的传承与断裂，从内蒙古不同地域敖包祭祀传统的传承与断裂中，可以折射出游牧文化的变迁。其二，敖包祭祀作为草原牧业文化的象征和载体，不仅成为一个族群象征文化的符号，而且成为原民族的情感依托。虽然游牧的生产方式和生活方式已经发生了巨大的变迁，但是依然表现着草原民族对敖包的情感依托，表现着传统草原人对生存智慧和生存策略的集体记忆。其三，在游牧社会，敖包祭祀是一个族群"标志性"的文化象征符号，但是由于诸方面的变迁，敖包祭祀在农业区域已经淡化甚至消失，在牧业区域，它的族群文化边界也已经模糊，得到不同族群的认同。而就内蒙古区域文化名片的角度说，它是这个地域传统的重要文化象征符号之一。

三　当代敖包祭祀的民间组织与传统的建构

——以 2008 年 7 月东乌珠穆沁旗白音敖包祭祀为个案

敖包祭祀经过了"扫除迷信"的断裂后，正在进行复苏。以往对敖包文化的研究，往往从敖包的起源、敖包的功能等方面考虑。进入到敖包文化重新建构的新时期，我们意从制度文化的角度研究敖包祭祀。对于新时期以来敖包祭祀的复兴，一方面是民众恢复传统的文化需求，一方面是政府对于文化传统的重视，所以在敖包祭祀中，出现了官方组织与民间组织并行不悖的两种形式。由于社会文化的变迁，官方组织的敖包祭祀例如市、旗、镇、苏木组织的较多，规模较大；而民间组织的较少，规模较小，这是敖包祭祀文化变迁之一。民俗学研究的是民间社会，这是人们在社会交往中自然演化而成的，它指的是社会风俗、伦理道德、价值观念、意识形态等方面的约束力和民间制定的规则。为了寻找敖包祭祀文化的"原生态"，2008 年 7 月作者对东乌珠穆沁旗白音敖包祭祀进行了考察，① 这个敖包祭祀规模宏大，完整有序，把敖包祭祀与那达慕有机地结合在一起，而且其组织者完全是民间的操作。本节以东乌珠穆沁旗白音敖包祭祀为个案，研究敖包祭祀的民间组织，研究民间文化权威的文化表述及其在敖包组织中的核心作用，研究在民间组织的话语下敖包祭祀活动中文化个体的表述空间及民间组织对其的认可，从而完成民间组织对敖包祭祀作用的综合阐释。

（一）白音敖包祭祀与民间组织的建构

敖包祭祀文化源于蒙古族萨满教的信仰，是蒙古族的民间传统。在"文化大革命"后，传统不再是一成不变的模式，而是一种活形态的存在。东乌珠穆沁旗白音敖包祭祀文化的复兴有相当浓厚的群众基础。当地建立的敖包祭祀的民间组织，得到了政府有关部门的同意和民众的认可，特别是民间文化权威的积极提倡。最后协议东乌珠穆沁旗有 15 个苏木②，每个苏木派一个牧民参加敖包祭祀的组织工作，称为"敖包达日嘎"。在这 15 个人中，再选举一个总负责人。从此每年都由各苏木产生的 15 位敖包组织者共同组织本年度的白音敖包祭祀。乡规民约制定了组织者的条件，要求如下：（1）对敖包祭祀热心并自愿担当组织人；（2）具有一定的经济实力及接待能力，所谓接待能力是指家庭成员较多，以便应对祭祀活动中各类繁杂事务；（3）在可能的条件下，最好由年龄 50 岁左右、德高望重者承担。除了以提出申请的先后对候选人进行排序选取，申请者的"急迫"程度也是考虑的重要内容。所谓申请者的"急迫"是指有些人经喇嘛算命被建议"承担敖包的祭祀"，这样可以有助于重振其"黑毛力"（气马、风马），提升其"气运"。为了提升自

---

① 资料来源：邢莉、张曙光、王志清 2008 年 7 月在东乌珠穆沁旗考察。

② 这 15 个苏木是 2006 年行政建制变革之前的，现在的隶属都有了新变化。过去 15 个苏木是敦达高毕苏木、阿拉坦合力苏木、宝拉格苏木、翁图苏木、呼布钦高毕苏木、额仁高毕苏木、额吉淖尔苏木、巴彦霍布尔苏木、翁根苏木、萨麦苏木、呼热图淖尔苏木、额和宝拉格苏木、道特淖尔苏木、乌拉盖苏木、满都胡宝拉格苏木；现在东乌珠穆沁旗辖 5 个镇、2 个苏木：乌里雅斯太镇、道特淖尔镇、额吉淖尔镇、满都胡宝拉格镇、嘎达布其镇、萨麦苏木、呼热图淖尔苏木。

己的气运，牧民把成为敖包祭祀的组织者视为荣耀的事情，要求迫切的牧人，可以优先参与组织敖包祭祀。

敖包祭祀的总负责人是由民众评议产生的，除符合上述条件外，还有更高的要求：（1）具有良好的声誉，众望所归；（2）具有祭祀敖包的相关知识体系，具有相应的组织能力和协调能力；（3）与官方及外界有很好的关系网络，以便在民众的祭祀活动中协调和处理各方面的关系；（4）经济状况较好，自愿承担敖包祭祀的部分开支，愿为敖包祭祀作出奉献。我们访谈了这次担任敖包祭祀的敖包长，名字叫 BLK。当地 20 世纪 90 年代才开始定居，以前居住的都是蒙古包。BLK 1983 年分到草场，当时家里 6 口人，每人 2208 亩。BLK 现在家里有羊 1000 多只，牛六七十头，马 30 匹，与周边牧民比较，是先富起来的家庭。他住的是宽大的红色砖瓦房，房子内有走廊，大玻璃窗，厅很宽敞，还有三间卧室、厨房、仓库等，他与儿子分开居住，儿子另有房屋。屋内电器设备齐全，有电视机、冰箱，家具也很现代，家中一年收入可达 20 万。BLK 是该地区勤劳致富的代表人物，受到政府的多次表彰，在当地群众中也颇有威望。

敖包祭祀的民间组织者一个人一辈子只能担任一次，所以有条件的牧民争先承担，而当年敖包祭祀完毕，下届的敖包祭祀的组织委员会即产生。人是文化的人，一个人就是一个文化体，敖包祭祀的组委会是由不同的个体小文化体组成的大文化体，这些由民间权威组成的文化体具有一定的代表性，在相当的程度上掌握 2008 年白音敖包祭祀的话语权。

通过调查，我们认为推动敖包祭祀传统恢复的是民间组织。本土文化的重构不是"自然"的传承，而是"非自然的"、"人为的"传承，在其传承过程中，敖包组织者起到至关重要的作用。敖包祭祀组织委员会主管所有与敖包祭祀有关的事宜，其中主要包括：

其一，向东乌珠穆沁旗相关部门报告、协调，取得支持。敖包祭祀是民间的"小传统"，它与国家的"大传统"不能不发生联系。在现代化的语境下，国家的上层建筑机构已经不可能像"文化大革命"时期那样统一全民上下的言行，而且现在的民族—国家尊重民间"小传统"的复兴，民间传统的公开性和公共性都得到了很大的提高。敖包祭祀是蒙古族重要的文化记忆。在敖包祭祀中，白音敖包祭祀虽然是民间组织的，但是得到政府的同意，有的政府人员以私人身份参加了祭祀。

其二,组织委员会邀请喇嘛参加敖包祭祀。敖包祭祀起源于萨满教,蒙古族信仰喇嘛教后,一方面喇嘛教接受了敖包祭祀这一本土文化,另一方面民众也接受了喇嘛教对敖包祭祀的认同。自清代、民国以至新中国成立后,喇嘛都是敖包祭祀的主持者和参与者,这构成了"传统"。过去白音敖包的祭祀由活佛主持。[①] "文化大革命"后自 1984 年始,原属库仑庙的白音敖包的祭祀由民间组织管理和主持,组委会邀请库仑庙的喇嘛参加敖包祭祀的全过程。(1)在敖包修葺前,喇嘛要念经文;(2)在准备祭祀仪式用的"圣餐"前,举行"开锅"仪式,喇嘛念诵经文;(3)在敖包祭祀前三日,喇嘛念诵三日的经文,赞颂、祈福、取悦山水众神,以期待白音敖包主神灵的降临;[②] (4)在祭祀额吉敖包时有 4 名喇嘛在此敖包群西北的位置念诵"额吉敖包桑"(经文)、"纳布达格桑"(敖包总经)。在白音敖包祭祀时,喇嘛们各持法器,包括一镲、一锣、一海螺,伴随着法器的声响念诵经文,"白音敖包桑"(白音敖包经)、"图门德姆布日勒桑"("万福万吉"经)等。在整个敖包祭祀的过程中,组织者都要负责对喇嘛的礼遇,协调与喇嘛的联系,支持喇嘛在祭祀敖包中的行为,并对其生活进行关照和安排。

民俗传统是民间集体的记忆。在敖包祭祀复苏重新构建的过程中,人们可能会存在新的选择。民间之所以不选择喇嘛作为敖包祭祀的组织者和主持者,与喇嘛教的变迁存在着密切的关系。清代在内蒙古区域兴盛的喇嘛教信仰经过了一个淡化的过程,特别是在 1947 年后,经过各种政治运动和无神论的教育,喇嘛教与民众的生活关系渐渐淡化。"文化产物中,并非自然'实像'的出现,是人发自抽象反应所造成……即令是社会制度、生活方式,超越原始生态的动力,也是出自人的抽象反应。"[③] 因此,在当代东乌珠穆沁白

---

① 民间说,我们这儿的农历五月是敖包月,敖包月就要下雨了。过去库仑庙没有被拆的时候,活佛带队去白音敖包祭祀。每次祭祀的时候,都会下雾,人们认为敖包神是驾雾而来的。雾是洁净的标志,可以祛除不洁和污染。老百姓都很高兴,他们说:"敖包神灵(Luos)降临了。"(被访谈人:PSK,男,78 岁,库仑庙喇嘛;访谈人:邢莉、张曙光,访谈时间:2008 年 8 月。)

② 张曙光:《自愿、自治与平衡——关于白音敖包祭祀组织的考察》,《内蒙古民族大学学报》2008 年第 2 期。

③ 钟宗宪:《民俗节日氛围营造与文化空间存续》,中国民俗学会编《传统节日与文化空间》,学苑出版社 2007 年版,第 54 页。

音敖包的祭祀中，民间组织全面掌握敖包祭祀的话语权，喇嘛的身份是祭祀仪式的"顾问"和"参谋"，对于祭祀仪式的规范可以提出建议和意见，但不具备敖包祭祀的具体组织的权力。

图 7.3.1　巍然矗立的白音敖包　邢莉摄

其三，敖包的对外联系依赖于内部关系和谐。敖包祭祀组委会总负责人要召开多次会议，布置敖包。同时进行祭品的准备，祭祀程式的制定，敖包那达慕的报名，比赛场地的选定，那达慕比赛的裁判员的邀请，安全保卫等一系列程序；还要负责敖包祭祀中所有的人事安排及对下届组织的移交工作。敖包祭祀的主要负责人只有一人，主要负责人要领导一个会计、一个财务、五个负责后勤保障的人员。2008 年负责敖包祭祀的主要负责人是牧民 BLK，另外两位助理负责人为 TML、HBSGLT，他们三个人的身份都是牧民。

（二）敖包祭祀组织的话语权

敖包是蒙古族信仰文化的象征符号，祭祀的组织委员会在敖包祭祀前就开始了组织活动。首先讨论敖包的修缮问题。敖包组织委员会的 15 个成员对要不要修缮持有不同意见。如前所说，敖包祭祀的构建过程，是"人为"

的。人与人对传统的理解会产生差异，感性与理性的冲突使文化始终存在着变化。祭祀的组织委员会最后达成了修缮的协议，当然敖包祭祀的总负责人是坚持要修缮的。修缮的理由是：

其一，敖包祭祀是蒙古族的民间传统，经过了"文化大革命"的挫折后，大修敖包表示对传统的恢复，对民间文化的尊重。

其二，修缮敖包的费用来源问题。有人认为要与旗政府协商，也有人认为是东乌珠穆沁旗牧民的事情，不能向旗政府要钱，牧人的事情牧人自己办。敖包组委会估计整个修缮需要 8—9 万元，敖包组织在祭祀前募集到 3 千元，祭祀期间募集到 7 千元，共 1 万元，敖包的组织者共同提供 1.5 万元，其余基本都由敖包总负责人支出。对于敖包的修缮，当地成立了白音敖包修缮领导委员会，主任由敖包祭祀的主要负责人 BLK 担任，成员包括满都宝力格的巴图敖其尔，额吉诺尔的浩毕斯嘎拉图，阿拉坦合力的特穆勒，萨麦白音敖包的拉姆等五人组成。

敖包祭祀组委会主持了对敖包的初步修缮。修缮后的敖包与过去的敖包有区别。过去白音敖包为 1 个，现在有一个主敖包，在主敖包的两侧，又各排列 6 个小敖包。为了进行 2008 年农历 6 月 3 日的敖包祭祀，牧人除了把敖包装饰一新之外，还沿着主敖包的延长线，布置了 90 个小敖包。

访谈中，我们得知："修缮时，都依照一定的规制进行的。敖包用多少块石头，多少个台阶都有讲究的。我们用了乌珠穆沁人熟悉的数字，用 64、1024、2048、108 等。主要依据的是男儿三艺，尤其是搏克（摔跤）比赛的人数。（我们）认为这些数字本身就是吉祥和有力的，用代表力量的勇士的有力的数字修缮敖包，可带来更好的福祉。"①

游牧蒙古族的传统观念是不破坏土地，他们世世代代保留了完好的草场，尤其视敖包为圣地，敖包上的土石更不能轻易搬弄，敖包祭祀的组委会专门到庙里请教了喇嘛。喇嘛给了一包土，吩咐让撒在敖包山上，并说口中要念诵吉祥的话，这样才可以进行修葺。修葺后的敖包能否被民众认可呢？民俗研究不仅要研究事项和群体本身，而且要深入民俗事项和群体存在的时间和

---

① 被访谈人：BLK，男，57 岁，蒙古族，东乌珠穆沁旗乌里亚斯太镇额尔德尼阿古拉嘎查牧民，敖包组织的总负责人；访谈人：邢莉、张曙光、王志清，访谈时间：2008 年 8 月，在东乌珠穆沁旗乌里亚斯太镇。

空间，我们参与了一个白音敖包祭祀的知觉和体验的过程。

锡林郭勒盟东乌珠穆沁旗是以牧业为主的旗县。草原的地形并不是一马平川，也有别于丘陵起伏，绿色的草原宛如一个完整的人体，在直线中见曲线，在曲线中见和谐。萨麦苏木白音敖包嘎查境内的白音敖包就位于其北部的山峦上，敖包居于最高的位置，山峦隆起，像牧人挺起的胸膛，其西面是美丽的柴达木湖，湖的面积不大，但是我们看到参加祭祀的妇女在祭祀前用湖水洗脸。在距离白音敖包西南方2.3公里的地方有一个女性敖包，当地人叫"额吉敖包"（即母亲敖包）。据牧人说，修敖包是讲风水的，这里风水好，就修在这里。敖包所处的位置较高，下面为有缓坡的绿色草场。

田野笔记：

> 在农历六月三日凌晨3点，我们随参加祭祀的约两千名牧民沿着起伏的山峦一直向上，如前所述，牧人建构了90个敖包，牧人走两步经过一个小敖包，每经过一个小敖包即俯身拣一块小石子，堆砌在小敖包上，这样边走边添石头，一直到山顶的大敖包前。
>
> 在此我们参与了建构中的传承。经过"文化大革命"期间敖包祭祀的断裂，敖包祭祀在恢复。目前在实现现代化，牧人已经从游牧转向定居。同时由于种种原因，草场在缩小，马文化在消失，人们开着汽车而不是骑马来祭祀敖包。我看到在漆黑的夜空，各种汽车如一条蜿蜒的火龙驶向高高耸立的敖包，祭祀敖包的有年青人，中年人，还有六七十岁的老人和妇女，他们大都穿着节日才穿的艳丽的蒙古袍，我在想：是什么样的力量在支撑他们的信仰呢？在他们的心里凝聚着什么样的文化记忆呢？

在现代化的今天，蒙古族以自己的行为传承着古老的文化。在传承的过程中，人们一方面在追溯传统、寻求传统；另一方面也在适应现代的变化，与主敖包连成一线的几十个敖包的堆砌可以说是他们在当代语境下敖包祭祀的"选择"，但是并不是所有民众的"选择"，而是民众的话语的代表——民间文化权威的选择，即白音敖包祭祀组织委员会的选择。该旗的敖包祭祀组织已经成为一个敖包祭祀的文化符号。敖包祭祀组织委员会是一个当地祭祀敖包的民间群体组织，具有引导、实施、妥善完成2008年该地敖包祭祀组织的权利和义务，这是民俗中的一部分"民"，他们占敖包祭祀人数不到千分之一。而另一部分"民"——即非敖包祭祀组织委员会成员的绝大部分"民"没有决定权，只是具有敖包祭祀过程中的参加权。在这里我们看到敖包祭祀中的"民"起码分为两部分，这两部分在敖包祭祀上的话语权是不等同的，其中少部分"民"的话语权大于绝大部分"民"的话语权。近年来学者在研究创造和传承民俗文化的主体"人"的时候，越来越

图7.3.2　敖包祭祀民间组织的领导者　邢莉摄

明确地认识到，人乃是空间化的人，而空间是一个权利化的空间。西方学者认为空间是权利运作的基础，空间配置就是一种权利技术。[1] 从社会控制的角度来看，敖包祭祀组织支配着敖包祭祀的文化空间。民俗学在研究"民"的时候应注意，"民"是分层的，在传统恢复的过程中，其话语权并非是均等的，在民间信仰恢复的过程中，民间组织起到重要的作用。

（三）敖包祭祀与民间权威的表述

在联合国教科文组织的有关文件中，源于文化人类学概念的"文化空间"应该起码包含三个要素。（1）它是传统的有悠久历史的进行民俗文化活动的场所；（2）它举行民俗事项活动的时间有岁时性、周期性、循环性；（3）它

---

① 参见［美］戈温德林·莱特、保罗·雷比诺《权利的空间化》，包亚明主编《后现代性与地理学的政治》，上海教育出版社2001年版，第29—39页。

是神圣性和娱乐性的统一。

　　乌利亚斯太镇的萨麦苏木白音敖包嘎查境内的敖包祭祀空间包括：其一，白音敖包的生态情境、白音敖包的形制及牧人在特定的文化时间所举行的周期性的仪式活动。① 其二，靠近白音敖包的额吉敖包的生态情境、形制及牧人在特定的文化时间所举行的周期性的仪式活动。其三，距离白音敖包约 10 公里的敖包祭祀文化空间。这个空间又分割为三部分。第一部分文化空间是在草原上建设的约 2000 平方米的广场，这是一片开阔地，是进行"男儿三艺"——骑马、摔跤、射箭比赛的场所。第二部分是在广场的北面乌利亚斯太镇的 15 个苏木临时搭盖的 15 个蒙古包，供每个苏木的牧人在这里休息、团聚。第三部分是广场南面的商业区，有卖饮食、水果、衣服、气球玩具等的小摊贩，这个场域聚集了萨麦苏木白音敖包嘎及周边的牧民 2000 多人。广场的周围停放着各种各样的车辆，也就是说人们在这里度过"神圣"阶段的生活。这样的空间划分是由组委会决定的，从社会控制理论的角度来看，"传统是由社会各种有形的与无形的权利汇集而成，而对社会中的成员产生一种约束的影响。当这些权力的组成出现变化，传统就会随之改变"② 。呈现在我们眼前的是现代的"传统"，而不是一成不变的传统。

　　在第三部分祭祀文化空间的 15 个蒙古包一字排开，每个蒙古包是一个苏木在祭祀时的临时驻留地。在祭祀敖包前 7 天，15 位敖包祭祀的组织者带领他们全家离开各自的原住地（牧人已经由游牧转为定居，居住固定的房屋），来到白音敖包附近的山脚下，每个家庭搭盖一个蒙古包。搭建之前要请喇嘛先念诵净化此地的经文，并用奶食献祭地方神灵。这就说明，它不是普通的蒙古包，而是一个"神圣"的场所。15 个蒙古包的装饰、文饰各不相同，其

---

　　① 草原敖包的形制大同小异，但是每个敖包的起源都有其特殊传说。乌珠穆沁人认为白音敖包的神灵是"玛日沁宝姆布莱"，既是马匹的保护神，又是保佑众生远离水、火、风、狮、兵器、偷盗、口舌（争吵）等八种灾祸之佛。因而，在乌珠穆沁地区形成了将"玛日沁宝姆布莱"与马匹相连进行祭拜的习俗。在敖包祭祀后的那达慕赛马前所唱的"玛日赛曲"中的"唵嘛玛日赛，莫沁班拜，唵嘛所亥，——玛日沁宝姆布莱——"即是此神灵。歌中向"玛日赛"佛祈福赛马一路无险无阻，胜利到达终点。因此，在白音敖包上进行放生仪式的马匹非常多，认为白音敖包神灵能保佑马匹，有助于畜群的繁衍（资料来源：张曙光于 2007 年 7 月在东乌珠穆沁旗考察）。

　　② 钟宗宪：《民俗节日氛围营造与文化空间存续》，中国民俗学会编《传统节日与文化空间》，学苑出版社 2007 年版，第 50 页。

内部的布置也不相同，但是由于每一个个体都是文化体系组成的单元，其家具种类及摆设位置都尊重了传统。蒙古族有尚西的习俗，最西边的是总负责人的蒙古包。BLK 的蒙古包不仅处于最尊贵、最显要的位置，而且所占面积最大，这个蒙古包处于特殊的地位——这是这次敖包祭祀的指挥中枢。白音敖包祭祀搭建的蒙古包具有的文化含义包括以下几个方面：

其一，蒙古包是准备敖包祭品的场所。在 15 个毡房后面临时搭起了七个大炉灶，炉灶上放置着七个大铁锅，在祭祀的前一天，铁锅里冒着热气，敖包组委会的成员及其家属、亲戚忙碌地煮祭祀的供品——羊背子。在民间信仰里，祭品是神圣的，承担祭品准备的人也是荣耀的。

其二，蒙古包是敖包祭祀汇聚的场所，特别是各自苏木来祭祀的牧人汇聚的场所，汇聚时的话题并不止于敖包祭祀，而是包括生活的各个层面。

其三，蒙古包是该家庭及其亲朋好友及属于该苏木的牧民在祭祀敖包期间休息的场所，他们的家属和亲戚则承担倒奶茶等招待工作。

图 7.3.3　在敖包祭祀的文化空间搭建蒙古包　邢莉摄

当我们在研究敖包组织成员搭建蒙古包的时候，实际上涉及这些成员在祭祀敖包这一民俗事项中民间权威和社会身份的再确认。爱德华·霍尔把人类活动分成相互作用、相互联系、谋求生存、两性表现、领土获得、时间关系、学习、游戏、防卫、利用环境十个大类，将其称为基本信息系统。作者认为，占有了一定的空间就是占有了在敖包祭祀生活中的话语权，可以说搭建的蒙古包的空间是民间权威权利的象征空间。这15个家庭的15个蒙古包上都插有一个2米长的竹竿，竹竿上有拴有布制的各种颜色的方形旗子，上面有风马的图像。旗子的当中是一匹飞腾的骏马，四面有藏语的经文，当地人称"黑毛力"，意思是运气之马、命运之马，这是其神圣的标识。在祭祀额吉敖包和白音敖包的神圣仪式到来的时候，只有每个苏木的代表——祭祀组委会的成员才有取下"黑毛力"的资格，他们还具有持着"黑毛力"把它插在祭祀的敖包上的权利。在敖包上插新鲜的柳枝也是由民间权威承担的，他们还负责敖包祭祀中秩序的维护。那达慕的组织活动，例如赛马前仪式的举行，摔跤、赛马的组织以及颁发奖品等，也是由他们承担的。"我们的兴趣不在于特殊的仪式，而在于仪式本质意义和典礼整体中，特殊仪式的相对位置——也就是说，仪式的秩序。"① 正是在仪式的秩序中，可以看到敖包组织者的重要作用。

　　如前所说，在民间祭祀中其组织总负责人的蒙古包位于西边最显赫的位置，面积也最大，这里也要用人与权力化的社会空间之间的关系来诠释。在敖包祭祀仪式中，在举行那达慕的各种仪式和比赛中，敖包祭祀的总负责人具有其他组织者不能代替的地位，可以说他是所有仪式的统领者。在他的蒙古包里，接待着敖包祭祀的参谋者和重要的参与者喇嘛，还有政府派来维持治安的人员，而其他蒙古包没有这样的资格。当敖包祭祀仪式在白音敖包结束以后，敖包祭祀组织的负责人回到各自的蒙古包，这时开始一项最为重要的仪式——"分圣餐"，即把祭祀了敖包的羊背子拿回，给各个牧民分食。其进行的步骤是：敖包祭祀的总负责人站在敖包的西北面，按照蒙古族的风俗，这是最尊贵的位置。西北面悬挂着成吉思汗像，像下有一米长的较矮的供桌，供桌上摆着酥油灯、白勒（一种面食）、插着孔雀毛的喇嘛教的器物等。组委会的总负责人用蒙古刀分割羊肉，先分给喇嘛，再分给每个苏木的代表。每个苏木的组织者按照蒙古包的排列秩序，分别来到主蒙古包，面对着总负责人，接过自己的份额，再拿回各自的蒙古包给众人分食。在这个过程中，

---

① Marry Douglas, *Natural Symbols*, Harmondsworth：Pelican, 1973, p. 93.

敖包祭祀的主持者有极为重要的地位。敖包祭祀仪式是为了实现神与人的沟通，而与神沟通的目的在于祈福。关于福祉，不同的人有不同的解释，但是祈求得到福祉是人们普遍的心愿。分食的食品是祭祀过神灵的食品，它经过了这样一个净化的过程：世俗人把它献给了敖包神，经过敖包神领受的食品又传给了人。这样的食品所转化的民俗寓意象征着福分。分食到供神的食品才能享受到神灵带来的福祉，达到与神沟通的目的。而分食神享用过的食品的人从一定意义来说，恰恰代表了神。这就决定了敖包祭祀总负责人的特殊地位。在总负责人 BLK 所搭建的蒙古包内，不同阶层的包容、分享以及分食圣餐的仪式，都构成了社会空间中的权力关系的一种载体、一个集中体现的符号。正是在这个民俗过程中，经过民间权威的努力，完成了在现代化语境下敖包祭祀的新建构。同时在这个建构的过程中，敖包组织者在权利空间中赢得了威望和荣誉。

图7.3.4　虔诚的祭祀　邢莉摄

敖包组委会的权利和义务都在仪式性的展演中得到了确认。敖包祭祀的内部知识也由他们传承。传承性是民俗的重要特征："传承性是民俗发展过程中显示出的具有运动的规律性的特征。这个特征对民俗事项的存在和发展来说，应当说是一个重要特征，它具有普遍性。"① 一位组织者说："敖包祭祀得有传续，我祭祀后，我的两个儿子如果有威望，也可以继承并承担祭祀，这样就有了延续，就不会因无人承担祭祀而荒芜了自己的敖包。"② 通过考察，我们认为敖包祭祀的组织者是敖包祭祀文化的传承人。

（四）文化个体与民间组织的互动

民俗文化的研究的是一种共同的、集体的认知。但是不能忽视文化个体的研究及文化个体在民众行为中所起的作用。在敖包祭祀组织建构的同时，其他文化个体也在建构。

田野笔记：

我参与了农历 6 月 2 日下午额吉敖包的祭祀仪式。在内蒙古草原，作者参与过数次敖包祭祀，但这是第一次参与祭祀女性敖包。关于女性敖包，我曾览阅过学者的记载。此时此刻给我一种神秘感：为什么当地有女性敖包呢？在此我们搜集到一个传说：历史上乌珠穆沁旗有很多马群，牧人喜欢马，马也通人性，懂得人的意思，特别有灵气。有一次，一个牧马人迷路了，他的前面和后面都是草原，没有一个人影。这时出现了一个不平常的女人，头上盘着一条蛇，一只手拿着钩子一类的东西，她说："我知道你回家的方向。"她用手一指，牧马人朝着她指的方向走去，便找到了家。于是牧人就在这个神秘女人指路的地点修建了敖包，取名叫额吉敖包。③ 我听到的"既是传统限定中的一次传演（a song），又是具有新因素的'这一首歌'（the song），每一次表演的文本形成互文（intertexts）"④。额吉敖包的意思就是母亲敖包。在千百年的历史积淀中，女性——母亲在牧人的生活中扮演着不可缺的社会角色，这就是女性敖包产生的原因之一吗？

---

① 乌丙安：《中国民俗学》，辽宁大学出版社 1985 年版，第 36—37 页。

② 被访谈人：A. DB，男，54 岁，蒙古族，东乌珠穆沁旗道特淖尔镇奈日暮达拉嘎查牧人；访谈人：邢莉，访谈时间：2007 年 7 月 25 日，在东乌珠穆沁旗。

③ 被访谈人：G. BTER，男，32 岁，蒙古族，白音敖包嘎查牧民；访谈人：邢莉，访谈时间：2008 年 7 月，在东乌珠穆沁旗。

④ 朝戈金：《关于口头传唱诗歌的研究——口头诗学问题》，《文艺研究》2002 年第 4 期。

　　额吉敖包的物化形态及两千余牧人参加的祭祀仪式互为表述，缜密的制度性的仪式与口承传说形成了互诠互构的关系，构成了现代民俗文化存在的"活形态"，回应了传统的记忆，同时又创建了今天的记忆传统。可见文化个体传承着集体记忆。在研究中我们注意到另一部分"民"，即不属于民间文化权威范畴中的"民"对敖包的构建。

　　在额吉敖包的西面，建起了一个粗糙的、小屋形的水泥建筑，当地人告诉我们，这是龙王庙。据调查，草原上敖包前的龙王庙与农耕民族修的龙王庙不同，这是当地一个妇女修的。① 为什么个人出资专门修葺这样的信仰的象征物？

图7.3.5　民众搭建的龙王庙　邢莉摄

　　无论从口承传说的内容看，还是从新的信仰的象征物看，敖包祭祀文

---

　　① 有个女牧民身体不好，经常生病，一天，她梦见额吉敖包的女神让她叩拜，说要祭祀敖包，她的病就能够好。后来她念了三个月的经（当地牧民在祭祀敖包时融入了喇嘛教信仰的文化因子，喇嘛教融入了本土文化的敖包信仰，并在敖包信仰中掺入了喇嘛教文化），她的病就好了。她认为她的病能够治好，是因为祈祷了敖包神（资料来源：邢莉于2008年7月在东乌珠穆沁旗考察）。

化都存在于动态的发展中，在构建传统民俗的过程中，除了敖包祭祀的组织即当地的文化权威在表达其话语权之外，文化个体也在表达其话语权。对于文化个体的表达，民间组织采取什么态度呢？在访谈中，他们说："祭祀敖包与龙有关系，放上龙王庙也符合传统，也可以。"他们还说："也不能谁想建什么就建什么，还应该跟大家商量商量。"从这里可以看出，一方面敖包祭祀的民间组织对此事表示宽容；另一方面，又表现出要维护民间组织的控制权力。

在敖包祭祀文化的当代建构中，敖包祭祀组织对敖包的修缮，以及文化个体对敖包的新构建，是否能被民众接受呢？作者观察到：牧人祭祀白音敖包和额吉敖包的表演的仪式，在龙王庙前也同样展演出来，包括作揖、叩拜、拴风马旗等，而且在祭祀额吉敖包的两千多民众中，几乎每个民众都在龙王庙前驻留，进行仪式的表达。我们在此把白音敖包和额吉敖包这些原来的物态形式称为"元民俗"，把新设立的系列小敖包和龙王庙称为"异民俗"，那么民众为什么能够接受这样的建构呢？究其原因，是深层的信仰。"宗教首先是一个社会将其本身视为不只是个体的集合方式，而是社会用来维系其团结和确保其连续性的方式。一旦通过集体行动而获得存在，宗教就会获得一定程度的自主性，并且以各种方式进行扩散。"① 元民俗一旦形成，异民俗就会产生，并跟随元民俗一起传播。两者互相融入，相得益彰。在敖包祭祀中，每个人都有其支配的空间，当然空间的大小存在着差异，但都是总体的一部分，每一部分与敖包祭祀制度形成了等级关系。等级指的是"一个整体的各个要素依照其与整体的关系排列，等级所使用的原则，即等级不是上、下级之间或者上肢与下肢之间的关系，而是上、下级与制度之间的关系，上肢、下肢与人体的关系"②。正是在民间组织和民众个体及集体的构建中，在象征物的添加和重复无数次的象征仪式中，人们遵循了敖包的祭祀制度并保证了它的传承。在特定的场合下，牧人"不过是无反思地遵循我们自幼熏陶其中的传统行为方式。因为这些感情和行为习惯不是通过规则学会，而是通过

---

① ［英］E. E. 埃文斯·普里查德：《原始宗教理论》，孙尚杨译，商务印书馆 2001 年版，第 67 页。

② Lucien Levy-Bruhl, The "Soul" of the Primitive. London：George Allen & Unwin Ltd, 1965.

'和那些习惯于某种行为方式的人在一起'才学会的"①。

图7.3.6 牧人在雨中对龙王庙的祭祀 邢莉摄

在社会变迁的语境下，敖包的功能并没有消失。多年来由于人口密度的增加，一些草牧场遭到持续的、高强度的利用，大约70%的草牧场出现不同程度的退化、沙化，其中荒漠类草原受损程度较严重，植物种类由33种下降到18种，每公顷植物产量由320公斤下降到230公斤。草牧场退化现象，同牲畜严重超载呈正相关，但是，土壤结构、水源、干旱占30%。② 人影响着环境，环境也影响着人。敖包祭祀文化产生的原因之一是草原的文化环境，在草原游牧文化发生巨大变迁的社会历程中，敖包祭祀的动因并没有消失。在干旱的草原，它逐渐成为人们心理慰藉的物化形式。虽然敖包的形制发生了表层的变化，但是其本质属性没有改变。敖包祭祀在新时期的重新建构并非只是对一个族群共同记忆的回忆，也并不止于对自己族群归属的认知和感

---

① ［美］保罗·康纳顿：《社会如何记忆》，纳日碧力戈译，上海人民出版社2002年版，第29页。

② 参见敖仁其主编、敖其等副主编《制度变迁与游牧文明》，内蒙古人民出版社2004年版，第431页。

情依附。生存在干旱和半干旱草原的蒙古牧人更多体验到的是一种更有效更易于操弄的乡规民约的重要作用和功能，虽然有国家的"大传统"在场，虽然经过了几十年的风风雨雨，民间组织的乡规民约仍旧在非物质文化遗产的传承中起到了重要的作用。

第　八　章
蒙古族"那达慕"的变迁

　　以骑马、摔跤、射箭为核心内容的"男儿三艺"是蒙古族的节日那达慕的标识性符号，那达慕已经被列入国家第一批口头非物质文化遗产名录中。

　　在国家口头非物质文化遗产的评审中，那达慕被收录在"民俗"分类下。那达慕蒙古语为"游戏"、"娱乐"的意思，被界定为"蒙古族传统群众性盛会"。① 蒙古族的那达慕文化，早已被世人所瞩目，它不仅成为国内外蒙古学学者争相研究的重大课题之一，同时又与今天的蒙古族节日文化的重构息息相关。"那达慕"的词义包括：（1）游戏、娱乐、游艺、玩耍；（2）蒙古族人民的群众性体育、娱乐、物资交流集会；（3）玩笑、嘲笑之意。在学术界对那达慕的认知存在着分歧，有的学者认为那达慕是"文化活动"、"文化类型"、"体育活动"等。我们认为对那达慕应展开深入研究。

　　那达慕是蒙古族创造并且传承的精神文化。蒙古族的那达慕所包含的哲学理念、道德理念、信仰理念、价值取向及人文精神蛰伏在蒙古族的集体记忆之中。正是因为它代表了世世代代生活在草原的蒙古民族的文化特质和文化精神，因此在全球化的语境下，它不仅属于某个社区、某个族群，还属于国家级的"口头非物质文化遗产"。

一　那达慕是蒙古民族的节日

　　节日的本质属性之一是它的时间属性。"在古代社会，时间不仅是自然时

---

① 中国非物质文化遗产网：http：//www.ihchina.org.cn/inc/guojiaminglunry.jsp？gjml_id=496（下载于2008年3月12日）。

间，它更明显的意义是它的文化意义与社会意义。时间的自然性质往往被它的文化性质所遮蔽。""节日习俗的形成过程是一个历史积淀的过程，约定俗成的节日文化一旦形成，就形成了特殊的文化因子。"那达慕是蒙古民族的节日吗？如果是蒙古族的节日，其文化特质与文化精神是什么？在当今又发生了怎样的变迁？如果不是蒙古族的节日，其原因是什么？

（一）那达慕与"耐亦日"

"那达慕"一词应出现很早，有文字记载出现在15—16世纪，约15、16世纪在喀尔喀地区出现了每年一度的"七旗那达慕"、"十札萨克那达慕"。即相邻旗县定期聚会，互通有无，通报一年情况的同时进行"男儿三艺"那达慕比赛，决出快马、神箭手、大力士。蒙古国从1921年起每年的7月11—13日结合国庆节举行"Ulsyn Naadam"，即"国家那达慕"。"Ulsyn Naadam"是举国上下最为盛大的节日之一，人们从四面八方聚集到乌兰巴托观看誉为"Eriyn Gurvan Naadam"（男儿三艺）的摔跤、赛马、射箭。对于节日的界定，尽管人类学家及民俗学家从各个角度进行了不同的表述，都是我们研究问题的提示，但是当研究者到民间去寻找那达慕的时候，却发现还有不同的说法。

> 我们这儿叫"耐亦日"，有几种形式和内容。一年可以有几次"耐亦日"小孩子剪头发时，蒙古族的习俗是小孩在周岁、3、6、7、9、11岁有剪"头发"的习俗，这时举办小型的那达慕，有赛马和搏克，有的没有赛马，只有搏克。老人祝寿时、搬新家时举办小型的那达慕。那达慕细分的话有这几种类型。也有寺庙举办的那达慕。佛教传入蒙古地区后，庙里举办"占查桑耐亦日"，就是在庙会上也有那达慕。
>
> 蒙古族通常把"耐亦日"和"那达慕"连起来说，细分的话，"耐亦日"和"那达慕"有不同的内容。"耐亦日"指的是一种（男儿三艺中的）游戏，搏克（摔跤）比赛。那达慕要有男儿三艺中的任意两种或以上，如赛马、搏克，这样才能称那达慕。[①]

---

① 被访谈人：TMERZHRH，男，30余岁，蒙古族，摔跤手，锡林郭勒东乌珠穆沁旗人；访谈人：张曙光，访谈时间：2006年7月，在东乌珠穆沁旗。

　　牧区蒙古族民间只有"耐亦日"、"巴亦日"或者"好日暮"。而所有这些名称下的聚会、集会、庆祝会、联欢会其实都可用"耐亦日"来统称，如"敖包因耐亦日"（敖包会）、"乌热本耐亦日"（周岁礼）、"纳森坦乃耐亦日"（老人寿辰会）、"呼训耐亦日"（旗那达慕）、"苏门耐亦日"（庙会），等等。即便是对于官方举办的纯粹"那达慕大会"，其蒙古文对应的名称也是"阿日达音·伊和耐亦日"（人民的聚会），而很少说"那达慕因忽日拉"（那达慕大会）。多种类型的"耐亦日"……①

图 8.1.1　那达慕是蒙古族的节日　周加摄

　　此外，各个地区蒙古族"耐亦日"也有所不同，卫拉特蒙古的主兰·耐亦日（Jula-yin nayir，汉译"献灯节"），相近内容的"耐亦日"在巴林蒙古族称之为明干·主拉·西塔呼（minggan jula šita：hu），巴尔虎蒙古族称主

---

　　① 被访谈人：TMERZHRH，男，30余岁，蒙古族，摔跤手，锡林郭勒东乌珠穆沁旗人；访谈人：张曙光，访谈时间：2006年7月，在东乌珠穆沁旗。

拉—因·忽拉尔（Jula-yin hural），等等。下面学者根据田野调查及文献资料，对这些"耐亦日"进行如下记录。

表8.1.1　　　　　　　　　　蒙古族传统耐亦日列表

名称 ＼ 内容	蒙古语音标转写	地区	日期	那达慕项目
王公进爵位戴顶之耐亦日	Wang ambas-un jereg jingse jü:hu nayir		随时举行	
祝寿耐亦日（上层喇嘛或王公本命年时举行）	Hasun-nu bayar-un nayir		随时举行	
王公嫁娶之耐亦日			随时举行	
敖包耐亦日	Obogan nayir	所有的内蒙古地区	六月二十五日等	
活佛、胡图克图的座床之耐亦日	Gegenhudugtu-yi širegen-du jalahu nayir	所有内蒙古地区	随时举行，因事而异	
祭苏鲁德之耐亦日	Sülte tahihu nayir			
丹希格、满都拉之耐亦日（祝世俗与宗教上层健康长奉）	Tangšig mandal ergühu nayir			
麦德尔之耐亦日（卫拉特）	Maider-yin nayir		1月15日（卫拉特）	男子三艺
珠拉因耐亦日（卫拉特）			10月25日	无
钧珠尔耐亦日	Jünjür-un nayir		45天念经，海兰会尾举行	
会盟耐亦日	Ču:lgan-nu nayir		随时举行	
尚西（神树）祭				
祝寿耐亦日		所有内蒙古地区	随时举行，因事而异	王公贵族及老百姓

续表

名称 ＼ 内容	蒙古语音标转写	地区	日期	那达慕项目
乌尔斯—温耐亦日	Üres-ün nayir			
马驹节				
	Julag-un nayir			
达拉拉嘎（招财仪式）耐亦日				
那音那逊—努巴义尔①	Nayin nasun-nu bayir			一般没有那达慕项目

那木吉拉调查并制作。

这里所称的"耐亦日"是一个较为宽泛的概念，所有的庆典、祭祀时的聚会都称为"耐亦日"。在蒙语里，"耐亦日"一词有联欢、喜庆、盛会之意；还有友情、友谊、情面的意思。蒙古族牧人的群体中他们表述的那达慕反复强调一个主题词就是"聚会"，这里与文本的解释"游戏"、"娱乐"有很大的差异。"耐亦日"是草原牧民生活的必然需求。众所周知，草原游牧文化的特征之一是分散性，在较广阔的草原养活较少的人口。据作者考察，虽然牧人实现了定居，但在牧区嘎查的居住仍是分散的。而牧业社会经济的脆弱性和地广人稀的人际间疏远使得牧人生活需要物质的交流和人际的往来。"耐亦日"表明人们对物质和精神的双重需求。特别在清代至近现代以来，随着生产的发展以及牧民需求的增加，在那达慕大会上出现了大型的商品交易活动，更说明"耐亦日"的必要。如何理解民众对于"耐亦日"的表述呢？

（1）民众的表述与西方人类学家和民俗学家强调节日与平常的日子不同，用"神圣性"、"反结构性"等表述。而蒙古牧人用"耐亦日"表述。在他们看来，"聚会"是与日常的生活有区别的日子，有平日生活的分散才有节日的聚会，聚会是集合的人群公有的生活时间和文化时间，平日的生活是"小我"，"耐亦日"的时间是"大我"；平日的时间是个体的"我"，"耐亦日"

---

① 内蒙古大学蒙古语文研究室编：《汉蒙词典》，内蒙古人民出版社1976年版，第335页。

时间是集体中的"我"，社会中的"我"。

（2）"耐亦日"有各种各样的文化意向。根据不同的文化宗旨有不同群体的人参加，规模大小不同，参加的群体不同。有敖包耐亦日、庆寿耐亦日、喜宴耐亦日等。不同的文化意向都通过"耐亦日"来表达。"耐亦日"是与平日生活相区别的文化表述。

（3）"耐亦日"涵括的范围大，几个人聚会也叫"耐亦日"而不称为那达慕，而只有规模较大的"男儿三艺"的三项或者两项才可以称为"那达慕"，即"耐亦日那达慕"。那么那达慕是否是蒙古族的节日呢？

（二）那达慕节日的文化特质

如上文所述，举行"耐亦日"——喜庆、联欢、盛会、祭祀的场合才有那达慕，这是一个民间节日的时间，公共认同的时间，区别于日常生活的个人支配的时间。"耐亦日"具有泛指的意义，形式各异的聚会都叫"耐亦日"，而在蒙古族的传统文化中，最重要的"耐亦日"就是祭祀敖包。作者认为：

其一，那达慕的起源与敖包祭祀有关。我们认为从文化起源看，敖包祭祀的空间同时也是那达慕的文化空间。牧人认为：

> 祭祀敖包后的耐亦日，还是沿袭传统的。赛马、搏克比赛是必备节目。射箭是否原先就有，我就不知道了。主要举办前面两项。现在的搏克比赛是 128 人的。以前因为人少所以是 32、16 个人。旗敖包的是九九八十一个大赏。其他敖包比这个规模小一点的是马、牛、羊等。[①]

> 我们民族热爱故乡，热爱山水，将大地比喻成母亲，将苍天比喻成父亲。所谓金色的大地，银色的天空，蒙古人不仅认为大、地乃至自然万物如同金银一样珍贵，更将天、地视为父母，并且像尊重、爱戴自己的父母一样热爱、呵护天地乃至自然万物，所以才祭祀敖包。蒙古民族

---

① 被访谈人：隐名，男，蒙古族，锡林郭勒东乌珠穆沁旗贝子庙喇嘛；访谈人：白丽丽，访谈时间：2006 年 7 月，在东乌珠穆沁旗。

是非常热爱大自然的民族，又是历史悠久的游牧民族。当蒙古人从一个地方游牧到另一个地方时，必定会清理原地的垃圾并将它埋掉，而且将原住地收拾得干干净净，在其上边不放任何东西。有时我会想，现在的人的思想意识变了，热爱大自然的人少了，破坏的人多了，我真的痛心。①

祭祀敖包人人有责，必须祭。一处敖包谁去祭祀，每年在固定的时间去祭祀，这是传统习俗。"耐亦日"来源很有可能从敖包"耐亦日"来的。成吉思汗时代，外蒙古（喀拉喀蒙古）祭祀布尔汗·尅拉敦山，举行"耐亦日"，有男儿三艺。出兵前，祭祀纛旗，然后起兵，如果打了胜仗也要举办那达慕，赛马、搏克、射箭，必须至少要有其中一项游戏。按照我的理解，三项中有其中两项的才可称为那达慕。元朝时，分配草场，今年我的牧群在哪儿放牧，在分草场时，几个牧户聚在一起举办那达慕，进行男儿三艺，有搏克比赛和赛马。②

敖包指的是在游牧区域内用石块堆起的圆形，上面插有树枝的人造物，这石与木组成的二元结构具有象征意义。敖包祭祀是蒙古族对自然崇拜、祖先崇拜、英雄崇拜的象征。其原生态的功能是祈雨（见本书有关敖包的章节）。不少研究节日的学者注意到，民间节日往往与民间祭祀活动联系在一起，也可以说民间祭祀是民间节日的重要组成部分，甚至是节日的源头。牧人注意季节的变化对于草原、对于人类的影响，他们往往根据四时的变化安排自己的行为。敖包是一个人与神灵沟通的文化空间，虔诚的祭祀仪式在这里展演。"这样空间化的时间，通过人们的祭仪行为被反复追踪和实践，从而在空间上形成了人类的经历。"③ 祭祀活动是使日常凸现为节日的主要标志。空间化的时间应该是什么时候呢？敖包祭祀多在农历五月到七月，按照北方

---

① 中央民族大学 985 项目：邢莉编著，张曙光、周加等参加《中国少数民族重大节日的调查与研究》，访谈东乌珠穆沁牧民。

② 被访谈人：BR，男，30 多岁，蒙古族，锡林郭勒东乌珠穆沁旗射箭手；访谈人：张曙光、白丽丽，访谈时间：2006 年 7 月，在东乌珠穆沁旗。

③ ［韩］李窗益：《民俗的时间、空间和近代的时间、空间——祭仪时空间的变化》，周星主编《民俗学的历史、理论与方法》（下册），商务印书馆 2006 年版，第 533 页。

草原季节正是进入夏季的阶段。敖包祭祀以年为周期，具有固定的日期和仪式化的表演。"时间是与祭献一起产生的，而再次中断的时间恰恰是献祭活动。"① 每到祭祀的日子，牧人们全家出动，带着祭品，盛装前往祭祀地，祭拜敖包后，进行摔跤等表演。"所谓仪式，从功能方面来说，可被看作一个社会特定的'公共空间'的浓缩。这个公共空间既指一个确认的时间、地点、器具、规章、程序等，还指称由一个特定的人群所网络的人际关系。"② 最早的聚会不是集体的游戏和娱乐，而是祭祀，是与神灵的沟通。祭祀敖包的目的是祭祀天地所有的神灵，禳灾求福。祈求雨水是敖包祭祀的文化核心。有学者推断："据说如果敖包会上的男子汉三项比赛十分红火，人们高兴的话，那么山水之主神、上苍之天神也会为之心旷神怡，这样就会风调雨顺、人畜康泰。"③ 作者认为，男儿三艺是娱神的手段，但是未必骑马、摔跤、射箭三项活动都出现，可能是一项或者两项。那么敖包祭祀而后举行的敬神娱神性质的"耐亦日"是有文化时间的。蒙古族是靠养畜而生存的，而牲畜是靠天然的水草养活的。我们在田野调查中曾经多次访谈敖包祭祀的时间，每个地域敖包祭祀的时间虽然不尽相同，但是大致都在夏秋之交，这正是牲畜上膘、水草肥美的时候。他们在这个特殊的时段感谢上苍，集体祈雨，就是希望水草丰茂，期盼牧业更大的收获。这一时期的"耐亦日"为以后形成的那达慕节日奠定了文化基础。人类的节日文化必须与自然节律和谐，节日的发生必须在与自然和谐平衡中运行。那达慕起源于敖包祭祀，后来发展到是固定化和模式化的敖包—那达慕。时间的象征是一种"类科学"的认知。目前学界普遍用范·哲耐普的"过渡仪礼"来分析节日。他证明节日是过渡礼仪，"帮助个人和群体在心理上、文化上和社会关系上从一种状态过渡到另一种状态，并且其中的过渡是一个多阶段的过程。用今天的概念来说，过渡礼仪是一种阶段性的社会再生产的仪式活动"④。

---

① ［法］路易加迪等：《文化与时间》，浙江人民出版社 1988 年版，第 66 页。
② 彭兆荣：《人类学研究仪式述评》，《民族研究》2002 年第 2 期。
③ 叁布拉诺日布编著：《蒙古风俗》（蒙文版），辽宁民族出版社 1990 年版，第 43 页。
④ 高丙中：《作为一个过渡仪式的两个庆典》，《中国人民大学学报》2007 年第 1 期。

表8.1.2　　　　　　　　　　东乌珠穆沁旗敖包祭祀情况

单位	敖包名称	那达慕/祭祀时间（阴历）	祭祀范围	比赛项目	搏克数量（人）	备注
额合宝力高苏木	喇柏敖包	5.13	哈日高毕嘎查为主	搏克、赛马	64—128	
	额合努敖包	5.19	两个嘎查	搏克、赛马	64	
	哈日阿图敖包	—	—	—	—	尚未恢复
阿拉坦合力苏木	巴达拉呼敖包	5.13	巴达拉呼嘎查为主	搏克、赛马	64—128	
	额任陶勒盖敖包	5.11	阿拉坦合力嘎查为主	搏克、赛马	64	
	巴彦门都敖包	7.16	巴彦杭盖嘎查为主	搏克、赛马	32	
呼布钦高毕苏木	浩日高音敖包	5.22	少数牧户	搏克、赛马	64	
	喇嘛敖包	5.22	少数牧户	搏克、赛马	64	
	塔林敖包	5.22	少数牧户	搏克、赛马	64	
	阿尔齐图敖包	6.16	少数牧户	搏克、赛马	64	
	尚图敖包	6.19	少数牧户	搏克、赛马	64	
	哈达音敖包	6.20	少数牧户	搏克、赛马	64	
	阿塔拉音敖包	6.13	少数牧户	搏克、赛马	64	
萨麦苏木	巴彦敖包	6.3	旗西半部家庭	搏克、赛马	128—256	
	浩雅尔敖包	5.22	额合宝拉格、萨麦苏木	搏克、赛马	128	
	额布根敖包	5.23	三个苏木	搏克、赛马	64	
宝拉格苏木	巴彦都兰敖包	5.20	五个苏木	搏克、赛马	128	
	也和敖包	5.22	宝拉格苏木	搏克、赛马	64	
	呼都格敖包	5.23	五个苏木	搏克、赛马	64	
	乌兰敖包	6.23	宝拉格苏木	搏克、赛马	64	
	敖包嘎图敖包	6.25	宝拉格苏木	搏克、赛马	64	
	宝拉格庙敖包	6.3	五个苏木	搏克、赛马	64	
道特淖尔苏木	巴彦胡舒敖包	5.20	道特苏木、新庙	搏克、赛马	64—128	
	汉敖包	5.22	道特苏木、道特庙	搏克、赛马	64—128	
	查干敖包	5.23	道特苏木、道特庙	搏克、赛马	64	
	洪格尔敖包	6.20	道特庙	搏克、赛马	128	寺庙敖包
	萨格莱包	5月之内	巴彦图嘎、汉敖包嘎查	搏克、赛马	64	

续表

单位	敖包名称	那达慕/祭祀时间（阴历）	祭祀范围	比赛项目	博克数量（人）	备注
巴彦霍布尔苏木	塔日根敖包	5.22	巴彦霍布尔、宝拉格、萨麦苏木	博克、赛马	128	
	翁图敖包	6.27	巴彦霍布尔、额任高毕苏木	博克、赛马	64	
	霍布尔敖包	6.5	巴彦霍布尔苏木	博克、赛马	128	

白丽丽调查制作。

通过对民间的考察，牧民把那达慕称为"耐亦日"，或者"耐亦日那达慕"。也就是说，他们看重的是"聚会"、"集合"本身，各种各样的活动是聚会的重要组成部分。而敖包祭祀是"耐亦日"的一个重要仪式，敖包祭祀后必然举办摔跤等活动。从上述表格所表述的当代田野调查中仍旧可以看出敖包祭祀仪式后民间举行那达慕。

"敖包——耐亦日（那达慕）"的表述在汉文文献上不乏记载。《清稗类钞·技勇类》记载："蒙人尝于每岁四月祭'鄂博'，祭毕，年壮子弟，相与摔跤驰马……驰马者，群年少子，各选善走名马，集于预定之处。近则三四十里，远或百余里，待命斗胜负……闻角声起，争以马鞭其后，疾驰趋鄂博，先至者，谓之夺彩。"[1]《内蒙古纪要》云："惟鄂博祭日，必在马群中精选良马而乘之，是名'走马'，并以娴骑术者，控策以竞走，借以博得王公之名誉奖焉。"[2] 近代方志《呼伦贝尔志略》载敖包："亦为例祭之重典……岁于五月或七月，由各旗致祀，合祀鄂博，在海拉尔河北山上，每三年举行大祭，[即为挑缺年期] 一次，以五月为祭期。全旗大小官员咸集，延喇嘛诵经，以昭郑重……祀事告终，任一般人民赴场竞技，作驰马、角力种种比赛……"[3] 矗立起在草原上的座座敖包，作为草原特有的古老的文化载体，

①　（清）徐珂：《清稗类钞》（第六册），中华书局1986年版，第2989页。

②　临川花楼：《内蒙古纪要》（民国五年铅印本），转引自丁世良等主编《中国地方志民俗资料汇编》，书目文献出版社1989年版，第735页。

③　丁世良等主编：《中国地方志民俗资料》（东北卷），书目文献出版社1989年版，第501页。

为古代那达慕活动的传承和发展铺设了一个广阔的"绿茵场"。虽然这一时期的"耐亦日"概念与现在的"那达慕"的概念有很大的不同，但是其沉积着古老的文化基因，这是民众的集体记忆。

图8.1.2   清代壮观的那达慕   宋兆麟提供

其二，那达慕举行的传统的"男儿三艺"植根于草原人的生活世界，具有草原蒙古族传统游牧文化的特质。从上面的访谈中，耐亦日那达慕是有固定的活动内容的。其集祭祀文化、体育文化、娱乐文化为一体。但是就历史传统看，这种复合文化是以男儿三艺即骑马、摔跤、射箭为中心的。牧人说：

> 男儿三艺呀，明明白白，我们蒙古族指的就是骑马、摔跤、射箭。游牧生活需要体质强壮，我们喝奶子、吃肉、摔跤，小孩子很小的时候就骑马、摔跤。过去成吉思汗的时候，蒙古族个个都是战士，要打仗，

也要骑马射箭，要有力气。那达慕的最初阶段可能习惯于称呼"男儿三艺"。①

> 农民不骑马，他们用马驮东西，耕地，我们不是，我们人人都会骑马，小孩子也会骑马。骑在马上多自在呀，没有马，能走多远呀？怎么牧羊牧牛啊？……我喜欢骑马，一骑马就高兴。现在有摩托车了，可我还是喜欢骑马。②

> 我们蒙古族，个个结实。除了游牧之外，还喜欢打猎。你以为打猎是很远的事情吗？也不是。元代打猎……我们这里在1949年前，30年代的时候还打猎、骑马、射箭，驾着鹰，带着狗，那时候，这个地方是一片大草原呀，草有半人高呢。你问怎么形成的（指男儿三艺）？我们就是这么形成的。猎物多呀，有狐狸，还有狼，人人都参加，聚合几百人吧，可高兴啦，像过节一样。围猎回来，奖励猎狗，给狗肉吃，几十条狗抢肉吃，围成一片，叫个不停……那个场面呀……③

除了游牧之外，狩猎是牧业经济的补充，在成吉思汗汗国时期，畜牧业的发展、大规模的征战，都往往伴随着狩猎，狩猎生活离不开骑马射箭。这样把骑马术、射箭术、摔跤术都提高到空前的地步。

男儿三艺具有草原游牧生活的文化特质。蒙古族传统的大型那达慕活动是草原游牧文化的产物。如果把文化看成人类对自然、社会和人类心理的适应、调节的产物，那么首先产生的是对草原生存环境的适应性，因之形成的经济生产方式决定了文化形态。男儿三艺是对应草原游牧兼狩猎的生活产生的，是伴随着草原牧人的生活传承的。"人的肉体组织和精神结构都是在与自然界的相互作用过程中形成的。人类的健康生存和持续发展都有赖于对自然

---

① 被访谈人：ZHMS，40余岁，蒙古族，鄂温克旗灰苏木王公陶海嘎查牧民；访谈人：邢莉，访谈时间：2007年7月，在其夏营地。

② 被访谈人：隐名，男，65岁，蒙古族，东乌珠穆沁旗敦达高毕苏木达布希拉图嘎查牧民；访谈人：邢莉，访谈时间：2007年5月，东乌珠穆沁旗。

③ 被访谈人：隐名，男，67岁，蒙古族，赤峰巴林右旗牧民；访谈人：邢莉，访谈时间：2007年7月，在巴林右旗大板镇。

有机整体的维护以及同自然界的和平相处。"① 民俗学家看来，承载文化的身体行为是民间叙事情景化的特征：不同族群的人是由不同的文化塑造的，不同族群人的文化记忆是不同的。在那达慕大会上，传统的男儿三艺以视觉符码显示了群体记忆。无论是激烈的赛马比赛，还是竞争拼搏的摔跤运动，加之生气勃勃的射箭，都是草原民族肢体语言的表述。这个以牧业为生计方式，以草原为家园的民族在节日里用自己民族独有的方式表述着民族精神。跻身于世界之林的蒙古民族在追求一种壮美，一种阳刚之气，一种生命的博大与永恒。

其三，那达慕的形成和传承与牧业社会的特征有关。游牧兼狩猎的经济维持了蒙古族的生存。游牧的生产方式和生活方式有其适应生态的一面，但是也有其非自足性。"即单纯的草原游牧畜牧业生产，并不能满足游牧民族生产和生活的全部需求。"② 维持游牧经济与自然生态平衡的机制就是商业贸易，只有与农耕民族进行贸易，游牧经济才能维持其平衡和发展。特别是在清代至近现代以来，随着生产的发展以及牧民需求的增加，在那达慕大会上出现了大型的商品交易活动。那达慕大会的物资交易会的特征日趋鲜明。由北而南的是家畜和皮毛；由南而北的则是粮食、布疋、丝绸及工艺品。牧民在"那达慕"会上出售牲畜和畜产品，购买生活用品；农民通过商人从牧区选购牲畜。每届"那达慕"都成为中国南北物资交流的大商会。

> 过去是转悠着游牧的，十几天就得搬家。随着牲畜而游动。哪儿水草好，适合牲畜就往那儿开始游动。10—20 里才一户人家。我们那时最远都到阿巴嘎、阿巴嘎纳尔旗游牧，一走 700 多里。春、秋几乎都在路上度过。冬季、夏季游到自己的故乡，祭祀自己的敖包，那个时候就有那达慕。③

> 过去不像现在，什么都有了，过去我们参加那达慕，是为了买东西，

---

① 徐恒醇：《生态美学》，陕西人民教育出版社 2000 年版，第 44 页。
② 贺卫光：《中国古代游牧民族经济社会研究》，甘肃人民出版社 2001 年版，第 109 页。
③ 被访谈人：DMQG，70 岁，蒙古族，东乌旗道特诺尔镇牧民；访谈人：白丽丽，访谈时间：2007 年 5 月，在东乌旗道特诺尔镇。

在那达慕会上，除了观看比赛之外，还可以买到花布啊，针线啊什么的，当然我们最需要的是砖茶，也可以买到，或者用羊毛交换。①

可以说，那达慕是一个文化母体，个人通过节日盛会这个文化母体与社会发生这样或者那样的联系，特定的母体提供了个体与其他个体或者群体联系的各种机遇。"耐亦日"是草原牧民生活的必然需求，随着时代的变迁，牧人对于农产品的需求增加，其商贸文化的因素越加鲜明。牧业社会迫切需要物质的交流，"耐亦日"表明人们的物质和精神的双重需求。

其四，大传统与小传统的共同认同形成了那达慕节日。在研究一个族群特有民俗文化符号的时候，民俗学家的研究对象是"民"，对于"民"的概念有各种各样的界定，但是不能否定与"官"的对应关系。但是另一方面，民间叙事与官方叙事又存在着密切的联系，"民俗，就一般来讲，是广大民众主要是劳动人员创造的和继承的……可是，如果因此就认为上层社会没有民俗，或者认为它完全没有和广大民众共同的民俗，这似乎就不好讲了……"②上层社会与底层社会，在对"俗"的认同上，并不是那么泾渭分明的。那达慕作为族群的文化符号沉积下来，并不排斥官方的叙事。在那达慕形成和传承的历史上，我们可以看到官方对那达慕的认同。元代把摔跤称为"巴领勒部"，《元史》中出现的"角觚"、"方戏"指的都是摔跤。《元史·仁宗三》记载："延祐六年六月戊甲，置校署，以角抵者隶之。"《元史·武宗二》载："至大三年四月辛未，赐角者阿力银千两，钞四百锭。"在《马可波罗游记》里勾勒了蒙古族妇女摔跤的场面。蒙古海都王的艾吉阿母姆公主把摔跤做为其择偶的标准。元代每年农历六月三日在上都（今正蓝旗境）或大都（今北京）举行国家级"那达慕"——"诈马宴"，届期蒙古"宿卫大臣"以及"近侍"们盛饰名马，穿着贵服参列宴会，设"毡殿失剌斡耳朵（即帐房），深广可容千人"，以观赏"诈马宴"的角力、骑术、歌舞等。"诈马宴"，也称"质孙宴"。"诈马"指的是赛马、套马及一系列马术表演，也就是说在宴会上表演马术。元代作为"定制"、仪式化的"那达慕"似是届期举行的

① 被访谈人：ENH，男，70 岁，蒙古族，东乌珠穆沁旗牧民；访谈人：邢莉，访谈时间：2008 年 7 月，东乌珠穆沁旗。

② 钟敬文：《新的驿程》，中国民间文艺出版社 1987 年版，第 383 页。

"诈马宴"。《蒙古秘史》也为我们提供了成吉思汗时代有关射箭比赛的内容，同时也为我们提供了优秀射箭手荣耀地位的珍贵资料。蒙古汗国时代，唯有环卫可汗的"怯薛"，才有资格佩戴"豁儿"进出大汗的"斡耳朵"（宫帐）的。波斯人以诗的语言对蒙古族男子发出了由衷的赞叹："他们都是神射手，发矢能击中太空之鹰，黑夜抛锚能抛出海底之鱼，他们视战斗之日为新婚之夜，把枪尖看成美女的亲吻。"① 那时按照蒙古族的习俗，弓箭成为男子的必带物，也是珍贵的馈赠物。对有重大贡献的神箭手，成吉思汗尚要树记功碑，永远纪念。② 对于同一民俗的建构，甚至是由民间叙事和官方叙事共同完成的。学者的研究偏执于民间叙事，与官方叙事不同，但是不应忽视其共通的一面。应用雷德菲尔德的两个传统的分析模式，大传统（great-tradition）与小传统（little-tradition）之间的互动，分析官方文化和民间文化的关系，那达慕是在民间和官方互动中形成的。为什么官方与民间有共通的叙事话语呢？就是在于其在共同的地域所产生和延续的生产方式和生活方式的认同，以及在此基础上的文化链的沟通和认同。

其五，那达慕的形成和传承伴随着丰富多彩的口承文化传统。以"男儿三艺"为核心的那达慕形成了广阔的文化场。那达慕不仅包括男儿三艺的展演，还包括丰富多彩的口承文化的表述。在乌珠穆沁草原上至今还流传着霍奇德的达雅、聋子巴达日夫、博克安召、巴达日夫、朝格孙、巴彦吉日嘎啦等近代著名摔跤手的名字，至今还流传着著名摔跤手的故事传说。"小传统"表达的是民众的思想方式和在生活世界中的处世方式。口承文化在民众中世代流传，给予每个文化个体以"展演"的机遇。现实生活中真实的著名摔跤手的故事构成了那达慕的重要内容，口承文化传承在民众的生活中，他们成为民众的精神布帛。其传承的过程往往就是传播的过程。民间口承文化的机制是人与人，民与民面对面的交流。这里民间的"间"字具有社会性空间的含义。这里的"民"字也不是抽象的，而是建构了空间含义的"民"。"每一

---

① ［意］志费尼：《世界征服者史》（上册），内蒙古人民出版社 1981 年，第 95 页。
② 藏于列宁格勒博物馆，雕刻于 1225 年的《也松歌碑文》，亦称"成吉思汗石"，是成吉思汗命令将非凡的神箭手也松歌的事迹刻在石上。（材料来源：道布整理转写注释、巴巴根校：《回鹘式蒙古文文献汇编》，民族出版社 1983 年版（蒙古文版），第 5—7 页。）

次表演的文本，都和其他表演过的文本或潜在的文本形成'互文'的表演。"① 它代表的是一个集体的口述传统。理查德·鲍曼认为这是"一种说话的方式"，"一种交流的模式"。正是在这种传承方式中，那达慕的展演在人们的心理层面得到强化。1997 年 11 月，联合国教科文组织第 29 次全体会议上通过了"建立口头非物质文化遗产"的决议。2003 年 10 月 17 日通过的《保护非物质文化遗产的公约》把保护口承文化的传统列为重要的保护内容。

（三）那达慕节日的时间选择

对于那达慕是否是节日的争论，在于否定者认为其节期不固定，有较大的流动性。"礼失而求诸野"，在西乌珠穆沁旗王盖敖包那达慕大会上问卷调查中，现场蒙古族受访者中有 87.4% 认为那达慕是蒙古族的节日，82.8% 的蒙古族受访者认为古已有之。在东乌珠穆沁旗庆 50 周年那达慕大会上，83.5% 的蒙古族受访者也认为这是蒙古族特有的节日，81.4% 的蒙古族受访者认为古已有之。② 可以看出，虽然经过了历史上的沧桑变化，蒙古族民众至今还在认同这个文化符号。这不是个别人的行为，而是一种群体意识。"在族群成员的社会活动中，在这样的客观基础上，会自然地萌发产生'群体意识'（族群内部成员之间的认同、与外族成员之间的'认异'）也就是费孝通教授多次提出的在观念上的'in-group'和'out-group'之间的差别……"③ 蒙古族的那达慕就是区别"我群"和"他群"的显著标识。

节日是人们关注到天体、四时的变化对人类生活的影响而厘定的，由此逐渐形成了调试社会生活行为的仪式生活。游牧民族早就对于日月星辰及整个天体有了观察："他是个牧人，必须具有方向和地势的感觉。他不分昼夜看守牧群。白天的太阳和其后黑夜的星辰，有助于指引他的移动，经过了很多世纪，他开始认识到星辰是比太阳是更稳定的向导。"④ 野幕毡帐的牧人早就观察了天体，观察了天体的移动与地球上生态系统的密切关系。在自然界里，

---

① 朝戈金：《关于口头传唱诗歌的研究——口头诗学问题》，《文艺研究》2002 年第 4 期。

② 资料来源：张曙光 2006 年 7 月 26 日在锡林郭勒盟西乌珠穆沁旗王盖敖包那达慕大会会场调查。

③ 马戎：《民族与社会发展》，民族出版社 2001 年版，第 6 页。

④ ［英］赫乔·威尔斯：《世界史纲》，吴文藻等译，人民出版社 1982 年版，第 130 页。

太阳、月亮及星辰的运行是有规律的，与天体运行的规律相适应，牧草的枯荣是有规律的。他们发明了历法，理解自然的节奏和它的周期性。从 13 世纪开始，蒙古族就采用了生肖动物周期纪年法和 60 年周期历法。民俗日历是纪年、纪月、纪时的，蒙古族对年的认识是从"离离原上草"的变化开始的。草是牲畜的生命线，也关乎牧人的收获和生存。他们以草木纪年。据台湾学者哈勘楚伦在《至元译语·时令门考释》中说：蒙古族的古代月份分享月为白月，水草月为二月，乳牛月为三月，青翠月为四月，打猎月为五月，日光月为六月，红色月为七月，完全月为八月，今羊月为九月，杀牲月为十月，吃食月为十一月，蔚蓝月为十二月。以上对于"月"的称呼可以分为三类：（1）以自然命名，例如水草月；（2）以牧人的生活节律命名，例如杀牲月；（3）以颜色命名，例如蔚蓝月。历法是："人类有节奏的记忆，是人类文化本原的保存者，那么历法与文化就是相互联系和相互确定的：历法促进一定类型文化的形式，反过来，某种类型的文化又意味着对时间的十分明确的理解。"[①] 蒙古牧人在"以草木纪年"的基础上对月的认知是蒙古牧人深刻的文化记忆，具有鲜明的游牧文化的印记。从事游牧业的蒙古人与农耕人不同，农耕人为了掌握农时而发明了 24 节气，关注到"日"甚至"时"的变化，其时间观念是细线条的，而游牧人观察牧草的变化，注重的是月、季，其时间观念是粗线条的。畜群春季的生殖活动同四季变化的自然规律有对应的关系，按照自然的季节和气候的变化迁营到预订的牧场。

有学者考证，"古代蒙古人的白月，即正月并非是我们现在所知的一月，而是在夏季水草丰美，乳制品大量生产之际"[②]。也就是说，相当于现今公历的七八月间。蒙古草原的绿草期只有 140 天左右，而枯草期长达 220 天。草原的美丽是从五月开始的，到七八月恰是诗意的季节。古旧历五月始，油绿草原，花开似锦，天空碧蓝，白云如画。从五月开始到七八月间，马牛羊肥壮起来，乳液丰富，蒙古人开始挤马奶的时节，是酿制马奶酒的美好季节。牧人的生活步入"乳食为主的白色季节"。蒙古人称乳食品为"白色的食物"。因此有的蒙古人说，13 世纪或更早以前，蒙古人把六月叫做"草月"，八月叫"牛奶月"。直到 20 世纪初，布里亚特蒙古人还沿用着这一历法称谓。

---

① ［俄］H. J. 茹科夫斯卡娅：《蒙古历法研究》，《蒙古学资料与情报》1990 年第 2 期。
② 欧军：《古代蒙古族的时间观念》，《黑龙江民族丛刊》1995 年第 2 期。

以古代蒙古人的习俗，八月为"白月"，即正月之说，这是由于此时是白色的奶制品十分丰富的季节。节日是一个特定的日子，节日给予物理的时间以文化意义。自古以来，从五月到九月，聚会、祭祀、课校人畜等，是北方游牧民族共同的历史传统。入清后，各盟旗札萨克大会，皆在八月举行，故称"札萨克八月会"，届时旗内官员聚集一堂，商议一年的政务、财务以及官员换班等。会后举行对保卫本旗神灵的大祭祀——祭敖包，这一场祭祀是全旗总动员，也是全旗的娱乐聚会。各旗相继举行盛大的"那达慕"大会，从生态环境来说，这个时段是草原向牧人展示其全部魅力的时节，从牧人的生活节律来说，这是草原即将收获的季节，所以在这个时候厘定举行节日。

日历的时间是自然的、相同的、重复的，而民俗文化时间是人为的、不同的、新鲜的。按照学者的分类，民俗文化时间又分为平时的时间和节日的时间，又可称为世俗的时间和神圣的时间。节日时间相对于平时生活是一个中断。时间的文化符号只有对象化才有意义，也就是说，与空间观念和人的行为结合起来才有意义。"时间和空间不是两个实体性范畴，而只是状态性范畴和关系性范畴。"[1] 节日的时间和空间的概念是一个历史性的概念，这两个概念"以特定祭仪行为的形式出现在历史中的。如果说人的本质就是祭仪性的人，那么，人也就是通过祭仪行为而构造出时间和空间的"。那达慕起源于敖包祭祀，敖包的地点——祭祀敖包的草原就形成了那达慕的文化空间。这就是男儿三艺展演的特殊的文化空间。那达慕具有节日的岁时性、周期性、季节性、神圣性、娱乐性等特征。但是由于牧人逐水草而居，其时间具有相对的宽泛性，场域也具有一定的宽泛性，但是宽泛性并不等于任意性。那达慕节日以其公共的时间性、空间性和独特的行为方式构成了一个草原牧人的节日。每个节日除了独特的时间和空间之外，最为重要的是"怎么过"，其意义在于建立群体的文化认同和加固文化记忆。"怎么过"是其独特的行为方式——被称为"男儿三艺"的骑马、摔跤、射箭是那达慕区别于农耕民族节日的标识。而在"男儿三艺"这个标志性的文化符号中，马文化是一个核心符号。男儿三艺作为牧人节日的符号，通过展演而体现其价值，而一个族群本身作为自身符号化的结果，又促使其成为传承特殊符号的特殊群体。

---

① ［韩］李窗益：《民俗的时间、空间和近代的时间、空间——祭仪时空的变化》，周星主编《民俗学的历史、理论与方法》（下册），商务印书馆 2006 年版，第 536 页。

二 那达慕的传承与建构

——以 2006 年 7 月锡林郭勒盟东乌珠穆沁旗建旗 50 周年举办的那达慕为个案

传统的那达慕是蒙古族一个标志性的文化符号。但是由于社会的变迁，这个文化符号也发生了巨大的变迁。马克思指出社会发展的动力是无数力的合力相互作用的结果。这个合力是自然的、社会的、经济的、政治的、物质的、精神的等等因素构成的。在前几章中，我们可以看到社会发展动力的诸种因素。本节通过 2006 年 7 月锡林郭勒盟东乌珠穆沁旗建旗 50 周年举办的那达慕为个案，研究那达慕的变迁。①

（一）2006 年 7 月东乌珠穆沁旗旗庆那达慕符号阐释

我们研究的地域是东乌珠穆沁旗 50 年旗庆所举办的那达慕。从本源上说，那达慕文化植根于草原的自然生态环境和牧人创造的游牧文化环境。锡林郭勒建旗 50 周年旗庆以那达慕的方式表述与其现在的自然生态环境和文化环境存在着密切的联系。位于内蒙古自治区东北部的锡林郭勒草原面积 2.9 万平方公里，草原风貌保存相对完整。乌珠穆沁部是蒙古民族古老的部落之一。"乌珠穆沁"蒙古语源于词根"乌珠穆"，其意为"葡萄"。相传乌珠穆沁人的祖先原在阿尔泰山脉盛产葡萄的"乌珠穆山"一带驻牧，因此得名。在元太祖成吉思汗时期乌珠穆沁形成了蒙古部落。明英宗年间（1457—1464年），成吉思汗十五世孙巴图孟克达延汗统一漠南漠北蒙古以后置察哈尔万户，设八个鄂托克，其中之一即乌珠穆沁鄂托克。公元 1520 年，其第三子翁滚都剌尔率领乌珠穆沁部向东迁移，最后扎根于这片辽阔的草原，从此乌珠穆沁人进入这片草原生活。乌珠穆沁部在崇德元年（1636 年）归附清皇太极。清朝在乌珠穆沁部置东、西乌珠穆沁两个旗建制，今天规模的东乌珠穆沁旗是在此基础上形成的。这里曾留下匈奴、乌桓、东胡等游牧民族的遗迹。

东乌珠穆沁旗建旗 50 周年那达慕大会的举办日期，据直接参与组织的政

---

① 文日焕主编，邢莉编著：中央民族大学 985 项目《中国少数民族重大节日的调查与研究》，张曙光撰写：《蒙古族那达慕的调查报告》，民族出版社 2011 年版。

府官员说，是由东乌珠穆沁旗道特淖尔镇新宿莫寺的格根（活佛）选定日期，由旗政府认可后确定的。本次那达慕的日期是农历六月二十九日，据藏传佛教的说法，这一天是青虎日，乃祥和之日。蒙古族传统崇拜奇数，那达慕的会期一般为1、3、5、7、9天不等，东乌珠穆沁旗建旗50周年那达慕大会在公历2006年7月24日正式开幕，7月28日闭幕，历时5天，符合蒙古族那达慕传统习俗和心理。那达慕的文化空间包括主席台、主赛场、分赛场、生活区、商业区、娱乐区等相对分隔的小场域组成的，这些小场域互为整体，以主席台为中心，圈连而形成大的、相互关联的那达慕节庆空间。民俗学家认为，人类是符号的动物，总是对事物进行边界的分割。对边界的分割包括时间分割和空间分割。所有的边界都是自然延续的人为中断。从那达慕会场内的边界分割，可以阐释其文化内涵及变迁。

在研究本土文化的"小传统"变迁的时候，我们必须探讨其在"大传统"的影响下的重新建构。在草原牧区具有浓厚民间的形形色色的"耐亦日"依然存在，但是已经不是主流。而由各级政府盟、旗、苏木举办的那达慕成为主流，各级政府部门成为那达慕的组织者、规范者和主导者。那达慕成为政府政策宣传、推进工作，传达信息及与民众沟通的聚会形式。1986年在乌珠穆沁旗政府的所在地乌里雅斯太镇南十华里处，空旷的草原上建了面积为4.8万平方米的大型那达慕会场，建筑有一个主席台，两边各有一座容纳五百多人的观众席。这里是旗那达慕和其他大型那达慕举行的固定场所。那达慕节日的文化空间具有随意性，传统的那达慕在广袤的草原上举行。而城镇化的发展，政府组织的那达慕会场的主席台成为固定的水泥建筑。2006年7月由东乌珠穆沁旗政府主办，相关单位协办的庆祝东乌旗建旗50周年那达慕在旗政府所在地乌里雅斯台镇那达慕会场上隆重进行。

民俗文化是通过符号表达意义的。我们从符号与象征的角度研究东乌珠穆沁旗建旗50周年那达慕的变迁。

第一组文化符号：

1. 国家符号：五星红旗入场，本届大会的会旗入场，由56名男女青年簇拥着巨大的圆形会徽入场，"庆祝东乌珠穆沁旗建旗50周年"的巨型标语牌入场，手举气球的儿童和解放军武警战士顺序进入会场。

2. 苏木、镇的代表队：每个苏木的牧民都举着牌子表示以什么样的身份

图 8.2.1　旗庆那达慕　周加摄

参加庆典，这里的身份具有几重意义：（1）认同自己的国家身份；（2）认同自己的族群身份；（3）认同自己的地区身份。其实在这样的语境下，突出的是他们在旗的某个行政区域的身份。

3. 彩车队伍：包括展现乌珠穆沁半个世纪飞跃发展成就的彩车；乘坐着20名劳动模范的彩车；乘坐着20名长寿老人的彩车；新婚夫妻的喜车；致富能手的彩车。在象征"社会和谐、全民同庆"的"荣"、"寿"、"喜"、"福"、"富"彩车之后，是反映全旗各行各业事业兴旺、经济发达的彩车，它们依次是生态彩车、畜牧业彩车、工业彩车、旅游彩车、文体彩车、教育彩车、科技彩车等。

从这三个方面组成的第一组象征符号中我们可以看出：

其一，我们首先看到符号物化的一面，其物化的特征反复标明民族国家由想象变为了实体，由抽象变为了1947年后那达慕发生的文化。民族国家不仅是"想象"的，而且是行动的、实践的和控制的。我们在研究21世纪初期蒙古族的那达慕的时候，要置于一个动力的体系之中，"也就是说，要结合具体的政治、经济和社会背景，来理解宗教和文化体系"①。仪式是在旗庆组织委员会的操作和控制下进行的，他们不是当地所有的民众，而只能是一小部分或者说是民众的代表，而这一部分通过旗庆（节日）的阈限，再次表现对民族国家的认同。

其二，其展演已经背离了"民间狂欢"的轨迹，这里有鲜明的身份之分，一是做为政府（官方）标识的主席台，主席台又根据在政府的不同职务而占有不同的席位：

主席台上	主席台下
领导	民众
位尊	位低

就国家制度的层面来说政府领导和民众同为国家公民，参加那达慕是其公民确立的身份，但是其社会角色和权利显然不同。在集体的庆典仪式的公共场合，主席台上和主席台下的空间划分，显示了官方和民众两种不同的社会身份的差别，也显示了现代民族国家举行那达慕庆典的权利和性质。

其三，这组符号是：红旗、会徽、彩车、标语等。它们都是不属于传统那达慕体系中的新的符号，这种表述远离了传统，具有现代性。现代性的符号表明民族国家在新时期所构建的文化标识。国旗、国歌、国徽反映了国家的整个背景、思想和文化。这些符号是对民族国家的再次确认。这种确认的特殊性意义在于：它是在"那达慕"语境下的确认的。

第二组文化符号：

人类学家和民俗学家都把仪式作为研究社会变迁的视角。在研究的过程中突破了结构功能主义的立场和古旧遗留物的阐释。这"并非由于仪式与象征是人类学研究的偏好，而是由于它们作为一个社会或族群生存状态与生存逻辑的凝聚点而存在，它本身处于变化之中，同时也是表现和参与社会文化变迁的重要变量"②。

1. 入场仪式：入场仪式包括草原上迎宾献礼队仪式的展现：走在最前面的是象征草原五畜兴旺的巨型的金色嘎拉哈③，紧接着是一条长达20米的哈

---

① 郭于华主编：《仪式与社会变迁》，社会科学文献出版社2000年版，第164页。

② 同上书，第3页。

③ 嘎拉哈：指羊腿或牛腿与胫骨相连的一块骨头，其有四面，为蒙古族玩的一种游戏的用具。

达和由9匹马、9头骆驼、9头牛、9只绵羊、9只山羊以及奶酒、手把肉、奶食组成的"九九八十一宗大礼",这些象征蒙古族人民敬献英雄和尊贵客人的盛大礼物。

2. 那达慕歌舞的展演:其主要内容有:序幕,动人的名字——乌珠穆沁:寻觅生息地。第一场,天堂草原乌珠穆沁:乳乡——散满珍珠的草原。第二场,神奇的乌珠穆沁:母亲湖;石油花。第三场,多彩的乌珠穆沁:五彩生活——跤魂;领导为考察归国的牧民授予哈达。第四场,歌的海洋乌珠穆沁:由五千人组成的长调大合唱,选择了两首乌珠穆沁民歌,也借此庆祝蒙古族长调民歌被列为联合国的非物质文化遗产。这支由五千人组成的合唱队伍共同汇成"多声部的音响",代表了一个重要的声音:即地方性和区域性的声音。

3. 搏克(摔跤)手退役仪式:在"那达慕"节日中,各项比赛开始之前首先要进行一项古老的仪式即老搏克手退役仪式和年轻搏克手授予"将嘎"仪式。蒙古语称"搏克达尔拉胡(boke darhalah)"和"将嘎奥拉古乎(jiangga olgoh)"。两名身经百战声名赫赫的两名老搏克手进场,主持人介绍他们一生比赛的成就,接着双方进行一段表演性的搏克比赛,最后奖给每人一匹白马和一些物品。蒙古族崇拜白马,认为是英雄的坐骑。尔后老搏克手退役仪式结束。参加退役仪式的搏克手不能再参加任何形式的搏克比赛。[①]

4. 授予"将嘎"[②]仪式:年青搏克手入场。排成半圆形站立。搏克协会主席依次对搏克手们的摔跤经历和突出功绩进行介绍。这时退役的老搏克手把自己搏克生涯和荣誉的象征——将嘎摘下来,年轻的搏克手们虔诚地从老搏克手中接过来,把将嘎带到自己脖子上,他们鞠躬退场。从此新搏克手承担着传承的重任。应该说明的是,不是所有参加搏克比赛的人都有资格佩戴将嘎,只有在比赛屡屡获胜、德高望重的摔跤手才有资格佩戴将嘎。

这一组文化符号与前一组文化符号的物化表现形式不同,它展现的不是民

---

① 文日焕主编,邢莉编著:中央民族大学口头非物质文化遗产中心 985 项目《中国少数民族重大节日的调查与研究》,张曙光撰写:《蒙古族那达慕的调查报告》,民族出版社 2011 年版。

② "将嘎"是搏克手的装饰,"将嘎"是用缎制成项圈,并垂以蓝、红、黄、绿、白五色彩条。只有在大型的那达慕上搏克手获得冠军时,才有资格佩带"将嘎",每获得一次冠军,"将嘎"上再增添一束五彩绸带。这是搏克手荣誉的标识。

族国家的文化符号，而是传统的民间文化符号。以九字出现的牲畜是吉祥的象征，像狮子一样勇猛的摔跤手的退役仪式，新摔跤手荣誉的标识——"将嘎"及其所包容的完整的叙事仪式等都属于传统的象征符号的范畴。从这组象征符号中可以看出：

其一，这组文化符号展现的是民间传统的叙事："传统是在社会群体中经过全体成员、或者他们的局外代言人的选择，所遵循的行为和叙述的示范……学者们指出，这种说法颇有新的味道，因为它采用了社区的观点，丰富了自己对传统的认识。同时又将社区群体的概念引进对传统的研究，因而很容易导出对'群体认同'的思考。"[①] 就其价值来说，如果前一组文化符号体现的是现代民族国家的存在和价值，这组文化符号则表现出来的是族群的存在和价值，所表现出来的行为归属主要属于"文化民族"。

其二，相继进行的搏克（摔跤）手退役仪式和授予"将嘎"仪式是民族文化身份的表述，这是一个层面。但是老摔跤手退役仪式和授予"将嘎"的仪式纳入了东乌珠穆沁旗旗庆50周年的庆典中，仪式的展演表层是：老摔跤手退役：即从一个被社会公认的著名摔跤手向社会宣告退出摔跤手角色的过渡礼仪。将嘎授予仪式：新一代摔跤手从不被社区认可到被社区公开认可的过渡礼仪。其深层层面表述的是：这两个那达慕的仪式成为乌珠穆沁旗庆典的重要组成部分，与第一组仪式一样，再次展现民众对民族国家的认同。

其三，在日常生活中，我们谈到国家、社会、个人的时候，很难体验其关联性，但是通过仪式和符号所表述的文化心理的共同认同，把国家、社会、个人联系在一起。所以仪式所包含的符号不是可有可无的，而是至关重要的。可见民间文化绝不是主流叙事的消极框架，而是具有自身的不可违抗的"权利话语"，而这种"权利话语"得到了民族国家的充分认可。

第三组文化符号：

1. 在东乌珠穆沁旗的庆典上出现马队仪仗队的表演，由牧民骑马组成的仪仗队是按照乌珠穆沁民间叙事和蒙古族传统礼仪组成的。马队分9列，领头者

---

① ［芬］劳里·韩克等（Lauri. Honko and P. Laaksonen），*Trends in Noudic Tradition Research*. In Studies Fennica. Helsinki. 1983. 27。转引自董晓萍《田野民俗志》，北京师范大学出版社2003年版，第46页。

骑乘白马，高举苏鲁德①，紧随其后的是象征成吉思汗 64 匹神骏的方队，一共由 8 种不同颜色的马匹、每种 8 匹组成。它是源自乌珠穆沁叙事民歌《吉祥八骏》中描述的 8 种毛色的神马，包括枣红、淡黄、枣骝、灰白、斑毛、黑色、褐色、白色等八种毛色。骑手是不同性别、不同年龄段的牧人，有少年、青年、壮年、老年等，他们手持与牧马相关的马鞭、马刷、套马杆等马具。

图 8.2.2 开幕式关于英雄时代的展演 周加摄

2. 由政府主导举办的劳动模范的表彰大会，旗领导人宣布劳动模范的名单，他们是在东乌珠穆沁的发展和建设中涌现出来的各个行业的优秀人物，旗领导给劳动模范佩戴红色绶带，并宣布他们是那达慕的重要嘉宾。

第三组文化符号与第一组和第二组都不相同。如果说第一组符号为现代旗庆庆典系列符号的展示，第二组符号为传统符号在现代的展示，那么第三组符号就是传统符号与现代符号的"衔接"，显示的意义是：

其一，旗庆庆典的仪仗队穿的是模拟成吉思汗时代武士的服装，手持的苏

---

① 苏鲁德：亦称"黑纛"，为成吉思汗的战神。"它是一种能够统一和启发全体蒙古族军民的思想和智慧，使他们产生所向无敌的精神力量的偶像。"参见赛音古日嘎拉、沙日勒岱《成吉思汗祭奠》，郭永明译，内蒙古人民出版社 1987 年版，第 181 页。

鲁德是出现于公元 11 世纪的成吉思汗的旗徽，这无疑显示了传统，但是其出现的时态不是 11 世纪—13 世纪，而是出现在 21 世纪，这就说明，传统已经不是昔日的传统，已经离开了昔日的上下语境，在民俗叙事上记忆文化的权威已经弱化乃至遗失，人们从中追寻的是对记忆文化价值的再认识。劳里·韩克认为："每种时态变化的背后都隐藏着社会和人际关系的变化。"成吉思汗的军徽在民族国家中 50 年旗庆时出现，这是"被发明的传统"。"'被发明的传统'对于现当代历史学家所具有的独特重要性无论如何是应当被指出的。它们紧密相关于'民族'这一相当晚近的历史创新以及与民族相关的现象：民族主义、民族国家、民族象征、历史等等。"①

其二，在第三组的里，表彰劳动模范是旗庆的重要内容之一，红色的绶带是劳动模范的重要标识。同时劳动模范被宣布为那达慕的重要嘉宾。在这里牧人是劳动模范为转喻，而劳动模范为那达慕的嘉宾为隐喻，因为后者是属于不同的文化场合的象征符号。

其三，传统的那达慕大会与庆祝旗庆的庆典是两个不同的文化空间，一个属于传统，一个属于现代，第三组的文化符号把把传统与现代、过去时与现在时有意识地联系在一起。我们看到被人类分割的时空的框架里的事物又衔接在一起了。从这个意义上说，传统在现代中传递，现代在传统中展现，而传统在被重复和被传递中展示新的意义，也就是说它在新的意义中存在。

第四组文化符号：

与平日生活不同，在 2006 年东乌珠穆沁旗旗庆中，在主席台的东西两侧那达慕会场上分别搭建了 250 座蒙古包。东乌珠穆沁旗有 52 个嘎查，政府规定每个嘎查出 10 个蒙古包，共搭建了 500 多座。东乌珠穆沁旗牧民从总体上来说已经完成了从游牧到定居的过渡，他们有了固定的住所，蒙古包在民众的生活中趋于消失。但是在旗里庆典举办大型那达慕的时候，搭建的每个蒙古包组成了一个蒙古族的家庭。（1）蒙古包是一个生活的空间。蒙古包的门一律朝南开，中央放置炉子，炉子上烧着奶茶。周围摆设有木质的碗柜、板柜、板箱、方桌等。包的北正中挂着成吉思汗像，西北侧供奉着那达慕神像佛龛，两边柜子上摆放着供品。西南主要摆放男人们的放牧用具：马鞍、马鞭等。（2）蒙古包是

---

① ［英］E. 霍布斯鲍姆、T. 兰格著《传统的发明》，庞冠群译，译林出版社 2004 年版，第 16—17页。

一个民俗娱乐的空间。牧人在节庆期间唱歌、跳舞、下蒙古象棋、玩游戏等。在举行那达慕期间,人们在蒙古包内渡过一段休闲时间。(3)蒙古包是一个交流、沟通情感的空间。在此既有各苏木之间、各嘎查之间在诸方面的交流与沟通,也有与其他地域、其他民族的交流与沟通。第四组文化符号具有独特的意义。

其一,在我们研究游牧文化变迁的时候,蒙古包的逐渐消失是游牧文化衰微的重要的象征符号之一。但是在旗庆举行的那达慕期间,牧人可以重温蒙古包内的生活,他们穿着蒙古袍,说着蒙古语,烧着奶茶,重现了蒙古包生活的集体记忆。这样的集体记忆不仅仅将分散于草原的苏木嘎查的人们聚集到一起,形成了那达慕节日期间的联合体,还可以追溯到"游牧王国"的盛况,建构起族群历史记忆中的"古列延"[1]的想象。在节日庆典阶段度过"阈限期"[2],构成了牧人对游牧生活的回忆。我国蒙古族在 21 世纪初期的那达慕明确宣称是传统的延续。

其二,五百个蒙古包的建筑及在这一阶段的生活是曾经草原的生活。况且由于是乌珠穆沁旗的庆典已经经过国家在场的形塑,从这个角度来说,这是一种展现的"真实",而不是一种在现实生活中存在的真实;是一种衍生态,而不是本生态。本生态是事物本质及本质属性与时空环境一起呈现的整体状态,在游牧文化衰微、牧人已经定居的时候,蒙古包的本生态已经消失。

其三,牧人搭盖的五百个蒙古包群,在蒙古包内渡过七天的生活,构成了现代那达慕的"小传统",表达的是蒙古族民众曾经的生活世界。如果说主席台展现的文化表述是"大传统",代表的是国家权力政治的单一性和排他性,那么游牧生活重要的标识性符号——蒙古包群的出现是"小传统"的象征。在当代乌珠穆沁旗举办的那达慕,"大传统"与"小传统"也在互相渗透、互相诠释。

---

① 在古代社会,一个氏族,毡帐数百,列成环形,集体游牧,称为"古列延"。参见[波斯]拉施特·哀丁主编《史集》,余大钧、周建奇译,商务印书馆 1985 年版,第 1 卷第 2 分册,第 86—87 页。

② 范·根耐普认为仪式经过三个阶段:隔离、阈限期、包容阶段。人们经过隔离进入阈限期,既丧失了原有的身份,也没有获得新的身份,这种阶段也称为"空无"。参见[韩]金光亿《现代背景下的宗教和礼仪》,载周星、王铭铭主编《社会文化人类学讲演集》(上),天津人民出版社 1996 年版,第 393—395 页。

（二）那达慕传统的新建构

目前蒙古的牧业区域那达慕的传统还存在，但是当我们今天去考察的时候，已经发生了很大的变迁。田野考察表明，历史传统的重新呈现，为民俗学科焕发了新的生机。"文化在我们探询如何去理解它时会随之消失，接着又会以我们从未想象过的形式呈现出来。"① 在此我们的思考是：

其一，虽然经历了社会的政治、经济、文化等诸方面的变迁，就人口而言，东乌珠穆沁旗有 7.09 万人，蒙古族人口 4.08 万人，占 72.2%。城镇人口占 44.8%，牧区人口占 55.2%。由于牧业生计方式的存在，在牧业地区那达慕的文化符号仍旧在传承、被享用。但是在传承和享用的过程中，我们应该关注民俗文化主体的变化。蒙古族首先具有的是国家公民的身份，享有国家公民的基本权利和义务。"共和国家的基本语义正是'公民性'，民族国家的'正义'也是'公民性'。"② 但是我们谈到的"公民"是具体的"民"，是具有其祖先遗留下来的文化传统的具有特定族群身份的"民"。文化民族的归属感往往从民族民间传统文化中体现出来。这种状况集中表现在民族作为历史性表述单位的边界交错。

其二，传统的消失与传统的复兴。文化接触和文化涵化接受来自外部的影响，由于各种各样的因素，蒙古草原传统的游牧区域在相当长的时间内已经成为了农业区域或者半农半牧的区域，只有很少的一部分区域还完全从事牧业，从总体来说，那达慕这个文化符号所传承、所享用的地域在缩小。在清代和民国成为农区的地域，那达慕的符号已经消失。今天居住在呼和浩特和包头之间的土默特蒙古族农民，他们从牧业转向农业，从说蒙古语转向说汉语，在这个地区，蒙汉通婚比较普遍，其文化变迁的力度很大。即使现在主要从事牧业的锡林郭勒草原，那达慕也不可能保持"原生态"，前面我们阐释了那达慕与敖包祭祀的一体关系，祭祀敖包是那达慕产生的语境，但是在东乌珠穆沁旗的庆典上，敖包祭祀已经不存在。

---

① ［美］马歇尔·萨林斯：《甜蜜的悲哀》，王铭铭、胡宗泽译，生活·读书·新知三联书店 2001 年版，第 23 页。

② 彭兆荣：《论民族与族群在变迁语境中的裂化因子》，转引自徐杰舜主编《族群与族群文化》，黑龙江人民出版社 2006 年版，第 440 页。

在现代社会的发展中，传统又在复兴。目前那达慕呈现出多种形态。就组织者来说，有民间举办的那达慕，有政府举办的那达慕，各级政府嘎查、乡镇、旗、盟等都举办那达慕。还有旅游中的那达慕。就地点来说，有草原那达慕，有城市那达慕。就季节来说，有夏秋季节的那达慕，也有冬季的冰雪那达慕。传统的那达慕是牧业生活的一个重要组成部分。而现代民俗中的那达慕在与牧业生活相剥离。在此我们需要反思一下关于出现在当代的"传统"。在东乌珠穆沁旗旗庆 50 周年所举行的那达慕的个案表述中，我们看到"传统"是一条河，流淌在不同时代、不同上下文的语境中；"传统"是一个容器，其承装的既有已经消失的文化符号，又包括在新的语境下创造的符号，这些被创造的符号并非传统，但是往往借用"传统"的语汇表现出来。"与其把传统看成是万用万灵的发明对象，不如把它看成是一座仓库，在这个仓库里，只有一部分传统，是在任何时代都能被使用的。"当跳舞的非洲人所穿的是苏格兰的百褶裙的时候，"而它的民俗功能，就是用以产生种种古老的和象征性的解释"①。

不论社会和时代如何发展，都是在传统基础上的发展，抹杀传统就是阻遏人类文化的发展，历史证明，一个国家与民族要持续发展的动力，需要的不仅仅是物质财富的创造，"更重要的是文化核心价值体系的建立，而文化体系的建立并不只是靠精英集团的超前意识，而是要形成群体普遍认同的群体力量"②。没有相应的语境和民众，民间口头传统就不能传承："当民俗从一代传给另一代时，有关民俗的传统的态度和解释，也以类似的方式得以交流，即使它们并非总是得到正式的表述。"③ 民族节日是多元文化的表征，它所体现的核心价值是我国现代化建设的原动力，也是在全球化的语境中，建立多元化的文化对话机制的象征资源。

其三，在我国大踏步工业化、现代化、国际化的过程中，东乌珠穆沁旗旗政府举行 50 年庆典采取了传统的那达慕形式。

众所周知那达慕是一组民间叙事，它的存在用以识别蒙古族的民间叙事的语言象征系统、身体运动规则、社会组织机构、地方文化文脉和民族认同机理

---

① 转引自董晓萍《田野民俗志》，北京师范大学出版社 2003 年版，第 47 页。

② 贾磊磊：《聚合无形文化的隐性力量》，《文化研究》2008 年第 3 期。

③ 刘魁立主编，阿兰·邓迪斯著：《民俗解析》，户晓辉译，广西师范大学出版社 2005 年版，第 41 页。

等。我们应该注意对民间叙事的整体把握，注意民间叙事特有的属性，那达慕形式生动活泼，反映了民众的生活艺术和意识形态，属于非主流文化的范畴。而建旗 50 周年是政府宣传和总结新中国成立后建设成就而举行的庆典，① 也就是说属于国家的政府的即主流文化的意识形态的张扬。这是因为：一方面经过了"文革"时期对传统的破坏，在新时期官方在重新对一个族群的根脉文化进行反思，也在重新做出价值判断和建构；另一方面，历史上早就存在官方举办那达慕的传统，这恰恰把反思文化和生长文化结合在一起了。民俗研究的是传统与现代的衔接，在 21 世纪语境中的那达慕在继承传统中变迁。

东乌珠穆沁旗成立 50 周年的那达慕的庆典上展现了传统与现代交织的文化符号，这些符号在那达慕的会场上凝聚和整合，成为一个整体。由于政治的、经济的、信仰的、心理的诸种原因，那达慕的文化符号发生了变迁，蒙古语中的传统的"那达慕"被翻译为"娱乐"、"游戏"，但是在民族—国家的型塑下，现代的那达慕具有了新的象征意义。民族—国家将民间传统的文化符号意识形态化，将其纳入民族—国家政治、经济、文化发展的体系中，而民间传统也在民族国家的调控下寻找自己的生存空间和文化空间，以自己的传统适应民族—国家的环境。由此我们看到"国家与社会的划分界线发生了某种程度的模糊，统治意识形态与地方性知识的边界也不再清晰"。② 通过这个个案，我们可以看到社会与文化格局的变迁。

三　那达慕核心符号的传承、衍化与族群认同

从上节可以看出，男儿三艺的传承的整体展演，那达慕仪式的角色和意义发生了改变，"想象的共同体"民族国家把本土文化传统纳入到民族国家的体系之中，这是一方面；另一方面，在我国步入现代化的时候，在世界经济一体化的语境中，蒙古族民众对自己累积的传统节日表现了极大的认同。这表现出强大的惯性的民俗力量。传统的规范力量对于社会较多的人来说，更多的是一种集体记忆。

---

① 作者参加了呼伦贝尔盟撤盟改市，即改为呼伦贝尔市的庆典，在这个庆典上也举行了那达慕。

② ［韩］金光亿 1996：391—392，转引自郭于华主编《仪式与社会变迁》，社会科学文献出版社 2000 年版，第 5 页。

（一）那达慕在当代的传承

从民俗学的角度看，民间叙事就是传统传递的重要路径。以往的叙事学研究，往往是文本的研究，缺乏对民间叙事动作性的关注，其实也不仅仅是缺少对人类行为动作的研究，而是没有站在"他者"的立场，对"民"的研究及对民众赖以生存的鲜活的生活世界进行研究。在乌珠穆沁旗旗庆 50 周年的那达慕大会上，我们看到那达慕的核心符号"男儿三艺"在现代语境下的叙事和传承。"传承性是民俗发展过程中显示出的具有运动规律性的特征。这个特征对民俗事象的存在和发展来说，应当说是一个主要特征，它具有普遍性"[1]。蒙古族的"男儿三艺"的在特定的时空环境和特定的群体中显示出的本质属性被传承下来。

文化学者重视对身体的谱系学进行分析，这种分析可以追溯到古希腊时代。晚期的胡塞尔提出："生活世界"和"主体间性"等概念，就在于打破冰冷的理性来拯救形而上的缺乏生机的哲学。《知觉现象学》指出，"身体是客观空间的一种方式。在习惯的获得中，是'身体'在理解，'身体'是我们在世界中的定位"[2]。民俗学家看来，承载文化的身体就是民间叙事的语言，是民间叙事的情景化的特征："因此我们可以在更加普遍的意义上说，我们所有的人相互认识的方式，是通过让对方描述，通过作描述，通过相信或不相信有关对方过去和身份的故事。"[3] 不同族群的人是由不同的文化形塑的。在那达慕大会上，传统的男儿三艺的以视觉符码显示了这样的群体记忆。

其一，骑马、搏克（摔跤）、射箭比赛的展演

东乌珠穆沁被称为"搏克之乡"。从参赛的人数看，传统的参赛人数规律是以 2 的 n 次方为特点，按照 2、4、8、16……直至 512、1024、甚至 2048 的人数进行。为了显示该旗 50 年所取得的成就，这次成年的搏克赛就是 1024 人。从基本动作看。摔跤手的基本功包括站式和握式两种。搏克比赛以巧取胜，一跤定胜负，身体任何部位着地都为败。据统计，乌珠穆沁搏克技巧已总结出基本技能 10 种，技巧 345 种，包括捉、拉、扯、推、压、缠、挑、勾等各种技

---

① 乌丙安：《中国民俗学》，辽宁大学出版社 1985 年版，第 36—37 页。

② ［法］梅格—庞蒂：《知觉现象学》，姜志辉译，商务印书馆 2001 年版，第 191 页。

③ ［美］保罗·康纳顿：《社会如何记忆》，纳日碧力戈译，上海人民出版社 2000 年版，第 18 页。

法。他们严格恪守着比赛中的传统规则。①

图 8.3.1 摔跤的竞技 周加摄

　　搏克手的胜败在于思想上，蒙古搏克手是不惧对手的，就算是一百二三十斤的人也能把二百多斤的人摔倒。搏克比赛时首先眼睛一定要快，眼睛快身体才能灵活移动……必须要比对手抢先一步，要比对手先弯下腰。不管与什么人摔跤，如果总是拘束于友好情谊的话，就意味着败给对方，所以要不惧对手。②

　　我们蒙古人，只要一心想当搏克手并为此而努力的话，一定会如愿以偿的。我们蒙古人天生就是大力士，祖祖辈辈都身强力壮，我们民族被称作是搏克民族。因此我常常对现在的孩子们说，你如果想当搏克手，就一

---

　　① 参见文日焕主编，邢莉编著：中央民族大学 985 项目《中国少数民族重大节日的调查与研究》，张曙光撰写：《蒙古族那达慕的调查报告》，民族出版社 2011 年版。

　　② 被访谈人：YDM，男，70 岁，蒙古族，东乌珠穆沁旗萨麦苏木牧人，访谈人：张曙光，于 2006 年 7 月，在东乌珠穆沁旗萨麦苏木。

心一意地去努力，不要今天说我想当歌唱家，明天又说想当舞蹈家、想做买卖什么的，只在一件事情上下决心，把博克手作为自己的奋斗目标，一定会成功的。①

在赛马场上，以"马上民族"著称的草原蒙古人恢复了骑在骏马上的勃勃英姿。2006 年东乌珠穆沁旗那达慕上的赛马分为：远程马赛 30 公里、鞍马赛 15 公里、走马赛 15 公里、儿马赛 15 公里、马驹赛 15 公里等五种。远程马赛有 200 多匹马参赛。广阔的草原是天然的赛马场。赛场两边以插旗为标志。根据参赛的人不同，得奖的人数也不同。远程马赛奖励前 128 名；儿马和马驹比赛奖励前 32 名。

传统的射箭已经消失，为了恢复这一传统项目特地从锡林浩特市请来学校射箭班的教练和学生开展了射箭比赛。比赛分专业队和业余队。专业队由受过专业训练的学生组成。专业队员参赛的有 20 多名，业余队员参赛的有 100 多人。选手年龄从 15—16 岁的青年到 50 多岁的老人。专业组和业余组都采取了较为灵活的比赛规则，采取单一赛制，射程为 20 米，比赛时每名选手射 9 箭，没有严格的时间限定，以射中环数多少来累计分数，并决出排名。如有相等环数者，进行再次角逐。这种比赛规则不同于奥林匹克比赛规则，按照奥运会的比赛规则，射箭比赛一般经历排名赛、淘汰赛和决赛 3 个阶段，射程均为 70 米，也不同于传统的比赛规则。② 虽然参赛的学生和牧人都大多数都身着蒙古袍表示出参与的热忱，而民众更感兴趣的是赛马和博克。

在乌珠穆沁旗 50 周年庆典所举办的那达慕大会所展现的"男儿三艺"的符号就是"文化表演"。在这个特定的时间和空间的限制中，文化表演显示着特定的结构样式。如果说传统的蒙古族史诗是一种宏大的民间叙事的话，"男儿三艺"的展演同样为规模宏大的民间叙事。所不同的是，那达慕的民间叙事是民众的一种行为方式，是一种集体公平参与的公众场合。

其二，"男儿三艺"仪式的展演

① 被访谈人：BYERBT，男，30 余岁，蒙古族，东乌珠穆沁旗著名摔跤手，访谈人：中央民族大学硕士白丽丽、周加，于 2006 年 7 月，在东乌珠穆沁旗。

② 参见文日焕主编，邢莉编著：中央民族大学 985 项目《中国少数民族重大节日的调查与研究》，张曙光撰写：《蒙古族那达慕的调查报告》，民族出版社 2011 年版。

在前一节我们已经谈到搏克（摔跤）手退役仪式和"将嘎"授与仪式。在此应该提到的是，两位搏克手退役还要象征性地进行比赛，而不是直接接受赞誉和礼物。在将嘎授予仪式上，老搏克手把将嘎从自己的脖子上摘下来，置放在新搏克手的脖子上。将嘎是蒙古族民俗节日特有的象征物，是力量、勇气和荣誉的象征，象征性的比赛和将嘎的传递都在暗示搏克手的传承，这里不仅包含技艺的传承，更重要的是一种精神的传递。仪式的传承和民族精神的传递是在节日的公共的场合举行的，节日是民众的狂欢节，对于摔跤手和场上的民众来说都是一种过渡状态，在双向的互动的过渡状态中，唤起、传递强有力的感情和民族精神。

那达慕"男儿三艺"之一的赛马活动也有相关的仪式的展演。绕"桑"是赛马比赛开始前的一个"祈福"的仪式。东乌珠穆沁旗建旗50周年那达慕的赛马前绕"桑"仪式，是在赛马比赛前一天傍晚举行。主席台的东南侧，摆放了铜制大香炉，点燃了艾草、檀香、柏枝等香草料，当各种香气弥漫在草原上的时候，穿戴传统的赛马服装的骑手们乘骑装饰一新的剽悍的赛马，在斡亚沁（吊马手）的牵引下，在祈祷旋律的"玛日赛"①的歌声中，赛马手虔诚地绕着煴桑炉顺时针方向转三圈，以祈愿赛马奋力驰骋，名列前茅。绕"桑"是藏传佛教民间化的信仰仪式，人们认为，香雾可以驱除鬼魅和污秽，净化心灵。在赛马前绕"桑"，不仅使得心灵得到净化，而且有希冀得胜的期盼。②牧人认为赛马是有灵性的动物，能感知主人的心愿。对于参赛者来说，绕"桑"仪式是拼搏前的平静，是展示其与骏马的密切关系，是唤起对于民族传统的情感。对于这个文化空间的公众来说，是激烈比赛前的展示——身着赛马服的英姿勃勃的骑手、具有高超技艺的吊马人及打扮一新的骏马，在公众的品评中增加拼搏的勇气和力量。仪式是一种可操作的言语，是受传统支配的象征性的活动。"我尤其抓住纪念仪式和身体实践不放，因为我想论证，正是对它们的研究使我们明白，有关过去的意象和有关过去的记忆知识，是通过（或多或少是仪式性

---

① "玛日赛"是藏传佛教菩萨名，据说祭拜菩萨，可保佑众生。（张曙光注）

② 桑，指煴祭仪式，同时也是指煴桑时在香炉里燃烧的松叶、柏枝。这是赛马前的祈福仪式。参见文日焕主编，邢莉编著：中央民族大学985项目《中国少数民族重大节日的调查与研究》，张曙光撰写：《蒙古族那达慕的调查报告》，北京，民族出版社2011年版，第436页。

的）操演来传达和维持的。"① 这类符号编码不断地重复延续，成为那达慕文化的标识。

图 8.3.2　那达慕的赛马　张曙光摄

其三，蒙古族民族服饰的展演

摔跤和赛马都有特殊的传统服饰。摔跤手的入场式传承了摔跤手穿的"昭德格"（博克跤衣），保持了传统的模仿鹰的跳跃动作。从参赛服饰看，摔跤手身着传统的摔跤服，是以香牛皮制作的，革制坎肩最有特色，蒙古语称"卓铎格"，皮坎肩上的泡钉以铜或者银制作，蒙古语称"涛不如"，通常 128 个，与博克比赛参赛人数量相当。"卓铎格"的后背讲究装饰，后背中间有圆形的银镜或者有金属镶嵌的其他图案。上面有蒙古语的"乌珠穆沁"、"吉祥"之类的字样。下身穿用 32 尺或 16 尺白布做成的肥大"班泽勒"即摔跤裤，外面套一条绣有各种动物图案的套裤，套裤的式样和花纹可谓各呈其彩。有火形、花蔓形、狮子形、龙凤呈祥等吉祥图案。火形象征对火的崇拜；花蔓形象征魅力草原；狮子象征勇敢无畏；龙凤呈祥象征吉祥和美。虽然图案各异，但是都反映

---

① ［美］保罗·康纳顿：《社会如何记忆》，纳日碧力戈译，上海人民出版社 2000 年版，第 40 页。

了草原民族的文化气质和文化品格。摔跤手腰缠一宽皮带，也有的缠绸带，著名的摔跤手的脖子上戴着将嘎，以已有的荣誉激励更大的奋进。

我的套袖现在值3—4千元，一个月不能缝完。如果在一个月缝制完成的套袖绝不是很好的套袖。是我妻子给我缝制的。我的搏克裙裤腰宽48尺。上面绣有龙、蛇、狮、虎图案。我的套袖是双龙戏珠图案。是条草蛇。草蛇图案是一个已故著名搏克手的套袖图案，我花1000元向别人把这个图案买回来的。穿着这样的套裤，多神气，准能取胜。你们问为什么绣这样的图案？蒙古人嘛，喜欢勇敢，不喜欢娇气。蒙古男人喝大碗酒，吃大碗肉，骑马，有力气。①

图8.3.3　琳琅满目的服饰　周加摄

服饰是一个族群文化的重要标识。蒙古族的传统服饰是以长袍皮靴为特色的，是与草原的生态环境和逐水草而居的生产、生活方式相适应的。由于草原

---

① 访谈对象：M.SYL，男，蒙古族，著名搏克手，西乌珠穆沁旗人。访谈人：白丽丽、周加等，访谈时间：2006年7月25日，在西乌珠穆沁旗。

生态环境的破坏，草原面积的缩小，游牧生计方式的转型以及生活方式的转变，同时也由于现代化对传统服饰文化的冲击，日常生活的服饰发生了很大的变化，只在很少的地区保留传统服饰。但是在那达慕的大会上传统服饰的展演琳琅满目。身着服饰的表演者和身着服饰的观看者都在以服饰符号表明我是谁，我的文化在哪里，也表明现代国家中的公民身份的族群意识。在族群意识和族群认同两者之间，族群意识决定族群认同。族群意识具有"我们"和"他们"的区别。族群意识回溯每个民族的传统，是传统的价值、规范、经验、观念、知识的总和。当世界经济一体化和步入现代化的过程中，族群意识已经淡化，而通过节日这样特殊的场合，加强了民族认同。观看的民众和各级领导也有不少人着蒙古袍，他们以积极的态度认可自己民族的文化，这就意味在21世纪现代化的语境中，蒙古族通过自己传统的文化符号确认自己的族群在多元文化中的地位，去保护一个象征文化的存在。

其四，蒙古族口承文化的展演

那达慕是一个整体的表现草原文化特质的文化。口承文化是那达慕重要的组成部分。在那达慕结束那天进行的颁奖仪式上，民间艺人给获奖的前三名马献上曲调悠扬的赞马词，传统的赞马词是：

> 在大地无法容纳的马群中，
> 它是佼佼者，
> 在众多生灵中最受人宠爱。
> 从遥远的天际奔腾而来，
> 如离弦之箭，
> 甩掉所有的马匹飘然而至，
> 眨眼之间它已率先，
> 显赫的"万马之首"的封号，
> 眨眼之间便为它占有。
> ……

这是当代的"文化表演"，"文化表演中最强调的是一个社群的表演语境，这个社群分享表演中的一系列面貌。在'文化表演'中有预设的事件，有预设的表演时间，有表演空间，空间中有象征标志。"① 抑扬顿挫的赞马词是在公共场合那达慕赛场中展现的文化沟通。这里包括：（1）祝赞词的演唱沟通了歌手、参赛人与观众的关系；（2）它沟通了人与马的关系；（3）它沟通了人与草原、人与整个自然界的关系。它伴随的意义不断呈现、深化、扩展，同时受众者也在不断加深理解中更新和提升。在此我们看到习俗和传统的连续性。在世界民族之林中，蒙古族的口承文化传统是非常丰富的，但是在游牧社会发生巨大变迁的时候，口承传统正在迅速消失，也有的地区在举办那达慕的时候，已经丢弃了口头传统。而在此次那达慕大会上，口承传统的展演凸显了蒙古族的文化身份，它是蒙古族集体自我意识的体现。在这个节日里，无论是"男儿三艺"的表演者还是观看表演的民众都沉浸在共同的诉求中，沉浸在共同的精神分享中，都沉浸在一种亲和力和凝聚力中。

在"文化表演"的概念下，旗庆中蒙古族骑马、摔跤、射箭展现的"男儿三艺"的传统符号具有了新的内涵。近年来，人类学、民族学对族群认同的问题极为关注。学术界致力于将这个概念本土化："一个族群的自我认同是多要素的，即往往同时包括民族归属感，语言同一，宗教思想一致和习俗相同等。"② 蒙古族是少数族群，在中华人民共和国的蒙古族公民在政治上享有与其他民族平等的待遇，蒙古族在政治上认同国家政体，维护民族团结。在全球经济一体化的背景下，面对21世纪，这个群体一方面在作政治的认同，另一方面，它还以自己与"他者"不同的传统文化在认知自己，也在告知"他者"："我是谁？我的祖先拥有什么？"这对于一个社会群体而言，文化认同是建立在共同意识的普遍营造上面的。

> 虽然我不是搏克手，但看过很多次搏克比赛，所以觉得搏克手们都很机智灵敏。从历史上来看，在成吉思汗时代，成吉思汗就是通过摔跤结交木桦犁这个朋友的，成吉思汗的好朋友后来又成了成吉思汗的大将军。历史上真的是这样写的……木桦犁有摔跤的本领，成吉思汗结识了这个英雄。从这方面来看，搏克手不仅仅擅长摔跤，他们在各个方面都很优秀，他们

---

① 孟慧英：《语境中的民俗——美国表演理论述评》，载周星主编《民俗学的历史、理论与方法》，商务印书馆2006年版，第683页。

② 郝时远：《对西方学界有关族群的辨析》，《广西民族学院学报》2002年第4期。

有思想、有智慧、身体健壮，摔跤是蒙古族的特长。①

　　博克是有传统的，博克手的基因是会遗传的，人们是无法改变它的，它会代代传承下去的。不是在母亲的宗族里出现过博克手，就是在父亲的宗族里出现过。若父亲的宗族里没有的话，就在祖父的宗族里有。就这样随着血脉一代代传承下去……②

　　"男儿三艺"的展演绝不仅仅是三项技艺的展演，在表演者和观赏者之间，在民俗的互动中"群"的概念使民俗中的"民"进入"言语社群"的状态。他指的是分享语言和其他的文化模式的"群"。在一个言语社群里，通过"男儿三艺"的民俗表达，分享共同的意义和族群的自我认同。族群文化精神在总体化国家意志的边缘处发挥了边际效应，展示了现代性对差异的渴求。

　　在我们谈到民俗文化在族群和地域上显示的文化差异的时候，我们还应该注意到其差异的限度，也就是不能把这种差异任意扩大。从表层看，那达慕承载着民众生活制度和行为规范的内涵，是这些内涵上下传承的基本载体；从深层看，一个特定民族（社群）的民俗文化，体现着民族的性格，因而与那里的民众有着深深的情感纽带，又凝铸着她的民族精神。我们对自己民族的文化精神是什么，至今缺乏统一而科学的解说和全民认同。民族民间文化是民族精神的根脉，是民族精神的源泉。民族民间文化中到处都洋溢着的"生生不息"的意识，这就是中华民族的文化精神。这也是中华民族跻身于世界民族之林的文化基因。那达慕所体现出的一个族群的精神已融入了中华民族的整体的民族精神之中。中华民族的文化在差异性中显示一体，在一体中看到差异，但是在文化内核——民族精神的体现上，是美美与共的自强不息。

（二）那达慕符号的衍化

　　当我们努力从现代的那达慕的展演中在寻找传统的时候，传统在悄然退去，我们看到的是在现代语境中的"传统"，而不可能是传统的"原生态"。马歇

---

　　① 被访谈人：BY，男，蒙古族，40余岁，东乌珠穆沁旗牧民，访谈人：白丽丽、周加，于2006年7月，在东乌珠穆沁旗。

　　② 同上。

尔·麦克卢汉提出了地球村的概念。其概念的核心是全球化的大众传媒把整个世界连在一起。全球化打破了各民族的文化封闭状况，使人们树立"全球意识"、"世界意识"、"人类意识"，这又是一种文化意识。"普世性的文明所占的比重正在逐渐提高而且定将越来越高，而不是相反，科学技术的跨地区、跨民族的普及，市场经济和机制的超越国界、区界的传播，对人际关系之间的距离（差别）逐渐地、明显地缩小。"① 传统的文化包括观念、思想、制度等层面，也包括宗教信仰、民族心理都发生了很大的变迁。在当代的语境中，蒙古族的那达慕——草原文化的这一特定的文化符号发生了很大的变迁。

其一，敖包祭祀与那达慕的剥离。如前所叙，作者认为，那达慕的起源和传承与敖包祭祀有关。（1）对此文献不乏记载；（2）作者于2007年在东乌珠穆沁旗考察，民间的那达慕的第一议程是祭祀敖包，也就是从本源上说，敖包祭祀是那达慕的重要组成部分。举行"男儿三艺"的空间是草原，这是一个泛化的观念。敖包祭祀的空间化和时间化使得"男儿三艺"的展示空间化和时间化。"这样空间化的时间，通过人们的祭仪行为被反复地追踪和实践，从而在空间上形成了人类的经历。"② 在旗庆的个案中，现代国家要在建构的过程中利用节日民俗的共时性、公共性，把一个族群的民间节日仪式变成政治集会和各种宣传活动的场所，汲取了其娱乐的部分，而剥离了其祭祀仪式。民族国家不仅是"想象"的，而且是行动的、实践的和控制的。"正因为如此，在理解一种宗教现象或者文化现象的时候，就需要考虑政治、经济和社会形势。也就是说，要结合具体的政治、经济和社会背景，来理解宗教和文化体系。"③

"敖包—那达慕"是蒙古族文化的象征符号。如果把文化看成人类对自然、社会和人类心理的适应、调节的产物，那么首先产生的是对生存环境的调试，因之形成了经济生产方式而决定了文化形态。在联合国教科文组织呼吁保护口头非物质文化遗产的时候，敖包祭祀同样被评为国家级口头非物质文化遗产，因为其存在着保护生态环境的合理内核。乌珠穆沁旗的旗庆那达慕取消了敖包祭祀，这是那达慕的转型。

---

① 沈洪波：《全球文化方法与国际关系领域的文化研究》，《文化研究》2008年第9期。
② ［韩］李窗益：《民俗的时间、空间和近代的时间、空间——祭仪时空间的变化》，载周星主编《民俗学的历史、理论与方法》（下册），商务印书馆2006年版，第533页。
③ 转引自郭于华主编《仪式与社会变迁》，社会科学文献出版社2000年版，第164页。

其二，马匹的减少与"男儿三艺"的困境。蒙古草原游牧文化以马著称于世，牧人骑马放牧，骑马出行，骑马征战，马是牧人的伴侣，马背是草原牧人的家，是草原牧人的天堂。草原那达慕的"男儿三技"——赛马、摔跤、射箭构成了互动关系。马文化是游牧文化的核心符号之一。

在传统的牧业社会里，马是属于草原的，草原与骏马是合为一体的。乌珠穆沁草原是锡林郭勒大草原的重要组成部分。锡林郭勒大草原东西长 700 公里，南北宽 400 公里，是元代阿拉忽乞等处马道所在地，为元朝十四道国家马场之一，元朝政府将各地的蒙古马集中在这里繁育。在清代这里仍旧是国家牧场。乌珠穆沁草原在历史上是优良马种的养育基地。乌珠穆沁马的特点是抗寒、抗病、吃苦耐劳。在寒冽的冬天，乌珠穆沁马能够在乌珠穆沁草原上觅食过冬，终年放牧，抓膘很快。乌珠穆沁马还善于行走，日行 50—100 公里。它是古代良种马交配繁殖，经过长期选育形成遗传性较为稳定的优秀马种。

历史久远的整体的马文化是草原游牧文化的重要的标识性的文化符号，也是草原那达慕文化形成的基础，正是在这样的生态基础和物质基础上，赛马是那达慕的重要项目之一。但是传统的赛马如今也受到了现代化的冲击。在乌珠穆沁地区马的数量在减少。我们看到的牧人都是骑摩托车，偶然可以看见骑马的牧人。在第二章第四节里我们已经谈到，（1）马在生产和生活中的功能在减弱甚至消失；（2）由于生产方式的变迁，养马的经济效益相对较小，牧人养马处于困境之中；（3）牧马的草原环境受到拘囿；（4）马破坏草场，不利于草原的恢复。

> 马是自由的动物，活动范围很大，网围栏限制了马的活动，马是有灵性的自由的动物，和别的牲畜不同。也有的人说马破坏草场，我不这样认为。在沼泽地放马，马蹄把土壤踩得结实，还可以改变土壤结构，况且马粪也是很好的肥料。①

> 我叫 TM. BYER，高中毕业后当了马倌，到现在已经 10 年了。有人说马破坏草场，让我说的话，马是从上面吃草的，不吃草根，游动性也很大，

---

① 被访谈人：DERJ，男，50 多岁，蒙古族，鄂温克自治旗马文化协会的负责人。访谈人：邢莉，访谈时间：2007 年 7 月，在鄂温克自治旗巴彦托海镇。

基本上是不破坏草场的，只是草场划分以后，马没有可走的地方，总在围栏里晃悠，对草场的破坏性就显露出来了……①

田野笔记：

> 我再次来到呼伦贝尔大草原，碧蓝的天空和广袤的草海给了我深刻的记忆，的确草原像海，草的起伏像浪潮的起伏……如今面对乌珠穆沁草原上用钢铁架成的一个个围栏，草原被铁丝网分割成无数块，它们遮住了我的视野，在这里，能够找到一处空旷笔直而长远的马儿驰骋的草原已经很难了。

另外，为了恢复草原和保证牧民生活的提高，政府在推行"限马稳牛发展羊"的政策，同时草场严重退化，也是乌珠穆沁马质量和数量下降的原因。由于满都胡宝拉格镇和呼热图淖尔苏木地处该旗的东部地区，气候适宜，牧草丰富，交通不很发达，这两个地区马的存栏数在东乌珠穆沁旗的前列。那达慕的赛马是在养马业昌盛的基础上产生的，马匹的减少，使得草原的那达慕失去了根基。

其三，传统射箭文化的消失和转型。

在现代社会里，一个群体的文化认同的建构一方面显示被主流意识形态所认可的文化的多元性和差异性，另一方面在社会文化转型的过程中同时存在文化断裂的危机。

> 射箭比赛从20世纪50年代开始，在锡林郭勒盟以及乌珠穆沁地区传统弓箭基本没有保留，消失了。在1950年我姐姐出嫁时，我的姐夫佩戴了有五把箭的弓囊，弓囊是牛皮做的。20世纪50年代乌珠穆沁地区民间还保留着传统的弓箭，但是现在没有了。但作为比赛项目，在大型、小型的那达慕上基本都以搏克、赛马为主，而没有射箭比赛了。②

> 射箭与过去的日常生活紧密相连。狩猎时必须射杀，在牧群受到野兽

---

① 访谈对象为乌珠穆沁草原牧民，摘自《人与生物圈》2007年第2期。
② 被访谈人：DMQG，男，近70岁，蒙古族，东乌珠穆沁旗道特淖尔镇牧民。访谈人：张曙光，于2007年7月，在东乌珠穆沁旗。

图 8.3.4　那达慕的射箭　张曙光摄

的侵袭时也用弓箭赶跑它们，所以说与生活有直接的联系。除此之外，男人要出征，也背着弓箭。日常生活、战争、娱乐都用弓箭。①

　　与传统的射箭相比，射箭发生了很大的变化。就射箭的器具来说，传统的弓一般为木质，两端嵌牛角，弓背为半圆形，中间渐内收成圆握柄，绷以牛筋弓弦。箭长约 100 厘米，箭镰形状多样，多为铁质，亦有骨质。箭杆尾饰三排

---

① 被访谈人：DMQG，男，近 70 岁，蒙古族，东乌珠穆沁旗道特淖尔镇牧民；访谈人：张曙光，于 2007 年 7 月，在东乌珠穆沁旗。

鹰羽。现在比赛中完全采用了目前国内通用的射箭比赛器具，包括弓、箭、箭靶、环靶、箭筒、指套、护臂套和护胸等。箭是由箭头、箭杆和箭尾组成，过去以竹、木作箭杆，铁作箭头，羽毛片作尾翼；现代箭杆是铝合金或碳素无缝圆管，钢作箭头，塑料片或羽毛片作尾翼，塑料作箭尾。靶面尺寸也根据国际比赛规则。

传统的射箭比赛分为立射、骑射、远射三种。骑射和远射主要是伴随着大规模游牧时的军事行动，伴随着大规模的游牧兼狩猎生活的消失，这种射法早已经消失，在蒙古国也已经消失了。立射是在距离射击处四五十米远处竖一个五种颜色组成的"毡片靶"，靶上画十个圆圈从外到内依次规定分数。

目前全球经济一体化正在成为一种趋势，现代化的进程已经深入到草原，信息技术和其他科学技术及其理性精神越来越渗透到人们的生活之中，草原上生活的人也在改变生活方式，人们的市场观念、消费观念、民主观念、个体活动和社会活动的法制观念，都显示出理性的、科学的、主体性的文化精神内涵的萌芽。传统射箭在当地的消失和射箭比赛规范主动向国际化的奥林匹克国际射箭比赛的转型，这是全球化、现代化的必然。在历史的长河中和时空的更变中，传统的射箭已经不具备其存在的文化生态环境。在民俗文化的传承中，面临着适应现代语境的问题，在文化变迁的过程中，有淘汰，有选择，而这种淘汰与选择既表达集体性、社群性的文化倾向，又有"大传统"的参与和干预。

其四，搏克文化传承的新模式。

与骑马、射箭相比较，东乌珠穆沁旗的搏克文化在这三项之首。东乌珠穆沁旗具有源远流长的搏克基础，素有"搏克之乡"的美誉。据统计，全旗人口7.09万人，从事搏克运动的人员占20％，这是一个很大的数字。据粗略统计，全旗有各级政府、体育协会以及民众自发举办的有搏克内容的"那达慕"、"敖包会"以及各种各样牧民自己组织的集会上的搏克赛达数百次，直接参加搏克比赛的达万人。[①]

蒙古族的那达慕的搏克已经成为适应草原生态环境和文化环境的优秀文化的重要组成部分。"民俗是世代相传的一种文化现象，因此在发展过程中有相对的稳定性。好的习俗以其合理性赢得广泛的承认，代代相传，不断地继承下

---

① 内蒙古东乌珠穆沁旗 2007 年 5 月统计资料。

来。"① 对于优秀的民族文化文化遗产，联合国教科文组织正以很大的力度进行保护，我国政府积极响应。而保护的核心在于传承。传承既是一个重要的理论问题，又是一个与现实密切相关的实践问题。在传统中，搏克手是这种文化的享用者同时也是传承者。传统的传承往往通过家族传承。牧民说：

> 搏克没有传统能行吗？人的文化基因是会遗传的，人们是无法改变他的，他会代代传承下去。不是在母亲的宗族里出现过搏克手，就是在父亲的宗族里出现过。若父亲的宗族里没有的话，就在祖父的宗族里有。就这样随着血脉一代代传承下去。

> 据我所知，在我父亲的宗族里，五代以上没有过搏克手。在我母亲的宗族里，我舅舅是喇嘛，也是著名的搏克手，这使我们对搏克产生了兴趣。由于我们兄弟三人都喜欢摔跤，所以人们都说我们随了母亲的宗族了，都擅长于摔跤。不过那时没上过学，如果在学校学过的话，我就可以说自己是搏克手了，正因为没能上学，所以不敢称自己是搏克手。②

讲述者谈到的是搏克的纵向传承，主要是代际之间的语言的和行为的传承。蒙古族长期生活在草原上，草原为摔跤的开展提供了广阔的场域，也是蒙古族带领孩子走向社会化的大课堂。"社会化互动的本质是价值、习俗与观念同个体的互动，以及通过全体成员之间的协商而对这些价值、习俗与观念的适应。"③人是生物的人，同时也是文化的人。人存在生物基因，也存在文化基因，生物的活性是人的第一生命，文化是人的第二生命。人的生物基因在传承，人的文化基因也在传承。不过生物基因的传承是个体的血缘的传承，而文化基因的传承是建立在历史、现实和族群之中的立体结构，在很大程度上取决于人们结成的血缘关系、亲缘关系，社会关系等。搏克的传承作为族群中的一种规范性的生活模式，为族群的内聚和生存服务。民俗文化传统是依赖民间生活惯性维系

---

① 乌丙安：《中国民俗学》，辽宁大学出版社 1985 年版，第 36—37 页。

② 被访谈人：M. SLY，男，蒙古族，西乌珠穆沁旗著名搏克手。访谈人：白丽丽、周加等，于 2006 年 7 月，在西乌珠穆沁旗。

③ ［瑞典］胡森等：《教育大百科全书》，张斌贤等译，西南师范大学出版社与海口出版社联合出版，第 312 页。

图8.3.5 清代蒙古族摔跤手

引自《蒙古族服饰》,内蒙古科学技术出版社1991年版。

并且建构的。

目前在东乌珠穆沁旗搏克传统的传承模式依然存在,但是在非物质文化遗产保护的学术理念中,又产生了搏克传承的新的模式。(1)东乌珠穆沁旗乌里雅斯太镇上建立了业余体育学校,由老一辈的、有经验的搏克手当老师教授搏克技能。(2)成立搏克俱乐部。在锡林郭勒地区,先后出现7个搏克俱乐部,教授搏克技能,同时开设拳击、自由式摔跤等课程。这些搏克手成为那达慕中的主角;优秀者还参加国家和世界级摔跤比赛。[1] (3)搏克教育已经列入学校的课程。在锡林郭勒盟搏克教育已经列入中、小学的课程。为了保护和促进搏克的发展,锡林郭勒盟还在21世纪初期连续举行不同规模的搏克比赛。这是一个新的教育模式——本土化的教育模式。通过这样的教育模式不仅利于搏克技能、技巧、智慧的传承,而且利于搏克品质和精神的传承及对自己民族优秀文

---

① BYERBTER,男,28岁,高1.86米,重93公斤。内蒙古东乌珠穆沁旗满都宝勒格镇人,牧民。其舅舅是带有"将嘎"的著名搏克手。BYERBTER从17岁起参加搏克比赛。自1997年以来在128名规模的搏克手比赛上夺冠134次。2002年在全国第二届运动会中国式摔跤90公斤赛事上荣获金牌;2003年在第七届少数民族运动会90公斤赛事上荣获金牌;2004年在农民运动会中国式摔跤90公斤赛事上荣获金牌等;被誉为"国家级健将"。白丽丽于2006年7月在东乌珠穆沁旗体校体育馆访谈。

化遗产的认同。人是文化的人，文化不是与生俱来的，而是习得的。联合国《保护非物质文化遗产公约》在保护措施的条款上对传承加上"特别是通过正规和非正规教育的说明，意味着现代教育是传承机制的重要手段"。[①] 在现代化和保护多元文化的语境下，对"传统"的传承机制在创新。传承人生活在社会的群体中，人的需求变化是影响非物质文化遗产的主要力量。社会的变化和需求造成了传承人对非物质文化遗产传承动力的变化。考察现代生活方式转型的社会人类学和文化研究者面对的是同一个事实："在现时代，时空坐落中的文化形式已不再是单一的体系，而是由存留的地方性传统、新发明的民族文化（national culture），以及全球文化等等组合而成的'多元一体'文化格局。特定时空坐落的文化格局，要求我们用交叉并置的文化观（juxtaposition）去分析和表述人与社会的文化经历的多种可能性。"[②]

---

① 邹启山主编：《联合国教科文组织人类口头和非物质文化遗产代表作申报指南》，北京文化艺术出版社 2005 年版，第 26 页。

② 王铭铭：《文化格局与人的表述》，天津人民出版社 1997 年版，第 160 页。

第　九　章
蒙古族过年习俗的变迁

　　"过年"是一个民俗文化时间的表述。"年"是蒙古族时间历程的重要节点，是区别于日常生活时间的特殊日子。蒙古族"过年"的确立与蒙古族的历法存在着密切的关系。历法是"人类有节奏的记忆，是人类文化本原的保存者，那么历法与文化就是相互联系和相互确定的"①。那么蒙古族的"年"的观念是如何形成的呢？

　　游牧的蒙古族过着逐水草而居的生活。天然草场是牧人的生命线和生存线，他们对于草原上的植物有极为细致的观察，积累了关于植物的丰富知识。他们最初把草木的枯衰到草木的复出视为一年。宋人赵珙在《蒙鞑备录》中记载："其俗每以青草为一岁，人有问其岁则曰草矣，亦尝问彼生年月日，笑而答曰，初不知之，亦不能记其春与秋也。"最初蒙古族以草木纪年。后来有了季节的观念，春天蒙古人称："合不儿"，秋时蒙古人称"纳牧儿"。季节观念的产生也与游牧生活存在着密切的关系。他们注重水草的选择，并且根据不同季节气候和草场的变化来使用牧场，产生了"向夏季游牧地前进的时间"，"离开夏季游牧驻地的时间"等。他们依赖对于草木的观察而决定生产活动的安排，这是他们感应自然变化的结果。

　　蒙古族习惯称"过年"为"查干·萨日"（Čagan sara），意即"白月"、"白节"，称农历一月为"查干"，"萨日"意白月。有人认为蒙古族的新年可能是九月牧业丰收的季节。他们视洁白的奶制品收获的季节为新年，所以称之为"白月"。蒙古族先民在长期的游牧生活中观察天象、观察草木，以天象气候厘

---

　　①　H. J. 茹科夫斯卡娅：《蒙古历法研究》，《蒙古学资料与情报》1990年第2期。

定游牧生产的操作和生活的节律。与农耕民族不同,在牧业生活中,由于野牧
毡帐的生活节律,他们敏感地观察草木的变化、天象气候的变化,并且把这方
面经验的积累与牧业生产相联系。

一　当代蒙古族过年习俗的多元形态

蒙古族传统春节是蒙古族传统文化的重要组成部分,是其深刻的集体记忆。

现今的内蒙古区域由于生计方式的变化,社会制度的变化,生态环境的变
化,其过年习俗已经发生了很大的变迁。本章通过三个个案的调查来研究蒙古
族过年习俗的变迁。

个案 1:现在从事牧业的区域:海拉尔锡尼河布里亚特蒙古族察干萨日的
调查。

锡尼河西苏木和锡尼河东苏木位于呼伦贝尔市的鄂温克族自治旗。布
里亚特蒙古部落原本生活在贝加尔湖一带,过着游牧生活。在第一次世界
大战期间及战后,布里亚特蒙古部落中的上层在喇嘛的带动下,在得到当
时呼伦贝尔安本衙门官员的同意后迁移到了现在的呼伦贝尔市鄂温克旗,
从事游牧生活。当时布里亚特蒙古族上层的代表人那木德格、巴格达诺夫
等来呼伦贝尔向当时的呼伦贝尔副都统衙门申请了关于布里亚特蒙古族迁
徙呼伦贝尔的相关事宜。双方达成协议,呼伦贝尔副都统衙门将自额尔古
纳河南岸至哈布尔河、海拉尔河上游至西巴尔河、毛盖河、塔泥河以西的
锡尼河及其西南的罕达盖河,这片兴安岭地区划定为布里亚特人居住的游
牧区域,并将布里亚特人的居住中心区域划定在锡尼河、威特根河、维纳
河及辉河下游等地。从 1918 年起到现在,布里亚特蒙古人在呼伦贝尔现今
被称为锡尼河西苏木和锡尼河东苏木的区域,生活了 88 年。两个锡尼河苏
木的布里亚特蒙古族从刚开始的三千多人,发展到了现在的六千多人。布
里亚特蒙古人用他们独特的民族心理及信仰维系和传承着他们所独有的各
种文化习俗。

图 9.1.1　布里亚特人　姜迎春摄

表 9.1.1　　　　　　　　　　　布里亚特蒙古族过年习俗

时间		仪式活动名称	仪式过程
除夕	农历三十早上	供奉佛像	点长明灯（或加油）——置放供品——叩拜
	农历三十晚上	吃"布里亚特包子"	
		朝拜锡尼河寺庙	彻夜诵经、问卜来年
初一至十五	农历初一	供奉佛像	置放供品——点长明灯——诵经行礼
		祭火	准备祭品—祭品投炉
		祭哈木布日罕	女主人向着西南方洒一勺牛奶、奶茶，依次顺着太阳洒一圈牛奶、奶茶，念叨祈求吉祥如意
		祭祀天地	男主人向着西南方洒酒，以求平安
		放"仓"	将祭品放在燃烧的牛粪上，直至化为灰烬
	农历初一至初三	小孩拜年	男子拜年：摘帽行礼——将哈达放在老人臂上——手掌朝上与老人相合，不行跪礼
	农历初三至初六	青年人拜年	女子拜年：戴帽行礼——双手托着哈达置于老人右臂——双手缩进大衣袖手掌朝下放在老人双手下行礼
	农历初七至十五	成年人互相拜年	

续表

时间	仪式活动名称	仪式过程
农历十五	锡尼河庙会	临近牧民到庙里祭拜、供奉神灵：在庙外行三拜九叩之礼——在庙内台上写亲人名字、所供物品及钱数，带祝福文、哈达——进门依次供奉神灵——喇嘛诵经祝福

资料来源：包丽娜于 2006 年 2 月调查整理。

个案 2：现在的半农半牧区域：赤峰市巴林右旗红旗嘎查过年习俗。

属于都希苏木的红旗嘎查位于巴林右旗南部，西拉沐沦河北岸，大兴安岭南段。历史上巴林右旗曾是契丹族的发祥地，辽代时在此设怀州、庄州。清顺治五年建巴林右翼旗，隶属昭乌达盟，民国时属热河特别区，沦陷时期属伪兴安西省，1947 年后更名为巴林右旗。其中有天然旱牧场 49.5 万亩，粮食作物以水稻、玉米、杂粮为主。随着时代的变迁，牧民们早已放弃了游牧的生活方式转向定居的农耕生活。除耕地之外，也饲养大量的牛羊，因而形成了半农半牧的生活方式。目前草场正逐渐退化。

人们通常意义上所说的春节是指从农历腊月二十三日至正月十五之间。现在巴林右旗的蒙古族过年习俗集中在腊月二十三的过小年、除夕的祭祖、正月初一的祭天等仪式。下面的表格勾勒出赤峰市巴林右旗红旗嘎查蒙古族过年习俗的现存状态。

表 9.1.2　　　　　　赤峰市巴林右旗红旗嘎查蒙古族过年习俗

时间	仪式活动名称	仪式过程
农历腊月二十三	过小年	生火炉—准备供品—点爆竹—向火炉扔树枝、倒酒、置入羊胸脯、五彩符—叩拜火炉—在屋外洒酒肉—全家人吃饭饮酒祝福
除夕	祭祖	准备祭品—将祭品朝向祖先坟墓方向摆放—用火棍在地上画圈—凉水泼洒—将祭品放入圈内—全家叩拜
正月初一	祭天	准备祭品—从西北角开始按顺时针方向跪拜
正月十五	荟福寺庙会	喇嘛摸顶、点灯油占卜

资料来源：秦博于 2005 年调查整理。

个案 3：现代的农业区域：科尔沁左翼中旗宝龙山镇过年习俗。

宝龙山镇是内蒙古通辽市科尔沁左翼中旗的一个镇，位于科左中旗中部。离通辽市 69 公里，离旗政府所在地保康镇 53 公里。全镇总土地面积 364.5 万平方公里，镇区占地面积 9 万平方公里。耕地面积 8.2 万亩，林地面积 11 万亩，草地面积 20 万亩，1947 年前在这地区只有几户人家。1966 年人民公社成立，1984 年体制改革宝龙山成为镇。全镇辖 15 个嘎查（村），总人口为 3.5 万人，其中镇区人口 2.3 万人，蒙古族约占 89%。全镇的生计方式以农业为主。

表 9.1.3　　　　　　科尔沁左翼中旗宝龙山镇蒙古族过年习俗

时间	仪式活动名称	仪式过程
腊月二十三	过小年	扫房子——刷墙——祭灶神
除夕	年夜饭	
	祭祖	选择平整地点画圈，圈向祖坟方向开口——放置祭品、纸钱等——全家叩拜——将祭品扔向圈外
	接神	置桌摆放供品——迎接财神
正月初一	出足迹	到庭院迈步，拿东西进门
正月初二	拜年	给长辈鞠躬，与同辈握手，小孩给老人磕头
正月十五	吃饺子	

资料来源：白丽丽于 2006 年调查整理。

以上的三个个案分别来自于现今的牧业区域、半农半牧区域和农业区域。可以看出：

其一，过年归类于人类学家和民俗学家的节日庆典研究的大型仪式，我们从现存的个案中看出，虽然经过了社会的巨大变迁，过年习俗并没有消失，在内蒙古区域不同的文化圈内，所有的阶层、不同的民族都共同渡过这神圣的日子。蒙古族过年习俗在当下社会中的存在，表明其文化记忆在民众的现代生活中还存在着文化结构和文化功能，也证明了文化主体性的存在与文化认同。"他们都拥有共同的民族文化，共同的节日习俗会使他们产生文化的认同感，有利于把他们凝聚在一个具有和谐文化的群体之内"①，从而传承了中华节日文化在现代社会中的文化记忆功能，增加自身的凝聚力。

其二，内蒙古区域过年习俗呈现了多元化的趋向。近三百年来的变迁，现在的内蒙古区域蒙汉杂居，内蒙古区域的过年习俗为蒙古族、汉族、满族、达斡尔族、鄂温克族等多个民族所共享的节日。由于民族不同、地域不同，过年的习俗在不断被重新构建中，呈现出鲜明的差异性。例如：（1）在过年这个特殊的时序上的文化结构不同。在半农半牧区域的和科尔沁左翼中旗的宝龙山镇的过年时间是从腊月二十三日开始的，而海拉尔锡尼河布里亚特蒙古族过年是从腊月三十晚上开始的。（2）科尔沁左翼中旗宝龙山镇农业蒙古族过年祭祀的是灶神，而赤峰巴林右旗的红旗嘎查和布里亚特蒙古族祭祀的是火神。（3）从事牧业的布里亚特蒙古族的过年习俗保持了较为完整的民族特色。年节拜庙的习俗的存在，正是草原游牧人信仰喇嘛教文化因子的依存。

其三，在内蒙古的农业区域、半农半牧区域和牧业区域过年习俗都受到农耕民族的冲击，在研究中我们看到农耕文化与草原游牧文化在碰撞中，互相交流、互相融合。内蒙古区域的过年习俗显示了多元化的形态，显示出不同族群对"我群"的认同和对"他者"的包容。

其四，内蒙古区域过年习俗所受农业文化的影响的程度不同，过年习俗的变迁可以折射出生态环境和文化生境的变迁，可以折射出当代文化变迁的诸种因素。

其五，当前的过年习俗尚存在族群文化的边界，但是它们都具有价值，都具有各自的传统，那么就会在传承中，保持其原有的文化因子，在交融中不断更新。我们看到，在过年习俗中族群文化的特色在逐渐淡化，而本土地域文化的特色趋于鲜明。

"集体记忆既可以看作是对过去的一种累积性的建构，也可以看作是对过去的一种穿插式（episodic）的建构。"② 我们的理解是，累积性建构是在本族群核心文化因子上的建构，而穿插式的建构，是在某些核心文化消失后加入了其他族群核心文化因子的建构。通过个案的调查，我们研究蒙古族的过年

---

① 黄涛：《保护传统节日文化遗产与构建和谐社会》，《中国人民大学学报》2007 年第 1 期。

② ［法］莫里斯·哈布瓦赫：《论集体记忆》，毕然、郭金华译，上海人民出版社 2002 年版，第 53 页。

还存在哪些传统的核心文化因子，诠释其核心文化因子存在和承传的文化意义。我们也要研究对于过年习俗有哪些穿插性的建构，在传承中发生了怎样的变迁。

二　过年习俗文化符号的变迁

节日不属于个体的行为，而是一种集体的行为，是群体的文化记忆的体现。其传统的观念和行为扎根于民间，传承于民间，为人的群体生活和个人生活所需要。因此过年的习俗是具有公共性、组织性、历史性的模式化生活。由于大规模的汉族移民文化冲击着草原游牧文化，农耕民族带来的不仅是农耕民的生计方式，还有他们衣食住行、婚丧嫁娶、宗教信仰、语言礼仪等习俗。在长期的文化涵化中，两个临近族群文化在互相交融，在当前的内蒙古区域，由于部分游牧民族已经在几代以前就改变为农民或者半农半牧民或者从事其他职业，对于这部分蒙古族来说，就不仅仅是受到临近汉族文化传播的影响，而是由于其生计方式的改变引起的文化同化，其过年习俗的变迁表现在：

其一，关于年节起源的传说的相似。从民俗学的观点看来，各种节日所选定的日期以及节日的起源传说和表现形态一般都与民间记忆的某个人物或某个事件关联，这种联系往往通过口头叙事的形式传承下来。口头叙事是通过文化个体传承的，但是它往往承载着一个群体深刻的文化记忆。"当一个群体以叙事的形式表达自己传统的时候，它便提供了观察生活和世界的模式，它们同时也是一种认知结构。这样的知识或多或少在不同的层面上表现为连贯的结构。"① 因此节日也是群体共同回忆过去的重要方式。过年是公共性的集体交流，而仪式的交流往往与口头叙事联系在一起。通过田野调查，在科尔沁左翼中旗宝龙山镇的蒙古族中间搜集到关于过年起源的口头叙事：

> 当地过春节一般从腊月二十三到正月十五，前后共 22 天。为什么要过年，在当地有这么一个传说：很久以前，有一个叫做"年"的恶鬼，

---

① 孟慧英：《西方民俗学史》，中国社会科学出版社 2006 年版，第 473 页。

每年三十出来兴风作浪，活吃许多黎民百姓，所以每到年末的时候人人都害怕，怕被"年"吃掉。后来出现了一个神，这个神思忖，为什么"年"要吃人呢？后来他知道了原因。原来世人欠"年"的，年为了报复人类每年年三十就出来吃人。于是这个神作了七七四十九天的法术，同时发动老百姓，把"年"消灭掉了。从此"年"这个鬼就此消失了，人们胜利了，就在大年三十。人们为了庆祝胜利，每年这个时候把所有好吃的东西拿出来吃，所有人都穿上新衣服，欢欢喜喜、高高兴兴地"过年"。①

民间叙事是公开的、分享的、交流的。因为公共的民间知识构成一个系统，这些民间文化知识的系统往往积淀在个人的记忆之中。把这个传说与在农耕文化地区晋东南临汾地区丁村所调查的传说相比较，可以说非常相似。晋东南临汾地区丁村流传的过年的传说：

　　我们这里过年，当然是年年过了，过去盼望过年好吃好喝，现在虽然不愁吃，不愁喝了，还是希望过年，串串亲戚，轻松轻松。为什么过年？老人们说有个叫"年"的恶鬼，三十出来害人，所以每到年末的时候人人担惊受怕，怕被"年"吃掉。人们为了躲避这个恶鬼，就在家呆着，不出门，后来一个有力气的人，把"年"给消灭掉了。从此"年"这个鬼就消失了。为了庆贺，人人都穿上新衣服，吃着好东西。从此有了"过年"的习俗。②

两地的口承传说的叙事情节结构非常相似，既有相似的情节和语义内容，又存在相似的说明解释和道德观念。民俗学家认为节日庆典处于一个过渡期，产生这个过渡期的原因是因为有鬼作祟，为了驱鬼而过年，这样的文化记忆产生在何时虽已很难考证，但作为口头传统和无形遗产的节日叙事保存了这个过渡期产生的记忆，而且为其依托的文化空间及其存在的合理性的延续做

---

①　被访谈人：男，蒙古族，科尔沁左翼中旗宝龙山镇居民。访谈人：白丽丽，于2006年2月，在科尔沁左翼中旗宝龙山镇。

②　资料来源：邢莉于2005年10月在山西临汾丁村考察搜集。

出了诠释。农耕文化过年的传说在内蒙古区域流传，从一个侧面表明农耕文化在科尔沁左中宝龙山镇的传播，说明农业文化圈的蒙古族民众对过年的集体认同意识，另一方面又说明蒙古族与汉族的文化边界的模糊。

其二，祭灶习俗的传布。从科尔沁左翼中旗宝龙山镇居民过年的个案调查中可以看出，在现今的内蒙古自治区农业区域有祭灶的仪式，呼伦贝尔的布里亚特蒙古族和半农半牧的赤峰的红旗嘎查存有祭火的习俗。虽然祭火与祭灶的仪式的时间都是农历腊月二十三日，但是有很大的不同。祭灶的习俗在内蒙古区域的传播正是过年仪式变迁的重要的象征符号。

图9.2.1　汉族灶神　采自张宪昌提供东昌府年画

汉族的灶神信仰在内蒙古农业区域的传播表现在祭灶仪式上。民俗学家认为象征符号是社会的维持机制。祭祀灶神的仪式就是一个操作过程。通过科尔沁左翼中旗宝龙山镇居民的个案表明：

1. 祭祀时间的厘定：日落到九点之前、星星出全的时候。不能超过九点，当地民众认为，过了九点就算是第二天了。

2. 祭祀空间的选择：科尔沁左翼中旗宝龙山镇居民祭灶的文化空间是在灶台边。造像是民间信仰的重要表现形式，民间往往把灶神的画像贴在灶台边的墙上（有的没有灶神像），通过造像来实现与神灵的沟通。①生活在内蒙古半农半牧区域的民众对灶神的形象有这样的描述：

> 以前灶神有画像，家家都把画像贴在灶台边的墙上。现在没有人贴画像了，市场上也没有卖的。据老人讲灶神是大胡子、棕色的脸、穿蓝色布衫、扎腰带。头戴《杨家将》里潘仁美式的帽子。灶神姓张，生前是位将军。被杀后升天，被姜子牙封为灶神。②

这段描述与华北农耕区域的灶神祭祀如出一辙。

3. 祭祀物品的配置：三炷香、七个枣、黄米粥、芦苇或榆树枝，还有炸果子、白糖、炒米等，但是不能有炒菜。每件物品都有象征意义。三炷香代表宇宙是由天、地、人组成的；枣是王母娘娘托生的，代表着善良仁慈；在灶台口上抹上黄米粥，因为这天是灶王爷向玉皇大帝汇报民间诸事的时候，所以把灶神爷的嘴粘上，只让他说好话不说坏话。

4. 祭祀仪式过程：家庭的男性——父亲和儿子站在灶神像旁边，有的家庭女性不参与，也有家庭女性可参与。大家纷纷把准备好的物品随时往灶火里投。祭词是："灶神爷本姓张/骑着马挎着枪/上天言好事/下界保平安。"除了这种模式化的祭灶词之外，根据各个家庭的不同情况还加上不同的祭祀词汇：例如保佑全家平安、孩子金榜题名、财源广进等。祭灶时要用芦苇或榆树枝点火，据说灶神是坐在芦苇上升天的，所以当地一定用芦苇点火，送旧的灶王爷升天，来年再请一个新的画像重新贴到墙上。

通过祭祀灶神的仪式，我们可以看出，灶神是沟通这个家庭的人（人界）与玉皇大帝（天界）的使者，在过年这个特殊的民俗文化的时间里，特别需

---

① 汉族祭灶在灶旁贴上灶君像，民间叫"灶王爷爷，灶王奶奶"。作者曾经于1999年2月观察到在河北省范庄赵县的龙牌会上祭灶的全过程，并看到其祭灶张贴的神像，还有祭灶的唱词。

② 被访谈人：内蒙古科尔沁左翼中旗宝龙山镇民众。访谈人：白丽丽，于2006年春节期间在科尔沁左翼中旗宝龙山镇访谈。

要人界与天界的沟通，人们需要天神的护佑。"通过对这一神灵的崇拜，家庭单位便与各有神灵的集团组成的等级结构连接在一起，而这种等级结构又给予中国的官僚等级结构以宗教的外观。"① 根据田野考察，在内蒙古区域的农区或者半农半牧区，祭灶的习俗出现在汉族的家庭或者蒙汉联姻的家庭，夫妻双方都是蒙古族的家庭则没有祭灶的习俗。祭灶的习俗是农耕文化的折射。

为什么祭祀灶神？在内蒙古区域调查的传说与在晋东南地区调查的传说惊人地相似。每年的腊月二十三日玉皇大帝召集各路神仙到天庭去开蟠桃大会。会上神仙们要汇报人间的各种好坏情况和善恶事情。如果人们行善做好事，上天就会让世间风调雨顺、牛肥马壮。如果作了孽就会与此相反，受到惩罚。负责掌管每家的行善或作恶的是灶神。所以每年腊月二十三灶神升天去开会时各家各户都拿出好吃的好喝的东西来招待他。讲述民俗是叙事的一个传统形式，其性质是长时间地重复，但是在重复中根据时、地、人的不同，讲述者在再创造。从祭灶的口承传说和前面所描述的仪式是密切联系的，这一区域的蒙古农民的祭灶（绝大多数是蒙汉混杂的农耕村落）与农耕文化的汉族村落相同。

火神和灶神不同。祭祀仪式的文化空间不同，在灶台口祭的是灶神，火盆旁祭的是火神。当地人说："汉族祭灶，蒙古族祭火。"灶为定居的农耕民族所用。在农耕社会的传统民俗文化中，非常重视家族观念，祖先崇拜是家族民俗的核心。除了祖先崇拜之外，在农耕文化的家庭中，灶神在民间信仰中占有重要的地位。"在乡村，除去祖先的灵魂以外，那个最频繁地受到祭祀的神是'厨神'（即灶神。作者注）——有时还包括他的妻子。厨神……是家庭的超自然的监察者，是由天帝派遣来的。他的职责是观察家庭成员的日常生活，每年年终向上司报告情况……根据报告，将决定家庭成员的命运。"② 中国传统文化把夫妻的伦理观念与君臣观念构成了一个系列，在他们建构的灶神的民间信仰里，灶神也是一对夫妻。科尔沁宝山镇祭祀灶神一脉相承。虽然在现今的内蒙古地区的农区或者半农半牧区，大多数已经不贴灶神像了，但是烧火做饭的灶就是祭祀灶神的文化空间，这就是明确的家庭中

① 史宗主编：《20世纪西方宗教人类学文选》，金泽等译，生活·读书·新知三联书店1995年版，第871页。

② 同上。

民俗文化空间的分割。祭灶在内蒙古区域的传布，说明农耕民族文化的传布。

其三，内蒙古部分地域年节期间民俗叙事的节律与农耕民族的民俗叙事的节律相同。在田野调查的三个个案中，我们发现除了居住在海拉尔附近的布里亚特的蒙古族过年是从正月初一开始之外，其他两个区域过年的文化时间都是从腊月二十三开始的，这是很大的不同，而这个不同是因为内蒙古的农业区域和半农半牧区域受到农耕民族文化的影响，农耕民族的过年的文化时间是从腊月二十三过小年开始的。

在内蒙古的农业区域和半农半牧区域，过年时间从腊月二十三到正月十五这样一个时间段整体的完整的文化叙事。例如科尔沁左翼中旗宝龙山镇居民腊月三十晚上在没人住的房间点上一夜的灯，初一要观测天象。正月初三被认为是 angarahai udur，译为有裂口的日子，要吃封闭起来的食物，例如饺子、包子等。正月初五，俗称"破五"。这天只能求医问药，并且效果奇好。正月初七，俗称"猪五羊六、人七马八"，今天是人日子，吃馇馇。因为馇馇又圆又长，象征长命百岁。宜办喜事。有"七不出，八不进"之说，就是初七不能外出远门，初八出门的人不能回家，否则不吉利。①

在节日这个特殊时间里，无论是个体还是群体，在空间、时间和社会地位上都经历了一个从一种状态到另一种状态再到又一种状态的转变。通过日常的世俗的状态过渡到节日的神圣状态。再由节日的神圣状态过渡到平日的世俗状态。从科尔沁左翼中旗宝龙山镇居民过年的个案中，我们看到，相对于平日的世俗的完整的时间，节日的民俗文化时间是有阶段的，有区分的，最起码可以分为两类：按照当地民众的表述，一类为"好日子"，一类为"坏日子"。而当自然时间观念转化为人文时间观念的时候，约定俗成的观念就对人的行为起了规范作用。在"好日子"或者"坏日子"里可以做什么，不可以做什么都是有规范和禁忌的。人类学家维克多·特纳和玛丽·道格拉斯都为"象征人类学"作出了贡献，但是二者的视角不同。前者偏重于仪式本体的研究，对于仪式的解析不是广义的。而玛丽·道格拉斯在《纯洁与禁忌》一书中，把研究的重点放在仪式的反面——禁忌行为上。科尔沁左翼中旗宝龙山镇居民过年阶段的时间分类恰恰包括行为开放和行为禁忌两方面。

---

① 资料来源：白丽丽于 2006 年春节对科尔沁左翼中旗宝龙山镇居民过年习俗的田野调查。

在日常生活中，节日的神圣性的表述是通过一系列的禁忌实现的，过年是一个相对完整的节期，在这个阶段，又划分为不同的阶段，或者说层次，这种不同的层次观念是人们对这一节期某一文化时间的不同概括而形成的不同的行为方式。人类对民俗文化时间的体验不是连接直线的绝对点，而是在当下回忆过去的基本能力。在这个特殊的神圣阶段，节期的文化时间和空间是可变的、流动的、转换的。"如此以身体和行为作为媒介，时间和空间得以转换，时间的空间化和空间的时间化也才成为可能。"① 民间叙事的内容也是转换的，而不仅仅像西方的民俗学者所说的仅仅用一个神圣的阶段所概括，而忽视了其中的分割性和差别性。

在研究其节期的分割性和差别性的时候，可以看出科尔沁左翼中旗宝龙山镇居民过年的民俗叙事的节律与农耕民族的口头传统相关。大年三十晚上在没人住的房间点灯，据说是姜子牙的妻子站在黑暗深处看着每家每户，对这家人不吉利。所有的房子都有灯，就化凶为吉了。正月十三日为"杨公"的忌日。传说有年正月十三宋朝大将军杨令公（杨家将佘太君丈夫），跟蒙古人打仗，杨令公惨败，到李陵墓前撞头而死，后人为了纪念他，称这天为杨公的忌日。这天人们特别忌讳出门办事。传说规范着人们的行为，人们的行为演示着传说。姜子牙及其夫人也罢，杨令公也罢，都是众所周知的封建时代的历史人物，农耕文化传说的叙事保持了当地的人群②过年的行为叙事。"任何事物都不能从人类文化中彻底消除记忆存储和口传传统，除非人类丧失听说能力，否则，书写文本或印刷文本不可能取代口头传统。"③ 从传说的流布可以看出：一是农耕民族把他们的族群的历史和文化，连同他们的过年习俗带到了内蒙古的区域，游牧区域已经发生了向农耕的转化。二是蒙古族在生计方式的转变和被涵化的过程中，农耕民族的历史文化及口承传说会调控他们原本的族群意识和文化认同。

其四，过年消费习俗的变迁。在春节这个特殊时期，人们吃什么、穿什么，做什么都有讲究。节庆的特殊的行为方式是民俗观念的重要体现。由于生产方式和社会生活方式的变化，过年的饮食文化发生了很大的变化，除了

---

① 周星主编：《民俗学的历史、理论与方法》，商务印书馆 2006 年版，第 536 页。

② 我们在这里用人群，而不用族群，因为当时已经是蒙汉混居的状况。

③ ［美］爱德华·希尔斯：《论传统》，傅铿、吕乐译，上海人民出版社 1991 年版，第 126 页。

进行定居牧业的布里亚特蒙古人制作乌乳馍（用大米、稠李子、黄油、葡萄干、饼干的碎末、红枣、黑枣、白糖等制作的一种特殊的甜食）、布里亚特面包、披若格（即自制的夹果酱的大面包）、哈不其玛拉（即夹果酱的自制面包）等特殊食品外，半个世纪前过年就准备少量的白面或荞面、黏豆包、炒米、萝卜、猪肉等，只有过年才吃上白面。现在农业区域和半农半牧区域是鸡鸭鱼肉、各种蔬菜水果饮料，做法是煎炒烹炸，几乎每家都样样具备，牧业区域过年的食品也有大量农耕民族的饮食。

　　服饰是民族文化认同的重要标志。过年习俗的变迁还表现在服饰上。仅就现在还从事牧业的红旗嘎查地区的牧民来说，在过节时无一人穿蒙古袍，据随机调查，就年龄分布看，30 岁—45 岁的占 44.4%，40 岁—60 岁的占 22.2%，60 岁—75 岁的占 30%。就调查的工种看，干部占 22.2%，牧民占 77.8%。究其原因，认为蒙古袍不方便的占 77.8%，认为价格高的占 11.1%，认为别人不穿自己也不穿的占 11.1%。可见随着定居牧业的形成，马上放牧的生计方式已经消失，蒙古袍已经不适应变革了的生活方式。在过年习俗中这个民族文化认同的符号已经在淡化甚至消失。

　　过年习俗的变迁体现在消费习俗上。韦伯指出，特定的生活方式表现于消费商品的特殊规律，反过来说，研究商品消费则可以认识生活方式的变迁。社会学家认为，其一，消费是工业文明独特的生活方式；其二，消费是一种系统的象征行为；其三，消费的意图不在于商品的物资性，而在于商品所象征的人的关系或差别性。① 进入现代社会，宝龙山镇变成以农业为主，工、农、牧结合的类型区。该镇近年来养牛业已经形成一定规模，全镇育肥牛年出栏已达 6000 头，日产鲜奶 10 吨以上，牛肉出口国外。此外也出现了工业。农牧民人均纯收入在迅速增加。经过随机调查，科尔沁宝山镇过年的消费习俗主要包括两个方面：一是个人家庭过年物品的享用，例如饮食包括大米、白面、饮料、糖果、蔬菜等。服饰主要是给孩子置办的新衣服。二是过年的礼品，其中包括亲戚之间、朋友之间双向的礼物的流动，还有就是为了办事搞关系的单项的礼物的流动。不管是富裕家庭还是贫穷家庭，购物送礼在过年习俗的消费中占有很大的比重。按照社会学家的观点，过年的消费习俗已

---

　　① 参见高丙中、纳日碧力戈等著《现代化与民族生活方式的变迁》，天津人民出版社 1997 年版，第 12—15 页。

经不是个人对于商品的使用价值和需求价值，而是表现人的关系。在调查中都出现了过年的礼品，礼品的交换在过年的开支中占很大比重，过年的礼品是调节人与人关系的媒介。可见"消费关系是人的关系，或者说，人的关系趋向于在对象物之中并通过对象物被消费"①。

三　过年习俗中人文精神的传承与族群的文化边界

过年是相对于个人记忆的集体记忆。这种深刻的集体历史文化记忆在当代社会变迁的语境下还依然存在，虽然内蒙古区域当今的过年习俗呈现多元化的趋势，过年习俗中目不暇接的民俗文化符号具有多重层面的具体的象征意义，但是我们要寻求的是在不同的文化圈中，过年习俗的不同文化结构中存在的历久弥新的共通的文化精神。过年习俗的人文精神成为居住于内蒙古区域的各个族群共同享用的精神财富和文化财富。

其一，内蒙古区域过年习俗的传承表现出人与自然和谐的文化因子。人与自然构成了对象性关系。这种对象化的活动方式就是生产活动。岁时节日活动是在人们对岁时感应的象征符号。在传统社会里，为了维持人与自然的有机组成关系，人们创造了神灵观念。创造神灵的目的是通过神灵与自然沟通，也就是说，神灵是人类与自然沟通的媒介。海拉尔锡尼河西苏木和锡尼河东苏木的布里亚特蒙古族在初一祭天。祭天的时候要祭祀一位名为"哈木布日罕"的神祇。在民间传说哈木布日罕是一个骑着乳白色马的神祇，他的本事很大，能够在眨眼之间上天入地三次。这里每家都有摆有他的神龛。传说大年初一早上哈木布日罕下凡间，因此每家要在日出之前起来祭祀他，以求得到他的护佑。可见哈木布日罕是沟通人间和天上的神祇。祭哈木布日罕的时间要在早上4—5点钟，家中的女主人将牛奶和奶茶向西南方向洒一勺，依次顺着太阳出升的方向洒一圈牛奶和奶茶，叨念着祈求家人平安、吉祥如意、自然万物繁衍生息。值得提出的是布里亚特蒙古族在祭天之后至今还保持着放"仓"的习俗，所谓放"仓"就是要把各种各样的祭品放在燃烧的牛粪上面，直到燃烧成为灰烬为止。民众说：我们过年，所有的生灵都过年，

---

① 参见高丙中、纳日碧力戈等著：《现代化与民族生活方式的变迁》，天津人民出版社1997年版，第14页。

人不能离开草原上所有的生灵，所以要祭祀所有的生灵。①

　　游牧文化存在着人与自然和谐的本质特征。在蒙古族的哲学中，自然界是一个生命的整体，天是自然的代表，而天不是一个异己的力量存在，人与天保持着和谐的关系。蒙古族源远流长的民间信仰存在着敬天崇天的习俗。他们还创造了天神的形象。他们认为，天神是主管一切的大神，具有赐予人类幸福和带给人类灾难的双重职能。如前所说，天神关乎人类的生育和繁衍，这里有两层意思：天神不仅给人以生命，而且还给人以灵魂。同时天神也关乎牧业的兴旺。蒙古族认为："如埃利贝斯贵腾格里是'倍增之天神'……卓勒·内梅古鲁奇腾格里是'使运气倍增之天神'……作为创业神和财产之神，它们并不仅限于一般性的保护和增加畜群，而且各尊神都会分别对某些特定的牲畜种类和蒙古牧业中的特殊部门施加有利的影响。"② 在阴山岩画区域一带有一首蒙古族民歌《布塔朗山》："我的布塔朗山，天神汇聚的地方，虔诚地向您祷告，保佑苦难的人们。齐天般的高山，大海一样的泉，天神居住的地方，我们向您呼唤……我们向您祈求，消除隐患灾难。天神指出道路，祖师会有向导，虔诚向您祷告，降恩保佑吧。"③ 民歌是一种遥远的记忆。在蒙古族过年的祭祀仪式上，用民歌祈祷已经不复存在，但是在现存过年的仪式庆典中表演了祭天的活形态。

　　赤峰市巴林右旗红旗嘎查的牧民过年在初一时祭天。全家早上三四点起床，先收拾屋子，在木盒子里面放上炒米，上面插上九根香，再准备茶、酒这几样东西，条件稍好一点的人家还用全羊。把这些东西摆在炕桌上，放在大门口宽阔处。由户主带领全家人从西北角开始跪拜磕头，按顺时针方向，每拜一次磕三个头，共拜八次。据说，祭天的同时就把火神请了回来，而并没有特别请火神的仪式。

　　巍巍苍天、苍茫大地是人类赖以生存的环境，生存在自然之中的人类与自然构成了和谐共处的关系。放"仓"习俗正是表达了人与自然界万物相连

---

　　① 资料来源：内蒙古大学学生包丽娜于 2006 年 2 月对海拉尔锡尼河布里亚特蒙古族察干萨日的调查。

　　② ［意］图齐、［德］海希希：《西藏和蒙古的宗教》，耿昇译，王尧校订，天津古籍出版社1989 年版，第 424 页。

　　③ 《蒙古族民歌渊源初探》，《内蒙古社会科学》1988 年第 6 期。

相生的宇宙观和人生观。在人之初，人与自然处于和谐的状态，人性的分裂是随着人与自然万物的分裂开始而展开的，从灵性的失落和人性的异化的现实来看，人与自然的和谐共处是人类生存和发展的前提。在与自然的协调关系中，天神的崇拜占有崇高的地位。牧业区域和部分半农半牧区域继承了祭天的礼俗。"仪式和庆典通过把扩张的情境和制度化而保证了文化意义的传播。"① 人们往往通过岁时仪式表示对神秘自然的感应，对自然节律的顺应。

图9.3.1　两位主持祭祀的老人　秦博摄

内蒙古赤峰市巴林右旗巴彦尔灯苏木西哈日木图嘎查保存了祭火的古老习俗。祭火习俗起源于原始的萨满教。蒙古族信仰的萨满教崇拜火，因而创造了火神的形象。萨满教中的火神是女性形象。在《火神祭辞》中称为："众火神之汗母"。学术界认为，她"是最高本源之神灵"。在原始宗教时代，言之"石铁为其父者，燧石为其母者……"他们认为火是神圣的，火是可以净化一切的。到蒙古汗国时代，传说认为火是成吉思汗的父亲击燃的，是成吉思汗的母亲点燃的。自明代喇嘛教传入以后，火神有各种形象，有手持白

① ［德］扬·阿斯曼：《有文字和无文字的社会》，《中国海洋大学学报》2004 年第 6 期。

色的玻璃念珠，拿着祭礼盘钵，坐在莲花座上安详静谧的佛陀。[1] 火神的形象经过历代的演变已经成为历史文化变迁的折射。但是与农耕区域的灶神的祭祀不同，火神形象是通过口承文化塑造的，不张贴火神像。赤峰市巴林右旗巴彦尔灯苏木西哈日木图嘎查祭火过程包括：

1. 祭火时间：阴历腊月二十四日太阳即将落山之时。据传成吉思汗时代，一些部落在二十三日那天正遇敌人袭击而耽误了祭火，从此他们把祭火日改在了二十四日。

2. 祭火仪式的准备：早上起来，家庭的主妇先把院落打扫得干干净净，厨具都擦洗干净。下午，先准备好煮熟的羊胸脯肉，用大枣蒸的大米饭、黄油、奶豆腐、白酒等物品。

3. 祭火仪式：当太阳即将落山之时，首先在火撑子前摆放一张小桌，桌子中间放一盘羊胸脯肉，酒盅内倒满白酒，桌子四角放四碗大枣米饭，米饭中间插入棉花棍，并在棉花上倒入黄油，点燃。此外桌上还放有成块黄油、肥肉、奶豆腐。并在火撑子上的四个角挂上肥肉，撑子内点燃祭火。然后主祭人牧民那木吉乐（家中年长的老人，一般为男性）手拿一块羊胸肉，并缠绕白色公羊毛，向火中扔去。主祭人再向大勺内倒黄油和酒向火中洒去。接着把准备好的五色彩条向火中扔去。再取出米饭中燃烧的棉花棍，依次扔向火中，然后向火中洒白酒、奶豆腐。在主祭人的带领下，全家人向火跪拜磕头。排列的顺序是：男人在前，女人在后；老人在前，年轻人在后。主祭人念读祭火辞：

> 在拉姆神符中孕育，
> 在众仙法术里成长，
> 具圣洁光明之性，
> 有焚烧一切之功。
> 燧石为母，
> 金钢为父，
> 风吹更亮，

---

① 参见邢莉《游牧文化》，燕山出版社1995年版，第539页。

炳照黑暗。

火神弥兰扎，
执行圣祖之遗训，
仿效德后之楷模，
于茫茫宇宙，
率众属民而祈福。
祭以脂油，
愿天长地久，
辟天地之始，
造万物之初，
圣祖击闪，
德后煽风，
苏日汗·沙日保留。
烈焰穿长天，
浓烟透云雾，
温热遍疆土。
唇似脂膏的奥德火神娘娘，
今设祭坛献以酒肉。
祈福降临昌盛之帮，
愿天长地久。

转轮大王彻辰汗，
赞博高娃王后，
所遗风范，
行善积福，
泽润臣庶，
为民父母。
行效十方菩萨，
寿比永生佛祖。

祭以牺牲美酒，
愿天长地久。
神彩好比须弥仙山，
吉神赛那如意宝符。
像日月升天，
似花草繁茂。
仓廪盈实，
福寿绵长。
住大山般穹庐，
牧繁星般牲畜。
子孙多如天鹅，
君临无边疆土。
生子像日月生辉，
又如鹰隼般勇武。
寿命合洪福无边，
愿天长地久。①

图 9.3.2　蒙古族祭火的火撑子　秦博摄

---

① 满都夫：《人类本体论与蒙古族文化源流》，《文艺研究》1998 年第 1 期。

　　念完后，主祭人和妻子再次跪拜磕头。最后，主祭人和妻子来到屋外，两人同向空中抛洒米饭和酒，以祭拜故去的先人。由北向南顺时针抛酒。前后过程大约半小时，结束后，全家人共同享用剩下的酒肉和饭。老人坐在正位，晚辈们依次敬酒，老人们接过酒说着祝福和勉励的话。特殊时间和特殊场合的庆典仪式是伴随着丰富的口承文化出现的，也可以说，口承祭词是仪式的重要组成部分。显然作为文化记忆的媒体与形式的仪式，与日常生活的礼俗与礼规有很大的区别。

　　喇嘛教的传播虽然改变了原始萨满教中火神的形象，但是火与火神的信仰延续至今，其原因何在呢？在原始信仰里，蒙古族认为火是生育能力和生命力的源泉："在所有的蒙古语族和部分突厥语族人中，火作为女性和母亲的化身，被认为是财富的源泉，生育能力和生命力的源泉。"[1] 他们还认为火是人类幸福的庇护者。相传一个汗国发生大灾难：疾疫蔓延，人畜死亡，敌人进攻，猛兽出没，后来智者启发人们祭火，幸福和成功才留在汗国。[2] 如果我们把人类社会的演进粗略地划分为原始社会、传统社会、现代社会的话，随着时代的变迁，文化记忆的形式和文化机制都在发生变化，但是生活在自然界中的人类存在着强烈的生存愿望，只要人类存在，社会安定、家庭安康、生活幸福的基本诉求就会存在，这就是祭火仪式传承至今的文化记忆的目的和功能。

　　祭火习俗与祭天习俗都源于蒙古族信仰的原始萨满教的自然崇拜。人的活动是一种自然的生命的活动，其生命活动和生活需要的全部物质都依赖于自然界。英国著名的历史学家汤因比认为：自然通常是指大地，即地球生物圈，有时也包括宇宙在内的整个物质世界，生物圈是人类的诞生之地和生存的环境。汤因比把自然比喻为人类的母亲。人类也和生物圈中的其他物种一样，其生存环境依赖于同生物圈血肉相关的联系，也必须服从自然不可抗拒的法则。[3] "尽管仪式在时间上和空间上有自己的范围，但似乎也有渗透性。仪式之所以被认为有意义，是因为它们对于一系列其他非仪式性行动以及整

---

　　① 转引自［俄］r. 布加勒丹诺娃《蒙古族的拜火及其在喇嘛教中的反映》，《资料与情报》1981年第1期。

　　② 同上。

　　③ 参见余正荣《生态智慧论》，中国社会科学出版社1996年版，第63—65页。

个社群的生活，都是有意义的。仪式能够把价值和意义赋予那些操演者的全部生活。"①

其二，内蒙古区域过年习俗在传承，还表现出人与人和谐的文化因子。民间节日通过特定的时间和空间聚合在一定范围的社群，仪式的参与者按血缘、亲缘、地缘等关系，都会出现在这样的社会公共生活里。仪式使人与人、个人与群体、群体与群体之间发生互动，就像黏合剂把人们联系在一起，成为社会聚合、人际交往的重要空间。过去游牧文化生活的动态性和居住的分散性使得人们格外重视过年的团聚。从上面的三个个案中，新年伊始的除夕是重要的节点。为了使得一年之内富裕兴旺，万事如意，就要取得人与人的和谐关系。首先要沟通与祖先的关系。在除夕晚上赤峰市巴林右旗嘎查在太阳落山之前，要用茶、果子、炖菜、纸钱等四样东西祭祀祖先。把祭品都放在炕桌上，拿到院子中，摆放朝向坟墓的方向。先拿烧火棍在地上划个圈，然后拿一勺凉水泼到里面，再往圈里依次洒茶、点心、酒、菜、果子。最后由长者带领全家人叩头。敬天法祖的传统思维模式在蒙古族中传承。

无论是在农业区域、牧业区域还是半农半牧区域，过年都讲究吃年夜饭。由于生计方式的多样化，年夜饭不尽相同，布里亚特人全家围坐，早上要吃"布里亚特包子"。他们称为"比特温"，这一天一定要吃完整、形状圆的食物以示圆满。

人们讲究吃什么，更讲究怎么吃。年夜饭讲究的是男女老幼、老少三辈共同吃，围坐在一起，在这个特殊的时刻，整个家族共享文化的传统，重温传统的伦理，建立家庭之间的和谐。此外，每个区域包括城市文化都保留了拜年的习俗。人们早已打破了血缘关系，亲戚之间、邻里之间、同行之间、上下级之间互相问候、互相祝福。民间节日通过特定的时间和空间聚合在一定范围的社群，仪式的参与者按血缘、亲缘、地缘等关系，都会出现在社会的公共生活里。在社会变迁的进程中，往往打破了亲缘关系、地缘关系，另外由于民族的杂居和社会网络的沟通，仪式使人与人、个人与群体、群体与群体之间发生互动，就像黏合剂把人们联系在一起。在过年的这个特殊的阶

---

① ［美］保罗·康纳顿：《社会如何记忆》，纳日碧力戈译，上海人民出版社2000年版，第50页。

图 9.3.3　过年在户外祭祀祖先　秦博摄

段，礼物的流动更是人与人之间沟通的纽带。传统节日是民众交流感情的重要时间，在这个特定的文化时间，人们获得情感的释放，精神的欢娱，以一种新的状态再过渡到平日的生活。对"传统节日的保护是对民众情感需求的尊重和对民众精神利益的维护"①。

其三，过年习俗表现出祈求摒弃一切灾祸、获得福祉的文化因子。世界是相互关系的复杂网络。生活在自然和社会中的人类会遇到天灾人祸，有时甚至是灭顶之灾。过年的核心价值是实现人们对人类生存愿望的各种诉求。在过年这个特殊的阶段，人们通过与自然的沟通，与祖先的沟通，与人的沟通，祈福祈寿，祈牛羊如繁星，祈五谷丰登，希冀摒除一切灾害，求得福祉。

在现代科尔沁左中宝龙山镇过年习俗的个案中，当地人们把正月初十视为"黑日子"（hara udur）。在传统的民间数字观念里，蒙古族崇拜单数，汉族崇拜双数。把"十"字看作"坏日子"，是蒙古族数字观的反映。把日子冠以"黑"字，说明是特定的不吉利的时间。蒙古族传统的民俗色彩观认为

---

① 黄涛：《保护传统节日文化遗产与构建和谐社会》，《中国人民大学学报》2007 年第 1 期。

黑是邪恶、终结的象征。蒙古族崇拜白色，认为白色是吉祥的象征。为了压制"黑"日子，要吃白食，炒米、奶油、奶豆腐等，这同样是蒙古族传统饮食文化的折射。

图9.3.4　在过年的仪式上祝福晚辈　秦博摄

　　海拉尔锡尼河布里亚特蒙古族和赤峰市巴林右旗半农半牧的红旗嘎查过年习俗都有到喇嘛庙祈福的习俗。以布里亚特蒙古族为例，其仪式主要包括：

　　1. 诵经：锡尼河庙除夕灯火通明。喇嘛要诵一天一夜的经文，大意是祈祷一年的人畜平安。牧人也要和喇嘛一起诵经直到大年初一的早上，每个家庭根据自己的需要而念诵不同的经文。其主旨是人畜平安，一年和顺。

　　2. 问卜：去庙里的人还要向喇嘛问询本人及整个家庭在未来一年的情况。初一早上向哪个方向出行为大吉，过年期间哪天不宜出门等。

　　3. 初一供奉神像：在大年初一早上要在太阳出来以前，供奉佛龛时将食品有序地摆放在干净的碗碟中，放在神像前，点长明灯，全家人诵经行礼。

　　明清以来喇嘛教在蒙古区域广泛传播，对蒙古族的生活和社会产生了深刻的影响。信仰是一种观念,仪式却是一种实践。在过年这个特殊的时序上,人们往往通过到锡尼河庙的诵经、占卜、供奉,希冀祈福禳灾,进行生存的祈愿和心理诉求。年节拜庙习俗的存在,正是草原游牧人信仰喇嘛教文化因子的依存。

图 9.3.5　过年去喇嘛庙　邢莉摄

可以看出,过年是蒙古族社会生活中不可缺少的重要组成部分,虽然在各地域存在差异,但是,过年习俗净化人们的心灵,把整个社会引向一个比单纯追求经济和物质繁荣更高层次的精神境界。一个民族要振兴,一个国家要发展,就需要建树一种人文精神,蒙古族的传统文化中涵括着这种人文精神,它是人类的精神财富。

内蒙古区域过年的人文精神是通过多种民俗事项表现出来的,是通过不同的民俗文化圈共同折射出来的,这是一方面;另一方面,我们从上述案例中也看出,虽然蒙古族传统的过年习俗受到汉族文化的影响,在社会文化的变迁和传承中出现了衍生态,但是在内蒙古区域的牧业文化圈和半农半牧文化圈的调查表明,蒙古族的过年习俗虽然经过变迁,但是还保持着古老的萨满教的文化因子并周期性地展示自身的传统和坚持民族拥有的文化身份,这是在多元化的过年习俗中通过节日表述自己的过程，是不断在新的语境中，对于自我再认同的过程，同时也是他者对蒙古族文化传统再确认的过程。在过年的仪式中，蒙古族传承的古老习俗为我们提供了一个民族身份的象征系统和思想体系。

我们可以通过当今的过年习俗去寻找传统，但是民俗并不是一成不变的过去的传统。我们看到在农耕文化和草原游牧文化的碰撞中，每一文化都具有开放性和包容性，不同文化在相互对话和选择中，既有你融于我，又有我融于你。他们各自在与异文化的交往中，形成适合其自然生态环境和文化生态环境的新的风俗惯习。"现存的某些新的方面（至少是其中的一部分）必须被卷入到传统意义的世界之中，而传统也必须被新的群体成员及其世界所理解。显然群体的维系不仅是通过保留传统，更是通过对传统的再确定实现的"。① 我们也发现，在社会的转型时期，在内蒙古区域过年表现在多种文化共建的对话场景中，一方面农耕文化所表现出来的主导性和吸附力形成了一种强大的态势，另一方面草原游牧文化也在与农耕文化形成互动，其构成的新的文化模式融入到中华多元文化的格局中。

过年是一个特殊的日子。过年的本质是在特定的时间里，显示其特殊的文化意义与社会意义。约定俗成的节日文化一旦形成，就具备了节日文化特定的文化因子。但是目前过年的习俗在淡化，所出现的情景是：（1）过去过年享受的东西现在平时也可以享用，期盼的心理减弱；（2）由于民间信仰习俗的淡化，有的家庭已经简化了各种仪式，有的已经不举行仪式。祭祀仪式的淡化说明社会的变迁；（3）宝龙山地区春节单调，缺少娱乐活动，满足不了人们对文化的需求和期待。过年是集体的文化记忆，如何在建设新文明中保持文化传统，弘扬蒙古族节日文化的优秀文化因子，以满足民众的文化需求与精神需求，是值得研究的问题。

---

① 参见［美］约翰·R. 霍尔等（John R. Hall and Mary Jo Neitz）《文化：社会学的视野》（Culture：Sociological Perspectives），中译本，周晓虹等译，商务印书馆2002年版，第93—94页。

第 十 章
成吉思汗祭祀仪式的变迁

　　每一个族群的文化都有其核心象征符号。蒙古民族对成吉思汗的敬仰和崇拜就是草原游牧民族的核心文化的象征符号之一。正如拉铁摩尔曾经指出的，"从《蒙古秘史》和有关原始资料中所获知的深刻内容表明，成吉思汗的成功恰恰是认识历史进程的客观结果"。他接着写道："成吉思汗是一位天才，不是野蛮人；他虽不识字，却非无知之辈，他生于一种以战争作为职业的社会环境之中，并且掌握了运用政治权利和经济力量的复杂知识，倘若他不是生在这种有利的时代与特定的地域，他的天赋便不会达

图 10.0.1　一代天骄成吉思汗

到这种境界。"① 成吉思汗的祭祀文化历经 800 年之久而传承至今，在这 800 年的绵延中，不可能保持原来的"原生态"，而是不断地被重新组合和重新建构。

---

　　① ［美］拉铁摩尔：《成吉斯汗与蒙古征服者》，《科学美国人》1963. 8. Vol. 209，二，57，转引自［蒙古］SH. 毕拉《蒙古人的成吉思汗观》，《蒙古学信息》1999 年第 4 期。

一　祭祀文化空间及祭祀象征物的变迁

成吉思汗是草原游牧民族孕育的英雄："成吉思汗的确是与游牧文明密切相关的，他的一生始终都忠实于游牧民族的理想……成吉思汗将一个以蒙古为中心，由居住的中亚广大地区的众多游牧民族组成的辽阔帝国留给自己的接班人。"据《史集》载，成吉思汗谢世后，遵照草原游牧文化的传统，秘不发丧，直至平定了唐兀惕，方将灵柩运回去，葬在不儿罕·合勒敦的大山之中……成吉思汗的四大斡耳朵（蒙古贵族的宫帐），每个斡耳朵均为死者举哀一天，后妃、诸王从四面八方前来奔丧哀悼，由于远近不一，三个月后，还有人陆续前来哀悼死者。[1] 而后拖雷成为成吉思汗祭祀的创始人。蒙古族的古代社会是父系氏族社会，他们清晰地知道自己的父系血缘关系，非本氏族的成员没有参加祭祀的资格。"长生神的训诫是：天上只有一个长生的神，地上只有一个君王，即成吉思汗，神之子铁木真……"[2] 最初对于成吉思汗的祭祀继承了蒙古族古代崇拜苍天、崇拜祖先的传统，并且把对祖先的崇拜与对长生天的崇拜叠合在一起。成吉思汗祭祀传统肇始，已经大大超越了对一般氏族祖先的祭祀传统，与蒙古族古代信仰的萨满教联系在一起，把对祖先的祭祀提升到神的地位。

按照传统的蒙古族习俗，成吉思汗的真身陵墓的地点秘而不发，一直保存至今。因此在谈到成吉思汗祭祀文化变迁的时候，一为其祭祀文化空间的变迁，二为其陵寝的象征物的变迁。

在这里我们首先引入文化空间的概念。所谓文化空间从其自然属性而言，必须是一个文化场所，"即具有一定的物理空间或场所，必须具有周而复始的循环性；从其文化属性看，则应该具有岁时性、周期性、季节性、神圣性、娱乐性等等"[3]。而这里，必须有人的活动。具体到成吉思汗的祭祀文化中，文化空间指的是祭祀成吉思汗的场所和在这个场所按照固定的时间所进行的

---

[1]　参见［波斯］拉施特·哀丁主编《史集》，余大钧、周建奇译，第 1 卷第 2 分册，商务印书馆 1983 年版，第 321—323 页。

[2]　耿昇等译：《柏朗嘉宾蒙古行纪·鲁布鲁克东行纪》，中华书局 1985 年版，第 309 页。

[3]　向云驹：《人类口头和非物质文化遗产》，宁夏人民教育出版社 2004 年版，第 166 页。

祭祀仪式活动。

明人叶子奇的《草木子》记载，元代宫廷实行秘葬的习俗：深埋后"则用万马蹴平，俟青草方解严，则已漫同平坡，无复考志遗迹"。如前面《史集》所引，成吉思汗谢世后，每个斡耳朵祭祀一天，三个月后，还有人陆续前来祭奠。按照游牧人的传统习俗，陵寝之地不被世人所知，那么到哪里去祭祀呢？从史籍的记载来看，最开始的祭祀空间是毡帐，又称斡耳朵。斡耳朵，又译作"鄂尔多"，这一词汇最早出现在唐代突厥文的碑文上，是突厥—蒙古语，意为宫帐、宫室之意。对于成吉思汗的丧葬和祭祀，《蒙古源流》载：成吉思汗之金身安葬后，"于是以诸后妃，诸皇子为首，均极嚎啕致哀。因不能请出其金身，遂造永安之陵寝，并建天下奉戴之八白室焉"①。文中所说的八白室就是祭祀成吉思汗的文化空间。这里的"白室"绝非房屋，而是白色的毡帐。这里说的八白室与现代祭祀的八白室有很大的差异。学术界认为："八白室为陵殿、陵宫、灵帐均可。但是不能说是陵寝、陵地、陵园、陵墓。"②

成吉思汗谢世时祭祀的空间是陵帐，称"八白室"，而陵帐内的灵柩的象征物却也称"八白室"。而陵帐内为何物已不可考。何谓八白室？八白室祭祀的是何人何物？历史的沧桑剧变经过了建构和重建的过程。在《元史·祭祀志》里有八室之制的记载："至元元年冬十月，奉安神主于太庙，初定太庙七室之制……三年秋九月，始作八室神主，设拓［依边］十月，太庙成。"《元史·祭祀志》还排列了黄金家族的也速该、成吉思汗、窝阔台、术赤、察合台、拖雷、贵由、蒙哥八位祖先及其夫人的名字。在《元史·祭祀志》里记载，在祭祀的时候，从第一室先主致祷词，并向神主献牲肉饭食，酹祭马奶，照此轮流，直至八室神主祭毕，将剩余牺牲祭品向南窗外抛撒，名之曰"抛撒茶饭"。这里的八白室是祭祀的文化空间，而八白神主是祭祀的对象，显然这里所说的祭祀的象征符号"八白神主"与现今的"八白室"有很大的差异。这里又经历了怎样的沧桑变迁呢？《元史·祭祀志》载，在元世祖至元间，出现了"八白室享"即元代宫廷祭祀宗庙的歌舞。可见"八白室"是宫廷祭祀既包括祭祀的文化空间，又包括成吉思汗祭祀的象征物。

① 萨囊彻辰著，道润梯步译校：《蒙古源流》，内蒙古人民出版社1981年版，第185页。
② 赵永铣：《成吉思汗祭奠的由来与流传》，《内蒙古社会科学》1991年第6期。

随着元朝的灭亡，八白室有一个由盛而衰又由衰而盛的过程。蒙古各部落之间也经过反复地流动和较量。进入黄河河套地区的一支蒙古族逐渐由弱至强。正统的黄金家族的后裔满都鲁·孛罗忽登上了历史舞台。此时恢复了对八白室的祭祀。清人屠寄在《答张蔚西成吉思汗灵寝辩证书》中说："伊金霍洛之有八白室，当在此时。"至于此时的八白室——成吉思汗陵墓的象征符号，已经不是元代的八白神主，而是与现在供奉相关的八白室。

成吉思汗祭祀的文化空间具有鲜明的游牧文化的特征。祭祀中原皇帝的文化空间是陵墓和宫殿，而蒙古族祭祀文化空间是帐房。如前所说，帐房正是草原游牧民族物质文明的重要标志之一，其原因是历史上游牧民族称为"行国"，而农业民族称为"居国"。为什么游牧民族有行国之称呢？历史学家早就指出了草原民族的文化与农耕民族文化的不同特征：蒙古族以逐水草而居的生活方式与农业民族的生活方式相区别。《汉书·晁错传》中谈出了班氏的说法："美草甘水则止，草尽水竭则移……"正是这种生计方式，决定了其祭祀文化的空间也是帐房，这样移动的祭祀文化空间的形成是与游牧的生计方式相一致的，同时也反映了草原游牧民族的生态观。

清末民初时期的成吉思汗陵帐，其样式是古今中外极为少见的形式。成吉思汗陵帐没有墓丘，也没有宫殿，只有一座两顶相连的蒙古包，有一丈五尺多高，里面可容下一百多人。包顶上有一个黄铜的顶子，包外和牧民使用的蒙古包相似，是用毡子搭围起来的，然后又围上了一层黄色的缎套。蒙古包南面 20 米的地方，是一座用砖砌起来的四角亭子，陵包北边的一里路的地方，有达尔扈特人的几座房子。① 这段珍贵的描述和历史上遗留的照片相互说明成吉思汗祭祀的文化空间从起始到民国时期一直保持着宫帐为祭祀文化空间的习俗。古代蒙古族信仰萨满教，萨满教崇拜长生天，天似穹庐，穹庐似天，人们以蒙古特有的"鄂尔多"（元代译为"斡耳朵"）的祭祀方式空间来祭奠这位震惊历史的伟大人物。

民族国家建成后，成吉思汗祭祀的文化空间发生了重大的变化。变迁的重要标识是其祭祀地点从游动的宫帐变为了固定的建筑，即现在位于内蒙古鄂尔多斯伊克昭盟伊金霍洛旗甘德利草原上的成吉思汗陵。作者曾经四次拜

---

① 参见李振文、那楚格主编《千年伟人成吉思汗》（内部出版），2002 年版，第 55 页。

谒过现在的成吉思汗陵。

在巴音昌呼河流淌的地方，1956 年修建的占地 55000 平方米的成吉思汗陵坐落在内蒙伊克昭盟伊金霍洛旗甘德利草原上。成吉思汗陵园坐北朝南，殿宇飞檐，金碧辉煌。主体建筑陵宫由正殿、后殿、东西殿和东西过厅 6 部分组成。成吉思汗陵首先矗立着成吉思汗骑马的高大英武的铜像，走过十一段共九十九级宽大的石台阶，就看见了模仿三个蒙古包式的主体建筑。这三个建筑一字排开，包顶上有蓝色琉璃瓦拼组成的祥云的花纹。在蒙古包形的宫殿的东南面是阿拉腾甘德尔敖包，敖包的旁边是成吉思汗的金马桩。

图 10.1.1　20 世纪 50 年代修建的成吉思汗陵　作者请路人摄

正殿正中摆放着一代天骄成吉思汗的汉白玉雕像，他身披威武的盔甲战袍，腰佩雄雄宝剑，一派纵横捭阖，叱咤风云的气势。后殿为寝宫，成为祭祀成吉思汗的主殿。东西过厅是琳琅满目的壁画长廊，壁画记载着成吉思汗的丰功伟绩。西殿里供奉着成吉思汗的鞍鞯、弓箭和圣奶桶。东殿里安放着一座金顶黄素缎的蒙古包，供奉着成吉思汗幼子拖雷和夫人伊希哈屯唆鲁和贴尼的像及物品。在成吉思汗陵殿的东侧，是仓更斡尔阁白宫，这被称为"家庙"。成吉思汗陵的设计颇有特点，其顶部为似蒙古包的拱形建筑，具有民族特色游牧的蒙古族祭祀成吉思汗的文化空间原为帐房，自50年代至今半个多世纪以来，成吉思汗的祭祀地点已经是永久的固定的建筑地点，20世纪50年代成吉思汗陵的建成昭示着蒙古族的历史和传统，表明国家对成吉思汗祭祀文化的关注和认同，而固定的祭祀地点的形成说明该地域已经由游牧、半游牧嬗变为农业区和半农半牧的定居的牧业区。这与社会的变迁、文化的变迁存在着密切的关系。

再有就是祭祀象征物的变迁。众所周知，现在祭祀的象征物是八白室。在现在的成吉思汗陵，我们见到的"八白室"是：

（1）成吉思汗与其夫人孛尔帖的陵帐白宫位于成吉思汗陵后殿内的黄色宫帐，称为"金宫"，为葫芦型双帐，内有成吉思汗与其夫人孛尔帖的画像及其灵柩的象征物品。

（2）呼兰哈敦陵帐白宫：位于成吉思汗陵后殿内成吉思汗黄色宫帐之右侧，面积稍小，亦为葫芦形双帐。

（3）古日勃勒津高娃白宫：位于成吉思汗陵后殿内的成吉思汗黄色宫帐之左侧，面积稍小，亦为葫芦形双帐。

（4）宝日温都尔白宫：这是一个精致的奶桶，是祭祀苍天时，盛放白色骒马之乳的圣物。

（5）吉劳白宫：为成吉思汗用过的马鞍，当地的民众认为，这是成吉思汗乘骑银河八骏的象征。

（6）胡日萨德格白宫：又称为弓箭白宫。奶桶、马鞍和弓箭现都在成吉思汗陵西殿的三个黄色的帐房内。

（7）溜圆八骏：在成吉思汗陵园内放牧，永远不配鞍鞴，不需乘骑，蒙古族民众眼中，它是天马神骏的化身。

（8）仓廪白宫：又称珍藏白宫，藏有珠宝、祭祀用品和历史文献。

在这里，八白室是成吉思汗祭祀文化的象征符号。这组象征符号主要是由两组象征符号组成的：一是成吉思汗及其妃嫔帐房，一是成吉思汗征战时所用的物品（物品经过时代的颠沛流离，大都不是原物）。对成吉思汗及其所代表的黄金家族的敬仰和崇拜仍旧成为这组符号表达的核心，无论是帐房还是马鞍等物都呈现出现代的祭祀中文化符号传递表示对游牧文化的追忆。

图 10.1.2　当代成吉思汗陵内的两匹骏马　邢莉摄

　　成吉思汗祭祀文化的空间和成吉思汗陵的象征物发生的变迁折射出时代的巨变，也折射出蒙古族群生产方式与生活方式的变迁。这个族群一方面在更广阔的中国舞台上继承了自己的祭祀传统；另一方面在构建成吉思汗祭祀文化传统的同时神化了成吉思汗。成吉思汗的家史成为蒙古官修历史著作的基本内容，并世代被延续下来："随着时间的推移，蒙古人忘掉了自己过去的许多光辉业绩，然而，成吉思汗不会被遗忘……结果历史上的成吉思汗在蒙古社会中逐步成为神话中的成吉思汗，人们对他的崇拜不断发展演变。"[①] 正是在祭祀成吉思汗的文化空间中，线型的不可反转的时间成为可反转的周期性的时间，在特定的文化时间和特定的文化空间中，加深着蒙古族群共同的文化记忆，而这样的文化"记忆"在现代文明中的传递，并不只在于对蒙古族的历史传统的追忆，也在于在现代化的发展中为人类所享用。

---

　　① ［蒙古］S. H. 毕拉：《蒙古人的成吉思汗观》，《蒙古学信息》1995 年第 4 期。

二 民族国家时期的新建构

成吉思汗陵寝的象征物八白室一直由世世代代居住在鄂尔多斯的成吉思汗的守陵人呵护，但是在日本帝国主义侵华时期，为了保护成吉思汗的陵寝，曾经由伊克昭盟的上层蒙古族人士沙王提出迁移到更为安全的地方，档案中保存了当时的国民政府拟订的《尊拟成吉思汗陵寝迁移办法》，其中对迁移的地点、路线、起程致祭、护送、沿途迎祭、安陵、护陵及经费等都作了较为详细的安排，并由当时的行政院长发出训令。这说明成吉思汗的祭祀文化不仅仅属于一个族群的深刻的历史记忆，而且得到民族国家的认同。国民党陕西省执委会李贻燕写的《中华民族英雄成吉思汗》称之为："其雄才大略，可为我中华民族生色，秦皇汉武唐太之后一人而已。"[1] 文章以七百年前成吉思汗"广土众民，欲御敌，必合众心为一"的临终遗言，激励中华民族奋勇抵抗日寇的斗志。在成吉思汗的陵寝经过延安的时候，中国共产党在延安的政府的祭文更是字字铿锵：

> 元朝太祖，世界英杰，今日郊迎，河山聚色。而今而后，两族一家，真正团结，唯敌是挞……煌煌纲领，救国救民。组武克绳，当仁不让，大旱盼霓，国人之望。清凉岳岳，延水汤汤，此物此志，寄在酒浆。尚飨。[1]

可以看出，延安政府和民国政府都在认同成吉思汗，从当时移陵受到两个政党的公祭和沿途民众公祭的盛况来看，这时成吉思汗的祭祀文化——这个特定的符号仪式成为"中华民族的标识"，在旗庆中展演出来。我们看出："国家成其为国家不是自然的，而是通过文化、心理的认同而构成的，而这种认同又是通过符号和仪式的运作所造成的"[2]。在这里我们注意到一个巧妙的转换：在1949年之前，历史上的成吉思汗从"蒙古族的祖先"、"蒙古族的

---

[1] 转引自李振文、那楚格主编《千年伟人成吉斯汗》（内部出版），2002年版，第59页。

[2] 高丙中：《民间仪式与国家的在场》，转引自郭于华主编《仪式与社会变迁》，社会科学文献出版社2000年版，第310页。

上帝"成为"中华民族的英雄",他已经不仅仅是蒙古族群的英雄,不仅仅是蒙古族群的认同符号,而且成为中华各民族的认同符号:"如同历史上的伟大人物一样,成吉思汗是自己民族的一个传奇式的英雄。不仅如此,他还受到自己国家和人民的崇拜和敬仰。"① 由尊崇成吉思汗而形成的祭祀文化不仅仅属于诞生他的那个族群,而且为"他者"(他族群)所认可,在伟大的中华民族"用我们的血肉筑成新的长城"的生死存亡的时刻,成吉思汗的遗言振奋了整个中华民族,成为全民族凝聚起来,坚决抗战誓死卫国的先声。可见在这一历史时期,成吉思汗的祭祀文化已经突破了原有的族群的范畴,在关系到民族安危的紧要关头,成吉思汗祭祀文化得到强化,而且转化为中华民族共同的核心理念的象征。

现在的成吉思汗陵是在中华人民共和国成立以后修建的。在此之前,内蒙古自治区人民政府派出迎陵代表团前往青海,隆重迎接成吉思汗陵重返鄂尔多斯故地。原内蒙古自治区人民政府主席乌兰夫亲自破土奠基,1956 年陵殿落成。虽在"文革"时期遭到破坏,但后得到政府的多次拨款维修。现在面貌一新,巍然屹立。实际上,从元代起,成吉思汗的祭祀文化就纳入了封建国家的祭祀范畴,这是蒙古游牧民族自身内部变化的结果。从中华民国至中华人民共和国,成吉思汗的祭祀文化被纳入到民族—国家的范畴。

虽然从元代至于清代、民国以至于现代,成吉思汗陵的祭祀都被纳入了国家的范畴,但是先后有根本的不同。这是一个从帝王国家祭祀到民族—国家的国家祭祀的嬗变,从神化本民族的英雄到确认其为共同祖先、中华民族的民族英雄的嬗变。一方面民族—国家在认同和重新评估成吉思汗祭祀文化的社会功能和文化功能,使成吉思汗的祭祀文化不断得到刷新和强化;另一方面,有着八百年祭祀传统的蒙古民族,祭祀空间和祭祀仪式在必然发生变化的情况下,也在传承着对于自己族群的民族英雄的认同。

成吉思汗的祭祀文化是蒙古族民俗的重要组成部分。人类学、民俗学的学术视野要超越乡土社会小传统的局限,即其关注的不仅是民俗生活现象本身,而是要把民间文化置于国家权利的互动中去观察。"就此而言,仪式作为象征性的行为与活动,不仅是表达性的,而且是建构性的;它不仅可以展示

---

① [蒙古] S. H. 毕拉:《蒙古人的成吉思汗观》,《蒙古学信息》1995 年第 4 期。

观念的、心智的内在逻辑，也可以展现和建构权威的权力技术。而政治权力亦不仅仅表现为简单的强制，而是力图呈现为一种合法合理的运用。"① 在全球经济一体化的时候，民族的传统文化正成为一种人文资源，被用来建构产生在全球经济一体化中的民族政治和民族文化的主体意识，同时也成为当地的文化和经济发展的新的符号。如今在我们面前展现的成吉思汗的祭祀文化是重新组合、重新建构的图景：

　　陵宫各殿和两廊内墙上均有描绘成吉思汗毕生的功勋和当时蒙古族的社会情况、宗教信仰和生活习俗等内容的壁画。陵园东侧平台上展放着成吉思汗时期的遗物——木制双轮巨车、铸铁锅、铁制战车轮等。成吉思汗陵园里丛林茂密，芳草萋萋，鸟语花香。游客可以在陵园里穿上古今各种款式的蒙古袍，骑马乘驼，坐勒勒车尽兴游乐。陵园管理局招待所为游客提供吃住方便。在招待所院内坐落的可容纳三百余人的豪华蒙古包里，游客可以举办宴会，品尝蒙古族别具风味的肉食、奶食和糕点，还可以欣赏鄂尔多斯蒙古风格的歌舞、鄂尔多斯婚礼仪式和诈马宴等表演。夜间可以参加篝火晚会，以度过在此一游的难得的美好夜晚。

　　通过成吉思汗陵的旅游广告片断，我们可以可以看到，进入改革开放的新时期，成吉思汗的陵宫发生了很大的变迁，2001 年被国家旅游局评为AAAA 级旅游区。这是一个很大的变化：成吉思汗陵从一个祭祀祖先的文化空间演变为一个祭祀祖先兼旅游的文化空间，从一个神圣的文化空间演变为一个娱乐旅游的文化空间。在成吉思汗的祭祀文化成为旅游业的"文化资本"和"知识资本"的时候，就呈现出种种复杂的情况，对此作者访谈了守护成吉思汗陵的达尔扈特。②

　　　　现在旅游的人多了，汉族也尊敬成吉思汗，还有很多南方人也来。
　　　　我们的祖先受到大家的尊敬，这是好事。过去只是我们蒙古族的事，现

---

　　① 《导论：仪式——社会生活及其变迁的文化人类学视角》，参见郭于华主编《仪式与社会变迁》，社会科学文献出版社 2000 年版，第 4 页。
　　② 达尔扈特：意为成吉思汗的守陵人，他们具有特殊的身份与职责。达尔扈特，蒙古语，意思是禁止，属于谁的，光绪二十九年（1903）文书写道："成吉思汗是蒙古诸旗祖先，守护八白室的五百户达尔扈特是从各旗中选调来执行祭祀的人们。"

在是大家的事。①

　　一般旅游的人文化层次高，是想了解蒙古族文化来的。有从很远的地方来的，有钱的捐赠的也有，还有在大祭的时候抢第一炷香的。这几年，人越来越多。电视台的也来，各地电视台都来，不光是内蒙古的。②

　　发展旅游是好事，人太多也不好，我们在祭祀祖先，他们好像在看热闹。③

　　来的人多，目的也不一样，也不能要求目的都一样。有的人想知道历史，有的人崇拜成吉思汗，也有的人随便走马观花。我们都欢迎，但是应该尊重我们的规矩和习惯。④

　　我们达尔扈特是管成吉思汗陵的，对成吉思汗陵最忠诚。我们过去不交税收，我们也不信喇嘛教。但是在成吉思汗的祭祀仪式里有喇嘛教的音乐。现在有人在祭祀成吉思汗时抢第一炷香，有的是为了求财来的，和我们的信仰不太一样。⑤

　　在现代民族—国家中，成吉思汗的祭祀文化得到各方面的认同，包括民族—国家的认同，蒙古族民众的认同以及其他族群的认同。旅游文化的开展，成吉思汗的祭祀文化被引导到一个特定的市场调控的体系中，成吉思汗的祭祀文化已经成为一种人文资源。在游牧文化消失的情境下，传统的生产方式

　　① 被访谈人：GRZHB，男，60余岁，蒙古族，曾为成吉思汗祭祀的主持人，访谈人：邢莉，访谈时间：2004年7月，在成吉思汗陵。
　　② 被访谈人：WWD，男，50余岁，蒙古族，成吉思汗陵管理公务员。访谈人：邢莉，访谈时间：2004年7月，在成吉思汗陵。
　　③ 被访谈人：GRZHB，男，60余岁，蒙古族，曾为成吉思汗祭祀的主持人。访谈人：邢莉，访谈时间：2004年7月，在成吉思汗陵。
　　④ 被访谈人：SHRLD，男，60余岁，蒙古族，学者。访谈人：邢莉，访谈时间：2000年10月，在成吉思汗陵。
　　⑤ 被访谈人：YCHHH，女，72岁，蒙古族，牧人，访谈人：邢莉，访谈时间：2010年10月，在成吉思汗陵。

和生活方式在迅速改变，但是这并不意味着一个民族和历史的消失，并不意味着一个民族的优质文化因子不需要保护。蒙古族的成吉思汗祭祀文化在现代的语境中重构。在我们调查的过程中，无论是成吉思汗陵的管理机构还是祭祀仪式的主持者以及蒙古族民众都肯定旅游促进了其他族群与蒙古族之间的沟通和交流，对中华民族的巩固和团结有益，以至于对国际文化的交流有益，并且带来了国家在新建设时期的经济效益。对于其在新时期的嬗变，我们还需要做如下思考：

图 10.2.1　新构建的苏鲁德祭坛　邢莉摄

其一，在成吉思汗陵开放旅游的过程中，毫无疑问地增加了旅游者对其他族群文化历史的感知。这种感知一方面可以促进成吉思汗祭祀文化传承机制的延续和传承能力的加强，这种文化播布使得蒙古族的文化为人类所共享；但是另一方面其蒙古族世代传承的祭祀礼仪的神圣性必然减弱而"表演"性必然加强。成吉思汗陵周边居住的 500 户达尔扈特是成吉思汗陵的世袭的守护人（经历了历朝历代，已经发生了变化），在传统的隆重的成吉思汗的祭祀礼仪中，他们对于礼仪程序严格的恪守和操作，无疑加强了仪式本身的神圣性。因为神圣仪式的背后，蕴含的是其核心价值和核心理念。无论是前来祭祀的蒙古族民众，还是前来祭祀的属于成吉思汗的黄金家族的后裔，他们都是来"朝圣"的。在他们的心里构筑了一座关于成吉思汗神圣的"长城"——祭祀的文化空间是神圣的，八白室是神圣的，仪式上所有的操演都是神圣的："如果说有社会记忆这回事情的话，那么，我们有可能在纪念仪式中找到它。纪念仪式（当且仅当）在具有操演作用的时候，才能证明它有纪念性。"① 对于"我群"（蒙古族）来说成吉思汗祭祀仪式不只在于仪式的整体过程，而在于其仪式行为层面背后的心理层面及信仰层面。成吉思汗的祭祀文化是蒙古族民间信仰的重要组成部分。其中涵括的天人合一的观念、英雄崇拜观念等是祭祀的核心理念。正是在这种看似重复繁复而实际上并不雷同的操练仪式上，祭祀者和主祭人在不断增强其中涵括的天人合一的观念、英雄崇拜观念，认知自己祖先神圣性的观念，在社会群体对仪式的共享之中加强对自己族群的自尊和自信。

对于旅游者来说，成吉思汗陵的祭祀仪式是一场"表演"。我们在这里借用"表演"这个词汇，与当代美国人类学家所提倡的表演理论不是一个概念。我们所谓的"表演"是指从当代旅游者的角度来看，成吉思汗的祭祀仪式对于他们来说，是一种展示，是一种观看，是一种了解和认知。而对于我群来说，成吉思汗的祭祀已经成为该地该社群生活的一部分，成为他们的精神日历："在民俗宗教中，宗教信念与世俗生活是水乳交融的，这种融合可以表述为：生活在宗教的逻辑中进行，而宗教则在生活的脉络里展开。"② 成吉思汗的祭祀群体认知祭祀本身具有神圣性、神秘性、周期性和规范性，他们用自己在祭祀仪式上的特定语言和特定行为宣布对传统的延续。而对于旅游者来说，没有这样的价值和意义。所以他群（指旅游者）与我群（蒙古族）不同，旅游者的加入，使得仪式的神圣性与神秘性在逐步减弱，其观看的是祭祀仪式本身，并不深入了解也不可能深入理解其意义，更不可能构成其社群生活的重要组成部分。

其二，中外游客的旅游以认知世界伟人成吉思汗为目的，这样可以提高

---

① ［美］保罗·康纳顿：《社会如何记忆》，纳日碧力戈译，上海人民出版社2000年版，第82页。

② 任丽新：《汉族社会的民俗宗教刍议》，《民俗研究》2003年第1期。

蒙古族的民族自豪感和凝聚力，提高蒙古族在社会进程中的文化自觉与文化自信，这对于加速蒙古族的前进的历史进程是有意义的。大量旅游者的参观，虽然是人类的精神文化传播与沟通的重要方式，但是祭祀人达尔扈特由原来的主位变成了"客位"，他们要为旅游者服务，旅游者变为了"主位"。平时的参观犹可，特别是在成吉思汗祭祀仪式的时候，不同的族群、不同的角色会在意识形态上出现较大的差异。这种差异起码表现在对于成吉思汗祭祀仪式的不同角色上：（1）成吉思汗陵的祭祀人达尔扈特，他们是世代传承下来的成吉思汗陵的祭祀者；（2）前来祭祀成吉思汗陵的黄金家族的后裔；（3）前来祭祀的不属于达尔扈特（守陵人）的各地的蒙古族民众，鄂尔多斯人居多；（4）前来观看祭祀仪式的旅游者。这些不同的社会群体祭祀成吉思汗的传统的认同存在的差异性是显而易见的，认知的差异性会存在很长的时间，不是一下子就能够消除的。

对于黄金家族的后裔、达尔扈特及蒙古民众来说，被建构了被神话化的英雄成吉思汗的叙事传统在他们中间一代一代地继承，这是一种不可动摇的文化传统，而且构成了心理传统和信仰，是其永远不会突破的"阈限"。但是对于旅游者来说，就没有这种心理传统和"阈限"。在旅游者人数占主流的当前，为了保持蒙古族对自己祖先的祭祀文化传统的本真性，就需要不断增强自身内部管理机制和强化对于民族传统的记忆和意识："民族旅游从某种意义上说是检验一个民族自我认同能力的，它可能使传统的民族'认同感'获得提升、得到加强。这要视民族内部动力如何而定。但无论如何，在实行民族旅游的行为的过程中，民族认同需要格外提醒。"① 对此我们应该进一步研究，在现代化的冲击下，在族群文化的认同者与旅游者的文化差异之间，族群文化要保持自己民族特色的必要性，并且探讨其可能性的方法。

其三，在现代社会转型的历史时期，蒙古族的传统文化正在发生变迁。成吉思汗祭祀文化在重新被构建。马克斯·韦伯把社会行动分为四种类型：（1）目标合理行动，即能够达到目标，取得成效的行动；（2）价值合理的行动，即按照自己所信奉的价值所进行的行动，不管有无成效；（3）激情的行动：即由于现实的感情冲动和感情状态而引起的行动；（4）传统的行动，即

①　彭兆荣：《旅游人类学》，民族出版社2004年版，第264页。

按照习惯而进行的活动。① 在传统
社会中，后两种行动占主导地位。
而在工业化、信息化的当前社会，
后两者则受到冲击和挑战。但是
激情的行动和传统的行动不只代
表传统，代表过去，而且代表文
化发展的人文资源。保护这种人
文资源不仅是传统与现代衔接的
枢纽，而且是今后发展的根基和
源泉。因此如何在现代化的冲击
下保护这种人文资源是我们面临
的问题。

图 10.2.2　蒙古人供奉的成吉思汗像　邢莉摄

　　成吉思汗祭祀文化是属于特
定的历史时代产生的特定的民众
的群体文化，他扎根于民间，传
承于民间，是特定群体生活和个
人生活的重要组成部分，属于特
定族群的"自我"。但是无论是考
虑其内部的动因和外部的动因，传统的牧业生产和生活方式发生了巨大的变
迁以至于在现代快速转型，在现代化的发展过程中，所谓特定的民众群体中
的"民"正急速地被分化和被肢解。也就是说其所说的"民"不是统一的游
牧民，而是从事不同生计方式的"民"，不同阶层的"民"。在内蒙古的城镇
文化圈、农业文化圈和半农半牧圈内，成吉思汗信仰已经发生了很大的裂变，
即使在牧业区域，个体文化心理也处于裂变之中，个体文化心理嬗变的过程
就自然成了个体社会化的过程。而这个社会化过程并非是濡化，而是一个涵
化的过程，即行为个体是在文化接触中成长发展的，这是一方面；另一方面
随着现代化的发展，旅游文化的展开，特别是在世界范围内展开的口头非物
质文化遗产的保护，过去隐秘的成吉思汗的祭祀文化属于一个族群的群体文

---

　　① 参见［德］马克斯·韦伯《韦伯文集》，韩水法译，中国广播电视出版社 2000 年版，第 130
页。

化和集体记忆为全民所代替，一定群体的文化在全民中所展示，为人类所共同接受和共同享用。从成吉思汗祭祀文化的变迁可以说明社会的变迁，国家政策对传统民族文化的干预和民族民间传统为适应现代社会所进行的调适。但是成吉思汗的祭祀文化存在的根基是民俗信仰，"作为社会活动的民间叙事审视的是民间叙事的社会属性——即意识形态属性。'意识形态'一词总是涉及人们所说、所写、所信仰的东西（话语体系），与人们所身处其中的种种社会关系之间有着复杂的联系"①，其存在着"不可交易"性的一面，如果在旅游中把不该交易的东西作为旅游产品销售，就亵渎了其原生态的神圣的准则。在文化被当作"资源"的时候，首先应该看到其文化价值及其折射的民族精神，而不应该把经济效益放在首位。从根本上说，成吉思汗祭祀文化反映的蒙古民族的民间的信仰活动与民间的话语。在当前的语境里，如果限制或改变这种民间性，成吉思汗祭祀文化便失去了生命之源。在这样的嬗变中，我们提出应该保护成吉思汗祭祀文化核心价值和核心理念。

三　祭祀仪式的传承与族群认同

经过成吉思汗谢世后八百年的传承，成吉思汗的祭祀文化已经从蒙古族一个族群的认同变迁为中华各民族所认知，甚至为国外旅游者所认知，成吉思汗的祭祀仪式已经从原来隐秘的封闭的方式转变为公开的方式。那么经过了社会生活方式的变迁、科学技术的进步、新文化的增加与旧文化的更替、教育制度的变更等一系列变化，成吉思汗的祭祀文化在当前呈现了什么样的形态呢？目前联合国教科文组织提出保护口头非物质文化遗产的倡导，我国是联合国口头非物质文化遗产保护的承诺国，成吉思汗祭祀已经首批被列入国家级口头非物质文化遗产，目前其传承的状况如何呢？作者通过实际的田野考察加以说明。

（一）成吉思汗祭祀文化时间的传承

民俗学家重视对民俗文化时间的探讨。我们平时所说的时间是一个自然

---

① 柯玲：《民间叙事的界定》，中国人民大学书报资料中心《文艺理论》2007年第6期。

时间流逝的观念。而我们研究的民俗文化的时间观念，即时间如何被民俗文化生活所建构的问题，"这包括不同的社会文化对时间的不同建构，也包括同一社会文化在不同的时代对于时间的不同建构"①。自然的时间具有不可逆性、不可反复性等特点，但是民俗文化的时间则具有可逆性、可反复性。成吉思汗的祭祀文化自成吉思汗逝世后绵延至今，成为一种累积的传统。在《成吉思汗的祭奠》这本著作中，对于成吉思汗的祭祀文化传统做了较为全面的研究。② 2004 年在对成吉思汗祭祀文化的田野考察中，我们做了访谈：

> 现在的祭祀是过去祭祀的延续，有春夏秋冬四个季节的大祭。阴历三月二十一日为查干·苏鲁德祭祀。相传成吉思汗在 50 岁那年春季得了大病，后来渐渐好了。蒙古族传统产业为牧业，春天特别干旱，传统用 99 匹白马奶子祭天，祭祀祖先。今年来了 3 万人，都是自己来的，有的还牵着自己的小马驹，把马驹的初乳献给成吉思汗，表示对成吉思汗的敬意。还有阴历五月十五日的淖儿祭祀，淖儿是"大湖"的意思。三月二十一日的祭祀是水草肥美、奶食丰富的时候，而五月十五日举行祭祀活动是祭祀其功臣木桦犁。据说当时成吉思汗在斡难河边举起旗帜的时候，有奖赏功臣的习俗。再有就是阴历九月十二日的祭祀。按照传统八月十五日为奶食节。因为马奶子比较珍贵，九月十二日停止挤奶，留给小牲畜吃。阴历十月初三日是皮条祭。为什么叫皮条祭？有这样的传说：成吉思汗诞生三天之后，脐带脱落，他母亲用皮条保护脐带，后来把这根皮条保存下来，老百姓认为这根皮条可以驱邪治病。从此就形成了习俗，牧民常常来要。家里发生了不顺当的事，孩子有病啦，牲畜有病啦，把皮条烧掉，据说很灵……③

访谈所叙与专著《成吉思汗的祭奠》相对照，其祭祀的时间在民族—国家建立后仍旧在传承。通过祭祀时间的稳定性和不可变性强调了历史的文化

---

① 黄应贵：《时间、历史与记忆》，《广西民族学院学报》2002 年第 5 期。
② 赛音吉日格拉、沙日勒岱：《成吉思汗的祭奠》，郭永明译，内蒙古人民出版社 1987 年版。
③ 被访谈人：WWD，男，50 余岁，蒙古族，成吉思汗陵管理公务员，访谈人：邢莉，访谈时间：2004 年 7 月，在成吉思汗陵。

记忆，祭祀文化时间在建构中重溯了历史，更为重要的是模塑了蒙古族群特别是达尔扈特的生活时间，按照"神圣—世俗"的划分，一方面祭祀时间具有神圣性，与平时的时间区别开来，另一方面，二者又紧密地关联在一起，神圣时间与世俗时间形成互动。

> （此外）每月初一、初三都有小祭典。正月初一是大祭。腊月二十三日要祭火杀羊，用整羊祭祀。把羊胸肉煮出，焚香，跪拜。腊月二十三日这天很重要，这天人们不能够向别人借东西，借的东西要在这天还。初一的祭祀也重要，初一来的蒙古族人很多，有附近的旗县来的，也有呼市、包头来的。人们带着羊背子、哈达、砖茶和钱，把最好的东西献给成吉思汗。还有部落祭典，蒙古族在古代形成了不同的部落，现在保持的奈曼、台吉等部落。每年七月都拿着茶、羊背子、烧酒等来祭祀。有的部落来几十人，有的来上百人。①

从口述人的描述可以看出，祭祀成吉思汗的文化时间在传承。对于成吉思汗祭祀的过程就是对此文化时间再次建构的过程。祭祀成吉思汗的文化时间建构的意义在于：虽然近现代蒙古族社会发生了很大的变迁，蒙古族也在不断吸收其他民族的文化，但对自己祖先的认同和尊崇，对自己族群的历史及文化传统的认同还在延续。另一方面，也表明国家话语权利对该族群传统文化的认同，谁也不能否认，民俗的一部分规范功能在现代社会里不可避免地发生了剥离，转化为国家话语权力系统。但是成吉思汗祭祀时间的传承也表明，在国家话语权力系统的控制下，民众存在着一个生活空间和生活时间，民众生活时间和生活空间的模式与其历史的传统息息相关。

（二）达尔扈特的传承与变迁

清代《钦定理藩部则例》载："伊克昭内有成吉思汗园寝，鄂尔多斯七旗，向设有看守园寝，承办祭祀之达尔扈特五百户。"《边政通考》内蒙古部落中记载："道光十九年定，伊克昭盟向有成吉思汗园寝，其鄂尔多斯七旗，

---

① 被访谈人：GRZHB，男，60 余岁，蒙古族，曾为成吉思汗祭祀的主持人，访谈人：邢莉，访谈时间：2004 年 7 月，在成吉思汗陵。

向设有看守园寝承办祭祀之达尔扈特五百户。此项人户，不得作为该王等所属，于该盟内择贤能扎萨克一员，专司经理。"这里说明内蒙古鄂尔多斯区域的一个特殊的集团，被称为"爱马裕"（即部落），就是成吉思汗黄金家族的守陵人。达尔扈特的行政机构、组织情况、生产方式都与一般的旗里的百姓有别。

达尔扈特居住的地方为"伊金霍洛"，"伊金"为"圣主"之意，"霍洛"为"禁区"、"禁地"之意，意思是不能开荒、不能动土，禁地和圣地。在这块禁地和圣地上居住的是特殊的人群——达尔扈特五百户。就传统来说，五百户达尔扈特具有特殊的地位与职责，当时的五百户的特殊地位是不纳税，不服兵役，不向皇帝磕头。作为守陵人，他们承担成吉思汗陵祭祀的职责。其中主要包括：（1）承担对成吉思汗园寝的象征物——即八白室的守护和祭祀。（2）承担对八白室的维护和祭祀的筹款，即五百户达尔扈特每户每年上交一两银子，其供奉称为"塔本郡朗"，即加起来五百两之意。他们还具有带着清朝理藩院发放的使者的牌子，到蒙古各地去募集祭品的责任和义务。平时他们从事的是牧业生产，与旗里一般民众不同的是，他们的收入的一部分来源为到成吉思汗陵祭祀的民众的捐献。"伊金霍洛的牙门图德（即祭祀人员）是世袭职务，他们代代相传，有关成陵祭奠的各种事宜及程序，对外绝对保密。"[1]

清代伊金霍洛包括现今伊金霍洛旗的伊金霍洛、布尔台格、布连、札萨克召、红庆河、公尼召、哈巴格系、纳林塔、陶亥召等苏木和陕西省木县大柳塔的北部。由于清代末期汉族移民的涌入，大面积的农田被开垦，到民国时期，达尔扈特的区域只剩下南北30里，东西30里。到新中国成立初期，历史上的五百户达尔扈特有三分之二迁出了伊金霍洛，他们向周边的杭锦旗、乌审旗、鄂托克旗等从事游牧的地域迁移。1956年成吉思汗陵建立后，现在的成吉思汗的守陵人——达尔扈特集中居住在霍洛苏木。

当我们在成吉思汗陵调查的时候，作者访谈了成吉思汗陵祭祀的主持者之一GRZHB：

① 梁冰：《成吉思汗陵与鄂尔多斯》，内蒙古人民出版社1988年版，第23页。

　　我们家守成吉思汗陵是祖传的，往上算，已经 38 代了。我们和一般老百姓不一样，我们过去不服兵役，不纳税甚至皇帝死了，我们也不哀悼，不戴孝。"文革"时期说守陵人是牛鬼蛇神，我们受不了，现在好了。我 14 岁时就参加了守陵，是我爷爷让我这样的，我爷爷名字叫阿伊尔扎那。1939 年，成吉思汗陵西迁的时候，就是我爷爷守陵。保护成吉思汗陵，当时的国民政府闹得也好，很重视。我们家我爷爷就我爸爸一个（儿子），我爸爸也就有我一个（儿子）。我爸爸去世，我爷爷让我做这件事。祭祀成吉思汗除了现在固定的赞诵词之外，还有 12 首歌。我爷爷说是土耳其语，是在祭祀的时候用马头板①伴奏的，祭祀的时候唱，献酒的时候也唱，我爷爷说传男不传女。我儿子现在也在成吉思汗陵工作。五百户达尔扈特每户选一人为守陵人，一般选择家里的长子。②

图 10.3.1　成陵祭祀的主持人古日扎布（左）　丰向红摄

---

　　① 马头板：蒙语称为"查干给勒"。它是由九块串起的木板组成的，上面镶嵌着一个马头，可以摆动发响，为祭祀时击打的乐器。

　　② 被访谈人：GRZHB，男，60 余岁，蒙古族，曾为成吉思汗祭祀的主持人，访谈人：邢莉，访谈时间：2004 年 7 月，在成吉思汗陵。

（三）鄂尔多斯祭祀成吉思汗的民间语境

我们所说的鄂尔多斯高原主要包括伊克昭盟旗即东胜市和伊金霍洛旗、准格尔旗、杭锦旗、达拉特旗、乌审旗、鄂托克旗、鄂托克前旗。历史上的鄂尔多斯高原原为水草丰美的牧场。匈奴、西夏、金、蒙古等都在这里留下了历史的足迹。清末推行的"开放蒙地"、"移民实边"的政策，其开发的土地在4万余顷以上。放垦土地在土地所有制上建立了复杂的地权和租佃的关系，牧民受到盘剥，多不适应，被迫往沙漠周边转移，造成了植被破坏，草场沙化，人民贫困。①

当我们在鄂尔多斯调查的时候发现该地与其他地域不同，由于时代的变迁，牧民早已不住蒙古包了，过去是土坯房，现在是砖房。但是每家的房前都有一个祭台。在牧人住宅的前方约五米处，又一个用砖搭砌起来的祭台，约两米高。上面插有两个约1米高的旗杆，当地称为玛尼洪杆，杆上有一圆形木座，木座上插一三叉戟形的金属，蒙古语称为"苏鲁德"，木座下有一横杆，横杆上插着数面禄马风旗，禄马风旗一尺见方，中心刻有飞马的图案，四周有藏传佛教的经文，有的还有八宝的吉祥图案。蒙古语称禄马风旗为"黑毛力"，蒙古语原为"空气"、"紫气"之意，"黑毛力"意即为运气之马。非常有意思的是，鄂尔多斯供奉的禄马风旗，中间为《白马驮经图》，四角印有龙、凤、狮和迦楼罗神鸟的图案。其马旁边藏文的意思是祈祷观音菩萨、文殊菩萨、金刚大师的护佑。复杂的图案还有日月、五雄、十二生肖、二十八宿、八卦、七宝、八瑞相、九宫、七曜等。由此有的学者认为，这是明代接受藏传佛教信仰及汉文化影响的结果。那么这里是否具有蒙古民族古老的骏马崇拜的因素呢？这的确是一个值得探讨的问题。

据作者调查，在半个世纪之前，内蒙古喀喇沁一带把布做的风马旗挂在门口，蒙古语称"黑毛力格列"，上面有一匹四蹄腾飞的骏马。青海的蒙古人也挂风马旗，有的呈三角形，有的呈方形。这样的旗帜都只有马，而没有其他四种兽类。这就充分说明，游牧的蒙古民族有挂风马旗的习俗。"在蒙古地区发现了与藏族不同的风马旗，其旁边的四种动物不是在马的四角，而是

---

① 参见宝斯尔等《鄂尔多斯历史与文化》，中央民族大学出版社1989年版，第67页。

四只马蹄下踏四种动物。左前蹄踏一只猛虎,右前蹄踏一只雄狮,左后蹄踏一只蛟龙,右后蹄踏一只彩凤。有的学者认为,这是蒙古族《天马图》的原始形态,标志着向游猎生活告别,向游牧生活迈进。"① 每年正月初一每户人家都要在自家门外供奉禄马的台前举行仪式。首先要对天神磕头,然后把香柏叶子和奶食品(有时也用羊背子)洒在已经点燃的火撑子上,吹响螺号,表示新年来到。此外还要向成吉思汗陵园的方向高举天灯,叩头祷告,希冀新的一年人畜无病无灾,国泰民安,大吉大利。禄马旗除悬挂在旗杆上外,还可以拿到高山上迎风挥洒,让风把它带到远方。作者在参与敖包祭祀的时候,曾经向天空撒过禄马风旗。不管是悬挂禄马风旗还是挥洒什么形式,反映的心理意念都是希冀有福运。那么其与成吉思汗的祭祀文化存在着什么样的联系呢? 本书的第一章对于蒙古族与马的关系已经进行了较为详细的分析。马是蒙古族的游牧文化的重要的象征符号。成吉思汗作为伟大的政治家、军事家和思想家的开拓精神是在驰骋的马背上实现的,游牧民族的理想、欢娱

图 10.3.2　鄂尔多斯牧人家居前树立的禄马风旗　邢莉摄

① 波·少布:《天马崇拜漫议》,《民俗研究》1995 年第 4 期。

及闻名世界的荣耀是从马背上赢得的，骏马造就了英雄，英雄依赖于骏马。禄马风旗显示了蒙古族马崇拜的历史记忆，而这样的历史记忆与成吉思汗的历史贡献联系在一起。禄马风旗成为福运的象征，也成为成吉思汗文化的象征，是北方游牧社会鼎盛阶段回忆的遗留物。在鄂尔多斯牧人的民居前面，这些形制基本相同的禄马风旗世世代代受到祭祀。

（四）成吉思汗龙年大祭①的传承与变迁

2000 年 10 月 26 到 31 日作者调查了 12 年才有一次的成吉思汗龙年大祭。② 下面通过作者对成吉思汗龙年大祭的参与和访谈探究其传承与变迁。

1. 祭祀前的准备——成吉思汗祭祀祭品的传承

成吉思汗的祭奠发端于元代窝阔台汗时代，其传统的祭品是整羊。由于所祭祀的日子不同，所用的羊数也不同。例如二月初一用一只全羊，初三用三只全羊。传统的六月祭祀有专门的公羔祭。所谓公羔祭，就是把羯羔子即未经阉割的绵羊羔杀掉取出睾丸，放在供桌上祭奉成吉思汗。相传在战事紧急之时，成吉思汗把一户人家留下的一只羯羔子抓回去吃掉了，结果凯旋而归，因此要用公羔祭。

蒙古牧人信仰的萨满教崇拜天神，他们称天为"腾格里"。《蒙鞑备录》载："其俗最敬天地，每事必称天……"岷峨山人《译语》云："虏称天为腾格里，极知敬畏。"他们把所敬仰的天神与五畜联系起来，称头发白的公羊为"腾格里特亥"，意思是"天的公羊"，对它不去势，也不买卖，到老再杀，食肉后烧其骨脂，头和皮悬挂在树上，然后另选神羊。龙年大祭是最隆重的，祭奠的是成吉思汗的纛旗。明萧大亨《北虏风俗》云："虏所重者做纛旗。其虏王之纛旗，列之于诸酋之首。则横加如雁行，大会群夷于纛旗下，是日杀牲致祭。"这里的所谓"杀牲"，就是椎羊。龙年祭祀需要准备用九九八十一只全羊祭奉。在祭祀时以羊头蘸血，以血溅旗，以示祈福禳灾。

---

① 龙年大祭，又称威猛大祭，按鄂尔多斯历法每逢龙年举行，每十二年举行一次。
② 龙年大祭从农历十月初三开始到初五结束。

田野笔记：

> 　　我们来到成吉思汗陵内，在其侧面的院落内关着很多羊，其中只有一只毛色全为黑色的羊。这只山羊是为"希古尔拉克"仪式准备的。牧人称之为"不吉利的黑山羊。"一位达尔扈特告诉我们，这些羊是附近的牧民送来的，也有喇嘛送来的，是成吉思汗龙年大祭用的。院落里的一个达尔扈特正在椎杀羊，旁边还架着一口大大的黑铁锅。铁锅下面烧着柴火，铁锅里的水冒着热气。牧人椎羊的方法和其他民族不同，很多民族都用断喉法椎羊，蒙古牧人的方法较为特殊，用的是剖胸法。其具体过程是：先把待宰杀的羊的两个前蹄捆绑好，迫使羊仰卧安稳，然后用锋利的刀子沿其前胸下部剖开约半尺长的口子，再用右手抓住其前肢，左手伸入打开的破口撕破其横膈膜，寻其大动脉，判断准确后，将其大动脉用手扯断。这是至关重要的一步。如果摸不准动脉而断其支脉，羊就不会死。第二步为剥羊皮，先用筷子把断裂口连接起来，然后开始剥羊皮，首先从前腿开始，至颈，至肩；然后再从后腿开始，至臀，至尾；按照这样的顺序，就能剥下一张十分完整的羊皮。剥下后牧人习惯把一只整羊置于羊皮上。整个杀羊的过程不过 10 至 15 分钟。

　　为什么使用剖胸法而不使用断喉法呢？牧人告诉我们，剖胸方法的特点是不使血液流出体外。这种传统的椎羊方法可以追溯到遥远的原始社会蒙古族信仰的萨满教。萨满教认为血液中包含着生命的灵魂。如果血液没有排出体外，就证明物体的灵魂没有被破坏，将来还能转生；如果血液排出体外，灵魂就会遭到破坏，就意味着回路中断。波斯史学家拉施特·哀丁所著《史集》曾记叙元代窝阔台汗时期必须使用这种椎羊方式的法令。这种椎羊方法一直延续至今。宰杀后肌体的分割处理也是按照顺序进行的。第一步将羊的短腿从膝关节部分断扯下来；第二步剖开其腹腔，取出内脏置入一器皿内；第三步是用小刀在胸和腹相连接的地方开一小口子，将后腿挪过来别在其中，将前腔的血块倒入一盆内，接着再把后腿截下来清除后腿的血块，然后取出心脏；第四步紧沿下颌将头部割下，然后掰开其上下颚骨，清除口腔内的杂物，第五步切下羊的通脊肉，把脊椎骨连同其尾部按照相应的关节截成三段；

第六步以羊的尾骶骨为中心，从正中砍截成两部分；第七步先剔取其前腿肉和肩胛骨上的肉，再把腿从肩胛骨上分截下来；第八步剔其臀部的肉，然后顺胫关节往上直到半月形顶端，把大腿骨分解出来，刀子上下纵横，游刃有余，将胫骨取出，羊肌体分解完毕。牧人把羊的肩胛骨（也称羊背子）放入画镶有云头图案的大木盘中，诵念着从心底流出来的祝词：

> 是成吉思汗定下的礼制，
> 是蒙古人沿用的金律，
> 是忠厚和贞洁的标志，
> 是所有食品的德吉。（即物品的第一件）

这些羊背子置于大铁锅内烧煮以后，就是龙年大祭最重要和最珍贵的祭品。

2. 成吉思汗龙年大祭的文化时间和民俗象征物的传承

成吉思汗的祭祀是伊金霍洛蒙古族生活的一个重要组成部分。按照西方民俗学家对于节日与祭祀的"神圣—世俗"的划分，平日的生活是世俗的时间，而节日与祭祀是一个神圣的时间。历史上成吉思汗龙年大祭每13年才有一次，龙年大祭的具体时间是农历十月的初三、初四、初五。为什么会有龙年大祭？我问一位正在宰杀羊作为祭礼的达尔扈特。他说：龙年是白龙年，必然要大祭一次。这是祖宗传下来的规矩。龙年大祭与平时的祭祀有什么不同？"当然不同。龙年大祭又叫威猛大祭，是祭祀黑纛苏鲁德的。"苏鲁德又称为"黑纛"，上为尖状，下为扁平状的似长矛的物品，高4米的长柄是由柏木制成的。柄与矛头固定在圆盘上，其边凿了九九八十一个孔眼，用熟制的黑山羊皮皮条，系上黑公马鬃。对于蒙古语"苏鲁德"一词，解释为有保护神、灵魂。纛旗，福气之意。[1]

关于黑纛苏鲁德，牧民有几种说法：一为苏鲁德是成吉思汗的战旗，二说苏鲁德是祭祀成吉思汗的大将木桦犁的后代。第二种说法是苏鲁德是祭祀成吉思汗的弟弟哈萨尔的。牧人说，苏鲁德与黑毛利是有区别的，黑毛利也

---

[1]　参见 C. R. 鲍登《蒙古史诗中的生命和死亡》，《关于蒙古史诗中的若干问题》第三章，特别研究项目第四次古代史诗讨论会论文集，波恩，1983 年。（转引自［俄］T. 斯克林尼柯娃《苏鲁德：成吉思汗祭典的基本观念》，《蒙古学信息》1995 年第 4 期）

叫禄马风旗,是鄂尔多斯周边家家供奉的,而苏鲁德黑纛是成吉思汗陵供奉的。"祭祀苏鲁德祭品隆重,要用九九八十一只绵羊。平时只用九只绵羊,这是大祭与平时不同的地方。不是准备好九九八十一只全羊就可以随便举行的,要有重要的礼仪。"①

对于龙年黑纛的苏鲁德大祭学者做了这样的解释:镇远黑纛的威猛祭,要面朝东南方进行。相传当初苏鲁德神物从天而降的时候,成吉思汗根据木桦犁的启奏将之祭祀以后,就杀死了俺巴盖汗,所以说蒙古族的仇敌在东南方向。那次祭祀,大灭了黑心肠的敌人的威风,所以叫苏鲁德威猛。② 关于黑纛的来源有一个民间传说:成吉思汗在驰骋疆场的时候,遭到战败,他取下自己的马鞍,朝天祈祷,天上降下来神矛,木桦犁启奏供奉这一神物,成吉思汗便许愿"筹备一千乌拉,一万全羊供奉"。于是用九九八十一只枣骝公马的鬃毛装饰神矛,这便是黑纛的来历。③

祭祀成吉思汗为什么要与苏鲁德——黑色的纛旗联系在一起呢?在《蒙古秘史》里早有记载。俄国学者认为,"苏鲁德"一词表示的是成吉思汗的超凡力量的象征:"成吉思汗祭祀有很多不同的形式,因为'超凡力量'可以是不同物品如陵墓、伊金霍洛(真的或假定的)、头发、纛旗(白色和黑色)等等来显现。在当时的意识形态条件下,只有成吉思汗家族才有至高无上的权威。也就是说,在蒙古'超凡力量'是成吉思汗和他的家族所拥有的特权。表示'超凡力量'的苏鲁德一词,是只有与他的名字相联系的。"④ 传说属于民间的历史即韦伯所谓的"共同记忆"。"传说的核心必有纪念物,无论是楼台庙宇,寺社庵观,也无论是陵丘墓冢、宅门护院,总有个流光的圣旨,信仰的靶的,也可谓传说的花坛发源的故地,成为一个中心"。⑤ 这个"共同记忆"表现了蒙古族群对成吉思汗及其家族的崇拜。在这里很难分清是传说促进了祭祀仪式的形成还是祭祀仪式促进了传说的传播,传说与仪式

---

① 被访谈人:JRGL,男,40余岁,蒙古族,祭祀者。访谈人:邢莉,访谈时间:2000年7月,在成吉思汗陵。

② 参见赛音吉日格拉、沙日勒岱《成吉斯汗祭奠》,郭永明译,内蒙古人民出版社1987年版,第205页。

③ 同上书,第181—182页。

④ [俄] T. 斯克林尼柯娃著:《苏鲁德:成吉思汗祭典的基本观念》,《蒙古学信息》1995年第4期。

⑤ [日] 柳田国男:《传说论》,连湘译,中国民间文艺出版社1985年版,第26—27页。

是互动的，它们互相印证，相得益彰。传统的威猛大祭在当今特定的祭祀时间中传递。我们强调节日与祭祀的时间的公共性和象征性，强调其时间符号及民俗象征物符号后面的意义和价值。

3. 成吉思汗龙年大祭文化空间的传承与变迁

成吉思汗祭祀的文化空间可以分为农历十月初三成陵内大祭，十月初三下午一直到十月初五的游祭。在成吉思汗陵园内，祭祀的文化空间分为三个地方：（1）成吉思汗陵的后殿；（2）改革开放后增置的苏勒德祭台；（3）在陵园内成吉思汗的两匹雪白色的骏马驻留的地方。在成吉思汗的后殿，在三个仿照三顶双层用黄缎罩着的蒙古包——成吉思汗陵帐前，摆着一个长约三米的雕刻着吉祥花纹的供台，台上放置着香炉、花束、酒、砖茶、哈达等。引人注目的还有一种特殊的祭器。供台前面摆着一个火撑子。火撑子在民间被认为是一个家族繁衍兴旺的象征。这里的火撑子代表成吉思汗黄金家族香火的延续。

成吉思汗陵的另一处祭祀空间是苏鲁德祭坛。苏鲁德祭坛为20世纪90年代末新修建的建筑物。为圆周形，外围为一圈白石栏杆，台阶的中间为盘龙图案，祭坛的第二层上置放着苏鲁德。有一位达尔扈特说，必须是儿马的马鬃。这个似长矛的物品安放在一石龟之上。苏鲁德又称为黑纛，除主纛外还有四柄比主纛略矮的陪纛。牧人称为这四个黑纛为四脚黑纛。在五个黑纛前摆放着一个类似佛龛的祭台，里面燃放着香炉。

十月初三下午开始的游祭的文化空间分为：（1）在达尔扈特家门前的祭祀；（2）在"苏鲁德霍洛"前的祭祀。（3）十月初五布尔台乡广场的威猛大祭。苏鲁德的游祭是从中午11：00开始。黑纛要从祭坛上被请下来，放在一辆敞篷的小汽车上。游祭的第一个地点是附近的一位守陵人——BYQGER家。

BYQGER的家族是五百户成吉思汗的守陵人之一。他家门口有一个家庭的祭台——禄马风旗。在农历十月初四下午2:30，祭祀的队伍来到牧民巴音清格尔家。当装盛苏勒德的敞篷小汽车出现在他家门前，他们全家老少三代人已经恭恭敬敬地在祭台前迎接。牧人的祭台为"黑毛力"即禄马风旗。将成吉思汗陵请来的苏鲁德从汽车上取下，矗立在禄马风旗前，这时禄马风旗与苏鲁德均沐浴在草原秋日的阳光下。BYQGER的祭台上面摆放的祭品是小型香炉、羊背子、酒、砖茶、水果等。其全家举行的拜祭仪式为：（1）焚香；（2）跪拜；（3）献哈达；（4）念诵祝祷词。从成陵前来的身着蒙古袍的

图10.3.3　把成吉思汗的战旗苏鲁德请出成吉思汗陵　广东电视台提供

达尔扈特垂手肃立。

　　而后载有苏鲁德的汽车和守陵人在伊金霍洛另一位达尔扈特——GERD
老人的家庭敖包前停下来——这是另一个祭祀苏鲁德的文化空间。GERD 老
人家庭敖包建立在离其居住地点不远的高地上。敖包祭祀是蒙古族信仰萨满
教的重要习俗之一。当载有苏禄德的车停在敖包前的时候，前来祭祀的不仅
有 GERD 及其家人，还包括周围的乡邻共 50 余人。

　　游祭的另一个文化空间是被称为"苏鲁德霍洛"的地方。这是一个由水
泥筑造的外观为蒙古包的建筑物，"霍洛"的蒙古语意为宫帐，只有 6、7 米
大。设有一个小木门，供桌上有一镜框内镶嵌着一藏传佛教的圆形图案，还
有成吉思汗的像。达尔扈特告诉我们，这是成吉思汗的陵搬走之前供奉八白
宫室的地方，原来为毡帐，现在改为水泥建筑了。虽然建筑的形制在改变，
但是其祭祀空间的原地点和人们的文化心理没有改变并传承至今。

　　十月初五的威猛大祭的地点是明安默都，被称为一千棵树①②的古老的地

────────────

　　①　这里不是实有千棵树，因为黑纛是由一千人实际超过一千人送来的。所以称为"千棵树"。相
传成吉思汗在布尔陶亥地方出征的时候，为了预祝战争的胜利，曾经在这棵绿荫翁郁的树下跳舞。

　　②　参见赛音吉日嘎拉、沙日勒岱：《成吉思汗祭奠》，郭永明译，内蒙古人民出版社 1987 年版，
第 216 页。

方。这里原来的的确确有一千棵榆树，据当地人说，原来有一千棵枝叶茂密的粗大榆树，相传成吉思汗为了预祝胜利，曾带领部下在树下欢舞达旦。在此供奉苏鲁德后而奔赴战场，那恰恰是白龙年。[①] 这里距离布尔台乡中心三公里，明安默都的祭台矗立在布尔台乡的敖包前。这座敖包累积的土和石头比家庭敖包大得多，前面是一个大敖包，后面有十二个小敖包，大敖包前面有一砖石垒起的祭台。祭台有 1 米高，神矛苏鲁德在阳光的照耀下闪闪发光，祭台上面红色的供桌上摆上了九九八十一只羊背子和羊头。层层叠叠，宛如一座小丘。祭台前面有一约 3 米长的条桌，上面摆着一瓶瓶酒和一块块砖茶。在祭台的对面，垒起了一个约长 2.5 米，宽 1.5 米的煨桑台，牧人不断把柏树叶子填在石槽里，被点燃的柏叶使得空气中充满了柏叶的馨香，增加了神圣的气氛。一位牧人把披挂上哈达的马、牛、绵羊、山羊牵来，拴在祭台两边的柱子上，要求牲畜全部是雄性。在空旷的原野上的祭祀是谓"野祭"。

图 10.3.4　成吉思汗龙年大祭摆放的九九八十一只羊背子　丰向红摄

---

① 被访谈人：CHG，男，50 岁左右，蒙古族，明安默都的老乡。访谈人：邢莉，访谈时间：2000 年 11 月，在鄂尔多斯明安默都。

过去祭祀拴在台前的应该是五畜：马、牛、山羊、绵羊、骆驼。现在这个地区的生态恶化了，移民太多。现在没有骆驼了，这个地方只有牛和绵羊，这也是由于生态的破坏。①

蒙古族民众信仰的祭祀成吉思汗的空间是一个神圣的场所。涂尔干在《宗教生活的基本形式》一书中认为，万事万物划分为两个领域，一个是神圣的，一个是世俗的。②祭祀空间是神圣的。

4. 成吉思汗龙年大祭祭祀仪式的传承与变迁

成吉思汗祭祀文化的产生和传承有其深厚的历史渊源、文化渊源。历久弥新传承至今的成吉思汗的祭祀文化和祭祀礼仪集蒙古族的历史与文化为一体，集蒙古族信仰的原始宗教萨满教与尔后信仰的喇嘛教为一体，构成了累积至今的博大精深的祭祀文化。这种文化透过繁复充实的祭祀仪式表现出来。

人类学家和民俗学家重视对仪式的探讨。所谓仪式，通常被界定为象征性的、表演性的、由文化传统所规定的一整套行为方式。延续了八百年的成吉思汗的祭祀仪式是一特定的文化象征符号。它既是一个信仰行为，也是一个操作行为。这些行为由于被仪式特定的文化空间、文化氛围及严格的制度化所规定，同时就附加了情景符号的意义。对于仪式的类型研究，有学者总结为（1）"制度性交流"；（2）"自我表现性交流"；（3）"表达性交流"；（4）"常规性交流"；（5）"祈求性交流"。③这样的分类是否科学尚需要讨论，最为重要的是理解叙事行为构成了一个完整的结构叙事及叙事背后的文化符号意义。

在解读其意义的时候，首先说明的是，对于蒙古族来说，成吉思汗的祭祀已经超越了一般人际间的交流，也超越了一般的与家庭祖先神的沟通，而

① 被访谈人：，HSHTBTER，男，50岁左右，蒙古族，明安默都的老乡。访谈人：邢莉，访谈时间：2000年11月，在鄂尔多斯明安默都。
② 参见［法］涂尔干《宗教生活的基本形式》，金泽等译，载史宗主编《20世纪西方宗教人类学选》，生活·读书·新知三联书店1995年版，第63页。
③ 彭兆荣：《人类学仪式研究表述》，《民族研究》2002年第2期。

是人与超自然的对象即神的交流。为了达到人与其崇拜者"神"的交流目的，人们制作了各种各样的符号。在成吉思汗的祭祀仪式上的符号仪式包括：

（1）物品的象征符号：成吉思汗像、成吉思汗陵内摆放的各种祭品、达尔扈特所搭建的祭台、布尔台乡明安默都旷野所搭建的祭台，还包括从成吉思汗陵内一直到明安默都的喇嘛乐队所用的各种乐器，包括牧人的祭品哈达、羊背子、酒、砖茶等。

（2）语言的象征符号：在牧人祭祀的时候达尔扈特所念的长篇颂词及民众的颂词和祈愿词。

（3）声音的象征符号：喇嘛乐队的鼓声、铜锣声、洪声烈性红号声等。①

（4）嗅觉的象征符号：祭祀台的对面往往搭有煨桑台，牧人燃烧柏树叶，祭祀的空气中充满了柏叶的馨香。

（5）行为的象征符号：四个剽悍飒爽身着盛装的蒙古族男子一起捧着苏鲁德，把苏鲁德的尖朝向对面放羊头的木槽。一位领祭人站在木槽旁，面朝着苏鲁德，把木槽内的血块塞进羊的口腔中，并将羊的上下颌张开合上，作咀嚼状，这样反复九次（蒙古族崇拜九，认为九是最吉祥的数字）。接着在祭台和木槽之间，摆放了三个红色的小方凳，仍旧是那四个剽悍飒爽的人手捧着苏鲁德单腿跳跃，将苏鲁德从一个方凳上挪到另一个方凳上，放到方凳上的时候，要在方凳上铺上红毡，把苏鲁德在方凳上踩三下，旁边有人击锣，红色带长号跟随两旁。领祭人高声诵念祝词，大意是：

> 愿草原地每个角落，不要有黑雪黄风。
> 愿家里的人们，不要有灾难不幸。
> 愿外面的五畜，不要有损伤疾病。
> 圣主的神纛啊，请你把主张拿定。

四位捧持苏鲁德的人口喊"哈哈"、"哈哈"与祝颂人呼应。三个红方凳交替而行，一直把苏鲁德请到离羊头约三米远的地方。仍旧是那四个蒙古男子将苏鲁德的顶部朝置放羊头和羊血的木槽里点三下，这样重复八次之后，

---

① 洪声烈号：传为成吉思汗出征用的号角，后来，用于黑纛的祭奠，《蒙古源流》载："洪声烈性乌兰布拉啊。""布拉啊"是当地的传统叫法。

又将苏鲁德回转，朝祭台的方向点三下，然后将苏鲁德放回祭台。这时一人持羊头，一人持羊腿，高呼着一人的名字，人群中涌出一身着蒙古袍的壮汉，他脸朝木槽，跪下当众喝羊血，手持羊腿的人在他的背上敲打。在土堆上拴了那只未被宰杀的全身黑色的山羊，一名守陵人手持猎枪将黑羊打死。① 这就是前面所说的"希古尔拉克"仪式。

仪式的象征符号不同于语言的象征符号，在此我们透过仪式的神秘性，寻求其隐含的意义。据访谈，蒙古人认为：血是有力量的，传说成吉思汗诞生时握着一个血块。在传统的草原游牧文化的观念里，血是增加力量的象征。在祭祀成吉思汗的仪式上喝羊血，表示增加苏鲁德的威力，使苏鲁德更有威风，更有力量。还有黑羊代表邪恶和敌人，消灭了黑山羊就等于战胜了邪恶和敌人。在选择黑羊的时候，要求不能有杂毛，必须要全黑的。黑羊被打死后，谁也不能碰，意思是远离邪恶和灾难，② 以此达到祈福禳灾的目的。最后在成吉思汗大祭即将结束时，还保留分福分的习俗，分得祭祀时的羊背子。祭祀的人群涌动，以抢到的多为福气。美国民俗学家凯瑟琳·扬提出身体民俗的构想，她明确地指出："'身体民俗'研究的核心是关注身体的社会构建，其基本前提之一，是身体不是天生的而是被发明出来的。"③ 在仪式的行为中，我们看到身体叙事的过程，看到民俗是通过被历史与文化模塑的身体表达出来的，同时仪式的动作符号表达了这样的心理需求——祈福禳灾，消灭邪恶。正是仪式具有的超常性，才表达出民众的心理和意念。而又是基于这一点，才加强了其神秘性，构置了仪式的虚拟世界，在此强化了个人与集体的关系、个人与族群的关系，增加了族群的凝聚力。

值得提出的是，在成吉思汗祭祀仪式中，成吉思汗祭祀语境是有层次的：第一个层次：成吉思汗祭祀仪式中达尔扈特即祭祀的主持人与前来祭祀的民众构成了互动的关系。在仪式中往往是前来祭祀的男人手托哈达高举供品在祭桌前跪拜，并把写上家人名字的纸条交给领祭人，领祭人把祭品放在供桌上，用抑扬顿挫的蒙古语高声念诵祭祀词，并且念出祭祀人的名字，旁边的

---

① 资料来源：作者 2000 年 10 月 27 日田野笔记。

② 被访谈人：GRCHB，男，60 余岁，蒙古族，曾为成吉思汗祭祀的主持人。访谈人：邢莉，访谈时间：2000 年 10 月，在鄂尔多斯明安默都。

③ 彭牧：《民俗与身体——美国民俗学的身体研究》，《民俗研究》2010 年第 3 期。

图10.3.5　龙年大祭的场景　郭翠潇摄

达尔扈特接过贡品，高高举起酥油灯，祭拜的人双手高举，手心向上，领祭人用铿锵有力、富于感染力的蒙古语继续念诵着祝词，其大意是发扬智慧，逃避鬼祟，强固生命，远离污秽，扩大福气……这时喇嘛的鼓乐声、长号声、达尔扈特的祝颂词声与祭祀者的动作交织在一起。这些清晰可感的象征符号组成了仪式结构的基本元素。

第二个层次：即达尔扈特代表祭祀者与神"成吉思汗"在沟通。达尔扈特平时的身份只是守陵人，但是在祭祀仪式上，他们的身份有所改变，他们承担了既代表神即"成吉思汗"，又代表人即各个阶层的"祭祀者"的双重身份，正是这样神圣的"成吉思汗"与世俗的"祭祀者"达到了沟通。信仰在表现中表达了生活，而仪式则组织了生活。达尔扈特高举酥油灯的祝颂和祭祀者的跪拜都是信仰的外在表现形式，口头的和行为的民间叙事只是把信仰向外传达出来的符号系统，成吉思汗祭祀仪式的语境建构了一个神圣的世界，这个神圣的世界是超自然的、虚拟的、想象的，正是通过这样的符号系统，能够把对成吉思汗的信仰周期性地生产和再生产出来。

第三个层次：成吉思汗祭祀仪式构建了一个神圣的虚拟世界，但是仪式行为者的情感与心态却是真实的。"他们在表演'理想世界'的同时，也将自己融入这个理想世界的'真实'感受之中。"① 通过仪式的"阈限","阈限人"回到日常的世俗世界之中,而世俗世界与神圣世界并非是隔离的,共同组成了人的生活世界。

成吉思汗的祭祀仪式文化在传承的过程中发生了很大的变迁。这里必定有很多因素参与推动,如生态环境与人口的变迁,比如内蒙古区域蒙古族与汉族民族比例的变化,社会经济的变迁,例如地区经济发展的要求、人们社会生活方式的变迁等,外界的影响因素就是一种潜在的文化强制力量。但我们一般感觉不到文化强制,因为我们总是与主流文化所要求的行为和思想模式相一致。表现在:

其一,参加龙年大祭祭祀仪式的民众有明安默都的乡民,乡民有蒙古族亦有汉族,参加祭拜的有普通民众,也有乡镇的领导,这里已经打破了族群的边界,成吉思汗祭祀仪式得到了不同族群、不同阶层的认同,但是不同于民国时期大规模的游祭,明安默都广场的人数只有一千余人。

其二,虔诚的祖先崇拜和英雄崇拜表现在部分蒙古族的行为方式和礼仪方式上,而由于成吉思汗陵已经成为一个固定的文化空间,成吉思汗的守陵人达尔扈特在周期性的祭祀仪式中增加其认同意识,体现其文化价值。但是就蒙古族族群的整体来说,特别是东部的农耕区域和半农半牧区域来说,成吉思汗信仰已经淡化,甚至被其他民间信仰所置换。

其三,通过对明安默都威猛大祭的考察,这种象征性的表述形式得到了主体民族的认同,但是无论就蒙古族来说,还是汉族来说,其认同的是祭祀仪式的历史价值和文化价值。随着时代的变迁,其信仰层面在削弱。涂尔干在《宗教生活的基本形式》一书中认为:"宗教现象在本质上可以归结为两个基本范畴:信仰和仪式,并存在于许多表象之中,后者则是明确的行为模式。"② 目前成吉思汗信仰与仪式虽在传承,但只在部分蒙古民众中、在守陵人和鄂尔多斯的民众中存在。

我们研究的是现代民族—国家语境下的成吉思汗的祭祀,通过祭祀仪式的研究,我们可以得出:

① 薛艺兵:《对仪式现象的人类学解释》,《广西民族研究》2003 年第 3 期。
② [法]涂尔干:《宗教生活的基本形式》,金泽等译,载史宗主编《20 世纪西方宗教人类学选》,上海三联书店1995 年版,第61 页。

图10.3.6　龙年大祭祭祀的主持者与民众　广东电视台提供

　　其一，在西方文化猛烈地冲击着本土文化的时候，"正如霍布斯鲍姆（Eris Hobsbawm）在《传统的发明》一书中所总结的，19世纪末20世纪初是欧洲'大规模生产传统'的时期。伴随着工业化的来临，社会环境发生了根本的变化。在霍氏看来，现代社会的特点是以个人取代机构化的群体，以金钱化的市场经济取代传统的人际关系，以社会阶层的观念取代封建等级制度，以'大社会'取代'小社会'"。① 蒙古族的传统的成吉思汗祭祀的传承，通过这个公共仪式的公开表述，表达自己的对自己民族祖先的认同和民族英雄的归属和认同，从而确认自己的族群的文化边界，虽然成吉思汗陵已经成为国家的旅游点，但是成吉思汗的祭祀仪式的传承表现蒙古族共同享有的历史、共享的文化，即韦伯所谓的"共同记忆"。这种共同记忆通过仪式的表述不断加以确认。在这里并不着重强调局外人所说的"客观与真实"，祭祀仪式的延续表达了深刻的"社会记忆"。仪式作用于社会，对于个体来说，表现了一种集体意义。对于社会来说，它投射了价值。他们在对自己祖先的追忆中延续着族群认同和凝聚力，这种凝聚力是牢固地建立在认可现在的民族——

① 转引自王霄冰《文化记忆、传统创新与遗产保护》，《中国人民大学学报》2007年第1期。

国家基础上的，它是我国政治一体而文化多元的体现，最后达到"美美与共"的境界，这是中华民族的文化财富。

其二，对成吉思汗的敬仰和崇拜是成吉思汗祭祀文化的核心，成吉思汗的祭祀从黄金家族的祭祀成了封建国家的祭典，在抗日战争中发展为民族—国家的标志，成吉思汗陵在现代的语境下成为一个供全世界参观的旅游点，其除了显示其凝聚族群认同及维系族群边界中的重要功能外，还表现在祭祀仪式在现代国家中的政治功能和文化功能。在多元一体的民族国家中，国家权利对传统的本土性资源正在利用，而利用的途径就是使用本土的象征模式。在此我们看到："仪式绝不仅仅专属于传统的、前现代的社会，现代政治生活和权利的运用同样离不开仪式。由此一点我们看到国家与社会的划分界线发生了某种程度的模糊，统治意识形态与地方性知识的边界也不再清晰。"[1]

其三，由于生产方式、交换方式等社会基础的变迁，游牧文化的核心价值符号——成吉思汗的祭祀发生了很大的变迁，针对全球化时代文化提倡多元化和大交流的现实，民族文化的象征符号向何处去？我们应该考虑"文化自觉"。"它指的是生活在一定文化中的人对其文化有'自知之明'，并且对其发展历程和未来有充分的认识。同时，'文化自觉'指的又是生活在不同文化中的人，在对自身文化有'自知之明'的基础上，了解其他文化与自身文化的关系"[2]。以此为指导思想在现代化的开放、包容、交流的语境下确立成吉思汗的祭祀文化的位置。

---

① 郭于华主编：《仪式与社会变迁》，社会文献出版社 2000 年版，第 5 页。
② 费孝通：《文化自觉，和而不同》，《民俗研究》2000 年第 3 期。

第十一章
庙会文化的传承与变迁

——以巴林右旗荟福寺 2007 年农历六月十五日
"大祝愿法会"为个案

从俺答汗将藏传佛教引入蒙古地区以来，清政府提倡以喇嘛教来征服蒙古民族，而蒙古贵族也亦步亦趋地认同清代统治者的政策。这一时期在清代统治者的诱导和蒙古封建贵族的支持下，喇嘛教信仰在蒙古民众中广泛传播。这是由于经过了元朝的辉煌后的蒙古贵族在精神失落后急于寻找新的精神支柱，另外蒙古贵族与清朝公主的联姻已经使得其对清朝政府俯首帖耳，也由于清政府给蒙古喇嘛从政治到经济的优惠政策使蒙古贵族得到利益。至乾嘉时期喇嘛教信仰达到了高潮。藏传佛教的传播在内蒙古地区经过了一个本土化、世俗化的过程。其与民众的生活发生了密切的联系，在民众的生活中产生了广泛的影响。

蒙古族信仰的喇嘛教在民间的世俗化是民俗学研究的角度。经过了社会政治、经济、文化、教育等诸方面的变迁影响，传统的庙会文化发生了怎样的变迁？本节以考察巴林右旗荟福寺庙会为个案，从民间文化的角度研究在当前的语境下，荟福寺庙会重建的过程，他们与当前民众生活发生的联系，使得研究当今的庙会文化成为揭示社会内在秩序和运行法则的一个微缩口。

一　荟福寺庙神圣空间的重新建构

巴林右旗位于内蒙古自治区赤峰市北部，地处大兴安岭南麓、西拉沐沦河北岸，北纬 43°12′— 44°27′，东经 118°15′—120°05′。东、东南与巴林左旗、阿鲁科尔沁旗毗邻；南与翁牛特旗为界；西与林西县搭边；北与乌珠穆沁旗接壤。现在的大板镇是旗人民政府所在地，为全旗政治、经济、文化中心和赤峰市北部旗县的交通枢纽。自秦汉以来，该地区就占有重要的军事地位，为各部落争夺之地。

图 11.1.1　巴林右旗行政图

巴林右旗在清中叶有寺庙 14 座，乾隆二年即 1737 年全旗有喇嘛 500 多人，至光绪三十年即 1904 年增加到 4053 人，1913 年癸丑之乱，旗内许多寺庙如珠尔沁庙、岗根庙、乌牛台庙等被焚毁。这些寺庙虽然易地重建，但规模小，喇嘛减少。到 1923 年，旗内喇嘛人数降到 1570 人，日伪统治时期，喇嘛人数逐年减少，全旗有喇嘛 1042 人。[①] 请看下表。

表 11.1.1　　　　　　　　　　建国前巴林右旗寺庙一览表

寺庙名称／建庙年代	所在地
园会寺（1667 年）	大板镇
洪格尔庙（1711 年）	洪格尔苏木
隆福寺（1722 年）	宝日勿苏苏木
古力古台庙（1724 年）	巴彦塔拉苏木
阿贵庙（1757 年）	巴彦汉苏木
嘎拉达苏台庙（大约清乾隆年间）	大板镇阿布德仁台山
西拉新其勒庙（1803 年）	益和诺尔苏木
新庙（1814 年）	乌力吉木伦苏木
东拉新其勒庙（约光绪年间）	益和诺尔苏木
珠尔沁庙（1854 年）	查干木伦苏木
平顶山庙（不详）	查干木伦苏木
要尔图庙（1883 年）	巴彦和硕镇
雅玛图庙（1914 年）	查干木伦苏木
床金庙（1662 年）	岗根苏木
贝子庙（1707 年）	幸福之路苏木
陈板庙（清末）	草原水库东北山坡
太本庙（清末）	朝阳乡五十家子村
古力古台小庙（不详）	巴彦他拉苏木
达钦庙（不详）	巴彦尔灯苏木

资料来源：巴林右旗地方志编纂委员会编：《巴林右旗志》，内蒙古人民出版社 1990 年版，中央民族大学 2006 级民俗学硕士秦博制作。

改革开放以来，由于政府宗教政策的落实，尊重民众的信仰，带来了宗教信仰多元化的选择。在中华文化的总格局中，多元通和的民间信仰构成民

①　参见巴林右旗地方志编纂委员会编《巴林右旗志》，内蒙古人民出版社 1990 年版，第 637—638 页。

族文化的有机组成部分。历史上蒙古族信仰的喇嘛教成为民族传统文化的重要组成部分。

2003 年政府和民众开始筹备修建被"文革"时期破毁的荟福寺。政府拨款达 300 万元，其余是社会捐款。首先新建山门一扇、修复钟鼓楼各一处、配殿 3 间，然后对全部庙宇进行彩绘，荟福寺大殿顶端装饰了一个金属制作的金尖宝顶，寺院内其他的殿也装饰了宝顶，据僧人说，这些宝顶都是用特制的桐光油含金 98% 的金箔贴制而成的。此外，还在青海制作了镀铜的佛像和木雕佛像 32 尊，唐卡 200 幅；又为荟福寺请进了香炉、供桌、风铃及其他饰物，并从青海塔尔寺请进 108 个转经轮。现在呈现在我们面前的就是焕然一新的占地 7100 平方米的寺庙建筑群，这是所保留下来的赤峰市最大的清代建筑。

荟福寺的大门有《敕建荟福寺》的字样，进入荟福寺大门是四大天王殿，天王殿的中间是一座小巧的千佛塔，现代设计的佛塔接上电源就悬转，并伴有佛教音乐。进入前院，西侧的鼓楼与东侧的钟楼相对而立，鼓楼上置有皮鼓，钟楼上置有大钟。高大的铁钟外铸环纹，上面刻着"康熙五十七年万岁万岁万万岁"的阴文。鼓楼的前面是长寿殿，供奉无量寿佛。在无量寿佛的左侧是白度母，右侧是三头八眼的佛祖。长寿殿屋内周围的墙壁上挂有宗喀巴和千手观音的唐卡。右侧钟楼的前面是密宗殿，供奉护法神大威德金刚。

天王殿正对的是荟福寺大殿。荟福寺大殿寺庙的主殿正殿。整个大殿高二十米，占地面积 676 平方米，正前门上悬挂着木制牌匾一块，匾周围精雕金龙九条，上面有汉、蒙、藏文书写的"荟福寺"三个大字。殿内供奉燃灯佛、释迦牟尼佛、弥勒佛。他们分别代表过去、现在和未来。周围墙上挂着十八罗汉的画像。

到达后院前的通道靠墙的一面还有用玻璃罩罩住的数十尊佛像，包括宗喀巴、佛祖、度母等。这些佛像身上的彩漆、镀金已经剥落，据说重修的时候没钱再修整这些佛像了。大殿外面的四周围绕着特地从青海塔尔寺请来的 108 个转经筒，上面有阳刻的藏文，后院院中的西侧有一青铜缸，里面贮满了水。当地民众说是圣水。喇嘛解释说，圣水缸里的水就是普通的水，但往里面加了 6 种草制成的药，加草药的时候需要念经，以示其神圣。最后一层的殿宇为普觉寺、司命神殿和战神殿。

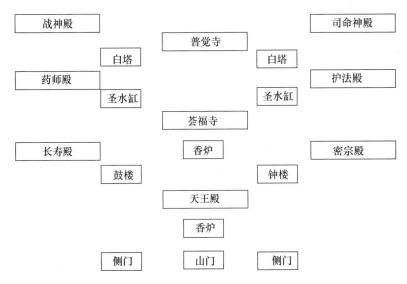

图 11.1.2 新建荟福寺平面图 秦博、邢莉调查制作

(一) 历史传统与荟福寺及庙会的建构

荟福寺的修复与庙会的恢复与历史传统有关。荟福寺于 1706 年由巴林右旗第四代札萨克多罗郡王乌尔衮和清朝皇帝的次女固伦荣宪公主初建, 位置在公主府东南, 并在荟福寺东南修建大型葛根仓, 又在庙四周修建喇嘛住所。1726 年在固伦荣宪公主的主持下, 寺庙已有 26 间的规模。1786 年进行增建楼阁式的殿宇, 其中包括鼓楼、钟楼和四大天王殿。1791 年, 巴林札萨克从卓索图盟喀喇沁旗请来一部蒙文 "丹珠尔经"。1872 年从西藏出家的葛根罕宾活佛罗卜桑丹毕旺其格从西藏请来 108 卷的 "甘珠尔" 经。荟福寺占地 7100 平方米。庙内的主体建筑为山门、会经殿、供奉殿。其供奉的主佛像为三世如来。[1] 寺庙于 2003 年根据传统重新建立, 传统的 "意义" 是作为变迁发生的信号而存在的。

其一, 荟福寺与清代皇室的密切关系。巴林右旗寺庙林立, 但是荟福寺

---

[1] 参见穆松编《巴林右旗文史资料》第五辑, 2004 年版 (内部资料), 第 203 页。

与一般的寺庙不同，具有极为特殊的地位。寺庙的修建与清代公主与巴林王府存在着密切的联系。清王朝的固伦淑惠公主（1648 年）和固伦荣宪公主（1695 年）先后下嫁给巴林王爷。据记载："圣祖仁皇帝女二十，皇三女荣宪固伦公主荣妃马佳氏生，下嫁额附巴林郡王乌尔衮。"[①] 公主下嫁无疑密切了巴林右旗与清政府的关系。1667 年固伦淑惠公主在大板镇建立圆会寺，亦称普觉寺，蒙古语称"巴仁呼和苏木"，其意思是蓝色的西庙。[②] 荟福寺建于康熙四十五年（1706 年），为下嫁给巴林多罗郡王乌尔衮的康熙的次女固伦荣宪公主所建。传说与巴林右旗的王爷的狩猎生活存在着密切的关系。据我们调查，荟福寺的建立附会着两个传说。一个传说的大意是：自从小公主（指固伦荣宪公主）下嫁后，右旗王府内公主的公公、固伦淑惠公主等相继去世。王府上下为世袭札萨克爵位的巴林郡王乌尔衮担心。风水先生说，王府是个宝地，但是东南面都有邪魔俯瞰，对王府的人多有不利。建一座寺庙，可以克服邪魔。所建庙宇就是荟福寺。另外一个传说是：当时庙里供奉的是乌尔衮王爷猎获的一只斑斓猛虎（也有人说是康熙皇帝猎获的，但当地人祖辈都说是乌王爷猎的）。据说，乌王爷去白音汉山打猎的时候，偶然遇见一只斑斓猛虎，回去向公主禀报。公主不断地向佛祖祷告，并请来喇嘛念经。只见乌王爷牵着马、马上搭着一只老虎回来了。后来将老虎立在新建的庙内。因此荟福寺也称"虎庙"。传说依附于历史，历史演绎着传说。某一地域（社区）的传说都是对该地域（社区）历史的集体记忆。今天看来，这个传说已离我们远去，但它记录了巴林人民的狩猎生活及生态状况。

在崇信喇嘛教的时代，荟福寺建立的特殊性表明其在巴林右旗文化建构中的特殊地位。荟福寺是一个特别划定和建构的喇嘛庙的文化空间。因此荟福寺逐步成为昭乌达盟的最有名望的盟级庙宇。荟福寺的传统与清代对蒙古族的两个重大政策：信仰喇嘛教与蒙满联姻联系在一起。特别是在康熙五十年（1711 年）曾多次驻跸。可以说这个寺庙是大板镇甚至可以说是巴林右旗重要的文化象征符号。喇嘛教信仰在巴林右旗大板镇的本土化与"民俗纪念物"构成互动的关系。

其二，寺庙的修建与大板镇的形成存在互动的关系，王府的修建促进了

---

① 吴昌绶编：《清帝系后妃皇子皇女考》，铅印本，民国六年。

② 参见巴林右旗地方志编纂委员会编《巴林右旗志》，内蒙古人民出版社 1990 年版，第 323 页。

寺庙的繁荣，而寺庙的兴旺促进了大板镇的发展。这个地区原来有游牧传统。明代开始出现屯落。清王朝的固伦淑惠公主和固伦荣宪公主先后下嫁给巴林王爷，她们带来了大量的陪嫁户，前为 300 户，后为 240 户。这些陪嫁户为汉族的工匠和手艺人，他们在大板镇定居，促进了大板镇的变化。① 蒙古族称土木建筑为"板升"，在清中期将北台子王府一带称为"上板升"，将往南台子下一带称为"中板升"，再往南十八家子一带称为"下板升"，称大板为"益和板升"，意思是"大房子"。在这里扩大为聚落，为镇的代名词，从这里可以窥见大板镇的形成和扩大。

其三，荟福寺庙会是一个公共文化的空间。从 1702 年开始，每年六月全旗喇嘛在此举行法会，在此基础上形成了颇具规模的庙会。从农历六月初八到十五，各庙喇嘛集中起来念《丹珠尔经》，要把念经情况上报理藩院，同时还要送去念"丹珠尔"经时精制的"仙丹"与"圣水"。荟福寺庙会喇嘛众多，规模宏大，与清政府关系密切，兴旺一时，成为当时昭乌达盟最有名望的庙宇。据史料记载："荟福寺从 1703 年开始。每年六月全旗喇嘛在此举行法会。诵经结拜，为皇帝祝福，跳查玛舞。信众群众扶老携幼，不远数百里前来拜佛祈祷，借以消灾求福。各地商贾前来，贸易最盛。从北京、天津、沈阳、张家口、多伦、锦州、赤峰等地来的商人，都运来大批百货商品进行交换。因此庙会期间，人流如潮，车水马龙，声势浩大，场面热闹非凡。"② 每次饭僧多达万人。荟福寺的周围蒙古包林立，人如潮涌。现今近 80 高龄的 WYQMG 老人对过去的庙会进行了回忆：

　　　　五六岁的时候，我第一次去庙会，当时大庙（当地人对荟福寺的称呼）周围全是平房，所以庙看起来特别高，特别大。庙山门前面有一个很高的旗杆，不是插在地上，而是插在一块很大的石头里，每到起风的时候，旗杆摇摇晃晃……旗杆和山门上的两个屋顶角之间有绳子，挂两溜风马旗。还记得在荟福寺大殿中间还挂有一个很大很亮的圆球，类似大气球，从屋顶上悬挂下来。还有大殿四角还挂有风铃，一刮风时就响，

---

① 巴林右旗志地方志编纂委员会编纂：《巴林右旗志》，内蒙古人民出版社 1990 年版，第 323 页。

② 德勒格：《内蒙古喇嘛教史》，内蒙古人民出版社 1998 年版，第 699 页。

声音非常好听。圆球和风铃每次去都很亮，那时候的喇嘛戒律都很严，除了念经外，啥活儿都干，特别勤快，从早到晚都不闲着……那一天庙里都发放免费的粥，我们那时候说是去玩，其实是想吃那羊肉粥，羊肉块特别大。那时候穷，所以吃上一碗黏糊糊的肉粥觉得特别高兴……①

民间信仰存在于民众的生活之中，成为民众神圣生活的部分。民间信仰伴随着民众的生活，成为民众生活的精神烛火。庙会习俗在民众的民俗生活中不断地积淀下来，形成了约定俗成的民俗惯制，在社会中起到文化整合的作用。

（二）民间信仰与荟福寺及庙会的构建

自喇嘛教在巴林右旗传播以来，一方面藏传佛教的黄教势力以其强烈的适应性、诱惑性和感染性激起蒙古牧人的信仰情绪和宗教情感，下层民众接受喇嘛教，他们把信仰纳入了民众的生活——纳入了其世俗化的体系中。蒙古族原有的民间信仰传统以巨大的威力改造着黄教，使其一方面不得不将蒙古族的民间文化、民间信仰纳入自己的体系，另一方面则把黄教纳入蒙古族的民间文化，使其成为蒙古族传统文化的组成部分。荟福寺的修复与民众的生活存在着密切的联系。虽然在历史的沿革中荟福寺被摧毁，但是嵌刻在民众深层的历史记忆并没有消失。进入现代化新时期，当民族—国家的宗教政策调整和落实的时候，承传着历史惯性的喇嘛教在民间的信仰的潜流凸显出来。

听我的祖辈们说，小公主（指荣宪公主）对她带来大板的这些陪房人都特别好，都给他们安了家。那些陪房人都是单身来的，都是丫头小子，都是单身。她给手艺人娶到媳妇，媳妇都是本地人。宫女、丫环都嫁给有点钱的牧主。哎，让他们生活好嘛。那时候的人都叫固伦荣宪公主"二公主妈妈"。她明辨是非，嫉恶如仇，为当地牧民做了许多好事。牧民对她敬若神明。

---

① 被访谈人：WYQMG，女，79 岁，蒙古族，大板镇人。访谈人：邢莉与中央民族大学民俗学硕士秦博，访谈时间：2007 年 7 月，在巴林右旗大板镇荟福寺内。

讲述人 BYER 老人是从小的时候他爷爷就给他讲公主的事，他现在也给他的儿子讲公主的传说。①

　　我是信佛的人，过去"文革"时拆东大庙的时候我也见过，人们呀，真是闹啊，佛像都被砸烂……我很心疼，但是我不敢阻止，那个时候自己也是泥菩萨，我在家里藏了一个佛祖像被批斗过，他们（红卫兵）翻出来后就给砸碎了。现在可以光明正大地拜佛了，国家政策又好，修西庙（民众称荟福寺为西庙）我们都高兴。佛经里就有说修庙可以提升功德，所以我和老伴各捐了 100 元。②

　　现在修庙，大家都捐钱嘛，修庙是做善事呀。有佛看着，谁敢做坏事呀，所以大家都捐钱。③

　　我和我爱人是做小买卖的，以前不信这个（喇嘛教），孩子的姑姑特别信。后来我儿子老是有病，一闹病就哭，连学都上不了。孩子他姑姑就带他来这儿，现在病好多了，当然也去医院看了大夫。反正来这烧香总没坏处，为了孩子嘛。④

我们往往研究民间口述的内容，而忽视了记忆的主体，但与记忆内容同样重要的是主体为何记忆过去，"记忆不是一个复制问题，而是一个建构问题"⑤。与其说信仰是一种心理传统，不如说他是在社会—文化背景下处于弱

---

　　① 被访谈人：BYER，男，70 多岁，蒙古族，巴林右旗大板镇人。访谈人：邢莉、秦博，访谈时间：2007 年 7 月，在巴林右旗大板镇荟福寺内。
　　② 被访谈人：SHER，女，75 岁，蒙古族，巴林右旗大板镇人，访谈人：邢莉、秦博，访谈时间：2007 年 7 月，在巴林右旗大板镇荟福寺。
　　③ 被访谈人：隐名，男，50 岁左右，蒙古族，翁牛特旗乌丹人，访谈人：邢莉、秦博，访谈时间：2007 年 7 月，在巴林右旗大板镇荟福寺。
　　④ 被访谈人：刘某某，女，汉族，40 岁左右，翁牛特旗乌丹人，访谈人：邢莉，访谈时间：2007 年 7 月，在巴林右旗大板镇荟福寺。
　　⑤ ［美］保罗·康纳顿：《社会如何记忆》，纳日碧力戈译，上海人民出版社 2000 年版，第 25 页。

势地位的民众对社会公正的理解和对公平的追求。

随着现代国家的发展，巴林右旗的大板镇也进入到市场经济的体制中。可以确信，工业化的浪潮是全球化的主要动力，这股动力冲击了宗教，学术界认为，宗教的世俗化便是其结果之一。在当今宗教信仰自由愈来愈成为私人行为，政府的政策使得宗教成为个我在世俗生活中的自由选择，人们在世俗生活中寻求一种更适合生存条件的生活方式。

图11.1.3　修建后的福荟寺　邢莉摄

2003 年政府向社会各界筹集 480 万元的资金。社会捐赠占很大一部分，捐赠的信众有不同的社会阶层：有钱的老板、普通的民众、干部、小商贩。由于民众的努力，在很短的时间内就向社会筹集到了 100 多万元的资金，有的牧民家庭生活不富裕，也要捐出几十元，有的贫困户捐赠了 10 元。民众说：不在于钱多钱少，只要有这份心。学者认为，在全球化的语境下，在人类的基本精神和价值层面上，愈来愈呈现出共同性和认同感。捐款的包括蒙古族，也包括汉族和满族，尤其是大板镇附近的红旗嘎查，他们认同自己是公主的陪房人的后裔，所以在这次荟福寺的重修中，他们不但自己捐款，还利用自己的社会关系，动员认识的人捐款。他们之中，有的信奉喇嘛教，但更多的是把自己归类为"公主这边的人",理所应当地为公主所建的庙做点事情。这些人是公主随嫁人的后裔,他们的族籍原本是汉族或者是满族,但是他们在内蒙古地域生存多年,他们有的承认自己是蒙古族,有的说自己是本地人。身份的认同是多重的叠合,在恢复寺庙时的划分是"公主身边的人",以这种表述表明其身份,表达他们恢复荟福寺的愿望。修复的荟福寺是喇嘛庙,并非公主庙,但是在"公主身边的人"看来,建庙和修庙都与公主有关,就是张扬公主的德行。这是一个巧妙的转换。在这个转换中,我们不仅看到宗教的世俗化,而且体会到喇嘛教信仰的本土化和本地域化。

(三)荟福寺及庙会重构的民族国家叙事

民间意识和官方意识是两个不同层面的意识。在民族国家处于统一的背景下,进入新时期以来,当地政府提倡恢复荟福寺并且成为修建荟福寺的主导,这表明民族国家的现代性的诉求也在民间化和地方化。在历史传统中,荟福寺是在清代巴林右旗的王爷和固伦荣宪公主的倡议下修建的。就王爷和固伦荣宪公主代表的上层统治者说,他们既是信仰喇嘛教的上层群体,也代表官方对喇嘛教的倡导。而1949年以后,中国共产党执政的国家提倡无神论的意识形态,宗教信仰自由的政策是国家对各种宗教意识形态的包容。国家意识形态与宗教的关系的性质发生了根本变化,这是一个巨大的历史的转变。那么在现代化的语境中,民族—国家为什么也同意恢复荟福寺及其庙里的一切活动呢?官方政府代表的民族—国家的叙事有自己的体系。

其一,荟福寺是大板镇的标识性建筑,是大板镇的文化象征符号。民族国家的经济建设和文化建设都步入了新时期,在全球经济一体化的语境中,民族政治和民族文化的主体意识在不断增强。人们在接受全球化理念的同时,也在寻求自己的祖先、自己的文化、自己区域文化在民族之林中的地位。荟福寺的历史承载着大板镇的文化,修复荟福寺就是唤起人们的历史记忆,重新模塑大板镇的历史。特别是经过"文革"时期的文化破坏,当地政府凸显了对民族文化的认同,这就是现代化对差异性的渴求。在中国现代化的过程中,人们对于国家政治一体认同的同时,又在寻求民族文化认同,追求"多元化",现代化与多元化成为人类并行不悖的理想。政治经济一体化文化要多元化,这已经被不同国家制度、不同族群所公认。文化的多元的象征符号只

图 11.1.4　装饰一新的荟福寺　邢莉摄

能寻求于传统，寻求于地域意象的具体事物，荟福寺就是该地域的"视觉代码"。①

　　其二，荟福寺的修建是在拉动经济和文化整合的双重语境下开展的旅游的需要。2006 年，由巴林右旗民委和旅游局联合申报荟福寺为国家 2A 级旅游景区。旗里非常重视荟福寺的申报，集中相关人士写了长达 20 万字的申报书。当年即被批准评为国家 2A 级旅游景区。全球化既是一种物质交往的过程，也是精神和文化交流的过程，因此具有文化传统的荟福寺作为大板镇的重要旅游点之一，其物质层面和精神层面的双重价值应运而生。

　　从传统到现代，荟福寺已经不仅仅是一个信仰空间，而是成为了一种人文资源。费孝通先生说，这是"人类祖先留下来的文化财富，可以供人类继续发展的文化基础"②。在全球化的语境下，人们既在进行物质方面的交流，也在进行精神文化方面的交流，这一开放的过程，恰恰是由于全球化客观力量的促动。全球化的语境缩小了不同个体、不同种族、不同文化的距离，人

---

　　① 参见［美］保罗·康那顿《社会如何记忆》，纳日碧力戈译，上海人民出版社 2000 年版，第 25 页。

　　② 费孝通：《西部人文资源的研究与对话》，《民族艺术》2001 年第 1 期。

们对于他族群、他文化的基本精神和价值取向出现了认同感，旅游就是文化交流的一种形式。旅游还可以拉动当地经济的发展。

（四）荟福寺及荟福寺庙会的重建是僧侣阶层的要求

历史上在宗教与人文理性的动态结合中形成了具有文化特色的宗教传统。改革开放以来，民族国家的宗教信仰政策进一步落实，并且设立了专门的宗教管理机构。僧侣们也恢复了佛教协会。佛教信仰需要一个佛事活动的场所。对于僧侣阶层来说，这是一个修行自身、弘扬佛教文化理念的空间，对于民众来说，这是一个信仰空间。在民族国家的主导和财力支持下，荟福寺得以修建。寺内现在有常住喇嘛 12 名，全部为蒙古族，其中住持、副住持、管家、副管家、经师各一名。

> 1985 年复建山门，塑佛像、立法器。1988 年 12 月赤峰市佛教协会成立大会在荟福寺召开。荟福寺在"文化大革命"中遭到破坏，很严重，2003 年维修完毕，我是 2004 年才来的。我之前的那个住持得病去世了，就把我调来这里，现在有一个青海海西县来的蒙古族做寺庙的住持。他有学问，懂得经书。[1]

荟福寺的重建和庙会的恢复是随着改革开放以来社会的变迁再创造的产物。对于荟福寺修复与否是大板镇区域的政府、民众与僧侣阶层的一种社会行为，这种行为是在新的历史条件下的一种选择。

在传统再确认的过程中，我们谈到了多重力量至少是三种力量的诉求。但是这三种力量并不是平行的。地方政府所代表的民族—国家在荟福寺的修建中起到主导作用。"许多人类学家的研究和报道，让我们了解到，如今在世界范围的很多地方，民族的传统文化与艺术遗产正成为一种人文资源，被用来建构和产生在全球化语境中的民族政治和民族义化的主体意识，同时也被活用成当地的文化和经济的新的建构方式，不仅重新模塑了当地的文化，同

---

[1]　被访谈人：荟福寺僧侣，男，蒙古族，访谈人：秦博，访谈时间：2007 年 6 月，在巴林右旗大板镇荟福寺。

时也成为当地新的经济增长点。"① 在国家建设的新时期，政策发生了很大的改变，在大板镇管辖的区域也实行了土地承包、自主经营，并且有相当一部分民众外出打工，这时国家与人民的关系出现了新的模式。作为"想象的共同体"的国家要通过地方性民众的诉求来进行文化建设，传统文化中的文化因子经过选择会成为建设新文化的重要组成部分。另外传统文化经过构建会以新的层面——旅游文化的层面展开。巴林右旗荟福寺的重建可以说是一个自下而上同时又是一个自上而下的过程，这是一种双向互动的结果。显然国家在荟福寺的建构中起到了关键作用——在政策上准许对藏传佛教的信仰，在经济上给予财力的支持，在管理上对僧侣阶层的重构起到组织作用。

在我们研究荟福寺在当今语境下恢复的时候，我们感到，民俗并不是一成不变的过去的传统："现存的某些新的方面（至少是其中的一部分）必须被卷入到传统意义的世界之中，而传统也必须被新的群体成员及其世界所理解。显然群体的维系不仅是通过保留传统，更是通过对传统的再确定实现的。"②

其一，庙会空间具有神圣性。庙会空间是一个信仰空间，与供人们起居的住所不同，是一个非世俗的空间，所以具有神圣性。在世俗生活中，不管是对现实生活的满足还是面对现实生活的苦难和困惑，人们都需要一个倾诉的空间，区分世俗空间的行为就成为文化诞生的本能："因此可以发现，在某种意义上，神圣建构了世界，设定了它的疆界，并确定了它的秩序。"③

其二，庙会的空间具有文化的独特性。荟福寺的新建构继承了历史上承传的藏传佛教的特色。当我们研究其信仰空间的时候，会观察到每个藏传佛教的寺庙都是不同的，尤其是其佛像的设置神祇的名称、位置都不同。在荟福寺的构建中，与其他寺庙不同，最后面的大殿普觉寺设有威风凛凛的战神和掌管人们命运的司命神。这是人们信仰的需求。建筑支配着空间，不仅是个审美问题，还是个思想的问题。人们在精神上更需要永恒的家，也即"宗

---

① 方里莉：《西部人文资源与西部民间文化的再生》，载《开放时代》2005 年第 5 期。

② ［美］约翰·R. 霍尔等：(John R. Hall and Mary Jo Neitz)《文化：社会学的视野》(Culture: Sociological Perspectives)，周晓虹等译，商务印书馆 2002 年版，第 93—94 页。

③ ［罗］米尔哈·伊利亚德：《神圣与世俗》，王建光译，华夏出版社 2002 年版，第 7 页。

教在此处（建筑）就意味着信奉人类的精神及其战胜时间的恐怖力量。"①

其三，庙会文化空间具有社会的内聚性。庙会文化既是一个信仰的神圣空间，又是一个社会民众聚合的空间。即使其在当代社会，也是不同阶层、不同文化背景的人或者群体到这里汇聚，显示了庙宇的社会功能。

二　当前荟福寺庙会的民间叙事
——以内蒙古巴林右旗2007年农历六月十五日庙会为个案

重建于2004年的荟福寺具有多重文化意义。（1）荟福寺是大板镇乃至巴林右旗的一个文化标识；（2）荟福寺是喇嘛阶层修行藏传佛教教义、教理及传布藏传佛教的教义和教理的空间，这是一个封闭空间；（3）荟福寺是大板镇的民众乃至周边地区民众的信仰空间和文化驻留的场所；（4）荟福寺是一个向中国乃至世界开放的旅游文化的空间。

荟福寺每年的佛事活动有：大年初一鸣钟法会、十五燃灯法会、四月十五大威德金刚法会、六月十五大祝愿法会、九月二十二祈愿大法会、十月二十五为宗喀巴大师千供法会等6次大型宗教活动。其中有的法会是藏传佛教的习俗，有的是应旅游而生的法会。

表11.2.1　　　　　　　当代荟福寺每年宗教事宜大事记

活动时间	活动内容
大年初一	鸣钟法会
正月十五	燃灯法会
四月十五	大威德金刚法会
六月十五	大祝愿法会
九月二十二	祈愿大法会
十月二十五	宗喀巴大师千供法会

邢莉调查制作。

---

① ［美］卡斯腾·哈里斯：《建筑的伦理功能》，申嘉、陈朝晖译，华夏出版社2001年版，第224页。

我们以巴林右旗大板镇 2007 年农历六月十五祝愿大法会为个案，探讨 21 世纪初期内蒙古区域喇嘛教庙会的民间叙事。我们注意到"民俗空间的各个场所并不只是构成空间的墙砖。一年虽由每日组成，但由一年的时间单位构成的民俗空间才显露出它本来的空间性。"① 没有荟福寺的空间，就没有民众在这里聚合的时间。荟福寺庙会的展演是在特定的时间和特定的区域进行的：在我们的社会中，表演通常是在受到明确的限定的区域中进行的，在这种区域中，不仅有地理限制，还有时间限制。表演所促成的印象和理解往往渗透到区域和时间的各个部分从而使处于这种时空复合体中的个体能够对这种表演进行观察，同时又受到这种所促成的情境定义的制约。② 在谈到民间叙事的时候，我们往往会首先注意参加庙会的民众。但是在研究庙会文化的时候，我们不能不关注喇嘛的行为。喇嘛的修行包括两个方面，一方面是平时修行的仪轨活动，另一方面是宗教节日历法和宗教节日与民众交流的行为方式，我们研究的是后者。

（一）民众信仰仪式的文化传承

庙会是神圣与世俗沟通的时刻，在庙会上显然喇嘛是神圣的代表。庙会前，他们要做充分的准备。他们的准备工作包括：（1）打扫寺庙。因为届时在寺庙的主持者看来，名称为"六月十五大祝愿法会"，在这个法会上需要洁净。（2）擦拭法器。喇嘛在法会期间要用各种法器，其中主要包括大号、鼓、锣、大海螺和小海螺、铜铃等。（3）布置荟福寺主殿。荟福寺主殿是法会的主会场，是民众聆听喇嘛念经的地方，喇嘛除了打扫卫生外，要摆放供桌和供品。供品主要有一排酥油灯，喇嘛要为酥油灯加满黄油。供品是水花香灯水塔。

2007 年农历六月十五这天，居士们忙着准备。与平时不同，早饭由居士们动手做，午饭和晚饭也如此。居士们争相做这件事，他们把这件本来属于喇嘛世俗生活的事情看得很神圣，认为这是积善，积功德的良机。早上七点

---

① 周星：《民俗学的历史、理论与方法》，商务印书馆 2006 年版，第 550 页。
② 参见［韩］李窗益《民俗的时间、空间和近代的时间、空间——祭仪时空间的变化》，［美］欧文·戈夫曼：《日常生活中的自我表演》，徐江敏译，云南人民出版社 1988 年版，第 87 页。

左右荟福寺大门敞开，这时早有抢第一炷香的民众一拥而进。在民间传承到现在还有抢烧第一炷香的习俗，烧第一炷香的人被视为最虔诚的人，其祈愿可以很快实现。来的民众主要是大板镇的民众，还包括大板镇管辖的西郊村、大板村、麻斯他拉嘎查、套百村、巴罕包力格村的民众。在访谈中，民众也有从林西、乌丹等地来的，但为少数。

荟福寺2007年农历六月十五这天的庙会的民间叙事是在寺庙内举行的。民间叙事主要包括：

1. 聆听喇嘛诵经

法会在荟福寺大殿举行。八点左右，一个执事喇嘛吹起了响亮的白海螺，这时德高望重的住持在大喇嘛的陪同下入座，然后其余的喇嘛们依次入座，有的喇嘛手里拿着乐器：喇嘛鼓、镲、摇铃等。喇嘛席地而坐，两排相对，约30人。这时喇嘛示意在大殿外围观的民众也可进入，我们和民众40余人一起进入了大殿，大殿里充满了肃穆的气氛。这时一位大喇嘛站起，双手合十三次，向佛像叩拜，嘴里念着《吉祥经》。然后他坐在自己的尊位上，众喇嘛一起念诵藏文的《甘珠尔》和《丹珠尔》。当抑扬顿挫的经文在大殿里响起的时候，喇嘛的乐器鼓、镲、锣也同时响起，坐在喇嘛后面的民众有的双手合十，有的低头静听，有70多岁的老太太，也有20多岁的年轻人，中年人居多，妇女居多。一切仪式都离不开诵念，对于喇嘛来说，诵念是一种主要的修行方式，对于参与的民众来说聆听诵念是信仰的表现。在大经堂内诵经，有一个声音更洪亮、经典娴熟的大喇嘛担任领经师。在喇嘛音乐的伴奏中，在抑扬顿挫的藏文经典的念诵中，我们看到一个双向交流的层次：

民众—喇嘛—神佛

神佛—喇嘛—民众

第一个层次是民众通过喇嘛诵经把意愿传给神佛；第二个层次是喇嘛与神佛交流，再传递给民众。整个诵经仪式是一个动态的过程，不仅有很强的节奏感，而且是一个连续的完整的叙事过程。对于仪式，不同的学派从不同的角度分析。在这里，我们认为仪式不是无缘无故的诵念。"从功能方面来说，可被看作一个社会特定的'公共空间'的浓缩。这个公共空间既指一个确认的时间、地点、器具、规章、程序等，还指称由一个特定的人群所网络的人际关系。"① 通过大殿内的诵念，民众、喇嘛与佛祖在进行沟通和交流。

图 11.2.1　荟福寺庙会　邢莉摄

在荟福寺大殿的门口，摆放一张桌子，有专门的喇嘛站立负责管理。一名喇嘛掌管一个印刷本子，上面印有各种经文的名称。称为《荟福寺法事活动》。民众根据各自家庭和个人的需求，可以提出希望喇嘛诵念的经文。有居士或信众想求得家人平安，就请求念《平安经》；有的希望家里生意兴隆，就念《富贵经》；有的期望孩子学业有成，就念《求学经》；总之期望无病无灾，家庭平安，求福求财。喇嘛在民众各自需要的经文上写上他们的名字，然后送给念经的喇嘛。在请求念经的同时，要给庙里一些供奉，民众拿出 10元、20 元、50 元不等，也有更多的。在上午 3 个小时的法会期间，前来登记的人络绎不绝。据调查，1947 年前也有这个习俗，那时民众自愿给奶豆腐、黄油、面粉的居多，现在给奶制品的是少数，多数给现金。来请求念经的只是民众的一部分，这里又分不同的层次：一种是家庭成员的确有事相求，其

---

① 彭兆荣：《人类学研究仪式述评》，《民族研究》2002 年第 2 期。

表情急切；一种是生活属富裕阶层，求佛护佑，态度洒脱，出手大方；再有一种为随意随缘，在信与不信之间。这些经典有些属于喇嘛教的礼仪经典，有的并不属于此类，这些经文是为适应现代社会中民众的需求而出现的。

图 11.2.2　荟福寺的喇嘛与民众的交流　邢莉摄

2. 民众的朝拜仪式

（1）上香与朝拜：人类的符号旨意除了语言之外，还有更加古老的视觉符号，视觉符号以具体可感的形象、意象、画面、造像来传达意义。喇嘛教庙宇是用造像来传达意义的。荟福寺的长寿殿内有无量寿佛的造像。左侧是白度母，右侧是三头八眼的佛祖。无量寿佛通体呈红色，一面二臂，双手结定（佛教术语，双手交叠）并托住宝瓶。他象征慈悲终生、光芒无限、永远不灭。密宗殿供奉护法神像。大威德金刚是一个牛头，具有九面三十四臂十六足的护法神。中心大殿内供奉过去、现在、未来三世如来佛祖。佛教经典中有"过去世"的代表燃灯佛，"现在世"的代表释迦牟尼佛、"未来世"的代表弥勒佛。三尊佛像均高达 10 米，呈坐姿，全身塑金。周围墙上挂着十八罗汉的画像。除了鎏金的泥塑塑像外，还挂满了琳琅满目的唐卡。佛像的安置和布局就是语义代码，是根据喇嘛教的总体世界观及被感知的逻辑关系编排的。但是不同的人群或者个体面对佛像，他们勾勒出不同的想象的宗教世界，民众通过不同的肢体语言表达自己的心理诉求。① 叩拜佛像的民众络绎不绝，有夫妻，有三口之家，也有个人。来庙里的民众并不是对所有的佛像都朝拜，大部分人都朝拜主殿的佛像，有跪姿、有立姿。也有的民众将大小殿堂的佛像一一拜过，五体投地的。在此我们感受到其心理诉求的强烈。我们观察到不同群体、不同文化的人对文化记忆的复制具有明显的差异性，透过这种差异我们感到他们的信仰程度和对喇嘛教教义的理解的差异，这种差异的形成不仅来源于对于以往文化的回忆，更为重要的是来源于民众面对现实世界的精神需求。

佛前点灯是喇嘛教在经堂礼佛的一种仪式。在民众的供奉中，存在两种肢体语言：一为点油灯。不管那个大殿，都摆满了灯盏，这是喇嘛教的供品之一。上香的人也一定要点一盏灯才算表达了心愿。因为人人点灯，大殿里烟雾缭绕。百姓中流传着这样的话：佛前点灯，心明眼亮。僧侣阶层说，一盏灯就代表一个人。在共同的场域中，不同的表述却有共同的阐释，在这里人与灯是两个可以互相置换的符号，灯代表人，人通过灯与神佛交流，人在佛像的面前是有时间限度的，灯可以持续人的诉求。在上香和叩拜前要先捐赠，这也是供奉的一种形式。有不烧香就叩拜的，大都也不捐赠。凡烧香叩拜的，都往捐赠箱里放钱若干，少至几元，多至几十元不等。按照佛教的说法，心诚则灵，不在乎钱的多少。每当捐赠后，执事的喇嘛都敲响木鱼，通报神佛相知，我们听到了连续的木鱼声。

（2）旋转转经筒。转经筒是喇嘛教祈祷所用的法器。又称"转经轮"、"嘛呢经筒"、"经鼓"等。② 在民间信仰里，人们认为转经就等于念经。念经是消灾祈福修德积功的最好方式之一。来寺庙的人要用手推着顺时针转一圈。③ 密宗的解释是运动过程中产生的能量，引导祈祷者接触天空和神。转经筒的顺时针转动，是将秘咒供奉给神。随着转经筒的快速旋转，转经人认定：

---

　　① 作者按：叩头也是对佛的一种供养。大板镇沿用的是藏传佛教传统的叩拜方式。一种是双手合十，然后触前额、胸部，再头向下跪拜，还有一种是全身伏地，称为"五体投地"。叩头、作揖者较多，也有鞠躬的，但是五体投地的较少。

　　② 转经筒为金属制作，法轮里面装有经文。绘有吉祥图案和六字真言。大殿外面的四周一圈围绕着共108个转经筒。转经筒是藏传佛教的信徒祈祷时所用的一种祈祷的方式。

　　③ 据《转经行道愿往生净土法事赞》讲，转经就等同于诵经，转一圈就等于诵一遍。

他们的功德也在快速地积累。人们鱼贯地转着经筒，有的转几个，有的则把108个都转完，在人多拥挤的时候，几个人同时触摸一个转经筒而旋转。转经有两种表述方法，一种是走转，一种是磕转。在参与观察中，我们看到的都是走转，没有人磕转。

图11.2.3　民众在转经筒　秦博摄

（3）钟楼敲钟。荟福寺有钟楼。钟楼的空间不大，民众缘木楼梯而上，一个接一个，络绎不绝。民众说，敲一下钟，把身上的疾病、灾难都震跑了。这是一种民间说法。看来似乎不合逻辑，但是从民俗学者看来，这是一种心理诉说。僧侣阶层认为，过去没有这样的习俗，应该说这是民众的新建构。钟楼的钟声此起彼伏，在荟福寺的上空萦绕。

（4）享用圣水。荟福寺大殿后院中间西侧有一口注满水的青铜缸，据说里面是圣水。圣水与普通之水有何区别？据喇嘛说，在里面加了6种草药，此为一。另外所加的草药不是一般地撒进去，而是由喇嘛念经文再撒进去。民众对此有一种心理感应，认为这样会有功用。因此水是与一般的水有区别的"神圣"之水。圣水本来是喇嘛向佛供奉的，但是在庙会上，成为神圣与世俗沟通的又一媒介。民众在这里驻留停步，洗手洗脸，意味去除疾病。有的还拿矿泉水瓶盛上圣水，带回家去给没有来寺庙的人喝，据说喝了之后，可以心明眼亮，有病的能痊愈，没病的更健康。当我们询问其是否灵验的时候，有的笑而不答，有的说真灵，大多数人说信不信由你。就行为方式来说，多数人在趋从，这里有蒙古族，也有汉族，有本地人，也有外地人。在社会急速运转的竞争中，身体是竞争之本，所以既然来到这里，随乡入俗，宁可信其有，不可信其无，表现了一种从众行为。可以看出，"仪式是在集合群体之中产生的行为方式，它们必定要激发或重塑群体中的某些心理状态。"① 这里表述的绝不仅仅像西方民俗学家理解的重塑旧时的历史记忆，而是折射当前的心理状态和思想。

图 11. 2. 4　民众在喝圣水　秦博摄

3. 放生仪式

具有历史传统的荟福寺是喇嘛教的寺庙，在世俗与神圣沟通的过程中，沿习的放生的习俗传承至今。来到庙会的人不是人人都参与放生，参与放生的只是参加庙会的一部分。根据调查，放生的人群主要包括下面几类：

---

① ［法］涂尔干：《宗教生活的基本形式》，渠东、汲喆译，上海人民出版社 1990 年版，第 11 页。

（1）在此地希望长寿的老人，借此积德积福；

（2）重病的人，他们渴望痊愈，不受疾病的折磨；

（3）在生活中遇到很大困难的人，例如遇到了意想不到的天灾人祸，或者生活贫困者；

（4）积累功德的人，他们没有具体的祈愿，只是认为放生能够增福增寿，属于积累功德的行为。

在当地放生的动物是从市场上买来的蛇或鱼、鸟。民众把放生的动物交给喇嘛，这时喇嘛要拿出一个本子登记，分别记载的内容是：（1）放生物的名称和数量；（2）为谁而放生；（3）祈求什么等三项内容。然后再选择一个喇嘛和放生者可以共同参与的放生时间。放生是民俗仪式的展演，由社会来规范的仪式是重复模式化的象征行为。它是一种结构化的、模式化的系列行为，"并常常在自身也带有特殊象征意义的特定的地点和时间被上演。仪式行为是重复的，以此也是循环往复的，但这些都服务于重要的意义并用于疏导感情、引导认知和组织社会群体"①。

放生的时间有平时放生和庙会放生两种。平时放生时间是农历初一和十五。为什么要选择这两个时间民众和喇嘛都认为，这两天是"好日子"。所谓"好日子"是可以与佛沟通的日子。庙会放生时间根据庙里的节期重大活动而定。放生的地点要离开寺庙，喇嘛说因为放生的目的是解救小生命，使其回归自然，回归到它的生活中去，所以地点不固定。但是久而久之的惯习形成了固定放生地点。放生蛇就找一个远离人群居住的地方；放生鱼去巴林桥；放生鸟去南山。庙里有专门负责此事的喇嘛。负责放生的22岁的喇嘛斯钦说：信众们自己也可以买东西放生，只要是活的小动物之类的都可以。但是民众认为喇嘛是有德之人，把东西交给喇嘛放生更灵验，所以一般都请喇嘛放生。②

喇嘛教提倡不杀生，在民间信仰里有崇善的心理，喇嘛教与民间信仰相融合，沿习了放生习俗。按照喇嘛教的说法，放生的意义在于：一是对有情的无畏施，使他们脱离暂时的死亡、恐惧与痛苦；二是对有情的法布施，使

---

① 转引自王霄冰：《信仰与仪式》，北京民族出版社2008年版，第6页。

② 被访谈人：KQJ，男，蒙古族，40余岁，荟福寺住持。访谈人：邢莉、秦博，2007年7月，2007年6月，在巴林右旗大板镇荟福寺。

他们种下解脱的种子，将来一定会解脱；三是培养菩提心，让他迅速解脱；四是延续佛法，使更多的有情不断地与佛法结缘，同时也是创造善知识长久驻世的殊胜缘起。

我们调查到，镇上有一个老板为了他父亲身体早日康复而放生。放生物是 500 只麻雀。放生人和喇嘛到了南山，因为南山远离镇上的喧哗，比较僻静。喇嘛便开始念藏文的《吉祥经》。这时放生的人双腿跪地，双手合十做祈祷状，场面寂静，只有诵经声。诵经毕，两个喇嘛把装有 500 只麻雀的笼子打开。当被放生的麻雀纷纷离开囚笼飞向山林的时候，喇嘛和放生的人表情严肃，仰望远飞的鸟群，沉思静默不语。在放生的过程中，人们充满了向往和倾诉之情。藏传佛教中的道德要求劝善戒恶、慈悲喜舍、关爱众生："神往的因素在宗教的渴求感中才是一种活跃的因素。他也活跃并出现在庄严（solemnity）这一因素中，既出现在私人崇拜的全神贯注与卑微虔诚中，也出现在集体共同礼拜中。"①

除了民众的私人祈愿外，寺庙在重大的活动中也有放生活动。主持卡其佳活佛说，2004 年他刚到荟福寺的时候，那年的四月十五法会举办了一次放生，"那次活动规模很大，请来了赤峰的活佛、内蒙各地寺庙都派了喇嘛来参加。放生了鸟等动物。佛家用这种行动说明怜爱动物、怜爱小生命。我们也怜爱一切生命，佛家有慈悲的胸怀，也表现对和平的祈望，希望世界太平，没有战争"。②

在庙会重现仪式上，我们看到："民俗行为是一种规范行为。他是一种自在的运动体系。是一种外在方面没有保障的规则，行为者自愿地事实上遵守它，不管是干脆出于'毫无思考'也好，或是出于'方便'也好，或者出于什么原因，而且他可以期待这个范围内的其他成员由于这些原因也很可能会遵守它。因此习俗在这个意义上并不是什么'适用'的，谁也没有'要求'一定要遵守它。③"

---

① ［德］鲁道夫·奥托：《论神圣》，成穷、周邦宪译，四川人民出版社 2003 年版，第 41 页。

② 被访谈人：KQJ，男，40 余岁，蒙古族，荟福寺住持。访谈人：邢莉、秦博，访谈时间：2007 年 6 月，在巴林右旗大板镇荟福寺。

③ ［德］马克斯·韦伯：《社会学基本概念》，中国广播电视出版社 2000 年版，第 136 页。

（二）对庙会仪式的文化阐释

我们描述了庙会仪式在当代的展演，虽然"谁也没有要求一定要遵守它"，但是他还是承载着历史传统走到了今天，仪式的存在体现了什么呢？

其一，仪式是历史记忆在当代语境下的展演，喇嘛教在荟福寺的民间信仰被固化为一个象征符号，当代民众通过对这个特定的象征符号的认同，保持和巩固了本族群、本地域的历史记忆。历史记忆显示了喇嘛教寺庙文化的特征，例如诵经、敲钟、放生等，而在这个特征中又有当地的特点，例如喝圣水的习俗就是荟福寺独有。一方面，我们看到民众在当今荟福寺庙会的仪式行为是利用既有的传统的符号在重新组合；另一方面，我们也看到新符号的产生。但是西方学者强调的是固有的传统符号的存在，通过田野调查，我们认为，更应该强调的是在现代生活中民众自己的一种文化选择，在当代的语境下，旧有的文化符号为什么会被重新认同？这里除了信仰的思维惯式和行为惯式的积习外，我们还要研究他在当代传承的原因及新符号产生的原因。

> 访谈：我们家过去穷，我8岁的时候得了重病，那叫啥病，谁也说不出来，三天没起来床，家里没钱治，人不行了。我妈哭了，准备后事了。后来我16岁的哥哥借了邻居的牛车拉我来大庙，一个老喇嘛在我脑门拍了拍，又给我喝了碗药，两天后就下地了。我现在还记得那个老喇嘛的样子，可有名的呢，是个好蒙医。后来我哥哥也当了喇嘛，去年去世了。我这辈子信佛。①

我们还调查到类似的故事。② 但是更多的是在新时期祈愿的表述。

---

① 访谈人：WYQMG，女，78岁，蒙古族，大板镇人。访谈人：邢莉、秦博，访谈时间：2007年6月，在巴林右旗大板镇荟福寺。

② "我们老家是左旗的，后来到了右旗。我从6岁就来庙会，是奶奶带我来的，我从懂事的时候起到现在一直信佛。为什么？因为有一次我挑水，辘轳打了个晃，我就掉在井里了，怎么办，没有人知道，没有人来救我。我就念佛，这时候好像有东西把我往上托，我就这样想着佛爷，就上来了，那时我13岁，就开始信佛，73岁之前，我今年86岁了，腿不好，不常来，今天庙会让儿子陪我来。"（被访谈人：ZHLG，女，蒙古族，86岁，巴林右旗大板镇人。访谈人：邢莉，访谈时间：2007年6月，在巴林右旗大板镇荟福寺）

　　到这里来治病的可多了，来庙里治好病的人太多了。我就听到好几个有名有姓的事儿，人们就这么传，传来传去，来治病的人就更多。其实就是烧炷香，心理安稳安稳，也许是自己痊愈的呢。①

图11.2.5　被访谈人乌云其木格（中）　秦博摄

　　我们家住在这儿，几辈子了。我要考大学，就来了，我烧了一炷香，希望我考上好大学。高考的时候姥姥给我带了个观音像，果然考上了内蒙古大学。我是现在的大学生，说不上信，我也不说不信，反正庙在我们这块儿，我们这儿也没有太可去的地方，有时到这里坐坐。②

　　民俗行为是一种集体规范的行为。这是一种不被强迫的自愿，没有人要

---

　　① 被访谈人：隐名，男，40多岁，汉族，当地干部。访谈人：邢莉，访谈时间：2007年6月，在巴林右旗大板镇荟福寺。
　　② 被访谈人：隐名，女，19岁，蒙古族，内蒙古大学学生，访谈人：邢莉，访谈时间：2007年6月，在巴林右旗大板镇荟福寺。

求的自觉，信与不信是一种心理感应。法国认知人类学家丹·司波博出版了《解释文化：一种自然主义的研究方法》中提出表征的概念。他认为，表征就像流行病学的病毒一样在一个特定的人群中传播，但这显然不是病态的传播，而是文化的传播。他将文化区分为心理表征和公共表征："心理表征包括信仰、意向和意愿之类个体认知的要素，而公共表征则包括符号、言语、文本以及图片之类具有物质性的存在。"① 公共表征和心理表征只是学者的分类，而我们认为二者是紧密地联系在一起的。公共表征的符号是心理表征的显形，而心理表征不单单指向于信仰，还包括意向和意愿的表述。从访谈中可以看出：有些是属于信仰层面的，有些是属于意愿的表达，其灵验的传说不止于信仰层面的俗信传统，在我们看来，是"迷信"，而对于他们看来是信仰的"灵验"。现代人相信科学。对于当地人这种迷信行为，"如果借用法国人类学家列维——布留尔的语汇，这应该是不同于现代人的思考习惯的一种理性，是另类的，但绝对不是没有意义的"②。这是一个方面，另一方面喇嘛医药有符合现代科学的一面，藏传佛教的医药学是祖国传统医学的重要组成部分。在我们这个急剧变化的时代，民间信仰越来越与现代性纠缠在一起，民间信仰的重建意味着传统记忆的复苏，同时也与并存的社会现实之间存在着复杂的关系。正因为如此，其对于社区秩序的重建等具有积极的意义。

如今传统的经济结构正在瓦解，大板镇及其周边地区经济已经从单一的半农半牧经济过渡到多重的经济结构——工业、商业、现代畜牧业、现代农业的多重经济结构。人们的衣食住行和文化也获得空前的提高。1949 年以后蒙古族子女受到了系统的学校教育，在 1949 年前教育制度相当薄弱的基础上，建立了完备的中、小学制度，使得所有的蒙汉子女均受到初中以上的教育，有相当一部分民众子女考上了内蒙古、北京及全国地区的高等院校，从1979 年到 1986 年高考累计录取 97 名，其中蒙古族 62 名，约占 64%。③ 原来全旗只有一个医疗机构，即巴林右旗蒙古医学诊所。而现在的医疗队伍包括西医、蒙医、中医达 280 余人，大板镇的医疗制度逐步在改善和健全。1947

---

① 赵旭东：《论民俗的易感染性》，《民俗研究》2005 年第 2 期。
② 赵旭东：《文化认同的危机与身份界定的政治学——乡村文化复兴的二律背反》，《文化研究》2007 年第 10 期。
③ 参见巴林右旗志编纂委员会编：《巴林右旗志》，内蒙古人民出版社 1990 年版，第 487 页。

年以后大板镇的医疗和教育都获得空前的发展，但是为什么民众还要通过宗教仪式进行表述呢？

生活在现代乡镇社会里的大板镇居民尚存在着现世的焦虑和需求。由于当代贫富差距的存在，现代的医疗制度还不能满足贫困居民对治病的需要，特别是多种疑难病症的存在，使得人们充满解除疾病的渴望；交通发达的同时，发生车祸的频率在提高；社会的分配的不公及官员腐败的存在等社会现象的存在，人们期望社会的公平。新时期商品经济的发展和国家制度的变化使得民间致富成为可能，追求更多的财富是当代比较普遍的需求；另外年青人希望上大学、期望到大城市找个理想工作也是比较普遍的愿望。现实的追求、愿望和焦虑成为其民间信仰的契机。总之宗教为他们创造出了"基本信任"[1] 和"保护壳"。"保护壳"（Protective cocoon）指把来自于外部世界的潜在危险排除出去的防御性保护层，这种保护层建立在基本信任之上。

传统的庙会体现了喇嘛教信仰在民间的世俗化，这个世俗化的符号在民俗形成之初就被组合进去了。庙会的仪式的展演不仅仅是历史的重现。从清至民国特别是 1947 年后到现在的改革开放，庙会文化一直处于变化的过程中。特别是当代全球化带来了立体网络式的社会变迁，"传统仪式实践不只是一种复苏，同时也作为社会主义时期的结果经历了巨大的变迁"[2]。这时喇嘛教的信仰层面也在随着社会的变迁而变化。表现在两个方面：（1）民众对喇嘛教教义、教理及宗教知识的忽略。藏传佛教的教义，强调的是个体对自己的自我约束，强调个人的修行，强调来世的幸福，而生活在现世的民众对此逐渐淡化。（2）民众对个体意愿的诉求和生存需求的诉求："宗教总是日常生活的组织者，而且常常是他的主要组织者。从根本上说，是经济生活决定生活方式和生活节奏，但是除此之外，正是宗教塑造了为生存需要支配的生活方式和生活空间。"[3]

民俗处于动态之中，他本身也是一动态积累的产物。社会的变迁，时代

① ［英］安东尼·吉登斯：《现代性与自我认同》，赵旭东、方文译，生活·读书·新知三联书店 1998 年版，第 272 页。

② Siu, Helen F. "Reconstructing Dowry and Brideprice in South China". In Davis, Deborah and Harrell, Steven. *Chinese Family in the Post-Mao Era*, eds., Berkeley: University of California Press. 1993. pp. 165 – 188.

③ ［匈］阿格尼丝·赫勒：《日常生活》，衣俊卿译，重庆出版社 1990 年版，第 101 页。

的演进，民众的需求可以置换，但是其世俗化的趋向却在强化。当前的庙会文化是在其赖以生存的社会的政治结构、经济结构、社会的背景下产生的，庙会文化的民俗文化符号是传统的延续，但是他适应的是对于当前民众的文化心理和文化需求，他不是传统的重复，而是传统的建构。

其二，在全球化风行的当代，由于商品大潮的推动，文化发展也出现了前所未有的整合倾向，在涉及人类生存与发展的基本精神和价值层面的变化非常鲜明。当代民众在各自建立的新生活中的患得患失和悲欢离合中存在着精神方面的强烈诉求，而全球化的语境和当前民族—国家信仰政策的开放使得人们有"在场"的选择，庙会中的仪式更多的表现不同人的精神诉求。每个人在烧香默祷的过程中的精神空间是"私人"的，隐秘的，单独的（既不被别人知道，别人也不想知道），同时又是热烈的，充满期待的，在行为仪式上充分表现出来的是一个个我精神世界的诉求。

这种个我的需求是在庙会这个公共文化的空间表述的，展演的仪式是个别人的行为，但是在庙会——这个特有的集体的公共的场合显示出来。我们又可以理解这是一种敞开的行为。由于他们在同一空间，由于他们在重复同样的行为，这时，他们各自淡化了自己日常生活中的职业、处境、性格等等。他们在寻求在这个特定的场合中集体的共有的感情。正是在这种集体的心理和集体的情感中，他们获得了心理的力量。在这隐秘的与敞开的统一中，人们进行了精神交流，通过这样的交流，自我心理完成了从不平衡到平衡的过程。藏传佛教在内蒙古区域的传播本来就有一个本土化的过程，当前更加世俗化、功利化。甚至有的学者提出宗教信仰与宗教行为的分离，也就是说其行为并没有建立在私人信仰的层面，而是建立在对现实生活中各种各样愿望的实际欲求中。

其三，在对仪式的研究中，西方人类学家有神圣与世俗的划分。按照这样的划分，民众日常生活的世界是一个世俗世界，而进入到寺庙的空间是一个神圣的世界。宗教仪式与世俗相对立，但是我们在荟福寺庙会所展现的仪式的过程中，在调查访谈的过程中，发现民众烧香表现出的不是与世俗的剥离，而是与世俗的相通：（1）获取：按照民间话语说叫"许愿"。个体在行为中表达获得某种世俗功利的希冀而祈求，例如希冀能够考上大学；能够找到好工作；能够发财；能够平安等等。（2）回报：按照民间叫"还愿"，就是世俗的愿望达到后，烧香回报佛的灵验。不管是获取还是回报（祈愿和还愿）都是功利行为。这里同样是一种象征交换关系。"它与市场经济中发现的那种生产性交换相反，象征交换是非生产性的。他作为一种'混合的游戏'（mixedgame）渗透了人与人、人与佛之间的交换关系，构建了佛教信仰者由个人到群体及社会的必由之路。"[1]

荟福寺是藏传佛教的寺庙，伫立佛像的场所，也是喇嘛修行藏传佛教教义和教理的场所，这可谓"神圣"，其崇拜作为媒介或象征体系具有社会性，是世俗的，来到这里的民众"无事不登三宝殿"，每个个体的获取和回报是不同的，即使就相同的祈愿来说，差别也是很大的，这里有很广阔的私人空间，也是一种社会行为。在人与人、人与佛对应的交换关系中，我们看到的不是神圣与世俗的隔离和对立，而是神圣与世俗的混淆与融合。从这个意义上说，庙会中人的社会行为又不仅仅是感性的。在如此神圣的场合，人们做出的世俗的祈愿。

三　荟福寺庙会文化的传承与变迁

民俗是过去时，民俗同时也是现在时。研究民俗的传承性是民俗学的主要课题。民俗学家认为民俗的传播既存在着纵向的传播，也存在着横向的传播。民俗的纵向传播称为"传承性"，民俗的横向传播，称为"扩布性"，"民俗的传承性和扩布性，使民俗文化的传承成为一种时空文化的连续体"。[2]理论的总结当然具有意义，但是由于种种原因，对于民俗事项传承的研究还较薄弱。通过荟福寺2007年农历六月十五日庙会的描述，我们可以看到庙会文化在当代传承的"活形态"。

在特定的时间和空间中，庙会的神圣性、公共性与开放性是同时存在的。对于来参加庙会的人的身体的系列叙事：聆听喇嘛诵经、上香和朝拜、放生仪式等都是由身体、语言、行为、心理构成的信息系统。在六月十五这天这个时空的群体行动构成了一个信息库。每个个体的行为都组成了一个文化符号，每个个体又同时在接受其他个体的文化符号，每个人既是信息的传播者，

---

① 李向平：《中国佛教的后信仰时代》，《中国民族报》2009年2月25日。
② 钟敬文主编：《民俗学概论》，上海文艺出版社1998年版，第13页。

又是信息的接收者。这样就使得每个个体的行为是重复也是加强，是单一也是叠加。"民俗的集体性又表现在人们互相监视民俗的实施情况，每一个人的民俗行为都是处在别人的监视之下。任何一个人，只要他违背了当地的风俗习惯，大家都要将他拽回到民俗的轨道上。"①

民俗礼仪活动通过特定的时间和空间聚合在一定范围的社群，仪式的参与者按血缘、亲缘、地缘等关系都会出现在这样的社会公共生活里。仪式使人与人、个人与群体、群体与群体之间发生互动，就像黏合剂把人们联系在一起，成为社会聚合、人际交往的重要场所。在转经中，在放生中，我们可以看到大板镇对传统的默认和回归："群体中的某个成员，不一定认识所有其他成员，但是他会懂得属于这一群体的共同核心传统，这些传统使该群体有一种集体一致的感觉。"② 其中既有纵向的传承，又有横向的扩布，其纵向的传承和横向的扩布共存。庙会的社会时空和文化时空及民众群体在这个特有时空中的行为方式是庙会文化传承的重要机制之一。

如果把当代的庙会文化与1949年前的庙会相比较，荟福寺庙会文化发生了很大的变迁。尽管"传统"在大板镇的民众群体在行为上、心理上、意识形态上传承着，但是我们研究的首先是置于当代"大传统"的语境中的"小传统"。

其一，荟福寺庙会复合型文化传统在淡化。在旧的民俗志上记载荟福寺庙会具有复合型的文化传统，荟福寺庙会以民间信仰为核心，集行政管理、民间商贸、民间娱乐等多种功能为一体，在清代和民国时期盛极一时。下面是对民国时期庙会的描述：

> 庙会期间，牧民们扶老携幼、不远百里前来参拜祈祷，借以消灾祈福。荟福寺的周围蒙古包林立，人如潮涌。旗札萨克衙门也借此机会征收赋税、整理户口、丁册，办理地方官吏和各庙执事喇嘛的用人罢免事宜；各苏木的章京、札兰都率所属，扎成帐房圈，办理各自管辖的事务。

---

① 万建中：《民俗的力量与政府的权利》，《文化研究》，(中国人民大学复印报刊资料) 2004年第3期。

② ［美］阿兰·邓迪斯：《世界民俗学》，陈建宪、彭海斌译，上海文艺出版社1990年版，第71页。

这是对当时行政治理的描述——征税、助理户籍、人事任免是旗札萨克衙门在六月十五日庙会期间完成的。庙会上小贩也来这做买卖，牧民出售自家的土产品，并购办一年所需。北京、天津、沈阳、张家口、多伦、锦州、赤峰等地的商人运来大批日用品，在街道两侧搭起布棚来卖，有时布棚长达二、三里，每条街都有几十户商号。①

从上面的描述我们可以看出荟福寺庙会复合型的文化传统：

其一，1947 年前的庙会是一个信仰空间，其核心价值从民间的喇嘛教信仰的层面外延到民众的生活之中。在 1947 年前，荟福寺庙会与当地民众所处的社会制度、经济制度、社会结构、文化观念有密切的联系。那时蒙古族的生活世界是一个被喇嘛教干预的世界。蒙古族家庭每遇大事，都要请喇嘛念经。例如放牧接羔、帐房迁徙、农业上的春种、秋收、浇水、打碾、牧人外出、结婚、丧葬等事宜，必须经过喇嘛念经。"喇嘛教是蒙藏社会最为有力的社会制度，其功能只限于宗教范围之内，即在宗教范围以内，他的影响亦深入人心，弥漫于人生各个方面，非内地佛教所可比拟。何况说，它又是教育中心、经济中心、政治中心，一切舆论、价值、权衡的枢纽呢？故若不能了解喇嘛教，必不能了解蒙藏的社会生活。"② 民众和喇嘛在固定的文化空间举行各种仪式，喇嘛教在体现其自身价值，民众在表述自己生活诉求和精神诉求。

其二，传统的庙会具有商贸功能。在传统的庙会上，大板镇与农耕区域的商品进行大规模的交换。其特点是牧业产出的畜产品皮毛、牲畜与农业产品的交易。六月庙会也叫"余热勒大会"，来自牧区的客商不仅仅是大板镇，还有乌珠穆沁、克什克腾、阿巴嘎、苏尼特、阿鲁科尔沁、翁牛特等地区的客商进行活畜及畜产品的交换。来到庙会的汉族商人有两类，一类是进行商业活动的叫"出拨子"，他们精干并精通蒙语，按照季节在草原收购畜产品。在"六月庙会"的时候，他们前来买牲畜，再把牲畜专卖出去，获取高额利润。还有一类是庙会期间开展商业供前来的人进行消费，例如卖鞋帽商品、

---

① 巴林右旗地方志编纂委员会编：《巴林右旗志》，内蒙古人民出版社 1990 年版。（内部铅印本）

② 李安宅：《萨迦派喇嘛教》，《边政公论》第 4 卷，第 7、8 期。

布匹、绸缎、食品等。当时商品经济不发达，草原地广人稀，庙会成为商贸的重要时机。牧民迫切需要用牲畜和皮毛换取生活用品，特别是茶叶。巴林右旗传统上是牧业社会，开垦较晚，大规模的开垦是清末民国时期。牧业经济产品的单一性迫切需要交换。大板镇的老人还保持着鲜活的记忆：

> 你让我说过去的庙会呀，那时候卖东西的特别多，北京的、天津的、河北、沈阳的都过来做生意，有卖衣服、鞋、炒米、黄油……啥都有。我记得还有西洋镜，5 分钱一张票，镜里面有长城等。《西游记》等好多好看的东西……西洋镜里也有。那时候汉民做的买卖我们都不上前去，一个是语言不通，一个是他们卖的东西太贵，买不起。当时有钱人逢庙会的时候就在大庙附近租个房子，玩上几天，还给喇嘛带（供奉）牛羊。没钱的就给他们带点炒米、黄油等等家里最好的东西，因为租不起房子就早上去庙会，晚上回来。①

其三，庙会期间整顿一方地域管理政务的功能，庙会是草原民众聚合的重要时机，因为草原地广人稀，平时处于分散状态，疏于管理，在清光绪年间，全旗面积为 2.8 万平方公里，人口为 1.5 万，人口密度为每平方公里 0.54 人。1936 年，全旗面积为 1.8 万平方公里，人口为 3.9 万人，人口密度为每平方公里 2.2 人。1949 年，面积为 1.8 万平方公里，人口为 5.3 万人，人口密度为每平方公里 2.9 人。② 在庙会期间，人员聚集，旗札萨克借此征收赋税、整理户口、处理旗务、办理喇嘛的任免等事务等，这是荟福寺草原庙会的特征之一。

其四，庙会具有信仰兼娱乐功能。在庙会上人群涌动。民众赴庙会自称为"逛庙会"，这说明庙会文化空间并不止于庙里，还包括庙外的场域，庙里的空间是神圣的，庙外的空间是世俗的，庙里是香雾缭绕，庙外有饮食娱乐。传统的荟福寺庙会有两项具有特色的民俗展演。一为"跳查玛"，一为"那达慕大会"。对此我们可以从文献上看到这样的描述：

---

① 被访谈人：RRDGRL，女，72 岁，蒙古族，大板镇居民。访谈人：邢莉，访谈时间：2007 年 6 月，在巴林右旗大板镇荟福寺。

② 巴林右旗地方志编纂委员会编：《巴林右旗志》，内蒙古人民出版社 1990 年版，第 52 页。（内部铅印本）

　　阴历六月十五日清晨，查玛开始。顿时法器鸣响，山门大开。参加"六月庙会"的善男信女一齐涌进寺院内拜谒佛祖，求福祛灾。然后，都聚集在寺门前的广场上看查玛。已时许查玛出场。一时锣鼓敲响，喇嘛们大声诵经。在经乐声中，由头戴灵童面具的四个喇嘛出场。他们戴的面具各不相同。虽然都是粉面朱唇，黑眉齐发，但有抿嘴微笑，启唇憨笑，张口大笑，裂嘴怪笑之分。他们在场上环舞，舞姿优美，风趣，时而逗人发笑。舞毕，由四"灵童"扶出一扮演老翁的喇嘛。这"老翁"的面具是眉发皆白，满面红光，银须飘胸，气态庄重。"老翁"出场以后，气氛更加活跃，老翁慢步款舞，四灵童欢快环舞。"灵童"们各具姿态，或抖肩曲漆，弯腰蹲伏，或如鹰惊飞，如猫捕鼠。继而"灵童"退到一边，由"老翁"独舞。"老翁"大展舞姿，一会缩颈藏头，托髻捧腹，一会儿作老态龙钟，蹒跚难行状，一会儿又变得灵活异常，布履矫健如飞。舞毕，退到一边。接前场，又舞出扮演"他黑玛"的两个喇嘛，"他黑玛"戴鬼头面具，青脸绿发，锯齿獠牙，面目狰狞丑陋。在钢朗（羊号）布热（牛号）鸣响声中，"他黑玛"以饿狼捕食姿势跳跃舞出。他们一会儿横空跳跃，一会儿匍匐于地，作上蹿下跳，东抓西掠状，剧烈舞动之后退场。

　　接下来唢呐笛子声起，两个头戴粉蝶面具，臂戴竹制蝶翅，身着彩绘蝶服的喇嘛如蝴蝶般飘忽舞出。他们舞姿优美动人，舞罢逸去。又有扮演"阿斯尔"的两个喇嘛上场。他们头戴狗头面具，身着绘有狗皮花纹的服饰，伴随粗犷高亢的乐曲舞出，舞动一周后，倒退而出。之后又有十名喇嘛婆裟舞出。他们头戴美丽的鸡冠绒帽，身着绣金蟠龙彩缎袍，舞步刚劲，仪态庄重，也是舞罢退下。鼓乐再起，一个喇嘛扮妆"却得利"（阎罗大帝），头戴牛头面具，身着龙纹法衣舞上。随之跳出六个戴鹿头面具的喇嘛，围绕环舞。又有二十一个扮妆"绿度母的喇嘛和十八个扮妆"十八罗汉的喇嘛舞出。此时"查玛"出现高潮，场上群舞的喇嘛们各具舞姿，十分引人注目。舞罢，海螺声起，舞者分列两旁。随着震耳的打击乐和高昂的号角声，四喇嘛抬着面制的"扫尔"（降魔食子）的模型出场。跟出来的是头戴梅花鹿面具的喇嘛。他们围绕降伏恶魔的

"扫尔"欢快的舞蹈，然后作奔向远方，向伙伴报告降伏恶魔的消息状。随后，全体舞者上场，双手合十，礼拜"罗汉"和"度母"。由一身披袈裟的喇嘛带领众喇嘛高声诵念佛经，将"扫尔"送往前方，扔在火堆中焚烧，意即庆祝将魔鬼消灭掉。然后众喇嘛回寺，虔诚赞颂诸佛功德无量。"查玛"会随之结束。①

民众这样记忆：

> 每次庙会的时候都会来些五花八门做生意的，还有当街表演一些小把戏。我最爱看跳查玛了，当时他们穿的衣服花花绿绿的，特别好看，跳的舞也有意思，看的人经常哈哈大笑……②

在"跳查玛"的仪式表演中，用火烧掉代表邪恶的替身的仪式。有双重象征意义："首先是幸运、福利、具体意义上的吉祥、长寿、健康（无病）、资财、战胜敌人等，此外还有排除和灭除有碍某人之吉祥的全部因素，也就是贫穷、疾病、早亡等。"③求吉与驱邪的意义相辅相成。而其中的媒介物是火，用火烧掉替身是一种巫术行为，可以起到求吉与驱邪的作用。在傩仪的整个过程中，民众与舞者产生了互动。象征符号也只有在传播的互动中才能实现价值，传授的任何一方，出现不协调，符号就会失去意义。没有传授双方的互动关系，也就没有什么象征意义。在这里"意义—互动—解释"正是象征意义得以产生和实现价值的三个前提下的环节。"跳查玛"这一特殊的流程向我们表明，人们满足的不是认知的理性的经验的世界，而是感知的感情世界。"跳查玛"是传统庙会整体的重要组成部分，目前已经消失。

1947年前的荟福寺庙会集民间信仰、草原商贸、文化娱乐、旗务管理为一体，这种复合型的文化充分显示了草原庙会的文化特征。当前民众对喇嘛

---

① 这里描述的是民国时期的庙会。巴林右旗政协委员编：《巴林右旗志》，内蒙古人民出版社1990年版，第639页。

② 被访谈人：ERDGRL 女，72 岁，蒙古族，大板镇居民。访谈人：邢莉，访谈时间：2007 年 6 月，在巴林右旗大板镇荟福寺。

③ ［意］图齐、［西德］海西希：《西藏和蒙古的宗教》，耿昇译，王尧校订，天津古籍出版社1989 年版，第217 页。

图 11.3.1　宗教舞蹈跳查玛　邢莉摄

教的信仰与过去相比较，处于淡化状态。就信仰层来说，是少量的老年人。对于当前的宗教信仰状况，有的学者提出"复兴"或者"复苏"来评估。经过调研，我们感到在当代的语境下，今天的大板镇已经完全脱离了传统的喇嘛教信仰的氛围。请看数字：清代 1850 年，全旗的喇嘛发展到 4000 余人，占男性的四分之一，3 个男子养活一个喇嘛。当地查干木伦珠拉沁艾里有一家 7 个儿子 6 个儿子进了寺庙当喇嘛。[①] 1923 年全旗的喇嘛是 1570 人，日伪

---

　　① 　穆松：《佛教对巴林民俗民情的影响》，《巴林右旗文史资料》第五辑。（内部铅印本）

统治时期降到 1042 人，1956 年是 464 人，1982 年是 71 人，直到现在是 26 人。1947 年后从根本上改变了人人念佛陀，个个持佛珠的局面。从表层看，目前的庙会状况结束了"文革"时期的冷寂，民间信仰重又步入民众的日常生活。但是就深层来说，对于大板镇的绝大多数民众来说，对于喇嘛教的虔诚信仰只在极少的一部分老年民众中存在，在大多数民众的生活轨迹中，对于是否去庙会不是第一位的，人们的观念正在由"信"向"俗"改变，大多数民众是延续传统的惯性。1947 年前的喇嘛教是神圣的象征。而如今神圣的象征已经趋于淡化，喇嘛教虽然没有与民众的生活彻底剥离，但是作为"综合一个民族的精神——他们的生活的情调、特征和性质，他们的伦理和审美方式——以及他们的世界观——他们对事物的真正现实和最广泛程度双向的描述方式"① 已经淡化甚至消失。因为经过 1947 年以后的公民教育，人们深知民族国家提倡的是无神论，对于各种宗教政策是"允许"和"包容"而并非提倡。

如今的大板处于现代化的语境中，其交通便利，是赤峰北部旗县的交通枢纽，303 国道和 205 国道在大板镇交会，305 国道也从这里经过。此外，现代媒体的迅速发展，使得家家通上电话，装上有线电视。四通八达的交通环境和现代化信息的发展都开阔了当地人的视野，现代的广告、传媒和每个人都置于其中的商品社会和市场经济，使得他们的思想观念、宗教观念以及政治生活、经济生活、文化教育都发生了亘古未有的变迁。民众已经置于一个新的生活秩序之中。在组织上，草原庙会的整顿旗政的功能在中华人民共和国成立以后已经消失。当前恢复的庙会属于当地民族事务委员会管理。（这个问题在后文有叙）通过调查我们看到庙会集中的复合性文化传统已经消失，从民俗"小传统"的变迁中，我们可以透视"大传统"的变迁。

其二，"跳查玛"与"那达慕"的消失及现代娱乐方式的兴起。前述"跳查玛"是荟福寺庙会重要的民俗展演，那达慕是草原文化的重要标识性的符号。荟福寺庙会与其他地区的庙会不同，其六月庙会文化具有与那达慕文化合二为一的传统，这是荟福寺庙会的地域特色：

从雍正八年（1730 年）开始，巴林右旗 13 个大庙宇的喇嘛们聚在一起

---

① ［美］克利夫德·格尔茨：《作为文化系统的宗教》，载史宗主编，金泽等译《20 世纪西方宗教人类学文选》，上海三联出版社 1995 年版，169 页。

举办统一的宗教活动——"六月益若勒会"。每年的农历六月初八至十五日，在旗政府市政府所在地大板东、西两庙，主要是在东大庙，诵念益若勒经（佛教祝福人的经卷），圈起经卷圈，跳查玛舞，迁送曹口（用面捏制的鬼魅），六月益若勒经会还进行摔跤、射箭、赛马为主的那达慕竞赛活动。①

有意思的是，在巴林右旗的大板镇那达慕为什么与藏传佛教的庙会联系在一起呢？巴林部落是蒙古高原最古老的部落之一，世代传承着游牧文化的传统，不论在历史上还是在现代都涌现出著名的骑马、摔跤、射箭的能手，而且在调查中我们还发现保留着关于那达慕的传统仪式和丰富的口承文化。以射箭来说，就有《弓箭祝词》、《巴林人射箭祝词》、《射箭手诵词》等。喇嘛教接纳了蒙古族那达慕的传统。其中包括：

（1）在宗教的重大活动中有那达慕的展演。

（2）高层喇嘛、葛根活佛拥有自己的摔跤手。

（3）有的喇嘛本身就是著名的摔跤手。

（4）摔跤手比赛前有到庙里参拜佛陀，祈祷胜利的习俗。

乌云其木格老人描述的 20 世纪 40 年代时她亲自参加的庙会上的那达慕：

五六岁的时候，我第一次去庙会，当时大庙（当地人对荟福寺的称呼）周围全是平房，所以庙看起来特别高，特别大，挺有气派。每年的阴历六月十五那达慕都在那儿开，摔跤在广场前举行，射箭、骑马都在草原上举行，可热闹啦，平时看不见多少人，那天人山人海呀……

我小的时候，大庙香火很旺盛，庙里大概有七八十个喇嘛。寺院面积大小与现在这差不多，正月法会和六月的庙会很热闹，附近乡镇苏木的牧民都去。六月庙会还做很多斋饭供给去烧香拜佛的人，当时的牧民也会带很多贡品，都是奶食品。当然有些比较富裕的王亲贵族或者生活条件比较好的牧民会带大银元、布料等贵重的东西。当时大庙的维修和喇嘛的日常生活都靠这些贡品。②

---

① 参见那·恩和、确吉编著《蒙古族那达慕》，内蒙古文化出版社 2007 年版，第 163 页。

② 被访谈人 WYQMG，女，78 岁，蒙古族，大板镇人。访谈人：邢莉，访谈时间：2007 年 6 月，在巴林右旗大板镇荟福寺。

1947 年后，六月庙会曾经更名为"那达慕大会"。含有民间信仰的庙会传统已经淡化，而具有娱乐功能的那达慕文化凸显出来。与官方的集体仪式不同，民间的集体仪式显示出开放性的特征。民间集会"有着强烈狂欢精神的庙会活动，具有一种潜在的颠覆性和破坏性……"① 那时在媒体不发达、民众的娱乐活动较少的情况下，庙会的民俗展演无论是从表演者的角度看还是从观看者的角度看都具有民众狂欢的性质，他成为民众宣泄情感的载体。但是这样的民俗展演在当代已经消失。其原因在于：

（1）虽然寺庙恢复重建，但是大板镇已经发生了巨大的变迁，其政治结构、经济制度、社会组织、文化观念、价值取向都发生了变化。过去寺庙文化在大板镇具有鲜明的标识性，在民众的生活中具有统领式的地位，但是这种地位已经消失。其主要原因是由于信仰的淡化，虽然目前喇嘛教在世俗化，民间信仰存在着复兴的趋势，但是从总体上看，以信仰为核心的复合型文化已经消失，大板镇与时俱进，早已处于经济理性等非宗教价值的氛围之中。

（2）从民众的角度看，跳查玛和那达慕是娱乐，前者附着于民间信仰之上，后者以广阔的草原为场域，那达慕的原生态是辽阔的草原，堪称为"草原上的那达慕"，现在大板镇房屋鳞次栉比，也有高楼矗立，电视机、手机等现代的生活方式普及每个家庭。夜晚灯光明亮，歌厅、舞厅、网吧等大众文化在兴起，民众在接受新的娱乐方式。属于前社会中的寺庙与现代化的高楼大厦相对应虽说也是一种整合，但是这是人类学家提出的"不完美的整合"。

其三，放生动物的商品化与文化变迁。在藏传佛教的习俗中，放生大致分为两种情况，一是将牲畜马、牛、羊等不宰杀，经过仪式，放之四野，让其自然寿终，表述自己爱护生灵的愿望和与动物、与自然平等的生态观。在传统的游牧社会里，有这样的习俗，但是这样的习俗现在基本消失。二是一种献祭行为，把牲畜献给神，任其自由行走，自然寿终。

当代荟福寺的放生与此有别，采用放生方法的主要是因为家里有久治不愈的病人。这里面的目的性和功利性十分鲜明，放生就是为了使病人恢复健康。我们说藏传佛教的世俗化是其越来越摆脱对来世的希冀而越来越趋向于文化个体的私人空间对现世的诉求。

---

① 赵世瑜：《狂欢与日常——明清以来的庙会与民间社会》，生活·读书·新知三联书店 2002 年版，第 134 页。

在此我们阐释放生活动在当代的变迁——放生市场的建立。据调查在大板镇有个专门卖放生动物的市场，这是围绕着荟福寺每年四月十五特别是六月十五日的大型庙会形成的。放生的市场就在集贸市场内，当地人都知道有这个地方可以买到大量放生的动物。

放生本来是一种民间的功德行为，传统上是放生自己畜养的动物，现在却走向了市场化。近年来，欧美学术界出现了"宗教市场论"这一全新理论范式，它将宗教的研究从民众的"需求面"转向了宗教"供给面"，认为不是宗教需求而是宗教供给的变化提供了宗教变动的主要因素。① 在荟福寺庙会举办之前，在集贸市场的一边，集聚着卖小动物的商贩，主要是活鱼和麻雀，蛇比较少。放生者来到市场挑选，他们挑选的放生动物与一般购物有别。（1）讲究物品的鲜活，要挑选活蹦乱跳的鱼，考虑到大鱼适应水环境的能力较差，不易活，小贩有时要到赤峰去订易活的鱼苗。（2）不讨价还价，因为这是做功德之事，放生者不愿意讨价还价，一般认为差不多就给钱。学术界往往把宗教仪式的过程阐释为从世俗—神圣—世俗的过程，而放生仪式的准备阶段就应该视为神圣的开始，但是在准备放生的物品中，出现了买方和卖方，在市场化的情境下，两方就都存在一个互相选择的过程，从这个角度看宗教物品的商品化已经参与到市场的竞争之中。对于卖方来说，放生的动物与一般的动物没有区别，不是神圣的；对于买方来说，放生的动物与一般的动物有区别，是神圣的，从放生者的角度看，在他们的心理延续的不是佛教的教理教规，而是世俗化的生存策略。他们通过放生小动物，希冀达到一种想象的境界——想象通过仪式能为个体或者家庭带来福祉，如健康、功名、发财、平安等等。"这个文化延续的原理道出了人类的一种普遍倾向，即达到最大化——以最小的代价换来最大的收益。"② 从这个角度来说，是通过神圣的仪式达到世俗的目的。喇嘛教信仰者讲究布施，讲究善行，并且把实施者的行为与其命运联系在一起。荟福寺的放生仪式的延续也同时体现了文化变迁。

---

① 参见［美］罗德尼·斯达克《基督教的兴起——一个社会学家对历史的再思》，上海古籍出版社 2005 年版，第 231 页。

② ［美］罗德尼·斯塔克：《基督教的兴起——一个社会学家对历史的再思》，上海古籍出版社 2005 年版，第 66—67 页。

荟福寺放生的民俗体现了约定俗成的良俗：考虑到大鱼适应水环境的能力较差，有时荟福寺要去赤峰订鱼苗以放生；在放生之前还要考察河流的温度、水质、是否遭到污染等等，然后才会放生。对于麻雀一类"气性大"的鸟，不放生，因为没等到放生就会先死了一部分，违背了放生的本意。对于攻击性较强的动物如蛇，要在其物种的居住地放生，以防止放到新环境中破坏当地的生物链。放生的时间要选在适合动物存活的五月至八月，入秋之后不放生。这一系列的举措都是荟福寺放生尊重生命、热爱生命的本质体现。

其四，地域文化象征符号的凸显和旅游文化的兴起。大板镇周边的民众通过对荟福寺这个特定的象征符号的认同，保持和巩固了本族群、本地域的历史记忆。喇嘛教在荟福寺的民间信仰被固化为一个象征符号，这个象征符号既是族群的同时又是属于地域的（属于大板镇的）。由于从清中期开始就有汉族移民在这里安家落户，大板镇早就成为了蒙汉文化的交融地带。在大板镇汉族人口在1946年为20042人，占总人口的50.8%，1986年大板镇汉族人口为85366人，占总人口的57.1%。在40年中，汉族人口增加了约4倍。① 对于现在的外来者来说，他们自称为"本地人"，有的上溯几代与蒙古族组合成家庭。在我们的调查中，发现有的汉族到荟福寺来参加各种仪式活动，与蒙古族没有区别，他们大都是1947年前移居到这里的汉族，甚至在他们中也流传着朝拜荟福寺灵验的传说。

　　我们是本地人么，我们老辈子就到这里来，我们现在也来。你问是什么民族，哎呀，现在还讲什么蒙古族、汉族，现在不那么分了，想求就来，有时憋闷了，也到这里逛逛。逛逛么，心里舒坦。这儿是小地方，比不得北京……②

　　这个庙过去就有，很人、气派，人家问：你们那儿有啥呀？说没啥，显得太穷了。我们这儿有庙，你们那儿有没有哇？再说，平时有事没事

---

① 巴林右旗地方志编纂委员会编：《巴林右旗志》，内蒙古人民出版社1990年版，第43页。

② 被访谈人：隐名，女，50余岁，蒙古族，大板镇居民。访谈人：邢莉，访谈时间：2007年6月，在巴林右旗大板镇荟福寺。

来这儿坐坐，这么大个镇，得有个去处呀。①

图 11.3.2　福荟寺庙会的香火　邢莉摄

重新修复的荟福寺成为当地具有多重意义的文化符号：（1）对于信仰喇嘛教的僧侣阶层来说，它是一个修行的场所。（2）对于大板镇的信仰喇嘛教的民众来说，它是一个祈祷和聚会的场所，是人们在世俗中遇到现实生活的疑难和困惑时倾诉的空间。（3）对于政府职能部门来说，它是一个文化符号，这里所说的符号包括两个层次，这个"小地方"与"大历史"建立了逻辑联系，所以是本地的文化象征；二是在前者的基础上，荟福寺是本地旅游文化的符号，既可以拉动本地的经济发展，又可以主动地向全国乃至世界敞开，使得"他者"了解其文化价值。（4）对于旅游者来说，荟福寺是一个"展演结构"，是当地的历史宗教、文化传统和现代社会相衔接的文化叙事，是对于草原文化的"体验"和认知。这是"他者"的认知，与当地民众特别是蒙古族的民间信仰拉开了差距。这就是说，"如果一个民俗留存了下来，它

---

① 被访谈人：隐名，女，汉族，50 余岁，大板镇居民。访谈人：邢莉，访谈时间：2007 年 6 月，在巴林右旗大板镇荟福寺。

常常除了具有其原始的功能外，还另有新的功能。"①

目前赤峰地区的目标是"发展农业、第三产业，尤其是旅游业的经济发展战略"。赤峰市政府加大了对旅游业的投入和支持。依托现有的草原资源优势，打造地区特色旅游品牌。2006 年，由巴林右旗民委和旅游局联合申报荟福寺为国家 2A 级旅游景区。现在的荟福寺在政府的操作下，走上了旅游发展的轨道，寺庙文化成为旅游文化景观。这已经是全国旅游发展的一个不可遏制的趋势，政府借此来发展地方经济。荟福寺作为国家 2A 级旅游景区在向国内外开放。

当前荟福寺及庙会的恢复正处于一个符号的置换中——即从传统的以喇嘛教为核心的价值置换到以非宗教价值为核心的旅游文化的符号，从以喇嘛教的民间信仰为体制的价值体系转化为以拉动本地经济为核心的文化符号。

出现这种置换的世界语境是：早在 20 世纪 60 年代初期，麦克卢汉就提出"地球村"的概念，当时人们还感到陌生。而在 80 年代以后，人们不仅普遍接受了这个概念，而且具有了深刻的体验。全球化不只限于经济领域，学术界提出：全球化的文化潮流。在这种文化潮流的推动下，一方面西方的权利话语，文化霸权在凸显，另一方面，在文化多元化的语境下，全球化的文化潮流还包括人们渴望与地方文化、族群文化、边缘文化的沟通和交流。

出现这种置换的国内语境是：中国经过了改革开放后高速度的经济发展，在经济上还要实现可持续发展，这时人们认识到文化是发展的软实力，文化是一种资源，文化是一种象征资本。这时一种新的认识范式就产生了。"而某种新的认识范式一经确立，过去的知识就又会按照新的认识范式被重新分类和进行整合，所以所谓新的思想和认识，则不仅指在原有的思想范式不变的情况下所做的新的探索，新的发现，更值得的是由于思想范式的变换而发现的原先被遮蔽的认识的盲点。"②

荟福寺庙会可以构成旅游的一隅，可以转化为人文资本。在当代的研究中，"要将'地方中的全球'（global in the local）与'全球中的地方'（local the global）有机地结合在一起。换句话说，我们要把'地方性'放在'全球

---

① ［美］阿兰·邓迪斯：《世界民俗学》，陈建宪等译，上海文艺出版社 1990 年版，第 438 页。

② 盛宁：《人文困惑与反思——西方后现代主义思潮批判》，生活·读书·新知三联书店 1999 年版，第 55 页。

化'的语境中去看待和对待。"① 涵括荟福寺的大板镇与时俱进，今非昔比。其社会变迁和文化变迁是整体的、多维的、巨大的。由于 1949 年后政治制度、经济文化、教育制度、社会结构等诸方面的变迁，特别是改革开放以后经济的突飞猛进，大板镇处于经济理性等非宗教价值的氛围之中。就生计方式来说，1949 年前的大板镇名存实亡。在 1945 年，仅有居民 390 户，2100余人。仅有杂货铺 5 户，仅有铁匠、旅店各两户；面粉厂、印刷、裁缝、理发、药铺等各一户。1949 年前商业的萧条可想而知。1964 年"文革"前，发展到 1402 户，9205 人。1986 年发展到 5558 户，19009 人，其中蒙古族有4685 人。现在大板镇的人口不断增加，人口增加需要商品经济的发展。通过调查我们看到庙会集中的复合性文化传统已经消失。个体手工业已经由 1949年前的 14 户，增加到 348 家。② 国营商业更得到长足的发展。目前大板镇内不仅有与民众生活息息相关的百货公司、食品公司、医药公司，还有农机公司、五金公司、燃料公司等。新时期以来信息社会、商品社会的开通增加了电器公司、网络通信公司等。1949 年前大板镇原来是比较单一的半农半牧兼有少量的手工业的经济类型的存在，现在已经具有工业、商业、交通业、邮电业等与现代化接轨的多种生计方式。大板镇的政府部门、巴林集团、集通铁路、套马杆酒厂等几个部门单位成为当地人就业向往的"铁饭碗"。现实的民众往往把赚钱和生存放在首位。外出打工的人越来越多，据统计，每年巴林右旗向外地输出劳动人才 3 万人次。平时的宗教活动也似乎成了老年人的专利。

　　学校教育在大板镇持续发展，文化消费也步入了现代化。包括周边牧区的大板镇的生产生活方式都逐渐在向半农半牧过渡，无论是镇里的孩子，还是周边牧区的孩子，几乎都有机会进入现代学校接受教育。因此，孩子们从小就接受现代思想观念和现代科学知识的教育，这直接影响他们的世界观和价值观。他们大部分的时间是在学校渡过的，即使家里父母都信佛，对他们的影响也很小。笔者在红旗嘎查采访时发现，有几户人家的孩子都在外地上大学，他们在家时除参加蒙古族的传统节日外（那达慕、祭火、祭祖），不去庙里。即使参加蒙古族的传统节日，也是作为蒙古族自身认同的方式，并不是相信有神祇。这与他们接受的唯物主义和无神论的教育有很大的关系。

---

　　① 彭兆荣：《旅游人类学》，民族出版社 2004 年版，第 71 页。
　　② 巴林右旗地方志编纂委员会编：《巴林右旗志》，内蒙古人民出版社 1990 年版，第 298 页。

荟福寺庙会作为大板镇民众生活的一部分，正在从以往的神圣信仰中转向世俗化，但是其不失为私人的精神生活领域的空间。"世俗化指的是宗教象征和宗教的社会价值在贬值，是世界理性化的过程。世俗化既导致宗教象征、思想、实践和制度的社会重要性的贬值乃至丧失，使得社会生活的诸多领域逐渐摆脱宗教的影响，从而产生结构性的社会变化，也导致宗教本身或者不得不适应世俗的价值，或者仅退回到私人的精神生活领域，更导致个体心性结构中的宗教性的衰退。"[①] 这就是荟福寺旅游文化并不凸显的原因。

伴随着荟福寺及庙会文化变迁的是旅游文化品牌的树立。虽然挂牌为 2A 级旅游单位，但是近年来的旅游并没有给当地带来更多的经济效益和文化知名度。民众说庙里原来收门票，后来又改为不收门票了。原因是这是信仰的圣地，怎么能如此商业化。我们调查到，专门来此旅游的人并不多，除了每年有领导来考察外，旅游团体和个人并不以此为目的来巴林右旗旅游，喇嘛也说没见过有旅游团来这里，来的多是上香拜佛的信众。究其原因，是荟福寺的民族传统特色不鲜明。旅游是现代社会生活中的一种消费，对于旅游者来说，他们要"寻异"，要看到与自己生活的地域不同的自然景观和文化景观。在自然景观上，他们寻求的是地方性，而在人文景观上，他们寻求的是民族性，他们要领略的是具有民族特色的历史与文化。"现代性的一个非常重要的特征就是'民族'成了一种最具表现力的符号和资源。在现代社会中，每一个人都与之存在着或远或近、或强或弱的认同关系和利益关系。""民族属性（nation-ness）是我们时代的政治生活最具有普遍合法性的价值。"[②]

在当代发展的语境中，"经济一体"与"文化多元"是并行不悖的主题词。在旅游中展示具有民族特色的文化符号——民族服饰、民间居住、民族歌舞、民族的口承文化等，因为这是民族符号的外化，族群的人文资本。旅游者希望看到当地的"地方性知识"和族群传统的传承，他们期望接受到另一种与自己原来生活不同的体验，而与自己原来的生活地产生距离感，从而达到旅游休闲的目的。但是由于时代的变迁和文化的变迁，大板镇在历史变迁的过程中在不断接受主流文化，也就是所谓的"汉化"，在衣食住行方面发生了很大的变化，汉族文化与蒙古族文化在这里融为一体。与内蒙古草原

①　孙尚扬：《宗教社会学》，北京大学出版社 2001 年版，第 131 页。

②　彭兆荣：《旅游人类学》，民族出版社 2004 年版，第 268 页。

存在的牧业区域相比较，这里的草原历史文化的特色并没有凸显。在荟福寺庙会文化上，其折射历史文化和族群特色的"跳查玛"和"那达慕"已经消失。族群传统文化的断裂是荟福寺重建后旅游没有开展起来的根本原因。

在当代的语境下，荟福寺及其庙会正处于价值分裂和价值多元的阶段。一方面，具有历史传统的荟福寺具有喇嘛教文化的内涵，显示了草原地域的历史特色和文化特色。民族特色和地方特色使得旅游成为可能。"区域存在着深刻的差别，这是因为每一个区域都有它自身的情感价值。在各种不同的情感的影响下，每一个区域与一种特定的宗教本原联系起来，因而也就赋有了区别其他区域的独具一格的品性。"[①] 但是同时这段话也使得我们深思：如果说信仰是荟福寺建立的本原的话，进入 21 世纪的大板镇，信仰的淡化是不争的事实。我们虽然对庙会恢复后的仪式进行了描述，但是这已经不是传统社会中公共生活的文化形态，但是它又是当前社会出现的信仰危机的情况下的一种体现。

---

① ［法］涂尔干、莫斯：《原始分类》，汲喆译，上海人民出版社 2000 年版，第 93 页。转引自彭兆荣《旅游人类学》，民族出版社 2004 年版，第 71 页。

结　　语

人是文化的载体,人类依赖文化的创造而发展。自从人类产生以来,人类创造和从事的文化都是在处于永恒的动态的变动之中。"濯足激流,抽足再入,已非前水。"人类学者和民俗学者探讨文化变迁。他们认为,"文化变迁,就是指或由于民族社会内部的发展,或由于不同民族之间的接触,因而引起一个民族的文化的改变。"① 在此,我们进行下列思考。

一

内蒙古区域传统的文化类型是以游牧文化为主体的文化,其承载者主要是蒙古民族。内蒙古区域的历经了不同历史时代的巨大变迁,经过明代游牧文化变迁的肇始期,清代游牧文化变迁的转型期,民国时期游牧文化变迁的确认期以及 1947 年以后的系列变革后,内蒙古地域较为封闭的单一的粗放的游牧文化区的格局已经被打破,现今的内蒙古区域,已经由蒙古族单一族群持有的游牧文化转变为多族群持有的复合型的区域文化。

现在内蒙古自治区现包括多个民族,主要以蒙古族和汉族为主,此外还有朝鲜、回、满、达斡尔、鄂温克、鄂伦春等民族。根据 2004 年统计年鉴,全区总人口 2379.61 万人,其中蒙古族人口 412.17 万人,汉族人口 1873.84 万人,其他少数民族人口 93.6 万人;城镇人口 1064.64 万人;农牧业人口 1314.97 万人,占全区人口的 55.27%;从业人口 1088.1 万人,其中第一、二、三产业从业人分别占 50.4%、16.4%、33.2%。根据 2000 年人口普查,内蒙古大专以上文化程度 90.65 万人;小学以上文化程度 1152.65 万人;文

---

① 黄淑娉、龚佩华:《文化人类学理论方法研究》,广东高等教育出版社 1998 年版,第 209 页。

盲半文盲 240.93 万人。全区平均人口密度 20.12 人/平方公里，干旱草原区人口密度 11.2 人/平方公里。内蒙古区域的人口在增长，人口密度在增加，民族成分趋于多元，人口的文化教育程度也在提高。任何一种文化类型都有其特定的空间分布背景。"文化系统在空间分布的特征具有地域整体性，从属于某一系统人们所居住的特定地域称为文化区。一组相关与相似的文化区，在空间上连续或不连续的分布构成文化圈。"[①] 当今的内蒙古的区域文化已经形成了城镇工业商贸文化圈、农业文化圈、半农半牧文化圈、现代家庭牧业文化圈四种类型。内蒙古区域空间分布的四个文化圈星罗棋布地互相交错，在空间上或者连续或者不连续地成为一个整体。也可以按照现在行政区域的划分把内蒙古高原划分为若干个小的区域，在一个更小的地域内也分布着多重文化结构系统和操作多种文化的群体。这种复合型的文化既是文化变迁的结果，又是文化变迁的新的开端。在内蒙古区域文化重构的同时，过去从事单一的游牧方式的蒙古族当前分化成从事多种生计方式的不同群体。目前内蒙古区域的各个民族在建设现代化，也在享受现代化，他们的价值观念、文化观念以及审美观念、道德观念具有普适性和趋同性，人们在追求都市人的文化品格，以至于我们已经很难辨别只属于"某某民族"的文化，或者说"某某民族"文化辨别的意义在弱化。

这片地域的文化已经由较为单一的文化类型演变为复合型的文化，已经由蒙古族为主体的文化演变为多族群从事的多种生计方式的文化。所以不能认为现代蒙古族的民俗志就是草原牧业民俗志，而应该包括蒙古族的农业民俗志、半农半牧业民俗志及城镇蒙古族的民俗志。这样才能完成撰写民族志（民俗志）的目的，学术界认为这"就是要对真实进行重构，重构的目的是为了让人们真正了解这个民族，当然包括她各个主要的方面。"[②] 面对社会现实，撰写对真实的进行重构的民族志（民俗志），研究内蒙古区域的游牧文化正在完成着向复合型文化、向多元文化的转型具有重要的意义。

究竟是什么样的动因使得内蒙古区域的游牧文化趋于衰微呢？社会变迁和文化变迁是一个动态的持续的过程。但是我们在研究近现代蒙古族游牧文

---

① 陈惠琳主编：《人文地理学》，科学出版社 2001 年版，第 97 页。

② 杨圣敏主编：《中国民族志》，中央民族大学出版社 2003 年版，第 1—2 页。

化变迁的时候，看到的是一幅错综复杂的情境，其社会和文化变迁的动力机制不是单一的，虽然近 300 年的持久的汉族移民在蒙古族游牧文化变迁中起到了至关重要的作用，但是触动蒙古族游牧文化整体变化以至于到目前趋于衰微的原因包括自然灾害与生态变迁、人口压力与资源紧张、制度文化的变化以及人类的发明创造、文化传播乃至宗教与政治革命等都能带来社会与文化的渐变与突变。这里包括内部的与外部的、政治的与经济的、自然的与人文的等诸种因素的复杂交叉。诸种因素对变迁的推动并非是并列的关系，而是像一块石头投入水中之后，引起连锁的波纹，这些波纹之间在碰撞、交叉。社会或文化的变迁，一般来说是指某一社会由于其内在的原因或由于和他文化接触而引起的变迁。通常把创新、传播、进化、涵化、冲突、调适、融合等纳入这一动态的过程中予以分析和研究。虽然其动因是错综复杂的，但并非是无规律可循的，对于这一重大的社会文化变迁的课题，目前尚缺乏系统的整体的研究。我们的研究提出几个方面供理论界思考。

其一，研究外在的动因与内在动因的互动关系。促使文化变迁的原因。"一是内部的，由社会内部的变化而引起的，二是外部的，由自然环境的变化及社会文化环境的变化如迁徙、与其他民族的接触、政治制度的改变等而引起。"① 触动内蒙古游牧文化变迁的动因既有外在的原因即汉族移民开垦的冲击力，"其中，汉族移民这一由边缘深入蒙古社会里层的巨大冲击力是最主要的，不少外部因素正是通过移民这一中枢环节发挥作用的。虽然不能把近代内蒙古社会的变迁全部动因归结于汉族移民的影响，但声势浩大的塞外移民浪潮的确是蒙古游牧社会发生全方位、大幅度嬗变的最为关键的转折点。"② 也要顾及在时代潮流的冲击下游牧文化自身变革的内在动因。"不能否认，游牧文化的消失有其内在的原因，那就是它在总体上越来越远离现代文明，逐渐被边缘化，直至消失。如果说大游牧业是先进的生产力是不当的。"③ 大游牧在特定的生态环境和社会环境中具有先进性，但已经是明日黄花。人游牧业与靠天吃饭的农耕文化一样，与现代文明存在很大的差距，特别是在灾害

---

① 参见黄淑娉、龚庆华：《文化人类学理论方法研究》，广东教育出版社 1998 年版，第 211 页。
② 闫天灵：《汉族移民与近代内蒙古社会变迁研究》，民族出版社 2004 年版，第 270 页。
③ 刘远：《论游牧生产方式的生产力属性》，《内蒙古社会科学》2005 年第 5 期。

的抵御、牧业科学技术的操作与教育层面严重制约现代化的发展，即使在相对封闭粗放的游牧社会，游牧的生活方式也会发生缓慢的、渐进的和自然的变化。在明代蒙古族内部已经开始发生变迁，由俺答汗建立的归绥远城城市贸易时代的开始到清代商贸的繁荣说明：“蒙古社会不但已经真正迈入城市贸易时代，并且也迎向了更多更大的社会变迁因素的挑战——其中不但包含了亘古以来即已存在的与中原民族、文化与政权的互动关系，更必须与中原民族及其他边疆民族及其他民族共同面对西方文明在全世界造成的种种冲击。”① 这说明游牧文明并非是“停滞的文明”，其内部也在发生动荡，当然由于其自身的脆弱性，其内部的变化是缓慢的，但缓慢并不是死水，所以应该把内在动因与外在动因结合起来研究，并且不是并列研究，而是互动研究。

其二，研究生态环境与人的文化行为的互动关系。人类是在地球所提供的生态环境和资源中生存的。在谈到内蒙古近现代游牧文化变迁的时候，农耕民的移民是引发内蒙古区域游牧变迁的契机，这是一个不容置疑的历史本相，但是农耕民的移民与自然灾害、人口的膨胀存在着极为密切的关系，究其动因，既包括自然的又包括人文的，自然灾害的频繁和清代统治者的制度使得大量走投无路的移民自发地涌向人口较为稀少的临近的内蒙古草原。开垦草原使得移民获得了生存权，同时也暂时满足了蒙古族对农产品的需要，但是对草原生态环境的破坏又是严酷的，所以生态环境与人的文化行为是一个互动的过程。“文化根源于自然，要彻底认识文化，只有联系其根源的自然环境，这是事实；但是像植根于土壤的植物不是由土壤制造或造成的一样，文化并不是由其根植的自然环境所制造的。文化现象的直接原因是其他文化现象。”② 研究内蒙古区域游牧文化的变迁要研究生态环境与人的文化行为的互动关系，这里包括两个方面，一是自然生态环境决定了人的文化行为的选择，二是人的文化行为构成人文环境的一个重要的组成部分，对于生态环境起着作用，两者之间存在着互相影响的关系。

其三，研究游牧民与农耕民两个族群之间的互动关系和互动机制。在谈到蒙古族游牧文化变迁的时候，游牧民与农耕民一直处在互动之中，大量的

---

① 黄丽生：《由军事掠夺到城市贸易——内蒙古归绥地区的社会经济变迁》，“国立”台湾师范大学历史研究所印行，1995 年版，第 486 页。

② ［美］哈迪斯蒂：《生态人类学》，郭凡、邹和译，文物出版社 2002 年版，第 5 页。

游牧民变成了农耕民，同时也有一小部分农耕民变成了牧民。学术界认为：
"大量移民涌入都会对迁入地的政治、经济、文化生活及该地区的族群关系带
来多方面的复杂影响，迁移活动也在许多方面改变移民自身，并在他们的心
灵上打下深深的烙印。"① 的确，这是一个双向互动的过程。目前相当一部分
蒙古族牧民用汉语交流，只有部分从事游牧业的老年牧民不会汉语，而在内
蒙古区域，特别是在现存的牧业区域，有相当一部分汉族移民及其后裔学会
了蒙语。蒙古族与汉通婚是两个族群文化融合的鲜明标志。从文化人类学的
角度看，内蒙古区域游牧文化变迁的过程是游牧文化与农耕文化互动互补的
过程。我国的文化是多元一体的文化，社会学家费孝通主张不要单纯地研究
少数民族，而是从少数民族与汉族的互动中研究少数民族，这个观点是值得
深思的。不仅在研究少数民族文化的时候要有这个视角，在研究汉族文化的
时候也要摄入同样的视角。

　　在内蒙古区域两个族群的文化历时性和共时性的变迁和交融中，我们虽
然在强调其互动关系和互动机制，但是变异和交融的结果不是对等的。虽然
汉族移民在内蒙古区域定居的过程也改变了他们自身，但是我们说汉族移民
对原住民的冲击力和影响力大于原住民对汉族的影响，汉族移民不仅打破了
他们原有的文化格局，甚至对于原住民的衣食住行、婚丧嫁娶、民间信仰等
民俗行为及文化价值观念和思维模式都在发生深刻的影响，而且随着时间的
推移，这种影响越来越深并且不可逆转。"文化接触或涵化接受来自外部的影
响，文化系统互相接触，文化作用网互相连接，对外来文化特质的选择和适
应，整合和分化，群体之间的涵化，这些都是横向运动的动力。"②

　　其四，研究"大传统"与"小传统"的互动关系。蒙古族区域游牧文化
的变迁包括人类与生态环境的关系，包括两个族群文化的互动，另外还包括
上层制度文化即"大传统"与下层民族民间文化即"小传统"的互动。人类
学和民俗学研究民众的生计方式的变迁，属于民间的"小传统"文化的范
畴。"文化变迁和社会变迁，都是同一过程的重要部分，但在必要的时候，在
概念上也可以区分。倘若文化可以理解为生活上的各种规则，那么，社会就
是指遵循这些规则的人们有组织的聚合体，而社会制度就是指发生的社会互

---

① 马戎编著：《民族社会学导论》，北京大学出版社 2005 年版，第 127 页。
② 黄淑娉、龚佩华：《文化人类学理论方法研究》，广东高等教育出版社 1998 年版，第 232 页。

相作用的模式。"① 在实证研究的过程中，我们注意到社会制度文化的"大传统"总在对其"小传统"发生影响，或者干预，或者导引，或者阻遏。在这里既包括在国家统一的语境下，国家"大传统"对于游牧文化的影响，还包括科学技术的进步、经济的发展、教育制度的变更及新文化的增加与旧文化的更替等产生的影响。"大传统"的影响就是一种潜在的文化强制力量。这种强制力量对文化个体行为方式的规范是不可低估的，这就自然成了个体社会化的过程。而这个社会化过程并非是濡化，即在一个文化社会中成长发展，而是一个涵化的过程，即行为个体是在文化接触中成长发展的。综上所述，促进蒙古族游牧文化整体变迁的动力机制是多元的、多维的、互动的、持久的，有的学者用内部的变迁和外部的变迁阐释过于简单化和符号化，对于文化人类学与民俗学关于变迁的理论研究应进行更深度的思考。

在研究内蒙古区域游牧文化变迁的时候，不能不谈到蒙古族持有的草原游牧文化与汉族持有的农耕文化的融合。我们说民俗文化的变迁强调的是文化变迁的动力机制和变迁后的结果，而民俗文化的融合关注的是变迁的双方的行为方式及心理状态。内蒙古区域游牧文化变迁的过程就是农耕文化与游牧文化融合的过程。变迁的过程伴随着文化的传播，而文化传播必然导致民俗文化的融合，也就是说，民俗文化的融合是在社会变迁大背景下进行的，由于汉族的迁移，改变了民族间的空间分布的格局，两个民族近距离的接触，两个民族在居住空间上靠近，甚至共处一个村落。在同一空间的驻留"不仅可以为民族间的民俗提供结构上的预留空间，也可以为民俗融合提供更大的适应力"②。两个民族特定的共同驻留的文化空间为民俗文化的变迁与交融提供了可能，民俗文化的传播和交融的承载体是民众，通过民众行为的和语言的密切接触引起了民俗文化符号的变异和融合。

其媒介包括：（1）婚姻媒介：两个民族的族际婚是民俗文化融合的重要媒介，在两个族群的血缘结合的时候，在共同组成的家庭中，不管双方的文化存在多大的差异，双方都会促使属于两个族群的文化个体经过文化选择发生融合。（2）亲友媒介：通婚不仅仅是个人的行为，而且是社会网络的构建，费孝通先生把中国的亲属体系分成四个层次："谱系秩序、亲属名词、亲

---

① ［美］克莱德·M. 伍兹：《文化变迁》，何瑞福译，河北人民出版社1989年版，第6页。
② 李安民：《论民俗的融合》，《民俗研究》1994年第4期。

属称呼，被用到没有亲属关系的人身上的亲属称呼。"① 通过亲属关系的交往，双方所携带的民俗文化因子都会通过各种渠道播布，特别是在节庆与祭祀的场合下，其变迁与融合是必然的。（3）邻里媒介：随着移民的涌入和游牧文化圈的缩小，形成了农耕民与游牧民近距离的接触，甚至杂居的村落比比皆是。邻居之间的靠近，邻里的交往必然导致大范围的民俗文化变异与融和。（4）朋友的媒介：蒙古族重视朋友之间的关系，尤其是在传统的牧业社会，如果结为"安达"（朋友），往往相濡以沫。汉族讲究认亲，同姓一家人，同乡是亲戚。蒙汉之间的交友和互助可以促进民俗文化的变异与交融。民俗文化是人的行为方式和语言的表达方式，我们的分析只是从人的社会关系的角度谈了融合的媒介，而交通的便利、信息的畅通、教育的发展、两个民族生计方式和生活方式的贴近，特别是在国家统一安定的语境下各种渠道的交往和"大传统"的干预都为民俗文化的变迁和融合搭建了桥梁。

　　通过实证研究，我们认为内蒙古区域游牧文化的变迁与融合具备如下特点：其一，内蒙古地域游牧文化的变迁与融合的连锁性与渐次性。唯物史观认为，社会的本质乃是在一定物质生产活动基础上形成的相互联系的人类生活的共同体，是一个由经济生活、政治生活、精神文化生活等组成的极为丰富的、复杂的有机系统。"人们在自己生活的社会生产中发生一定的、必然的、不以他们的意志为转移的关系，即同他们的物质生产力的一定发展阶段相适合的生产关系。这些生产关系的总和构成社会的经济结构，即有法律的和政治的上层建筑竖立其上并有一定的社会意识形式与之相适应的现实基础。"② 我们认为，民众生活中的文化变迁和文化融合通常往往是从物质层面开始的，然后透过社会民俗的层面，影响到观念民俗。1947 年之前所形成的蒙古族农业村落，往往是从生计方式即生产习俗的变迁开端的，生计方式的变迁呈现了衣食住行的变迁，产生了与"长袍蒙古"相区别的"短袍蒙古"，然后是语言的转变，信仰的转变，社会习俗的变迁。民俗文化往往被学术界分为物质民俗、社会民俗、语言民俗、精神民俗。盖言之，物质文化习俗变得快些，融合得快些，非物质文化习俗变得慢些，这是一个连锁变迁的过程。连锁变迁的起点是物质民俗文化，由它而逐步引起精神和制度民俗文化的变

---

① 费孝通：《乡土中国与生育制度》，北京大学出版社 1988 年版，第 272 页。
② 《马克思恩格斯选集》第 2 卷，人民出版社 1972 年版，第 82 页。

迁。当然在此基础上是文化心理和思维方式的变迁。

在游牧民改变为农耕民的时候，从一种民俗文化形态过渡到另外一种民俗形态可能会经过中间形态。我们在前面的章节所分析的蒙古包到"柳笆子"就是其居住的过渡状态。随着农业生活的不断植入，蒙古族红食与白食的饮食习惯以谷物代替也经过了一个演变过程，开始谷物是小米、莜面等粗粮，渐渐地蒙古族学会精耕细作，逐渐转向以细粮为主的饮食习俗，白面较为普遍，现在有的地区甚至种水稻，形成了吃米饭的习俗，即使不种水稻的地区，由于商品的流通，除少量牧区外，大多数地区也以米饭为主食。无论是从民俗文化符号变迁的微观角度说，还是从整个区域变迁的宏观角度来说，都显示出渐次性的特点。在大青山以南的地区，由于开发得早，与汉族融合得快。"已开垦旗中又当分为两段，近边墙各旗开辟最早，蒙汉杂处，蒙民习俗已与汉人不甚相远，汉语固无不通，而读汉书识汉字者间有其人。是为蒙汉杂居之旗。至离边墙稍远各旗，蒙汉自成团体，各住一区，每岁除租谷交涉以外，不相往来，其中通汉语者尚不乏人，而识汉字者千不得一矣。"① 这是旧民俗志对于变迁的渐次性的记载，例子不胜枚举。

其二，内蒙古区域游牧文化变迁的深层性与异质性。游牧文化变迁的连锁性和渐次性带来了变迁的深层性与异质性。文化变迁的深层性表现在两个方面，一方面是完全改变了"我群"的文化符号，认同于"他群"的文化符号，另一方面是从表象的认同到文化心理的趋同。语言是族群文化的重要符号，是"我群"与"他群"区分的标志。"乡土根性使一个狭小的语言的共同体始终忠实于他自己的传统。这种习惯是一个人在他的童年最先养成的，因此十分顽强。"② 在清代的内蒙古区域已经流传着带有"乡土根性"的汉族方言。学术界以内蒙古地区方言的流传确定其风俗的渊源。分为东北方言系统和西北方言系统。东部呼伦贝尔盟、昭乌达盟、哲里木盟三十三个市旗县的汉语方言，基本上与东北方言同。自治区中部、西部四十五个市、旗县镇的汉语方言，则属西北方言，由东向西接近甘肃、陕北及山西话。内蒙古西部方言区的范围："所在地区大致西起阿拉善、鄂尔多斯、巴彦淖尔盟、东迄

---

① 姚锡光：《筹蒙刍议》卷下《蒙古教育条议》，中国边疆丛书第一辑。

② ［瑞士］弗迪南德·德·索绪尔：《普通语言学教程》，高名凯译，商务印书馆 2002 年版，第287 页。

乌兰察布盟，以巴彦浩特、包头、萨拉齐呼和浩特、丰镇、集宁等地为代表。① 东北方言系统和西北方言系统流传到内蒙古地域，形成了两个不同的汉语方言区，对于蒙古族所操的蒙古语的震动是很大的，土默特地区是蒙古语消失得比较快的地域之一。内蒙古地域部分蒙古族语言的消失使得其族群文化的边界变得模糊。

"民俗信仰具有强烈的神秘性、保守性、封闭性。"② 当生计方式改变以后，属于保守性、封闭性的民间信仰也会发生变迁。当游牧民用锄头耕地的时候，他们就开始修土地庙拜土地爷了。信仰的变迁属于深层性和异质性的变迁。地处辽宁省西部阜新蒙古族自治县王府镇的烟台营子村在当代已经是以蒙古族为主体的农业村落（烟台营子村蒙名元灯席勒，关于该村的文化状况参看第四章第三节），在 2006 年夏季新落成的名为"成吉思汗纪念馆"的村庙是两种异质文化并存双重记忆的表述。③ 一方面表示对游牧的蒙古族祖先的追念，另一方面是已经演变为农耕民的蒙古族吸纳了汉族的民间信仰。这似乎不合逻辑的二元符号结构的并置恰恰表达当代蒙古族农业村落对自己生活世界的双重记忆。这是他们自己的文化选择，他们的和谐观念在当今的文化诉求。我们可以看出，虽然经过长时间的大幅度的历史变迁，蒙古族还在顽强地恪守自己的文化传统而同时又接纳"他群"的信仰。文化特质的遗传机能（特别是那些不同形式的个人和社会的模仿），与生物的遗传机能大相径庭。"文化的遗传基本上是拉马克式（Lamarckian）④，我们今世所习得的特质确实能够遗传给后代子孙。"⑤ 上述二元符号的并置，表明在深层次民间信

---

① 参见张清常《内蒙古自治区汉语方言概况》，《内蒙古大学学报》1963 年第 2 期。

② 钟敬文：《民俗学概论》，上海文艺出版社 1998 年版，第 205 页。

③ 庙内布局为：西侧墙壁上由南至北依次张贴着"成吉思汗母亲的五箭训子图"、"成吉思汗坐像图"和"成吉思汗站像图"，每个画像两旁都贴有蒙古语的对联。北侧墙壁上依次由西向东悬挂着阿弥陀佛、释迦牟尼佛、药师佛、千手观音的画像。北墙下侧正中摆放着关羽的石像，左有立刀的周仓，右有托着金印的关平，左侧还有赤兔马和马童的石像。（王志清：《借名制：民间信仰与当代的生存策略——烟台营子村关帝庙诞生的民族志》，《民俗研究》2008 年第 1 期）

④ 所谓拉马克式，"是经由后天的行为转变，构成一种共同的集体的认知"，钟宗宪：《民俗节日氛围营造与文化空间存续》，中国民俗学会编：《传统节日与文化空间》，学苑出版社 2007 年版，第 54 页。

⑤ ［美］赫伯·赛蒙：《人类事务中的理性》，林钟沂译，台北森大图书公司 1988 年版，第 55 页。

仰上的文化变迁呈现的复杂情况，即在接受新信仰的文化因子发生变迁的同时，还含蕴着对旧文化因子的保留和包容。民俗是生活的惯习，民俗的改变经过了一个从行为的改变到民俗文化心理改变的过程。行为的改变可能是不经意的，但是一旦作为民俗文化心理的改变沉积下来，就可能使一个族群的文化性格发生缓慢的嬗变。

其三，民俗文化变迁与融合的普遍性与差异性。内蒙古区域的文化变迁与融合具有普遍性。

（1）我们所说的普遍性不仅包括民俗行为的各个层面和内在结构的变迁与融合，还包括其扩展的空间广度和时间维度。自清代以来内蒙古区域就形成了如前所说的较为稳定的四个文化圈，这四个文化圈的形成既是蒙汉民俗文化变迁与融合的结果，又是发生更深层次的文化变迁与融合的更大的场域。两个民族的两种文化在特定的时间和空间的维度下出现的融合不是一次性的，而是反复再现，最后发生民俗的变异。

（2）就内蒙古的草原文化区域而言，学术界就划分为呼伦贝尔草原文化区、科尔沁草原文化区、锡林郭勒草原文化区、鄂尔多斯草原文化区、阿拉善草原文化区，这些地域的划分同时还体现了蒙古族部落文化的特征。不同的部落文化显示了其特定的历史传统和鲜活的文化特色，呈现的是立体的民俗文化的图景。从总体上看，内蒙古区域不同部落的草原文化都已经发生了历时性和共时性的变化，继续发生着蒙汉民俗文化的融合。

（3）从民俗文化的整体性说，诸种民俗文化的符号组成了一个相对稳定的持续的文化链，其维系了一个族群的生存，是一个族群的文化表征。无论从四个文化圈形成的角度上说，还是从蒙古族部落文化的角度上说，其发生的变迁包括衣食住行、婚丧娶嫁、语言与宗教等诸方面的变迁与融合，这属于整体性文化链的变迁与融合，而不是个别的文化因素的变迁。

在我们谈到内蒙古区域游牧的传统文化变迁与融合的时候，由于受自然的与人文的诸方面的影响，所呈现的变迁与融合必然呈现差异性。其表现在：

（1）由于清中期以来，在内蒙古区域的在农区、半农半牧区、牧区、城镇居民区的生计方式不同而引起文化变迁和融合的差异。在农区和半农半牧区蒙古族接受的汉族的习俗较多，而在牧区汉族接受蒙古族的习俗较多，甚至在耳濡目染中学会蒙古语，而在城市乡镇区域，接受的汉族影响较大，变迁的速度较快。

（2）蒙古族的传统游牧文化属于统一的类型，但是由于内蒙古区域蒙古族的部落文化各含特色，在与汉族移民文化的碰撞中，在文化变迁和融合的过程和结果中呈现差异。

（3）"百里不同风，千里不同俗"，汉族移民来自的地域不同，移民所携带的本土文化因子也不同，因而当其所携带的文化因子与原住民的文化碰撞的时候，形成的新民俗会出现差异性。总而言之民俗文化的融合不是单一的、简单的相加或者相减，而是呈现出参差不齐的错落的文化场景。

（4）即使一个族群完全接受另外一个族群的文化的时候，也会出现差异。蒙古族的敖包祭祀源远流长，在半农半牧区域的汉族移民也接受了祭祀敖包的习俗。在民国时期乌审旗的蒙古族和汉族都祭祀敖包，但是蒙古人的祭品是羊、奶皮、奶酪、献哈达和酒，而汉族祭祀敖包时烧香、烧纸、供馒头、供水果等。祭祀敖包时汉族念汉语，蒙古族则用蒙古语。信仰的播布是民俗融合过程中的深层次，因为这是文化心理的变迁，即便如此，其对"他者"的信仰认同的同时，其行为方式依旧存在很大的差异，这种差异说明民俗融合的非完全性。我们在研究民俗文化的变迁与融合的时候，我们还注意到即使同处一个文化空间的时候，他们的文化行为也具有选择性和排他性。

民俗文化的变迁和融合的选择性和共处性。民俗文化的交流与融合是一个漫长的历史过程。其间不乏"大传统"的干预和导引，但是民俗是民众的文化行为，民众对于自己生活世界的文化行为民众具有主体的选择权利。在这个过程中，可能是一个地域的族群完全接受另外一个族群的文化，还可能是两个族群的文化互相混同，出现另外一种既不同于"我群"又不同于"他群"的文化，例如汉民族的茶文化与蒙古族的奶文化互相融合，形成了蒙古族的奶茶文化，又如"蒙古包子"、"蒙古馅饼"等都是蒙汉两个民族的饮食文化互相交融的结果，这是蒙古族对另一族群的文化选择、吸收并且再创造的过程。再如在蒙古族传统的礼仪中，送行时有喝上马酒的习俗，到达目的地有喝下马酒的习俗，后来半农半牧的区域蒙古族送行改吃"上马饺子"，迎接客人吃"下马饺子"，礼俗的象征符号变了，但是文化内涵没有变。清末和民国时期，汉人与蒙古人密切到共同参与庙会的程度。郡王旗："每年于十月初八日，在与东胜县交界处之桃黎庙，举行庙祭，汉人演剧，喇嘛跳神，娱乐而外，并为皮、毛、盐、碱、布、茶、牲畜之市集。"① 观看晋剧表演的大多数是汉族，观看跳神的是蒙古族，他们共处于同一文化空间，在选择自己的文化行为的同时又尊重"他群"的文化，因此出现了不同族群的文化共存在一个文化空间中的现象。变迁的推进使得游牧民族近距离地接触了农耕民族，接触的结果是两个族群的文化的双向变异和交融，而不可能是一个族群的文化完全代替另一个族群的文化。学术界认为："只有具备强大的外部力量和自身的强大的内驱力，民俗才可能完全融合，或者完全保持传统。民俗融合和保持民俗传统都是民俗发展中的必然，通常是既不完全融合，也不完全保持传统，这才是民俗融合的真实。"②

二

从 20 世纪 80 年代至今，国家建设进入了一个现代化的崭新的阶段。国家现代化的新阶段处于世界全球化的语境中。马歇尔·麦克卢汉提出了地球村的概念。其概念的核心是全球化的大众传媒把整个世界连在一起。全球化打破了各民族的文化封闭状况，全球化使人们树立"全球意识"、"世界意识"、"人类意识"，这又是一种文化意识。一方面，"普世性的文明所占的比重正在逐渐提高而且定将越来越高，而不是相反。科学技术的跨地区、跨民族的普及，市场经济和机制的超越国界、区界的传播，对人际关系之间的距离（差别）逐渐地、明显地缩小。"③

人类现代高科技的发展，带动了社会生产力的迅速提高，人类的物质文明达到了空前的水平。然而当人们在赞叹和享受前所未有的文明成果时，却分明感受到工业革命以来，以欧美国家为代表、以追求物质财富为中心的传统工业化、现代化、城市化发展模式所带来的种种自然灾害和社会弊病。"高投入—高效率—高消耗—高污染"几乎成为规律，结果造成生态失衡，环境污染，灾害频繁，资源枯竭。这种发展模式还导致物欲横流，拜金主义泛滥

---

① 傅增湘：《绥远通志稿》卷 73《民族志·蒙族》。
② 李安民：《论民俗的融合》，《民俗研究》1994 年第 4 期。
③ 沈洪波：《全球文化方法与国际关系领域的文化研究》，载《文化研究》（中国人民大学复印资料）2008 年第 9 期。

和人文精神退化，与此同时部分地区的贫富差距极大，莫名疾病产生，以及战争与核威胁等，给人类未来带来涂抹不掉的阴影，严重威胁人类的生存。人类在享受工业文明的成果的同时也沉重地意识到工业文明带来的不可克服的负面影响，英伦三岛的环境污染，亚马孙原始密林的破坏，中国草原的退化等生态危机已经振聋发聩。

1972 年联合国分别在斯德哥尔摩和里约热内卢召开"人类环境大会"，1987 年联合国环境保护和发展委员会公布了研究报告：《我们共同的未来》，形成了人类建立生态文明的纲领性文件，1992 年联合国环境与发展大会通过《21 世纪议程》强调可持续发展与生态文明的关系。这说明人类在未来的发展中关注的问题是人类得以存在的环境问题。这个问题引起了多学科的关注，在很短的时间内，形成对环境学、生态学研究的前沿学科，由此还派生出一批亚学科。总之面对工业文明带来的危机，为了今后人类的生存与发展，一个新的文明的标准和奋斗目标被提到日程上来，这就是建设生态文明。生态文明的核心理念是在人类与自然的关系上，颠覆以往的人类中心主义的观念，"工业文明的背后的价值观是人类中心主义，它把人看成绝对的主体，自然界只是用于为人所开发和攫取的客体，从而导致人与自然的危机"。走向"大自然主义的价值大革命"[1]。人类中心主义在对待自然的关系上是把自然看成是异己的存在物，人与自然的关系是无限度地开发与被开发的关系、利用与被利用的关系，供给与索取的关系。生态文明认为人是在自然生活中的人，自然也是人生活中的自然。与自然对立的观念，凌驾于自然之上的观念都是错误的，人与自然的关系应该是平等的、和谐共处的关系。其核心理念是保护自然，建立与自然和谐的价值观。人类在发展的同时，要促进自然的优化发展，"既获利于自然，又还利于自然，在改造自然的同时又保护自然，人与自然之间保持着和谐统一的关系。"[2] 学术界研究认为游牧是人们以文化的力量来支持并整合于被人类所改变的自然之平衡的生态体系结构。在这样的生活方式中，人与自然的统一既是感觉的现实又是现实的感觉。这不仅体现了人创造的文化与自然环境的和谐。生态学认为，"人类的文化必须建立在对自然的极度尊重的基础上，具有与自然一致的观念，并认识到人类事务必须与

---

① 韩民青：《从人类中心主义到大自然主义》，《新华文摘》2010 年第 17 期。
② 徐春：《建设生态文明与维护环境正义》，《新华文摘》2009 年第 22 期。

自然和谐平衡中进行。"① 正是由于与自然建立了和谐关系，牧人维持了自己的生存而且基本上维系了脆弱的草原的原貌。这就是蒙古族游牧文化天人合一的理念构成的草原游牧文化的人文精神和合理内核。学贯中西的费孝通在90 岁高龄时思考人与自然的关系，他认为中西方文化的最大差异就是西方文化是人与自然的对立，而东方文化是人与自然的统一。当各个学科的学者对"建设生态文明"的新理念达到共识的时候，蒙古族世代践行的游牧文化习俗早就表述了人与自然和谐的理念。我们这样讲，不是提出不可能回到的游牧时代，而是在思考 21 世纪的未来。目前在游牧文化转型的时候，在当前建设生态文明的呼声中，我们对游牧文化做一公正的评价不仅仅是纠正历史的偏颇，而且对于今后内蒙古地域的发展，对于建设生态文明具有重要的意义。

　　一个时期以来，内蒙古地域水土流失、荒漠化不断扩展，草地退化、沙化和碱化面积逐年增加，生物多样性遭到严重破坏等生态问题日益凸显。恶化的生态环境，给我国经济和社会发展带来极大危害。开展生态建设，改善生态、保护环境，已成为我国面向 21 世纪的一项紧迫而艰巨的任务。目前我国政府和民众在生态文明理念的指导下，积极参与对草原的治理。近十几年来，草原生态环境治理取得很大的成就。但是我国生态环境"局部治理、整体恶化"的趋势尚未得到根本扭转。

　　21 世纪我们面临着新的发展和改革，内蒙古区域的社会经济和传统文化正在转型，同时也在大踏步地城镇化。在此我们提出整体地保护草原的生态系统。前面我们已经说明现在再重申，保护草原不仅是保护一个族群的生活方式，一个国家的生态安全，保护草原就是保护地球的有机整体，就是保护人类至今的唯一的栖息地。现代生态学认为，草原是由植物、动物、微生物等生物群落及其周围的环境即光、热、水、土组成的统一的整体。草原的退化不仅仅表现在"草"的生态退化，草原的退化还表现在整个草原生态系统的全面退化。草原的生物链是整体的，而不是单一的，生态的多样性维持了草原的持久的存在与平衡。"在野地里，一种植物及害虫持续共同进化，这是一种抵抗与征服的共同舞蹈，不会有最后的胜利者。但是在嫁接品种的花园

---

① 余某昌:《生态伦理学——从理论走向实践》，首都师范大学出版社 1999 年版，第 105 页。

里，共同进化停止了，因为这些品种从遗传上来讲一代代都是同一的。"① 近些年来，由于过度追求牧业商品化所获利润，过度使用草原，优质草场在减少。内蒙古荒漠、半荒漠草原培育的土种的马、骆驼、牛在迅速减少。丰富的生物链维持了草原持久的存在与平衡。"现代生态观念把主体与环境客体的概念纳入了生态系统的有机整体中，主体的生命与客体生物圈的生命存在是共生和相互交融的，人与生态环境之间的协同关系是生态美的根源和基础。"② 人们应该放弃以人为中心的生态观，淡化以人为主体的主宰地位，把人置于生物链之中，人只是生物链组成的一员。保护地球上生物的多样性是与人类密切相关的问题。

内蒙古区域处于现代化迅速发展的进程中，全球媒体正在导致人们追求普适性的价值观，追随经济一体化，与此同时文化多元化的理念也得到高度认同。现代化不是西化，也不是汉化，不是以西方文化代替所有的文化，以大民族的主流文化代替弱势民族的非主流文化。"现代化并不一定意味着西化。有许多迹象表明，现代化加固了现存的文化，因而使文化间的差异永远存在。"③ 目前步入现代化的西方提出了"地方全球化"的概念，解构了全球化，认为人类社会之间并不存在全球化，事实上，各国的文化、各个族群的文化人在文化碰撞中，越来越发现彼此的不同，越来越重视保持文化的独特性、多样性和地方认同。内蒙古地域现在存在着 8800 万公顷天然草原，草原的多重价值已经阐释，保护和发展畜牧业是内蒙古区域可持续发展的重要组成部分。而在牧区从事牧业的主要是蒙古族。萨林斯认为传统与变迁、习俗与理性并不对立："在某种程度上，全球化的同质性和地方差异性是同步发展的，后者无非是在土著文化的自主性这样的名义下做出的对前者的反应。""文化自觉"的真实含义就是："不同民族要求在世界文化秩序中得到自己的空间。"④ 我们需要可持续发展，15 年前的布伦特兰报告早就被公认为是可持续发展思想的奠基性文件，这个文件指出："随着有组织的发展工作逐步深入

---

① ［美］迈克尔·波伦：《植物的欲望：植物眼中的世界》，王毅译，上海人民出版社 2005 年版，第 68 页。

② 徐恒醇：《生态美学》，陕西人民教育出版社 2002 年版，第 146 页。

③ ［美］塞缪尔·亨廷顿：《再论文明的冲突》，《新华文摘》2003 年第 5 期。

④ ［美］马歇尔·萨林斯：《什么是人类学的启蒙？——20 世纪的一些教训》，赵旭东译，马戎、周星主编：《21 世纪：文化自觉与跨文化对话（一）》，北京大学出版社 2001 年版，第 102 页。

到边远地区，……这种开发活动会破坏当地环境，使传统生活方式受到威胁"，"正规的更深入地进入……与世隔绝的环境的过程，往往要破坏适应这些环境茁壮成长的唯一的文化，这真是一个可怕的讽刺。"① 近 30 多年来，草原畜牧业经济类型在内蒙古发生了重大变迁。"其主要标识就是已经实现和正在实现的三个历史性过渡，即已经实现了从游牧畜牧业向定居畜牧业的过渡、从自给自足的自然经济向商品经济的过渡，正在实现由靠天养畜向建设养畜的过渡。"② 这样重大变迁是与保护草原的历史使命同步的。由于我国草原资源自身存在气候波动大、生态环境恶劣等脆弱性，加之近半个世纪以来人为不合理的利用与管理，天然草原面积不断减少，质量不断下降，草地载畜力锐减，草原退化、沙化、盐渍化不断扩展等问题日益突出，给我国经济和社会发展带来极大危害。在面向 21 世纪的西部大开发战略中，国家把防沙、治沙、保护草原作为生态建设的重中之重。在国务院发布的《全国生态环境建设规划》中，明确地将内蒙古草原区作为优先实施生态工程建设的重点区域，用大项目、大工程拉动退化、沙化、盐渍化草原的恢复与治理。西部大开发在内蒙古掀起前所未有的草原生态建设高潮，全区实施了天然草原保护、京津风沙源治理、退牧还草等一系列的生态保护工程；实施生态移民，最大限度地减轻人为活动对脆弱地区生态系统的影响；加大人工种草、飞播种草、围栏封育、草场改良、封围草场、休牧禁牧、划区轮牧、草原鼠虫害防治和生物多样性保护等草原保护建设力度，促进了天然草原资源生态功能的恢复与重建。内蒙古草原勘察设计院监测数据表明：自 2001 年实施草原生态工程以来，内蒙古一些区域草原群落开始恢复，多年生牧草的比例增加，草原资源数量有增加趋势，草原生态整体恶化的态势趋缓，实施生态工程的区域植被与环境状况有了明显的改善。我们以往只是单向思维，强调草原对于人类的价值，而忽略了人类在保护草原方面的价值。过去的认识偏颇是："自然对于人类而言是不可缺少的，而人类对于自然而言是没有用处的。"③目前治理草原的实践正在纠正以往人类对于草原之间关系的价值缺失。

---

① 世界与发展委员会：《我们共同的未来》，吉林人民出版社 1997 年版，第 142—143 页。

② 王俊敏：《草原生态重塑与畜牧业生产方式转变的大生态观——来自内蒙古牧区的思考》，《中央民族大学学报》2006 年第 6 期。

③ 韩民青：《从人类中心主义到大自然主义》，《新华文摘》2010 年第 17 期。

在 21 世纪内蒙古区域畜牧业文化的变迁和转型期，我们面临如何可持续发展的问题。其关键词是树立生态文明的价值观，即在认识自然对于人类作用的同时还要认识人类对于自然的保护责任。"人类的肉体组织和精神结构都是在与自然界的相互作用过程中形成的。人类的健康生存和持续发展都有赖于对自然有机整体的维护以及同自然界的和睦共处。"① 树立符合生态原则的价值观念和价值目标应该成为民众的普遍意识并指导其行为规范。我们要合理利用科技知识和科技进步的成果，提高畜牧业的专业化、产业化和社会化水平，注意在自然资源与环境承载能力允许的情况下保持资源持续使用。由于目前草原破坏严重，要继续执行草原利用"三项制度"，即草畜平衡制度，禁牧、休牧、划区轮牧制度和基本草场保护制度，使得草原的生物圈和文化圈得以延续。草原地区为社会提供生态公共产品，应该逐步建立有利于生态保护的政策体系，充分体现生态价值和生态经济规律，建立有偿开发利用资源和全民保护资源的有效体制，对于生态特别脆弱的地区，建议政府不考核GDP 的规定，使得该地区把保护草原放在首位。对于承担着生态及畜牧业生产双重压力的牧民，给予资金扶持和信贷优先的政策。总之人类要自觉调控"自然—经济—社会—文化—人"的复合系统。只要转变观念，调整发展模式，通过人类的合理性行为、实现人与自然的和谐共存，经济与社会的协调发展，物质文明与精神文明的辩证统一。

三

目前在全球化的语境下，全民致力于国家现代化建设的情景下，内蒙古区域处于现代化、工业化飞速发展的进程中，都市人口在猛烈增长，人们共同奋斗争取 GDP 产值的增加。蒙古族的职业早就呈现了多元化的倾向，蒙古族的教育水平、生活水平得到普遍提高。与此同时内蒙古区域正处于进行新时期的文化建设之中，人们正在重新确认自己地域的历史和传统，彰显自己的文化在中国民族文化之林中的独特价值地位，乃至在世界民族文化之林中　　文化地位。

_____

西人民教育出版社 2000 年版，第 44 页。

　　内蒙古区域的文化正在处于向复合型文化转型的过程中，内蒙古区域传统的游牧文化正在向现代化畜牧业文化转型。内蒙古自治区作为一个雄踞于蒙古高原的文化大区，其文化定位于草原文化。2005 年国家社会科学基金的重大委托项目出版的系列的《草原文化研究丛书》是一项重要的研究的新成果。其总序高度评价了中国北方草原文化的地位和贡献："草原文化是中华文化的主源之一。草原文化是中华文化的重要组成部分。草原文化是中华文化发展的重要动力源泉。"[①] 毫无疑问在新时期的文化建设中，内蒙古地域文化是以草原文化为标志的，这是内蒙古区域的文化与长江区域文化、黄河区域文化区别的重要标志，也是今后文化发展的动力和源泉。

　　今天把内蒙古的区域文化定位于草原文化的新语境是：其一，目前世界已经步入了工业文明、信息文明的新时期，游牧业已经失去了历史的辉煌。当下内蒙古区域已经成为工业、农业、畜牧业等各行各业综合发展的区域，人们的生活方式、社会结构、价值取向以及人们所赋予它们的意义都发生了很大的变迁，他们迫切希望与国际接轨，几乎人人都向往都市人的文化品格。人们的观念具有普适性和趋同性。其二，历史上传统的草原文化一直面临着汉族文化的强烈冲击。由于地缘的邻近，从秦汉以来，特别是清代以来，汉文化以其主流文化的优势吸附着且贬低着草原文化。近代以来西方文化也以巨大的冲击力冲击着草原文化，尤其是改革开放以来，在社会剧烈的转型期，这个冲击力是不可阻挡的。我们强烈地感到，在强势文化的冲击下，文化之间的地域差异、民族差异在缩小。在这样的态势下，在谈及作为文化大区的文化定位和文化特色的时候，我们重申内蒙古区域的标志只能是而且必须是草原文化，这样才能显示内蒙古区域作为文化大区的悠久的历史渊源和文化特色，才能促进内蒙古区域的文化发展。我们的观点是：

　　其一，从文化人类学和民俗学的观点看来，草原文化是内蒙古区域的根基文化。文化区的概念并不只是一个空间的地域概念，而是一个历史文化的概念。就自然地理而言，中国的西部和北部的广大地区不论在历史上还是在今天，形成了以畜牧业为主体的区域。蒙古族的草原游牧文化是世界游牧文化的重要组成部分，具有历史的累积性、代表性和典型性。蒙古族的草原游

---

　　① 陈光林：《深化草原文化研究——〈草原文化研究丛书〉总序》，内蒙古教育出版，第 4—5 页。

牧文化具有完整的结构体系。其传统是以牧养牲畜为核心的生计方式及衣食住行的日常生活，社会组织形式及系列的民间制度，蒙古族的语言、萨满教信仰及敖包祭祀、人生礼仪及节日庆典等构成了草原游牧文化的特征。其草原游牧文化可以上溯到历史上的匈奴、鲜卑、突厥、回纥、吐蕃、契丹等民族。其草原游牧文化是层层累积成的。作为亚欧大草原组成部分的蒙古草原是游牧民的大本营，是草原文化的重要发源地。

其二，内蒙古区域的草原文化对于中国历史和世界历史有着很大的影响和突出的贡献。在世界史上不少辉煌灿烂的母体文化都断裂了。印度文化因雅利安人入侵而雅利安化，埃及文化因亚历山大大帝占领而希腊化，恺撒占领而罗马化，阿拉伯人迁入而伊斯兰化。中国文化历经数千年，中国文化在世界文化丛林绵绵悠长，持续发展原因何在？探究中华历史上下五千年没有断裂的原因，在于北方草原民族建立的国家对于中原的撞击，鲜卑人建立的北朝，契丹人建立的辽朝，蒙古人建立的元朝，满族人建立的清朝，"中国北方民族所建立的续生型国家虽晚走一步，却是骑马得天下，是在汉民族集聚区得天下，统治的是汉族人，继承的是汉文化，汉文化从此也长了翅膀，更有活力了"①。蒙古族于13世纪建立了横跨欧亚的大帝国，加强了东西文化的碰撞与交融，为明清以至于近代西方的中国学和中国西方学的产生奠定了基础。他一直影响着几个世纪人类思想发展的进程。历史学家在评价这一时期时说：只有好望角的发现和美洲的发现，才能够在这一点上与之相比拟。

其三，草原文化是内蒙古地域文化的基因，是今后可持续发展的源泉。内蒙古区域虽然经历了较长时间的文化变迁和文化融合，但是今天在谈到一个地域的文化特征的时候，就要寻找这个地域生存的民族的历史和文化。在现代化的过程中，每个族群都在寻找自己的文化基因，寻找属于自己地域的文化特色，在世界多元文化的语境中找到自己的文化品格和文化尊严。在文化多元化的时代，草原文化是一种人文资源。也就是说草原文化是人类累积起来的，不断地传承的文化财富。内蒙古区域在大踏步地城镇化，内蒙古区域的城镇建筑与北京、上海、深圳有何不同？城市蕴藏的文化精神和文化品格是城市的灵魂，否则城市建筑就是没有灵魂的空壳。关注人类生活的文化

---

①　苏秉琦：《中国文明起源新探》，生活·读书·新知三联书店1999年版，第163页。

特质和文化品格是现代人类学范式的基本特点。内蒙古城市的文化特质和文化品格从哪里去寻找？不能到黄河流域去寻找，到长江流域去寻找，而只能从草原文化中去寻找。内蒙古区域以草原文化为名片就是尊重这个区域的文化和历史，彰显这个区域特定的自然景观和人文景观，彰显这个区域特定的文化遗产和非物质文化遗产。在谈及内蒙古区域的文化标志的时候，只能是而且必须是草原文化，从草原文化中寻找今后发展的人文资源。失去了根脉就是无根之木，失去了源泉就是无本之源，就会如临沙漠，无可发展也无从发展。

其四，内蒙古区域的文化标志定位于草原文化不仅仅是由于草原文化是其历史和根基，最为重要的是在现代化的新时期，传承和发扬草原文化的生态理念，建设现代草原可持续发展畜牧业，是内蒙古区域与沿海区域发展模式不同的基因。内蒙古天然草原面积8800万公顷，可利用面积居全国第一位，是目前世界上草地类型最多、保护最完整的天然草原之一，她不仅是自治区经济社会发展的重要物质基础，更是我国重要的生态防线。辽阔的草原，丰富的动植物资源，在维护国家食物安全和生态安全中具有重要的战略意义。进入新时期，草原的功能定位转向生态优先，国家"'十二五'规划建议"的主线是转变经济发展方式，即要走生产发展、生活富裕、生态良好的文明发展道路，加快建设资源节约型、环境友好型社会。因此，立足于弘扬草原文化，加强草原生态保护建设，提高可持续发展能力，加快转变发展方式，积极发展现代草原畜牧业，实现生态与生产生活"多赢"将是我们的任务和目标。近年来，内蒙古依托草原资源优势，积极推进畜牧业产业化进程，大力发展乳品、牛羊肉、羊绒等主导产业，不少产业在全国居于领先水平。鄂尔多斯集团、伊利集团、蒙牛集团、鹿王集团、奈伦集团、金河集团等企业成为国家级农牧业产业化重点龙头企业，带动了千家万户农牧民。内蒙古畜牧业产业化经营的快速发展，表明了草原畜牧业的发展在内蒙古现代化建设中占有的重要地位，代表了内蒙古区域在改革发展中的地域特色，同时也赋予了草原文化新的内涵。

文化人类学告诉我们：自然是多维的，文化也是多维的，自然的多维与文化的多维具有同构的特征，不同生态环境和自然条件不但会形成不同的生计生产方式，而且造就了迥然而异的文化模式，甚至形成独特的文化性格和文化心理。游牧文化的衰微和转型并不意味着草原的消失，内蒙古区域的畜牧业在新时期的可持续发展为草原文化大区的定位奠定了牢固的基础。

文化是人创造的，是人与自然的对话，在谈到草原文化作为当今内蒙古区域文化大区定位的时候，不能不谈到草原文化的持有者和传承者——蒙古民族。在现代化的进程中，我们不是要回归传统，不要现代，而是应该首先对重新认识和重新评估内蒙古区域的草原文化存在的意义和价值。认识蒙古族在传承草原文化中的作用。当代的蒙古族个体身份的自我认同出现了这样的层次：第一个层次：中国人；第二个层次：内蒙古人；第三个层次：赤峰人、海拉尔人、鄂尔多斯人等。对于民族国家的认同高于族裔身份和族属的认同，这是与世界其他国家公民区别的标志，这既是国家公民教育的结果又是民众的自我选择。而在第二个层次和第三个层次中，对于空间地位的描述，往往代替了族群的来源和文化属性。往往用地域文化的符号替代或者掩饰族群文化的符号，这是由于在内蒙古自治区汉族的数量早就超过了蒙古族的数量，这是一方面。另一方面，我们不能忽视和低估主流文化与西方文化对传统草原文化的冲击。

我们认为，用汤因比所说的世界存在 26 种母体文化形态，[①] 用世界现存的五个文化圈的理论也好，[②] 对于世界文化还有种种分类，而在每种分类中会出现不同的亚文化群。不同类型的传统文化是客观存在，现代化并不会马上导致人们的价值观与信仰的趋同。而且有学者阐释"有许多迹象表明，现代化加固了现存的文化，因而使文化间的差异永远存在"[③]。从世界的现状看，不同的宗教信仰和具有不同的文化特征的文化圈还鲜明地存在，文明之间的碰撞和冲突并没有消失，从中国的现状看，政治的 体与文化的多元为不同的族群认同。20 世纪的人类学家强调文化的多元性与特殊性，"文化区域内

---

① 英国历史学家汤因比认为，在近 6000 年的人类历史上，出现过 26 个文明形态。文化界将七个古代文化——埃及文化、苏美尔文化、米诺斯文化、玛雅文化、安第斯文化、哈拉巴文化、中国文化，认定为人类原生形态的母文化。

② 学术界在进行文化分类的时候把世界文化分为五大文化圈即佛教文化圈、基督教文化圈、伊斯兰文化圈、汉字文化圈、游牧文化圈。参见史继忠《论游牧文化圈》，《贵州民族研究》2001 年第 2 期。

③ [美] 塞缪尔·亨廷顿：《再论文明的冲突》，《新华文摘》2005 年第 3 期。

部越来越细致的文化比较研究造成了要寻找的文化特质越来越多。"① 从这个意义上说，在全球一体化的过程中，并未表明文化多样性的消除，而是表明了在共享一个共同世界的前提下，不同文化模式在比较中并存，在反差中求异，所以我们要从文化平等、文化多元、文化交流方面理解全球化，文化的全球化不是文化的西方化，也不是汉化，不是用强势文化代替弱势文化，吞并弱势文化，而是通过不同文化类型的比较、选择和互补维系地球多元文化链的存在。

当前在草原被开垦、草原沙化以及草原的面积在逐渐减少，游牧业文化迅速转型的情况下，现代的蒙古族在寻找一种归属感，即他们如何描述自己：我是谁，我的祖先是谁，我要到哪里去。民族是依靠不断建构的文化记忆，被其成员以文化链所链接的人们的共同体。从目前流传的草原歌曲中可以看出他们对草原失去的焦虑，对草原文化的自恋情结。"由于族群与文化相互关联，不可分割，族群的发展只有凭藉文化认同，才能自觉且有选择地与其他文化交流，维持自己的主体性的地位。"② 在此他们在反复确认自己在文化中的地位并且积极争取得到主流文化的认可。如果谈到草原文化的时候，弱化族群意识，弱化自己民族对文化的群体记忆，那么草原文化就失去了源泉，在当今"欧风美雨"的情境中会悄然逝去。

当前蒙古族的草原文化不仅仅要得到"我群"的重新认同，而且需要得到"他者"的认同。内蒙古区域居住着多个族群，但是主要是汉族和蒙古族，在内蒙古区域生活的人们，不管是哪个民族他们都处于同一地域，在这个地域生存的人与时间连在一起，时间的累积，空间成了地区，人们被地域锁定，他们有着共同的过去和将来。这就需要他们尊重蒙古族对自己的历史和文化的描述和集体的历史记忆，尊重这块地域的特色历史和特色文化传统。在社会发展的进程中，一种新的地域认同和文化认同的观念越来越显得重要。文化认同成为区分彼此的标志和界线，地域认同观的改变使得民族或族群的观念外延，也使得文化多元成为可能。

---

① ［英］阿兰·巴那德：《人类学历史与理论》，王建民等译，华夏出版社 2006 年版，第 58—59 页。

② 庞金友：《族群身份与国家认同：多元文化主义与自由主义的当代论争》，中国人民大学复印资料《文化研究》2008 年第 2 期。

　　在保护草原、保护牧业的生产方式的同时，我们还必须在强化保护草原的生态理念中保护草原的物质文化遗产和非物质文化遗产。在多元的世界里的草原呈现出多样的色彩，草原、沙漠、湿地、湖泊组成的丰富的生态环境及其养育的多种的动物和植物构成了独特的生物链，在多维的生态环境中，不同地域承载着不同的文化。在内蒙古高原上，绵延的阴山岩画、蜿蜒的长城、抑扬顿挫的蒙古族长调，敖包祭祀，草原牧人的那达慕等组成了草原的文化链。草原承载着牧人独特的生产方式和生活方式，承载着牧人厚重的久远的历史，承载着独具特色的草原文化。人类的传承一是生物基因，一是文化基因。在生物链的断裂引起人类普遍关注的时候，我们还应该关注人类本身适应不同的生态环境而创造的多元的文化链。但是目前对于生物链的断裂关注得较多，而对于文化链断裂关注得较少。如果蒙古语逐渐弱化甚至消失，蒙古族的长调和马头琴等存在消失的危机，内蒙古区域是文明起源之地还是没有文化的无人区，是文化的大厦还是文化的沙漠？这是文明的堕落还是文明的演进？当前内蒙古区域的物质遗产和非物质文化遗产的保护得到民众和政府的关注。我们期待草原文化基因的传承。

　　在世界经济一体化的时候，文化仍提倡多元化，各种文化在博弈中发展、在交融中独树一帜。我们说草原文化是内蒙古区域文化建设的根基和摇篮，而且是今后草原文化发展的汩汩源泉。他在传承精神财富的同时也在创造物质财富。文化是一种象征资本。草原文化也是一种生产力。被用来建构和产生在全球一体化的语境中的民族政治和民族文化的主体意识，同时也被活用成当地的文化和经济的新的建构方式，不仅重新模塑了当地的文化，同时也成为当地新的经济的增长点。草原人民在学习掌握适应现代化物质和文化资本的同时，一定要以自己民族世世代代创造的传统文化为基点，否则就失去自己的血脉，失去了区域发展的背景和内涵。在现代化的态势中，当然他们要重新调整传统文化的边界和人格心理的边界，以求在与国际文化和国内主流文化的碰撞中不失自己文化大区的地位，获得人文生态平衡和可持续发展。

　　在全球化的语境下，每个民族都通过各种各样的方式进行"族群认同"，在各种各样的场合强化自己的族群意识，强化自己的族群符号。族群是一种文化表征。现代性的特征就是民族（族群）成了一种最具有表现力的符号资源。哈维尔强调："现在的问题是拯救人类，也就是把现代文明当成多元文明及多极文化来理解。要把注意力转移到人类文化尤其是我们自己的文化精神根源，要从这些根源吸取力量，勇敢地创造世界新秩序。"我们应该站在中华民族的复兴和可持续发展的高度看待草原文化遗产的保护，站在优秀的文化遗产为人类共享的角度弘扬内蒙古草原文化的地位。

敖布和、恩和，［日］双喜主编：《内蒙古草原荒漠化的问题及其防究》，内蒙古大学出版社 2002 年版。

通：《费孝通在 2003》，中国社会科学出版社 2005 年版。

通：《边区开发与社会调查》，天津人民出版社 1987 年版。

德：《内蒙古喇嘛教史》，内蒙古人民出版社 1999 年版。

中、纳日碧力戈等：《现代化与民族生活方式的变迁》，天津人民出年版。

哈迪斯蒂著，郭凡译：《生态人类学》，文物出版社 2002 年版。

灵：《察绥蒙民经济的解剖》，商务印书局，民国二十四年版。

光：《中国古代游牧民族经济社会文化研究》，甘肃人民出版社 2001

娉、龚佩华：《文化人类学理论方法研究》，广东高等教育出版社。

主：《由军事掠夺到城市贸易——内蒙古归绥地区的社会经济变迁》，师范大学历史研究所印行。

远等：《中国少数民族现状与发展调查研究丛书·新巴尔虎旗·蒙古民族出版社 2002 年版。

勒沙主编：《草原文化区域分布研究》，内蒙古教育出版社 2007

和田清：《明代蒙古史论集》，潘世宪译，商务印书馆 1984 年版。

何柄棣：《1368—1953 中国人口研究》，上海古籍出版社 1989

主编：《内蒙古蒙古民族的社会主义过渡》，内蒙古人民出版社 1987

：《生态民俗学》，黑龙江人民出版社 2003 年版。

克利福德·格尔茨著，韩莉译：《文化的解释》，译林出版社 1999

等主编：《草原文化与现代文明研究》，内蒙古教育出版社 2007

主要参考书目

一　地方志、历史文献及调查报告类

阿拉善左旗地方志编纂委员会编：《阿拉善左旗志》，内蒙古教育出版社2000年版。

白眉初：《中华民国省区全志》第三册、第四册，1925年版。

《大清会典事例》（嘉庆朝）嘉庆二十三年序刊本。

《大清会典事例》（光绪朝）中华书局影印本，1991年版。

丁世良、赵放主编：《中国地方志民俗资料汇编·华北卷》，书目文献出版社1989年版。

东方杂志社编：《蒙古调查记》，商务印书馆1924年版。

傅增湘：《绥远通志稿》，内蒙古地方志编纂委员会编印，1985年版。

冯瑗：《开原图说》（玄览堂丛书）。

《光绪会典事例》《户部7·户口》，卷158。

胡朴安：《中华风俗志》，下篇卷九《蒙古》，上海文艺出版社1988年版（影印本）。

黄可润：《口北三厅志》，乾隆二十三年本。

和珅等：《热河志》，乾隆四十六年，《中国边疆丛书》本。

海忠：《承德府志》，道光十一年刻本。

金福增：《河曲县志》，同治十一年刻本。

（清）金志章：《口北三体厅志》，《内蒙古史志》卷61。

科尔沁右翼前旗地方志编纂委员会编：《科尔沁右翼前旗志》，内蒙古人民出版社1991年版。

康兆骏：《绥远志略》，正中书局1937年版。

罗布桑却丹：《蒙古风俗鉴》，内蒙古人民出版社1981年版。

蒙藏委员会调查室印行：《伊盟四旗右翼调查报告书》，1939年铅印本。

内蒙古地方志编纂委员会总编辑室编印：《内蒙古史志资料选编·绥远通志稿》（第三集）。

内蒙古档案馆馆藏喀喇沁札萨克衙门档案，全宗号505，目录号1案卷号43。

内蒙古自治区编辑组：《内蒙古社会历史调查》，内蒙古人民出版社1986年版。

《内蒙古呼盟民族调查报告》，内蒙古人民出版社1997年版。

潘复：《调查河套报告书》，京华书局1923年版。

前绥远省民众教育馆：《绥远分县调查概要，绥远省蒙旗调查概要》，1934年。

沌谷：《塞北纪行》载《地学杂志》第6卷第7—8合期，1915年。

钱良择：《出塞纪略》，《小方壶舆地丛钞》本，杭州古籍书店影印，1985年。

瞿九思：《万历武功录》，中华书局影印本。

沈鸣诗：《朝阳县志》，1930年铅印本。

叶大匡、春德：《调查杜尔伯特旗报告书》，内蒙古图书馆编，远方出版社2007年版。

贻谷：《土默特志》，内蒙古人民出版社1997年版。

姚锡光：《筹蒙刍议》光绪三十四年铅印本。

汪国钧著，马希等校：《校注蒙古纪闻》，中国人民政治协商会议，赤峰市委员会印刷，1994年。

吴文藻编译《对于中国乡村生活社会学调查的建议》，载《社会学界》第9卷，1936年。

徐世昌：《东三省政略》《蒙务下·纪实业》，1915年铅印本。

徐珂编：《清稗类钞》，中华书局1984年版（2003年重印）。

徐曦：《东三省纪略》"边塞纪略下"。

贻谷：《垦务奏议》，清末京华印书局排印本。

　　贻谷：《土默特旗志》，光绪三十四年刻本。

　　曾国荃等修，王轩等纂：《山西通志》，光绪

　　（清）张鹏翮：《奉使俄罗斯日记》，台北：

　　卓宏谋：《最新蒙古鉴》，1919 年铅印本。

　　朱启钤：《东三省蒙务公牍汇编》卷 1《蒙

地铁路说帖》。

　　钟秀、张曾：《古丰事略》咸丰十年（1860

　　（民国）郑植昌修、郑裕孚纂《归绥县志》。

　　《伊克昭盟地名志》，内蒙古自治区地名委员

二　专著类

　　阿岩、乌恩：《蒙古族经济发展史》，远方出

　　[俄] 阿·马·波滋德涅耶夫著，刘汉明译

内蒙古人民出版社。

　　敖仁其主编，敖其等副主编：《制度变迁与

社 2004 年版。

　　阿拉腾：《文化的变迁——一个嘎查的故事》

　　[英] 埃德蒙·利奇著，郭凡译：《文化与

年版。

　　[美] 埃弗里特·M. 罗吉斯、拉伯尔·J.

译：《乡村社会变迁》（现代社会学比较研究丛

年版。

　　包玉山：《内蒙古草原畜牧业的历史与未来

年版。

　　字尔只斤·布仁赛音著，娜仁格日勒译：《

形成》，内蒙古大学出版社 2007 年版。

　　成崇德、张永江：《蒙古民族通史》，内蒙古

　　曹永年：《蒙古民族通史》第三卷，内蒙古

　　[德] 恩格斯：《家庭、私有制和国家的起源

　　[德] 恩斯特·卡西尔著，甘阳译，《人

年版。

刘钟龄、额尔敦布和主编，《游牧文明与生态文明》，内蒙古大学出版社 2001 年版。

刘景岚：《西辽河蒙地开发与社会变迁研究》，华文出版社 2001 年版。

［美］罗·康纳顿：《社会如何记忆》，上海人民出版社 1991 年版。

路遇、腾泽之：《中国分省区历史人口考》，山东人民出版社 2006 年版。

路遇：《清代和民国山东移民东北史略》，上海社会科学院出版社 1987 年版。

刘忱：《嘎达梅林》，远方出版社 2004 年版。

李亦园：《人类的视野》，上海文艺出版社 1996 年版。

卢明辉：《清代蒙古史》，天津古籍出版社 1990 年版。

孟慧英：《西方民俗学史》，中国社会科学出版社 2006 年版。

马汝珩，马大正主编，《清代边疆开发研究》，中国社会科学出版社 1990 年版。

马戎：《民族社会学导论》，北京大学出版社 2005 年版。

马戎编著：《民族社会学——社会学的族群关系研究》，北京大学出版社 2004 年版。

［英］马雷特著，张颖凡等译：《心理学与民俗学》，山东人民出版社 1988 年版。

［美］麦肯齐等著，孙儒泳等译：《生态学》，科学出版社 2000 年版。

马克思、恩格斯：《费尔巴哈》，《马克斯恩格斯选集》第一卷，人民出版社 1972 年版。

内蒙古档案局、内蒙古档案馆编：《内蒙古垦务》，内蒙古人民出版社 1990 年版。

内蒙古自治区蒙古族经济史研究组编：《蒙古族经济发展史研究》第一集 1987 年版。

潘乃谷、马戎主编：《边区开发论著》，北京大学出版社 1993 年版。

潘乃谷、周星：《多民族地区：资源、贫困与发展》，天津人民出版社 1995 年版。

色音：《蒙古游牧社会的变迁》，内蒙古人民出版社 1998 年版。

沈斌华：《内蒙古经济发展史札记》，内蒙古人民出版社 1982 年版。

孙敬之主编：《内蒙古自治区经济地理》，科学出版社 1956 年版，第 12 页。

宋逎工主编：《中国人口·内蒙古分册》，中国财政经济出版社 1987 年版。

［日］田山茂著，潘世宪译：《清代蒙古社会制度》，商务印书馆 1987 年。

［美］唐纳德·L. 哈迪斯蒂著，郭凡、邹和译：《生态人类学》，文物出版社 2002 年版。

谭惕吾：《内蒙古之今昔》，商务印书馆 1934 年版。

王建革：《农牧生态与传统蒙古社会》，山东人民出版社 2006 年版。

王俊敏：《青城民族——一个边疆城市的历史演变》，天津人民出版社 2001 年版。

王玉海：《发展与变革——清代内蒙古东部由牧向农的转型》，内蒙古大学出版社 2000 年版。

（台）王明珂：《游牧者的抉择：面对汉帝国的北亚游牧部族》，广西师范大学出版社 2008 年版。

乌云巴图、葛根高娃：《蒙古族传统文化》，远方出版社 2001 年版。

乌日陶克陶胡：《蒙古族游牧经济及其变迁》，中央民族大学出版社 2006 年版。

［日］小长谷有纪、色音等主编：《干旱区生态保育与可持续发展》，内蒙古人民出版社 2008 年版。

项英杰：《中亚：马背上的民族》，浙江人民出版社 1993 年版。

余元庵：《内蒙古历史概要》，上海人民出版社 1958 年版。

余正荣：《生态智慧论》，中国社会科学出版社 1996 年版。

义都合西格等主编，白拉都格其、金海、赛航撰写：《蒙古民族通史》，内蒙古人民出版社 2002 年版。

徐恒醇：《生态美学》，陕西人民教育出版社 2002 年版。

闫天灵：《汉族移民与蒙古族社会变迁研究》，民族出版社 2004 年版。

闫光亮：《清代内蒙古东三盟史》，中国社会科学出版社 2006 年版。

周星主编：《民俗学的历史、理论与方法》，商务印书馆 2006 年版。

庄孔韶主编：《人类学概论》，中国人民大学出版社 2006 年版。

三 论文类

包庆德：《蒙古族生态经济及其跨世纪的有益启示》，《内蒙古大学学报》1988 年第 6 期。

包玉山：《蒙古族古代游牧生产力及其组织运行》，《中国经济史研究》2000 年第 2 期。

宝音陶格陶等：《农牧交错多伦县耕地变化及问题分析》，《内蒙古大学学报》（自然科学版）2001 年第 6 期。

薄音湖：《呼和浩特（归化）建城年代重考》，《内蒙古大学学报》1985 年第 2 期。

曹永年：《阿勒坦汗和丰州川的再度半农半牧化》，《内蒙古大学学报》1980 年第 2 期。

陈炜、黄达远：《论近代民族地区宗教与城镇经济建设的互动发展》，《内蒙古社会科学》2008 年第 1 期。

恩和：《游牧文化与草原生态》，《文史》2005 年第 1 期。

胡仲答：《丰州滩上出现了金色的城》，《内蒙古大学学报》1960 年第 1 期。

费孝通：《文化论中人与自然关系的再认识》，《新华文摘》2003 年第 1 期。

罗康隆：《论民族文化多样性与人类生存环境问题》，《中央民族大学学报》2000 年第 6 期。

［德］拉的克利夫·布朗：《论社会科学的功能概念》，《民族译丛》1985 年第 5 期。

李漪云：《大板升考》，《内蒙古大学学报》1982 年第 2 期。

马戎、潘乃谷：《居住形式、社会交往与蒙汉民族关系——从赤峰调查看影响民族关系的因素》，《中国社会科学》1989 年第 3 期。

马戎等：《赤峰农村牧区蒙汉通婚的研究》，《北京大学学报》1988 年第 3 期。

刘明远：《论游牧生产方式的生产力属性》，《内蒙古社会科学》2005 年第 5 期。

麻国庆：《论影响土默特文化变迁的因素》，《内蒙古社会科学》1991 年第 1 期。

麻国庆：《内蒙古土默特地区的城市化与蒙古族文化的变迁》，《中山大学学报》1990 年第 4 期。

潘玉君：《中国历史上农牧冲突的地理解释》，《齐齐哈尔师范学院学报》1994 年第 1 期。

彭兆荣：《人类学仪式研究评述》，《民族研究》2002 年第 2 期。

祁美芹、王丹林：《清代蒙古地区的"买卖城"及其商业特点研究》《民族研究》2008 年第 2 期。

任洪生：《蒙古族敖包习俗的文化渊源考述》，《青海民族研究》1999 年第 3 期。

史继忠：《论游牧文化圈》，《贵州民族研究》2001 年第 2 期。

沈斌华：《近代内蒙古的人口及人口问题》，《内蒙古大学学报》1986 年第 2 期。

王建革：《农业渗透与近代蒙古草原游牧业的变化》，《中国经济史研究》2002 年第 2 期。

王建革：《定居与蒙古族近代农业的变迁》，《中国历史地理论丛》2002 年第 2 期。

王俊敏：《从游居到定居、再到城镇化——鄂伦春族发展问题的生态——经济人类学的思考》，《黑龙江民族丛刊》2002 年第 4 期。

王俊敏：《蒙、满、回、汉四族通婚研究——呼和浩特市区的个案》，《西北民族研究》1999 年第 1 期。

王俊敏：《一种新型社区——牧区社区》，《内蒙古大学学报》1993 年第 2 期。

王三义：《游牧的概念及文明史的选择》，《学术研究》2001 年第 10 期。

王俊敏：《一种新型社区——牧区社区》，《内蒙古大学学报》1993 年第 2 期。

万明钢：《文化变迁与现代化过程中的心理问题研究述评》，《国外社会科学》1993 年第 5 期。

邢旗、黄国安、敖艳红：《内蒙古草地资源及其利用现状评价》，额尔敦布和、恩和、［日］双喜主编：《内蒙古草原荒漠化问题及其防治对策研究》，内蒙古大学出版社 2002 年版。

邢旗、双全等：《草原划区轮牧技术应用研究》，《内蒙古草业》2003 年第 1 期。

闫天灵：《塞外蒙汉杂居格局的形成与蒙汉双向文化的吸收》，《中南民族大学学报》2004 年第 1 期。

周大鸣：《人类学视野的文化冲突及其消解方式》，《民族研究》2002 年第 4 期。

张正明：《内蒙古草原所有权问题面面观》，《内蒙古社会科学》1982 年第 4 期。

张自学：《内蒙古环境的战略地位》，《20 世纪末内蒙古生态环境遥感调查研究》，内蒙古人民出版社 2001 年版。

赵琳：《农耕世界与游牧世界的冲突融合及其历史效应》，《武汉大学学报》第 55 卷第 6 期。

四　作者及学生的田野考察类

邢莉与研究生丰向红、郭翠潇等于 2000 年在成吉思汗陵对龙年大祭的参与考察。

邢莉于 2004 年在海拉尔锡尼河镇西苏木牧民家中对定居牧人的田野考察。

邢莉与宝贵贞、王卫华等在包头、呼和浩特等地及周边地区对内蒙古目前的生计方式及宗教信仰现状的调查。

邢莉与研究生桂丽 2006 年 7—8 月在海拉尔锡尼河镇西苏木牧民家中对定居牧人的田野考察。

邢莉与研究生秦博于 2008 年 7—8 月在巴林右旗对当前半农半牧状况及历史的考察；对荟福寺六月庙会的实地考察。

邢莉与博士生张曙光、王志清于 2008 年 7 月对锡林郭勒盟在东乌珠穆沁旗乌里雅斯太镇及其周边牧业嘎查生态状况、目前牧民的定居状况、教育状况、婚姻择偶、敖包祭祀等方面的田野考察等。

邢旗于 2004 年 5 月—6 月在内蒙古锡林郭勒盟锡林浩特市、阿巴嘎旗、苏尼特左旗调查推行春季休牧制度情况；8 月 25 日—9 月 8 日在呼伦贝尔市陈巴尔虎旗、鄂温克旗、新巴尔虎左旗、新巴尔虎右旗调查草原生产力及承载能力。

邢旗于 2005 年 7 月—8 月在内蒙古锡林郭勒盟镶黄旗、正镶白旗、正蓝旗调查风沙源治理项目实施效果；8 月在呼伦贝尔市陈巴尔虎旗进行草原资源野外调查；

邢旗、邢莉于 2005 年 8 月在包头市达茂旗进行草原资源野外调查及当前民众生活状况的调查。

邢旗于 2005 年 7 月在内蒙古锡林郭勒盟镶黄旗、正镶白旗、正蓝旗调查风沙源治理项目实施效果；8 月 11 日—8 月 23 日在呼伦贝尔市陈巴尔虎旗进行草原资源野外调查。

邢旗于 2007 年 7 月—8 月到锡林郭勒盟苏尼特右旗、阿巴嘎旗、锡林浩特市、赤峰市克什克腾旗调查草原划区轮牧推广应用情况。

邢旗于 2006 年 5 月—6 月在锡林郭勒盟东乌珠穆沁旗、西乌珠穆沁旗、锡林浩特市、苏尼特左旗调查牧草长势情况；7 月 25 日—8 月 30 日在呼伦贝尔市、兴安盟、通辽市、赤峰市、锡林郭勒盟等一些旗县进行草原生产力监测。

邢旗于 2008 年 5 月在内蒙古包头市达茂旗、呼和浩特市武川县、和林县、乌兰察布市察右中旗、察右后旗等地调查人工种草情况；7 月锡林郭勒盟东乌珠穆沁旗、西乌珠穆沁旗、呼伦贝尔市鄂温克旗、鄂尔多斯市鄂托克前旗等地调查新牧区建设情况。

邢旗于 2009 年 8 月—9 月在内蒙古阿拉善盟阿拉善左旗、阿拉善右旗、额济纳旗、锡林郭勒盟苏尼特左旗、苏尼特右旗、二连浩特市等地进行草原资源野外调查。

邢旗于 2010 年 8 月在内蒙古赤峰市阿鲁科尔沁旗、巴林左旗、巴林右旗、林西县进行草原资源野外调查；9 月 5 日—9 月 24 日在锡林郭勒盟东乌珠穆沁旗、锡林浩特市、乌拉盖开发区、呼伦贝尔市陈巴尔虎旗、鄂温克旗等地调查牧区联户、合作社联合经营草场，实行科学轮牧的情况。

中央民族大学 2006 届民族学硕士毕业生宋小非于 2005 年在赤峰克什克腾旗那日苏嘎查的调查。

　　中央民族大学民俗学博士王志清于 2007 年在阜新蒙古族自治县烟台营子村对村落民俗文化历史及现状的全面考察。

　　中央民族大学民俗学硕士白丽丽于 2007 年 5 月在东乌珠穆沁旗达布希拉图嘎查对马文化的调查。

　　中央民族大学民俗学硕士闫萨日娜对内蒙古赤峰市翁牛特旗阿什罕苏木照克图嘎查文化变迁的考察。

　　中央民族大学博士包海青于 2004 年在扎鲁特旗的田野调查。

后　记
感激与致谢

　　我在中央民族大学从事民俗学的教学和科研工作 30 多年，邢旗在内蒙古从事草原方面的科技工作也 30 多年，我们合作的专著是我们学业和践行的结果。在我们深入草原，瞩目草原的工作期间，得到很多人的鼓励、支持和帮助，感念之情溢于言表……

　　我们是在北京长大和读书的蒙古族，原籍是内蒙古赤峰喀喇沁旗人。祖先的蒙古姓氏为希里德特，是原察哈尔移民的后代。喀喇沁地区逐渐演变为农区，是蒙汉文化交流较早的区域之一，父亲邢复礼先生（蒙古名字锡里居泰）年幼时期除了学习蒙文之外，还学习《四书》、《五经》等汉文典籍。曾与内蒙古大学清格尔泰、陈乃雄等教授一起攻研契丹文字，并且取得了突破性的成果。祖父邢致祥亦是蒙汉兼通，著有蒙文《蒙古帝国史》、《蒙古元朝史》、《热河省蒙古喀喇沁右旗札萨克亲王贡桑诺尔布之略史》、《喀喇沁志略》等。前两本著作存于内蒙古大学图书馆特藏部。从曾祖父一代已经使用汉姓。母亲李松筠先生为汉族。在我们家乡，蒙古族文化和汉族文化在清代就已经互相交融，汉蒙通婚的现象也常出现。

　　我们是在北京读书长大的，与汉族同学无甚差异。但是有两件事至今记忆很深。一是在 20 世纪 50 年代我上小学的时候，十世班禅大师来到雍和宫接见众多的蒙民和藏民。父亲回来把一条红丝绳拴在我的脖子上，说这样可以不生病。二是在北京实验中学读高中的时候，父亲令我阅读家存的《蒙古秘史》等蒙古族的史著。我模糊地意识到，我是蒙古族，蒙古族有与汉族不同的历史，那是怎样的一部历史呢？

　　“文革”中断了邢旗的学业，邢旗去内蒙古莫力达瓦旗插队五年，这五年给了她了解草原的机会，并且成为她的终生财富。尔后她主动放弃了进入北京读大学的机会，就读于内蒙古农牧学院草业学专业。从这时起，邢旗这个文学底子很好的才女开始与草原结缘。我在北京首都师范大学中文系毕业后在部队劳动锻炼。1978年由喀喇沁乡亲白荫泰教授推荐在中央民族大学任教。其间我聆听了当代元史专家贾敬颜先生的《元史大纲》，多次得到元史专家翁独健先生、女真文字专家和满族文化专家金启综先生的点拨。我学习了宋蜀华和林耀华两位先生的《民族学通论》，并且有幸聆听了费孝通先生的人类学讲座，不断地学习更新了我的知识结构，启迪了我对人类学、民族学、民俗学的兴趣。人类学、民俗学的魅力吸引着我，草原母亲的召唤使得我们不断地回归草原。在此我首先感谢中央民族大学的人文环境，特别是人类学、民族学、社会学学院的人文环境，他们举办的高质量、高品位的多次讲座使我重整知识结构，这些讲座满足了我求知求真的渴望。

从事民俗学和民间文学教学30年有余，20年前我出版了《游牧文化》《草原文化》，后来又出版了《游牧中国》。当时我多次来到了内蒙古草原，那已经是发生了很大变化的草原，而不是想象中的草原了。这激起了我描述内蒙古草原变化的愿望。感谢国家社会科学规划办给予立项的支持，也特别感谢内蒙古大学齐木德·道尔吉教授兼副校长给予这本书的鼓励和关注。

这本著作的重要合作者之一应该还有中央民族大学蒙古语言文学系的叁布拉副教授，但是课题刚刚批准之时，他积劳成疾，英年早逝，这成为我们最大的遗憾。没有他的参与，加大了这本书的难度和写作时间的拖延。在这本书的写作期间邢旗承担了"草原监测3S技术应用研究"、"内蒙古退化、沙化草地植被快速恢复及综合改良"等重要研究课题，承担了全区草原遥感调查任务，与他人合作编著了《内蒙古草业可持续发展战略》、《内蒙古草原常见植物》等书，此期间作为内蒙古草原学会副理事长，她于2008年协助中国草学会在呼和浩特市成功举办了世界草地与草原大会。而我除了从事日常的教学工作外，主持完成了中央民族大学985的重大课题《中国少数民族重大节日的调查与研究》一书的出版，并负责拍摄了五部少数民族节日的民俗影视片。

在这本书的撰写期间，我们经历了人生的甜酸苦辣。邢旗在草原现场工作时经历了车祸，腰部受伤住院治疗；我们96岁高龄的慈母屡次住院最后辞世；我们的孙辈一个个出生……这本书的背后，是我们各自家庭的生活，但是断而又续，续而又断的调查和撰写是我们生活的重要组成部分，也是我们的精神需求，因为我们的眼前闪烁的是父亲的草原和母亲的河……

感谢内蒙古草原勘察规划院的同仁们，他们对草原的勘测、评估和有效的治理为我们提供了科学的论据，这些数据是他们敬业的汗水的结晶；感谢我们所引用的丰富材料的各位作者（在本书的前言中提到的不少文章和专著），他们的前行开启了我们的心智，鼓励我们奋然前行；感谢内蒙古文化厅安泳锝副厅长、赤峰老家的霍天祥、秦义、秦俊、张志勇、特古斯、乌云达来等多位同志，感谢海拉尔鄂温克自治旗的孟丽、希德夫等陪同我们调查；感谢中央民族大学的研究生张曙光、王志清、秦博、王玉光、桂丽等和我一起做的田野考察，还有白丽丽、娜敏、萨日娜、包海青、宋小非等独自的田野考察；感谢王志清、张曙光、周加、姜迎春、靳一萌等提供的照片（还有些照片是作者的多年积累，可能出处不甚准确，也特别表示感谢），感谢接待我们考察的很多牧民及干部，在此我们不可能一一叙说你们的名字，但是我们的脑海里刻印下了永久的记忆，你们的一碗碗奶茶温暖我们到永久。在此还特别感谢塞音、敖其、朋·乌恩、宝力格、孟慧英等教授的支持和关心。著作的定稿是 2010 年邢莉在美国印安娜大学做访问学者时完成的，其间得到图书馆刘文玲女士的帮助，得以阅览珍贵的文献资料，也一并在此感谢。最后我们以崇高的敬礼仰视内蒙古草原，内蒙古草原源源不断地输送给我们前行的动力，她使我们对人生多一份热情，人性多一份信心。

当"成果"公之于世之际，我们首先把她献给父亲的草原、母亲的河，献给在内蒙古草原世代生存的牧人们；此书还献给已经辞世的师长和友人。他们的厚爱和教诲，我们以这本书报答万一。我们把此书献给草业研究专家、生态学者和民俗学者以及一切关注草原发展的不同学科的学者们、同仁们。我们还要把此书献给学识渊博的父亲和善良的茹苦含辛的母亲及不断以深情期许我们的家人。我们把这本书赠给我所有的研究生，在新时代下对知识的渴求激励我不断前行，我铭记与你们相处的岁月。这本书赠给中央民族大学85 级文学班的全体毕业生。在校期间，我们心心相印，20 多年后我们是朋友，友情绵长。这本书也同时赠给在国外的子孙，这里有我们的心血的灌注和追求，也有我们对国家的责任和对他们的期望——留给他们的一份精神遗产。

　　《内蒙古区域游牧文化的变迁》是一个庞大的课题，在撰写过程中，我们逐渐知道了其不可而黾勉为之，逐渐认识到其意义，敝帚自珍，我们认为辛劳的付出不无价值。但是这样庞大的课题是我们已有的各方面的条件难以为之的，况且由于本身学术水平的限制，会存在一些缺憾，在此我们诚恳地期待学术界的指正，同时也希望有更优秀的著作问世。

　　最后我们向中国社会科学出版社的黄燕生编审和姜阿平编辑致以崇高的敬意，感谢她们在排版付梓的过程中付出的辛勤。

　　回眸遥望，啊，父亲的草原，母亲的河……

邢莉　邢旗

2012.8

图书在版编目（CIP）数据

内蒙古区域游牧文化的变迁／邢莉等著.—北京：中国社会科学
出版社，2013.3
（国家哲学社会科学成果文库）
ISBN 978 - 7 - 5161 - 2157 - 3

Ⅰ.①内…　Ⅱ.①邢…　Ⅲ.①蒙古族—游牧民族—民族文化—
研究—内蒙古　Ⅳ.①K281.2

中国版本图书馆 CIP 数据核字（2013）第 039800 号

出 版 人	赵剑英
责任编辑	黄燕生　姜阿平
责任校对	张玉霞
封面设计	肖　辉　郭蕾蕾
责任印制	戴　宽

出　　　版	中国社会科学出版社
社　　　址	北京鼓楼西大街甲 158 号（邮编100720）
网　　　址	http://www.csspw.cn
	中文域名:中国社科网　　010 - 64070619
发 行 部	010 - 84083685
门 市 部	010 - 84029450
经　　　销	新华书店及其他书店

印刷装订	环球印刷(北京)有限公司
版　　　次	2013 年 3 月第 1 版
印　　　次	2013 年 3 月第 1 次印刷

开　　　本	710 × 1000　1/16
印　　　张	46.25
字　　　数	758 千字
定　　　价	118.00 元